2022

高等教育教学实践探索：厦门大学解决方案

厦门大学教务处 编

厦门大学出版社
XIAMEN UNIVERSITY PRESS
国家一级出版社
全国百佳图书出版单位

图书在版编目（CIP）数据

2022高等教育教学实践探索 ：厦门大学解决方案 / 厦门大学教务处编. -- 厦门 ：厦门大学出版社，2022.10

ISBN 978-7-5615-8815-4

Ⅰ. ①2… Ⅱ. ①厦… Ⅲ. ①高等学校－教学研究－文集 Ⅳ. ①G642.0－53

中国版本图书馆CIP数据核字(2022)第189713号

出 版 人 郑文礼
责任编辑 高 健
美术编辑 李嘉彬
技术编辑 朱 楷

出版发行 厦门大学出版社
社 址 厦门市软件园二期望海路 39 号
邮政编码 361008
总 机 0592-2181111 0592-2181406(传真)
营销中心 0592-2184458 0592-2181365
网 址 http://www.xmupress.com
邮 箱 xmup@xmupress.com
印 刷 厦门市竞成印刷有限公司

开本 787 mm×1 092 mm 1/16
印张 27.75
插页 1
字数 666 千字
版次 2022 年 10 月第 1 版
印次 2022 年 10 月第 1 次印刷
定价 119.00 元

厦门大学出版社
微信二维码

厦门大学出版社
微博二维码

目 录

第一篇 思政教育

"四史"教育融入高校思政课教学的思考
——以"思想道德与法治"课为例 …… 郑 雁 3
"四史"融入大学生理想信念教育的三维审视 …… 苗瑞丹 闫旭杰 11
高校思想政治理论课体系化创新的若干思考 …… 王圣宠 22
军事理论课程的教学创新与实践 …… 何 锋 李文婷 29
高校思想政治理论课开展习近平法治思想教育的三个维度 …… 罗 文 36
新时代"互联网+"背景下的高校思政课教学新生态 …… 肖 盈 42
思想政治理论课专题教学设计的问题导向 …… 庄三红 陈 云 49
"马克思主义基本原理"课程体系存在的问题与调整建议 …… 邹文英 56
思政课社会实践教学的探索与实践 …… 邱志强 62
"伟大建党精神"教育融入高校思想政治理论课路径探析
——以"思想道德与法治"课为例 …… 徐雅芬 李 琼 69

第二篇 课程思政

法学教育课程思政进路研究 …… 李国安 包柠榛 77
"卫生法规"课程思政教育的实践 …… 李红卫 陈小旋 蔡晨曦 85
"营养与食品卫生学"课程思政的构建与实践探索
…… 李 蕾 苏艳华 郭东北 陈敏怡 黄葆露 王 鸿 91
新工科背景下的建筑类课程思政教学设计
——以"城乡规划新技术 GIS 应用"课程为例 …… 李 渊 黄竞雄 97

高校法学类专业思政课程与课程思政协作路径探析 …………………… 吕微平 105
高校哲学专业知识论课程“一体四维”的课程思政建设方案
——以厦门大学知识论课程为例 ………………… 王奇琦 郑伟平 金凤琴 112
以实践教学破除“历史虚无主义”的初步思考
——兼论思政课程、“四史”教育与档案育人的生成关系 ………… 张 侃 120
浅谈课程思政中专业课教师的自我提升 ……………………………… 张连茹 126
商务英语教学中课程思政元素的挖掘与实践
——以“职场英语”为例 ………………………………… 黄玲毅 黄琪琪 133
物理系集成电路原理与设计教学课程思政实践 …………………… 李开航 140
“医古文阅读与欣赏”课程思政教学探索 …………………… 孙孝忠 李婴华 147

第三篇 课堂建设与改革

面向半导体人才战略的电子线路实验改革探索 ………………… 刘恺之 刘舜奎 155
浅议新时代“流行病学”课程体系的建设与创新
……………… 陈田木 苏艳华 李 蕾 安 然 郭东北 陈静威 赵本华 161
试析微信群和匿名发言在“谈判学”课程教学中的应用 ………… 陈 锴 杨 飏 169
交叉与融合：“现代建筑专题研究”课程改革 ……………… 张燕来 孙明宇 175
“《资本论》研究”中专题教学法的应用分析 ………………………… 丁长发 182
厦门大学羽毛球课程建设与发展研究
……………………… 林顺英 刘小龙 张建森 刘 超 刘 婷 陈志辉 188
高校马拉松课程专项教学与训练原则探析 …………………… 黄力生 杨雅倩 196
传播华夏文明 厚植家国情怀
——“华夏传播概论”课程建设与改革研究 ……………………… 谢清果 202
“针灸学”“推拿学”网课建设体会 ………………………… 孟宪军 沈俊良 208

第四篇 教学模式创新

“应用戏剧”中的创造性生成与教学法 ……………………………… 许映婷 217
虚实结合的分子影像检测技术实验教学模式探索
…………………………… 雷 照 安 然 章韵洁 李子婧 郑铁生 226
财务学研究生“设计思维”教学模式应用研究 ……………… 吴超鹏 鲍珩森 233
“活案例”的教—学—商—研新模式
——基于管理学课程翻转课堂新探索 ………… 袁喜娜 王 平 陈 瑞 239

虚拟仿真实验在海洋化学线上线下混合式课程中的应用
……………… 陈 丁 刘春兰 方旅平 蔡毅华 王 琼 杨位迪 陈 敏 248
出海安全与急救虚拟仿真实验的建设与应用
…………………………… 刘春兰 方旅平 刘丽华 章 臻 刘瑞华 陈 敏 255
海洋科学实验室安全虚拟仿真实验与SPOC课程结合教育模式探索
…………………………… 王 琼 方旅平 刘春兰 陈 丁 刘志鑫 陈 敏 260
将虚拟仿真实验融入大学化学与材料交叉学科的教学研究 ………………… 侯 旭 266
面向实施的国土空间规划教学改革探讨 …………………………………… 文超祥 277
线上线下混合教学模式在羽毛球课程中的探索 ……………………………… 刘 婷 283
数字人文方法在翻译史线上教学中的应用:教学实践与理论反思 ………… 黄若泽 288
网络教学平台在实验课程融合式教学中的应用
——化学实验课程应用实例 …………………………… 胡 菁 陈 立 周金梅 296
线上课程学习意愿及影响因素研究
——以创新创业类课程为例 …………… 杨 飏 蓝 婧 刘传尧 钟 杰 304
新文科背景下融媒体影像传播人才培养模式创新
——基于厦门大学广播电视学专业的实践 ……………… 刘坤厚 阎立峰 315
新闻传播学在大学美育进程中的价值与作为 …………………………… 黄 勇 321
钢琴线上线下混合教学模式的探索与研究 ………………………………… 黄 因 327

第五篇 人才培养实践

立足新型公共卫生人才培养,构建本科生创新实践平台
——厦门大学解决方案 ……………………………………………………
…………………… 陈静威 郭东北 张小芬 陈小旋 雷 照 林忠宁 蔡毅君 335
扎根中国大地,了解国民国情
——记营商环境评估社会实践 ……………………… 熊 枫 周丽娟 林圳钦 342
国际生物分子设计大赛对本科生科研创新能力培养促进作用 ……………… 王世珍 350
关于环境类大学生创新创业项目的思考 ………………………… 余康宸 郁 昂 357
新工科背景下大学生职业素养的培养与教学实践 ………………………… 张建国 363
基于BIM技术虚拟现实场景的沉浸式教学改革与实践研究………………… 邓建勋 369
基于创新创业理念的厦门大学建筑系乡村营建教学改革
…………………………………………………… 王量量 韩 洁 李苏豫 382
基于使用的研究生通用学术英语教学实践研究
——以学术口语为切入点 ………………………………… 李素英 江桂英 392

政治正确与国际新闻编译人才的培养:必要性、可行性及应注意的问题 …… 李德霞 399
“碳中和”目标下培育环境传播创新能力的观念与方法 ………………………… 孙 蕾 408
浅谈“双一流”建设背景下高校教学秘书素质的提高 ……………… 陈桂宝 陈晓燕 415
如何识别“金课”和“水课”?
——高校教学评价体系的反思与改进 …………… 白云涛 林莹婷 叶语晴 422
新常态下高校教学管理者适应性的实证研究 ……………………… 郑 宏 汪婉霞 431

第一篇

思政教育

“四史”教育融入高校思政课教学的思考*

——以“思想道德与法治”课为例

郑　雁**

摘　要:“四史”教育融入思政课教学是当前中宣部和教育部对思政课提出的要求。思政课作为高校落实立德树人根本任务的关键课程,将“四史”教育融入高校思政课既有其必要性,也具备可行性。然而,当前将“四史”教育融入高校思政课存在内容缺乏整体规划、教师队伍知识结构和能力素养不足、教学方法和手段单一、考核方式落后等诸多问题,需要通过优化顶层设计、多方位培育教师队伍、改进教学手段、创新考核方式等手段,以努力提升“四史”教育融入思政课教学的实效性。

关键词:“四史”教育;思政课;教学实效

2020年1月,习近平总书记在“不忘初心、牢记使命”主题教育总结大会上提出要把学习党的创新理论同“学习党史、新中国史、改革开放史、社会主义发展史结合起来”①(以下简称“四史”)。这一号召得到中宣部、教育部等部门的积极响应,先后联合发文,把强化“四史”教育作为加强政治引领的具体措施和路径之一,同时明确大学阶段应“重点引导学生系统掌握马克思主义基本原理和马克思主义中国化理论成果,了解党史、新中国史、改革开放史、社会主义发展史”,并要求各高校结合本校实际,统筹校内通识类课程,围绕“四史”,开设本科及高等职业学校专科选择性必修课程,确保学生至少从“四史”中选修1门课程。② 这些文件的要求,对高校思想政治理论课(以下简称“思政课”)提出了新的挑战和任务。作为大学生思想政治教育的主渠道和主阵地,高校思政课自此承担起对大学生开展“四史”教育、加强政治引领的重大历史使命。

---

* 基金项目:2021年厦门大学马克思主义学院教改教法研究项目“‘四史’教育融入思政课教学研究——以‘思想道德修养与法律基础’课程为例”(项目编号:2021MJY06)研究成果。

** 郑雁,女,福建福州人,厦门大学马克思主义学院副教授,主要研究方向为思想政治教育、习近平法治思想。

① 习近平:《在“不忘初心、牢记使命”主题教育总结大会上的讲话》,《人民日报》2020年1月9日第2版。

② 中共中央宣传部、教育部:《新时代学校思想政治理论课改革创新实施方案》(教材〔2020〕6号)。

本文拟从“四史”教育融入高校思政课的必要性和可行性分析出发，针对当前“四史”教育融入高校思政课所面临的困难及存在问题，以“思想道德与法治”课（以下简称“德法”课）为例，探讨“四史”教育有效融入思政课的设计思路和实现路径。

一、“四史”教育融入高校思政课的必要性和可行性

正如思想政治教育不能简单地把相关理论知识装进学生头脑一样，“四史”教育也绝不是对学生进行碎片化知识的灌输，而应将其作为一个系统工程来看待。如何对大学生有效地开展“四史”教育，是首先要解决的问题。高校思政课作为落实立德树人根本任务的关键课程，为“四史”教育的融入提供了可行渠道，也是实现思政课教学目标的必然要求。

（一）“四史”教育融入高校思政课的必要性

1. 有助于帮助学生树立大历史观，抵制历史虚无主义

在高校思想政治理论课教师座谈会上，习近平对思政课教师应具有的宏观历史视野提出了具体要求：“历史是最好的老师。思政课教师的历史视野中，要有5000多年中华文明史，要有500多年世界社会主义史，要有中国人民近代以来170多年斗争史，要有中国共产党近100年的奋斗史，要有中华人民共和国70年的发展史，要有改革开放40多年的实践史，要有新时代中国特色社会主义取得的历史性成就、发生的历史性变革，通过生动、深入、具体的纵横比较，把一些道理讲明白、讲清楚。”[①]因此，思政课教师应引导高校大学生学会用宽广的历史视角去认识祖国的浩瀚历史，通过总结历史经验教训，把握历史的规律。当前，高校学生对祖国历史的了解，往往停留在中学阶段几门历史课有限的历史知识上，而其中理科生对历史方面的学习更因为历史科目不列入高考考查范围而被弱化。对历史学习缺乏系统性必然影响学生大历史观的树立。此外，随着网络自媒体的发展，一些自媒体内容随意歪曲历史、否定历史，宣扬历史虚无主义，这对当今大学生的影响不可小觑。通过将“四史”内容系统性融入思政课教学，可以帮助学生深刻领会共产党执政规律、社会主义发展规律和人类社会发展规律，使学生在宽广的历史视野中认识和把握中华民族发展的方向，增强辨识能力，抵制历史虚无主义的错误思潮。

2. 有助于实现思政课立德树人根本任务，引导学生坚定“四个自信”

中共中央、国务院在《关于加强和改进新形势下高校思想政治工作的意见》中提出，高校要把立德树人作为根本任务，坚持全员全过程全方位育人（简称“三全育人”）的要求。“四史”教育通过丰富生动的案例，使学生深刻领会中国共产党为什么能、中国特色社会主义为什么好以及马克思主义为什么行的道理，让思政课的教学内容能够在历史中找到理论依据和实践支撑。通过“四史”教育，学生在潜移默化中加深了对中国共产党百年奋斗

---

① 习近平：《思政课是落实立德树人根本任务的关键课程》，《求是》2020年第17期。

历程的理解，丰富了对新中国70多年发展历史的认知，进一步把握新中国成立以来以及改革开放以来伟大实践的整个过程，从而坚定“四个自信”，增强民族自豪感和新一代青年人的责任感和使命感。

（二）“四史”教育融入高校思政课的可行性

1. 两者的教学目标具有一致性

习近平对于历史的重要性以及如何看待历史这一问题，有着深刻的理解。他强调：“历史是最好的教科书。学习党史、国史，是坚持和发展中国特色社会主义、把党和国家各项事业继续推向前进的必修课。”[①]“四史”教育的目标是“总结历史经验、把握历史规律，增强开拓前进的勇气和力量”。[②] 而思政课的教学目标是用马克思主义理论铸魂育人，培养学生树立坚定的理想信念，最终成为社会主义合格建设者和可靠接班人。因此，从本质上看，“四史”教育和思政课教学都是通过知识传授，润物细无声地将正确的价值观融入学生的思想中，以实现培养中华民族伟大复兴的人才这一宏伟目标。

2. 两者的教学内容具有贯通性

从教学内容上看，“四史”教育主要通过党和国家历史实践的成就、经验和教训体现人民群众在创造历史中所表现出的崇高理想信念和伟大爱国奉献精神，具有丰富而广泛的内涵。思政课则是将“四史”内容进行理论化、系统化，对马克思主义世界观和方法论、近代中国寻求民族独立和解放、实现国家富强和人民富裕所进行的不懈斗争及其经验教训，以及思想道德教育和法治教育等内容进行了系统阐释。[③] 因此，“四史”教育和思政课在教学内容上异曲同工，相互贯通。一方面，“四史”为思政课教学提供丰富生动的案例素材，提升了思政课的历史厚度，另一方面，思政课教学也为总体上准确把握“四史”的本质和内容提供了严谨科学的理论基础，加深了“四史”的论证深度。

3. 两者的教学要求具有契合性

“四史”教育到底要讲些什么？应该明确的一点是，“四史”教育绝非对历史知识进行简单的讲授，而是要有一个明确的教学目标，即以史明志、鉴往知来，让学生通过对历史知识的学习，树立正确的唯物史观，树立崇高理想、坚定科学信仰。也就是说，“四史”教育并非停留在“四史”知识表面，而应将其中的“精神”准确地传达给学生。高校思政课的教学承担着对大学生进行系统的马克思主义理论教育的任务，让学生准确把握习近平新时代中国特色社会主义思想，树立正确的世界观、人生观、价值观和法治观。因此，“四史”教育

---

① 《习近平在中共中央政治局第七次集体学习时强调：在对历史的深入思考中更好走向未来交出发展中国特色社会主义合格答卷》，《人民日报》2013年6月27日第1版。

② 习近平：《在庆祝中国共产党成立95周年大会上的讲话》，《人民日报》2016年7月2日。

③ 冯霞、刘进龙：《“四史”教育融入高校思想政治理论课的三维审视》，《思想理论教育导刊》2021年第2期。

和思政课都是“寓价值观引导于知识传授之中”[①]，在教学要求上具有高度契合性。

二、当前“四史”教育融入高校思政课所面临的困难及存在问题

虽然“四史”教育与高校思政课目标一致、内容贯通、要求契合，但要想将“四史”教育融入高校思政课，使两者成为有机整体，仍面临不少困难。

1. 对“四史”教育的内容缺乏整体规划

当前，高校（本科）开设“马克思主义基本原理概论”（以下简称“原理”）、“毛泽东思想和中国特色社会主义理论体系概论”（以下简称“概论”）、“思想道德与法治”、“中国近现代史纲要”（以下简称“纲要”）和“形势与政策”这5门思政课程，各门课程在教学内容上或多或少涉及“四史”方面的知识。比如，“原理”课着重讲授人类社会发展史、资本主义发展史和社会主义发展史这方面的教学内容。“概论”课着重向学生介绍马克思主义中国化进程中形成的理论成果，总结马克思主义基本原理与中国具体实际相结合的基本经验，课程内容也是以“四史”为背景展开。“德法”课虽然不直接涉及历史教育，但在讲述理想信念问题时，需要联系社会主义发展史和党史的内容；讲述以爱国主义为核心的民族精神时，需要联系党史、新中国史的内容；讲述以改革创新为核心的时代精神时，需要联系改革开放史的内容。而“纲要”课作为一门专门的历史教育课程，讲授的是中国近现代历史，与“四史”的内容关系最为密切。“形势与政策”课以讲授最新的国际国内形势以及党和国家的重要方针政策为主，但在讲授过程中也必须结合“四史”背景才能把课程内容讲深讲透。因此，如何在5门思政课中合理分配“四史”教育的具体内容，是一个棘手的问题。目前各门思政课往往从各自教学目的和要求出发，各取所需、各自为政，彼此之间缺乏整体规划，无法全面系统地让学生掌握“四史”知识。

2. 思政课教师所具备的“四史”教育相关知识结构和能力素养不足

由于“四史”教育绝不是将历史事件和历史知识简单地介绍给学生，而是要将其中蕴含的精神实质传达给学生，对思政课教师的知识结构和能力素养提出了更高的要求。一方面，思政课教师由于专业背景不尽相同，对“四史”并没有经过系统全面的学习，在课堂教学中囿于知识所限，难以游刃有余地对学生进行有效的启发与引导；另一方面，博大精深的“四史”内容明显加大了思政课教师的备课要求和备课难度。由于必须耗费大量时间和精力去钻研领悟，思政课教师往往心有余而力不足，这势必影响“四史”教育融入思政课的教学实效。

3. 教学方法和手段单一，无法调动学生学习积极性

当前，高校多数仍采用传统的课堂讲授法，将“四史”教育内容在思政课教学中“灌输”

---

① 习近平：《思政课是落实立德树人根本任务的关键课程》，《求是》2020年第17期。

给学生,却没有考虑作为受众的学生的接受度,难以提高学生学习“四史”的热情。有些老教师虽具备较深厚的历史知识,却因为在教学上仍采用传统的讲授方式,缺乏先进的教学手段,而无法提升学生的学习兴趣;年轻教师虽能较好运用多媒体技术等新兴教学手段,却由于缺乏“四史”的知识底蕴,难以进一步引导学生对“四史”内容进行深度思考,最后只能采用讲红色故事、播红色影片这些表面热闹、实质肤浅的教学方式,使“四史”教育融入思政课流于形式。

4. 考核方式落后,无法准确评估“四史”教育教学实效

就目前而言,无论是对思政课教师的考核还是对学生“四史”教育内容的考核,都存在不少问题。一方面,在对思政课教师的考核上,各高校尚未将教师在思政课教学中融入“四史”教育的具体落实情况纳入教学考核体系,无法激发教师贯彻执行“四史”教育融入思政课教学这一要求的内生动力。部分思政课教师只是蜻蜓点水式地在思政课教学中穿插讲一些“四史”内容以应付学校布置的任务,而不管最终融入效果如何。另一方面,在对学生“四史”教育内容的考核上,主要还是以传统的期末考试分数作为课程学习成绩的评判标准,考核内容上增加一些“四史”知识作为考点,并未针对“四史”教育的特点设计不同的考核方式,考核方式单一且落后,无法准确评估“四史”教育的教学实效。

三、“四史”教育融入“德法”课的设计思路和实现路径

针对上述问题,下面将以“德法”课为例,探讨“四史”教育融入思政课的设计思路和实现路径。

1. 优化顶层设计,确保“四史”教育有效融入教学体系

“四史”教育内容融入高校思政课是一项系统工程,绝不能碎片化地简单介绍,也不能根据思政课教师的喜好随意选讲,而应结合各门思政课的课程目标、功能定位和课程特点,整合“四史”资源,构建一套完整系统的“四史”思政课教学课程体系。这涉及课程的顶层设计和整体规划,需要对“四史”思政课的教学目标和具体任务进行明确、对课程内容进行重新设计、对现有的教材进行修订和完善,打破各门思政课各自为政的局面,推动各门思政课对“四史”教育产生合力效应,最终形成分工明确、内容互补、彼此衔接的“四史”教育教学体系。

具体来说,各门思政课需要结合本课程内容体系及特点,将“四史”教育巧妙融入教学中。以“德法”课为例,该课程以马克思列宁主义、毛泽东思想和中国特色社会主义理论体系为指导,深入贯彻习近平新时代中国特色社会主义思想,以社会主义核心价值观教育为主线,针对大学生成长过程中面临的思想道德和法治问题,开展马克思主义的人生观、价值观、道德观、法治观教育,以帮助大学生提升思想道德素质和法治素养。在课程讲授中,可以挖掘“四史”中的典型人物和事件,以教学案例的形式呈现给学生,把“四史”上的人物与当今的时代楷模进行类比,以服务课程的教学目标。比如,在第一章“领悟人生真谛 把

握人生方向"、第二章"追求远大理想 坚定崇高信念"中，可以结合党史中革命先烈的人生观、价值观及理想信念，让学生自觉以革命先烈为楷模，树立崇高的理想和信念，以此来丰富和强化教材内容，实现党史教育和"德法"课教材完美融合。第三章"继承优良传统 弘扬中国精神"第一节"中国精神是兴国强国之魂"，可以以中国精神为主题，讲述几千年历史长河中中国人民所体现出的伟大创造精神、伟大奋斗精神、伟大团结精神，把近百年来中国共产党坚持真理、坚守理想、践行初心、担当使命、不怕牺牲、英勇斗争的伟大建党精神展现出来，进而对大学生提出担当民族复兴大任、弘扬中国精神的时代任务。第三章第二节"做新时代的忠诚爱国者"、第三节"让改革创新成为青春远航的动力"可以通过"四史"教育，让学生深刻领会爱国主义是具体的、现实的，爱国爱党爱社会主义统一于实现中华民族伟大复兴的历史进程中。教师讲述我国古代、近代历史文化中仁人志士所展现的舍生取义的爱国精神，"四史"中涌现的无数共产党员及先进人士的爱国情怀，让学生从思想深处受到触动，并将"四史"教育所蕴含的这些精神进一步得到继承与弘扬。"德法"课教师的任务就是通过"四史"内容把这些精神讲深讲透，让学生真正把握中国精神的内涵，以更好实现"德法"课提升大学生思想道德水平和法治素养的教学目标。

目前，厦门大学积极响应党中央关于将"四史"教育融入高校思政课的号召，已明确于2022年9月新学期开设"四史"必修课，整合全院教师的力量，打造高质量的"四史"思政课程。先独立开设"四史"必修课，可以为"四史"有效融入思政课、让思政课教师做好知识储备提供时间缓冲和宝贵的前期经验，不失为一种过渡性的"四史"融入思政课教学的可行方式。

2. 培育教师队伍，增强"四史"教育主体力量

要实现"四史"教育有效融入高校思政课，培育一支政治强、情怀深、思维新、视野广、自律严、人格正[①]的思政课教师队伍是重要保障。目前，各地高校普遍存在思政课专任教师队伍缺编情况，思政课教师授课负担过重，极大制约了教育教学水平的提高，从而无法保证"四史"教育达到预期效果。为了解决思政课教师人手不足的困境，各高校往往采取聘请专家学者、党政干部、辅导员等兼任思政课教师的方式，用编外人员来暂时缓解师资不足的压力。但从长远来看，要解决"四史"教育融入思政课的师资问题，上述方法只能是权宜之计。归根结底，还是需要对思政课教师进行系统化培育，全方位提升思政课教师的综合素质。首先，加强师德师风建设，强化对思政课教师的思想政治素质和师德师风的考察，这是作为思政课教师的首要的"德"方面的条件。其次，强化思政课教师的"四史"知识培训，通过开展多种形式的专题研修班、骨干培训班、"周末理论大讲堂"等集体培训活动、聘请"四史"方面的专家学者为思政课教师开设专题讲座等方式弥补思政课教师的知识短

---

① 习近平：《思政课是落实立德树人根本任务的关键课程》，《求是》2020年第17期。

板，使其具有宽广的“四史”学术视野，这是作为思政课教师“智”方面的条件。再次，注重在“四史”涉及的学科门类，如马克思主义理论、政治学、教育学、法学、历史学等学科领域广泛筛选优秀的教师人才，建立科学合理的筛选机制，以优秀思政教师的“能”带动整支思政课教师队伍素质的提升。最后，从激发思政课教师内在动力入手，提高优秀思政课教师的待遇，不定期举办“四史”知识竞赛、思政课教师教学技能比赛等丰富多彩的活动，鼓励全体思政课教师积极参与，形成有效竞争机制，从而激励思政课教师不断自觉提升自身知识水平和专业素养。

3. 改进教学手段，提升学生对“四史”教育的接受度

应打破“四史”教育中传统的老师说、学生听的落后单一教学方式的局面，探索多元化的“四史”教育的教学方法和教学手段。在教学方法上，可以综合运用讲授式教学、专题式教学、案例式教学、讨论式教学、启发式教学、情境式教学等；在教学手段上，可以灵活选用多媒体教学、在线课堂、翻转课堂、微课和慕课等。“四史”教育融入思政课应突出“四史”教育的特点，注意理论讲授与实践教学相结合。一方面，通过课堂讲授、重点剖析、难点释疑、专题辩论等方式，善用问题导向式教学，启发学生思考。将“四史”故事融入思政课教学过程中，注意以情感人、以理服人，运用辩证分析的方法来学习历史，提升“四史”教育的理论高度和思想深度。另一方面，利用当地的红色文化资源，带领学生参观革命遗址遗迹、博物馆、纪念馆、党史馆等，使“四史”思政教学从学校小课堂走向社会大课堂，通过实地现场教学、情境教学真正实现“四史”教育深入人心，从而有效提升学生对“四史”教育的接受度，增强“四史”教育的实效性。

4. 运用网络手段，拓展“四史”教育的广度和深度

随着现代化信息技术的迅猛发展，微信、微博、QQ 等网络平台已成为学生熟悉的网络交流手段。“四史”教育要实现与时俱进、贴近学生，就不能将授课的“舞台”局限于有形的现实世界，而应进一步拓展到无形的虚拟时空，让学生通过网络自主学习相关“四史”知识，既能有效激发学生的学习兴趣，又能实现对课堂有限教学内容的无限延伸。例如，可以开展“红色云课堂”，将“四史”相关的影片、纪录片推送给学生，通过分享红色经典来提升“四史”学习的吸引力；可以利用中共中央宣传部主管的优质学习平台“学习强国”上的资源，为学生提供丰富的“红色云课堂”知识；可以运用多媒体技术，还原历史场景，打造浸润式体验，让学生在历史场景中切身感受中国共产党艰苦奋斗的革命精神和百折不挠的奋斗历程；可以利用课堂派、雨课堂、Tronclass、UMU 互动学习平台等智慧教学工具，与课堂教学、实践教学实现优势互补，弥补课堂教学时间、空间、资源的不足，节省实践教学成本，充实教学资源，拓展“四史”教育的广度和深度。各高校教学部门可以组织相关网络教学平台的使用培训，让思政课教师熟练掌握网络平台教学方式。比如，2022 年初，厦门大学教务处现代教育技术与实践训练中心应学校因疫情防控需要全面实行线上教学的要求，积极开展包括超星、课堂派、畅课、学堂在线、智慧树等多种网络教学平台的教师培训工作，全面提升了教师运用网络教学平台开展教学的技能水平。

5. 创新考核方式，完善“四史”教育的考核评价体系

在对思政课教师的考核上，要将“四史”教育能力要求纳入考核体系，可以采取专家听课、学生评教等方式，定期组织思政课教师参与“四史”教育融入思政课的教学竞赛、集体培训等，将其纳入评奖评优职称聘任体系。这一方面能对思政课教师“四史”知识能力进行全面考核，另一方面也能进一步激发思政课教师提升自身“四史”教学水平的积极性。在对学生的考核上，应根据不同学科的特点，开发多元化考核方式，采取理论考核和实践考核相结合的方式。在理论考核上，应注重“四史”教育学习过程的考核，可以通过随堂小测、课堂讨论/提问等评定学生的平时理论成绩。在实践考核上，学生可以运用微博、公众号等新兴媒体，制作短视频、情景剧，参观红色景点撰写心得体会，观看红色影片撰写观后感，参加“四史”知识竞赛、红色诗歌朗诵比赛、微型主题演讲等多种方式参与“四史”教育活动，教师对其进行实践考核，作为平时和期末理论考核的有效补充。最终结合理论考核和实践考核的成绩，评定思政课的最终成绩。

“四史”融入大学生理想信念教育的三维审视*

苗瑞丹　闫旭杰**

摘　要：“四史”蕴含着丰富的历史资源和精神财富，为推动大学生理想信念教育提供了多样的素材与重要的载体。推进“四史”融入大学生理想信念教育，要从关系维度、价值维度和实践维度等多维视角，深入分析“四史”融入大学生理想信念教育的可能性、必要性与现实性。从关系维度来看，二者在目标、内容、要求等方面具有内在一致性与契合性；从价值维度来看，推进“四史”融入大学生理想信念教育，对于明确大学生理想信念的教育方向、丰富教育内容与提升教育效果具有重要价值意义；从实践维度来看，以“四史”为主线，将其全方位融入大学生理想信念教育的课堂教学、实践教学和网络教学，是优化“四史”融入路径的关键点。

关键词：“四史”；大学生理想信念教育；融入

以史为鉴，资政育人，从历史中汲取智慧和力量是中国共产党的优良传统。党的十八大以来，习近平总书记从党和国家事业发展全局的战略高度，围绕开展“四史”学习进行了系列重要论述。党的十九届五中全会通过的《中共中央关于制定国民经济和社会发展第十四个五年规划和二〇三五年远景目标的建议》进一步强调要“推动理想信念教育常态化制度化，加强党史、新中国史、改革开放史、社会主义发展史教育”。新时代推进“四史”融入大学生理想信念教育，要将理论与实践相统一，从关系维度、价值维度和实践维度等多维视角，深入分析“四史”融入大学生理想信念教育的可能性、必要性与现实性。

一、“四史”融入大学生理想信念教育的可能性分析

从关系维度来考察，厘清“四史”与大学生理想信念教育的内在关系，是回答“四史”为

*　基金项目：中央高校基本科研业务费专项资金资助“习近平关于以人民为中心重要论述的内在逻辑研究”(20720221004)的阶段性成果；厦门大学2020年度教改教法研究项目“高校思政课坚持‘价值性和知识性相统一’的理论蕴涵与路径方法研究”(2020MJY04)的阶段性成果。

**　苗瑞丹，黑龙江齐齐哈尔人，厦门大学马克思主义学院副教授、博士生导师，主要研究方向为思想政治教育；闫旭杰，河南平顶山人，厦门大学马克思主义学院硕士研究生。

何能够融入大学生理想信念教育的基本前提。“四史”以生动鲜活的历史激励大学生在学思践悟中坚定理想信念、践行使命担当，在教育目标、教育内容与教育要求等方面，与大学生理想信念教育具有内在的一致性与契合性。

（一）“四史”与大学生理想信念教育目标一致

从目标任务来看，“四史”与大学生理想信念教育目标一致，主要体现在重视知识的掌握、强调情感的培育、注重行为的养成三个层面上。首先，重视知识的掌握。历史是各门学科登堂入室的基础，也是夯实专业知识、提升理论思维能力的基础[①]。“四史”作为新时代大学生历史教育的重要组成部分，旨在丰富大学生的历史知识储备，提升历史认知水平，使其能够在纷繁复杂的历史现象中把握历史发展线索，从而为回击历史虚无主义等错误思潮奠定坚实的知识基础。大学生理想信念教育以传授客观的真理性知识为教学重点，其目的在于通过对大学生进行马克思主义理论教育，引导大学生在共时性的横向比较和历时性的纵向比较中科学认知中国社会发展历史，以扎实的历史知识更好理解新时代中国现实。其次，强调情感的培育。“四史”学习不仅旨在丰富大学生的历史知识，还着眼于引导大学生挖掘蕴含在历史知识中的精神力量，使大学生在历史学习中获得精神滋养与情感体验，强化其对于历史发展必然性的情感认同和思想认同，做到既以知识说服人，又借真理感动人。大学生理想信念教育同样高度关注大学生情感的培育。大学生处在品德情感形成的关键时期，具有较强的可塑性，因此，大学生理想信念教育强调要在教学过程中突出情感因素，使大学生的情感体验朝着积极的方向发生变化[②]，将情感共鸣逐步升华为对理想信念的自觉认同。最后，注重行为的养成。“四史”与大学生理想信念教育虽以知识传授为教学起点，但它们并不是隐藏在书斋里的学问，其最终目的在于引导大学生通过学习，更好地把握中国特色社会主义的发展大势，认清肩上担负的历史使命，在实践中自觉将个人发展与国家民族的前途命运相结合，将所学内容真正做到内化于心、外化于行。

（二）“四史”与大学生理想信念教育内容贯通

从内容来看，“四史”为大学生理想信念教育提供了丰富的论证素材，大学生理想信念教育基于并体现着“四史”，二者在内容上相互贯通。“四史”聚焦中国共产党百年奋斗史、中华人民共和国70多年建设史、改革开放40多年探索史与社会主义500多年发展史，既记录着历史长河中的各大历史节点、各类历史事件、各个历史人物等历史现象以及蕴藏在

---

① 董鹏鹏、彭雪莲：《高校思想政治课堂开展“四史”教育的内涵与路径》，《中学政治教学参考》2021年第8期。

② 戚静、王鑫：《情感体验：青少年理想信念教育的切入口》，《思想理论教育》2011年第2期。

历史现象中的本质、主流和历史发展规律[①]，也承载着中国共产党人在长期奋斗中构建起来的精神谱系，彰显着中国共产党人为中国人民谋幸福、为中华民族谋复兴的初心和使命。丰富的历史事件、鲜明的历史人物和宝贵的精神财富构成了“四史”的主要内容，为培养和树立新时代大学生的爱国情操、坚定信念和不朽理想提供了充沛养料。大学生理想信念教育依托四门公共课教材展开，包含着丰富的历史教育内容。“马克思主义基本原理”不仅包括唯物史观教育，还包括人类社会发展史、资本主义及社会主义发展史等教育内容，其中，第六章系统阐释了社会主义500多年来的发展历程，与“四史”中的社会主义发展史部分相对应。“毛泽东思想和中国特色社会主义理论体系概论”以马克思主义中国化的创新发展为主线，内在地包含了新民主主义革命史、社会主义革命史、中华人民共和国建设史及改革开放史的历史进程。“思想道德与法治”主要是对大学生进行社会主义思想道德教育和法治教育，其教学内容多处与“四史”有着密切联系，如以社会主义发展史为背景讲述理想信念的重要作用，以中国共产党的革命、建设和改革历程为依据，阐释其中蕴含的伟大民族精神与时代精神。“中国近现代史纲要”课程更是涵盖了党史、新中国史与改革开放史的主要内容，旨在引导大学生通过纵览历史，持续深化对于“四个选择”历史必然性的认识。由上述内容可知，“四史”是贯穿于大学生理想信念教育教学中的重要内容，在大学生理想信念教育过程中有鲜明体现。

（三）“四史”与大学生理想信念教育要求契合

从教育要求来看，“四史”与大学生理想信念教育在教学方向、方法和内容方面存在契合性。其一，在教学方向上，要求政治立场不移、政治方向不偏。“四史”不是一般的历史教学，而是具有鲜明政治属性的历史教育[②]。同样，大学生理想信念教育在本质上是思想素质教育和政治教育的统一。这就要求“四史”与大学生理想信念教育在教育方向上应始终坚持正确的政治立场和社会主义方向，培养具有正确历史观、拥有正确政治立场和坚定理想信念的新时代大学生。其二，在教学方法上，要求坚持理论与实践相结合。“四史”与大学生理想信念教育不仅是思想认识问题，更是实践问题。因此，必须努力寻找理论与实践的契合点，推动理论成果的实践转化，使大学生通过主观体验和行为实践，在实际生活中不断检验所学、巩固所学，从而更好地坚定理想信念、践行使命担当。其三，在教学内容上，强调基于时代变迁开展教育。“四史”并非一成不变，也并非就史论史，其意蕴在于借古思今，将过去的真事实予以新意义或新价值，以供现代人活动之资鉴。同样，大学生理想信念教育也并非一成不变，它与所处时代紧密相连，是在特定历史条件下对于实现未来

---

① 冯霞、刘进龙：《“四史”教育融入高校思想政治理论课的三维审视》，《思想理论教育导刊》2021年第2期。

② 靳诺：《围绕立德树人 加强“四史”教育》，《思想政治工作研究》2020年第5期。

理想的坚定与确信。这要求"四史"与大学生理想信念教育具体目标的制定与实际内容的探索应紧密结合不断变动发展着的客观现实，以创造新概念、建构新理论①，使二者始终保持前瞻性与时代性。

二、"四史"融入大学生理想信念教育的重要性分析

"四史"见证着人类探索历史发展规律、寻求进步与解放的前行历程，凝结着中国共产党在长期革命、建设和改革中积累的宝贵经验，承载着中华儿女救亡图存、浴血奋战、矢志复兴的民族精神。推进"四史"融入大学生理想信念教育，对于明确大学生理想信念的教育方向、丰富教育内容与提升教育效果具有重要意义。

（一）明确大学生理想信念教育的方向

1. 明确大学生理想信念教育的价值方向

"四史"形成、传播及发展的过程，是中国共产党人为实现最广大人民的根本利益而甘愿牺牲个人利益的过程，是为建立人民当家作主的社会主义国家、为开辟真正意义上的人民民主时代而不懈奋斗的过程。这个过程真正体现了中国共产党把国家利益、社会集体利益与人民利益放在首位的价值主张，这与大学生理想信念教育的价值方向不谋而合。然而，受西方不良社会思潮的影响，当前部分大学生过分追求个人利益最大化，为实现自身诉求而忽视集体利益，这在一定程度上影响并制约着大学生理想信念教育工作的展开，使其价值方向逐渐呈现出功利化趋势。在此情况下，将"四史"融入大学生理想信念教育，能够有效借助"四史"中蕴含的崇高价值观为大学生的价值观念正本清源，为大学生理想信念教育的价值方向激浊扬清，使国家利益、集体利益和人民利益根植于大学生理想信念形成的整个过程，确保大学生理想信念教育的价值方向不断得到明确。

2. 明确大学生理想信念教育的目标方向

实现中华民族伟大复兴的"中国梦"是党和国家的奋斗方向，也是"四史"与大学生理想信念教育的重要奋斗目标②。从根本上说，大学生理想信念教育的主要目标和中心任务在于以马克思主义中国化的最新理论成果武装大学生的头脑，使其能够积极拥护、坚决维护、广泛参与中国特色社会主义伟大事业的建设进程，成为"中国梦"的忠实拥护者和践行者。"四史"与"中国梦"的实现紧密相关，既记录着各历史时期党领导人民向"中国梦"奋勇前进的历程，也蕴含着每一个中国共产党人为实现"中国梦"而凝聚起来的巨大精神力量。将"四史"融入大学生理想信念教育，能够在教育过程中引导大学生更好地了解党和国家为实现"中国梦"而历经的艰辛探索与不朽初心，激励大学生在"中国梦"的指引下勇

---

① 张明：《改革开放：从中国经验到中国理论》，《中共党史研究》2019 年第 6 期。

② 吕丹：《"中国梦"在当代大学生理想信念教育中的引领作用》，《教育理论与实践》2014 年第 12 期。

担时代使命，主动将个人命运与国家未来紧密结合，将个人的成长成才与国家的繁荣昌盛、民族的振兴发展联系贯通，积极做到承青年之责，担国之重任。

（二）丰富大学生理想信念教育的内容

1. 夯实大学生理想信念教育的历史基础

当前，历史虚无主义妄图以虚无历史的方式，消解大学生对于历史的认知及主流意识形态的认同。由于大学生的理性认知能力、明辨是非能力仍有待成熟，极易被错误思想引导，造成观念上的混乱。若大学生理想信念教育缺乏历史史实的支撑，则会显得单薄无力，进而造成大学生对于理想信念教育真实度和可信度的怀疑。因此，使大学生理想信念教育根植于深厚的历史土壤，是提升大学生理想信念教育内容可靠性的关键所在。“四史”承载着中国共产党在马克思主义的指引下带领人民进行革命、建设和改革的生动实践，印证着无数仁人志士不畏艰险、勇于献身的英雄事迹和革命气节。将“四史”融入大学生理想信念教育，有助于为大学生理想信念教育提供“历史性片段”和原初形态展示，克服理想信念教育的“无根性”，清除历史虚无主义等错误思想倾向的干扰，促进大学生对于理想信念教育内容的认知、理解和接受。

2. 丰富大学生理想信念教育的素材资源

开展大学生理想信念教育，丰富多样的素材资源能够在一定程度上改善教学内容枯燥、教育手段单一等问题，以此促进教学实效性的提升。“四史”作为大学生理想信念教育的重要载体，蕴含着丰富的教学资源。如原始性图表、数据、文稿及档案材料等文本类资源，照片、音频、视频等图像类资源，名人故居、革命旧址、红色纪念馆等历史实地资源以及各历史时期蕴藏的精神资源等。“四史”的融入使教育不再局限于课堂内的简单灌输与说教，突破了课堂教学中二手材料的限制，有助于大学生理想信念教育在教学过程中以更加丰富、直观的表现形式将教学内容及知识要点进行呈现，以此推动理想信念教育更加鲜活、更易接受。

（三）提升大学生理想信念教育的效果

1. 增强大学生理想信念教育的“吸引力”

在大学生理想信念教育的教学过程中，部分教师为完成教学进度，往往会忽略历史知识的引入和铺垫，直接进行纯粹理论的讲解，这难免会造成教育内容的枯燥无味，使课堂抬头率逐渐降低。从根本上说，“四史”是由一个个生动鲜活的具体人物和真实案例组成的历史链条，真实可靠的历史材料往往会提升抽象知识的生动性。例如，在讲述“毛泽东思想和中国特色社会主义思想概论”课中“近代中国国情”一节时，引入巴黎和会中国外交的失败、五四运动等具体案例，在进行“群众路线”讲述时，引入人民群众用小车推出来的“淮海战役”的胜利等，不仅可以为理想信念教育提供有力的史料支撑，还能够增强理想信念教育内容的吸引力，调动大学生主动学习的自觉性和积极性。

2. 提高大学生理想信念教育的“感召力”

“四史”融入大学生理想信念教育，能够有效提升理想信念教育的“地气”和“人气”，充分发挥理想信念教育的“感召力”。一方面，“四史”促进大学生理想信念教育“接地气”。“四史”是各历史时期客观存在的真实反映，在教育内容和表达方式上，具有真实性、客观性和具体性。通过“四史”，大学生理想信念教育能够更好地将复杂难懂的知识点通俗化、生动化，使教育不再是讲台上的高谈阔论，而是让大学生真正听得懂、读得透的实际问题。另一方面，“四史”推动大学生理想信念教育“聚人气”。“四史”反映了一代代中华儿女勠力同心、携手共进的奋进历程，彰显了中国共产党人的崇高风范，其中凝结的巨大精神力量为新时代大学生提供了精神指引。将“四史”融入大学生理想信念教育，不仅能够激发大学生在情感上的共鸣，实现理想信念教育入耳、入脑、入心，还能够不断提升大学生的责任意识，使其在新时代勇担重任，在行动中践行初心。

三、“四史”融入大学生理想信念教育的现实性分析

马克思指出：“一步实际运动比一打纲领更重要。”[①]推进“四史”融入大学生理想信念教育，要将理论与实践相结合，基于当前大学生理想信念教育的现实状况，探寻“四史”融入大学生理想信念教育的切入点，从课堂教学、实践教学和网络教学等多维视角，探索“四史”融入大学生理想信念教育的现实路径。

（一）推动“四史”融入大学生理想信念教育的课堂教学

思想政治理论课是大学生理想信念教育的主渠道，当前，大学生理想信念教育主要依托“马克思主义基本原理”“毛泽东思想和中国特色社会主义理论体系概论”“中国近现代史纲要”“思想道德与法治”四门思想政治理论课展开。推动“四史”融入大学生理想信念教育的课堂教学，需要找准“四史”与各课程之间的内容切入点，有针对性地增强“四史”与各课程之间的差异化融合。

“马克思主义基本原理”主要对应社会主义发展史。其中，绪论部分“马克思主义的创立和发展”一节重点总结了马克思主义的创立背景和发展历程；第六章“社会主义五百年的历史进程”详细梳理了社会主义从空想到科学、从理论到现实、从一国到多国，尤其是在中国焕发生机与活力的发展脉络；第七章“共产主义崇高理想及其最终实现”对社会主义的未来发展进行了科学预测，描绘了未来共产主义社会的美好蓝图。因此，在“马克思主义基本原理”课教学中引入“四史”，要重点结合上述章节，将历史故事与理论知识相融合，通过解读马克思主义形成、发展的整个历史脉络，帮助大学生更好地了解社会主义从哪里来，到哪里去，从而使其树立对于马克思主义信仰、远大理想和共同理想的自觉与坚定。

---

① 《马克思恩格斯选集》第3卷，人民出版社2012年版，第355页。

“毛泽东思想和中国特色社会主义理论体系概论”以马克思主义中国化为主线，从理论创新的角度着重讲授了马克思主义中国化理论成果及其相互之间既一脉相承又与时俱进的关系。从实质上说，“四史”本身就是一部创新发展史，从社会主义由空想到科学、由理论到现实、由一国到多国，从中国共产党的创立、新中国的诞生到改革开放新时期和现在的新时代，创新作为主线贯穿其中。据此，“毛泽东思想和中国特色社会主义理论体系概论”课教学可以结合历史语境和时代背景，充分挖掘“四史”中蕴含的创新故事和创新精神，通过生动具体的史料分析创新理论产生的原因、过程及影响，帮助大学生逐步掌握中国特色社会主义的原创性贡献，深刻了解马克思主义中国化何以在承前启后中持续推进、中国特色社会主义事业何以在继往开来中不断发展，增强其对实现中国特色社会主义共同理想的信念感和使命感。

“思想道德与法治”主要是对大学生进行社会主义思想道德教育和法治教育，旨在“帮助学生筑牢理想信念之基”①。这与“四史”有着密切联系和高度一致。在《思想道德与法治》教材中，“理想信念”作为重点章节单独罗列，其教学重点在于使大学生清楚为什么要树立理想信念、应该树立什么样的理想信念，以及怎样坚定理想信念②。“四史”中有许多追寻理想、信仰真理、执着信念的真实案例，将其融入课堂教学，能够为大学生理想信念教育提供论证支撑，使抽象程度较高的知识点具体化、生动化。如引入南陈北李等早期中国共产党人为探索救国救民觉醒之路而甘愿奉献、勇于斗争的故事，使大学生从中体会中国共产党人为党、为人民、为心中理想而英勇无畏的民族情怀和崇高信仰，以此推动大学生进一步明确树立理想信念的意义与价值，并主动在实践中将个人理想与社会理想紧密结合。

“中国近现代史纲要”围绕实现中华民族伟大复兴中国梦这一主题，系统梳理了自近代以来中国社会发展的历史进程，旨在引导大学生把握中国近现代历史的发展规律与基本线索，了解历史和人民怎样选择了马克思主义、选择了中国共产党、选择了社会主义道路、选择了改革开放。“四史”与“中国近现代史纲要”课有较多的衔接，既能够在一定程度上弥补因教材篇幅有限而导致大学生对相关历史事实的模糊与不解，也能够帮助大学生通过了解历史，在情感深化中进一步树立理想、坚定信念。以“中国近现代史纲要”课教材中的抗美援朝战争为例，目前，教材仅以较少篇幅对其进行介绍，这难免会使大学生对于抗美援朝的前因后果产生碎片化、零散化理解。若在教学过程中，引入抗美援朝战争系列史实，并结合当下中美关系，在翔实史料的基础上进行深入分析，则能够有效提升大学生

① 佘双好：《“思想道德修养与法律基础”课建设历程和发展走向》，《学校党建与思想教育》2021年第9期。

② 宇文利、金德楠：《“思想道德与法治”课程中理想信念教学的基本理路》，《思想教育研究》2021年第9期。

对于抗美援朝的认知与领悟，使其从中汲取精神力量和历史智慧，激励大学生在新时代背景下，以崇高理想和坚定信念担负起民族复兴的历史使命。

（二）推动“四史”融入大学生理想信念教育的实践教学

习近平指出：“社会是个大课堂。青年要成长为国家栋梁之材，既要读万卷书，又要行万里路。”[①]课堂内的“四史”知识十分重要，课堂外的“四史”体验同样发挥着价值作用。实践教学作为第一课堂的补充、拓展和深化，能够使平面的“四史”立体化、遥远的“四史”鲜活化、枯燥的“四史”生动化，帮助大学生在历史情境中得到更加直观、真实的感知和体验。推动“四史”融入大学生理想信念教育的实践教学，可以采取以下方式：

1. 拓展“四史”的实践教学基地

“四史”实践教学基地既包括各类历史场地，如革命旧址、革命遗迹、英雄故居，也包括各种历史场馆，如博物馆、纪念馆、陈列馆、党史馆等。在课堂外，要将这些客观存在、主题鲜明、独具特色的实践教学基地作为大学生理想信念教育的实践平台和固定场所，组织大学生开展实地探访和现场学习，使大学生通过近距离的观察和感受，不断深化对于课本内容的动态认识，充分领悟中国共产党在内外环境恶劣的条件下实现从无到有、由弱变强的艰辛奋斗历程，感受革命先辈舍小家为大家的坚定信念和不朽理想，促使大学生在实践中将所闻所见所感转化为支撑自己不断前进的动力和信仰[②]。

2. 开展主题鲜明的“四史”纪念活动

“四史”纪念活动是历史和现实实现有效链接，使历史记忆得以保存、强化和延续的重要途径。结合重大纪念日的类型与特点开展具有相应特色的“四史”专题活动，能够不断提升理想信念教育的针对性和实效性。如“七一”建党节、抗日战争胜利日、“十一”国庆节、国家公祭日等重大历史事件纪念日是激发大学生爱党爱国情感、凝聚大学生青春之力的重要纪念日。组织大学生重温入党誓词，集体观看升旗仪式、阅兵仪式，开展默哀仪式、献花仪式等“四史”纪念活动，使大学生在特殊时刻、特定场景中实际感受中国前进壮大的历史进程，体会中国共产党人为推动国家发展进步而积极求索的伟大精神和高尚人格，有助于在潜移默化中提升大学生理想信念教育的长效和持久。再如马克思诞辰、毛泽东诞辰等重要历史人物纪念日是借助伟人的丰功伟绩和思想光辉引导大学生勇担时代重任的重要载体。组织大学生开展主题征文、演讲比赛等活动，能够有效引导大学生在思想的交流中丰富认识、巩固知识并发现问题，由此推动大学生理想信念教育以问题为导向，实现教学的进一步具体化、详细化。

---

① 《习近平关于青少年和共青团工作论述摘编》，中央文献出版社 2017 年版，第 55 页。

② 谭吉华、左闲、闫新科：《红色资源是高校反历史虚无主义的有力武器》，《学校党建与思想教育》2019 年第 1 期。

3. 充分挖掘高校自身的“四史”资源优势

依托校园、校史，重点挖掘所在高校的“四史”资源，能够丰富大学生理想信念教育的教学案例，逐步形成以史育人的浓厚氛围。一方面，要充分发挥校内楼馆的育人功能。在办学历史悠久的高校中，有很多建筑本身就是历史遗迹，如北京大学红楼、厦门大学囊萤楼等。也有很多高校基于自身的历史发展历程，建设了独具本校特色的校史馆，记录着属于本校的红色记忆。高校中的历史遗迹及史馆、纪念馆等红色历史地标是大学生就近、就地开展理想信念教育的重要载体。另一方面，要挖掘、传播校友中英雄人物的先进事迹。先辈校友的生平记事、学业记载、革命活动、文章书信等如实反映了其成长成才的轨迹和思想演变的历史，为大学生理想信念教育提供了鲜活素材①，使大学生理想信念教育内容更加饱满、鲜活。通过讲述与大学生曾处同一空间下的英雄人物的事迹与精神，能够有效拉近大学生与历史人物之间的距离，激励大学生以一批批镌刻在学校史册上的名人“学长”“学姐”为榜样，在新时代继承其理想、传承其信仰，以高尚的人格、行为影响带动更多的人，逐渐成为传播和践行理想信念的主要力量②。

（三）推动“四史”融入大学生理想信念教育的网络教学

习近平指出：“中国坚持不懈推进教育信息化，努力以信息化为手段扩大优质教育资源覆盖面。”③在信息化和网络化飞速发展的当下，网络教学因其即时性、开放性、交互性、广泛性等特点，日益受到师生青睐，成为教学的“第三课堂”。很多高校借助网络实现了大学生理想信念教育的“无线化”和“无限化”。推动“四史”融入大学生理想信念教育，必须充分利用现有条件，创建具有开放性和示范性的“四史”学习网站专栏、开发和利用“四史”网络教学平台、依托微媒体开展“四史”主题活动，构建线上线下深度融合的教学模式，不断增强“四史”的时代感和吸引力，进一步提升大学生理想信念教育教学的生动性和有效性。

1. 创建“四史”学习网站专栏

当前，许多高校都创建了具有本校特色的理想信念教育网站，如清华大学的学生红色网站、中国人民大学的人大青年网、北京师范大学的网上党校、南京工业大学的常青藤思政网等。这些网站通过利用现代化的信息技术，集文字、图片、音频、视频于一体，不仅拓展了大学生理想信念教育的教学空间，还激发了大学生浏览网站、获取知识的欲望和兴趣，使大学生理想信念教育的实效性得到充分提升。推动“四史”融入大学生理想信念教育的网络教学，要充分利用网站的即时性、便捷性，以及对于大学生的吸引力和影响力，在各高校的大学生理想信念教育网站中增设包括新闻要论、“四史”资料、学习动态三个重点

---

① 潘坤、王继红：《红色档案助力高校思政课教学刍议》，《学校党建与思想教育》2021 年第 2 期。

② 冯建军：《以理想信念教育铸就时代新人之魂》，《人民教育》2018 年第 22 期。

③ 《习近平关于网络强国论述摘编》，中央文献出版社 2021 年版，第 17 页。

模块的“四史”学习专栏。一是新闻要论模块。及时更新党和国家的重要部署和权威信息，促使大学生将学习“四史”与学习贯彻习近平新时代中国特色社会主义思想结合起来，将历史与现实贯通起来[①]，引导大学生在古今对比中，进一步把握历史发展的客观规律，从而更好把握当下、明确未来。二是“四史”资料模块。既要及时完善、补充、上传“四史”资料，确保“四史”信息的丰富全面，同时还要设置搜索引擎，使大学生可以直接利用关键字、词、句进行检索，为大学生获取“四史”资料打造便捷、高效的学习通道。三是学习动态模块。该模块要充分展示党团支部开展“四史”活动的风采及成果。一方面成果的展示可以激励、吸引更多大学生积极参与到学习、运用“四史”的行列中来，另一方面在活动中展现出的亮点与缺陷，能够为后期“四史”活动的开展提供重要经验和改进依据。

2. 开发和利用“四史”网络教学平台

在网络教学模式下，推动“四史”融入大学生理想信念教育，可以依托网络教学平台，联合易班、MOOC、SPOC 平台等，将理想信念教育的教学空间和互动空间从线下延至线上[②]。相较于线下课程，线上课程的显著特点是教学资源能够通过数字化、网络化实现永久保存，以供学生配合使用、复习巩固。一方面，要大力开发“四史”线上课程。各大高校既要将课程视频、教学大纲、课件文档、题库测试等系列“四史”教学内容进行上传，使大学生提前完成“四史”知识性模块的网上自学。同时，也可以将“人民网公开课”“党课开讲啦”等一系列权威“金课”作为“四史”教学的补充资源。跨时间、跨地区的课程共享、资源互补，使大学生接收来自多方面、多渠道的“四史”信息，夯实大学生理想信念教育的历史基础。另一方面，增设“四史”线上交流论坛，为大学生进行开放式互动和问题式答疑提供便捷通道。在论坛讨论区，每一位大学生均可以随时发起与“四史”学习相关的讨论，其他同学可以结合自己的兴趣点和关注点对问题进行补充阐述和交流探讨。任课教师也可以借助交流论坛实现与大学生的及时互动，通过掌握大学生的思想动态，了解大学生在“四史”学习中产生的思想疑惑，围绕讨论主题有针对性地对大学生做出正向引导，以此保证大学生理想信念教育走实、走深。

3. 依托微媒体开展“四史”主题活动

依托微媒体开展“四史”主题活动，充分发挥其便捷性、交互性和时效性，有助于进一步提升大学生理想信念教育的教学效果。相较于“四史”学习网站和网络教学平台，以微博、微信、微视频等为代表的“微”事物组成的微媒介矩阵凭借内容短、小、精和形式可视化等特点，日益成为“四史”学习的重要渠道[③]。一方面，要开通“四史”微信公众号、视频号和

---

① 焦扬：《学习“四史”，让初心薪火相传》，《中国教育报》2020 年 8 月 20 日。

② 徐进功、刘洋：《思想政治理论课“三位一体”教学改革实践探索》，《思想理论教育导刊》2020 年第 12 期。

③ 杨盈盈、章小纯：《新媒体时代大学生“四史”学习教育的创新发展》，《人民论坛》2021 年第 26 期。

微博等，及时发布与“四史”相关的知识信息。如设置“历史上的今天”“历史人物志”等“四史”学习内容。在重大历史节点，配合上传相关历史事件或历史人物的视频、音频、图片等，使大学生能够利用碎片化时间进行学习，在潜移默化中养成习惯，推动大学生理想信念教育更加长效、持久。另一方面，组织大学生针对发布在微媒体上的信息，自发开展线上“微辩论”“微竞赛”“微创作”等活动，促进大学生在思想的碰撞中及时发现问题、认识问题，进而使理想信念教育能够围绕问题，有针对性地对教学重点进行补充和调整，从而提高大学生理想信念教育的实效性。

高校思想政治理论课体系化创新的若干思考*

王圣宠**

摘　要：体系化创新是高校思政课改革的核心机制，其联动整合的创新模式，是思政课建设取得实效的关键。思政课创新体系由创新目标、创新主体、教学创新和综合管理创新等要素及其相互联系而构成，思政课体系化创新需要在把握创新体系各要素功能的基础上，形成创新活动的联动机制，并通过整合推进创新实践，综合发挥各要素作用，激活各要素开放互动，促成机制内的良性循环。

关键词：高校；思想政治理论课；体系化创新；机制

创新是思想政治理论课（以下简称“思政课”）发展的驱动引擎，思政课建设作为一项长期复杂的系统工程，有必要通过体系化创新发挥多要素之间的联动效应。党的十八大以来，以习近平同志为核心的党中央高度重视思政课建设，先后印发了《普通高校思想政治理论课建设体系创新计划》（2015）、《关于深化新时代学校思想政治理论课改革创新的若干意见》（2019）、《新时代学校思想政治理论课改革创新实施方案》（2020）等重要文件，提出了思政课建设的整体性和系统性要求，为高校思政课体系化创新提供了基本遵循。体系化创新是思政课改革的核心机制，其联动整合的创新模式，是思政课建设取得实效的关键。本文从把握要素功能、形成联动机制和整合实践进路等几个方面对思政课体系化创新问题进行思考，以期为推动和深化思政课改革创新提供一些思路。

一、把握要素功能是高校思政课体系化创新的构建之基

高校思政课创新是由思政课创新活动各要素及其相互联系而构成的复杂体系，构成这个体系的要素是那些参与和影响思政课创新活动的关键因素，如创新目标、创新主体、教学创新和综合管理创新等，它们是调控和制约高校思政课创新的核心因子，通过不同方式对思政课创新过程产生作用，构成了思政课体系化创新的主要载体。

---

* 基金项目：全国教育科学规划课题教育部重点课题“基于主题叙事的高校思想政治教育话语实践研究”（课题批准号：DEA190358）。

** 王圣宠，女，辽宁岫岩人，厦门大学马克思主义学院助理教授，主要研究方向为思想政治教育。

（一）创新目标：构设创新导向

创新目标是思政课创新活动所服务的目标要素，是由根本目标和一系列具体目标构成的目标体系。高校思政课体系化创新需要创新目标的驱动，以使创新活动更具针对性和目的性。思政课体系化创新的总目标是，整体推进思政课改革创新，努力把思政课建设成为学生真心喜爱、终身受益、毕生难忘的优秀课程。在总目标指引下，创新工作还涉及教学创新和管理创新等方面的具体创新目标，此外，思政课自身改革发展的需要，新的时代背景和国际国内形势的挑战，国家政策和社会发展对人才培养的需要，以及学生特点和自身发展的诉求，都对思政课提出了细化的创新目标要求。包括总目标和具体目标在内的各层次创新目标都是思政课体系化创新活动的重要指引，在创新方案设计及执行中起着重要的导向作用。

（二）创新主体：主导创新活动

创新主体是思政课建设的主体要素，具体指组织和从事思政课创新活动的人或组织，主要包括思政工作部门、思政课领导小组、思政课教师等。广义的创新主体还包括学生和其他参与到思政课创新活动中的人员或组织。其中，思政工作部门主要是指中央和地方各级思想政治教育工作领导机构及主管部门，其作为思政课建设的主要决策和领导机构，具有对思政课创新活动进行宏观规划、目标指引、资源配置、政策制定、环境优化等功能。思政课领导小组主要指高校思政课创新的直接组织者，具体包括高校党委、校长、职能部门、思政课所在院系等高校思政课领导机构和教学科研机构的组织者，主要从教学科研的组织、指导和服务方面推进思政课改革创新的进程。思政课教师，是进行课程建设开拓性工作的主要体现者，他们不仅发挥思政课创新研究和应用活动的主体作用，而且提供创新实践的思路源泉，其素质和能力直接影响思政课体系化创新的实践进程和实际效果。①

（三）教学创新：落实创新要求

教学创新是高校思政课体系化创新的核心要素。思政课教学包括多种形式，主要有课堂教学和实践育人两大类。从现状看，课堂教学作为思政课教学的主体部分，主要依托现实和网络两个课堂。创新性的课堂教学，往往在保留传统现实课堂讲授优势的基础上，在教学内容、教学方法和手段以及教学话语方面，与时俱进，更加体现新意。实践育人作为课堂教学的延伸、实践和应用，其创新通常借助于“专题研究”“校园文化活动”“社会实践活动”等途径和形式，通过教师指导学生主动学习探究和参与实践体验，实现教与学的同步创新。教学创新的功能在于对传统教学模式进行反思，把创新精神融入教学组织和教学各环节中，构建新型有效的教学模式，通过有计划、有组织、有目的地推动课堂教学和

---

① 王圣宠：《试论高校思想政治理论课创新体系建设》，《厦门大学学报》（哲学社会科学版）2017 年增刊。

实践育人创新，将创新要求落到实处。

（四）综合管理创新：保障创新需求

思政课创新并非单纯的教学创新，离不开制度、资金、人员等的支持，管理的作用必不可少，综合管理创新是高校思政课体系化创新的关键因素。在思政课建设体系内，综合管理是十分复杂的，它涉及制度设计、学科建设、人才队伍建设、资源平台建设、经费条件投入、评价机制等许多方面。综合管理创新的作用在于通过管理职能和管理手段，加强创新活动的顶层设计、制定激励创新的政策、营造创新环境、为创新提供资金投入支撑等，通过管理创新主体、调控课程改革及教学创新活动，从总体上保障高校思政课变革创新的各方面需求。

高校思政课体系化创新是以上创新要素发挥功能作用的有机融合体。明确和把握各创新要素功能是高校思政课体系化创新的基础，有助于明确创新方向，发挥主体作用，加强核心环节建设，协调各项创新活动，推动思政课创新向系统和规范发展。

二、形成联动机制是高校思政课体系化创新的必由之路

机制通常是指一个系统或体系内部各要素之间相互联系和作用的方式或过程。思政课作为高校思想政治教育的主渠道，是“一项特殊的社会实践活动，势必离不开活动过程，离不开开展、运行、发展的流程”[①]，即运行机制的作用。在思政课创新过程中，创新目标、创新主体、教学创新和综合管理创新等要素并不是彼此孤立的，它们之间通过相互联系、相互作用，按某种内在机理，形成一定的联动机制。

高校思政课创新作为一个有机体系，其构成要素是怎样在其内部运行、互动、调节和实现育人目标的，涉及多种因素和多个互动及反馈过程，其联动关系可以用图 1 加以描述。

联动机制强调各要素相互关联、协同整合。在高校思政课创新过程中，思政课在环境挑战和政策导向下形成创新需求，思政工作部门、思政课领导小组、思政课教师等创新主体发挥能动性，构设各层级创新目标，形成创新目标体系，其中高层级创新目标具有最大的统摄力。各创新主体以创新目标为导向，制订创新计划、设计创新方案和实施创新活动，促成创新信息在整个思政课场域流动，推动创新实践在思政课建设各层面展开。课堂教学创新、实践育人创新和综合管理创新是思政课体系化创新的核心和关键环节，这三方面创新要素并非各自独立的构建活动，其间有着密切的相关性，并形成一定的关系结构，课堂教学创新和实践育人创新同属教学创新，其中，课堂教学创新是基础，包括教学内容、教学方法和手段以及教学话语等方方面面的变革活动，实践育人创新是关键，包括探究式

---

① 王易、单文鹏：《思想政治教育机制研究的缘起、现状与思考》，《马克思主义理论学科研究》2019 年第 1 期。

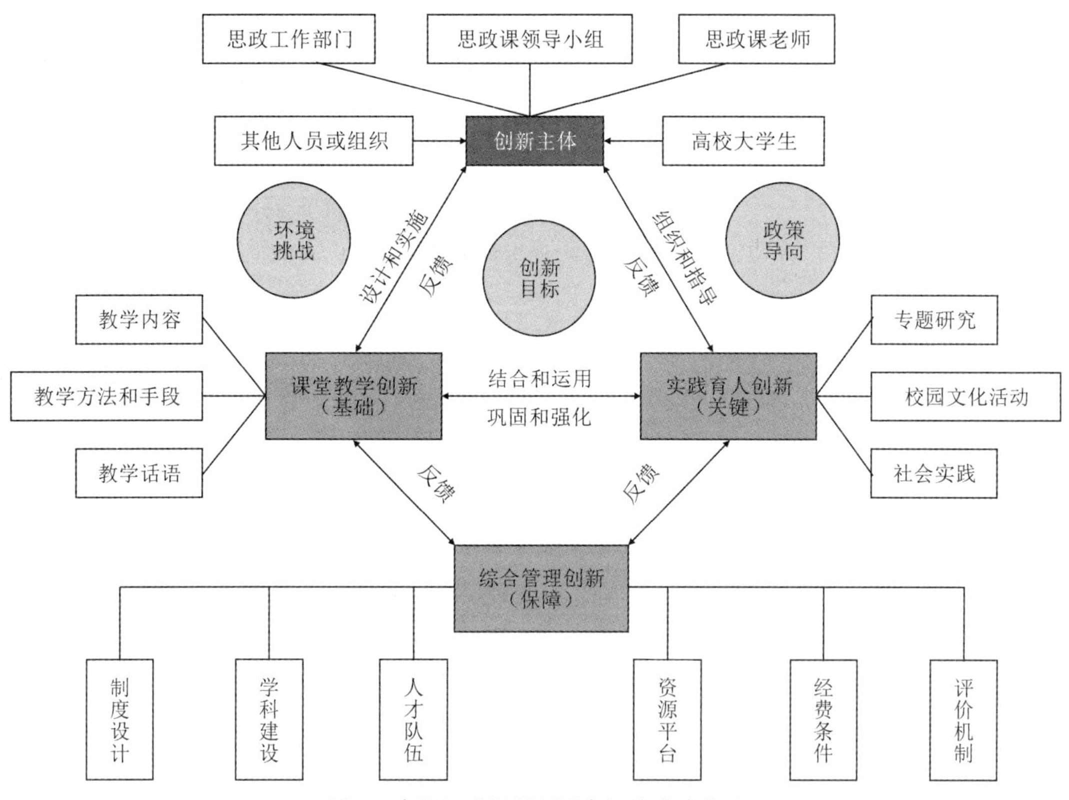

图 1　高校思政课创新要素间的联动关系

的专题研究、校园文化活动和体验式的社会实践活动等多种创新形式，课堂教学创新和实践育人创新二者互相结合，同时，又相互巩固并强化对方的效果，综合管理创新则从制度设计、学科建设、人才队伍、资源平台、经费条件和评价机制等方面对课堂教学和实践育人创新取得实效以及实现互动提供保障，这三方面创新要素指向共同的创新目标，彼此相互联系，互为支撑，共同影响着高校思政课建设的整体推进和创新活动的成效。

在整个高校思政课创新体系中，创新在很大程度上产生于体系内各要素之间的反馈环路和连续的交互作用中。创新工作的效果可以通过创新主体在课堂和实践教学环节获得的反馈中反映出来，思政课教师将课堂教学和实践育人过程中提炼并反馈的创新需求信息传送至上级创新主体，最终，由综合管理因素介入课堂教学和实践育人过程，并根据反馈的有效信息对创新方案和活动进行调整和修正，由此，思政课创新又进入下一个循环。通过体系内相关创新信息的流动和形成反馈环路，各创新要素交相作用，循环互动，形成系统合力，从而推动思政课创新能力不断提升。

在不断变化的环境形势和不断创新发展的时代背景下，高校思政课建设曾“遭遇实效弱化、组织乏力、话语式微、主体分散、制度形式化、条件虚化等‘离散化’问题，面临要素松散与结构断裂、系统分化与整合、运行紧张与冲突、系统输入与效益输出等'运行紊乱'困境"[①]。这些问题在一定程度上启示了思政课变革的方向，即从最初的关注创新拓展到了重视创新体系的构建。尽管高校思政课在改革创新等方面积累了一些成功经验，但在统筹规划、构建系统整合的联动机制方面仍存在上升空间。面对新时代新环境提出的挑战和要求，在把握创新体系各要素功能的基础上构建和形成有效的运行机制是高校思政课发展创新的必由之路，将使思政课创新从微观走向宏观，由分化离散向系统实效转化。

三、整合实践进路是高校思政课体系化创新的现实之举

思政课体系化创新不能只停留于理念层面的体系化，关键是针对现存问题，推动创新实践的体系化，通过整合实践进路，形成现实中的联动机制。

（一）关注创新目标动向，完善创新活动设计

思政课体系化创新可以说是外部动力和内部动力共同驱动的结果。面对新形势新变化，思政课如何增强对重大理论和现实问题的阐释力，确立社会主义意识形态的主导地位，创新主体需要研判环境和形势，及时发现和研究新情况新问题，调整和细化创新目标，再围绕细化的创新目标明确自身任务，在当前课程建设基础之上，将创新动力与创新思路相结合，进行创新方案和落实举措的设计，有序推进创新活动的体系化建设，克服创新的盲目性和随意性，激化产生创新思想和创新举措的动力源泉，提高创新活动的科学性和实效性，一旦思政课创新过程偏离了目标导向，也便于及时做出调整，以保证体系化创新过程中目标与路径和效果的统一。

（二）加强创新主体协作，形成创新工作合力

目前，高校思政课创新主体仍存在合作不足、缺乏有效协同的问题。为此，可以依托教育部高等学校思想政治理论课教学指导委员会，充分发挥其咨询、研判、指导和服务功能，推动各主体协作创新。也可以成立专门的高校思政课创新机构，比如高校思政课创新委员会，作为促进创新的组织，用以促进相关机构、高校、思政课院系、教师、学生和其他参与思政课创新的人员或组织等多方主体充分互动与合作，其具体职能可以包括：确立创新目标、负责各创新主体的联络与合作、政策传达、研究改革方案、部署创新计划、吸引人才和组织合作、建立创新研究机构、设立创新课题、搭建创新实践基地、相关咨询和推动创新效果评估、创新成果推介和分享等，为创新提供更多的机会和信息来源，使各主体责任分工明确，并形成工作合力，将教学、科研和社会服务纳入多元化的创新机制，引导思政课体系化创新更具内外结合的开放性和协作性。

---

① 侯勇、孙然：《论高校思想政治教育系统化建设的创新实践》，《思想政治教育研究》2017年第4期。

（三）构建教学创新模式，推动创新举措落地

高校思政课体系化创新的宗旨在于提升思政课教学质量和教学实效，应将课堂教学和实践育人相结合的教学创新作为思政课创新工作的重点，通过不断深化教学改革研究和探索教学创新实践，形成符合实际也具有特色的教学创新模式，切实推动创新方案和创新要求落实落细。一方面，要充分发挥课堂教学的基础作用，将现实课堂和网络课堂相结合，积极培育有效的教学方法和手段，建设形式多样、组织有效的课堂教学体系。另一方面，应整合教育教学资源，强化实践育人环节，“坚持理论与实际相结合，注重发挥实践环节的育人功能，创新推动学生实践教学和教师实践研修”①。强化教学过程中的实践创新，有助于打破传统教学模式单一化的局面，带动崇尚重学术、重视社会调查和追求创新的良好风气的形成，让师生在有目的的研究和实践活动中，接触新思维、新知识、新方法，提升创新能力，使思政课创新更加贴近和体现思政课的实践特色，同时，也能带动学生参与思政课教学创新，成为创新主体角色，实现教与学在思政课创新体系中的联合与互动。

（四）深化综合管理创新，建立持续创新保障

高校思政课体系化创新，不是教学方法、实践教学等局部和单一方面的创新，而是涉及立体化教材体系、教学人才体系、教学方法体系、学科支撑体系、综合评价体系、条件保障体系等的系统创新问题，深化综合管理创新是思政课体系化创新的重要方面。目前，管理要素对思政课创新活动的支持还存在薄弱之处，应重视各项管理工作对于创新体系的支撑作用，通过制度设计进行整体调控，排除创新体制方面的障碍；加强思政课创新发展的顶层设计、总体规划和综合协调，根据设计和规划，指导创新方案逐步落实和实施；建立并完善保障创新者利益的政策，构建鼓励创新的氛围，优化创新环境；推进思政课资源和平台建设，支持各类创新活动；规范评价工作，构建合理的激励机制；在动态中考察创新效果，综合评估，及时调整完善管理制度，为创新活动提供长效保障。

（五）激活创新要素联动，促成创新机制优化

高校思政课体系化创新是一个连续的动态过程，体系内创新要素之间的互动耦合和机制优化是影响思政课创新取得成效的关键因素。思政课创新实践必须从结构的整体性、有序性、动态性和可控性出发，注意各要素子系统之间存在的内在逻辑关联，把其作为一个整体来进行建设，要注意各要素在动态中的相互协调和配合，以使思政课创新的联动机制达到最优化。对于具体付诸运行的创新体系而言，运行机制的构建内容可以视情况而定，有所侧重。由于各高校在课程结构、文化背景、资源条件和教学体系等方面的差异，

---

① 中央宣传部、教育部：《普通高校思想政治理论课建设体系创新计划》，http://www.moe.gov.cn/srcsite/A13/moe_772/201508/t20150811_199379.html，访问日期：2021年8月15日。

创新联动机制的构建要结合自身建设实际,采取合适有效的构建模式,应有利于推动各要素的互动开放,同时,也要注意与思政课外部环境相适应,根据现实发展要求,更新已有的做法和经验,并进行创造和改变,提出新的解决问题的方案,取得新的有成效的改革创新成果。

总之,思政课体系化创新需要各创新要素共同发挥作用,形成协同创新的实践进路。"在思想政治教育的协同创新过程中,通过主体、客体、目标、方法、过程等创新要素的合理流动与协同整合,使教育协同创新系统始终处于开放状态,不断提升思想政治教育协同创新的增值效应。"[①]良性的体系化创新机制可以使各创新要素从中受益,获得发展,并能根据反馈信息对创新活动进行及时总结和修正,形成创新过程的良性循环,从而产生最佳育人效果。

① 王学俭:《思想政治教育理论与实践问题的研究视角》,中国人民大学出版社2017年版,第58页。

军事理论课程的教学创新与实践

何　锋　李文婷*

摘　要:高校军事理论课程教学内容不同于其他专业课程,涉及学科门类多,综合性强,教学难度大。特别是军事技术部分,专业性强,学生几乎无相关基础,通过自学无法达成教学目的,而仅凭教师讲解学生学习仍然存在难度,这就要求教师必须创新军事理论课程的教学方式。本研究选取军事理论课程中的"信息化作战平台"一章,根据大学阶段学生接受能力和学习能力较强的特点,在开展课堂教学时,结合学生日常生活知识和兴趣点,采取模型教具展示、角色扮演、视频解说等新手段,让学生充分参与进课堂,调动学生学习积极性,达成军事理论课程的教学目的。数据分析表明创新的军理课教学取得了很好的教学效果。

关键词:军事理论课程;教学创新

一、军事理论课程现状与需求分析

(一)课程现状

为了解学生在上军事理论课之前对于基础军事知识的掌握程度,进一步研究使用何种方式更好地开展军事理论课程教学,在授课前开展了一次"大学生军事常识小测"活动,调查2020级本科军事理论课程社会学、国际关系、日语三个专业两个班共160名学生。在课前的"大学生军事常识小测"中,设置了一道2010年国家公务员考试行测真题,以及与该题相关的辨识核潜艇及型号、辨识战斗机及型号、辨识自动步枪及型号等拓展问题。通过调查发现,学生对基础的军事常识了解明显不足(见表1、图1)。

大学生军事常识小测

1.(2010年国家公务员考试行测真题·第五部分常识判断)下列关于武器装备的说法不正确的是(　　)

---

* 何锋,男,湖北荆州人,厦门大学马克思主义学院副教授,主要研究方向为国防教育;李文婷,女,河南焦作人,厦门大学教育研究院研究生,主要研究方向为国防教育。

A. 核潜艇装备的主要是核武器

B.“歼十”战斗机是国产飞机

C. 弩是中国最早发明的

D. AK-47 是苏联研制的一种自动步枪

2. 下列哪一幅是核潜艇？并说出下图中潜艇的型号。

3. 下列哪一幅是“歼十”战斗机？并说出下图中飞机的型号。

4. 下列哪一幅图是 AK-47 自动步枪？并说出下图中自动步枪的型号。

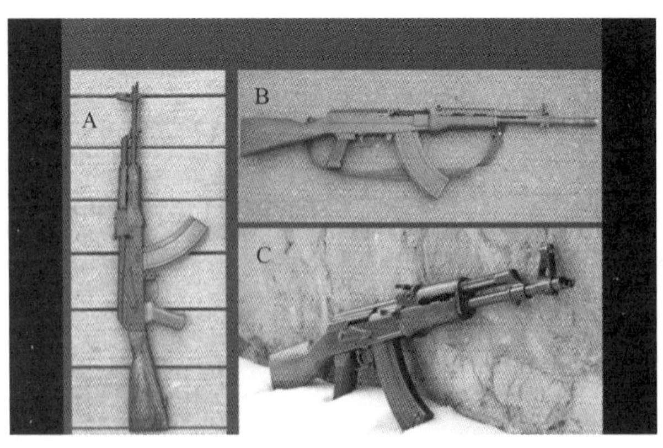

表 1　军事常识小测回答情况

问题	回答正确人数	回答错误/不了解人数
问题 1:下列关于武器装备的说法不正确的是(　　)?	151	9
问题 2:下列哪一幅图是核潜艇?	14	146
问题 3:说出下图中潜艇的型号。	0	160
问题 4:下列哪一幅图是“歼十”战斗机?	50	110
问题 5:说出下图中飞机的型号。	0	160
问题 6:下列哪一幅图是 AK-47 自动步枪?	72	88
问题 7:说出下图中自动步枪的型号。	0	160

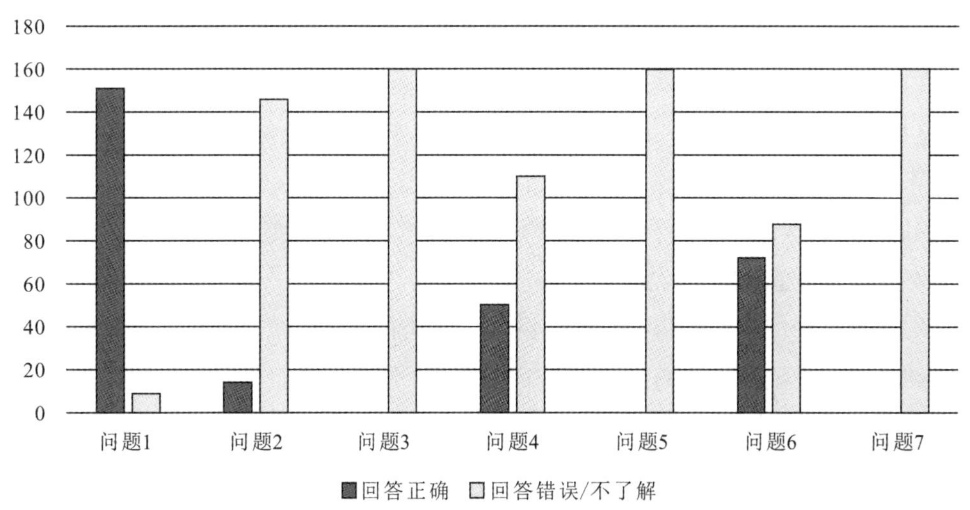

图 1　军事常识小测回答情况

课前对学生基本军事常识的检测,反映出在接受军理课教育之前大多数学生,即便是像厦门大学这样的名校大学生,依然缺乏对基本军事常识的了解。问题 1 行测题回答正确的学生在面对后续拓展问题时不能回答或回答错误的比率极高。针对这一反常现象,通过询问学生,了解到学生主要靠在百度搜索真题答案、排除法和蒙三种办法来获得问题 1 行测题的高正确率,这说明其答题正确带有相当大的侥幸成分。而后续拓展问题回答则充分暴露了学生对该行测题所涉及的基本军事常识掌握得并不全面,没有真正具备行政能力测试所要求的常识。这也正是军事理论课最基础的教学目标——科普常识性的军事知识。

（二）需求分析

军事理论课程的内容专业性极强，是一门高度的知识交叉融合课程，以本章“信息化作战平台”为例，课程内容较为复杂，学生自学无法完成，但仅凭教师的讲解学生学习仍然存在一定难度，这就要求教师必须创新本节课程的授课方式。

1. 必须调动学生的积极性

处于此成长阶段的学生，接受能力和学习能力较强，在开展课堂教学时，教师必须结合学生日常兴趣点，采取适合本节课程的教学方式，让学生充分参与进课堂，调动学生积极性，有针对性地进行引导，使得学生通过自己独立思考以及与同学小组合作交流间获得对知识的认识，从而激发学生对军事知识的兴趣，达到军事理论课程的教学目的。

2. 必须对传统的教学方式予以扬弃

由于军事理论课程内容的特殊性，最明显的特征是理论性与技术性较强，此时如果仍沿用传统、刻板的课堂讲授方式，容易激起学生的逆反心理，达不到课程的教学目的。因此，教师必须更改传统的灌输式授课方法，采取适当的案例、通过演示的方式，将抽象的概念、微观的内容进行具体化、通俗化表现，进一步提高学生对知识的接纳度。随着信息技术的和社会的发展，网络技术和教学内容相结合成为课堂教学的首选方式，在课程教学中，有必要利用好信息技术，探索新的技术手段，研究好信息媒介对于军事理论课程的影响，将“视听说讲”有效结合，调动课堂活跃氛围，在潜移默化中将抽象、复杂的知识转化为形象生动的内容，增强课程的感染力与生命力，实现传统的军事理论课程体系的自我变革和创新。

3. 必须融入合适的思政内容

军事理论课程作为国防教育的重要内容之一，具有明显的政治特色。新修订的《普通高等学校军事教学大纲》也进一步刷新了军事理论课程的教学目标：突出“增强国防观念、国家安全意识和忧患危机意识，弘扬爱国主义精神、传承红色基因、提高学生综合国防素质”目标。新形势下新要求，当代学生急需价值引导，课堂教学密切影响着学生的价值认同，因此，在授课的同时要挖掘军事理论课程中的思政元素。

二、军事理论课程创新的价值

1. 理论价值

研究在新形势下军事理论课程可采用的授课方式，有利于构建新的军事理论课程教学理念，确立军事理论课程和思政课程相结合的课程目标，同时也为丰富和发展军事理论课程教学方法提供了理论支持。

2. 实践价值

创新军事理论课程教学方式，对于解决现存课程问题、满足本阶段同学需求有着现实意义。在本节课中，融入新的教学方式、手段，构建具有可操作性的课程体系，为军事理论其他课程的开展提供可借鉴的经验。

三、课程开展

（一）教师主导，学生主体

教师主导作用和学生主体作用相结合，是教学的一条基本原则。教师为主导，在本节课程中体现在教学的内容、采取的教学方法、教学组织由教师设计和决定。在这种情况下，教师采取合适的教学方法，积极引导学生参与课堂，发挥学生的自觉性、积极性、创造性，使学生成为课堂的主体，在此情景下，教学效果才能充分发挥。

（二）体验式教学

教师在讲解信息化海上作战平台概念时，虽能够清晰地表达相关要素之间配合作战关系，但是由于大部分学生先前并无相关基础，对海上作战知识不了解，难以在脑海中形成具体的作战配合方式，大部分学生对于教师的讲解一知半解。因此，在课堂上，教师采用体验式教学的方式，让同学们扮演相关角色，直观演示最能体现海上作战平台信息化水平的“CEC 协同交战系统”（见图 2）。配合作战，沉浸在虚拟的作战环境中，从而进一步掌握相关的知识点。

图 2　“CEC”体验式教学

（三）直观演示法

教师在讲授信息化陆上作战平台时，会提及相关武器装备，仅凭教师讲解和图片展示，学生难以在脑海中形成立体化的武器装备形象。此时，教师可以采用展示实物模型，通过观摩实物模型，同学们可以在脑海中有效构建武器装备形象（见图 3）。

图 3　使用模型教具的直观演示法

(四)利用好现代互联网技术

现代互联网技术的发展，催生了新的教学策略。教学保障水平不断提高，教师可以利用好多媒体优势，采取战例教学、案例教学、观看影视资料等方式，在讲授理论知识的基础上增加典型战例，可以增强课程的趣味性，有较强的辅助价值，进一步丰富教学内容，使学生加深对所学知识的理解。

(五)挖掘课程中的思政要素

教师要依据具体教学内容的不同，梳理其中蕴含的思政融入点，充分发挥课程的思政育人功能。例如，在本节课，教师在讲解我国当代武器装备的发展历史时，可以通过开展课堂小组讨论、启发式教学等，使学生深刻体会我国国防科研发展的艰辛历史，激发学生学习军事知识的积极性，引导学生树立将个人理想追求与国家民族复兴紧密相连的使命担当；向学生展示当今我国武器装备发展成就，增强学生的民族自信心和自豪感，引导学生树立打赢信息化战争的决心。

四、课程成果

针对军事理论课程在开展中存在的问题，通过采取不同的手段创新课程教学方式，构建了具有操作性的课程实施体系，有效解决了军事理论课在授课过程中存在的教授内容难、学生理解难的问题，满足学生多维发展的需求，在开发课程教学的过程中，教师的创新能力、科研能力也都有所提升。

根据课堂调查显示，在教师讲授相关内容之后学生对于该知识点的掌握情况变动如表 2、表 3 所示。

表 2　讲解“信息化作战平台”相关知识点前后的变化情况

	不了解该知识点	基本上掌握了该知识点	完全掌握了该知识点
未讲解知识点	158	2	0
已讲解相关知识点，课程结束	0	143	17

表 3　讲解“战场态势感知共享”问题，理解“共享”的前后变化情况

	不了解该概念	已基本了解该概念
未讲解知识点、未进行角色扮演	159	1
已讲解知识点、已进行角色扮演	26	134

通过数据比较，我们可以发现，通过教师采用创新性的教学手段教学后，课后基本达到了科普本章军事知识的目的，学生可以辨识本节课中所提及的武器装备，对学习军事理

论相关知识表现出较大兴趣，构建出学生多维成长目标。

（一）知识与能力

在本章节的学习中，通过教师的不断引导，采取体验式教学法、直观演示法、案例教学法、小组讨论法等，学生了解了我国几种信息化作战平台和相应的武器装备，能够辨识标志性的武器装备，掌握了信息化作战平台的基本作战方式。

（二）过程与方法

在授课过程中，教师积极引导同学参与小组讨论、课堂活动，进一步增强了学生对于课堂的参与度，遵循了以学生为主体的原则，突出了学习的主体性和主动性。

（三）情感态度与价值观

教师结合具体的知识点，挖掘其中的思政要素，充分发挥军事理论课程的思政育人功能，在潜移默化中培育学生的爱国主义精神，增强学生的民族自信心和自豪感，强化学生为国防和军队现代化作贡献的信心和决心。

五、问题与反思

作为一门面向全校各专业学生的必修课，高校军事理论课程建设已非常成熟，课程内容每年都会根据新大纲修订，增加新的内容。随着现代信息技术的发展，教学方式和手段也要进一步优化，必须充分采取适合军事理论课程的教学方式，例如采取战例教学、小组讨论、实物展示、角色扮演等。同时，必须充分挖掘军事理论课程中的思政元素，更好地将思政教育融入每一章节的教学之中，对于全面提升学生的国防意识和军事素养，有着重大意义。

高校思想政治理论课开展习近平法治思想教育的三个维度*

罗　文**

摘　要：新时代高校法治教育的内容核心是习近平法治思想，同时也是高校思想政治理论课的教学重点之一。"思想道德与法治"课作为高校思政课进行习近平法治思想教育教学的主渠道，应当着重从思想价值、理论内涵和教学方法三个维度，通过充分阐释习近平法治思想的重要意义及价值，全面阐述习近平法治思想的主要内涵与理论体系，运用多种途径有效提升习近平法治思想教育教学的效果，把习近平法治思想有机融入高校的法治教育教学之中，从而增强广大青年学生对中国特色社会主义法治的理论自信。

关键词：习近平法治思想教育；思想价值；理论内涵；教学方法

习近平法治思想是高校思想政治理论课里法治教育方面的核心内容和教学重点。中共中央宣传部、教育部2020年12月颁发《新时代学校思想政治理论课改革创新实施方案》，根据方案的要求，其中的一项重要举措是在原来全国统编的高校思政课教材《思想道德修养与法律基础》的基础上，教育部组织修订了新版教材并更改名称为《思想道德与法治》，从2021年秋季学期伊始在全国各高校投入使用。该教材中的第六章"学习法治思想提升法治素养"重点充实了习近平法治思想的内容，使之成为"思想道德与法治"这门课的教学重心。2021年11月教育部制定了《全国教育系统开展法治宣传教育的第八个五年规划(2021—2025年)》，在规划中特别强调了对习近平法治思想的教育教学规划的落实。因此，高校思想政治理论课尤其是"思想道德与法治"课，必须深入研究如何不断提升对习近平法治思想教育教学的水平。

---

* 基金项目：福建省习近平新时代中国特色社会主义思想研究中心2021年度项目"习近平法治思想的理论体系研究"(FJ2021XZB001)，厦门大学马克思主义学院2021年教改研究项目"高校思政课开展习近平法治思想教育研究"(2021MJY03)。

** 罗文，男，福建厦门人，厦门大学马克思主义学院副教授，思想政治理论课教学改革研究中心主任，研究方向为思想政治教育、法治理论与法治教育。

一、思想价值维度：充分阐释习近平法治思想的重要意义和理论价值

（一）习近平法治思想的形成过程彰显出非凡的意义

中国特色社会主义的发展进入了新时代，当代中国社会正在经历有史以来最为深刻的变革。新时代召唤新思想、新理论，习近平法治思想正是在推进全面依法治国这场国家和社会治理的革命性实践中产生、发展和完善起来的。

回顾中国特色社会主义法治理论的发展历程，其孕育早期可以追溯到1949年以前，中国共产党人从福建闽西革命根据地开始，对红色法治进行早期探索，在新民主主义革命时期积累了不少宝贵和有益的经验。新中国成立后，在新的历史条件下，对社会主义法治建设进行了初步探索，取得了成功的经验，也遭遇了挫折和教训。在迎来改革开放新时期后，随着我国社会主义法治建设找到正确的航向并且进入快速发展的轨道，中国特色社会主义法治理论逐渐发展形成。

进入新时代，中国特色社会主义法治理论进一步发展成熟，作为这一理论的最新发展成果——习近平法治思想应运而生。自2015年中央提出“习近平关于全面依法治国重要论述”，到2018年中央提出“习近平全面依法治国新理念新思想新战略”，再到2020年11月中央全面依法治国工作会议提出“习近平法治思想”，全面依法治国的理论定位和提法的渐进明晰化的发展过程，反映出这一思想理论的内容逐渐完善以及体系逐步成熟。可以说，习近平法治思想的形成过程本身就彰显出了不平凡的意蕴。

（二）习近平法治思想教育教学中需阐释的重要意义和理论价值

在教学中，除了阐述习近平法治思想“具有重大政治意义、理论意义、实践意义”[①]，还应当进一步阐释习近平法治思想对科学社会主义、中国特色社会主义法治理论、建设法治中国的实践所具有的重要意义和理论价值。

1. 习近平法治思想为发展科学社会主义做出了独创性贡献

法治是一个国家和社会的政治文明发展进步的重要标志，社会主义中国之所以能够创造出经济长期高速发展、社会长期保持稳定的“两个奇迹”，其中包括加强法治建设这一因素与条件。习近平法治思想强调厉行法治，重视法治对中国特色社会主义的保障作用，指明了在国家和社会治理现代化进程中必须依托法治，指出了法治建设必须始终坚持以人民为中心等。这些理论的创新成果为发展和完善科学社会主义做出了具有独创性的贡献。

2. 习近平法治思想推动中国特色社会主义法治理论走向成熟

习近平法治思想继承和发展了马克思主义的法治思想，深刻回答了新时代为什么实

① 本书编写组：《思想道德与法治》，高等教育出版社2021年版，第190页。

行全面依法治国、怎样实行全面依法治国等一系列重大问题，[①]是适应新时代实现中国梦的客观要求而形成的重大创新成果。习近平法治思想的创立，标志着中国特色社会主义法治理论趋于成熟。习近平法治思想展现出法治领域的中国话语、中国智慧、中国气派，其理论精髓在层次上超越了以往的其他法治理论。法治中国建设的理论与实践还为实现良法善治的全球治理提供了中国方案、中国模式、中国经验，使得世界不再仅把西方话语体系的法治理论、法治道路、法治模式奉为圭臬。

3. 习近平法治思想引领新时代建设法治中国的实践

中国的法治建设需要有科学的理论作指导，坚持以科学理论为引领，是成功建设法治中国的根本保证。习近平法治思想有着鲜明的政治逻辑、严谨的法理逻辑、深厚的历史逻辑和充分的实践逻辑，其建立的理论基础是马克思主义法学理论原理，依托的实践基础是法治中国的建设实际，同时还批判继承了中国传统法律文化精神，借鉴了人类社会迄今为止所创造的优秀法治文明成果，是科学的思想理论体系。在历史发展的关键期，习近平法治思想及其指导地位的确立，为深入推进全面依法治国、加快建设法治中国，提供了强大的思想武器。

二、理论内涵维度：全面阐述习近平法治思想的主要内容与理论体系

建设法治中国必须坚持以习近平法治思想为引领，与此同时，高校法治教育的内容重点应当突出习近平法治思想，把高校思想政治理论课的法治教育与习近平法治思想深度融合。

（一）深刻理解习近平法治思想的核心要义

习近平法治思想主要体现在习近平所作有关的一系列报告、讲话、文章、指示等重要文献之中。一般认为，习近平总书记提出的“十一个坚持”是习近平法治思想的主要内容。[②]

以问题导向为研究范式，“十一个坚持”的内在逻辑，可以从以下三个层面来理解和把握：首先，从政治方向的高度规定了法治中国的性质，回答了建设法治中国为了谁、依靠谁、由谁领导、走什么路等重大问题，明确了建设法治中国的根本保证、根本宗旨、根本道路，正确把握法治中国建设的前进方向，这体现在第一至第三个的“坚持”；其次，围绕法治中国建设的总目标展开战略部署，回答了法治中国建设的基本思路、路线图、突破口等关键问题，明确了建设法治中国的总抓手、工作布局和重点任务，全面而又系统地稳步推进

---

① 《习近平在中央全面依法治国工作会议上强调 坚定不移走中国特色社会主义法治道路 为全面建设社会主义现代化国家提供有力法治保障》，《人民日报》2020 年 11 月 18 日。

② 本书编写组：《思想道德与法治》，高等教育出版社 2021 年版，第 191 页。

法治中国建设，这体现在第四至第九个的“坚持”；最后，从创造建设法治中国的有利条件的角度，回答了建设法治中国需要什么条件、如何保障等问题，明确了建设法治中国所需的外部环境、人才支撑等，健全相应的保障体系，进一步夯实法治中国建设的基础条件，这体现在第十至第十一个的“坚持”。

（二）全面把握习近平法治思想的理论体系

对于习近平法治思想的理论体系问题，目前学界尚未形成普遍一致的看法，不同学者从不同角度出发提出了各种观点。但是，权威性的“马工程重点教材”《思想道德与法治》和《习近平法治思想概论》都把习近平法治思想的理论体系归纳为六个方面，即政治方向、战略地位、工作布局、重点任务、重大关系和重要保障，[①]可以认为这种划分法是较为主流的观点。在这六个主要方面下又包含了具有层次递进关系与内在逻辑联系的一系列重要法治观点，其中涵盖了“十一个坚持”及其他重要观点。笔者将这一系列涉及法治的重要理论观点进行整理概括，进一步凝练为习近平法治思想的十九个“观”（见表1）。

表1 习近平法治思想的理论体系

理论构成的主要方面	重要理论观点
1. 战略地位论	（1）法治方略观；（2）法治本质观；（3）厉行法治观；
2. 政治方向论	（4）法治领导观；（5）法治人民观；（6）法治道路观；
3. 工作布局论	（7）法治治理观；（8）法治体系观；（9）法治系统观；
4. 重点任务论	（10）宪法权威观；（11）法治格局观；（12）法治全球观；
5. 重大关系论	（13）党法统一观；（14）依法改革观；（15）德法兼治观；（16）依规治党观；
6. 重要保障论	（17）法治人才观；（18）法治干部观；（19）法治文化观。

三、教学方法维度：多途径有效提升习近平法治思想教育教学的效果

依托“思想道德与法治”课开展习近平法治思想教育，让习近平法治思想“进头脑”，需要针对当前的高校法治教育在教学内容、教学方法、大学生法治理论思维能力及其存在的认知误区等方面的问题，深入探索多途径实现习近平法治思想与高校法治教育有效融合的机制，切实改进理论教学的方式方法，力求提升理论教育的实效性，不断增强大学生的法治素养。

（一）积极运用现代教学手段

开展习近平法治思想教育教学应善用多媒体教学手段，积极运用包括“互联网+”等新媒体新技术的现代教学手段，常态化使用线上线下混合式互动教学方式，多采用信息交

---

① 本书编写组：《思想道德与法治》，高等教育出版社2021年版，第191～192页。《习近平法治思想概论》编写组：《习近平法治思想概论》，高等教育出版社2021年版，第15～16页。

互方法和课堂互动教学形式，增强教学的吸引力，提高学生的获得感。其中多媒体教学所用的视频尽量为短视频，视频时长一般不超过五分钟或者更短为宜。通过视频载体对学生的视听感官进行信息刺激，加深学习印象，提高学习兴趣，增强学习注意力。紧扣教学内容的合适视频未必都能够直接找到，有时需要任课教师对教学视频进行必要的剪辑加工，这就要求任课老师需具备一定的视频编辑能力，懂得操作一些视频编辑软件，对所收集到的视频素材做相应的剪辑，制作出适合课堂教学使用的短视频。

（二）突出问题导向

大学生的法治意识初步形成，但部分学生的法治观念仍存有一定误区。要化解大学生法治观念中存在的认识误区问题，必须增强教学的针对性，坚持以习近平法治思想为指引，对大学生进行法治观念方面的答疑解惑。因此需要研究分析大学生群体对法治问题的实际认知状况，并梳理出思想意识中有代表性、典型性的谬误观点，剖析问题成因，探寻教育教学的解决之道。例如，阐释法治理论需要讲清楚法治与法制、人治、德治、政治、民主等之间的相互关系，需揭示“党大还是法大”、“权大还是法大”、权利与权力、权利与义务等方面存在的认识问题。任课教师通过对问题抽丝剥茧、层层递进的深入分析和论证说理，做出有说服力的解答，才能化解学生的思想困惑，切实提高大学生的法治理论水平。

（三）善用案例教学

习近平法治思想内容丰富，政治性、哲理性强，既是教学的重点，又是教学的难点。理论教学最忌讳“干巴巴”念教材、读文件，会让学生感到枯燥、乏味，缺乏吸引力。要突破难点，提高教学效果，让学生能够透彻地理解掌握习近平法治思想的精髓，在教学中我们应当强化理论联系实际，促进把法治理论能够内化为学生的法治思维，进而外化为符合法治的行为。要讲好理论课，现实永远是最好的题材，必须善用之。在教学方法上，要善用案例教学法，如法治中国故事、热点事件、典型案例、习近平用典范例等，将“高大上”的理论能够“接地气”地娓娓道来，既展现出理论的真理性，又提升教学的亲和力。在案例教学法的使用过程中，一方面在形式上，可以加强案例教学法与情景模拟教学法、互动式教学法等教学法的交叉结合；另一方面在内容上，要注重把习近平法治思想与我国法治建设的具体实践紧密联系，例如宪法、民法典、刑法修正案等方面的实际案例，充分体现出习近平法治思想的现实指导性。鲜活生动的现实演绎出理论的魅力和价值，才能触动学生灵魂，打下深刻的思想烙印。

（四）加强理论思维培养

对于高校的教学而言，要注意适应大学生的能力发展水平，应侧重提高大学生的法治理论思维能力，法治理论教学应当着力引导大学生深刻理解习近平法治思想的精神内涵，达到知其然又知其所以然的程度。考试是“指挥棒”，怎么考会直接影响学生怎么学，应当改进高校思政课的考核方式，更加注重考查学生对所学理论知识的理解和运用，促进学生重视对法治理论思维能力的培养。课堂教学中多采用问题讨论等形式开展互动式教学，注意问题讨论的思辨性，引导学生积极思考，加大对学生理论思维训练的力度。同时需建立教学案例库、习题库等，平时学习过程中应安排学生完成一些必要的习题训练和自测反馈。

此外，对广大青年学生开展法治教育还可以结合相关法治方面的实践教学，将习近平法治思想融于生活、化为行动、增强体悟，促进知行转化，让学生在社会实践中加深对习近平法治思想的理解领会。

四、结语

展望未来发展目标，我国将在2035年前后实现基本现代化，届时法治中国基本建成的目标也将要同步达成；到2050年左右将实现全面现代化，同时法治中国的建设水平也将要达到更高的程度。青年强则国强，培育具有坚定社会主义法治信仰的时代新人，关系到法治中国的未来。在实现民族复兴伟业的新征程中，深入学习和贯彻习近平法治思想，是新时代思想政治理论课开展法治教育所肩负的新使命，具有十分重要的现实意义与时代价值，必将有助于广大青年学生增强对中国特色社会主义法治的理论自信，引导广大青年学生把法律意识、法治信念镌刻到头脑里、熔铸在行动中！

新时代“互联网＋”背景下的高校思政课教学新生态*

肖　盈**

摘　要:本文从生态观的角度出发,分析新时代“互联网＋”背景下高校思政课教学生态中出现的教育主体面临机遇挑战、受教育主体能动性增强、教学介体得到优化升级、教学环体得到无限拓展等特征,并提出运用系统思维,实现高校思政课教学的生态融合。培育其新生态的实践路径:提升教育主体的价值引领功能、激发受教育主体的学习内驱力、发挥教学介体的最大效能和实现高校思政课环体的生态融合。

关键词:新时代;互联网＋;高校思政课教学;新生态

高校思政课是落实立德树人根本任务的关键课程,面对着世界百年未有之大变局和中华民族伟大复兴的战略全局,从坚持和发展中国特色社会主义、建设社会主义现代化强国、实现中华民族伟大复兴的高度来看,从我们党立志于中华民族千秋伟业,要培养一代又一代拥护中国共产党领导和我国社会主义制度、立志为中国特色社会主义事业奋斗终身的有用人才的角度出发,理应贯彻新发展理念,在新形势、新挑战面前,增强机遇意识和风险意识,守正创新,在危机中育先机,于变局中开新局,实现高质量发展。

新时代“互联网＋”背景下科技的进步和技术的革新,深刻变革了传统的高校思政课教学生态。为此,本文拟从生态学角度出发,分析“互联网＋”背景下高校思政课教学的生态特点,并据此提出对策,以期推动新时代高校思政课教学“因事而化、因时而进、因势而新”,实现“配方”先进、“工艺”精湛、“包装”时尚,进一步增强高校思政课的思想性、理论性、亲和力、针对性,使其“鲜活”起来。

---

*　基金项目:中央高校基本科研业务费项目-专项项目“新时代协同推进党的自我革命和伟大社会革命研究”(2070201157)、福建省社会科学基金项目“基于PBL教学法的高校思政课线上线下混合式教学改革研究”(FJ2020B009)、福建省习近平新时代中国特色社会主义思想研究中心2021年重大项目“习近平总书记关于青年工作的重要思想研究”(FJ2021XZZ002)、厦门大学马克思主义学院教改教法研究项目“‘互联网＋’背景下思想政治理论课教学研究”(2020MJY07)的阶段性研究成果。

**　肖盈,女,福建厦门人,厦门大学马克思主义学院副教授,主要研究方向为大学生思想政治教育。

一、新时代“互联网＋”背景下的高校思政课教学生态及其界定

潘懋元先生指出：“用生态学的思维方法研究教育规律已经成为一种新的视角和有效的方法。要促使高等教育持续、健康、稳定的发展，必须用系统科学的理论和方法指导高等教育的改革，必须将生态意识融入整个现代高等教育研究之中。”[①]在生态观的视角下，思想政治教育作为社会共同体成员不断寻求自身完善、自我超越的普遍性实践活动，其实质就是一个规约人、塑造人、发展人，且具有自我更新、变革适应能力的社会生态系统。[②]高校思政课教学则是这个系统当中的一个子系统。新时代，这个子系统和其他生态系统一样，在“互联网＋”的影响下，发生了巨大变化。

本研究聚焦于“互联网＋”背景下高校思政课教学的微观生态系统，界定其主要包含“教育主体”“受教育主体”“教学介体”“教学环体”四个要素，且每个要素之间相互联系、相互影响，存在共存、共进等关系。在这个生态系统中，高校思政课教学过程即“教育主体”和“受教育主体”在课堂教学、网络教学、实践教学等“环体”中，通过一定的教育内容和教育方法作为“介体”进行互动，从而达到教育目的的过程。具体如图1所示：

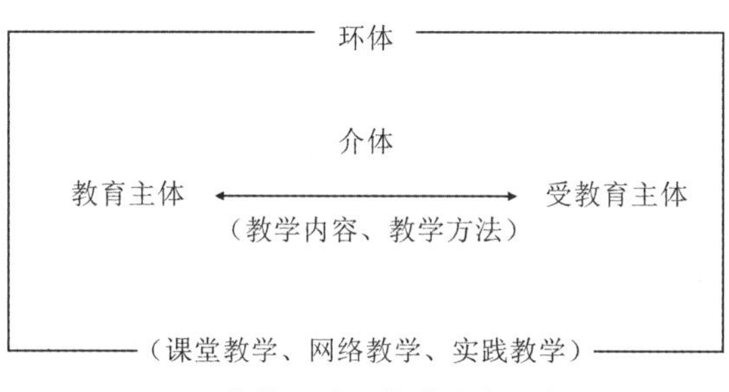

图1　高校思政课教学生态示意图

高校思政课教学生态的教育主体在本文中指狭义上的直接参与教学过程，与教育对象进行思想观念的互动交流，并对教育对象产生一定的积极影响的一线高校思政课教师。

高校思政课教学生态的受教育主体在本文中特指学生。他们同时处在社会、学校、家庭等生态系统中，他们的思想状态和行为特征折射着国际局势的变化和国内社会的变迁，因为成长环境的不同而呈现个体差异，存在着一定的同质性和异质性。在教学的过程中，他们能够发挥自身的主观能动性，对教育主体所创设的场景和提供的信息进行感知并思考，重新建构并内化，继而身心得到教化，品质得以提升。

高校思政课教学生态的教学介体即教育主体与受教育主体之间相互联系、相互作用的中介因素，主要包括主体之间传递的信息内容及其作用方式，本文将其简单概括为思想

① 贺祖斌：《高等教育生态论》，广西师范大学出版社2005年版，第2页。

② 杨增岽：《思想政治教育生态分析引论》，中国社会科学出版社2015年版，第154页。

政治教育内容和思想政治教育方法。有学者认为，高校学生思想政治的教育主体和受教育主体对教育内容和教育方法的择取是主体间双边相互协调、统筹的结果。[①]

高校思政课教学生态的环体即高校思政课所处的教学场域，目前主要存在以下三种：(1)课堂教学，即大学生思想政治理论系列课程和其他相应的哲学人文社会科学的必修、选修课程；(2)网络教学，即通过互联网络，搭建教学平台，延展思想政治理论课程的时空；(3)实践教学，即通过指导学生参与校园内外的社会实践活动，促进学生将课堂所学化为实践所见，促进其对学习成果的知、情、意、行的转化。

二、新时代“互联网＋”背景下高校思政课教学的生态特征

(一)教育主体面临挑战与机遇

在新时代“互联网＋”背景下，高校思政课教学的教育主体作为权威的信息与知识来源的时代已经过去，教育主体的价值引领作用在很多方面都受到了冲击和挑战。比如，教师和课堂不再是唯一的信息获取渠道，学生通过互联网上的各类平台，如微信、微博、知乎、豆瓣、B站等，都可以接收到相关资讯，多元信息冲击着思政课的马克思主义理论灌输；又比如，后喻时代来临，从网络上，学生不仅能与思政课教师同步获取相关的资讯，甚至因为他们熟练掌握互联网的新知识、新技术，还可以反过来给思政课教师们传授相应的知识，培养相关能力；再比如，流行的网络语言、表情包等新的表达方式层出不穷，相比之下，思政课上的理论表述在学生们看来则是老旧的、过时的，甚至是晦涩难懂的、难以用来沟通和交流的，这造成了传播和学生接收上的阻碍。以上种种，导致了高校思政课教师的权威性受损，视野受限，甚至深感“本领恐慌”。

同时，“互联网＋”也给高校思政课教师带来机遇。互联网的资源信息丰富，与教学相关的理论、案例、教学方式方法的培训机会和学习资源应有尽有，有助于教师的自我提升；互联网使教师之间的互通有无变得便捷高效，可以实现跨时空的集体备课，全国高校思想政治理论课教师网络集体备课平台网站、高校思想政治理论课教学活页等公众号等平台都是成功的典范。

(二)受教育主体的能动性增强

当前，网络原住民“00后”已步入高校，他们的思维方式、认知和学习方式受到现代化、信息化世界的深刻影响，思想自由度、学习成长自由度、个体发展的自由度进一步提升，能动性日益增强。

一方面，学生的个性化需求凸显。面对互联网上多元的、繁杂的信息，他们早已练就了主动广泛搜索、选择性深入关注、批判性学习内化等本领。虽然处于同一个时代，但他

① 杨增岽：《思想政治教育生态分析引论》，中国社会科学出版社2015年版，第189页。

们所处的环境、社会阅历、思想基础、文化水平、家庭条件等不同造就了他们个人发展的程度不同，需求也不同。本研究调查发现，思政课上，有 53.79％的学生选择“挑选自己感兴趣的参与”，43.7％的学生表示“全程认真参与”，基本不参与的学生占 2.51％。可见半数以上学生是带着审视的目光参与思政课堂的，如果教师没有考虑到学生的“需求”，课堂效果将大打折扣。

另一方面，学生参与意识增强。他们经常在开放的、自由的、虚拟的话语空间活动，如在微信朋友圈、QQ 空间、微博、知乎、直播里，都可以“我的地盘我做主”，发布自己的经历、照片、看法和观点，表达和张扬自我。在社会热点事件上，他们只需简单地“点赞”、“转发”或者“评论”，就可以表达自己对人对事的看法，并且能够收获其他人的反馈互动。这种体验让他们在网络中找到了参与感、价值感和归属感，让他们对日常的学习和生活也产生了同样的期待。调查发现，对于高校思想政治教育的内容，每天主动学习与了解的学生有 13.04％，经常主动学习与了解的有 28.15％，偶尔主动学习了解的有 41.29％，说明会主动学习和了解的学生占多数，他们期待参与。

（三）教育介体得到优化升级

从教育内容看，高校思政课程体系的内容与时俱进、来源广泛。中宣部、教育部组织修订的高校思政课 2021 年版教材的正式出版，标志着高校思政课程体系教材的全面迭代升级，但在高校的教学实际中，教学内容从教材体系向教学体系的转化还需随着教学实践的开展不断完善。同时，随着网络教学资源库日益丰富，习近平新时代中国特色社会主义思想、党史、新中国史、改革开放史、社会主义发展史、宪法法律、中华优秀传统文化、劳动教育等思政课的教学资源可谓“海量”，但在海量的资源中找寻合适的内容装到教学过程中，却让不少老师产生了“选择困难”。

从教学方法来看，“互联网＋”教育技术的进步推动了思政课教学方法的升级，比如 5G、VR、3D 等技术的使用，创造了更为生动的沉浸式体验，使体验式教学成为更多师生的选择；再比如智慧教室的创设，必将使探究式教学、互动式教学、分众式教学、翻转式教学更为便利可行。但在教学实际中，能结合这些技术手段实现教学方法升级的高校或教师却寥寥无几。

（四）教育环体得到无限拓展

“互联网＋”的时代背景下，思政课教学的环体和传统模式相比，得到无限拓展。

1. 课堂教学已不限于课堂教室，得到了时空拓展、资源拓展、互动拓展

在时空上，课堂教学的双主体都不再受限于课堂教室，教师或学生都可以通过互联网连线到课堂教室中，仍能保证教学正常进行；在资源上，教师和学生可以随时通过互联网链接到所需的文章、图片、视频甚至连线嘉宾；在互动上，通过“互联网＋”平台和工具，师生可以在“虚拟教室”中进行实时、多向、高效的互动。

2. 网络教学正在趋于多向互动，实现跨校的师生互动、生生互动以及师生与平台之间的互动

新冠肺炎疫情暴发以来，高校思政课网络教学迅速分成了两种模式：一是由资源提供、慕课学习、在线测试等提前准备、延时互动的线上线下融合模式；二是线上直播、线上实践、线上指导、线上考试等实时授课、即时互动的在线模式。这两种模式中，跨校的师生互动、生生互动成为现实，不仅北大、清华等名校的“金课”触手可及，在听课的过程中，师生、生生之间还可以通过弹幕、讨论区、留言板、课后练习等进行实时的或者延时的互动。伴随着这两种模式产生的网络教学平台，笔者认为可分为资源提供类（如学习强国、全国高校思政工作网等）、慕课发布类（如中国大学慕课、超星尔雅等）、课程组织类（如同上一堂思政课的人民网等）和工具类（如腾讯课堂、雨课堂等），不论是哪一类平台，都在与师生互动的过程中，随着师生的需求变化不断地迭代更新。

3. 实践教学逐渐成为重要场域。学生热于投身实践，且“互联网＋”渗透在实践教学全过程中

“互联网＋”背景下，当代大学生更喜欢实践学习胜于理论知识的传授。调研结果显示，最受学生欢迎的思政课教学形式排序中，居于榜首是生动有趣的社会实践（70.79％），相比之下，深入浅出的专家讲授（51.28％）稍显逊色。同时，“互联网＋”能为高校思政课的实践教学提供更为扎实的前期准备、更为精准的调研设计和更为广泛的成果分享。在准备期，学生可以通过互联网查阅资料，实现对实践主题、对象和内容的筛选；在调研期，学生可以通过网络实现问卷调研，还可以通过网络音频或视频连线的方式实现跨地区的访谈和观摩；不仅如此，学生还可以通过互联网实时、广泛地分享调研的文字或影音成果。

三、实现新时代“互联网＋”背景下高校思政课教学的生态融合

习近平总书记曾多次强调，互联网是我们面临的“最大变量”，谁赢得了互联网，谁就赢得了青年。要将互联网这个“最大变量”变成“最大增量”，就得运用系统思维，综合考虑该生态系统中的各个要素，以系统的观点来审视、分析和整合教育主体、介体和环体，培育当下高校思政课教学新生态。

（一）发挥教师的积极性、主动性、创造性，提升教育主体的价值引领功能

习近平总书记指出：“办好思想政治理论课关键在教师，关键在发挥教师的积极性、主动性、创造性。”[①]讲好思政课不容易，因为思政课教学涉及深层次的理论和实践问题，涉及马克思主义以及包含哲学社会科学与自然科学在内的多学科知识，涉及从古到今的中华文明史、世界社会主义史、中国近代史、党史、新中国史和改革开放史，涉及当今世界百年

---

① 习近平：《思政课是落实立德树人根本任务的关键课程》，《求是》2020年第17期。

未有之大变局和中华民族伟大复兴的战略全局……

因此，思政课教师要提升教育主体的价值引领功能。首先要提升素养，通过研修、调研、挂职等渠道切实提高自己的综合素质，做到政治强、情怀深、思维新、视野广、自律严、人格正，要信仰坚定、学识渊博、理论功底深厚，才能上出坚定的、富有感染力、有温度的思政课。其次要教研结合，思政课的政治性、思想性、学术性、专业性是紧密联系在一起的，其学术深度广度和学术含金量不亚于任何一门哲学社会科学，只有通过理论学习、课题研究、学术交流等方式实现教研结合，才能有学识魅力，用真理的力量感召学生，以深厚的理论功底赢得学生。再次要团队作战，高校思政课教师要利用好“手拉手”“集体备课平台”等资源，加强思政课教师之间的教学交流研讨，也要通过课程思政开展项目，加强与其他学科专业教师的跨学科交流研修。最后要主动参与大中小学思政课一体化建设，实现与中小学相关学科德育教师的跨学段交流互补。

（二）以学生为中心，重视参与，激发受教育主体的学习内驱力

要“以学生为中心”，满足其个性化需求。要深入学生，了解学生，要在把握学生成长规律的基础上，深刻洞察学生的思想特点和发展需求，掌握学生群体的普遍需求和特殊需求，注重普遍要求和分类指导相结合，找到学生的“痛点”“痒点”“兴奋点”，既满足一般又不忽略个例，把解决思想问题与解决实际问题结合起来，提高教学的科学化和精细化水平。

要“重视学生参与”，发挥其主观能动性。教师要发挥学生的主观能动性，通过课前调查问卷、课堂讨论、课后反馈、期中座谈会、实践教学展示和互评等方式，让学生参与思政课教学的设计、组织和评价环节；要运用小组研学、情景展示、课题研讨、课堂辩论等方式让学生来进行自主学习、自我教育；要让他们用喜欢的表达方式“发声”，鼓励其参与学生互动社区、主题教育网站、专业学术网站和“两微一端”的建设，将思政课堂所学加以运用，变成网络正能量。

（三）守正创新，坚持八个相统一，发挥教学介体的最大效能

习近平总书记强调：思想政治理论课要坚持在改进中加强、在创新中提高，及时更新教学内容、丰富教学手段，不断改善课堂教学状况。①

从新时代“互联网＋”背景下的高校思政课教学生态来看，包含教学内容和教学方法的教学介体已经得到优化升级，但要推动思想政治理论课改革创新，必须坚持守正创新：思想政治工作坚持以马克思主义为指导，要旗帜鲜明、理直气壮地同西方国家争夺意识形态的领导权，用国家主流意识形态引领大学生的思维方式和行为方式②，为学生打下成长成才的思想基础。要坚持“八个相统一”，在落实统一教学目标、课程设置、教材使用、教学

① 习近平：《思政课是落实立德树人根本任务的关键课程》，《求是》2020年第17期。

② 解兆丹：《论互联网思维下高校思想政治教育的生态融合》，《青少年学刊》2016年第6期。

管理的前提下,探索不同的方法和路径,不断增强思政课的思想性、理论性和亲和力、针对性,因地制宜、因时制宜、因材施教,发挥教学介体的最大效能,体现思政课的政治引导功能,传导主流意识形态,塑造学生的价值观。

(四)增进互动、共建共享,实现教学环体的育人功能

思政课以课堂、网络和实践这三个教学场域为主的环体在“互联网+”的时代背景下得到无限拓展,更需要整合教师、学校、社会的力量,实现教学环体的育人功能。

一方面,在高校思政课教学的微观生态系统中,课堂、网络和实践都是教育主体和受教育主体进行教学交流互动的平台和场域,在这个互动过程中,最贴切的教学内容、教学方法等教学介体应得以应用,以呈现最好的教学效果。虽然不同的老师和不同的学生的互动不同,会出现对不同介体的选择,但课堂、网络和实践应成为每一组建立起对应关系的师生共建、共享、共学习、共成长的环体,也是对这组师生来说,最好的教学环体,它们之间应该实现微观生态系统中的相互联结、相互补充、相互拓展,从而实现该生态系统自身的全面协调可持续发展。

另一方面,这个微观生态系统还是高校思想政治教育生态的子系统,是高质量教育体系生态的一个子系统,也是社会生态系统中的一个子系统,系统内各要素通过环体与其他系统发生互动,因而课堂、网络和实践应与高校内外环境相融合,要拓展课堂教学的校内外资源、扩充网络教学的平台和方法、拓宽实践教学的育人渠道,使这个系统的发展不仅受其他生态系统的影响,更能反过来影响其他系统,强化高校思想政治教育生态系统的立德树人属性,提升高质量教育体系生态为党育人、为国育才的实效,从而影响社会生态系统的经济环境、政治环境、文化环境的发展。

思想政治理论课专题教学设计的问题导向*

庄三红　陈　云**

摘　要：思想政治理论课专题教学设计应凸显问题导向的特点，两者之间的良性互动是发挥课堂教学效果的重要前提。社会热点、教材重点与学生关注点是专题教学问题导向的重要依据；关注学生需求与教师科学研究，则是专题教学具体设计中问题导向得以呈现的基本立足点与支撑点。

关键词：思想政治理论课；专题教学；问题导向

课堂教学是思政课教学工作中的重中之重，正如习近平总书记在全国高校思想政治工作会议中所指出的，"要用好课堂教学这个主渠道，思政课要坚持在改进中加强，提升思想政治教育的亲和力和针对性，满足学生成长发展需求和期待"①。传统以教材章节划分为基础的灌输式的思政课教学模式无法切实凸显思政课"铸魂育人"的底色。教师在课堂上的单向输出、学生"事不关己"的心态以及理论内容的枯燥乏味使这种权威式的思政课教学模式无法适应新时代教学实践的发展，难以使理论的学习真正达到"入脑入心"的效果。因此，以专题化和问题导向式的教学方式来组织课堂教学成为思政课课堂教学改革的重要选择，也是进一步增强思政课理论吸引人、感染人与影响人的有效途径。

纵观近年来思政课专题教学改革，坚持问题导向是其不可阻挡的改革趋势，也是专题教学的魅力所在。如何找准问题、设计好问题进而讲透问题，是专题教学需要进一步思考的重点。

---

* 基金项目：2020年福建省社科项目"基于PBL教学法的高校思政课线上线下混合式教学改革研究"（项目编号：FJ2020B009）；2021年马克思主义学院教改教法研究项目：思政课线上线下混合式教学模式的探索和研究——以"形势与政策"课"模块化＋PBL"教学模式探索为例（项目号：2021MJY04）。

** 庄三红，女，福建泉州人，厦门大学马克思主义学院副教授，主要研究方向为马克思主义中国化研究；陈云，女，河南信阳人，厦门大学马克思主义学院2020级硕士研究生，主要研究方向为马克思主义中国化研究。

① 习近平：《把思想政治工作贯穿教育教学全过程》，http://jhsjk.people.cn/article/28935836，访问日期：2021年11月15日。

一、专题教学与问题导向的相互关系

提升思政课吸引力，使其真正发挥影响人、感染人的作用的关键点在于找准并讲透学生所关注的重大理论和现实问题以解决学生的思想认识问题。要想破除专题教学的瓶颈，必须正确把握专题教学与问题导向之间的关系，坚持以问题为向导、以专题模块为载体，发挥大学生的主体地位，依托其在思想、心理与学习中所产生的各种困惑设计专题教学内容，以期进一步激发大学生的求知动机，进而促使其形成对思政课的情感与价值认同。

（一）问题导向是专题教学构建的源泉活水

专题教学以教学大纲和教学目标为根本要求，以梳理并解答社会发展的热点、教材的重点与难点以及学生的疑点为导向，根据教材内容的内在逻辑关系对教学内容进行重新规划与整合，通过对专题进行深入分析与系统讲解，进而实现"以理服人"的目标。这一过程要转变学生的理论学习方式，使其不再仅仅拘泥于文本层面的枯燥解读与被动式地接受，更需要以问题与兴趣为前提引导学生进行思考与探究。由此可见，专题教学的活力源泉来自问题。

以问题为核心，是专题教学展开的切入点，问题的巧妙设计关乎能否成功激发学生的探究兴趣，事关教学效果与学生学习质量，是开展专题教学的源泉活水。在专题教学中，要注重问题设计的不同类型，既可以以问题链的形式，也可以以一个问题为主导进行探究学习。若以问题链的形式进行专题学习，每个问题的设置虽然比较简单，涉及的知识点比较单一，但是要注重所有问题背后所反映的理论之间的逻辑联系以确保教学内容的连贯性。若以一个问题为主导，该问题的设置必须具有针对性、代表性与典型性，能够高度概括与反映专题内容。此外，所设计的所有问题必须以专题内容为框架，能够进一步引出相关的理论，使理论更加透彻、立体，最终使理论为人所掌握进而转化为解决现实问题的力量以促进社会的发展。以"毛泽东思想和中国特色社会主义理论体系概论"课程为例，在讲授中国特色社会主义经济建设专题时，则可以以"如何实现脱贫攻坚"为主要问题，在掌握贫困与社会经济发展之间的关系的基础上探究消除贫困的现实路径，以期实现社会和谐有序发展与全体人民共同富裕。

（二）专题教学是问题导向的有效载体

问题导向式专题教学中，专题是基础，是问题设计的有效载体，问题的设计不能脱离专题的框架。若没有专题内容作为有效支撑，问题设计便"形聚而神散"，无法真正凸显问题中所蕴含的理论逻辑，问题设置便没有针对性与科学性。专题是教师跳出教材章节的限制，在深入研读、整体把握教材的基础上重新设计与整合教材内容，依据理论逻辑与知识的重点和难点设置专题内容，同时巧妙且适当地将社会舆论热点与时政要点融入专题之中，并结合学生所思所想设置问题。因此，每个专题都反映着各自的问题，以专题为载体来说明问题并深度剖析理论可以促使学生对问题形成相对成熟的见解，同时也从侧面反映了专题教学的灵活性与学术性。以“马克思主义基本原理”课程为例，在学习“矛盾”这一专题时，便可结合当前我国社会的主要矛盾与基本矛盾，更加透彻地理解“矛盾”这一概念，进而区分“基本矛盾”与“主要矛盾”这两个概念。反过来，还可以结合“矛盾”这一专题的理论学习，引导学生对“如何解决我国当前的主要矛盾”这一问题提出自己的看法与见解。

（三）实现问题导向与专题教学的良性互动

思政课是一门理论性极强的课程，传统的教学模式囿于教材与理论的枯燥难以激发学生的学习兴趣，也限制了思政课教师能力的有效发挥，问题导向式的专题教学模式对于解决这一难题大有裨益。在这种教学模式下，课堂不再是教师的“一言堂”，而是把学生所关注的现实问题和困惑与能引发师生共鸣的问题置于教学的重要位置，更加注重师生之间的积极交流与深入探讨，重视课堂的开放性，以形成“百花齐放”与“百家争鸣”的课堂氛围。

专题的设置与问题的凝练要环环相扣，进而实现问题导向与专题教学之间的良性互动。一方面，专题教学只有以问题为导向、以深度挖掘问题的本质为着力点进行教学内容的设计，将教学内容的重点、难点与时代热点和现实社会发展的难题相融合，找准问题，才能激发学生的学习兴趣与主动性并启发学生独立思考、勇于创新，培养其发现问题与解决问题的能力。另一方面，教师还需借助对相关热点与难点问题的深度剖析为专题教学提供现实的话题与切入点，从而促进专题教学的系统展开。只有将理论知识与现实实际相结合，才能有效避免理论的空洞化，增强教学内容的鲜活性，使知识讲解不再是照本宣科地强行灌输，课堂也随之成为师生之间交流、探讨的渠道。良好的课堂教学效果不仅可以增强理论的亲和力与学生的获得感，而且可以强化学生对思政课的情感与价值认同，最终实现理论知识的传授、思想教育与能力提升的真正统一，全面提升学生的综合素质。

二、问题导向中的问题来源

所谓问题导向，就是要在思政课的课堂教学中突出问题意识，以问题切入教学，通过教学分析问题、解决问题。如何找准问题成为专题化教学需要进行的前提环节。

（一）问题紧随现实发展

理论无法脱离实践而独立存在，实践性是思政课具有生命力的根本特征。在实施以问题为导向的专题教学时，一方面，问题设计必须把握时代脉搏，回应时代所需，贴近学生生活实际，要将思政小课堂与社会大课堂紧密结合，从现实中汲取问题素材与设计思路是问题具有深度与思辨性的关键所在，这也是打造更加生动、深刻与活跃课堂的必然要求。另一方面，问题的设计要着重培养学生的逻辑思维能力与创新精神，注重提升学生解决现实问题的能力。学生在对问题进行探究的同时，能够敏锐地链接现实社会发展所面临的难题与困境并勇于探索破解现实困境的可行性方法，这会让思政课的学习不再囿于枯燥的理论讲授，而是能够实现学生对于思政课理论“真学”“真懂”“真信”“真用”的目标。专题教学在内容上不是封闭僵化的，而是开放的，既体现时代精神又蕴含思想理论的针对性。专题教学要求教师立足于实际生活，将经济社会发展现状以及学生所关注的问题与教材理论相联系并鼓励学生进行发散性学习，层层递进地将专题所蕴含的问题剥离出来，使学生在问题探究中有所收获与感悟。例如在讲解“建设现代化经济体系”这一专题时，“供给侧结构性改革”这一概念较为晦涩，却是当前经济改革的重点问题。教师便可结合当前电子商务的发展，引导学生分析经济发展过程中很多产业(如现代服务业的发展)如何使供给侧(生产端)与需求侧(消费端)协同发力，推动高水平供需跃升，以此加深学生对于此概念的理解，进而引导学生思考“我国供给侧结构性改革与西方供给学派之间的差异”以及“供给侧改革对我国经济产业链发展的重大意义”等相关问题，使学生深化对相关理论问题的认知，并促使学生在思想上真正认同相关理论。

(二)问题紧扣教材内容

教材是教师进行授课的依据，问题导向式的专题教学要坚持系统性与整体性的原则，以教材内容为支撑点，充分把握教材内容的内在逻辑关系，在梳理各专题内容的基础上，以教学过程中的热点、重点、难点为核心，设计相互联系且具有一定独立性的问题。那么，以教材大纲为依据，守住问题域便成为思政课专题教学问题设计的首要前提。

第一，教材是思政课问题导向式专题教学问题设置的边界线。思政课的教学内容本身十分庞杂，涉及社会科学的方方面面(如政治、经济、社会、文化、历史等)，这种特点虽然可以让老师们在专题教学中有广阔的选择空间，但若是不加限制，则会导致思政课的专题教学与专业课的教学毫无区别，甚至在深度分析上比不过专业课的教学。确立思政课专题教学的问题导向的边界线，依靠的就是思政课的教材。问题导向式专题教学在实现教材体系向教学体系转化的过程中，必须围绕教学大纲，把握教材中的重点与难点问题。只有以教材与教学大纲为依据，才能凸显思政课独特的“理论”魅力，从而达到立德树人的教学目的。围绕教材内容，让思政课堂在不改底色前提下的呈现更为缤纷的色彩，这是思政课专题教学改革必须坚持住的底线。

第二，教材是思政课专题教学系统性与整体性的重要保证。为摆脱以往单一教师授课知识的片面性，思政课专题教学课堂采取团队授课形式，多位教师进入课堂，讲授精心准备的专题，既消除了学生的“视觉疲劳”，也便于专题的讲深讲透。然而，这种授课模式一旦脱离了教材框架，则容易导致不同授课教师的专题之间出现碎片化，割裂了专题之间的关联，影响了思政课的立德树人教育效果。以“中国近现代史纲要”课程为例，要让学生了解史情国情，进而深刻领会历史和人民是怎样选择了马克思主义、选择了中国共产党、选择了社会主义道路、选择了改革开放，这其中蕴藏着严密的逻辑主线和历史必然性。因此，课程专题设计必须以教材的基本脉络为依据进行整体把握，在不同专题的衔接中讲清近现代中国社会发展和革命、建设、改革的历史进程及其内在规律性，才能达到使学生明确四个选择的教学目的。以“马克思主义基本原理”为例，马克思主义哲学、政治经济学与科学社会主义三部分内容之间存在着密切的内在逻辑联系，在设置问题时要把握问题之间的衔接性与逻辑性，因此可从“马克思主义为什么是科学的”“资本主义为何必然灭亡，社会主义为何必然胜利”“共产主义如何实现”等问题逐层设计，进而让学生深刻理解人类社会发展的内在规律，坚定共产主义理想信念。

（三）问题围绕学生需要

思政课承载着培养学生“德”与“才”的双重使命，必须以服务学生、关切学生与围绕学生为基点，将学生培养成为德才兼备与全面发展的人才。传统的灌输式与被动式的思政课教学模式已无法解决萦绕在学生心头的困惑与疑问，如何使思政课成为一门受学生欢迎、为学生所喜爱并终生受用的课程是思政课改革的方向所在。问题导向式的专题教学是一种处于探索中的新的教学实践模式，这种模式注重课堂效果与学生的听课状态，所设计的问题不再是仅从书本出发，而是更加注重回应学生关切。同时，这种模式也将学生所思问题与实际需求融入教学内容中，引导学生进行深度学习，进而培养其问题意识。此外，教师在教学过程中要注重把课堂交还给学生，突出学生的主体性，合力打造师生共学共进的课堂氛围，增强学生的获得感，实现理论讲解的透彻化与明晰化。

总之，社会热点、教材重点与学生的关注点是专题教学中找到问题的源泉活水。问题设计只有契合这三点才能于激发学生思想共鸣中进一步提升理论的感染力与针对性。

三、专题教学问题导向的“两个基本点”

找准问题是专题教学设计的第一步，紧接着还需进一步设计好相关问题，讲透相关问题，确保问题导向能够真正落到实处。具体来说，思政课问题导向式专题教学的设计应该把握“两个基本点”，即问题导向的专题教学必须聚焦学生关注的重大理论和现实问题以及必须强化教师的科研支撑两个基本点。

（一）以学生关注为基本点，找好问题导向的立足点

思政课的教学对象是广大学生，学生们感兴趣的问题，必须成为问题导向的应有之义。将教材体系转化为教学体系，这只是专题教学设计的第一步。只有将所设置的专题进一步聚焦学生关注的重大理论和现实问题，针对社会思潮、社会热点和学生的疑点问题进行深入剖析、深度讲解和启发引导，才能发挥问题导向专题教学的真正效果。如何做好学生关注点的“菜单”搜集？以“毛泽东思想和中国特色社会主义理论体系概论”课程为例，专题化教学将教材的十四章内容进行整合提炼，设置为毛泽东思想、经济建设、政治建

设、文化建设、社会建设、生态文明建设、大国外交、党的建设等若干讲专题。但这只是初步的框架设计，框架中要填充什么内容、选取何种素材，则需要根据学生的需要下单。例如，在推动社会主义文化繁荣兴盛的专题中，可根据教材内容设计三个基本问题，即“当前意识形态状况”“核心价值观培育与践行”与“坚定文化自信”三个方面，但要真正将文化专题讲活，增强吸引力和感染力，需要将专题与学生的真正需求相结合。学生关注点一般集中于以下三种类型：一是与学生自身有关联度的话题，例如将文化事业、文化产业的发展与大学生各自专业的发展问题挂钩，找到文化繁荣发展过程中不同专业学生有所可为之处，进而引导学生对国家文化强国建设战略的理解；二是学生期待获解的问题，如学生想了解当前我国文化强国建设的具体优势，则专题设计中可以将中华民族优秀传统文化、中国特色社会主义先进文化等的作用进行分析并加以结合，进而更好地引导学生对传统文化和红色文化的弘扬、文化自信等问题进行思考；三是事关学生切身权利的话题，例如网络信息的发展与大学生的个人隐私保护的问题，专题设计中可引导学生对网络信息发展的优劣之处加以剖析，进而针对如何优化隐私保护提出可行性建议。只有将学生关注的重大理论与现实问题融合进问题导向的专题教学设计中，课堂教学才能发挥其吸引学生进而引导学生的作用。

（二）以教师的研究为基本点，搭好问题导向的支撑点

对于教师而言，专题教学改革并非单纯地摆脱按教材通讲的教学方式，而是要将思政课的内容与问题讲清讲透，这种改革对思政课教师提出了更高的要求。要讲清讲透某个专题或某个问题，思政课教师就必须对专题内容或问题本身有所研究，这样才能做到真懂真讲。因此，问题导向专题教学更需要强化教师的科研支撑。

具体而言，思政课教师要从两方面打好问题导向专题教学的科研基本功：一是要将所讲授专题与对相关问题的理论研究紧密结合。教师科研是授课教师专题教学的基本支撑。思政课必须紧紧依托马克思主义理论学科和科研，把握学科前沿，夯实理论基础，才能有效引导专题教学方向和增强专题教学效果。紧跟学科前沿是思政课老师必须做的基础科研。高等教育阶段的思政课与中小学的政治课最大的区别就在于理论特征的差异，高等教育阶段的思政课必须通过理论的魅力来引导学生、引领学生，进而掌握学生。离开理论研究的基础，单纯将思政课上得热闹、上得开心，这会使得同学们对于思政课的获得感大打折扣，无法实现思政课让学生终身受益的教育效果。因此，思政课的授课教师，必须自觉深入开展理论研究，将理论学习、理论研究作为教学的基本功，做到真学、真懂马克思主义，进而才能真信、真用马克思主义。新时代紧跟理论前沿就是要将马克思主义理论、马克思主义中国化的理论成果尤其是习近平新时代中国特色社会主义思想研究透彻，这是思政课保持理论魅力的源泉。正如马克思在《〈黑格尔法哲学批判〉导言》中所说的：

“理论只要说服人，就能掌握群众；而理论只要彻底，就能说服人。”[1]

二是面向现实，深入实际展开研究。规范和引导教师面向重大现实问题，深入实际开展实证调研，把科研和教学建立在理论联系实际的基点上。理论是灰色的，生活之树常青。传统思政课教学存在的最大问题就是理论与实际脱节，“空对空”进行灌输，要解决这个问题，就要将基础理论的科研与现实问题相结合，关注现实问题，这是突出思政课专题教学问题导向、提升思政课课堂教学实效的关键。因此，在专题教学改革过程中，实践教学环节尤为重要。借助实践教学平台，教师将自己的科研课题与学生的日常社会实践、暑期社会实践等多种渠道相结合，一方面可以进一步搜集相关案例，充实教学素材，丰富和完善专题教学的问题库；另一方面也能进一步催化科研成果，使老师们摆脱教学与科研“两张皮”的困境。在教学与科研的双向互动中，教师既能把理论与实际联系起来，又能借助现实的中介作用讲透道理，让理论为学生所掌握，进而体现思政课的“理论”魅力。例如，在生态文明建设专题中，厦大马克思主义学院老师不仅将自身关于长汀生态文明建设的研究作为科研支撑，又在实践教学中长期跟踪长汀生态文明建设的发展历程，进而在课堂上将自己的科研所得与实践所获进行呈现，其教学效果比单纯的理论讲授成效更为显著。教师只有亲身深入基层实践，关注现实问题，才能够将自身前期的理论研究进一步与现实挂钩，才能实现思政课吸引人、打动人、说服人的教学效果。

学源于思起于疑。思政课专题教学要坚持在问题导向的基础上，将教师、学生等主体纳入教学过程中，将时代发展气息融入课堂专题素材之中以深度拓展教学内容，启发学生独立思考，切实提高思政课的教学质量，真正发挥思政课的育人功能。

---

① 《马克思恩格斯文集》第1卷，人民出版社2009年版，第11页。

“马克思主义基本原理”课程体系存在的问题与调整建议

邹文英[*]

摘　要:“马克思主义基本原理”是高等院校思想政治理论课的基础课程,为本科生公共必修课,其现有设计体系无法保证专题教学模式取得预期的效果,应予以调整。建议回归哲学、政治经济学与科学社会主义的分设模式。

关键词:课程体系;问题;建议

“马克思主义基本原理”是我国高等院校根据《中共中央国务院关于进一步加强和改进大学生思想政治教育的意见》的要求,按照《中共中央宣传部教育部关于进一步加强和改进高等学校思想政治理论课的意见》和《〈中共中央宣传部教育部关于进一步加强和改进高等学校思想政治理论课的意见〉实施方案》的布置,自2005年起在全国高等院校统一开设的课程,是高等院校思想政治理论课的基础性课程,也是本科生必修的通识课。我校在大学三年级开设,3学分,48学时。该门课程由“马克思主义哲学”“马克思主义政治经济学”“科学社会主义”三部分组成,使用高等教育出版社统一编写的教材。教学方式以课堂教学为主,结合实践教学。课程的主要目的是对全国大学生进行系统、全面的马克思主义理论教育,帮助大学生树立科学的世界观、人生观和价值观,学会用马克思主义的基本观点和根本方法观察社会、了解世界、分析问题和解决问题,从而进一步帮助学生们确立起建设中国特色社会主义的理想信念,为中华民族的复兴大业作出年轻人应有的贡献。

一、“马克思主义基本原理”课程改革历程回溯

“马克思主义基本原理”课程发展至今,伴随着高等院校思想政治理论课自身发展的历程,各组成部分内容分分合合,历经多次调整。中华人民共和国成立以后,在中国共产党的领导、关怀和指示下,“马克思主义哲学”“中国共产党党史”“马克思主义政治经济学”三门政治理论课于1964年起开始在各高等院校全面开设。1978年4月,教育部办公厅颁

---

* 邹文英,安徽安庆人,厦门大学马克思主义学院副教授,经济学博士,主要研究方向为马克思主义政治经济学、产业经济学。

布《关于加强高等学校马列主义理论教育的意见》，决定将高等院校的马克思列宁主义理论课程由原来的三门课改成包括辩证唯物主义和历史唯物主义、政治经济学、中国共产党党史和国际共产主义运动史等在内的四门课程。1985 年 8 月，中共中央颁发《关于改革学校思想品德和政治理论课程教学的通知》，高等院校思想政治理论课再次改革为"中国革命史""马克思主义原理""中国社会主义建设""世界政治经济与国际关系"，其中，"马克思主义原理"由"辩证唯物主义和历史唯物主义"与"政治经济学"两门课组合而成。1998 年 6 月，中宣部、教育部根据中共中央提出的"两课"课程设置新方案，印发了《关于普通高等学校"两课"课程设置的规定及其实施工作的意见》，"马克思主义哲学原理""马克思主义政治经济学原理""毛泽东思想概论""邓小平理论概论"成为高校统一开设的新体系的马克思主义思想政治理论课的组成部分。2005 年 2 月，为了贯彻执行中共中央宣传部、教育部发布的《关于进一步加强和改进高等学校思想政治理论课的意见》的精神，高校思想政治理论课的设置又有了新的变化，"马克思主义基本原理概论""中国近现代史纲要""毛泽东思想、邓小平理论和'三个代表'重要思想概论""思想道德修养与法律基础""形势与政策"等成为高校所有在校学生本科阶段必须研修的五门新课程。在这次调整中，"马克思主义哲学""马克思主义政治经济学"重新整合为"马克思主义基本原理概论"，并纳入了"科学社会主义"部分的基本内容。①

综上可见，"马克思主义基本原理"课程经过分分合合，终成现有格局。在诸多次调整中，马克思主义哲学与马克思主义政治经济学时而分开，时而合一，反映出我们对两部分内容关系的认识、把握和处理始终处于动态的变化当中，这自然有多方面的原因。但是，无论作何调整，马克思主义哲学部分和马克思主义政治经济学部分作为马克思主义的经典理论内容，在历次重组或组合过程中，都处于不可或缺、不可撼动的重要地位，它既是中国共产党和中国特色社会主义建设事业的指导思想，也是我们大学生学习马克思主义基本原理首先务必掌握的根本内容。

二、正确理解和把握"马克思主义基本原理"课程的地位与体系特征

"马克思主义基本原理"是隶属于马克思主义理论一级学科的二级学科，在整个马克思主义学说体系和全部思想政治理论课课程体系中处于基础理论地位，为全国本科大学生必须研修的公共思想政治理论课。该门课程的专业性、学理性是所有政治理论课中最强的，为全国大学生学习和正确理解其他政治理论课提供世界观和方法论原则，是对全国大学生进行思想政治理论教育不可替代的基础手段和工具。

---

① 武星亮：《改革开放四十年高校思想政治理论课建设之回顾与思考》，《山西高等学校社会科学学报》2008 年第 11 期。

与思政课体系当中的其他政治理论课不同的是，“马克思主义基本原理”由马克思主义哲学、马克思主义政治经济学和科学社会主义三部分整合而成，其体系表现出非常突出的“板块式结构”的特征。每个部分要实现的思想政治理论教育的侧重点是不同的。其中，“马克思主义哲学”主要是对学生进行辩证唯物主义和历史唯物主义基本观点、基本立场、基本方法的教育，帮助他们形成科学的世界观和方法论。“马克思主义政治经济学”分析了资本主义生产方式的内在矛盾和资本主义经济制度的本质，使学生树立资本主义必然灭亡、社会主义必然胜利的信念。“科学社会主义”描述了共产主义社会的基本特征，让学生深刻认识到实现共产主义的历史必然性和长期性，把握共产主义远大理想与中国特色社会主义共同理想的辩证关系，坚定理想信念，积极投身新时代中国特色社会主义事业。[①] 从表面上看，马克思主义不同的组成部分拥有互不相同的专业术语和理论发展逻辑，隶属于哲学、经济学等不同的学科体系，但观察其间隐含的思想基础，我们不难发现，各个理论部分的范畴、原理之间存在着相互渗透、相互论证、相互深化的关系，贯穿每个部分并高度统一的始终是马克思主义的基本立场、基本观点和基本方法。这些立场、观点和方法不仅在其辩证唯物主义和历史唯物主义中集中表现出来，在政治经济学和科学社会主义部分也得到了彻底的落实和充分的展示。实际上，马克思主义的后两部分内容就是马克思主义基本立场、基本观点和根本方法在经济领域和社会领域的展开与应用。例如，对立统一规律是马克思主义唯物辩证法的实质和核心，为人们提供了认识世界和改造世界的最根本的方法，即矛盾分析方法。世界上任何事物都是矛盾，认识世界和改造世界，从根本上说，就是分析矛盾和解决矛盾。教材的辩证法部分详细分析了对立统一规律的基本属性——对立属性（矛盾的斗争性）和统一属性（矛盾的同一性）及其相互关系，并论述了它们在实际生活和工作中的灵活运用和生动体现。我们注意到，在马克思主义的经济学部分，通过“价值和使用价值”“具体劳动和抽象劳动”“私人劳动和社会劳动”等一系列概念彼此间的既对立又统一的属性的分析，马克思主义唯物辩证法的这一根本观点得到了强有力的贯彻。2005年1月，中央政治局常委审议通过《关于进一步加强和改进高等学校思想政治理论课的意见》及《〈关于进一步加强和改进高等学校思想政治理论课的意见〉实施方案》，要求思政课教师在“马克思主义基本原理”课程教学过程中要着重讲授马克思主义的世界观和方法论。这意味着传授马克思主义的世界观和方法论是该门课程的基本定位，也是授课的主要任务和工作重点。教师在教学中应该始终如一地贯彻执行这一基本原则。

三、“马克思主义基本原理”课程体系当前面临的问题

“马克思主义基本原理”课程体系的高度整合性要求授课教师在教学过程中要十分重

---

① 《马克思主义基本原理概论》，高等教育出版社2018年版。

视讲解和表现出三部分的内在联系，使学生把握体系的完整性和系统性。但是，基于专题教学的教学形式和教学学时的限制，这种整合想要实现的目标实难达成。目前，“马克思主义基本原理”课教学面临的困难与问题主要集中在以下几个方面：

1. 教学内容丰富与教学时数短少之间的矛盾

马克思主义基本原理包括哲学、政治经济学和科学社会主义三部分，需要在短短11～12周的教学时段里完成全部的教学任务。每个部分涵盖有大量的基本观点、基本原理、基本规律，需要教师通过课堂上的深讲、细讲，理论联系实际的讲解使学生充分了解和掌握马克思主义的基本内涵，学会运用马克思主义的基本观点和基本方法分析和处理问题，展现出马克思主义对现实的强有力的解释力和理论的蓬勃生命力；同时，还需要通过串讲，融会贯通各部分的内容，将体系内在的严密性和结构的完整性表现出来。内容丰富、繁多且抽象，每个部分讲清、讲透可能需要一整个学期的教学安排，但实际上各部分平均分配下来不到5次课的教学时数，课时严重不够。为了赶进度，教师不得不省略掉很多本来应该讲授的内容，这对于理解体系各部分内部的相关内容之间以及各部分之间层层推进的逻辑演进过程非常不利，也很难通过这种层层递进的讲述展现出马克思主义理论的逻辑美和精练的语言魅力。

2. 体系的系统性与专题教学的分散性之间的矛盾

马克思主义理论是逻辑严密的有机整体，各部分之间有着非常紧密的联系，教师在授课过程中需要把握和体现出体系的完整性和系统性，但专题教学很难实现这一要求。在专题教学的实施过程中，每位教师的学术背景和知识储备不同，研究领域、研究兴趣各异，对教材基本理论、基本问题的理解层次、角度、深度也不同，在根据自己的认识、偏好、研究方向分别准备授课内容、有选择的讲授的体制下，根本做不到体系上的无缝对接，分散的教学模式割裂了教材理论体系的系统性与整体性，也难以使学生通过专题式教学从三个组成部分的有机统一上把握马克思主义理论体系各部分的不可分割的内在联系。基于宏观或系统性的角度统领教学内容遭到破坏和弱化，教学内容宽泛而杂乱，无法形成统一的教学规范。

3. 经典知识点讲解与专题教学综合性分析之间的矛盾

专题教学跨度大、涵盖面广，主要是就基本原理做理论联系实际的融通分析，热衷于对社会难点、热点问题的剖析，统领性、概括性强，宏观而博大，这是专题教学的优点所在。但囿于学时限制，课堂讲授很难对具体的知识点做细致的分析，虽然也有教师考虑到考核的需要，依照教材章节讲授，力求面面俱到，但现有的学时限制，导致课堂讲解只能是蜻蜓点水、浮光掠影，学生很难在较短的时间里对听课的内容形成深刻的印象。

全书中，哲学、科学社会主义部分的学习着重于让学生了解和掌握马克思主义的立场、观点和方法以及它们的实际运用，对于基本概念、基本理论的理解和接受，学生一般没有困难;经济学部分也有理论联系实际的内容,即用经济学原理分析当前的经济现实,体现马克思主义强大的解释力和说服力。但是,“板块式结构”下的教材的不同部分毕竟有着各自的特点,不能采用完全相同的教学方式,需要有的放矢。政治经济学的概念是整本教材里最抽象、深奥和难以理解的,教师若不详加分析,单靠网络测试要求同学们自学课本上的内容并进行自我测试,无法取得预期的效果。从近几个学期卷面考试多项选择题和简答题的考核结果不尽如人意可见一斑。比如,“劳动价值论”是马克思主义政治经济学的经典理论,指的是劳动创造价值的理论。但是,这儿的“劳动”指的是何种“劳动”?马克思的“劳动”概念与亚当·斯密和大卫·李嘉图的古典政治经济学的“劳动”概念有何异同?这个概念对整个马克思主义理论体系的建构有何重要贡献?什么是“价值”?它与哲学部分的“价值”是相同的含义吗?对这些基本又抽象的理论术语,教师如不着意分析,在大跨度的融合性的专题教学方式下,学生恐怕是一头雾水。此外,专题教学的强综合性、与教材内容不能一一对应的情况,不可避免地导致部分授课内容与考核内容不一致。然而,期末闭卷考试的客观部分都是针对基本概念、基本原理的掌握情况设置的。教学内容与考核内容相脱节的矛盾令教师与学生都非常纠结。

除前述几个方面存在的困难,“马克思主义基本原理”课教学还有一个值得关注的问题是“政治经济学”部分有被边缘化的倾向。这不仅体现在教材的编排上,还体现在考试内容的安排上。在整个教材的编著中,哲学为三章,政治经济学和科学社会主义各为两章。这给了学生一种认识:哲学部分要比经济学部分更加重要。历次考试中,哲学部分的题数和所占的分值也的确高于后两部分。马克思主义哲学是马克思主义的基本观点、基本立场,是其世界观和方法论的集中体现,也是贯穿于整个体系当中的主线,重要性不言自明。但是,经济学、科学社会主义与哲学的地位是同等重要的。包括这三部分在内的马克思主义是个逻辑严密、整体性极强的体系,缺少任何一个部分都不能成就马克思主义。马克思主义哲学是我们分析资本主义社会制度的工具和手段,阐明的是马克思主义不同于以往其他哲学流派观察世界、分析社会的角度和立场,马克思主义经济学是马克思对资本主义制度和资本主义经济运行进行长达40年艰苦的学术研究的主要成果,科学社会主义则是其全部理论研究的自然归宿。没有对于成熟的资本主义机体、资本主义制度和经济运行机制的剖析,是不可能得出社会主义和共产主义这样的研究结果和奋斗目标的。但现有的教学中忽略经济学部分的做法是存在的,这与改革开放以来西方经济学的走红有一定关系,对此,我们要加以重视。

四、“马克思主义基本原理”课程体系改革的建议

马克思主义是我们从事社会主义革命和社会主义建设的指导思想和理论基础。“马克思主义基本原理”课程中几大重要组成部分的分立和整合,是基于当时课程设置和国家

经济和社会发展的需要等多方面的考量和计较。分设应该是为了更精准地理解马克思主义的基本原理、基本观点，而整合却是侧重于体现马克思主义庞大体系内在严密的逻辑性。1949年以来，我国高校对政治理论课先后实施的5次课程调整（1964年、1978年、1985年、1998年、2005年）中，1964年、1978年、1998年是"哲学"与"政治经济学"两部分的分设，1985年和2005年至今为几部分的整合。从次数上看，分立多于整合。根据前述笔者的分析，在当前学时的限制下，"马克思主义基本原理"课的专题教学模式在体现马克思主义基本原理各部分之间的内在联系方面是有一定的局限性的，若希望专题教学实施得更有成效，在课堂上使学生们切实地了解经典马克思主义的基本内容，从整体上把握马克思主义的科学内涵和精神实质，并与新时代中国特色社会主义建设的实践紧密结合，增强马克思主义的生命力和对现实的解释力，足够的学时保证不可或缺。因此，为了克服"马克思主义基本原理"课现有课程设计体系下的不足，使马克思主义基本理论、基本原理的学习精准到位，笔者提出如下建议：

1. 开学之初的导论课上，"马克思主义基本原理"课教师可能需要多花些时间讲解和强调马克思主义理论三部分的内在逻辑关系，力求使其逻辑的严密性和结构的完整性充分展示，进而为学生更有效地理解教材后续的理论部分做前期的铺垫[①]。

2. 将哲学与经济学部分分开，回归原有的设置，在不同的学期开设。这一方面有助于避免政治经济学被进一步边缘化，另一方面也有助于学生切实掌握马克思主义的基本概念、基本原理。倘若对马克思主义的基本术语、基本原理和基本规律都没有弄清楚，又何谈坚持和发展马克思主义呢？

---

① 邹文英：《守正与创新——对当前深化马克思主义基本原理概论课教学改革的一点看法》，《2021高等教育教学实践探索：厦门大学解决方案》，厦门大学出版社2021年版。

思政课社会实践教学的探索与实践

邱志强*

摘　要:思想政治理论课(简称“思政课”)的教学,对于大学生的成长十分重要。推动思政课的改革,必须把思政小课堂和社会大课堂结合起来。社会实践教学是厦大马克思主义学院推行“三位一体”教学改革模式的重要组成部分。经过多年的不断探索和实践,对于如何搞好思政课社会实践教学有了一定的把握和经验,也取得了较好的教学效果。思政课社会实践教学深受广大学生的欢迎。

关键词:思政课;社会实践教学;长短学期;探索与实践

思政课作为高校大学生的必须课,对于大学生的成长具有十分重要的作用。习近平总书记说:“思想政治理论课是落实立德树人根本任务的关键课程。青少年阶段是人生的‘拔节孕穗期’,最需要精心引导和栽培。”“思政课作用不可替代,思政课教师队伍责任重大。”②

思政课的地位和作用如此重要,如何上好思政课,使之成为学生“真心喜欢,终身受益”,一直是我们思政课教师思考和探索的课题。为了从根本上提高思政课的教学质量,从 2015 年开始,厦大马克思主义学院对思政课教学进行大刀阔斧的改革,全面推行网络教学、专题教学、社会实践教学“三位一体”的教学改革模式。其中,社会实践教学最富有挑战性。以前思政课的教学方式是以教师课堂讲授为主,学生课堂讨论为辅。学生课堂讨论主要是给学生一些讨论题目,让学生查阅资料,制作发言 PPT,然后在课堂上发言,基本上还是局限于书本知识。因此,开始推行社会实践教学,我们教师压力不小,能否搞好社会实践教学没有把握。但社会实践教学,对于克服教师“满堂灌”的教学弊端,调动学生积极性和参与度,让学生走出课堂,了解和认识社会,做到理论和实际相联系等方面都具有重要作用,也是思政课推行“三位一体”教学改革能否具有成效的关键环节。本着“摸着石子过河”的精神,我们大胆探索和实践,充分调动学生的积极性,激发学生的创造潜能,取

---

* 邱志强,福建永春人,厦门大学马克思主义学院副教授,主要研究方向为马克思主义中国化。

② 《习近平谈治国理政》第 3 卷,外文出版社 2020 年版,第 329 页。

得了丰硕的教学成果。本文结合亲身经历的社会实践教学过程，对社会实践教学的探索与实践，进行初步的总结。

一、强调社会实践教学的重要性，激发学生的积极性

任何的教学改革，都必须依靠广大的学生积极参与和密切配合，才能取得较好的效果。社会实践教学的主体是学生，更需要调动他们的积极性。只有学生高度重视，积极进行社会实践，完成较高质量的社会实践报告，并在社会实践中学到、感悟到许多课本没有的真知，社会实践教学才算取得成效。如何让学生高度重视和积极参与，我们主要做了以下两方面的工作：

一方面，从思政课的教学要求来阐明。习近平总书记指出：推动思政课改革创新，要坚持八个"相统一"，其中包括"要坚持理论性和实践性相统一，用科学理论培养人，重视思政课的实践性，把思政小课堂同社会大课堂结合起来，教育引导学生立鸿鹄志，做奋斗者"[①]。因此，搞好社会实践教学，是贯彻落实习近平总书记"3·18"讲话精神的具体举措。思政课教学历来强调理论联系实际。如《毛泽东思想和中国特色社会主义理论体系概论》指出：学好本课程，必须坚持理论联系实际。"把课堂教学和社会实践结合起来。实践是思想之基。马克思主义中国化的理论成果都是在中国共产党团结带领人民进行革命、建设、改革的伟大实践中形成和发展起来的。因此，搞好'概论'课教学，必须加大实践教学的力度。""中国特色社会主义的生动实践也为思政课教育教学提供了丰富的教学案例和素材。实践证明，实践教学是思政课教学非常重要的环节，可以起到课堂教学无法达到的效果。尤其是对于'概论'课来说，实践教学更有利于学生坚定'四个自信'，增强投身于中国特色社会主义伟大实践的本领。"[②]

另一方面，从学生成长角度来阐释。实践是培养学生成才的重要途径。中国古代教育的基本要求是"知行合一"。"纸上得来终觉浅，绝知此事要躬行"。现在的大学生，从幼儿园到进入大学，基本上在校园和家里、在书本知识中成长起来。对我国的国情、民情知之不多，社会实践活动可为大学生打开一扇窗口，从分寸的思政小课堂，走向广阔的社会大课堂。通过身体力行，大学生把书本知识转化为分析解决问题的能力，把理论和实践、知与行有机统一起来，并在实践中感知、认识和掌握新的知识，在实践中增强自己的社会责任感和历史使命，今后自觉投身于建设中国特色社会主义的伟大实践中，成为担当民族复兴大任的时代新人。

经过我们的反复强调和充分动员，广大学生充分认识到社会实践的重要性，积极投身

---

① 《习近平谈治国理政》第3卷，外文出版社2020年版，第331页。

② 秦宣：《〈毛泽东思想和中国特色社会主义理论体系概论(2021年版)〉修订说明和教学建议》，《思想理论教育导刊》2021年第9期。

于社会实践教学中，这是这些年社会实践教学之所以成功的重要因素。

二、社会实践教学的具体实施

厦大目前实行的是一学年三学期（两个长学期和一个短学期）制，长短学期情况不一，社会实践教学的规划和具体实施也由此有很大不同。

（一）长学期社会实践教学的具体实施

经过多年的探索与实践，并不断总结完善，我们对于长学期的社会实践教学形成了一整套行之有效的实施程序，具体操作如下：

首先是组队。每学期第一周上导论课时，就布置实践教学的任务和要求。学生第一步就是按自愿原则，由 8～10 人组成一个实践小组，选出组长。自愿原则组队，实践小组成员比较熟悉，有利于实践过程中团结协作。学生组队后，我们逐个核查，确保每个学生都参与。多年的探索与实践，我们觉得人数少，人手不够，就会捉襟见肘，人多了，又会出现人浮于事，队伍规模 8～10 人较为合适。实践小组组长，负责统筹规划，保证社会实践有序进行。针对个别学生会"出工不出力"，特别强调每个人都必须积极参与，完成分配给自己的任务，否则就要酌情扣分。实践证明：一个团结协作、人人积极参与的团队，是搞好社会实践教学的最基本条件。

其次是确定社会实践的选题。选题是社会实践教学的关键。最开始马克思主义学院给了一些参考选题，但不少学生反映，这些参考选题，有的他们兴趣不大，有的因条件所限难以完成，希望由自己确定。笔者一是要求与本课程内容有关，因为我们是"概论"课的实践教学，选题不能脱离本课程范围，这是一个原则问题；二是要求选题有一定的现实意义和理论意义，这关系到实践报告的质量，也事关社会实践教学的质量。经过几年的探索和实践，我们认为思政课的社会实践选题必须聚焦和反映社会热点和焦点问题，因为当前社会热点和焦点问题是最有现实意义和实践价值。这几年，"概论"课的实践选题都坚持这一原则。如 2019 年是中华人民共和国成立 70 周年，我们确定实践主题是庆祝中华人民共和国成立 70 周年。2020 年学年春季，举国上下同心协力抗击新冠肺炎疫情，我们要求实践主题必须围绕抗击新冠肺炎疫情斗争、体现伟大的抗"疫"精神、全方位反映中国特色社会主义制度的优势。2020 年也是全面建成小康社会、实现第一个百年奋斗目标的关键和收官之年，因此，2020 年秋季，我们的实践要求紧扣中国共产党团结和带领全国各族人民为全面建成小康社会努力奋斗的主题而展开。2021 年是中国共产党建党 100 周年，也是厦门大学建校 100 周年，我们强调实践选题必须围绕"双百"（建党 100 周年和建校 100 周年）而进行。实践主题范围确定后，要求各实践小组尽快确定具体的选题。利用开学初的讨论课，安排各实践小组展示自己的选题及社会实践的基本框架，而后我和同学们一起商讨确定选题。学生选题普遍存在的问题是题目过大，实践小组人力、调研时间有限，题目过大完成不了。有的选题如“中国特色社会主义生态文明建设”，这么大的题目怎么做？笔者建议用副标题“以厦门生态文明建设为例”，这样范围小多了，可操作性强多了。有些选题有意义，但调研有难度。如有些同学选题是“基金会对抗‘疫’的贡献”，基金会的捐赠数字很难收集，建议他们放弃。这一两年，由于新冠疫情，建议学生实地调研活动以厦门市及周边地区为主，以免受疫情的影响。建议学生选题能够结合自身专业，发挥专业所长，这样更容易完成高质量的实践报告。如2016年国家实行放开“二孩”政策，儿科医生荒一时成为焦点问题，笔者带的医学院班有个实践小组就以此作为社会实践选题，用较为专业的视角来调查研究和分析解决问题。其撰写的实践报告：调查“儿科医生荒”现象、成因分析和探索解决办法——以厦门市各医院为例，荣获当年优秀社会实践报告一等奖。

再次是社会实践教学的形式。社会实践教学的形式也在不断探索和实践中逐步创新和丰富的。起初是采用课题式的社会调查，不少学生反映形式过于单一，无法满足他们个性化需求。于是我们增加了情景剧的创演。即由学生选定主题，收集资料，编写剧本并扮演剧中的各种角色，在课堂上表演。同学们积极准备，甚至置办道具，反复排练，不少情景剧声情并茂，感人至深。如2018级新闻传播专业的一个实践小组以“中华人民共和国70年新风貌”为题，利用专业所长，演绎出不同时代青年的爱国情。学生表演非常投入真挚，我们看了深受感动。还有个实践小组展示的日期是12月13日，这是南京大屠杀死难者国家公祭日，他们以“纪念不只是‘十一’”为题，控诉日本帝国主义在南京犯下的滔天罪行，警示人们牢记历史、勿忘国耻、凝聚力量、振兴中华。这一幕至今仍历历在目。随着自媒体盛行，我们把拍微视频作为一种社会实践教学的形式。特别是2021年的社会实践，笔者负责的班级有近40%的实践小组，选择拍微视频来反映建党100周年和建校100周年，尤其是表现厦大的“四种精神”，效果很好。

最后是社会实践成绩的评定。公平公正地评定学生社会实践的成绩，是对学生社会实践成果的最好肯定。学生实践成绩分为课堂展示和实践报告两部分。经过这些年的探索，笔者认为课堂展示最好由学生负责评分，既能体现评分的客观性，又能增加学生的参与度。具体做法是用抽签决定各实践小组展示的顺序，然后由各实践小组组长组成评委进行实名打分。鉴于有个别评委打分可能会出现偏高或偏低的情况，统计得分时，去掉一个最高分和一个最低分。笔者也给学生打分，以防学生打分出现明显偏差时可以纠正。事实证明，这种评分方式比较合理，学生打的分和我打的分基本相同，迄今为止，笔者还没有进行过纠正。实践报告由笔者评分，笔者会以展示成绩为重要参考，因为展示效果和实践报告的质量是有必然的联系，但不完全一致。笔者会根据实践报告的具体情况，在评分上做些调整很好。实践证明，这套评分方式是可行和有效的。

经过多年的探索和实践，我们总结了开展长学期社会实践教学的经验。即在长学期，坚持以学生为实践教学的主体，教师为指导，充分激发学生参加实践的积极性；聚焦社会热点和焦点划定社会实践的选题方向；根据社会实践的意义、价值和可行性，指导学生确定实践选题；鼓舞学生进行社会实践教学形式的创新；关注学生实践进程，随时帮助学生分析和解决实践中的问题和困难；秉持公正客观透明的原则，评定学生的社会实践成绩，给社会实践教学画上圆满的句号。

（二）短学期社会实践教学的具体实施

短学期的社会实践教学更具有挑战性。刚开始，我们有不少顾虑。如学生出去调研的安全问题，到哪里调研，调研什么，实践队伍成员来自五湖四海的协作合作问题，在短短数天能否完成有质量的调研……经过不断探索和多次的实践，我们现在已经轻车熟路，能够有序高效地进行短学期的社会实践，并完成高质量的调研报告。以我们几次带队进行短学期社会实践为例，具体操作如下：

首先是确定社会实践选题和调研地点。选题的确立是以带队教师的科研课题为依据。如2016年短学期社会实践选题围绕着“闽东抗日战争档案收集、整理”的课题展开，调研的地点选在闽东的宁德市霞浦县。2018年短学期社会实践选题围绕着“福建红色文化资源的收集、整理与研究”的课题展开，调研的地点选在龙岩市永定区。2019年短学期社会实践选题围绕着“乡村百年”的课题展开，调研的地点选在龙岩市永定区下洋镇中川村。调研能够顺利进行，一定要得到相关单位和部门的大力支持。我们在霞浦和永定收集档案，得到了霞浦县和永定区档案局全局上下的全力支持，在计划的时间内，顺利完成了档案收集任务。在永定区下洋镇中川村调研，得到了下洋镇政府、中川村委会和当地文史工作者以及村民的配合和支持，顺利完成了侨乡中川村的田野调研。

其次在调研前要做好充分的准备。因为调研时间有限，调研之前一定要了解相关资料，才能尽快入手调研。如到著名的侨乡中川村调研前，我们在实践队微信群发了《中川胡氏源流》《中川》《中川面貌今与昔》《中川的华侨》《中川的民俗》《中川的经济》《中川教育与文化》《中外人士访中川》等文献资料，要求实践队的成员务必认真阅读掌握。在调研出发前，把实践队员分成六个小组，分别负责调研中川村的生态与聚落、经济、风俗礼仪、家族组织、宗教礼仪、地方公共事务等六大方面的任务。由于事先做足功课，到中川村后，立即展开调研，调研的任务尽管繁重，但各司其职，井然有序进行并如期完成。

再次是对学生的管理。调研期间学生的安全至关重要，带队教师责任重于泰山，为此，我们实行严格的管理。我们统一出发，保证调研去和回路上安全。调研期间，我们实行军事化管理。每天早上7:30集合，清点人数，询问队员的健康情况，集中用餐，然后统一前往调研地点。早上调研工作结束后，我们集合清点人数后统一回旅社用餐。下午也是如此操作。在去调研地点的路上，我们带队教师和研究生分别行走在队伍的前后，学生沿着公路边或人行道行走，要求学生非必要不看手机，专心走路。晚上学生如外出，必须报备，要求至少两人同行，晚上8:00必须回来，我们要清点人数。由于严格管理，调研期间学生没有发生过安全和身体健康的问题。

复次是每天晚上开沙龙。这是我们实践队的特色。每天晚上8:00,我们准时集中开沙龙。学生按分组依次汇报当天的调研情况,有哪些收获,碰到什么问题。学生畅所欲言,我们尽力解答,介绍相关的资料,明确第二天调研的方向和任务等。开沙龙既可以及时了解学生调研进展、解决调研中碰到的问题,使调研工作顺利开展,又可以增加师生、同学之间的友谊,有利于调研中彼此的协作,这是我们顺利完成调研任务的重要环节。

最后是完成调研报告并整理出版。开始调研前,在给学生分配任务时,我们强调大家要认真对待、积极完成,撰写的报告要整理出版。自己的劳动成果能够正式出版,这对学生是一个很大的鼓舞,也极大激发他们的积极性。在调研中,他们广泛收集资料,调研归来认真整理,用心撰写,完成较高质量的调研报告。

经过短学期多次的社会实践,我们认为做好短学期社会实践必须依托教师的科研课题确定实践选题和调研地点;做好调研前的充分准备、明确实践调研的分工和具体任务;争取调研所在地的支持;实行严格的管理,确保学生的人身安全和身体健康;通过开沙龙及时分析和解决调研中碰到的问题,掌控调研进程;激励和指导学生认真撰写较高质量的调研报告。

学校和马克思主义学院对社会实践也建立了激励机制,每年都会对长学期和短学期的优秀社会实践报告进行隆重的表彰并给予物质奖励,极大地激发了学生对于实践教学的热情和积极性。

三、社会实践教学成绩斐然

经过多年的探索与实践,厦大马克思主义学院思政课社会实践教学成绩斐然。一方面达到了社会实践教学的初衷和目的,同学们在社会实践感言中都表示参加社会实践,他们受益很多。如参加在永定区档案局社会实践的同学说:“我们不仅了解了永定红色革命文化,知晓了在当时社会背景下永定的生活面貌和政治、经济、文化等方面的风貌,了解了永定人民对于革命事业和解放事业的杰出贡献,明白了中国共产党领导下的永定和尚处于革命阶段的永定相比有了怎样长足的进步,而且我们也培养了自身勤劳耐心、刻苦认真、严肃端正的工作精神,激发了我们内心深处热爱祖国、热爱人民、为中国共产党和各阶级人民群众对革命的贡献感到欣喜与骄傲的爱国精神和民族精神。”[①]另一方面也取得丰硕的调研成果,仅我们带队的短学期实践调研就整理出版了《闽东抗日战争档案史料》第1—3辑、《历史文化名村浦源》、《档案中的永定近代社会生活》,《乡村百年——侨乡中川今昔》也即将出版。厦大思政课社会实践教学的成绩也得到了各级教育部门的肯定和表扬,

---

① 董兴艳主编:《档案中的永定近代社会生活》,厦门大学出版社2021年版,第214~215页。

吸引了众多媒体的关注。2017 年 7 月 10 日,《中国教育报》在头版发表了《厦大:上好思政“实践”课》的报道,充分肯定了厦大思政课的社会实践教学的成果。光明网、人民网等多家媒体也多次加以报道。思政课的社会实践教学越来越受到学生的喜爱,已成为厦大思政课的特色和品牌。

厦大马克思主义学院思政课社会实践教学虽然取得了不俗的成绩,但也面临着一些困难,如当前新冠疫情影响下如何安全开展实地调研等,我们还必须不断地努力探索和实践。

“伟大建党精神”教育融入高校思想政治理论课路径探析

——以“思想道德与法治”课为例

徐雅芬　李　琼*

摘　要:“伟大建党精神”教育融入高校思想政治理论课是引导大学生弘扬光荣传统、赓续红色血脉的需要,也是高校思想政治理论课增强育人效果的必然要求。本文以“思想道德与法治”课为例,从教学理念、课堂教学、实践教学等方面,深入探析“伟大建党精神”教育融入“思想道德与法治”课的路径,以期增强高校思想政治理论课的育人效果。

关键词:“伟大建党精神”教育;融入;高校思想政治理论课;“思想道德与法治”课

习近平总书记在庆祝中国共产党成立一百周年大会上的重要讲话中指出:“一百年前,中国共产党的先驱们创建了中国共产党,形成了坚持真理、坚守理想,践行初心、担当使命,不怕牺牲、英勇斗争,对党忠诚、不负人民的伟大建党精神,这是中国共产党的精神之源。”①“伟大建党精神”是中国共产党精神谱系的源头活水,其所蕴含的思想政治教育资源为高校思想政治理论课提供了宝贵的教学素材。高校思想政治理论课肩负着为党育人、为国育才的历史使命,因此,将“伟大建党精神”教育有效地融入高校思想政治理论课,对于引导大学生弘扬光荣传统、赓续红色血脉,以及提升高校思想政治理论课育人效果皆具有重大的意义 。本文以“思想道德与法治”课为例,从教学理念、课堂教学、实践活动等方面,深入探析将“伟大建党精神”教育融入“思想道德与法治”课的路径,以期增强高校思想政治理论课的育人效果。

一、“伟大建党精神”教育融入“思想道德与法治”课教师的教学理念之中

“融入”含有“融合,或混入、混合”之意,具体是指某一事物通过一定的方式、方法和途径,将其自身与另一事物相结合,贯穿于另一事物的发展过程之中,以达到某一结果。融入结果的理想与否,与所秉持的理念、运用的方式、方法和途径密切相关。教学理念是指

---

* 徐雅芬,厦门大学马克思主义学院教授、厦门大学习近平新时代中国特色社会主义思想研究中心研究员;李琼,厦门大学马克思主义学院硕士研究生。

① 习近平:《在庆祝中国共产党成立100周年大会上的讲话》,《人民日报》2021年7月2日第2版。

教师在教学实践中形成的对教学的基本观点和根本看法。它是教师开展教学活动、追求教学目的的指导思想。“思想道德与法治”作为一门融思想性、政治性、科学性、理论性、实践性于一体的思想政治理论课，以思想理论为引领、以深厚文化为依托、以鲜活实践为素材、以大学生成长的需要为切入口、以提升大学生思想政治素质和法治素养为指向，该课程性质决定了“思想道德与法治”课教师的教学理念要与时俱进，努力打造优质课堂。而“伟大建党精神”是一百年前中国共产党的先驱们在创建中国共产党的实践中形成的体现中国共产党的本质属性，彰显中国共产党的突出优势，鼓舞中国共产党不断前行的政治品质，它包含着“坚持真理、坚守理想”的求真品质、“践行初心、担当使命”的实践品质、“不怕牺牲、英勇斗争”的拼搏品质、“对党忠诚、不负人民”的奉献品质等丰富内涵。“伟大建党精神”教育则是教师结合学生的身心特点，运用科学合理的教学手段，讲授以弘扬“坚持真理、坚守理想”的求真品质、“践行初心、担当使命”的实践品质、“不怕牺牲、英勇斗争”的拼搏品质、“对党忠诚、不负人民”的奉献品质等为重点内容，引导学生传承红色基因、争做时代新人的教育实践活动。“伟大建党精神”教育为高校思想政治理论课教师立足“思想道德与法治”课程特点、创新教学理念提供了强大思想武器。

首先，教师应坚持真理、坚守理想，树立求真的教学理念。“千教万教，教人求真；千学万学，学做真人。”教师要引导学生探求真理、追寻理想，做真学问、真做学问。为此，教师要自觉担起“教人求真”的职责，应具备坚定的马克思主义信仰，真学真懂真信真用马克思主义，自觉认同“伟大建党精神”，并积极身体力行，弘扬“伟大建党精神”，只有让有信仰的人讲信仰，才能使“伟大建党精神”的讲授更为鲜活、深刻和透彻，以教师自身之“真”发挥示范引领作用，让学生感受到强大的真理力量，进而坚定共产主义远大理想和中国特色社会主义共同理想。

其次，教师应践行初心、担当使命，树立实践的教学理念。教师不仅要在实践中检验和发展真理，探索提高思想政治理论课实效性的真知，更要引导学生从实践中获取真知。为此，教师要以高度负责的态度，充分做好学情分析，应主动深入学生之中，以问卷调查、个别访谈等方式，了解学生对学习“伟大建党精神”的认知情况及学生自身的个性特点，从而有针对性地对教学内容的深度、广度做出适当调整，采用学生喜闻乐见的方式开展教学，结合“伟大建党精神”的具体内容，来设置适当的实践教学环节，以情感人、以理服人。

再次，教师应不怕牺牲、英勇斗争，树立拼搏的教学理念。教师要把实践得来的真知运用到课堂上，呈现最佳的课堂教学效果，需要花功夫甚至牺牲个人休息时间，不断尝试如何才能有效提升思想政治理论课的教学质量。为此，教师应加强马克思主义经典著作的研读，广泛涉猎其他哲学社会科学，以及自然科学的知识，学习他人优质课，不断完善知识结构、吸取教学经验、开拓教学思路，从而具备扎实的理论素养、精湛的业务能力。唯有如此，教师才能吃透教材，准确理解和把握“伟大建党精神”，并根据“思想道德与法治”课的特点，多角度、多层次地对“伟大建党精神”进行解读，巧妙地将之与“思想道德与法治”课的教学内容自然结合。

最后，教师应对党忠诚、不负人民，树立奉献的教学理念。教师要全力以赴、竭心尽力，不负党和人民的重托，培养担当民族复兴大任的时代新人。“思想道德与法治”课教师能否持之以恒地求真、实践、拼搏，主要取决于其是否拥有一颗奉献之心。为此，将“伟大建党精神”教育融入“思想道德与法治”课，教师不能只是当作简单的说教任务来完成，而是要注重给大学生们传道、授业、解惑、示范和启迪，在这个过程中，教师不仅要主动关心学生学习知识的效果，还要关注学生人生观、价值观、道德观和法治观的塑造，以落实立德树人的根本任务。

二、“伟大建党精神”教育融入“思想道德与法治”课的课堂教学之中

课堂教学就是把一定数量的学生，按知识程度编成固定的班级，教师根据一定的教学计划，规定的教学内容和时间，在教室里对全班同学同时进行教学的组织形式，也称班级授课制[①]。教师在课堂教学中发挥着主导作用，肩负着教学生“做人”、促学生“做事”的责任。将“伟大建党精神”教育融入“思想道德与法治”课，是教师在“思想道德与法治”课的教学中，运用科学、有效的教育教学手段，在适宜的教学情境中，找准合适的教育时机，有针对性地将“伟大建党精神”中的求真品质、实践品质、拼搏品质、奉献品质等融入教学之中，一方面，促进“伟大建党精神”教育与“思想道德与法治”课有机结合、相辅相成，使“伟大建党精神”在大学生中能更加系统全面地入脑、入心；另一方面，使“思想道德与法治”课的讲授更为鲜活、生动，以引导学生传承红色基因、厚植家国情怀、增强责任感与使命感，提升“思想道德与法治”课堂教学的育人效果。为此，教师既要精心选取教学素材，又要努力创新教学方法。

首先，精心选用教学素材，是将“伟大建党精神”教育融入“思想道德与法治”课的课堂教学之中，提升“思想道德与法治”课育人实效的前提。“伟大建党精神”中的四种“品质”是一个层次分明且逻辑严密的整体，它们揭示了中国共产党的特质和不懈奋斗的力量源泉，折射出中国共产党的人生观、价值观、道德观，是“思想道德与法治”课教师对大学生开展马克思主义的人生观、价值观和道德观教育的生动素材。将“伟大建党精神”教育融入“思想道德与法治”课课堂教学中，能够以透彻的学理分析回应学生，以彻底的思想理论说服学生。这就要求教师必须深刻理解“伟大建党精神”的科学内涵，分析“伟大建党精神”与中国共产党精神谱系、中国精神的关系。以《思想道德与法治》(2021年版)第三章“继承优良传统 弘扬中国精神”之第一节“中国精神是兴国强国之魂”为例，教师在讲授该内容

---

① 刘强：《思想政治学科教学新论》，高等教育出版社2018年版，第118页。

时，应把阐释“中国精神”“伟大建党精神”“中国共产党人的精神谱系”三者的含义及关系作为教学重点内容，讲述中国精神以伟大创造精神、伟大奋斗精神、伟大团结精神、伟大梦想精神为丰富内涵，中国共产党忠实继承、坚定弘扬中国精神，形成了“伟大建党精神”。为此，教师应选取“伟大建党精神”教育中能够突出反映中国共产党四种“品质”的典型案例，以此着重阐释“伟大建党精神”与“中国精神”的内在关联：中国共产党弘扬伟大梦想精神，将之体现在“坚持真理、坚守理想”的求真品质中，敢于有梦，坚持求真，以马克思主义为根本遵循，提出实现中华民族伟大复兴的中国梦；中国共产党弘扬伟大创造精神，将之体现在“践行初心、担当使命”的实践品质中，不断开拓创新，创造一个又一个伟大成就，为中国特色社会主义事业添砖加瓦；中国共产党弘扬伟大奋斗精神，将之体现在“不怕牺牲、英勇斗争”的拼搏品质中，一往无前，勇于拼搏，进行革命、建设、改革，取得了中国特色社会主义这一根本成就；中国共产党弘扬伟大团结精神，将之体现在“对党忠诚、不负人民”的奉献品质中，始终保持对党忠诚，维护党的团结和统一，一心为民，无私奉献，团结领导中国人民创造美好生活，并指出中国共产党以“伟大建党精神”为理论起点和逻辑原点，在新民主主义革命时期、社会主义革命和建设时期、改革开放和社会主义现代化建设新时期、中国特色社会主义新时代等历史时期中，皆不断充实与丰富中国精神的内涵，构建了中国共产党人的精神谱系，彰显了中国共产党人奋发昂扬的精神面貌。

其次，努力创新教学方法，是将“伟大建党精神”教育融入“思想道德与法治”课的课堂教学之中，提升“思想道德与法治”课育人实效的关键。目前高校思想政治理论课课堂教学中，大多数是以教师讲授为主，尽管这一方法能够让教师较好地完成教学任务，但是在课堂上容易出现“单向灌输”，学生学习的主动性和创造性无法得到激发，由此导致教与学在一定程度上的分离，使得“伟大建党精神”教育融入“思想道德与法治”课课堂教学的效果欠佳。因此，教师应努力创新创学方法，在课堂讲授的同时，适当采用议题式教学法、讨论法、合作学习法、提问法等多种教学方法，来促进“伟大建党精神”教育融入课堂教学。以第三章第二节“做新时代的忠诚爱国者”为例，教师可采用议题式教学，设置“大学生如何做新时代的忠诚爱国者?”的议题，将课堂主动权交给学生，以合作学习的方式让每个学生都尽量地参与到课堂讨论中，调动学生学习的主动性和积极性，鼓励他们畅所欲言。在讨论过程中，教师要注意引导，密切关注学生的讨论是否紧扣议题、是否具有思想理论深度，要注重在互动交流中激起学生的思想火花和心灵共鸣。又以第三章第三节“让改革创新成为青春远航的动力”为例，教师要善于创设问题情境，运用启发式教学，围绕中国共产党治理贫困的百年历程展开，提问学生：“从改革创新角度思考，为什么只有中国共产党人能带领中国人民创造脱贫奇迹?”并向学生展示中国农村贫困标准、中国农村贫困人口数量等变化图表，使学生直观感受到我国脱贫攻坚取得的伟大成就，激发学生思考，引导学生认识到中国共产党人在扶贫理论、扶贫方略、脱贫攻坚制度体系、精准扶贫工作机制等方面的重大创新是取得脱贫奇迹的重要原因，进一步点明、升华由此形成的脱贫攻坚精神是新时代背景下对“伟大建党精神”的又一次践行、阐释与丰富。这不仅能够使学生进一步体会到“伟大建党精神是中国共产党精神之源”的重要地位，而且从中国共产党人的实践中感悟到改革创新的重要性，树立改革创新的自觉意识，在不断的实践与拼搏中增强改革创新的能力本领，促使学生把拳拳爱国之心化为殷殷报国之志。

三、“伟大建党精神”教育融入“思想道德与法治”课的实践教学之中

实践教学有狭义、广义之分，狭义的实践教学包括社会实践教学和校园实践教学，广义的实践教学指的是除了理论教学的所有与实践相关的教学活动，包括课堂教学中的实践教学部分、社会实践教学和校园实践教学[①]。本文所指的实践教学是狭义层面的。

习近平总书记指出：“社会是个大课堂。青年要成长为国家栋梁之材，既要读万卷书，也要行万里路。”[②]课堂教学意在将“伟大建党精神”教育中的知识、理论、规范向个体内在思想领域转化，而实践教学作为课堂教学的必要延伸与拓展，是把大学生内在的思想转化为外在的行为，达成学、思、用贯通的重要途径。大学生通过参与实践教学活动，将“伟大建党精神”教育内化于心、外化于行，潜移默化地内化为自身的美好品质，更好指导个人的行为实践。教师对于实践教学的探索，可以从校园实践教学和社会实践教学两个方面着手。

就校园实践教学而言，以《思想道德与法治》(2021 年版)第二章“追求远大理想 坚定崇高信念”之第一节“理想信念的内涵及重要性”为例，在该部分教学内容中，教师通过选取“伟大建党精神”包含的鲜活例证，向学生生动讲解何为“理想”和“信念”、为何“理想信念是精神之‘钙’”，但是“纸上得来终觉浅，绝知此事要躬行”，教师要善于根据地方特色，挖掘红色校史资源，组织学生参观校内红色建筑，进一步使抽象概念在学生心中具体化，加深学生对概念的理解，坚定学生信仰信念信心。以厦门大学为例，厦门大学与党同龄、同心同行，是一所有着光荣的革命文化传统和深厚的革命文化底蕴的百年名校。1926 年，罗扬才、李觉民、罗秋天三人相约在囊萤楼 111 室秘密开会，建立了福建省第一个党支部——中共厦门大学支部，点燃了理想信念的革命火种，并且逐渐扩散至闽西南地区，最终成燎原之势。1927 年，领导厦门总工会开展工人运动的罗扬才遭国民党反动派逮捕。年仅 22 岁的罗扬才不怕牺牲，高唱着国际歌走向刑场，英勇就义。他在写给党组织的诀别誓言中说：“为革命而死，我们觉得很光荣，很快乐。不革命无以救中国！”教师组织学生参观囊萤楼，意在使学生从中共厦门大学支部的建立、罗扬才英勇就义的事迹中，感悟到罗扬才等人不懈追求真理亦是在坚守心中理想，感知信仰伟力，汲取奋斗力量。

---

① 刘英杰：《高校思想政治理论课实践教学理论研究综述与反思》，《思想理论教育导刊》2015 年第 4 期。

② 习近平：《在全国高校思想政治工作会议上的讲话》，《人民日报》2016 年 12 月 7 日。

就社会实践教学来说,教师带领学生参观蕴含着丰富红色基因的革命博物馆、纪念馆、党史馆等,可以帮助大学生把正确的道德认知、自觉的道德养成和积极的道德实践紧密结合起来。在参观前,教师应向学生提出与“思想道德与法治”课教学内容和“伟大建党精神”有关联、有思考深度的问题,让学生带着这些问题去参观。在参观中,革命纪念馆等场所往往采用以讲解员的介绍为主的参观形式,这种形式虽然能使学生更翔实地了解革命历史,但也容易出现学生被动学习导致主体性缺失的局面。针对此,在讲解员介绍完毕以后,教师要进一步组织学生来分享当下的心得体会,并加以点评。这样既能使教师得到学生的即时反馈,掌握学生对某段革命史实入脑入心的程度,也能使学生锻炼自己的即兴表达能力。在参观后,教师应及时总结,升华本次参观内容与“思想道德与法治”课、伟大建党精神之间的联系,使学生能够深刻理解教学内容,深切感悟“伟大建党精神”,意在以行促知,把精神的力量转化为行动的力量,温润学生心灵。此外,在寒暑假期间,教师应积极组织学生开展以“伟大建党精神”为主题的社会调研。在疫情防控常态化的当下,学生应本着就近考察的原则,深入挖掘自己家乡中有关建党的先驱们探索建党的实践、早期共产党组织的建立等素材,撰写调研报告,从而对“伟大建党精神”的丰富内涵、“思想道德与法治”课的教学内容有更深切的体悟,以此增强“伟大建党精神”教育融入“思想道德与法治”课的效果。

参考文献

[1]本书编写组:《思想道德与法治》,高等教育出版社2021年版。

[2]沈壮海:《〈思想道德与法治(2021年版)〉修订说明和教学建议》,《思想理论教育导刊》2021年第9期。

[3]王易:《中国共产党精神谱系的百年流变、精髓要义及赓续发展》,《马克思主义研究》2021年第5期。

第二篇

课程思政

法学教育课程思政进路研究*

李国安　包柠榛**

摘　要：高校法学教育既因其为党与国家培养法治人才的需求，也因学科本身深含政治属性的特点，所以成为"课程思政"的重要领域。然而，目前法学教育课程仍面临专业与思政融合不够深入的问题，包括专业课程思政元素的融入不足、法学教育对德育的重视不足、法学教师自身的思政水平不高等问题。为破解上述困境，法学教育课程思政可尝试采用"三管齐下"的进路加以强化，从课程内容上促进法学课程与思政元素的有机融合，在学生培养方案中增设可实现"德法兼修"目的的德育课程和项目，强化任课教师的思政认知、思政能力并建立长效考评机制。

关键词：法学教育；课程思政；德法兼修

一、引言

2016年，习近平总书记在全国高校思想政治工作会议上强调，中国高等教育应牢牢把握课堂教学主渠道，把思想政治工作贯穿教育教学全过程，促进专业课程与思政理论课协同发展。① 党的十九大继续强调落实高等教育"立德树人"的根本任务。② 为秉承这一教育思想，教育部2020年印发的《高等学校课程思政建设指导纲要》（以下简称"《纲要》"）指出，法学类课程教学中应坚持以马克思主义为指导，帮助学生了解相关专业和行业领域的国

* 基金项目：2021年福建省本科高校教育教学改革研究项目"全面依法治国背景下法学本科教育应用型法治人才培养机制的转型"（项目编号：FBJG20210280）的阶段性成果。

** 李国安，男，福建漳州人，厦门大学法学院副院长、教授、博士生导师，主要研究方向为国际经济法、国际货币金融法；包柠榛，女，福建宁德人，厦门大学法学院博士生，教学助理，主要研究方向为国际经济法。

① 参见习近平：《把思想政治工作贯穿教育教学全过程，开创我国高等教育事业发展新局面》，http://cpc.people.com.cn/n1/2016/1209/c64094-28936173.html，访问日期：2021年12月3日。

② 参见习近平：《决胜全面建成小康社会　夺取新时代中国特色社会主义伟大胜利》，http://www.xinhuanet.com/2017-10/27/c_1121867529.htm，访问日期：2021年12月3日。

家战略、法律法规和相关政策，引导学生提高“德法兼修”的职业素养。[①] 为此，“培养什么人，如何培养人，为谁培养人”成了高校教育课程改革亟待深思的重要课题。

法学是政治属性突出、意识形态鲜明的学科。其课堂教学不仅在于培养学生的专业能力，还要培养学生的法治精神、法治思维和法治素养。同时，法学乃维护社会公平正义和保证社会秩序的治理之学，结合我国坚定迈向依法治国目标的政策导向，高校法学教育在培养学生法律专业水平的同时，更需关注学生社会主义核心价值观的塑造，为社会主义法治建设输送德法兼修的人才。

为回应这一法治人才培养需求，在高校法学教育中应适时引入思政元素，以保证课堂教学中塑造社会主义法治思想和社会主义核心价值观，最终达到培养明德崇法的社会主义法治人才的目标。这一教育思路又可具化于法学专业课程设计、学生培养方案和教师思政培训等环节，最终实现为社会主义法治建设输送优秀法治人才的目标。

二、法学教育课程思政的现状检视

法学教育课程思政有其现实导向的强烈需求，但如何巧妙地将法学学科特点与思政元素紧密结合，亦面临特有的实践困难，有待深入探讨，以探寻其根源。

(一)重专业缺思政的不均衡培养模式

高校法学教育长期侧重专业知识传授，培育具有专业能力的法律人才，要求学生掌握专业法律知识和娴熟的法律技能，但对法治理想信念和职业精神的培养则相对忽略。[②] 尽管有些法学课程也有一定的价值引导或素质教育的定位，但是“守法护法”“法治信仰”等思政育人内容则尚未深度融入法学教育过程。[③]

事实上，法学与思政教育天然地存在内在联系，法学作为正义之学，其教育本身即包含塑造与强化意识形态的任务。高校在培养法专业人才过程中，除了灌输专业知识，还应包括训练逻辑推演、法律价值判断和权利义务责任意识的法治思维。法学教育本身的意识形态属性与服务社会的功能，均要求学生具备立足中国国情分析法律问题和为中华民族复兴贡献法律智慧的价值观。于是，强化社会主义法治观和培养社会主义核心价值观，在法学教育中的重要性愈发凸显。

(二)法学专业内容与思政元素融合不足

1. 专业教材编排的思政元素覆盖程度不高

部分专业教材内容的编排忽视马克思主义与中国法治实践相结合的法治精神指导，

---

① 《教育部关于印发〈高等学校课程思政建设指导纲要〉的通知》(教高〔2020〕3 号)。

② 朱宇：《“课程思政”融入法学专业教学的价值释析与实践途径》，《黑龙江教育(高教研究与评估)》2021 年第 9 期。

③ 俞丹、陈虎：《法学专业课程思政“问题导向”教学探索》，《宁波广播电视大学学报》2020 年第 4 期。

在法学教育中脱离我国社会主义法治建设的实际，从而加剧了法学教育与思政教育“两张皮”的现象。譬如，目前“马工程”教材未能整体覆盖高校法学课程，不少高校仍选用“马工程”教材之外的其他法学教材或自编教材，而此类教材的思政内容普遍较为薄弱或对思政内容把握不够准确，未能纵深挖掘法学教育与思政教育的链接点。

2. 法学课程授课的思政元素不够明显

在法学教学实践中，除了法理学、宪法与行政法学科，其他部门法对思政元素的挖掘普遍不到位。囿于我国法律渊源对西方法学理论和制度的移植与借鉴，相当数量的部门法在建构阶段即参照或引进了国外相关法律制度的框架与内容，致使西方法律制度蕴含的社会文化与价值观在一定程度上影响着我国的法学教育。[①] 譬如，民法学界的“层累现象”揭示了民法体系历久不衰的法律移植倾向，中国民法史仿若法律移植与学说继受史，各大主要法律体系在我国民法近现代发展中“粉墨登场”，进而催生民法概念问题、体系困境乃至学科竞合等难题。而此类问题的化解则有赖于以习近平法治思想为引领，坚持以中国问题为研究切入视域。[②] 诚然，国外法制的精髓与要旨对依法治国具有重要借鉴意义，但在借鉴过程中，仍须以马克思主义法学理论和社会主义核心价值观作为根本依循，通过有效识别和合理扬弃，对国外舶来的法律制度进行创新性转化。

3. 法学教育课程思政融入方式较为单一

目前，法学课程的思政教育整体缺乏采用法律实践的体验式教学方式。即便是在案例分析、法律条文理解与适用等教学中，仍然主要依赖教师授课，未能以灵活多样的思政融入方式让学生在专业教学中获得更多现实的思政体验，使法学教育中的德育质量与效果难以有效提升。

（三）法学专业教师团队思政水平与评价体系有待提升

落实法学课程思政，需要依托专业教师积极发挥寓德于课的作用。为达到这种育人效果，除了要求教师专业知识水平过硬，还要求教师有思政意识，能够在授课过程中引入思政元素，也需要教师具备思政知识，有能力结合部门法特点切入思政理念。然而，法学教师团队在课堂中结合思政元素的授课目标目前受到若干因素掣肘。

首先，不少法学专业教师欠缺思政意识，究其原因在于他们多为法学专业科班出身，在其受教育过程中，被侧重培养专业技能，而欠缺思政育人的经验。[③] 其次，他们也面临思政知识待充实的问题，表现为如何用好多样化的教育方式，巧妙地将思政要素融入法学课堂，授课过程往往知易行难，导致课程内容与育人效果未达到预期程度。再次，教师考核与评先评优等机制尚未突出思政要素的权重，以致教师团队即便发现自身思政建设能力

---

① 罗晓萌：《“互联网＋”法学“课程思政”教学改革研究》，《湖北开放职业学院学报》2021 年第 8 期。

② 刘颖：《中国民法中的“层累现象”初论——兼议民法典编纂问题》，《东方法学》2015 年第 2 期。

③ 朱继胜、谭洁、朱振明：《论法学课程思政特点、难点与实施路径》，《高教论坛》2021 年第 9 期。

不足，也缺乏相应约束与激励机制促进其提高思政意识和补充自身思政知识。故此，法学教师团队在课程思政中，思政意识水平不高与思政能力受限，并相对缺乏评估机制的导向与激励，导致法学特色与思政内容结合乏力。

三、以"德法兼修"融贯法学教育的思政元素

思政课程要求构建全员、全过程和全方位育人的教学体系。各类课程与思政课同向同行，形成协同效应，进而完成"立德树人"的根本教育任务。[①] 正如习近平总书记在全国高校思想政治工作会议中指出的，"要用好课堂教学这个主渠道，思想政治理论课要坚持在改进中加强"，[②]通过课程思政改革，挖掘不同课程内蕴的思政要素。法学与思政虽然存在学科上的差异，但二者之间有着交错结合的天然优势，法学教育课程思政的核心问题正在于探索二者的最佳融合路径，以迸发相得益彰的教育效果。

（一）强化法学课程与思政元素的融合

法学作为人文社会科学课程，天然地内嵌意识形态领域的色彩。[③] 同时，法学课程本身蕴含丰富的思政元素，因此，结合法学各门课程的特点挖掘其特有的与思政的内在关联性或可链接之处，从而优化专业课程思政内容的供给结构和输送途径。以下谨以国际法学所内蕴的思政元素为例展开论述。

国际法学科的教学因其深浸国家之间的利益和法律博弈而与思政元素存在巨大的融合空间。二者的结合，有助于学生既坚守我国立场本位，又树立全球视野。具言之，国际法教学主要围绕国家主权维护、国际条约的适用和国际秩序的维护等不同主题展开，此类教育对思政内容有其内生性的需求，因之授课时应站在我国及发展中国家的共同立场，以习近平外交思想为指导，坚持多边主义、促进共同发展，推动建构人类命运共同体和"一带一路"倡议的建设，尤其在"百年未有之大变局"的国际背景下，应坚决维护我国国家安全底线，以公平正义为理念引领全球治理体系的改革。例如，笔者在"国际经济法"与"国际货币金融法"的授课过程中，即可自然地将思政元素充分融会于对全球金融治理的演进现状、国际金融监管体制困境、美国金融霸权对国际金融秩序的影响以及我国参与构建全球金融治理机制的机遇与挑战等全球性金融法律问题的分析。教师通过充分挖掘思政元素，帮助学生准确认知外部环境变化带来的新矛盾与新挑战，进而指导学生牢固树立"构建人类命运共同体"的崇高理念并厚植家国情怀，使学生心怀爱国主义与国际主义精神，坚定维护国家利益和全球共同利益，成为中国参与公平的国际法治环境

---

① 蔺妍：《法律职业伦理课程思政建设探索》，《中国多媒体与网络教学学报(上旬刊)》2021年第2期。

② 习近平：《把思想政治工作贯穿教育教学全过程 开创我国高等教育事业发展新局面》，http://cpc.people.com.cn/n1/2016/1209/c64094-28936173.html，访问日期：2021年12月3日。

③ 万林艳、姚音竹：《"思政课程"与"课程思政"教学内容的同向同行》，《中国大学教育》2018年第12期。

建设的后备力量。

同时,在波谲云诡的国际关系之中,我国亟待培育具备世界眼光又坚定走中国特色社会主义发展道路的涉外法治人才。习近平总书记倡导的全球治理观,是国际法专业教师提高课程思政水平的重要指引,也是国际法课堂教学的扎实素材,直接指导着国际法学科培养涉外法治人才,以服务于国家重大战略需求,为国家利益保驾护航。目前多所法学院校在培养涉外人才中均能有机结合思政元素,以培养讲政治、有德行、懂法律的法治人才作为育人宗旨,这也是持续深化新时代课程思政改革的现实原因。[①]

可见,先进的思政理念为国际法学的授课与学习提供了方向指引,而扎实的国际法学知识体系则为我国在全球治理中提出中国方案提供了国际法理论支撑,二者相辅相成。

(二)多样化法学教育思政进路的形式

法学学科与思政内容的融合除了基于法学课程的特点全方位融入思政元素,还需要采用多样化的内容展现形式。其一,应秉持落实习近平法治思想进课堂、进教材、进头脑的"三进"的教育目标,将思政内容转化为法学课程设置、教学大纲选用与教案评价的重要内涵,并从课堂授课、教学研讨、论文实训等环节深挖思政理念的运用空间,使法学课程的理论根基与课堂讲授中纳入的思政元素得以在静态与动态两个维度中有机融合。其二,多样化的法学课程思政教育形式。除了传统授课中的课程思政强化,还可通过创新课堂教学模式,利用好课程思政"第二课堂"。例如,综合开设法治大讲堂,举办社会主义法治思想和法治精神主题讲座,将法治思政内容自然地转化为模拟法庭、案例研析和实习实训等丰富多样的法学教育形式。以中国人民大学本科生培养方案为例,该校自2019年秋季学期开始增设"习近平新时代中国特色社会主义思想概论"课程,[②]其教育方式兼顾理论与实践的互动:选用直观且详备的数据资料补充说明时代背景,以教师走进历史旧址的模式,将感性体验材料与理性研究结论相结合。又如,中国政法大学国际经济法研究所教师在课堂讲授中特设"时事共享"环节,分析我国在国际治理中的理念与实践。再如,2019年,厦门大学将"宪法学"课程纳入本校课程思政的示范课程建设计划,强化学生在本课程学习中的思政意识,树立学生的法治精神与家国情怀。

此外,结合"互联网+"时代为法学课程思政提供的广阔创新空间,以课程思政为主线,在帮助学生提高对违法信息鉴别和分辨能力的同时,拓宽法学课程思政"协同育人"的

---

① 以中国政法大学为例,在涉外人才培养的思政融合上,强调以德为先,不断创新人才培养模式,鼓励外语高校和政法类院校的专业复合建设,优化课程体系加强多元课程的教学,并整合实践实训资源与涉外单位等开展合作等多维度的培养举措。参见:《加快涉外法治人才培养 服务国家涉外法治建设》,http://www.bjrd.gov.cn/xwzx/rdgzyj/202202/t20220215_2609936.html,访问日期:2021年12月3日。此外,还有对外经贸大学、浙江大学等多所院校均设置培育复合型涉外人才的思政教育课程。

② 除了中国人民大学的课程设置,中国政法大学将"国际法"作为课程思政示范课的重点建设课程之一。

路径，使课程思政教育突破形式、空间与时间的限制，实现课程思政教育的网络化和多样化。

综上，法学教育课程思政的引入与内化，需要兼采多样化的授课模式，将课程内容与授课形式灵活结合，保证法学教育“知识传授、能力培养与价值塑造”的同步实现。如厦门大学“宪法学”课程，教师以学生对专业知识与思政要素的专业性和趣味性为本位，编导“连续剧”案例，使授课效果得到明显的提升。[①]

四、以育人为导向修订学生培养方案

为了在法学教育中全过程融入思政元素，以思政育人为导向，需要进一步完善学生培养方案，实现课程编排中的思政导向，在保持法学专业课程知识体系完整性的同时，实现专业知识与思政内容的有机融合，实现春风化雨、润物无声的育人成效。

（一）增设不同形式的“德育”路径

培养方案中可增设不同的教育形式，注重法学专业课的德育成效。在育人方案中开设习近平法治思想概论、法律职业道德等思政导向课程，实现习近平法治思想“进教材、进课堂、进头脑”和培养具有社会主义核心价值观的法治人才的目标。

首先，注重习近平法治思想在互联网环境下的运用。将习近平法治思想与法治事件相结合，引导学生关注中国的法治化进程，塑造学生正确的价值观和思政道德修养，培养其成为德才兼备的法律人。互联网传媒的变革与全媒体时代的到来，社会舆情对于法治事件关注度极高，其中信息良莠不齐，而高校学生的价值观尚处于形成期和塑造阶段，易受非理性司法舆论、媒体与网民情绪化评判的影响。因此，以案例为导向融合思政元素的教育形式，可使学生从思想站位上树立思政意识，自觉以习近平法治思想为理念指导，从法律人的专业视角对司法舆情、法治现象作出理性的分析判断。[②]

其次，增强法律职业道德教育的德育内涵。2018年10月，教育部与中央政法委联合印发《关于坚持德法兼修实施卓越法治人才教育培养计划2.0的意见》，要求面向全体法学专业学生开设“法律职业伦理”课程，实现法律职业伦理教育深入法治人才培养全过程。这一要求表明，法律人才的培养，除了重视专业知识和法学思维的训练，更应强调法律从业者的社会责任感、正义感和法治信仰等职业伦理的养成，以塑造法学学子的职业理想与职业行为规范。

---

① 刘群鑫、苏晓君：《“宪法学”：将思政之“盐”溶入法治教育中》，https://news.xmu.edu.cn/info/1020/30667.htm，访问日期：2021年12月3日。

② 李洪波：《“思想道德修养与法律基础”课程对话元素挖掘与运用》，《黑龙江教育（高教研究与评估）》2020年第9期。

（二）强调学生思政元素的学习效果

在学生培养方案中，应侧重强调学生思政内容的“输出式”学习。目前，高校法学教育多倚重教师的课堂授课并以名师专家讲座为补充。然而，单向的知识灌输对于法学课程的思政元素纳入显然难以取得预期的效果。意识形态的塑造和强化，单凭硬性灌输往往难有成效或收效甚微。因此，法学教育的课程思政进路还需要强调学生思政学习的主体地位，学生通过自主参与，树立崇高的法律信念，实现自主输出的思政教育成果。

高校在培养法学专业人才过程中，应致力于实现专业能力提升与法治理念塑造的双重育人目标。专业能力的培养主要通过灌输基础知识实现，包括培养法律逻辑推演、法律价值判断和权利义务责任意识等法治思维。然而，在法律人才的培养方面，法治理念的塑造更值得特别强调。法学本身的意识形态属性与社会服务功能，要求法律工作者应秉持社会主义法治理念，立足中国国情分析和解决法律问题。因此，法学思政教育是否成功的重要标尺，除了是否具有过硬的专业能力，更在于所培养的学生能否秉持社会主义核心价值观，笃信法律信仰，在法律实践中做到知行合一，主动将所学的法学知识与思政元素融会贯通和转化应用。

为确保思政教育的育人效果，可考虑在学生培养方案中引入“隐性课程”，即在课程之外，在学生熟悉的校园或社会环境中，创造轻松的思政环境氛围，使学生无意识地接受价值观等意识形态熏陶，以取得对学生非正规性影响的效果。[①] 为此，在新的培养方案中，可以尝试在保留已有的显性思政教育的基础上，采用社会活动、社区服务等与专业实践相结合（如法治宣传、免费法律服务等）的隐性德育教育模式，以培养学生的服务意识和家国情怀，实现培养具有社会主义核心价值观的法治精英人才的效果。[②] 如组织学生参与法学知识进社会的各路普法宣传活动、法律援助活动和法治社会调研活动等，使学生在系列法治实践活动中切身感受到我国的法治土壤和法治进程，自觉增强作为法律人的职业责任意识，将职业理想与职业道德教育糅合于愉快的社会活动之中，以实现社会主义核心价值观在学生专业知识日常运用中的无形渗透。

五、提升法学教师课程思政素养

在法治人才培养中，主要发挥课程思政教育功能、落实课程思政教育内容的关键角色应是法学专业教师队伍。《纲要》第七条指出：“全面推进课程思政建设，教师是关键。”[③]毫

---

① 罗俊丽：《党性教育中的“隐性课程”》，http://theory.people.com.cn/n/2012/1126/c49166-19701271.html，访问日期：2021 年 12 月 3 日。

② 朱宇：《“课程思政”融入法学专业教学的价值释析与实践途径》，《黑龙江教育（高教研究与评估）》2021 年第 9 期。

③ 《教育部关于印发〈高等学校课程思政建设指导纲要〉的通知》（教高〔2020〕3 号）。

无疑问，法学教师作为传道授业者，承担着传递意识形态、培育社会主义法治人才的重任。因此，法学课程思政建设的重要环节必然是提高专业教师的思政素养与思政传导能力，提升教师塑造学生法治信念和道德情操的育人水平，树立法学教师强烈的思政意识，使课程思政教育自然地融入每位教师的每堂课程教学中，以实现“润物细无声”的课程思政教育最佳效果。

首先，鼓励教师参与课程思政培训，提高教师自身的思政水平。如鼓励教师自觉接受习近平法治思想的培训，增强法学教师的法律职业神圣感和使命感，树立教师为国家培养社会主义建设者和接班人的责任感和担当意识。譬如，厦门大学法学院举办“课程思政”建设沙龙，教师们通过分享课程思政教学经验，为打造标杆和示范课程奠定基础。

其次，积极营造教职工思政教育氛围，提供良好课程思政研究平台。高校可通过引导教师申报课程思政建设项目、遴选课程思政优质示范课等激励方式，或组织教师参与思政课程的专项教学竞赛等多元举措，为教师提供有利的课程思政研究和实践环境，营造教师积极参与课程思政建设的荣誉感和成就感。

再次，创新课程思政教学模式，提高课程思政教学效果。通过法学课程背后蕴藏的思政元素，开辟专业课程思政元素融入的新路径。法学教师不仅可以在授课中传播法治信仰、责任担当与职业道德等法学课程思政的核心价值元素，还可以综合运用多样化的“第二课堂”“隐性教育”途径，引导学生主动参与专业知识与思政元素紧密联系的社会实践活动，形成学生乐于参与的良性“课程思政”教学机制。例如，中国政法大学成立“青春讲师团”，采用网站平台直播、现场交流等“翻转课堂”的新型教学形式，致力于以学生们喜闻乐见的方式将专业知识和思政元素予以有机融合。

最后，构建思政元素导向的长效评价机制，把教师参与法学课程思政建设作为绩效考核评价的重要指标，将其纳入岗位聘用、年终考核、评奖评优和职务晋升等评价体系，构建教师参与课程思政建设的约束与激励机制。

六、结语

高校法学教育肩负培养“德法兼修”法治人才的重大使命，有责任把习近平法治思想与社会主义法治精神融入法治人才培养之中。在清晰认知法学思政教育重要性的前提下，通过检视现存问题，深思应对之策。结合习近平法治思想“进教材、进课堂、进头脑”的课程思政教育目标，在法学教育中，应深谙各门课程的特点，探寻思政元素与专业课程的最佳融合路径，以实现为国家培养“德法兼修”的社会主义优秀法治人才的育人目标。

“卫生法规”课程思政教育的实践*

李红卫　陈小旋　蔡晨曦**

摘　要:“卫生法规”是医学相关专业本科教育的专业方向性课程,其中蕴含着丰富的思政元素,从指导思想、教师的政治理论素养和教学技能、思政映射、设计范式、效果考察等方面,探索将社会主义核心价值观融入卫生法规课程教学的路径,构建“卫生法规”课程思政体系,在对学生的教育中实现知识传授、能力培养与价值引领的有机统一。

关键词:卫生法规;课程思政;映射点;范式

社会主义核心价值观,既是个人的德,也是一种大德,就是国家的德、社会的德,承载着一个民族、一个国家的精神追求,体现着一个社会评判是非曲直的价值标准。党的十八大以来,党中央对高校开展社会主义核心价值观教育提出了新内容和新要求,要求把培养具有高尚的品德修养和综合素质的优秀人才作为目标,把培育和践行社会主义核心价值观融入国民教育的全过程①。在习近平新时代中国特色社会主义思想的指引下,高校以立德树人为根本,围绕“培养什么人、怎样培养人、为谁培养人”这一根本问题②,不断深化教学方法和内容的改革与实践。课程思政是以课程内容为基础,利用各类课程内容所蕴含的社会主义核心价值观元素,实现“思政”寓课程,课程融“思政”。课程思政,不仅可以显著提高学生的政治觉悟、道德品质、文化素养、专业素养,也可激发学生对课程内容、专业知识学习的自觉性和积极性,更全面地实现全程育人的目标。

“卫生法规”是为医学相关专业高年级本科生开设的专业方向性课程,主要讲授卫生法的基本概念与原则,与健康实践、医学职业密切相关的法律、法规,以及国家基本行政法规,课程

---

* 基金项目:厦门大学 2019 年“课程思政”示范建设计划(厦大教〔2019〕35 号)。

** 李红卫,男,博士,厦门大学公共卫生学院预防医学系副教授,从事公共卫生教育、营养与食品卫生研究;陈小旋,女,硕士,厦门大学公共卫生学院实验教学中心高级工程师,从事公共卫生实验实践教学;蔡晨曦,女,博士,厦门大学公共卫生学院预防医学系助理教授,从事公共卫生教育、营养与食品卫生研究。

① 习近平:《青年要自觉践行社会主义核心价值观:在北京大学师生座谈会上的讲话》,《人民日报》2014 年 5 月 5 日第 2 版。王霞:《新时期立德树人工作的实现路径探究》,《传承》2016 年第 8 期。

② 中共中央办公厅:《关于培育和践行社会主义核心价值观的意见》。习近平:《用新时代中国特色社会主义思想铸魂育人贯彻落实党的教育方针落实立德树人根本任务》,《人民日报》2019 年 3 月 19 日第 1 版。

中蕴含着大量思政元素。本研究根据“卫生法规”课程的特点，深入挖掘其中所蕴含的社会主义核心价值观元素，构建“卫生法规”课程的思政体系，发挥课程的育人导向作用，实现对学生的知识传授、能力培养与价值引领的有机统一，探索专业方向课程中开展课程思政的实践。

一、“卫生法规”课程思政，铸社会主义核心价值观之魂

课程思政不是简单的“课程＋思政”，两者的关系应当是“如春在花、如盐化水”，融社会主义核心价值观之“盐”于专业课程之“汤”，在潜移默化中帮助学生“强筋健骨”。卫生法规课程包括三大板块教学内容：文化溯源与卫生法基础、专业实体法律法规、行政程序法律法规。在掌握知识、提高素养、强化技能的基础上，增设课程思政教学目标，包括：(1)注重文化传播，坚定文化自信；(2)夯实法学基础，树牢法治观念；(3)精学专业法规，强化爱岗敬业；(4)实践执法程序，感受公平正义。

在本课程讲授中，从法家治国思想的起源到当代全面社会主义法治建设，从文字溯源的解说到现代法律条文精准的阐述，述说五千年中华文明，坚定文化自信，体会依法治国；专业对应职业，课程对应岗位，从卫生法规与职业岗位紧密的广泛联系讲述医学伦理、职业道德，渗透着爱岗、敬业、诚信、友善的价值观；从对行政法系列法律法规的讲解，全面鲜活地展现自由、平等、公正、法治。课程思政就是要给课程铸魂，在卫生法相关专业课程中开展课程思政实践，就是要为该课程铸社会主义核心价值观之魂。

二、工欲善其事必先利其器，课程思政的首要因素是教师

2019 年，习近平总书记在学校思想政治课教师座谈会上提出：“办好思想政治理论课关键在教师。”[①]要教好学生，一定要有好老师，正所谓“工欲善其事必先利其器”。实施“课程思政”，实现“课程思政”的育人功能，关键在于教师要明确课程思政的目标，有自觉主动开展课程思政的意识，深挖专业课程的思政元素，合理组织思政教学；教师不单要有足够的政治理论水平、教学能力，还要有高超的艺术讲出专业课的“思政味”，这样才能高质量地贯彻“课程思政”的要求，提升育人水平。教师，尤其是专业专业课教师，既承载着传播知识、传播思想、传播真理的时代重任，也承载着塑造灵魂、塑造生命、塑造新人的时代重任。任课教师必须明确和强化立德树人的意识，要以强烈的政治责任感、使命感主动地把社会主义核心价值观教育融入卫生法规的教学之中，借助卫生法规的教学平台，积极向医学生宣讲社会主义核心价值观，实现专业课知识传授与价值塑造的有机统一。同时，教师还要不断提升自身的教学艺术，不仅能够将思政点与课程有机融合，更能做到春风化雨、

---

① 习近平：《用新时代中国特色社会主义思想铸魂育人贯彻落实党的教育方针落实立德树人根本任务》，《人民日报》2019 年 3 月 19 日第 1 版。

润物无声、潜移默化、言传身教，将社会主义核心价值观融于教学当中。

三、挖掘课程思政映射点

思政元素可以作为卫生法规课程的有效价值引领，在学习与实践中树立正确且长效的价值观念；同时，卫生法规课程也可以使思想政治理论课程的教学更加丰富，反哺于思政课程的理论学习。当前我国的法律体系是在中国共产党领导下的中国特色社会主义法律体系，充分体现了社会主义核心价值观。本课程主要从文化自信、生命至上、制度优越、依法治国、社会责任、爱岗敬业、科学精神、公平正义等方面构建思政映射点，提炼其中的社会主义核心价值观(见表1)。

表1　卫生法规课程思政映射点与社会主义核心价值观

授课模块	教学内容	理论知识点	思政映射点	核心价值观
绪论与卫生法基础	1. 说文解字“法”“律”溯源	法、律二字自甲骨文开始的演变，文字源头的含义	文化自信	公正
	2. 法家治国思想概述	诸子百家中法家的治国思想	依法治国	法治
	3. 卫生法基础	1. 卫生法的概念 2. 卫生法的调整对象 3. 卫生法的特征 4. 卫生法的基本原则 5. 卫生法律体系及卫生法的渊源 6. 卫生法律关系 7. 卫生法律责任	生命至上 依法治国 制度优越 社会责任	法治 自由 平等
专业实体法律法规	1. 中华人民共和国执业医师法	1. 执业医师法的立法目的 2. 执业医师法的适用对象 3. 执业医师的考试和注册 4. 医师执业的权利和义务 5. 执业医师的考核和培训 6. 执业医师的法律责任 7. 专业卫生人才的成长历程	依法治国 社会责任 爱岗敬业 科学精神	法治 爱岗 敬业 诚信
	2. 医疗损害责任法律制度	1. 医疗事故处理的法律依据 2. 医疗事故的技术鉴定 3. 医疗事故的预防 4. 医疗事故的处理原则 5. 医疗事故案例分析	生命至上 依法治国 公平正义 爱岗敬业	敬业 诚信 平等 公正 法治
	3. 传染病防治法	1. 传染病防治法的立法目的 2. 传染病防治的指导方针 3. 传染病预防的法律规定 4. 传染病控制的法律规定 5. 传染病防控的保障和病人的救治 6. 传染病防治的监督管理 7. 传染病防治的法律责任 8. 传染病案例分析及角色扮演 ①伍连德与鼠疫 ②2020年全球新型冠状病毒肺炎疫情	生命至上 依法治国 社会责任 科学精神 制度优越 文化自信	公正 法治 平等 敬业 富强 文明

续表

授课模块	教学内容	理论知识点	思政映射点	核心价值观
行政程序法	行政处罚法	1. 行政处罚法的立法目的 2. 行政处罚的特征和原则 3. 行政处罚的管辖与适用 4. 行政处罚的种类 5. 行政处罚的程序 6. 行政处罚案例分析	依法治国 社会责任 公平正义	自由 平等 公正 法治
	行政诉讼法	1. 行政诉讼的含义 2. 行政诉讼法的立法目的 3. 提起行政诉讼的条件 4. 行政诉讼的受案范围 5. 行政诉讼的证据、举证责任 6. 行政诉讼的起诉和受理 7. 行政诉讼案件的审理和判决 8. 行政处罚案例分析	依法治国 社会责任 公平正义	自由 平等 公正 法治
	行政复议、国家赔偿	1. 行政复议的含义 2. 行政复议法的立法目的 3. 申请行政复议的条件 4. 行政复议的受理范围 5. 行政复议的程序 6. 国家赔偿的概念、行政赔偿的概念 7. 行政赔偿责任的构成要件 8. 行政赔偿的范围	依法治国 社会责任 公平正义	自由 平等 公正 法治

四、思政融入课程的设计范式

知识、技能、价值观这三大要素就是教育教学不可分割的有机组成部分,如何传播知识、训练技能、树立价值观,是所有思政课程必须设计好的①。知识点、思政映射点、核心价值观都是课程的实质内容,采用什么样的方式将这些实质内容传授给学生,达到教学目的,具体的教授方法设计,即思政融入课程的设计范式。根据不同的知识点、思政映射点、核心价值观,采用不同的教授方式和思政融入范式。

(一)讲解、分析、提炼范式

讲解、分析、提炼范式是教学中最常使用的,在卫生法规课程中常用于基本概念、行为规范类教学内容,教师的讲解,使学生了解、熟悉、掌握基础知识,进一步引导学生思考基础知识中的思政映射点,在思考中逐步升华,提炼其中蕴含的核心价值观。在绪论部分,讲解了"法""律"二字从甲骨文到现代汉字的演变,让学生真切体验五千年中华文化源远

① 虞丽娟:《用好课堂教学主渠道 从战略高度构建高校"课程思政"教育教学体系》,《上海教育》2017年第3期。

流长、灿烂辉煌、生生不息，树立文化自信，通过解析甲骨文组件的构成便能提炼出“法”“律”二字中蕴含的公正、法治的观念。所有法律、法规的立法目的，都是社会价值观的鲜明展现，是依法治国的明确立足点，通过对卫生相关法规立法目的的讲解，引导学生分析其中生命至上、依法治国、公平正义等思政映射点，提炼平等、公正、法治的社会主义核心价值观。在众多卫生法规中，都有大量权利、义务、程序、罚则等行为规范，讲解这些行为规范不仅要告诉学生“怎么做”，还要带领学生分析“为什么这样做”，即行为的准则，这便会很自然地让学生体会到生命至上、依法治国、公平正义、社会责任、科学精神、制度优越等思政映射，进而提炼出其中蕴含的国家、社会、个人三个层面的社会主义核心价值观。

（二）角色扮演、行为准则、价值转移范式

坚持以学生为中心，着眼于学生未来职业发展和精神成长。卫生法规中所规定的各种行为规范，就是医学相关专业学生未来执业活动中的行为准则，尤其是执业医师法最具代表性，除前段述及的讲解、分析、提炼范式，还可以采取角色扮演的方式教授。角色扮演教学一般基于工作情境展开，可以帮学生熟悉未来的职业性质及工作要求，明确职业行为准则，从而能更快适应未来的职业环境。在此之上，教师要引导学生思考和分析制定行为准则背后的道德原则，即社会主义核心价值观，进而感受其中的思政映射。案例教学非常适合采用这种范式，通过事件导入、情景展开、角色扮演、得失分析，学生会更真切体会到当事人行为恰当与否，领悟依法治国的力量和社会主义核心价值观的行为引领作用。本课程汇总讲授的安乐死杀人案、伍连德与鼠疫、2020 年全球新型冠状病毒肺炎疫情等案例，都是极佳的思政教育素材。教师通过讲授、讨论、案例教学、情景模拟、实践教学等不同方法，来切实增强“课程思政”教学的参与性、体验性，提升教学效果。

（三）言传身教、行为示范、价值展现范式

专业学习阶段，学生与专业教师密切接触，教师的言行对学生有深远的影响，在见习、实习、社会实践等教学环节中教师的言传身教、行为示范，对学生更具感化力量，加强学生的情感体验、价值认同，在潜移默化中实现价值引领，践行生命至上、依法治国、社会责任、科学精神等思政观念，彰显社会主义核心价值观的力量。教师的言传身教、行为示范不仅是在本课程的教学过程中，还应贯穿在育人的全过程，全体教师齐心协力，率先垂范，践行社会主义核心价值观。

五、课程思政效果的考察

课程考核应包含对思政效果的考察，采用过程性考核和终结性考核相结合的评价方式。过程性考核可结合平时的学习状态对学生进行综合评价；在期末考试的高阶思维题目中可以纳入思政内容，鼓励学生基于生活和学习经验进行独立思考，展现对社会主义核心价值观的认识。社会主义核心价值观对学生自身行为定向和调节起到正面的引导作用,并且具有相对稳定性和持久性。课堂上是没有合适的考核方式的,一门课程的考核难以全面考察价值观的状态,应该放学生到社会的大熔炉中不断地锤炼和考验,并在个人的成长中、社会实践中真正践行社会主义核心价值观。

六、结语

专业课程同样承载着思想政治教育的任务,正所谓"无课程不思政",知识是源头,是载体,专业课程贴近学生未来职业发展,专业课程思政是一种更有效的思想政治教育方式,同时也丰富了专业课程的思政内涵。社会主义核心价值观是具体的,鲜活的,是教师以课程为载体可以传递的,是学生可以感知的。本课程从文化熏陶、教学启迪、教师示范、模拟实践等方面着手,将社会主义核心价值观融入卫生法规的教授,不仅丰富了课程内容,而且以德育促进智育,将立德树人的根本任务贯穿于专业教学过程中。对于学生而言,专业课程所蕴含的思政元素与价值观,能够激发学生学习兴趣,引导学生认同、维护、践行社会主义核心价值观,将其作为价值导向和行为遵循,内植于心,外化于行。

“营养与食品卫生学”课程思政的构建与实践探索

李 蕾 苏艳华 郭东北 陈敏怡 黄葆露 王 鸿*

摘 要:在全员全方位全课程育人理念的指导下,在专业课程中融入德育元素成为高校思政教育改革的方向。本文以预防医学核心课程“营养与食品卫生学”为例,从课程思政的必要性、思政改革的教学目标、专业与思政融合的教学设计以及实施策略等方面进行了探讨,为更好地开展思政教学改革,实现高校教育“三位一体”的教学目标提供了思路和方法。

关键词:营养与食品卫生学;课程思政;教学改革

一、“营养与食品卫生学”课程思政的必要性

课程思政指在各类专业课程的讲授过程中,有计划、有目的地设计教学环节,将思政教育潜移默化式地融入专业理论教学中,以润物细无声的方式弘扬爱国主义精神,培育和践行社会主义核心价值观,引导学生树立正确的人生观、价值观和世界观,达到“立德树人”的目的。2016 年习近平总书记在全国高校思想政治工作会议上强调指出,要以课堂教学为主渠道开展思想政治工作,各门课程都要守好一段渠、种好责任田,与思想政治理论课同向同行,形成协同效应。[①] 2020 年 6 月教育部印发《高等学校课程思政建设指导纲要》,明确提出要全面推进高校课程思政建设,发挥所有课程的育人功能。在全员全方位全过程育人理念指导下,将思政元素有机融入专业理论课的教学内容中是高校思政教育的改革方向,也是新时代下弘扬马克思主义整体观、树立民族自信和文化自信的必然要求。

“营养与食品卫生学”是预防医学专业的核心课程之一。它是一门研究食物、营养与人体健康关系的社会性和应用性较强的学科,包括营养学和食品卫生学两部分内容,分别

---

* 李蕾,女,山东泰安人,厦门大学公共卫生学院副教授,硕士生导师,医学博士;苏艳华,女,河南开封人,厦门大学公共卫生学院助理教授,医学博士;郭东北,男,安徽砀山县人,厦门大学公共卫生学院工程师,医学硕士;陈敏怡,女,广东广州人,厦门大学公共卫生学院硕士生;黄葆露,女,广西都安瑶族自治县人,厦门大学公共卫生学院硕士生;王鸿,女,重庆人,厦门大学公共卫生学院硕士生。

① 《习近平在全国高校思想政治工作会议上强调:把思想政治工作贯穿教育教学全过程 开创我国高等教育事业发展新局面》,《人民日报》2016 年 12 月 9 日第 1 版。

研究食物中的营养素和生物活性成分，以及有害因素对人体健康的影响。正如古人所云“民以食为天”，食物不仅可以给机体提供必需的能量，合理的饮食搭配还具有防病健体的作用。据《中国食物与营养发展纲要(2014—2020年)》，近几十年来，随着我国经济的飞速发展，食物资源极大丰富，人民的生活条件有了明显改善，令人欣慰的是，营养缺乏病显著减少，儿童生长迟缓率明显降低。但与此同时，人们的膳食模式也发生了改变，导致与饮食有关的慢性非传染性疾病，如肥胖、糖尿病、高血压等患病率升高。大部分慢性病目前尚无有效的治愈方法，预防为主是慢性病防治的重要策略，合理营养则是预防慢性病、促进机体健康的“四大基石”之一。当下人们面临着从“如何吃得饱”到“如何吃得健康”的转变，对营养知识的需求增加，因此营养知识的普及势在必行。国务院2016年印发《“健康中国2030”规划纲要》、2017年印发《国民营养计划(2017—2030年)》，强调了营养健康的重要性，提出了普及营养健康知识，建设营养健康环境的要求。营养与食品卫生学涉及的人群广泛，不仅可以惠及预防医学专业的学生，还可以通过营养宣教等社会性活动影响到广大社会群众。在普及营养知识的同时，融入思政教育，可以达到身心兼修、魂魄并铸的目的。

营养与食品卫生学中蕴含着丰富的思政元素，为开展思政教学提供了一个有利载体。中国的饮食文化源远流长，是中国传统文化的一部分，它的形成受到阴阳五行哲学思想、儒家伦理道德观念和中医营养摄生学说等影响。在千百年的历史长河中，人们积累了丰富的饮食经验，形成了博大精深的食疗文化，建立了“药食同源学说”“食疗学说”等理论体系。早在《黄帝内经》《千金要方》中已经对食疗有所记载，这些理论辩证地研究了饮食对健康的影响，蕴含着古人博深的智慧和丰富的哲学思想，至今仍然值得我们学习借鉴。从新中国成立初期“饥一顿，饱一顿”到当今的“味蕾挑剔”，人们的饮食发生了翻天覆地的改变。新中国成立之前老百姓餐桌上只有咸菜、大白菜和玉米面饽饽等食物，现在则是肉鱼蛋奶，蔬果豆类，种类丰富，数量充足，这是70多年来国富民强伟大变迁的缩影。我们应该懂得今天的幸福生活来之不易，饮水思源，不忘自己肩负的责任与使命。从古至今，健康都是人类的根本追求之一，而营养与人们的健康休戚相关，备受关注，因此将德育因素融入营养与食品卫生学的专业教学过程中，具有较好的说服力和感染力，可以达到事半功倍的效果，在该课程中开展思政教育具有重要的理论和现实意义。

二、“营养与食品卫生学”课程思政的教学目标

知识教育、能力教育和价值引领是高等教育的三大主要目标。课程思政将专业教育与思想教育有机结合是实现高等教育目标的良好平台。通过营养与食品卫生学的课程学习，学生要系统掌握营养与食品卫生学的基本理论和实验技能，达到课程预定的知识目标和能力目标。在专业知识讲授和实践过程中，教师要把诚信教育、道德教育和价值观教育等思政因素融入其中，激发学生的文化自信和民族自豪感，树立正确的价值取向，培养学

生的社会责任感，以及去伪存真、独立思辨的能力，将学生培养成“德才兼备”的公卫人，实现“立德树人”的课程总目标。

三、“营养与食品卫生学”课程思政教学设计

如何由传统的单纯专业教学过渡到专业与思政融合式教学，是目前课程思政面临的主要难点问题。因此，需要教师们深入挖掘课程中的思政元素，优化教学模式和教学内容，将思政元素与专业理论有机融合，潜移默化地实现思政育人的目标。营养与食品卫生学是一门接地气的学科，在人们的日常生活中，社会热点新闻中都可以看到营养的影子，认真挖掘分析，可以发现较多思政融入点和映射点[①]。我们按照课程内容分三部分阐述思政元素在营养与食品卫生学教学过程中的融入点。

（一）绪论部分

中国的古人根据饮食经验，创建了许多营养学理论体系。《黄帝内经》是我国最早记载的著名医学专著，其中“谷肉果菜，食养尽之”以及“五谷为养，五果为助，五畜为益，五菜为充”提出了谷类为主，果、肉、菜为辅的饮食结构，这种理论一直沿用至今。这些内容加强学生对传统文化的认同，增加民族自豪感和文化自信。“药食同源”“药食同用”的保健学理论最早可追溯于东汉末年的《神农本草经》，书中收载药物 365 种，其中食物高达 59 种。教师通过讲述这些内容，让学生了解中医在营养学发展中的重要作用，同时向学生讲述神农尝百草的传说，激发学生对中医文化的自信和传承精神，加深学生对“实践出真知”规律的理解，培养学生坚守专业信仰、恪守职业道德的素养。元代饮膳大臣忽思慧撰写的营养学专著《饮膳正要》中描述了各类医疗和保健饮食，以及孕妇、乳母等不同人群的饮食禁忌，这些理论大都是源于古人对养生规律的总结，体现了人与自然和谐共处、共同发展的规律。这些内容引导学生牢固树立社会主义生态文明观，推动形成人与自然和谐发展的现代化建设新格局。从古代营养学起源到现代营养学的迅速发展，离不开国内外科学家们的不懈努力，介绍希波克拉底、葛洪、三代师生 Liebig、Voit 和 Rubner、Atwater 等在营养学方面作出的贡献，弘扬科学家们为了营养事业坚持不懈、为人类无私奉献的精神。

（二）营养学部分

不能仅仅局限于书本知识，结合校园内外的热点问题开展思政教育必不可少。学生在了解与专业知识相关的最新政治、经济和文化动态的同时，能够开展深度思考，看透问题的本质，体会到其中蕴含的德育因素。例如，在营养学基础的教学中，通过课堂讲解和观看短视频等方式带领学生学习《“健康中国 2030”规划纲要》和《国民营养计划（2017—2030）》等文件，引导学生认识到在中国共产党的坚强领导下，我们已经全面建成小康社

---

① 郎玉苗、杨晓溪、杨春柳等：《营养与食品卫生学课程思政的探索》，《教育教学论坛》2020 年第 18 期。

会。饮食需求从“吃得饱”逐渐向“吃得健康”转变，营养宣教是帮助人们实现合理营养的重要途径。教师通过讲解这些国家政策，让学生意识到营养学在促进全人群健康中发挥的重要作用，增强学生的使命感和责任感，激发学生的学习热情。在宏量营养素蛋白质和碳水化合物的学习过程中，将思政元素融入形象具体的现实案例，提高学生的学习兴趣。例如，在讲解食物中蛋白质含量及其测定方法——凯氏定氮法时，引入安徽阜阳劣质奶粉事件和三聚氰胺毒奶粉事件，强调社会主义核心价值观中诚信和法治的重要性，引导学生树立正确的价值观，培养良好的职业道德素养，做遵纪守法的公卫人。在讲解碳水化合物时，向学生介绍近年来我国居民膳食结构的改变，以前人们的一日三餐以玉米面、地瓜面和窝窝头等为主，碳水化合物的供能比高达73%，而改革开放后肉鱼蛋奶、蔬果奶豆丰富了人们的餐桌，蛋白质和脂肪的供能比升高。2012 年膳食调查显示碳水化合物供能比降至55%。引导学生认识到从“装不满的菜篮子”到“丰盛的饭桌子”，老百姓舌尖上的变化折射出改革开放给人民带来的巨大红利，充分彰显了社会主义制度的优越性，培养学生的民族自豪感和爱国主义精神。

营养是人们丰衣足食之后更高层次的需求，对特殊人群，尤其是弱势人群的营养关注更是社会文明进步的重要标志。在生命的不同阶段，人体的生理特点不同，营养需求也存在差异。在讲解孕妇、乳母、老人和儿童等不同人群的营养时，通过学习这些特殊人群的生理变化及营养需求，学生能够认识到父母孕育孩子的艰辛，学会感恩孝敬父母[①]，并对老人、儿童等特殊群体给予更多关爱，倡导老吾老以及人之老，幼吾幼以及人之幼，承担起继承和弘扬中华民族传统美德的重要使命，让中华美德展现出永久的魅力。营养是影响人体健康状况的重要因素之一。合理营养可以促进机体健康，预防疾病，而不平衡的膳食则会导致某些营养相关性疾病的发生。在讲述营养与疾病章节时，向学生介绍近几十年来我国疾病谱的变化，新中国成立初期，由于食物匮乏，营养缺乏病如蛋白质—热能营养不良、缺铁性贫血以及钙缺乏等发病率较高，随着国民经济的发展和人们生活的改善，营养缺乏病发病率明显降低，少量的营养缺乏病例也仅属于边缘性缺乏。通过这些知识的学习，学生认识到国家的发展与人民的健康和命运是紧密相连的。强大的祖国给人们带来衣食无忧、幸福安康的生活，激发学生的爱国主义热情，树立报国之心，为祖国的发展和崛起贡献自己的力量。食品资源丰富使营养缺乏病减少的同时，一些与膳食密切相关的慢性非传染性疾病患病率呈上升趋势。教师通过介绍这些慢性病的病因、症状、危害和预防等知识，让学生了解营养以均衡为主要原则，过犹不及，引导学生树立克制、均衡的饮食价值观，掌握适可而止的客观规律。

（三）食品卫生学部分

食品安全是重要的民生问题，“民以食为天，食以安为先”。安全是食物消费的基本要

① 尚英、伏冬、叶明芬等：《高职“食品营养与卫生”课程思政教育实践探析》，《轻工科技》2020 年第 8 期。

求，它关系人们的身体健康甚至生命安全，以及社会经济的发展。因此，以严谨的态度和实事求是的精神，加强食品安全和卫生管理中的各个环节是我们当前的重要任务之一。学习食源性疾病及其预防章节时，教师通过霉变甘蔗中毒、沙门氏菌食物中毒以及亚硝酸盐中毒的讲解，让学生认识到食品安全事件离我们并不遥远，提高学生的食品安全意识，同时也让学生体会到保证食品质量对促进人们健康、保障人们生命安全的重要性，理解加强食品安全宣传和食品市场管理的重要性，树立高度的责任感，为建设食安中国、和谐社会贡献自己的力量。在学习各类食品卫生及其管理章节时，引入“地沟油”“山西朔州假酒案”等事件，让学生明确这些案件给人们的健康及社会的稳定带来恶劣的影响，引导学生树立诚实守信、遵纪守法的意识，提高学生的道德素养，进一步加强对诚信法治社会主义核心价值观的认识和理解，感受到自己作为公卫人在保障人们健康中所肩负的责任，增强职业使命感，树立以责任担当铸造健康之魂的决心。在学习食品安全监督管理章节时，通过讲解食品标准、食品管理和食品法律法规体系，让学生理解“从农田到餐桌”的过程中食品安全的重要性，提升学生的食品安全法律法规水平，培养学生精湛的专业素养和爱岗敬业的责任意识，以及做好中国食品安全守望者的决心。

四、“营养与食品卫生学”课程思政实施策略

（一）捕捉热点导入教学，生动讲解，加强课堂思政

思想政治教育内容丰富，理论性强，“照本宣科”的传统思政教育模式过于单调乏味，缺乏多元性和感染力，无法真正触动学生的内心，难以产生可持续性的影响力，效果令人担忧。探索新的思政教育模式成为当务之急。结合营养与食品卫生学的课程特点，将生活日常、时政要闻和社会热点问题引入课堂，将学生代入其中亲自体验，加深对专业知识理解的同时，体会其中蕴含的德育因素。让思政走进学生的生活，即使将来他们走向社会之后，也能产生触景生情、化情为意、以意促行的效果，让思政产生更为持久的影响。同时在课堂上采用“讲故事”的方式，通过故事的沉浸式感染进行思政育人。“营养素的故事”“舌尖上的故事”“蛋炒饭”等一个个充满正能量的营养故事，更能触动学生的内心，产生共鸣，引发学生进行深入的思考，理解专业知识背后所包含的思政元素。在专业理论中注入思想，将信念铸造成精神，以更具亲和力的方式，讲好每一个营养故事，让思政无痕融入专业教学中，实现“随风潜入夜，润物细无声”的德育效果。

（二）理论联系实际，走向校园与社区，开展实践思政

理论教学的最终目的是将营养知识应用于实践，创造更加健康的生活方式。除了要求学生掌握扎实的基本理论，还要组织学生积极参与实践，培养其灵活运用知识的能力。带领学生在校园内开展膳食调查，对大学生群体进行营养状况评价，在学校餐厅进行卫生

学评价。理论联系实际，巩固课堂所学知识的同时，树立均衡营养、合理膳食的意识，加强对食品安全重要性的认识，意识到捍卫食品安全是每一个公卫人义不容辞的责任。走向社区，向社区居民开展营养宣教，提供营养咨询，为福利机构的特殊人群提供食谱设计等志愿服务，践行以人为本、提高全民营养与健康素质的使命。这些实践活动增强学生运用专业知识解决实际问题能力的同时，还可以让学生获得成就感，进而认识到自己的社会价值，增加使命感和责任感，激发他们为实现健康中国梦而努力学习的热情。

(三)德才兼修，守正创新，打造高素质的思政教师队伍

教师是人类灵魂的工程师，承载着立德树人的时代重任。一个优秀的教师不仅可以传道授业解惑，还可以给学生的心灵播下真善美的种子，引导他们树立正确的人生观、价值观和世界观。习近平总书记指出"办好思想政治理论课关键在教师，关键在发挥教师的积极性、主动性、创造性"。在营养与食品卫生学中开展思政教学，对专业教师提出了更高的要求[①]。首先，教师人格要正，政治要强，具有高远的理想和深沉的家国情怀，在大是大非面前始终保持政治清醒，具有坚定的共产主义信仰，为学生树立良好的榜样，这样才能让学生"亲其师，效其行，听其言，信其道"。其次，教师应该善于学习、勤于学习，不断从社会实践中丰富思想，挖掘日常生活中的思政元素，优化课程设计，将思政教育与专业讲授完美融合。还要勇于探索课程思政的新模式，引入翻转课堂、互动式课堂、微课等教学新形式，充分调动学生的学习热情和积极性。课堂互动、课下实践引导学生进行深入思考，达到将专业讲明白、道理讲透彻的效果，实现在润物无声中完成知识传授和价值引领的目标。最后，教师要用心呵护关爱学生，及时了解学生的思想状况以及出现的问题和困惑，给予正确合理的引导，为学生的成长点亮指路明灯。总之，每一位教师都应该以"政治要强、情怀要深、思维要新、视野要广、自律要严、人格要正"的标准严格要求自己，不断探索和学习，努力提高教学质量，为学生的成长成才保驾护航。

五、结语

在高等院校中，将传统文化和民族自信、家国情怀、职业道德以及社会主义核心价值观等思政元素融入专业课教学中是教育思政改革的必然方向。教师在传授专业知识的同时，帮助学生树立正确的价值观，提高学生的道德素养，增强学生的使命感和责任感，将学生培养成为德才兼备、全面发展的中国特色社会主义合格建设者和可靠接班人，这是每一位教师义不容辞的责任，也是高校课程思政建设的必然要求。

---

① 苏剑峰、牛强：《对课程思政背景下提高教师自身素养的思考》，《科教文汇》(上旬刊)2020 年第 10 期。

新工科背景下的建筑类课程思政教学设计

——以“城乡规划新技术 GIS 应用”课程为例

李 渊 黄竞雄*

摘 要:在新工科背景下,建筑学科对人才培养和思想建设提出了更高的要求,如何推动学科课程体系的新工科建设理念与课程思政结合,仍是值得探讨的内容。本文以厦门大学“城乡规划新技术 GIS 应用”课程为例,立足新工科课堂的课程思政,解决传统课程教学中的痛点,有效衔接课程教学内容与思政教育,提出灵活多元的新工科课程思政教学体系设计创新,探索面向建筑类学生的教学改革新范式。

关键词:新工科;课程思政;城乡规划;GIS;教学设计

一、引言

作为国家为了适应新一轮产业变革和支撑服务而提出的工程教育改革方向,新工科教育自 2017 年 2 月被提出以来就受到广泛关注。伴随着“复旦共识”“天大行动”“北京指南”的先后形成,新工科成为助力高等教育强国建设的重要举措,学者们也先后提出了不同的课程教改方案,积极探索新工科教学范式,创新教育发展手段,推动新工科在工程教育中的落地与建设模式。

现有研究中,新工科在不同学科建设中积极发挥引领作用。伴随行业的发展,建筑类学科课程的内涵与外延均产生了深刻变化。以城乡规划学科为代表,新工科背景下其发展面临重大变革,行业对人才的要求日益多样化①。不难发现,在建筑学科教学研究中,学者们基于新工科理念积极推动教育体系变革,然而,工程教育强国的建设对于工程人才的

---

* 李渊,湖北荆门人,教授,博导,研究方向为遗产空间感知与计算、遗产数字化保护与应用;黄竞雄,福建泉州人,硕士研究生,研究方向为建成环境与旅游行为。

① 郑文晖、李玉婷、周韬:《契合新工科理念的规划教育方法及启示——以卡迪夫大学为例》,《建筑与文化》2021 年第 3 期。

能力与思想均提出了相应的要求①，如何推动本学科课程体系的新工科建设理念与课程思政结合，仍是值得探讨的内容。

基于以上认知，本文以厦门大学"城乡规划新技术 GIS 应用"课程为例，探讨新工科背景下课程建设与思政教学的思路。以新时代课程思政价值引领，解决课程教学的痛点，通过创新教学方法，提高网络课堂教学质量和学生学习成效，落实以价值塑造、能力培养、知识传授为导向的人才培养目标。

二、课程教学面临的痛点

本课程是建筑规划学科面向行业需要而开设的，是面向未来工程人才培养的专业课程，在行业发展中具有重要意义。课程教学所面临的痛点主要有五点：

1. 教学模式传统

传统的 GIS 技术课程主要教授 GIS 软件操作，缺乏对应用地理思维解决问题的能力与过程讲解，这很大程度上制约了学生的眼界和自主创新能力，不利于学生的综合性发展。此外，传统的教学模式对于技能在不同学科的交叉应用关注较少，与新工科对于人才培养的要求有所脱节，应当寻求更好的教学模式，将 GIS 技能的培训与工程师思维的培养进行融合。

2. 学生学习的主动性不高

传统教学模式存在单方面知识传输的弊端，降低了学生学习的积极性，阻碍学生的成长，从而降低了其教学效率，影响学生探究精神的形成。传统的 GIS 教学知识可更新性差，缺少空间同人的活动和文化内容的交互分析等新兴内容，这使得 GIS 的应用与时代发展需求存在脱节，一方面阻碍学生学习的主动性，另一方面将导致课程传授新知识的滞后和实用性的缺乏。

3. 课程设计和考核体系不完备

传统教学方式为纸质版软件操作和上机实习，占用了大量的课时。课程设计和考核体系片面注重操作而缺乏课堂上的思辨和交流碰撞，过于强调学生对基本技巧和基本命令的掌握，因而忽视了学生对其中的实际案例的整体把握。学生在需要分析时，往往不知道该如何入手。从实用角度来看，GIS 课程教学不应该只注重于单纯知识的教学，也更加要注重学生在道德思想上的培育。

4. 综合创新应用能力不足

传统的 GIS 教学，以实验报告的形式提交课程成果，在许多情况下学生的实践报告都是程式化的、雷同的，极少有个人的体会和见解。此外，单纯将学生的成绩作为对学习成

---

① 吴宝海、沈扬、徐冉：《高校新工科课程思政建设的探索与实践》，《学校党建与思想教育》2020 年第 21 期。

果的检验，一定程度上对学生造成了心理压力，无法进行有针对性的评价，也缺乏对学生的创新、创业和创意思维的训练。

三、思政教学建构

建构课程思政教学模式，首先要认识其内涵与外延。经过一系列自主探索、借鉴学习和专家座谈交流等环节，本课程的教学组形成以下基本认识：(1)课程思政源于意识形态工作的复杂性，本质是完善立德树人的工作，仍是围绕育人开展的课程体系建设。课程思政建设，是对高校培养什么人、怎样培养人、为谁培养人等一系列根本问题的回答，更是对立德树人根本任务的落实。(2)在实现方法上，课程思政建设不是简单地在专业课中置入思政内容，而是润物无声地融入专业教学的全过程，其首要内容就是推进习近平新时代中国特色社会主义思想的"三进"工作。然而，实践中，应考虑到高校学生的个性与自主意识，生硬灌输效果不佳，但润物无声的教育方式则可以事半功倍。(3)在课程教授过程中，可以挖掘中华优秀传统文化蕴含的思想观念、人文精神和道德规范，与现实事件结合，强化对学生思想中的社会主义核心价值观、人生观、大健康观、辩证思维等的塑造培养。(4)充分利用各类学习平台，做好课程思政素材的积累，让学生真正对课程感兴趣。情景素材的选取应当能够激发学生的求知欲望，进一步激活学生自发学习的新动能。

结合实际教学内容，课程形成三大教学目标：首先，师德风范与政治正确导向。引导学生对"数字中国""精细化管理""文化振兴与文化传承""生态优先""红色精神" 等精神的理解，弘扬主旋律传播正能量，引导学生健康成长和学术选题与时代需求结合。其次，专业伦理与学习伦理优化。倡导人文科学与空间科学的交叉结合，既提倡选题的自由性又严格要求研究的科学严谨性和规范性，明确专业伦理操守和职业道德教育融为一体，提升思想道德素质和学术创新素质。最后，社会主义核心价值观传播。把学生的思想政治培养放在首位，提炼课程中蕴含的文化基因和价值范式，特别加强对社会主义核心价值观中包含的文明、和谐、公正等问题的 GIS 空间方法探讨，提倡理论联系实际给予实现和传播。

四、教学体系设计与实践

"城乡规划新技术 GIS 应用"课程是面向城市规划系三年级本科生开设的专业进阶课程(见图 1)，是学院"一轴两翼"教学体系中技术翼的核心课程之一。本课程要求学生具备计算机制图、感性分析和团队合作协作等能力的前提下，以城乡规划学科为应用背景，重点开展空间的思维训练和空间技能训练，提升实践能力和应用的动手能力。本课程按照 GIS 的核心技术进行教学情境设计，并采用翻转课堂的形式进行高阶性、创新性和挑战度的教学创新探索。目前，本课程已被教育部确定为首批国家级一流本科课程(线上课程)，同时为福建省创新创业立项课程、福建省混合式教学改革课程、厦门大学思政教学改革课程。

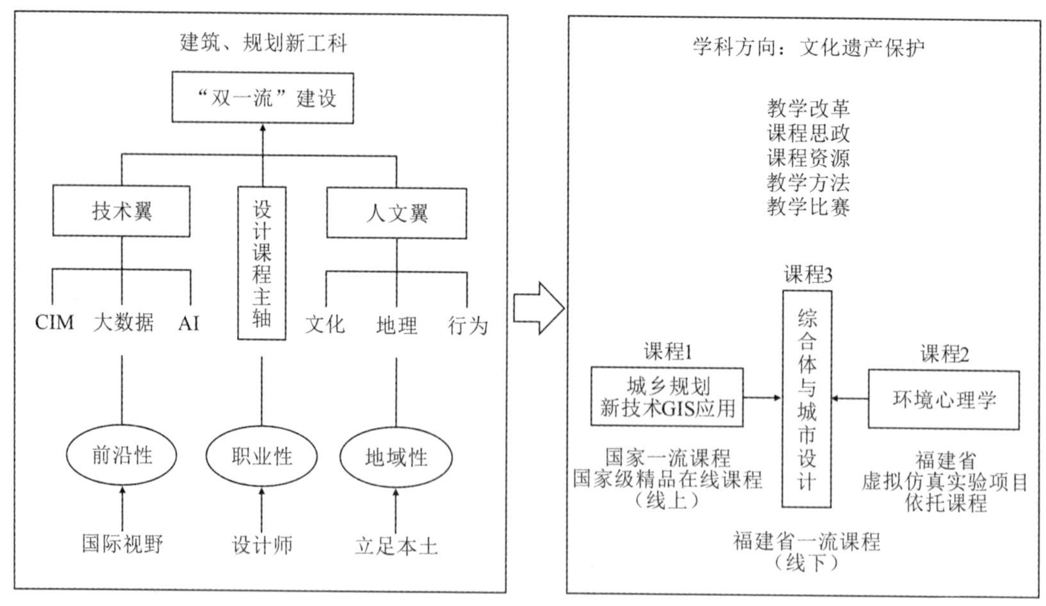

图 1　课程在教学体系中的地位

（一）课程教学内容

根据新工科内涵与特征和课程思政教学建构的模式研究结果，以提升学生的综合空间思维和创新能力进行教学计划和安排（见表 1）。课程实践中采用翻转课堂的 OPIRTAS 模式，包括目标（objective）、准备（preparation）、教学视频（instructional video）、回顾（review）、测试（test）、活动（activity）和总结（summary）七个环节，针对知识点的引导、学生翻转展示的内容进行拓展总结，在思想引领上注重 GIS 技术分析与人文思想的融合、GIS 与大数据和社会治理的结合、GIS 与厦门大学人文基因的结合。启发学生开展跨学科研究，强化建筑类学生的责任担当。

表 1　GIS 课程教学安排

阶段	教学内容	教学手段	选用教材
第一阶段	GIS 技术方法和应用。包括城乡规划 GIS 数据获取前沿技术；城乡规划 GIS 计量分析前沿技术；城乡规划 GIS 可视化表达前沿技术	教师讲授，结合 MOOC 的自学与研究探讨	《基于 RS 的城市环境量化分析：遥感技术厦门应用》（李渊、耿旭朴著，北京大学出版社 2019 年版） 《基于 GIS 的景区环境量化分析：以鼓浪屿为例》（李渊著，科学出版社 2017 年版） 《基于 GPS 的景区旅游者空间行为分析——以鼓浪屿为例》（李渊著，科学出版社 2016 年版） 《城市规划 GIS 技术应用指南》（牛强编著，中国建筑工业出版社 2012 年版）
第二阶段	问卷调查、统计分析和大数据应用。包括开展选题的问卷设计、统计分析和网络数据挖掘和大数据应用	课堂学习，探讨与实际研究相结合	

为更好配合教学安排的展开，结合新工科和课程思政的发展要求，本课程设计体系中的四个教学方法在基于传统的 GIS 技术课程上有了一定的突破和优化，更好地将思政教育融入教学过程中来，在促进学生对于学术前沿思想了解的同时，培养创新意识，形成更加全面的发展模式。主要包括：MOOC 学习＋翻转课堂教学。改变学生获取知识和表达知识的方式，让他们分组参与到课堂教学个人展示环节中，更加切身体会到课程中蕴含的文化基因和价值范式。然后，通过专题案例讲解和精品论文导读，在培养学生科研创新意识的同时增强学生对科学家的认同感和自豪感。引导他们对“数字中国”“精细化管理”“文化振兴与文化传承”“生态优先”“红色精神”等精神的理解。既能激发学生对 GIS 强大分析能力的认同感，又能培养学生的思想政治意识。

（二）思政教学设计

需要注意的是，进行思政教学设计首先需要充分挖掘学科相关的思政资源教学点，才能达到润物无声的效果。结合课程实践，教学团队认为本课程相关思政资源的挖掘通常以四个方面为标准：

(1)学术思想前瞻性导向。传统的 GIS 技术课程主要教授软件操作，缺乏空间思维能力的讲解，一定程度上制约了学生的眼界和创新能力。因此，课程教学设计中特别增加了应用 GIS 解决实际问题的现有文献讲解，给学生介绍知名的学者及其团队，也分享了身边学者不同阶段成长过程中对 GIS 的认知。以“过去、现在、未来”的三段式叙述方法，学生清晰地了解 GIS 的过去和未来，以辅助树立学术前沿思想。

(2)空间人文交融性导向。传统的 GIS 教学，重视空间分析，缺乏对空间与人的活动和文化内容之间的交互分析，使得 GIS 应用存在局限性。为了培养学生应用空间思维解决问题的能力，促进学生具备空间人文交融性素质，教学团队扩展了传统 GIS 的教学内容，增加了人的行为分析和文化感知分析等教学知识点，引导学生通过 GIS 和人本视角与文化视角开展交叉学科研究选题，促使 GIS 工具成为新工科和新文科的重要技术手段，为高素质交叉学科人才培养提供辅助。

(3)技术手段先进性导向。传统的 GIS 教学多注重于 GIS 软件本身，对新数据与新工具的衔接关注不足。教学团队鼓励学生广泛探索多种技术方法，利用先进的无人机、三维扫描仪、GPS 采集器、眼动仪等现代实验设备采集数据，与 GIS 进行结合应用。同时，鼓励学生结合 MOOC 进行自主学习，提升学习效率的同时促进思考。

(4)创新创业创意性导向。传统的 GIS 教学其考核多以实验报告的形式进行，缺乏对创新、创意和创业思维的训练，与新工科理念的要求存在脱节。教学团队通过案例分析的形式，引导学生利用 GIS 开展实证研究。一方面，强调选题的创新性，在教师与学生的头脑风暴中找寻新的研究点；另一方面，强调 GIS 分析结果的创意性，并结合实际案例与验证考察解决问题的实际效果。

例如,在讲解GIS可视化制图功能时,将应用案例扩展到人文地图,结合鼓浪屿案例引入习近平总书记关于文化自信的重要论述,利用不同的GIS数据可视化表达方法将鼓浪屿发展历史与名人轶事在地图中予以表达,呈现鼓浪屿多元文化融合中的中国故事。类似案例将"数字中国""文化振兴""生态优先"等战略引入了生硬的GIS软件功能学习,极大激发了学生的学习热情与成就感。在内容设置上,思政教学设计结合本课程内容框架,以十个教学单元为切入点将不同思政教学点融入专业知识点中,形成"思政十讲"(见表2)。该方案将育人内涵落实在教学主渠道,将课程思政真正"润物无声"地融入教学过程中。

表2 "城乡规划新技术GIS应用"课程思政重点

章节	视频主题	思政教学点	专业知识点	案例内容	MOOC重点
1	课程思政:绪论与教学理念	课程思政	GIS知识图谱	教学理念	
2	习近平关于数字中国重要论述:GIS与数字平台	数字中国	GIS基本概念	智慧城市GIS平台	GIS概述(1) GIS概述(2)
3	习近平关于文化自信重要论述:GIS与人文地图	文化自信	GIS数据可视	人文地图GIS资源	数据可视化(1) 数据可视化(2)
4	习近平关于文物保护重要论述:GIS与遗产监测	文物保护	GIS数据存储	鼓浪屿遗产监测	栅格分析(1) 矢量分析(1)
5	习近平关于红色文化重要论述:GIS与线路设计	红色文化	GIS线路分析	鼓浪屿红色旅游线路	网络分析(1) 网络分析(2)
6	习近平生态文明思想:GIS与生态承载	生态文明	GIS遥感分析	厦门生态承载力	城乡新技术(1) 空间坐标(2)
7	习近平关于文旅融合重要论述:GIS与旅游发展	文旅融合	GIS足迹分析	鼓浪屿旅游者行为模式	栅格分析(2) 矢量分析(2)
8	习近平关于生态保护重要论述:GIS与灾害评估	生态保护	GIS灾害评估	鼓浪屿莫兰蒂台风灾害评估	三维分析(3) 水文分析(2)
9	习近平关于精细治理重要论述:GIS与服务配置	精细治理	GIS服务分析	鼓浪屿公厕配置	网络分析(3) 空间坐标(4)
10	习近平关于乡村振兴重要论述:GIS与乡村调查	乡村振兴	GIS数据获取	福林村调查	ArcGIS工具(2) ArcGIS工具(3)

(三)教学效果评估

教学改革效果主要从两个方面进行评估,一方面来源于学生访谈,另一方面来源于MOOC学习行为数据与学生成绩。

从学生访谈中得知,对于"思政十讲"结合新工科发展理念进行的课程改革,以及线上线下混合的教学模式,学生持肯定态度:"老师授课时重点突出,教学安排逻辑清晰,合理使用各种教学形式，课堂生动，互动性较强。”“老师大力建设课程资源，将课程录制为MOOC视频，还编写了配套教材，可以网上学习，极大方便了自主学习和线上线下结合的学习效果，且辐射群体很大，涉及100多所高校和3万多学生。”“老师精心备课，教学资源充实丰富，从他课堂能够学到学科新知识、新成果，扩展了学术眼界。以往听不进去的思政课程点，以实际案例的模式结合引导式提问，这种醍醐灌顶的感觉是难能可贵的。”“李老师善于利用翻转课堂形式，激发同学自主思考和创新思维，能够理论联系实际，在民主平等的氛围中，真正实现了因材施教。”可见，学生对于课程思政结合创新、创意和创业实际需求开展的新工科教学体系持欢迎态度。教学比赛中，专家给予本课程评价：“上课有五重境界：一是无声；二是回答；三是对话；四是批判；五是辩论。你成功地调动学生参与辩论，已经接近第五重境界，实现了成果导向的教学，你的课是‘以学生为中心’的示范。”这些意见也很好地反映了课程教学设计与教学方案的成效。

经过课程教学体系的设计与实践，本课程授课内容适应新工科的发展需求，包括智慧城市相关的空间思维、大数据应用和GIS操作技术，形成了四个特点：其一，利用身边的案例和熟悉的场景，激发学生对GIS强大分析能力的认同，提升自主性学习的热情；其二，利用翻转课堂教学手段和MOOC学习资源，改变学生的获取知识和表达知识方式，让学生分组参与到课堂教学个人展示环节中，让每个学生找到自我价值；其三，精读GIS精品论文，让学生培养科研创新意识，具备严谨的科学态度和行为规范；其四，倡导开放式问题选题，引导学生对民族自豪感的认同、对中国特色社会主义制度优越性的认同、对习近平新时代中国特色社会主义思想的认同。在此基础上，提出具有时代感和当代现实意义的GIS选题，提升学生把技术技能和解决现实问题的能力，达到润物无声的思政课程教学目的。

五、结论与展望

本课程结合新工科发展背景与前述课程思政教学建构的总体目标，课程主要解决的教学问题和成效主要包括：(1)课程思政：将思政与GIS专业技能课程深入融合，2018年获得厦门大学首批“课程思政”示范性课程立项，并制作了涵盖思政十讲的中国大学MOOC资源。(2)教学改革：将课程内容与学科防相结合，积极探索新工科和双一流教学目标的课堂教学组织，推动“文化遗产数字化保护”这一特色学科方向建设。(3)课程资源：精心打造了在线课程资源“城乡规划新技术GIS应用”，并获批国家级精品在线课程。(4)教学方法：探索了翻转课堂教学方法和在线混合式教学方法，尤其是在新冠疫情期间，取得了好的效果，获得教育部高校教育技术专业教学指导分委员会“停课不停学”在线教学实践推进研究优秀成果奖。(5)教学比赛：以赛促教，探索教学创新手段和教学模式创新，2018年获得厦门大学第十三届教学比赛一等奖。

新工科背景下的面向建筑类学生的思政教学设计，总体上完成了新兴教学手段与新工科背景和课程建设的要求。从教学效果来看，学生感受到课堂的知识获得感，在课堂教学交互中获得了乐趣，同时激发了综合展示能力和思辨问答能力，对于城乡规划新工科人才培养而言十分重要。软件操作学习本身是一个很枯燥的过程，本课程将社会热点问题、翻转教学模式、MOOC线上线下混合教学案例分享、“思政十讲”融入教学组织过程当中，对地理信息课程教学本身进行了一定的提升。

本研究仍存在一定的局限性，课程教学实践方案仍存在较大提升空间。结合案例实践，课程未来可以考虑采用更加开放的公开答辩，同时延请校外导师进行点评，更大程度地激发课程教学的挑战性，也必然会带来课程品质的提升。此外，课程还可以采用虚拟教研室进行教学实践，扩大课程的教学面，进行跨学校、跨专业教学，也是未来教育发展的重要趋势。

高校法学类专业思政课程与课程思政协作路径探析

吕微平*

摘　要：高校法学类专业思政课程与课程思政协作是贯彻课程思政建设精神的举措，应当坚持立德树人，"三全育人"，坚持社会主义核心价值观引领，坚持为党育人，为国育才。法学类专业思政课程与课程思政协作的路径包括：明确五项基本内涵，即马克思主义法学的基本理论与实践、习近平法治思想、社会主义核心价值观全面融入法治建设、宪法法治意识和德法兼修的法律职业伦理；教学内容与教学方式充分融入思政元素；教学管理兼顾质量与效果的统一。研究法学类专业思政课程与课程思政协作的具体路径，整体性系统性的探究教学规范和评价标准，可以为课程思政建设提供个性化、可借鉴的案例，具有一定的理论和实践意义。

关键词：思政课程；课程思政；法学

2019年8月14日，中共中央办公厅、国务院办公厅印发了《关于深化新时代学校思想政治理论课改革创新的若干意见》，提出构建全面覆盖、类型丰富、层次递进、相互支撑的课程体系。2020年5月28日，教育部印发《高等学校课程思政建设指导纲要》，提出根据大学专业特点分类开展课程思政建设的不同工作方式，对七种不同类别的学科专业如何进行课程思政教育体系建设给出了指导意见。其中指出："法学类专业课程要在课程教学中坚持以马克思主义为指导，加快构建中国特色哲学社会科学学科体系、学术体系、话语体系。要帮助学生了解相关专业和行业领域的国家战略、法律法规和相关政策，引导学生深入社会实践、关注现实问题，培育学生经世济民、诚信服务、德法兼修的职业素养。"2021年5月21日，教育部发布《法学本科专业教学质量国家标准》，确立了习近平法治思想的重要指导地位，将习近平法治思想概论纳入法学专业核心必修课。这是法学类专业思政课程与课程思政建设协作的重大举措。思政课程的讲授与专业课程思政教学的有机融合将共同促进立德树人，为党育人，为国育才的教育目标。

* 吕微平，福建漳州人，厦门大学马克思主义学院副教授，研究方向为思想政治教育、法治教育。

一、高校法学类专业思政课程与课程思政协作的必要性

教育的根本问题是培养的人才究竟是为谁服务。在何为人才的标价标准中德行修养是首要的，其次才是专业知识技能的水平。高校课程思政的推进，在一定的意义上是对上述问题如何解决的回答。

高校思想政治理论课程（简称“思政课程”），基本覆盖大学全部专业，为了达到课程目标，提高教育教学的针对性和实效性，课程思政建设的推进十分必要。在专业课程当中通过相关思政内容的融入，以价值评述推动知识传递和能力训练三者的相互结合，引导大学生逐步树立正确价值评判标准，正是思政课程与课程思政协作必要性的体现。

高校专业课程是课程思政建设的主要载体。教育部 2021 年 5 月发布的《法学本科专业教学质量国家标准》，明确了习近平法治思想的指导地位，重点针对十门专业必修课程（依次为法理学、宪法学、中国法律史、刑法、民法、刑事诉讼法、民事诉讼法、行政法与行政诉讼法、国际法和法律职业伦理），结合不同课程特点、思维方法和价值理念，将习近平法治思想的核心要义、精神实质、丰富内涵、实践要求贯穿其中。在具体的教学当中，要深入整合法学类本科课程内容，挖掘其内涵的课程思政元素，并结合专业课程教学的内容，逐步形成整体性、系统性的教学内容规范和标准。

二、高校法学类专业思政课程与课程思政协作的路径

习近平总书记指出：“办好思想政治理论课，最根本的是要全面贯彻党的教育方针，解决好培养什么人、怎样培养人、为谁培养人这个根本问题。”[①]这些讲话精神实际上明确了高校思政课程与课程思政协作的根本原则。首要原则是必须坚持立德树人，培养什么样的人，人才评价标准排在第一位的应当是德行，有德才能有为。其次是用什么方式培养人，一定要坚持全员全程全方位教育，坚持正确的价值观引导。最后是为谁培养人，要坚持为党育人，为国育才。法学类专业本身的政治性较强，政治与法律的关系密不可分，这些根本原则在专业思政课程与课程思政协作中必须遵循。

（一）明确法学类专业思政课程与课程思政协作的基本教学内容

2017 年 5 月 3 日，习近平总书记在考察中国政法大学时指出：“在法学学科体系建设上要有底气、有自信。要以我为主、兼收并蓄、突出特色，深入研究和解决好为谁教、教什么、教给谁、怎样教的问题。”[②]

---

① 《习近平主持召开学校思想政治理论课教师座谈会》，http://www.gov.cn/xinwen/2019-03/18/content_5374831.htm? cid=303，访问日期：2021 年 11 月 4 日。

② 《习近平在中国政法大学考察》，http://www.xinhuanet.com/politics/2017-05/03/c_1120913310.htm，访问日期：2021 年 11 月 4 日。

针对教什么这个问题，思政课程在法学类专业具体的课程授课内容中要紧密联系与法学专业教育相关的思政内容，例如马克思主义基本原理课程突出讲述马克思主义法学的基本理论与方法、中国近代史纲要课程重点讲述百年中国法治文化的发展历程、毛泽东思想和中国特色社会主义概论课程主要讲述共和国法治实践，而思想道德与法治课程更多讲授法治价值观培育和法治素养的培养等，有的放矢，提高思政课程在法学类专业教学中的教学效果。

具体而言，高校法学类专业思政课程与课程思政协作的基本教学内容应包含：第一，马克思主义法学的基本理论与实践。马克思主义法学理论的指导思想与方法仍然是马克思主义的唯物辩证法，特别是法治思维更是唯物辩证思维方法的体现，应当在法学专业的理论与实践教学中得到充分体现。第二，习近平法治思想。作为法学专业的核心课程，习近平法治思想概论课同时具有思政课程和课程思政的双重属性。习近平法治思想的核心要求体现在"十一个坚持"。[①] 教学内容的重点要特别突出习近平法治思想的科学性、人民性、实践性、时代性和指导性，以及这些鲜明的特色是如何在全面依法治国的实践中体现。这要求在授课中必须对中国特色社会主义法治体系准确地进行阐述，把我国社会主义法治建设的成功实践转化为优质的教育教学资源，增强大学生走中国特色社会主义法治道路的信心。第三，社会主义核心价值观融入中国当代法治建设。思政课程重视突出社会主义核心价值观的价值引领，法学专业课程则侧重其融入的规范性和技术性。2018 年宪法修订，第 24 条明确规定国家倡导社会主义核心价值观。2021 年开始实施生效的《民法典》全面反映了社会主义核心价值观纳入法治体系建设。《民法典》第一条开宗明义："为了保护民事主体的合法权益，调整民事关系，维护社会和经济秩序，适应中国特色社会主义发展要求，弘扬社会主义核心价值观。"此外，第七条规定："民事主体从事民事活动，应当遵循诚信原则，秉持诚信，恪守承诺。"这是诚信在《民法典》中的明确规定。2021 年最高人民法院印发指导意见，自 3 月 1 日起深入推进社会主义核心价值观融入裁判文书释法说理，坚持法治与德治相结合，坚持以人民为中心，坚持政治效果、法律效果和社会效果有机统一。[②] 这为法学专业"法律文书写作"课程提供了具体规范标准，而且带有鲜明的思政元素。第四，宪法法治意识。宪法法治意识教育是社会主义法治理念教育的体现，宪法法治价值的培养是思政课程与专业课程思政共同的教学内容，教学应当突出宪法的政治性。重点突出基本原则的讲述，突出中国之治的优势。特别是坚持中国共产党的领导，把"权大"还是"法大"讲透彻，把中国的制度优势与西方宪政做深入比较，坚定法科大学生走中国特色法治道路的自信。第五，德法兼修的法律职业伦理。法学专业教育要坚持立德树

---

① 《习近平法治思想概论》编写组：《习近平法治思想概论》，高等教育出版社 2021 年版，第 15 页。

② 《关于深入推进社会主义核心价值观融入裁判文书释法说理的指导意见》，https://www.court.gov.cn/fabu-xiangqing-287211.html，访问日期：2021 年 11 月 4 日。

人,重视学生的职业素养培养。“法律职业伦理”作为法学专业类必修课程之一,不仅要提高学生的法学专业知识水平,还要培养学生的思想政治素养,具备公正、廉洁、勤勉等法律职业素养,成为一个有道德的法律人。笔者在一项有关法科生职业伦理课程的调查中(调查学生人数为400人),结果显示最重要的法律职业伦理规范排名依次为:公正、诚信、敬业、保密、忠诚、专业等,95.3%的学生认同该课程对未来从事与法律相关职业非常有帮助。由此可见,德法兼修已经成为法科学生的共识。

(二)严格规范融入教学体系的思政元素

法学类思政课程与课程思政的教学内容存在必然的关联性,都以习近平法治思想为基本指引,以中国特色社会主义法治理论和实践为主要内容。高校法学专业核心课程实行“1+10+X”分类设置教学模式,1门指习近平法治思想概论课,该课程既是思想政治教育教学的核心又是法学专业理论教育的重点;10门必修课程中,有的本身就具有较深厚的法律思政内涵,如宪法、法理、中国法律史、民法、刑法、法律职业伦理等,蕴含丰富的思政元素(见表1)。比如宪法课程要突出政治性、人民性,结合宪法制定修订的历史,讲述中国之治的法理依据;《民法典》当中,有很多体现社会主义核心价值观的相关规定,比如第七章对于不动产相邻关系的规定,体现了友善价值观在法律上的表达。第十四章对居住权的规定,解决了房屋产权交易后对居住其中的老人权益保障的问题。再如第六编继承对于公民设立遗嘱的效力,取消公证遗嘱的优先性,更好地体现以人为本的价值观。又如中国法律史课程需要结合对中华优秀传统法治文化的传承和弘扬,尤其是对中华优秀传统法治文化创新性转化、创造性发挥,进一步弘扬中华法系的先进思维和理念,以发掘中华传统法治文化精髓。此外,各院校可以根据自身学科特色提供不小于X(5)门的选修课程,也应当注意思政导向,比如国际经济法课程中渗透爱国主义教育、人类命运共同体的理论与实践等。总之,要加强对选修课程教学内容的深入系统研究,形成法学专业课程思政教学内容规范的统一标准。

表1 法学类专业必修课程可融入的思政元素

	课程	融入的思政元素
1	宪法	五四宪法发展历史,宪法人民性的体现
2	法理学	中国特色社会主义法治理论、习近平法治思想
3	中国法律史	中华优秀传统法律文化
4	民法	社会主义核心价值观(自由、平等、公正、法治、诚信)
5	刑法	社会主义核心价值观,侮辱、诽谤英烈入刑,国家安全,扫黑除恶
6	刑事诉讼法	社会主义核心价值观(公正)、人民司法

续表

	课程	融入的思政元素
7	民事诉讼法	社会主义核心价值观(公正)、公益诉讼、人民调解
8	行政法与行政诉讼法	中国之治,三治融合,公益诉讼
9	国际法	社会主义核心价值观(爱国主义)、人类命运共同体
10	法律职业伦理	社会主义核心价值观(公正、敬业、奉献)、廉洁教育

思政课程较偏重对马克思主义基础理论、马克思主义中国化的理解与实践以及对社会主义核心价值观的价值导向,法学类专业课程偏重中国特色社会主义法治体系的学习与研究,两者的协作配合应当重视显性和隐性教学方式并用,兼顾价值引导与技术理性。法学类专业教学的应用性和实践性很强,在教学过程中基本会应用大量的司法案例,教学案例的选择,应当注意突出思政导向,偏重中国特色社会主义法治的具体实践,充分体现当代社会主义核心价值观的具体融入。法学专业的职业教育应当德法兼修,重视职业伦理,以社会主义核心价值观引领职业能力培养。

(三)突出教学管理的课程思政导向,兼顾质量与效果的统一

在保证教学质量的前提下,要重视法学专业课程的思政教育效果。一方面制定法学类专业课程思政的教学纲要和操作规范。另一方面在教学评价上增设课程思政相关内容,既有对教师的授课测评,也有对学生学习效果的评价。例如,可以进行改革试点,设立专门的课程思政学分,将课程思政建设固定化。课程思政学分的修习,可以结合法学专业的应用性、实践性的特点,坚持思政导向和社会主义核心价值观引领,如通过聆听政法实务大讲堂或者参与法律诊所等法治实习实践获得。逐步探索建立形成性评价与终结性评价相统一、综合评价与增值评价相结合的教学评价体系。

目前,高校思政课程由马克思主义学院承担,在与法学类专业课程思政的有机结合上,需要与法学院协同合作,试点教学改革,创新性地设立学院之间的紧密联动机制。形成思政课教师与法学专业教师之间稳定的协作机制。比如法学类专业教师的思政培训,两院教师的合作备课等都能够有力推进法学类专业课程思政的全面建设。习近平法治思想概论作为法学专业核心必修课程,具有思政课程与课程思政的双重属性,也是两院教师协同合作,同向同行的契机,比如可以利用网络技术平台,实现思政课教师与专业课教师同上一堂课或一个专题,促进思政元素在课堂上的体现与融合。思政课教师的优势在于对于当前政治方向的全面把握和社会价值观的正确引导,而法学专业教师的优势则在于学科技术性。思政课教师在坚定理想信念、实践社会主义核心价值观等方面可以进行对法学专业教师的培训,使专业教师在进行法律基础理论研究和教育的同时,坚持正确的思

想政治方向。

三、高校法学类专业思政课程与课程思政建设协作的意义

政治与法律的关系密切,思想政治教育与法律教育具备许多相互融合的知识点,在教育教学方法上亦可互相学习借鉴。本文对高校法学类专业思政课程与课程思政协作的具体路径进行探析,尝试整体性、系统性地探究其教学规范和教学评价标准,特别是必修类课程相关思政元素的教学内容规范,以期为法学类课程思政体系的建设提供一些个性化、可借鉴的建议。

参考文献

[1]习近平:《论坚持全面依法治国》,中央文献出版社2020年版。

[2]《习近平谈治国理政》第2卷,外文出版社2017年版。

[3]《习近平谈治国理政》第3卷,外文出版社2020年版。

[4]《习近平新时代中国特色社会主义思想学习问答》,学习出版社、人民出版社2021年版。

[5]中共中央宣传部、中央全面依法治国委员会办公室:《习近平法治思想学习纲要》,人民出版社、学习出版社2021年版。

[6]《习近平法治思想概论》编写组:《习近平法治思想概论》,高等教育出版社2021年版。

[7]陈秉公:《学习习近平关于教育的重要论述 探索高校立德树人创新体系》,《思想教育研究》2018年第10期。

[8]高国希:《构建课程思政体系的教育哲学审视》,《思想理论教育》2020年第10期。

[9]徐蓉:《深刻认识全面推进高校课程思政建设的价值目标》,《马克思主义与现实》2020年第5期。

[10]叶方兴:《科学推进专业教育与思政教育相融合》,《中国高等教育》2020年第Z2期。

[11]刚彦:《法学课程思政研究综述》,《法制与社会》2020年第16期。

[12]王勤芳、许翠霞:《以社会主义核心价值观阐释民法典基本原则——对民法学教育"课程思政"的思考》,《集美大学学报》(教育科学版)2021年第2期。

[13]唐素林:《高校法学"课程思政"教育教学改革发展探究》,《高教学刊》2021年第1期。

[14]姜庆丹、张喆:《法学类课程思政"三环导入"教学实践与思考》,《高教学刊》2020年第24期。

[15]王小萍、孙晓红:《基于课程思政理念——法学本科宪法课教学的探索与创新》,《中国法学教育研究》2019 年第 2 期。

[16]王爱华:《民法学课程思政教育方法的探索与研究》,《法制博览》2020 年第 16 期。

[17]杨宗科:《习近平法治思想中的法治学学理》,《法律科学》2021 年第 2 期。

[18]莫纪宏:《论习近平法治思想的理论体系》,《荆楚法学》2021 年第 2 期。

[19]张文显:《马克思主义法学中国化的百年历程》,《吉林大学社会科学学报》2021 年第 4 期。

[20]刘风景:《法治人才的定位与培养》,《南开学报》(哲社版)2017 年第 5 期。

[21]黄亮、李伟:《新时代政法类院校思想政治理论课建设探究》,《吉首大学学报》(社会科学版)2019 年第 S1 期。

[22]邓经超:《党领导全面依法治国的法理阐释》,《学理论》2021 年第 7 期。

[23]于歆杰、朱桂萍:《从课程到专业,从教师到课组——由点及面的课程思政体系建设模式》,《思想理论教育导刊》2021 年第 3 期。

高校哲学专业知识论课程"一体四维"的课程思政建设方案

——以厦门大学知识论课程为例

王奇琦　郑伟平　金凤琴*

摘　要：在高校所有学科专业全面推进课程思政建设的时代要求下，如何在知识论课程中开展课程思政建设是一个重要问题。知识论课程作为哲学学科的核心课程，在知识传授与能力培养方面发挥独特作用。在知识论课程的教学实践中存在学生有畏难情绪、学习积极性不高、教师只注重命题知识的传授等通病。对此，厦门大学知识论课程探索了一种"一体四维"的课程思政建设模式，以"立德树人"为总体目标，分别从知情意行四个维度落实专业课程的思想政治教育工作。这种"一体四维"的课程思政建设模式有助于应用到哲学的其他课程。

关键词：课程思政；知识论课程；哲学

近年来，课程思政成为高校教学改革的焦点。自党的十八大以来，习近平总书记多次强调高校思想政治工作的重要性。2020 年 5 月，教育部印发的《高等学校课程思政建设指导纲要》描绘了高校课程思政建设的总体图景，即在全国所有高校、所有学科专业全面推进课程思政。知识论作为哲学学科的一门核心专业课程，同样承担着课程思政建设的光荣使命。长久以来，国内高校的知识论课程存在着学生有畏难情绪、学习积极性不高、教师只注重命题知识的传授等通病。这与知识论专业课程不重视课程思政有一定的关联。在新的时代背景下，如何在高校哲学专业知识论课程中落实课程思政建设是一个重要的问题。

厦门大学知识论课程经过多轮的教学实践以及教学改革，致力于推进该课程与课程思政的有机融合，形成了"一体四维"的课程思政建设模式。其中"一体"指的是以"立德树人"为总体目标；"四维"指的是分别从知、情、意、行四个维度挖掘知识论课程中的课程思政资源，实现该课程在知识传授、能力培养、人格完善等各方面的作用。知识论作为哲学的核心，具备哲学的典型特征，因而知识论课程的"一体四维"课程思政建设模式是有可能

---

* 王奇琦，女，湖南益阳人，厦门大学马克思主义学院副教授，主要研究方向为思想政治教育、当代知识论；郑伟平，男，福建诏安人，厦门大学哲学系教授，主要研究方向为当代知识论；金凤琴，女，重庆綦江人，厦门大学哲学系博士研究生，主要研究方向为当代知识论。

推广到哲学的其他课程的。

一、知识论课程的现状分析

(一)知识论课程是哲学专业课程体系的核心

国内高校哲学本科专业基本在大学二年级下学期或三年级上学期开设了知识论课程,课程定位多为必修课,任课教师的主流群体是中国知识论学会的理事。知识论课程的重要性源自知识论之于哲学的不可或缺性,以及知识论之于哲学人才培养的内在优势。

一方面,知识论居于哲学理论的核心地位。根据《牛津哲学手册》,知识论、形而上学与逻辑居于哲学图谱的中心地带。哲学理论可以分为纯粹哲学与应用哲学两种类型。我们所熟悉的心灵哲学、道德哲学、教育哲学、历史哲学等哲学分支是部门哲学或应用哲学。在纯粹哲学中,知识论又是居于核心地位的。换言之,一个没有知识论的理论体系,是不足以称为“哲学”的。同样的,形而上学与逻辑学也是同等的理论地位。知识论是哲学的构成性理论或者说是不可或缺的哲学理论。哲学被称为“爱智慧”,对于智慧本身的追求就是哲学的任务。智慧是关于世界的根本原因和本原的知识。智慧是一种最高级别的知识,是最普遍的、最确定的、最难获得的、离经验最远的、以自身为目的的。作为哲学学科的创始人,亚里士多德将知识定位为人们的理智探究的目的,求知是人的本性。作为一门理论科学,哲学所追寻的是最高级别的知识——智慧。正是在这个意义上,知识论是哲学的核心。

另一方面,知识论在“育人”方面具有内在优势。亚里士多德在哲学名著《形而上学》中的第一句话就是:“人生而求知”(All men by nature desire to know)。“人生而求知”这句名言的意思是,求知是人的本质。在亚里士多德意义上,“本质”一词即意味着区别于其他种类的根本所在。人与动物的根本区别在于人类总是在追寻知识!人类总是在探究世界,这种理智探究的结果就是获得知识。人类心灵总是力图去准确地反映世界,把握世界。知识是心灵对于世界的准确把握,意味着心灵正确地认识了世界。只有系统而全面地掌握了知识,人类才能超脱动物状态,获得超越的生存地位。我们一生都在求知,都处于探究之旅,假如有人主张自己有着知识,但却拒绝解释和说明自己为什么所取得的东西是知识,他实际上就是在逃避知识论。逃避知识论的代价就是陷入了独断论。独断论(封闭与禁锢)的生活和知识论(开放与反思)的生活,孰优孰劣,人们终会选择。

(二)知识论课程在教学实践中的不足之处

1. 课程专业性强,学生产生畏难情绪

作为一门专业的哲学课程,知识论所涵盖的专业概念、专业理论与专业问题是比较多的,并且其中牵扯到大量的哲学理论之间的论辩,因此,对于学生而言,知识论课程是学习难度相对较大的,学生多少都流露出畏难情绪。为了解决这个痛点问题,任课教师面临着一个两难抉择:要么降低课程的专业性,增加故事性与趣味性;要么转变教学思路,激励学生的学习热情。

2. 教学内容简单，以基础理论为重点

通过不完全调研，我们发现国内高校的知识论课程大多都没有摆脱传统哲学理论课程的弊病：记忆重于思考，灌输多于训练，背诵胜于写作。具体地，在课程施行上，教师讲授的时间和比例过大，整个课程都是教师在讲解，辅以课堂问答或师生讨论。在课程考核上，过多依赖于期末闭卷考试的答题成绩，考试成绩的核定也取决于学生对于相关知识点的记忆程度。这种教学模式的弊端是众所周知的，属于多输局面，教师、学生、教务对此都不满意。

3. 教学方法单一，学生学习热情不高

就学情而言，学生对于哲学课程有着较好的情感偏好和价值认同，学生也能明晰哲学课程在智慧涵养上的重要价值，但哲学学习对于理性和思维的高层次要求，还是容易产生修读时的心理屏障。在哲学课程学习方式上，学生的主动学习、合作学习上明显不足，与教师的互动明显偏少，批判性推理与学术思维有显著不足。哲学课程偏重于对理论与思想的传授，这种教学方式使得部分同学在思维方式上偏重记忆，忽视应用。

4. 教学流程固定，教师授课观念僵化

知识论课程的教学手段过于单一，忽视信息技术的应用。不是说教师通过让自己变得风趣，多向学生提问互动，就可以进行教学创新。按照知识论的观点，手机已经成为学生的延展心灵，不可或缺，因此忽视信息技术的应用也是不合适的。为了实现高阶目标，课程组织应该围绕着竞争学生的有限认知资源，学生投入的越多，与课程的黏度就越高，收获越多。课程思政是非常有必要的。首先从教学的本意上讲，教师本来就还负有育人的责任，把课程思政的要素落实到准备阶段与总结提升这两个阶段，激发学生的学习动机，以及给他们以积极的反馈，不可避免的，大三学生总是会出现人生迷茫。知识论这门课的课程思政紧密围绕着苏格拉底的认识你自己与亚里士多德人生而求知这两个知识论的重要命题来展开。课程思政要素的介入，预设了情感作为知识传授的润滑剂，这也是知识论教学内容的一部分。

（三）知识论课程加强课程思政建设是必要的

之所以出现学生有畏难情绪、教学内容简单、教学方法单一、教学流程固定等诸多问题，与不重视课程思政建设有一定关联性。一方面，当前知识论教育重视知识传授，却忽视了知识本身在文化与意识形态所起到的规范作用，割裂了立德树人与传递新知之间的有机关联，存在价值观教育与知识教育相剥离的错误教学理念。事实上，知识论的教育尤为集中地体现了价值塑造与知识传授的密切关联，采信何种理由作为行动的根据，背后体现的是文化共同体内部相信的事物，而不同文化之间的差异正是价值观的差异。因此，知识论教育的深层理念与价值观塑造紧密相连，对课程思政教育的忽视就会导致教学目标的混乱与冲突。

另一方面，知识论教育在传统中国哲学中并非主要的问题域，又是西方哲学的主要研究领域，因此在当前的教育教学与研究中往往以西方的知识论问题为依托，存在被西方知识论理论、范式、思维主导的学术研究倾向。脱离了中国文化与中国国情的知识论教育，不重视传统文化中知识论资源的吸收提炼，与习近平总书记在学校思想政治理论课教师座谈会上的重要讲话中提出的“八个相统一”冲突，也反映出当前知识论教育缺乏课程思政理念的特征，容易引起学生的困惑。

二、知识论课程与课程思政有机融合的关键节点

课程思政的开展需要结合专业特点，并不能仅仅靠强行灌输式的教学，而是既要保持与思想政治理论课同向同行，又要达到潜移默化、润物无声的效果。这不仅要求专业课教师提升思政素质，同时也要求专业课教师提升思政课教学能力，因此，专业课教师有必要深入研究把握课程思政与专业教学的有机关联。从知识论这门课程来看，专业教学与课程思政可从求知、思辨、解惑等维度着手，找到知识教育与价值教育有机融合的关键节点。

第一，知识论课程旨在激发学生的求知欲，而这也是课程思政教育的落脚点。习近平总书记在考察多所大学时反复提到，同学们应该潜心读书，敏于求知，做到德智体美全面发展，毕业后为祖国和人民施展自己的才华，实现自己的人生价值。对知识的热爱与对学习的热情是大学生实现自我价值的内生基础，充沛的求知欲才能转变成源源不断地求知动力，支持和促进大学生不断攀登学业高峰。当今时代最鲜明的时代主题是实现中华民族伟大复兴的中国梦，当代大学生要实现这个理想信念和历史责任，就需要不断地探究新的知识，掌握新的技能。知识论这门课程旨在研究命题知识和技能知识的本质，为获取新知提供科学依据和合理方法。通过带领学生了解知识的基本要素和内涵本质，帮助学生深入掌握关于学习和知识的基本概念、方法与思路，能够更加明确地唤起学生的求知欲，且为学生在未来学习和工作中不断汲取新知保驾护航。

第二，知识论课程旨在培养学生的理性思辨能力，而这也是课程思政教育的落脚点。习近平总书记在同各届优秀青年代表座谈时表示，广大青年把理想信念建立在对科学理论的理性认同上，建立在对历史规律的正确认识上，建立在对基本国情的准确把握上。而如何才能培养理性认同、正确认识和准确把握的能力呢？知识论课程为学生提供了系列训练方法，帮助学生提升审慎思维的能力，不盲目轻信的能力，甄别自身关于某个事物的认识，学会整体地看问题，巩固理智主义立场。这些能力的培养和训练，为培养学生理性认同科学理论、正确认识历史规律、准确把握基本国情提供了能力支撑。

第三，知识论课程旨在培养学生处理问题的能力，而这也是课程思政教育的落脚点。不回避问题，不文过饰非，有缺点克服缺点，有问题解决问题，有错误纠正错误。这些要求背后都体现了理智主义的立场与认知德性的原则。知识论课程为处理问题、解决问题提供了系统研究方法和训练方法，能帮助学生掌握识别各类认知谬误，在层层迷雾中认识到

问题的本质，并寻找合理的辩护理由和行动理由，从而为处理棘手难题提供科学有效的方法。因此，课程思政教育要求青年学生有能力处理问题，而知识论教育为青年学生处理问题提供了方法论上的指导。

基于以上分析，可以发现，知识论课程作为一门知识教育、价值教育与方法论教育相融合的课程，能为思政教育提供丰富的理论资源。知识论课程强调求知好学，强调审慎思考，强调问题意识，而这些课程目标又与思政教育紧密关联。在知识论课程中融入思政元素，进行隐性教育，实现思政教育与专业教育相结合的功能，正是落实和贯彻"八个相统一"的合理途径。

三、知识论课程"一体四维"的课程思政建设模式

自 2014 年起，厦门大学每年秋季学期都开设知识论哲学专业课程。在多年的教学实践活动中，知识论课程团队不断进行反思，践行"发现问题—教学反思—解决问题—提升教学"的闭环思路，积累了丰富的教学经验。知识论课程融入课程思政方面也形成了一套较为成熟的"一体四维"教学机制，即以"立德树人"为总体目标，分别从知、情、意、行四个维度在专业课程的全过程中落实课程思政理念。

（一）晓之以理，引导学生感受知识的魅力

知识传授是任何一门专业课程的基本要求。相比于其他专业课程，知识论课程作为一门关于知识理论的课程，在知识传授的过程中落实课程思政理念这方面具有先天优势。这一优势便是唤醒学生的求知欲。学生在知识论课程中能够直接感受到知识的魅力。

在课程内容的设置方面，为了让学生"学有所得"，厦门大学知识论课程团队遵循科学认知规律，兼顾纵深向度的考量，制定了每学期由浅入深的主题式教学内容。例如，第一节课以亚里士多德的名言"人生而求知"为主题，围绕着该主题，学生们将通过不同的案例理解求知是人的本质特征，以激发学生内心的求知欲。随着课程的推进，课程的内容更加具体和专业。同学们将进一步学习"何为知识""知识的类型""知识的来源""怀疑主义"等内容，使得教学内容丰富多样。各个主题之间不是完全独立的，而是相互关联、层层递进的。"何为知识"这一主题向同学们展现了知识论的总体面貌，"知识的类型""知识的来源"等则进入了一个更加具体的领域讨论具体的问题。通过一学期的教学，学生们将不断加深关于知识的理解，感受知识的深层魅力。

在教学目标的制定方面，为了让学生"各有所得"，知识论课程团队针对不同的教学主题，制定高阶与低阶教学目标。相比于哲学导论与哲学原著导读等基础性哲学专业课程，知识论课程的难度系数更大。因而并不是所有的学生在每次教学活动中都能够完全掌握所有的知识点。为了实现个性化教学，让知识传授到每一位学生，达到"有学生领跑，无学生掉队"的效果，知识论教学团队制定了不同层次的教学目标。其中低阶教学目标是基本

准线，这是所有学生都应该实现的目标。此类目标要求学生在每节课中掌握基本概念、理论的内涵，获得一定的命题知识。高阶教学目标是让尽可能多的学生进一步提升自身的认知水平与认知能力。哲学专业教育不应该仅仅停留在命题知识的教授层面，更重要的是它需要提升学生的反思与批评、分析与论证、创新等能力。在这个意义上，高阶教学目标有助于学生获得一定的技能知识。

（二）动之以情，增强师生之间的情感联结

知识传授是一个复杂的过程，它既要求有知识的提供者，也要求有知识的接收者。学生作为知识的接受者，不是被动，而是主动的。近年来教学改革的一个流行趋势便是拒绝"以教师为中心"的教学方式，提倡"以学生为中心"的教学方式。其目的在于通过有效的师生互动，学生切实地获得专业知识，提升专业能力，增强认知自信。教学方式的转变实际上是对于师生情感交流的呼吁。情感交流发挥着润滑剂的作用，在专业课程的教学中有助于激发并保持学生的学习热情，使得学习效果最大化。

为了激发学生的学习热情，增强学生的课程体验与参与感，知识论课程团队在教学实践中使用了先进的教学成果，如翻转课堂的"O-PIRTAS"模式，线上线下混合教学模式等。学生在课前自主学习教师事先准备好的教学材料，如 PPT 与视频，提前了解教学内容。此步骤为课中的师生交流预留了更多的空间。学生在课中可以进行讲演、辩论、问答等活动，教师在其中发挥答疑解惑、引导组织的作用。学生在课后完成相应的课后练习，进行知识巩固。通过课前—课中—课后的亲身实践，学生真正成为课堂的主体，教师隐退为引导者，这为学生主动学习创造了条件。由此，学生不仅能够对具体的知识点有更加深刻的理解与把握，锻炼了自身的分析论证、辩论与表达能力，更重要的是增强了自我认同感、课程参与感以及认知自信，激发了学习的热情。从学生的课程反馈来看，大多数学生都表示对于自己参与过的主题内容的掌握程度更好，印象更加深刻。

为了保持学生的学习热情，知识论课程团队建立了一系列教学反馈机制。大学是学生个人心灵进行自我完善和人格成长的关键时期，学生在此期间受到集体的关心鼓舞能够帮助其成长。学生在课程的前五分钟需要完成一个小测试，以检验其课前自主学习的成效，发现其不足，从而在课堂中得到解决。教师在课中针对学生的讲演、辩论、疑问等及时给出回答、鼓励与评价，让学生在不断得到学习的正反馈的过程中保持学习的主动性与积极性。对于学生的课后作业，课程团队也会及时给出反馈意见，让学生的努力得到一定程度的回应与鼓励。

（三）导之以意，帮助学生树立正确的观念

知识传授只是知识论课程的一项基本功能，"立德"与"育人"是知识论课程的一项更为重要的社会功能。理论知识的传递有助于学生成才，但是在学生德性的培养，以及世界观、人生观与价值观的形成方面所发挥的作用并不大。相反，核心价值观念以及文化传承对于学生学以成人有着举足轻重的影响。知识论课程团队致力于结合专业教学与价值引领的工作，帮助学生树立正确的观念。

知识论课程团队通过主题式教学，让“理性”与“德性”观念根植于学生的心灵深处。一方面，在知识论课程的各个主题教学单元中，最为突出的特征是“理性”，具体表现为对于学生概念分析、逻辑推理、批判性思维等能力的训练。这是因为每一个主题都涉及某些具体的问题及其解决方案探究。这些问题包括知识的定义是什么、知识的来源是什么等。这种概念发问与问题解决的过程本身体现了分析性，有助于学生理性思维的训练，以至于学生习得理性思辨的能力，秉持理性探究的精神。另一方面，正如苏格拉底所言，知识即德性，人们对于知识的追求便是对于德性的追求。在主题为“德性知识论”的教学活动中，学生将认知到谦逊、谨慎、适度怀疑等是一种认知美德；在主题为“道德知识论”的教学活动中，学生将更加深刻地理解社会主义核心价值观（爱国、敬业、诚信、友善等）的内涵与外延。

知识论课程团队通过情景式教学，让学生领略“知识论的中国话语体系”的魅力，增强文化自信。在知识论课程中思想实验以及案例分析是主要的情景式教学的方式。在具体的教学活动中，单纯采用西方案例（如葛梯尔案例）不具有文化友好性，也不利于学生顺利进入情境讨论中。对此，知识论课程团队从中华优秀传统文化中探索和挖掘出了许多优秀的知识论案例与思想实验的场景。例如，在主题为“怀疑主义”的课程中，师生可以共同讨论道家的“庄周梦蝶”，在教学内容涉及“默会知识”的课程中，师生可以共同讨论禅宗的“不立文字”传统。通过对于具有中华传统文化的案例、场景、思想的讨论，学生能够对“知识论的中国话语体系”有更加深刻的理解与精准的把握；与此同时，学生也能够领悟到中华传统文化的博大精深，从而增强文化自信心和民族自豪感。

（四）促之以行，鼓励学生践行理性的生活

知识论课程的社会功能还体现为它督促学生践行一种美好的生活。从广义上来看，美好生活是一种以理性、德性等观念为指导的生活状态。在这个意义上，知识论课程的课程思政内容清楚明晰地展现出来了。课程思政要发挥出思想政治工作的功效，关键是要让学生内化于心，外化于行，将理论与实际联系起来。知识论课程鼓励学生积极参与第二课堂的各项活动，在现实生活中践行美好生活。

一方面，通过以赛代练，学生稳步提升自身的分析、论证、反思、批判、写作等能力。厦门大学面向全校学生，每年都会举办逻辑思维大赛和各类学术征文比赛等活动。知识论课程团队可以为学生提供参赛指导，保证学生在有认知与情感支持的情况下参与各种比赛。学生在参与比赛的过程中将充分运用课堂中习得的知识与技能，通过一次次的实践演练，学生的各项能力得到提升。学生在实践中得到的正反馈又将有助于他们理解何为美好的生活，以及什么样的生活是值得过的。

另一方面，通过参与大创项目等实践活动，学生进一步习得创新、整合、组织、沟通、解决问题等实践技能。在知识论课程团队的指导下，学生需要全程参与大创项目的申请、完

成项目所规定的具体任务、结项等过程。在此过程中，学生可能会面临许多问题，包括如何确定选题，如何搜集资料，如何与团队成员分工合作，如何与老师和同学沟通等。对学生而言，这既是一次很大的考验，也是一次宝贵的成长经验。学生在此过程中能够增进自己关于世界的认知，进一步提升自己发现问题、解决问题的能力，并增强参与社会生活所需要的各项能力。这将有助于学生更好地走出学校的象牙塔，为未来的社会生活做好准备。

总之，本文基于厦门大学知识论课程教学的理论探索与实践经验，提出了一种知识论哲学专业课程的"一体四维"课程思政建设模式。这种模式为哲学的其他专业课程乃至通识课程的课程思政建设起到了抛砖引玉的作用，具有一定的推广价值。正如前文所言，知识论位于哲学理论的核心，知识论具备哲学这门学科最为典型的特征——爱智慧。实际上，哲学是一门爱智之学，除了知识论课程的其他哲学专业课程和通识课程同样具备爱智慧的特征。智慧既包括理论智慧，又包括实践智慧，哲学类课程中所蕴含的课程思政的核心资源是一致的。从这个角度来看，将这种"一体四维"的课程思政建设模式推广到其他哲学课程中是有可能的。

参考文献

[1]《习近平在全国高校思想政治工作会议上强调：把思想政治工作贯穿教育教学全过程 开创我国高等教育事业发展新局面》，《人民日报》2016 年 12 月 9 日第 1 版。

[2]《高等学校课程思政建设指导纲要》，http://www.gov.cn/zhengce/zhengceku/2020-06/06/content_5517606.htm.访问日期：2021 年 12 月 8 日。

[3]郑伟平：《以分析性写作能力培养为导向的知识论课程教学改革》，《2021 年高等教育教学实践探索——厦门大学解决方案》，厦门大学出版社 2021 年版，第 214～219 页。

[4]魏燕侠、曾雅婧、郑伟平：《高校哲学专业"知识论"课程设置的必要性与设计方案》，《教育教学论坛》2018 年第 9 期。

[5]冯燕芳、顾颖：《讲好哲学故事 推进通识教育——以〈西方哲学史〉为例》，《高教发展与评估》2018 年第 3 期。

[6]田鸿芬、付洪：《课程思政：高校专业课教学融入思想政治教育的实践路径》，《未来与发展》2018 年第 4 期。

[7]陆道坤：《课程思政推行中若干核心问题及解决思路——基于专业课程思政的探讨》，《思想理论教育》2018 年第 3 期。

[8]余江涛、王文起、徐晏清：《专业教师实践"课程思政"的逻辑及其要领——以理工科课程为例》，《学校党建与思想教育》2018 年第 1 期。

[9]高德毅、宗爱东：《课程思政：有效发挥课堂育人主渠道作用的必然选择》，《思想理论教育导刊》2017 年第 1 期。

以实践教学破除“历史虚无主义”的初步思考

——兼论思政课程、“四史”教育与档案育人的生成关系

张　侃*

摘　要：近年来，历史虚无主义以各种面目扭曲中国近现代史、中国革命史、中共党史以及共和国史。面对这种错误思潮对高校课程教学的冲击，最为直接的批判方式就是历史的研究者、教学者旗帜鲜明地站在人民立场上发声，打造最犀利的理论武器和坚实的历史事实予以反击。闽西苏区是原中央苏区的重要组成部分，也是毛泽东思想的重要形成地之一，保存了大量的革命历史档案，见证了中国共产党领导闽西人民进行艰难曲折斗争历程。2018 年以来，厦门大学马克思主义学院的李小平、董兴艳和历史系的张侃等围绕社会实践课程的教学目标，带领学生到闽西各县市档案馆开展实践教学，探索思政课程、“四史”教育与档案育人的生成关系。在实践教学过程中，学生们培养历史档案的搜集、鉴别、解读与利用的技能，认清“历史虚无主义”扭曲历史的虚幻本质，并为红色资源的保护利用奠定了坚实的基础。

关键词：历史虚无主义；实践教学；课程思政；档案育人

一

中国共产党历来有高度重视历史的优良传统。毛泽东在 1961 年 6 月的中央工作会议上指出：“我们是历史主义者，给大家讲讲历史，只有讲历史才能说服人。”①习近平总书记对中国共产党运用历史的治国理政经验有精辟总结：“我们党在领导革命、建设、改革的进程中，一贯重视学习和总结历史，一贯重视借鉴和运用历史经验。”②因此，能否以科学的态度对待历史、阐述历史，决定了我们能否在实现中华民族伟大复兴中国梦的过程中合理认知现在、引领未来。

---

* 张侃，男，浙江温州人，厦门大学历史系教授，主要研究方向为中国经济史、中国近现代史、中共党史。

① 《毛泽东文集》第 8 卷，人民出版社 1999 年版，第 276 页。

② 《习近平：牢记历史经验历史教训历史警示 为国家治理能力现代化提供有益借鉴》，《人民日报》2014 年 10 月 14 日第 1 版。

20世纪的中国历史波澜壮阔，站在不同的立场和角度而产生不同的评价在所难免。近年来，历史虚无主义以"重新评价"等名义扭曲中国近现代史、中国革命史、中共党史以及中华人民共和国史，扰乱了历史共识，成为社会思潮的杂音。[①] 党中央和各级领导强调反对历史虚无主义的意义，但如果在日常教育中掉以轻心，在政治学习中不加以强调，就容易导致思想防线失守，犯下"无可挽回的历史性错误"。历史虚无主义几经批判仍不休止，折射出历史发展过程的价值冲突和社会矛盾，因此，与历史虚无主义斗争具有长期性和艰巨性。

二

历史虚无主义最具迷惑性、最具蛊惑性的一面，是打着"实证研究"的幌子，将自己政治意图藏进了他们所选择的"历史事实"和"历史细节"的后面。史识源自史实，习近平总书记多次强调："历史就是历史，事实就是事实，任何人都不可能改变历史和事实。"[②]批判"重写历史"或"肢解历史"的错误言论，揭露历史虚无主义的真实面貌，最为直接方式就是摆出事实予以批驳与反击。档案是国家机构、社会组织以及个人从事政治、军事、经济、科学、文化等历史活动的原始记录，是当时、当地、当事人直接记录并流传下来的第一手史料，不会因时间的推移而改变其原始面目，真实性、可靠性、权威性具有优先地位。档案史料是形成历史的客观认识的重要基础。

改革开放以来，随着社会主义现代化事业的飞速发展，党和政府也逐渐制定一系列档案法规与制度，健全档案开放利用的规范化，档案的开放与利用进入黄金时期。1979年，学界代表提交了开放历史档案的提案。为了适应各方面对档案利用的迫切需要，中共中央和国务院批准曾三同志起草的《关于开放历史档案的意见》[③]。《关于开放历史档案的意见》明确规定，中华人民共和国成立之前的历史档案和革命历史档案，除极少数，一律向党政机关、科研部门、史学部门及其他相关部门和有关人员开放。1982年，中央办公厅、国务院办公厅转发国家档案局提交的《关于开放历史档案问题的报告》，成为历史档案开放的基本要求。1983年，国家档案局制定并颁布了《档案馆工作通则》，将档案开放列为各级各类档案馆的基本工作。1986年，国家档案局总结各方面工作经验，印发了《档案馆开放档案暂行办法》，提出了档案定期开放原则。1987年，国家颁行《档案法》，正式以法律形式确立档案定期开放原则。与此同时，为了将档案开放落到实处，国家档案局制定发布《各级国家档案馆馆藏档案解密和划分控制使用范围的暂行规定》《各级国家档案馆开放档案办

---

① 《全国党史工作会议在京举行》，《人民日报》2010年7月22日。

② 习近平：《在纪念全民族抗战爆发七十七周年仪式上的讲话》，《人民日报》2014年7月8日第2版。

③ 冯子直：《建设党和国家社会主义档案事业的主要实践和基本经验——在纪念国家档案局成立60周年座谈会上的发言》，《档案学研究》2015年第2期。

法》等规章。

从有关档案开放利用法规的完善过程看，我国已经较好地实现了档案馆由封闭型向开放型的战略性转化。在法规与制度的保障之下，各种公藏机构的档案可以方便整理者、研究者的利用挖掘，也会使原来沉睡的历史瑰宝得以发挥其现实价值，在社会主义现代化建设中发挥出重要作用。其中以事实说话，以档案说话，将在讲好中国故事、弘扬中国精神、探索中国模式上发挥着不可取代的作用。档案是破除历史虚无主义的利器，习近平同志在浙江工作期间，于 2004 年 5 月 26 日考察浙江档案馆时，指出借助档案破除历史虚无主义的工作路径，“经验得以总结，规律得以认识，历史得以延续，各项事业得以发展，都离不开档案”。[①] 他强调：“加强史料收集和整理”，“通过档案、资料、事实、当事人证词等各种人证、物证来说话”，以“翔实准确的史料”，进行“深入细致的研究分析”。[②]

三

闽西苏区是原中央苏区的重要组成部分，也是毛泽东思想的重要形成地之一。但在命斗争环境恶劣，党组织屡遭破坏，闽西地区能保存下来的史料只有很少一部分。中华人民共和国建立之后，闽西各级党委和政府开展了较为系统深入的党史资料征集工作，并对档案进行了初步整理，在全国的革命老区中较早开展了这项工作。如龙岩市档案馆就拥有 2000 多件土地革命战争时期闽西苏维埃政府的革命历史档案文献。而后党校、党史研究部门、博物馆和档案馆均形成了收集、整理和出版革命档案的优良传统。20 世纪 60 年代初，闽西的市县两级档案部门响应党和政府的号召，又动员民间收藏者捐献了大量的革命历史档案，其中包括红四军党的七大决议案手写稿、中央九月来信手写稿等。这些历史档案见证了中国共产党领导闽西人民进行艰难曲折的斗争历程，真实地反映了革命战争年代闽西的政治、经济、文化、军事等基本面貌。

龙岩地区通过整理浩如烟海的原始档案文献，一方面为全面研究闽西革命历史提供了第一手资料，以宣传部、党校、党史办、高等院校、博物馆、档案馆等机构为基地，培养了致力于闽西苏区史和革命历史研究的学术队伍，另一方面以事实为依据，得以多渠道传播闽西苏区历史，有力反击各种类型的历史虚无主义，让革命历史在闽西大地成为意识形态主旋律，为闽西的红色资源的保护利用和红色基因的传承创新，奠定了坚实的基础。

厦门大学是紧邻闽西的最高学府，也是东南民主革命的堡垒。依托地缘优势，厦门大学很早就开展了苏区革命史的多学科研究。1949 年，福建省研究院归并厦门大学，在闽西

---

① 刘芸：《以习近平同志讲话精神为指引推进浙江档案事业新发展》，《浙江档案》2014 年第 9 期。

② 《习近平：让历史说话，用史实发言，深入开展中国人民抗日战争研究》，《人民日报》2015 年 8 月 1 日。

苏区进行土地调查的章振乾将资料带到了厦门大学开展研究。1959 年,历史系师生深入福建长汀、上杭、平和、漳州,江西的瑞金等老区开展调查实习,收集了 500 多万字的资料,编写了多种调查报告。20 世纪 80 年代,孔永松组建中央苏区历史研究团队,展开革命文物和文献收集、整理、研究工作,与福建省党史办、省委党校、闽西各市县党史办、古田会议纪念馆、毛泽东才溪乡调查纪念馆等单位精诚合作,联合召开学术会议,撰写《闽西根据地经济建设》《中央革命根据地史要》等论著,厦门大学成为中央苏区研究、革命根据地史的重镇。2018 年 8 月,在前人工作的基础上,李小平、董兴艳、张侃等老师围绕厦门大学社会实践课程的教学目标,以"福建红色文化资源的收集、整理与研究"为问题导向带领学生到永定区档案馆开展实践教学。在永定区档案馆领导的支持下和工作人员的配合下,师生们在永定区档案馆内进行为期一个多月的查阅、收集、拍摄、扫描、整理档案工作,取得较为显著的教学效果。

首先,实现"课程思政"和"档案育人"的有机结合。"中国近现代史纲要"课程的教师绝不应当止步于课堂讲授,而应引领学生接触历史、近距离观察历史。带领学生进入档案馆触摸档案,整理档案,在一张张泛黄的旧纸张中了解档案中的人和事。正如郭睿(国际学院)同学在感言中写道:"民政类、军事类、经济类等全方面、多角度的珍贵的档案仿佛让我们站在时间轴上与历史对话,倾听那个年代这里发生的一桩桩一件件,仿佛见证着红色文化萌芽、成长、成熟的过程……"档案实物直观、生动、形象,引发的潜移默化作用可以用"润物细无声"来比拟,与纯粹的说服教育和理论讲授相比,更具说服力、吸引力与感染力。学生通过档案资料整理,了解国家与社会发展的"前世今生",才能把握国家发展的时代脉搏,真心持久地热爱祖国、社会和人民群众。了解过去,才能更好地走向未来。张凯(管理学院)同学感言是这样写的:"翻开这段厚重的历史,我们看到了民国的永定县社会生活的方方面面,小到柴米油盐酱醋茶的钱粮事项,大到处决某个重犯的重要案件,从经济到政治,从百姓到官员,从放牛种田的底层民众到发号施令的一县之长,我们看到了当时社会生活的真实影像,感受到当时社会的动荡不安,人民生活的艰苦辛酸。"

其次,实现"档案解读"和"实地考察"的有机结合。在教学实践过程中,同学们逐渐学会辨析档案的形成时间、行文机构、签署者印信等内容,即便是非文科背景的学生也乐在其中,如杨干(医学院)同学感言:"每一份档案都承载着历史的一部分,都是后人了解历史的重要资料,我们将破旧不堪、随时可能被破坏或已经有破损的档案扫描保存下来,对我们和后人来说都是一笔宝贵的财富,所以在扫描的时候我们都小心专注,而自己用心去做一件事情的时候,就不会觉得枯燥无趣了。而且扫描的时候我们也不时关注一下文件内容,从中或多或少地了解一些永定当地民国时期的生活状况和历史事件,也别有一番趣味。"当然,档案资料以纸本记录形态为主,是在一定的社会历史条件下形成的,不可避免地受到社会环境和思想意识的束缚,同学也学会“读万卷书行万里路”的研究方法。师生们利用周末闭馆时间到闽西四大暴动的“永定暴动”起源地——金砂进行实地调查和口述访谈,开展情景化教学,深化了解档案中涉及的历史环节。如刘铭东(人文学院)同学的感言所展现的:“我们不仅了解了永定红色革命文化,知晓了在当时社会背景下永定县的生活面貌和政治、经济、文化等方面的风貌,了解了永定县人民对于革命事业和解放事业的杰出贡献,明白了共产党领导下的永定和尚处革命阶段的永定相比有了怎样长足的进步,而且我们也培养了自身勤劳耐心、刻苦认真、严肃端正的工作精神,激发了我们内心深处热爱祖国、热爱人民以及为中国共产党和各阶级人民群众对革命的贡献感到欣喜与骄傲的爱国精神和民族精神。”

四

高校的意识形态工作复杂,要使大学生对马克思主义信仰做到真学、真懂、真信,必须将信仰教育贯穿于学校教育的全过程,直到达到“真用”的目标,才说信仰教育完成了“万里长征的第一步”。习近平总书记在2016年12月8日全国高校思想政治工作会议上提出:“要坚持把立德树人作为中心环节,把思想政治工作贯穿教育教学全过程,实现全程育人、全方位育人,努力开创我国高等教育事业发展新局面。”[①]目标就是将信仰教育与专业教育相结合,实现专业授课中的知识传授与价值引导的有机统一。

经过深入学习习近平总书记的关于“全程育人、全方位育人”的讲话精神,我们认为围绕“福建红色文化资源的收集、整理与研究”的教学实践达到了“立德树人”的目标,可以概括为:学生参与社会实践的过程中,知识体系得到进一步的充实和完善,更好地践行科学价值观和人生观、政治观,从而得以提升自身的价值实现能力。与此同时,促使他们以实践来检验自己课堂所学理论知识,并运用理论知识来更好地指导实践、认识世界、认识社会,实现理论知识的最终价值。

习近平总书记指出:“办好思想政治理论课关键在教师,关键在发挥教师的积极性、主动性、创造性。”[②]“福建红色文化资源的收集、整理与研究”实践队回校后,带队教师根据同学们在实地整理档案过程中发现的现象,以及各小组的汇报讨论,逐组指导同学们凝练主题。就如何进行更为扎实细致的研究予以深入和长期的指导。实践队同学来自不同学院,学科背景和专业素养差异较大,既有较为接近的人文学科,也有相距甚远的医科。实践报告经历确定议题—阅读资料—撰写大纲—修改大纲—初稿—改稿—再改

① 《习近平:把思想政治工作贯穿教育教学全过程》,http://www.xinhuanet.com/politics/2016-12/08/c_1120082577.htm? isappinstalled=0,访问日期:2021年11月6日。

② 《习近平主持召开学校思想政治理论课教师座谈会强调:用新时代中国特色社会主义思想铸魂育人 贯彻党的教育方针落实立德树人根本任务》,《人民日报》2019年3月19日。

稿—三改稿—定稿—送审—修改格式—增加内容—再定稿的反复过程，撰写者通过历史书写的严谨过程得到了专业训练，对百年中国历史的认识和理解也在细节考察中得以提升。

在实践教学过程中，师生直接参与档案整理、编研活动，将尘封百年的档案转为思想文化的瑰宝，大大改善学术研究与档案编研相脱节的不良现状。档案整理和研究，对学生们思想意识的内在价值发掘具有直接的推动力，符合国际通用的“设定场景—学生进入场景—体验—选择”的实践提升模式。实践报告的精细化要求为思想政治教育与专业训练建立了“生成性”关系，同学不仅可以为将来进一步展开社会问题的观察与研究提供门径，而且运用正确的道德观念指导现实状况下的道德实践。

浅谈课程思政中专业课教师的自我提升*

张连茹**

摘　要："课程门门皆思政，教师人人重育人"，思政已经或正在走入各门专业课的教学中，课程思政对于所有专业课教师来说，都是一项新的挑战，面对这个必需的选项，教育部适时发布了高等学校课程思政教学指南，并通过开展多种形式的培训，包括从思政资源的挖掘、思政融入的路径到教学案例示范等各个方面，引导专业课教师尽快融入课程思政。然而，专业课教师对于开展课程思政，有各种不同的表现，有的积极响应，有的等待观望，有的则消极对待。俗话说"打铁尚需自身硬"，课程思政实施的成功与否，关键在于专业课教师。开展课程思政不仅有利于人才培养，而且对于专业课教师及时领会党的时政方针，提升个人的思想和道德品质也是非常必要的。"学高为师，德高为范"。本文分别从教师对课程思政必要性的认识，以及思政可行性，尤其是要加强自身学习等诸多方面进行探讨，以期与开展课程思政的教师共勉。

关键词：课程思政；创新人才培养；教师自我提升

一、课程思政的意义

百年大党，经过艰苦卓绝的斗争，历经自我革命、改革开放、发展经济、改善民生，才换来今天中国14亿人完全摆脱贫困，人民可以安居乐业，在追求中国梦的小康路上不断前进。居安思危，当贫富差距出现，当一些人由于各种原因而快速致富；社会上各种选秀等看似成功的捷径，误导某些人走上追求成功和金钱的"快车道"。导致社会上的一些年轻人缺乏理想，追求物质享乐，崇尚奢靡攀比之风，理想信仰缺失。要看到美国等国家表面友善、民主，背后隐藏的称霸世界的野心和恃强凌弱的本质。要让青年学子们知道今天的幸福生活来之不易，有多少仁人志士为之奋斗和牺牲。在实现中华民族伟大复兴的征途上同样充满了艰难险阻。

---

* 基金项目：2021年课程思政教学研究项目"基于学生心理建构实验课课程思政的元宇宙"的研究成果。

** 张连茹，女，厦门大学生命科学学院教授，主要研究方向为微生物药物。

吴岩司长在高校教师课程思政培训开幕式的讲话中提到，高等学校中有80%的课程属于专业课，由专业课教师来担任，大学生受专业课教师影响比较大，学生们也很容易把自己的专业课教师作为自己的榜样，把专业课教师的科研方向作为自己今后努力的方向。因而，如果把大学生的思想政治教育工作全部留给不足20%的思想政治教育课程，无论是影响力还是实施效果都远远不够。教书育人、立德树人的"育人"和"树人"永远都应该是教育的主旋律。习近平总书记在有关高等教育的座谈会以及其在清华大学考察讲话中多次强调课程思政的重要性[①]。我们专业课教师一定要从思想上深刻认识到课程思政是坚持党的领导[②]，坚持走中国特色社会主义道路的必然选择。在这种新形势下，我们高校教师不仅要润物无声地开展课程思政，更要大张旗鼓地宣传建党精神、共产主义信仰和中华民族伟大复兴赋予我们的历史重任。

纵观历史，社会对于教师的师德、学识一直寄予厚望，古有"师者，所以传道受业解惑"之说，其中传道列在首位；今有"学高为师，德高为范"的名言，不仅强调教师学问好，同时也要有高尚的品德。教师自身也有比较形象的感悟，比如"给学生一杯水，自己要有一桶水"，而且教育部等也一直提倡教书育人、立德树人，并且颁布了有关师德师风等一系列的规范。我们当前开展的课程思政，更多地强调了课程思政的落实，实际上对于专业课教师自身提出了更高的要求。因此，在高等学校中开展课程思政，不仅是高校教师育人的根本，同时对于专业课教师自身的政治思想和道德品质提升也是非常必要的。课程思政实施的几大要素包括教师、思政内容、融入形式、学生成长与反馈等。思政内容、融入形式是必不可少的，其中最关键的因素是教师。因为思政内容的选择、融入形式以及呈现或传达方式等，都需要教师完成，而且学生的反馈也是基于教师的教学方式、方法来体现。专业课教师的思政政治理论水平、道德修养等是影响课程思政的重要因素。

二、课程思政之专业课教师的自我提升

高等学校的专业课教师都非常关注专业课所涉及的领域的进展和变化，并适时地将新的理念和观点以及研究前沿融入教学，及时传达给学生。实际上我们的科技发展、学科的进步，与社会的政治、经济和文化水平直接相关。《高等学校课程思政建设指导纲

---

① 《中共中央关于党的百年奋斗重大成就和历史经验的决议》，https://www.12371.cn/2021/11/16/ARTI1637053281483114.shtml，访问日期：2021年11月9日。习近平：《习近平谈治国理政》第3卷，外文出版社2020年版，第4页。《高等学校课程思政建设指导纲要》，http://www.gov.cn/zhengce/zhengceku/2020-06/06/content_5517606.htm，访问日期：2021年11月9日。《习近平：用新时代中国特色社会主义思想铸魂育人 贯彻党的教育方针落实立德树人根本任务》，http://cpc.people.com.cn/n1/2019/0319/c64094-30982234.html，访问日期：2021年11月9日。

② 《习近平：把思想政治工作贯穿教育教学全过程》，http://www.xinhuanet.com//politics/2016-12/08/c_1120082577.htm，访问日期：2021年11月9日。

要》明确提出："把思想政治教育贯穿人才培养体系，全面推进高校课程思政建设，发挥好每门课程的育人作用，提高高校人才培养质量。"虽然课程思政教学中提倡专业课教师与思想政治教师的协作，试想当要让学生树立正确的人生观、价值观和世界观时，如果教师自身三观不正，又如何能正确地引导学生？再比如，中国特色社会主义理论、党的十九大以及十九届六中全会的精神和主旨，如果专业课教师不能很好地学习领会，又如何能建设好课程思政？俗话说得好，打铁尚需自身硬，课程思政建设始终是要专业课教师开展和实施。因而，专业课教师的思想政治理论水平和道德修养，是否能真正达到德才兼具的"大先生"①水平将直接影响到课程思政育人目标能否顺利实现，关系到国家的前途和命运。

为了确保课程思政顺利实施，教育部在2020年出台了相关的指南，并且组织了不同规模的培训，旨在为专业课教师开展课程思政提供多方位支持。专家学者们也对课程思政的开展进行了相关研究和探讨，从知网发表的以课程思政为关键词搜索出的论文数量来看，2017年仅28篇，2018年以后呈现逐年增加的趋势（见图1）。

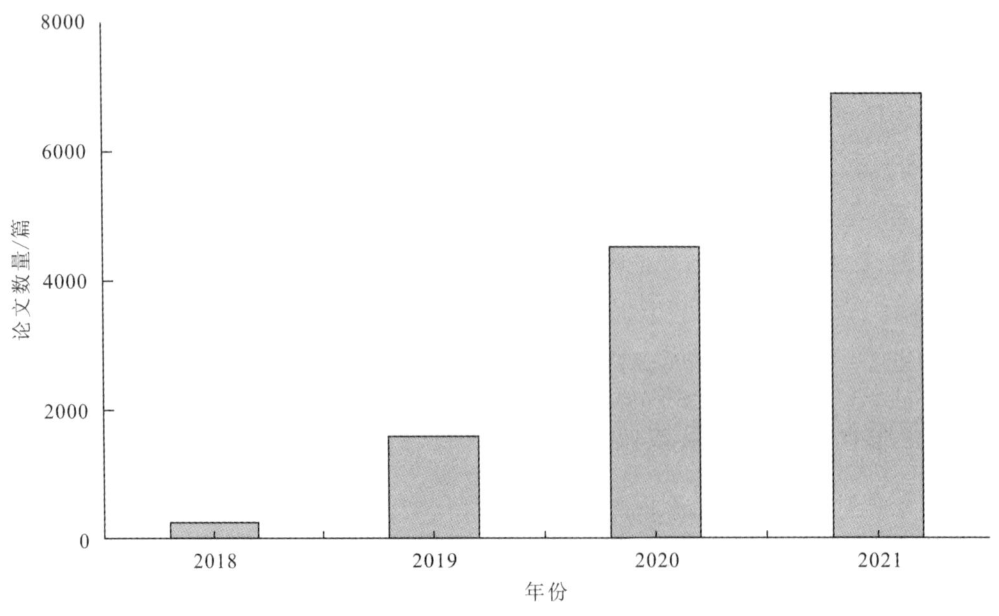

图1　2018—2021年发表的思政论文数量

到了2021年已有6900多条记录，真正体现出"课程门门皆思政、教师人人重育人"的局面。但是，由于专业性质、教师层次的不同，以及受培训时间等的限制，我们在开展课程

① 《习近平在清华大学考察：坚持中国特色世界一流大学建设目标方向 为服务国家富强民族复兴人民幸福贡献力量》，http://www.gov.cn/xinwen/2021-04/19/content_5600661.htm，访问日期：2021年11月9日。

思政的教学中深刻体会到，专业课教师要能够根据专业课程的特点使课程思政开展得有针对性、有特色，需要不断地提升个人的思政理论水平和道德修养，这在课程思政建设中显得尤其重要。

首先，在信念方面，要把党的精神和党的理想，作为教师个人的理想信念。中国共产党人为了建设新中国抛头颅、洒热血，克服千难万险才有了新中国，中国人民才能享有平等和自由，中国革命史就是共产党奋斗牺牲的历史，所以必须要有这个信念，只有在共产党的领导下，14 亿中国人民才能摆脱贫困，实现中华民族的伟大复兴；只有在共产党的领导下，14 亿中国人民面对新冠疫情的突然暴发，才能团结一心，共克时艰。中国经济和社会的进步、脱除贫困的事实都表明坚持共产党的领导，在任何时候都要爱党爱国，走中国特色社会主义道路是走向必胜的成功路。

其次，只有通过不断学习领会，才能了解党的方针政策和习近平同志关于治国理政方略，才能紧跟时代的步伐。通过学习党史，深刻理解中国共产党为什么能、马克思主义为什么行、中国特色社会主义为什么好。通过二万五千里长征和红岩故事等，珍惜今天的幸福生活，努力工作和学习，不辜负先烈们的奋斗和牺牲。通过学习党的十九大精神、党的十九届六中全会决议以及习近平治国理政思想，了解我们党今天为什么成功，思考我们党未来如何继续成功。坚定我们听党话、跟党走的决心，才能结合课程实际，把这种理想信念传递到学生心中。

我们在学习中也发现，习近平新时代中国特色社会主义思想，既有如“人民对美好生活的向往就是我们的奋斗目标”“实现中华民族伟大复兴的中国梦是新时代中国共产党的历史使命”等号召，也有如“抓住了创新，就抓住了牵动经济社会发展全局的‘牛鼻子’”等接地气的话语。可以全篇通读，也可以有选择地学习关于高等教育方面的论述。如习近平总书记在党的十九大报告提出“高等教育内涵式发展”。教师自身加强政治理论和时事政治学习，是提升立德树人本领、保持良好教风的重要保证，也是开展好课程思政，发挥高等教育立德树人功能的前提和基础。

最后，课程思政的学习要紧紧围绕《高校课程思政建设指导纲要》，分别从“推进习近平新时代中国特色社会主义思想进教材进课堂进头脑”，“培育和践行社会主义核心价值观”，“加强中华优秀传统文化教育”，“深入开展宪法法治教育”，“深化职业理想和职业道德教育”展开，并结合专业课的特点整合思政元素进行探索与实践。

三、课程思政的探索与实践

课程思政应该成为教学大纲和教材的主旋律，其呈现形式可以润物无声，可以因地制宜，也可以大张旗鼓，但是坚持党的领导走中国特色社会主义道路的立场观点和理想信念，必须明确阐明，写入大纲，编入教材。要深刻理解习近平总书记的治国理政思想，理解党的十九大精神，理解党的十九届六中全会决议中的“两个确立”和“十个坚持”，坚定不移走中国特色社会主义道路，坚持中国共产党的领导。

(1)中国革命史就是共产党奋斗牺牲的历史，之所以取得如此巨大的成功，也是信仰的力量——共产主义。我们必须而且一定要在专业课教学中，引导学生树立共产主义理想信念。要把党的精神和党的理想，与个人的理想信念融合。在专业知识或教学过程，提倡要把实现共产主义当作我们的信仰，把坚持党的领导作为我们的信念。如果课程刚好在建党等日期则可以结合党的生日，或者取得的伟大胜利或者某一重大历史事件等来引入。坚持共产党的领导，了解党的方针政策，任何时候都要爱党爱国，不做有辱国格的事情。尤其是教育学生在面对利益诱惑时，保持初心和梦想。比如可以举“生的伟大，死的光荣”的刘胡兰、舍身炸碉堡的董存瑞等先烈们对理想信念的坚守，这些英雄事迹曾激励一代代的中国人，同样，在和平环境下这种精神也可以用于克服学习和前进中遇到的各种困难，应对各种不良环境、克服不利因素。

(2)结合学科和专业特点，鼓励创新。创新型国家需要创新型人才，习近平总书记也多次强调要加强创新人才的培养，在中国科学院院士大会上强调指出“矢志不移自主创新，坚定创新信心，着力增强自主创新能力”[①]。理工科专业肩负培养创新型人才的重任。因而，创新意识和创新思维的培养，就是理工科中很重要的课程思政内容。新冠肺炎疫情暴发之初，厦门大学的夏宁邵教授领导的疫苗工程中心，每天加班加点奋力拼搏，研发新冠病毒的检测试剂和疫苗，把科研创新与国家的需求和人民健康紧密结合，拥有自己独有的技术，不必受制于人。这是课程思政很好的素材。不仅如此，长久以来高学历的人崇尚出国，且有些人优先考虑留在国外，夏老师守正创新的精神也为本土科学家的成长树立了榜样。所有的创新几乎都源于实践，要有实践第一的精神。因而，我们在教学中，要结合课程内容积极引导学生，在学有所成后应该首先考虑报效国家，而且，我们国家的科研条件也在不断改善，在自己国家也一样可以做出傲人的成绩。

(3)要把绿色发展的理念融入专业课教学中。现在的学生就是将来的社会主义事业的建设者和接班人，因而要使学生理解习近平总书记关于“绿水青山就是金山银山”的新发展理念。通过“温室效应”“碳排放”等，学生充分意识到如果不考虑生态发展，地球的能源和资源将不断被消耗，环境将会恶化，人类赖以生存的地球也将面临无法逆转的破坏。同时，也要注意以身作则，从身边的小事，如不乱丢垃圾、进行垃圾分类、节约粮食等。

(4)理想前途教育事关国家的前途命运。现代的大学生，多数都是在独生子女家庭中

---

① 习近平：《在中国科学院第十九次院士大会、中国工程院第十四次院士大会上的讲话》，http://www.xinhuanet.com/politics/2018-05/28/c_1122901308.htm，访问日期：2021 年 11 月 9 日。

长大的，由于其成长的家庭环境，不知不觉间易形成自我为中心的思想。我们在教学中要注意通过建党精神和革命先烈的无私奉献精神，加以引导。将来党的旗帜、中国特色社会主义建设的重任都是要交到年轻人的手中，如果年轻人缺乏远大的理想，没有为国家民族奋斗的担当意识和牺牲精神，中华民族的伟大复兴如何能实现。在教学中我们可以通过树立科学家榜样，结合我们所在学院或学校的杰出人物来引导学生严格要求自己，积极上进，通过做公益的志愿者，甚至是日常的劳动，学会日常分享等，培养学生的担当意识和家国情怀。

(5)“教学是点燃，不是灌输”，课程思政也要点燃学生不断学习的热情，了解社会主义事业的总体布局和战略布局。同时培养学生要看到前进中的困难，对未来充满信心。在教学中要注意对科研诚信方面的引导，如果听任当下学生的抄实验报告、抄作业或考试作弊等行为，有可能为将来的科研数据作假等埋下隐患。这既涉及科研诚信也涉及道德方面的诚实守信。因而，应该是理工科课程思政教学中的重要内容，让才能在德行的加持下，更加彰显，德才兼备的“四有”新人是我们的培养目标。

四、课程思政的保证

习近平新时代中国特色社会主义思想以及马克思主义、毛泽东思想、邓小平理论、“三个代表”重要思想、科学社会主义发展观等为课程思政的实施提供了充分的理论依据和行动纲领，而国家及学校出台的一系列的方针政策等为课程思政的实施，提供了行动方案，比如厦门大学早在2017年就已经开始进行课程思政的教学改革，并邀请上海大学的李良教授进行了专门的辅导和讲解，后来又通过高校教师思政课程在线平台等培训，为课程思政教改的实施奠定了良好的基础。

(1)课程思政实施的社会基础。2020年初的新冠肺炎疫情，全国人民上下一心，在最短的时间内，以最有效的手段控制住了疫情，彰显了中国特色社会主义制度的优越性，再一次印证了中国共产党是伟大光荣正确的党，完全有能力领导中国人民克服任何艰难困苦，走向新的更大的胜利。因而，发扬党的精神，坚持走中国特色社会主义道路，应该而且必须是大学生、中学生、小学生以及全中国人民都要有的信仰和准则。而新冠肺炎疫情中展现的精神和力量，也需要得到传承和发扬，因而，对学生进行教育具有良好的社会基础。

(2)课程思政实施的理论基础。习近平新时代中国特色社会主义思想、党的十九大精神、党的十九届六中全会决议以及《高等学校课程思政教学指南》以及教育部和国家出台的相关政策文件，尤其是习近平总书记关于新时代高校思想政治工作的重要论述，为课程思政的实施指明了方向，奠定了坚实的理论基础。

(3)课程思政实施的成功案例。在最近的参加的高校教师课程思政培训中，包括清华大学副校长在内的多名教师分享了课程思政的成功案例，可供借鉴和参考。而且，我们从2018年起也在进行课程思政教学的探索，比如我们在新冠肺炎疫情防控期间，适时把新冠疫情的研究进展以及我国科学家的贡献，呈现给同学们，并加以引导；在课堂上还引用习近平总书记关于“孺子牛、拓荒牛、老黄牛”的精神，来引导同学发扬孺子牛的精神为人民服务、发扬拓荒牛的精神创新发展、发扬老黄牛的精神来潜心钻研，通过兴趣驱动的自主探索实验来培养学生的创新精神，守住初心和梦想。

课程思政要真正地落实，收到成效，还需要专业教师细心谋划，不断打磨，通过课程思政真正达到全方位、全过程育人。实现“课程门门皆思政、教师人人重育人”。

商务英语教学中课程思政元素的挖掘与实践

——以“职场英语”为例

黄玲毅 黄琪琪*

摘 要:作为重要的公共课程,大学英语课程是课程思政建设不可忽视的一个重要环节。商务英语作为重要的大学英语选修课程,更应融入思政教育的元素,为其教学提供全方位指导。本文通过探索商务英语课程中课程思政的教学实现,初步尝试了在“职场英语”课程教学中融入与结合思政元素。通过课程实践与反思,笔者对未来课程的继续推进提出了几点建议:(1)做好教育宣传,提升教师意识;(2)加强教师培训,提供更多资源共享;(3)纳入考核机制,推动完善激励条例。

关键词:课程思政;商务英语;“职场英语”;教学实践

党的十九大报告强调,在教育过程中要重视将立德树人作为根本任务。为落实这一根本任务要求,课程思政教育不可缺少。在2019年的学校思想政治理论课教师座谈会上,习近平总书记明确提出:“要坚持显性教育和隐性教育相统一,挖掘其他课程和教学方式中蕴含的思想政治教育资源,实现全员全程全方位育人。”①仅依靠传统的思政通识课程还不足以实现立德树人根本任务。只有思政课程和课程思政双管齐下,共同发力,才能促进学生实现全方位的发展,最终达到全面育人的目标。

作为一门重要的公共课程,大学英语课程是课程思政一个亟待重视的关键环节。这类课程强调培养具备国际视野和开阔胸怀的人才,突出全球性和跨文化性。其中,商务英语作为大学英语课程的一部分,实操性较强,受多元文化冲击较大,更应融入思政教育,加强爱国主义教育,引导学生坚定中国特色社会主义理念,树立正确的世界观、人生观、价值观。

---

* 黄玲毅,女,福建泉州人,厦门大学外文学院副教授,主要研究方向为应用语言学、人工智能与语言学交叉研究。黄琪琪,女,浙江温州人,厦门大学外文学院硕士研究生,主要研究方向为应用语言学。

① 《习近平:用新时代中国特色社会主义思想铸魂育人 贯彻党的教育方针落实立德树人根本任务》,《人民日报》2019年3月19日第1版。

一、课程思政与商务英语教学相结合的过往研究与实践

近年来学界对课程思政的研究成果日渐丰富。以"课程思政"为关键词搜索知网,截至 2021 年 11 月,发表的文章累计超过 1.6 万篇。

如图 1 所示,自 2017 年以来相关研究发表数量呈逐年上升趋势,在 2017—2018 年处于研究起步阶段,但自 2018 年开始,增长速度加快,越来越多学者关注并重视这一领域研究。

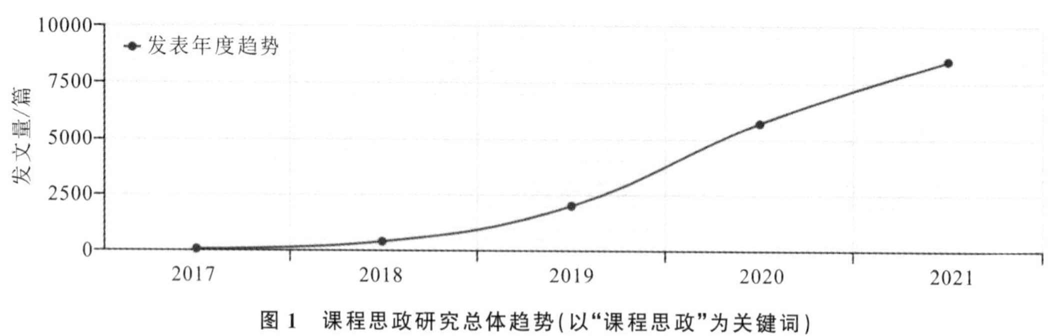

图 1 课程思政研究总体趋势(以"课程思政"为关键词)

在这些课程思政研究中,商务英语课程思政研究占据了不小的部分。以"课程思政"和"商务英语"为关键词搜索知网(见图 2),商务英语课程思政相关研究发表数量逐年增加,自 2019 年开始增长尤为迅速。将思政内容与专业课程相结合的理论研究得到越来越多专业人士的关注,进一步推动了专业课程中思政元素的融入。

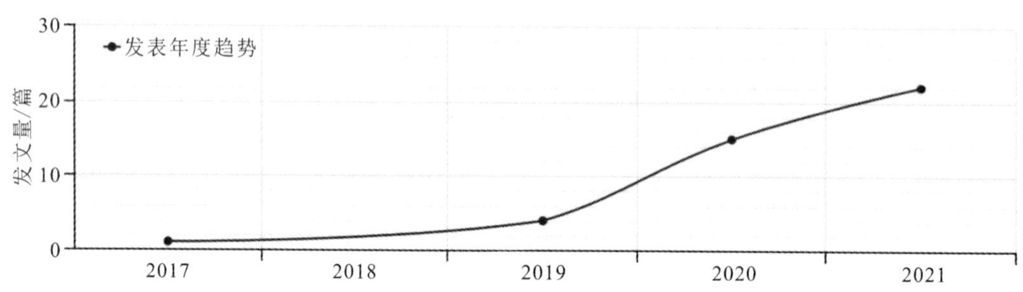

图 2 商务英语课程思政研究总体趋势(以"课程思政"和"商务英语"为关键词)

课程思政在实践层面也有了极大的进展。根据教育部的通知,截至 2021 年 6 月,确定课程思政示范课程 699 门,教学名师和团队 699 个,课程思政教学研究示范中心 30 个[①]。当前,各高校都在认真打造课程思政示范课程,希望通过示范引领,鼓励教师积极主动将

---

① 中华人民共和国教育部:《教育部关于公布课程思政示范项目名单的通知》,http://www.moe.gov.cn/ srcsite/A08/s7056/202106/t20210610_537281.html,访问日期:2021 年 11 月 26 日。

思政教育融入课程学习中。其中，各高校针对商务英语这类大学英语课程也做出了不少尝试。例如，李欣、冯德正(2021)通过多元读写理论探究如何在商务英语课程中的经济学课程里融合课程思政。[①] 唐慧利等(2021)以商务英语视听说课程为例，提出在传授商务知识与能力的过程中融合价值观塑造，培养学生成长性思维，增强民族自尊心与自信心。[②] 刘重霄、林田(2021)从道德人、中国人、现代人、基本能力和专业能力五个维度建构“商务英语”课程思政的理论框架，将思政教育和专业学习进行顶层设计融合。[③]

总体而言，自《高等学校课程思政建设指导纲要》印发以来，课程思政的推动工作进入了“全面推进的新阶段”。[④] 纲要强调，将思政课程和课程思政两者有机结合起来，双管齐下，形成协同效应。在所有课程中挖掘整合思政因素，推动专业教育和思政教育融合。而商务英语课程作为大学公共课课程，体现深刻的多元文化特征，在课程思政建设中也是重要的组成部分。如何在商务英语课程中巧妙融合思政因素，在传授专业知识的基础上帮助学生坚定社会主义核心价值观，树立国家安全意识，加强中华优秀文化教育，是当前大学英语教学的重要命题之一。

二、商务英语课程中课程思政的教学实现

作为大学英语选修课中的一个重要的类别，商务英语类课程选修人数多，受众广，而且其教材内容中有接待外宾、与国外公司进行会议谈判等内容，直接涉及跨文化交际范畴。在对外交往过程中，不可避免地会接触到外来文化理念和习俗。如何从思想和价值观层面正确引导学生，帮助学生坚定理想信念、坚定立场、学会用英语表述我国的政策、主张，传播中国优秀文化等已成为除了基本语言教学的重要内容。

课程思政的重要内容可以为商务英语类课程教学提供全方位指导，并提供新的教学思路。二者的结合点主要表现在以下几个方面：

(一)明确指导思想，完善课程教学目标

过往商务英语教学的重点放在培养学生交流时的语言能力，教授学生在不同语言环境和工作场景中如何使用英语进行商务活动，大量的操练集中在常见商务交流的句型、场景训练。近几年由于跨文化交际理论的兴起，跨文化交际中的文化差异现象成为教学的一个重点，但前期多为单纯介绍国外的文化传统、商务习惯等，在强调尊重对方国家的习俗礼仪的同时，却对中国文化本身关注度不足，很多学生对用英语表述自己国家的传统文

① 李欣、冯德正：《商务英语专业课混合教学的“课程思政”行动研究》，《外国语文》2021年第2期。

② 唐慧利、崔萌筱、耿紫珍：《课程思政融入商务英语教学的探索与实践》，《西安外国语大学学报》2021年第3期。

③ 刘重霄、林田：《〈商务英语〉课程思政教学模式建构及实践研究》，《外语电化教学》2021年第4期。

④ 李欣、冯德正：《商务英语专业课混合教学的“课程思政”行动研究》，《外国语文》2021年第2期。

化、现代生活的能力严重不足。这也就是过往一直被诟病的"文化失语症"现象。因此课程思政元素的有效融入将给商务英语类课程带来新的定位与教学目标。

课程思政是培养学生价值观的重要途径,因此在制定教学目标时,要牢牢把握习近平新时代中国特色社会主义思想,帮助学生坚定中国特色社会主义道路自信、理论自信、制度自信、文化自信。在培养学生商务英语交流能力基础上,教师通过课程提升学生利用英语介绍自己国家优秀传统文化、现代社会发展状况的能力,使其拥有"真正的国家文化视野和本土文化情怀"[①],将单向的学习变成双向的沟通。

在课程设置上,要将思政元素与传统的商业知识相结合,将思政元素融入商务英语的具体教学实践中。对跨文化交际部分的教学不能仅关注国外文化,更要关注本国传统文化和现实发展。要合理设置课时,对中国传统文化、习俗以及现代中国的经济、文化发展状况进行系统性和有重点的介绍,让学生具备用英语传播自己国家文化的能力,讲好中国故事。

在课程实践过程中,需要从一开始就注重主流意识形态价值观的引导,牢固树立"四个意识"[②],同时注意培养学生树立正确的国家意识,内化制度自信[③],在对外交往中始终保持独立自主、不卑不亢的姿态。还要特别注意培养学生在跨文化交际中的国家安全意识。对涉及国家安全、国家秘密的内容,要有一定的警惕性,特别是有部分学生未来会从事高精尖的技术研发,就应帮助他们树立国家安全的敏感意识,注重各领域的保密工作。这是育人过程中非常重要的环节。

(二)结合课程实践,巧妙融入思政内容

商务英语课程与文学类课程不同的地方在于,其实操性更强,除了基础的语言操练,还有更多的实践类课堂活动。因此,思政内容要融入商务英语课程教学中,需要同时注意基础教学和商务实践两方面。

在基础教学中,可以加入更多包含思政内容的素材,比如增加关于中国传统文化、历史、哲学的介绍,并通过新闻报道、相关视频引导学生增进对中国当前的社会状况、经济发展、文化进步等现象的了解,然后根据课程重点、结合当前时事内容进行讨论。素材来源不要局限在过往比较热门的国外媒体,可以采用更多中国媒体制作的语言类节目,比如CGTN、CRI等国家级电台电视台,以及一些比较热门的短视频等(如舌尖上的中国、李子柒视频等)。通过翻译、演讲、小组讨论等多种教学形式,学生提高用英语谈论自己国家过去、现在、未来的能力,在这个过程中也同时在培养学生了解国家历史文化、关注自己国家发展的意识。同时,通过比较中西方国家差异,帮助学生加深对党的路线、方针和政策的理解,增强是

① 胡宝菊:《课程思政视阈下优秀传统文化融入高职英语教学的路径研究》,《教育理论与实践》2022年第6期。

② 杨金才:《"英国社会与文化"课程思政教学探讨》,《中国外语》2022年第2期。

③ 陈雪贞:《最优化理论视角下大学英语课程思政的教学实现》,《中国大学教学》2019年第10期。

非观和思辨能力。在商务实践环节，特别是涉及中外交流的部分，要引导学生树立正确的对外交往的心态，摆正位置，在平等交往、互惠互利的基础上学会沟通与交流。

（三）培养职业理想，注重职业道德教育

思政教育中的一个重要环节就是要培养学生的职业理想，注重职业道德教育，培养新时代的"具备健全人格与专业知识、国际视野与文化自觉、创新精神与实践能力的复合型、国际化人才"①。在教学过程中，教师教授基本的商务知识、语言表达和基本礼仪的同时，还应该把树立正确的理想信念，明晰职业道德在未来工作中的重要性作为教学的重要内容，不仅仅传授技能与知识，更将价值观念、意识形态的教育结合进日常授课的各个环节，提升学生明辨是非的能力。

笔者在教学过程中发现，很多学生对未来的职业规划缺乏清晰的认知，更不用说树立职业理想，对职业道德的具体范畴也知之甚少。而商务英语课程的商业谈判环节可以帮助学生对坚守立场与底线等基本的职业道德素养有个初步的认识，教师在教授谈判技巧的同时，应注意培养学生的基本法律知识及职业道德意识。

（四）了解"一带一路"，立志服务"海西"

福建作为海上丝绸之路经济带的起点和海峡西岸经济区，有着独特的区位优势，对商务人才的需求量大，在学的部分学生未来会在福建地区工作。因此，在课程学习期间，应该有意识地向学生介绍"一带一路"的相关政策、"一带一路"沿线国家的国家状况、民族风俗等，为学生未来在与这些国家客户进行国际交往和商务谈判、商务接待时提供背景知识，避免因不了解政策、国情而引发的纠纷或造成经济损失。

与此同时，课程还可以通过选取相关英文素材，有规划地帮助学生了解并熟悉福建当代的经济政策、民俗风情等基本信息，增加学生对福建的认识，具备用英语推介福建的能力，这正符合我们这几年提倡的"讲好中国故事"的意图。

三、"职场英语"课程教学中思政元素的融入与实践

在清晰地认识到课程思政在商务英语教学中的重要作用后，笔者在教授的大学英语选修课程"职场英语"中进行了一些初步的尝试，探索在商务英语课程教学中融入思政元素。"职场英语"课程主要以商务场景的练习为主线，涉及商务会议、商务谈判、商务接待等常见的跨文化交流情景，对于学生的语言技能和商务礼仪都有较高的要求。在对照课程思政的具体要求后，笔者在以下几个方面进行了一些实践。

首先，在课程内容上，除了使用课程配套的课本内容进行语言技能训练，笔者还在一些涉及对外交往的单元增加了一些包含思政元素的材料。比如在商务会议（business

① 王军哲：《新文科背景下外语类院校一流本科建设探索与实践》，《外语教学》2020年第1期。

meeting)单元，笔者提供了关于商业礼仪（包含着装、演讲礼仪等细节）相关知识的视频，提醒学生要有正确的工作态度，认真对待涉外商务活动，对会议上可能出现的跨文化冲突要有充分的认识，并坚定自己的立场，维护国家的尊严。在商务谈判（business negotiation）单元，笔者会播放不同场合的商务谈判的视频，让学生理解如何在商务谈判中守住底线，还会特别补充一些危及国家安全的反面实例，提示他们未来在工作领域如何做好涉密保密工作。

其次，在课程形式上，也不再单纯局限于教师讲授，而是通过单人演讲、双人对话、小组活动等形式让学生有更为真实的体验。比如，根据课文主题模拟商务接待场景，让学生在模拟的商务宴请、现场接待环节用英语介绍中国传统文化、饮食习惯、特色菜肴等。或者分组进行小组主题演讲，对主要的一些商务接待知识进行演绎介绍，如中国的餐食礼仪、八大菜系、地方特色菜等（见图3、图4）。这些实践性的活动让学生更真实地体会了商务交往中的文化差异，认识到传播中华优秀传统文化、用英语讲好中国故事的重要性。

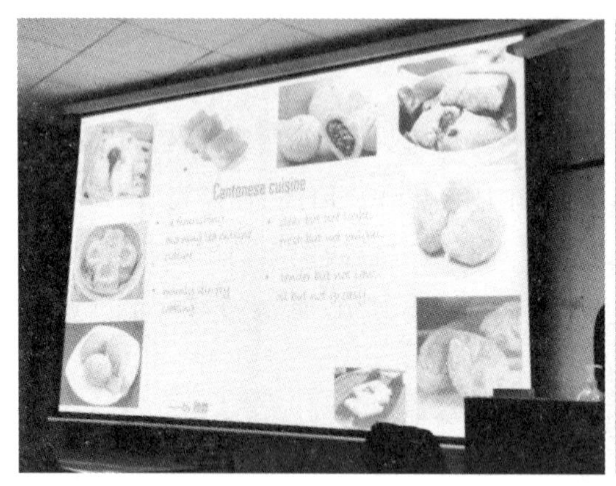

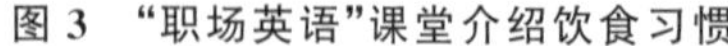
图3 “职场英语”课堂介绍饮食习惯

图4 “职场英语”课堂介绍地方特色菜

最后，在教学过程中，适时地对中西文化进行比较也是一个重要环节。基于课程内容的中西方对比，不仅要帮助学生了解其异同点，更要引导学生深度理解并增强四个“自信”，学会为中国发声，培养有担当、品质良好的优秀学生。在商务演讲环节，学生经常会选取关于中国企业或者商业领袖的故事，这个时候可以适时地引入对中国企业坚持自主创新，在商业竞争中不惧外国势力压力的故事或者新闻报道，让学生体会自力更生、艰苦创业的重要性和必要性，增强民族振兴的使命感。

四、做好课程建设，推动课程思政教学的深入发展

（一）做好教育宣传，提升教师意识

课程思政建设能否顺利开展及其最终成果如何很大程度上取决于教师群体对课程思政的认知深度，因此应该首先加强对教师群体的教育宣传，让广大教师对思政教育在育人

过程中的重要作用有清楚的认识，明晰课程思政影响。其次，在重视课程思政的基础上，也要注重将专业课程与课程思政相结合，不仅教授专业知识，更要在学习过程中实现立德树人的重要目标。

（二）加强教师培训，提供更多资源共享

高校在课程思政实施过程中，可以通过一系列的措施对教师开展培训，比如一方面可以通过在岗培训、教学进修、树立教学模范的手段，教师能够有持续培训的机会；另一方面在形式上可以采取学术研讨会、教学观摩、经验交流等方式，教师有近距离观摩学习的机会。在信息技术快速发展的今天，网络平台（如 MOOC 课程）、网络培训等都可以提供众多更为便捷、高效的交流、学习机会。中国大学 MOOC 上的商务英语课程慕课数量不少，很多都增加了推介中国文化的章节。高教社、外研社等出版机构也组织了多场关于课程思政与专业课程相结合的研讨会和系列培训，这些都为一线教师提供了学习交流的机会。福建省还建立了“福建课程思政联盟”，进一步促进了优秀课程资源的共享。

（三）纳入考核机制，推动完善激励条例

适度的考核机制也可以在一定程度上推动课程思政与专业课程的深度结合。比如在学科评估、教学成果奖评定、本科教学评估、院系教学绩效考核甚至教师本人的评奖评优上，可以加入考核课程思政建设的效果。很多高校也设立专门的课程思政项目，鼓励一线教师申报。这种“真评价、真激励”的做法，才能看到“真成效”。

五、结语

课程思政是助力中华民族伟大复兴中国梦的重要环节之一。它作为思想政治工作体系的一环，担负着全面育人的责任。它是培养新时代社会主义接班人的重要保障[①]。

当然我们也必须看到，当前课程思政的发展还处在起步阶段，教学实践中还有“表面化”“硬融入”的问题。如何做好课程思政与专业课程相结合的问题，还需要高校进一步做好培训工作，而教师更要发挥积极性与主动性，提升对课程思政育人的认知和自身的教学能力。教师可以进一步深挖课程所蕴含的思政教育资源，通过外界培训和自身教研，提升课程的吸引力和说服力。

---

① 王军哲：《新文科背景下外语类院校一流本科建设探索与实践》，《外语教学》2020 年第 1 期。

物理系集成电路原理与设计教学课程思政实践

李开航*

摘　要：本文通过对物理系集成电路原理与设计课程的设计，在实际教学中努力融合课程思政，提升教学效果。分析了物理系学生学习数字和模拟集成电路设计的必要性与可行性，探讨了根据具体教学内容如何引入思政元素。文中还列举了一个思政微课的例子，体现传统教学方法可以和课程思政相互融合，构建系统化的教学工作。

关键词：集成电路设计；已有学科背景；课程思政；乘法器

一、课程简介

集成电路原理与设计是很多高等院校电子科学与技术、微电子学等理工科专业的核心且基础的专业课程。尽管物理系更偏向理科，但在该系开设本课程仍十分必要：一是物理系的学生有量子力学、固体物理和半导体物理等背景知识，在集成电路的一些设计领域会体现出相应的优势；二是物理系的学生还可以通过该课程的学习，对集成电路的设计与制备的全过程有一个较为全面的了解，为进一步的专业开拓和发展打下一个良好的基础，以满足目前经济社会发展对集成电路专业人才的迫切需求。

（一）开设对象

物理系四年级本科生。

（二）课程目标

在集成电路工作原理方面，让学生掌握各制造工艺生成的集成电路元器件的结构、集成电路元器件的形成过程、元器件的特性及寄生效应，熟悉基本的双极和MOS数字集成电路的基本单元电路的基本原理。同时，达到对各种基本的数字电路的特点及适用场合有一个基本的了解，以便在实际工作中能选用合适的电路。

在集成电路设计方面，不仅让学生学习集成电路的前端知识，还要学习集成电路的后端知识，特别是版图知识。通过学习，学生了解版图基本尺寸是如何确定的，了解图形最

* 李开航，男，福建仙游人，厦门大学物理与科学技术学院副教授，主要研究方向是凝聚态物理、集成电路设计。

小间距基本尺寸是如何确定的，以及影响图形最小间距确定的各种误差因素、工艺因素和电性因素，知道如何确定图形最小间距的数据和位置。在设计的具体操作上，学生不仅要掌握集成电路的正向设计方法，还要了解逆向设计方法，并掌握集成电路的各种计算机辅助设计知识，学会用 Spice、VHDL 和版图绘制软件等计算机辅助设计工具进行初步的电路分析。

（三）主要内容

1. 集成电路(IC)简介。介绍 IC 技术的发展历程以及未来的发展趋势等。

2. 集成电路基本制造工艺。介绍拉单晶，各种外延生长技术，热氧化技术，光刻技术，腐蚀技术，热掺杂技术和离子注入技术以及合金化技术等集成电路基本制造工艺。

3. 数字集成电路芯片的原理与设计。涵盖以下内容：数字集成电路中常用的电路模块，包括晶体管级分析和设计；耗尽型、增强型等 MOS 反相器的设计，CMOS 反相器的设计，以及按比例缩小理论；MOS 基本逻辑单元，即 NMOS 与非门或非门、NMOS 组合逻辑电路，CMOS 逻辑结构；传输门逻辑；RS 触发器、D 触发器；MOS 逻辑功能部件，如多路开关、加法器、乘法器、算术逻辑单元；存储器的结构；掩膜编程 ROM、现场可编程 ROM、电可擦除可编程 ROM，重点为电可擦除可编程 ROM TEE8502 存储器工作原理，动态随机存取存储器(DRAM)，以及其他存储器的工作原理。深入讲解 Verilog 硬件描述语言的语法、描述方式和设计方法等，从代码编写和仿真、逻辑综合与布局布线、时序验证和物理验证、芯片面积优化、扫描链插入、时钟树综合等方面讲解数字 IC 的设计流程。学生可以知道大型电路芯片的设计规则与方法，使用硬件描述语言开展数字逻辑电路设计的基本语法，并在实践中掌握如何进行硬件电路代码编写与调试。

4. 模拟电路设计。先介绍实际工作中能选用合适的电路，要求熟悉双极和 MOS 模拟集成电路中的基本单元电路，如各种单极放大电路，有源负载电路，各种镜像电流源电路，带隙基准源电路，电平位移电路，双端输出变单端输出电路，输出级及其保护电路等。掌握集成运算放大器，集成稳压电源电路及开关电容电路，A/D，D/A 变换电路等几种常用的模拟集成电路。还介绍模拟集成电路版图的设计要点。在这部分内容传授中，如何对芯片的各项指标折中考虑是芯片电路设计的难点。

（四）课程特色

1. 结合物理系学生的理科学科背景进行精选教材。相比于国内高校，斯坦福、加州大学等美国高校在集成电路设计方面的教学知识体系要更为成熟和完善，美国出版的许多教材在集成电路设计领域具有很高的地位，如《数字集成电路——电路、系统与设计》[①]、

---

① 拉贝艾等：《数字集成电路——电路、系统与设计》，周润德等译，电子工业出版社 2010 年版。

《CMOS数字集成电路:分析与设计》①、《数字集成电路分析与设计——深亚微米工艺》②等。这些经典教材有一个共同的特点,就是都对晶体管级的电路结构进行了深入分析,都对各种常用的组合逻辑和时序逻辑电路进行了透彻的讲解,有的给出了SPICE仿真模型,有的进行了系统设计,有的还讲解了版图的设计。我们根据物理系学生的特点选取部分作为数字集成电路教学内容,模拟部分采用清华大学编写的教材③。

2. 理论联系实际,使学生基本具备独立进行集成电路设计能力。注重对于那些在许多芯片用得到的电路,如加法器、乘法器,模拟电路中的电流源、电压源、带隙基准源等,进行详细介绍,并结合个人经验向学生介绍流片的过程及其重点难点。

物理系前期开设过仿真工具的使用课程。根据以往经验,本课程建议使用HSPICE仿真软件,HSPICE为集成电路设计中专业使用的仿真软件,也是目前业内使用最为广泛的集成电路设计软件,其精度高,并且有小型版本可供WINDOWS系统下方便使用,因此更加适用于本课程的教学。同样,因为理论学习的难度,使用HSPICE进行数字集成电路的仿真设计也是比较复杂和烦琐的,所以不是所有电子相关专业的学生都能深入学习和掌握。

(五)课程挖掘的思政资源分析

1. 强调物理系学生学习这门课程的必要性和可行性

我们知道,国内很多985及211高等院校都有开设微电子专业,并且设置了一套较为完整的课程体系,有比较全面的课程内容,不仅给学生讲授集成电路芯片的材料、设计技术、制造工艺、测试工艺等各种技术,还提供各种试验基地。这些单位培养的微电子专业的学生在一定程度满足了国内对集成电路人才的需要,为国内芯片设计和制造产业的发展贡献了力量。

然而,由于这部分学生缺乏其他专业的知识,在集成电路设计中的某些特定环节不如其他专业学生能力强。反之,如果非微电子专业的学生在掌握本专业知识的基础上,还了解电子电路的基础知识,便能够从其本专业的视角,对集成电路芯片设计有更加综合的理解。实际上,从本物理系培养出来的已毕业的学生在集成电路领域取得的成果也证明了这一点。同时,目前不宜且不具备开设微电子专业全部课程的条件,也不适宜将可测性设计、低功耗设计等作为单独开设的课程。而是应该将相关课程融会贯通,成为一至两门综合课程,使学生可以了解集成电路设计的技术和发展趋势,并基本掌握集成电路设计技术流程。

---

① 宋莫康:《CMOS数字集成电路:分析与设计》,王志功等译,电子工业出版社2009年版。

② 霍奇斯等:《数字集成电路分析与设计——深亚微米工艺》,蒋安平等译,电子工业出版社2012年版。

③ 朱正涌:《半导体集成电路》,清华大学出版社2001年版。

目前，集成电路已经进入深亚微米阶段，所以对如今芯片用到的各种新型器件工作原理如果能够深入了解，则非常有利于现阶段半导体集成电路的设计。如 MOS 晶体管从 100nm 走到 7nm 是以材料和工艺的创新为支撑的。SiO_2 由于和衬底硅晶格高度匹配，早期用于晶体管的栅氧，但特征长度低于 65nm 后，当二氧化硅作为栅电极绝缘层且氧化层厚度低于 5.0nm 时，漏电流就变得无法接受了。解决上述就是使用高介电常数绝缘材料取代二氧化硅可以在不增加电学厚度的前提下允许增加绝缘层的厚度，进而降低漏电流。深亚微米的模拟电路设计特别注重版图的设计，要设计好版图，离不开对新型 MOS 晶体管原理的深刻理解。物理系的学生已经系统学习过固体物理和半导体物理，对集成电路的基本器件的原理理解会比较深刻，所以往往具备以上特长。

2. 教学和科研相结合，理论联系实际

集成电路设计是一门实践性很强的课程，特别需要理论联系实际。以往我给微电子专业的学生开设过集成电路原理与设计，已讲授了十几届，积累了一定经验。体会到教学过程中结合课题的重要性。比如本人指导过本科生、硕士生毕业设计题目时，接触过数模混合电路 A/D 转换器，并实际流过片，所以在讲授这方面的内容时就不会流于课本的内容，学生也会觉得很有收获。

为了使学生对于集成电路芯片制造过程有个整体了解，我曾经带领本科学生到芯片生产厂家实地参观，使学生加深学习效果。我积极开展集成电路的科研工作，发表了几十篇与集成电路相关的科研论文。作为老师，我还要不断追踪集成电路领域的最新动态，才能引领学生上更高的台阶。

3. 芯片科技国家战略与思政元素相融合

半导体芯片已常见于社会生活的许多场景，除专业的机器设备，日常生活不可或缺的手机、冰箱、洗衣机、电视机、电饭锅等也少不了芯片。时至今日，我国进口额最大的物资，不是石油、天然气，也不是粮食，而是芯片。相关资料显示，我国每年芯片的进口额高达 2600 多亿美元，数额巨大。装备制造业的芯片相当于人的心脏，心脏不强，体量再大也不算强。我国要在芯片技术上实现重大突破，勇攀世界半导体科技高峰。

而“缺芯”的主要原因之一，便是缺少芯片设计和制作的人才，我国芯片行业起步晚，前期主要依赖进口，人才储备量不足，但国内芯片产业规模扩展得很快，使得芯片市场对人才的需求显得更加迫切。特别是 2021 年，“缺芯”风波所带来的影响逐渐显现，电脑、手机、汽车乃至家用电器的普涨，使芯片产业的安全进入了越来越多人的视野。因此，我们必须要奋起直追，解决芯片“卡脖子”难题。高校是人才培养的主阵地，作为培养人才的一员，应加强使命感，为集成电路人才的培养出力，鼓励学生立大志、学精深，成为担当民族复兴大任的时代新人。

二、思政微课—CMOS乘法器设计

(一)教学目标

1. 价值目标

学习CMOS数字乘法器的设计是集成电路设计中重要的一环。乘法器作为一种用途广泛的功能电路,不仅是乘除法、乘方以及开方等运算的基本单元,还广泛运用在自动控制处理、图像处理、数字滤波器等方面。介绍乘法器不仅让学生掌握数字逻辑单元即相应电路的设计,还能体会算法在数字集成电路设计中的妙用。明白设计好电路不仅需要电路的各种基础知识,同时还需反复摸索,不断改进,才能实用,让学生体会到电路设计中的工匠精神。

2. 知识目标

芯片电路设计离不开前端、中端和后端设计,乘法器电路设计也是如此。通过前端整体电路的学习,学生掌握乘法器的基本拓扑结构,学会采用加法器阵列,应用Baugh-Wooley算法实现有符号的2的补码乘法,以及能够使用波兹编码和华莱士树(Wallace tree)技术开发出合理的多位乘法器,会设计高位乘法器。除了学会手工设计,还应当能够运用计算机辅助设计技术来实现乘法器的设计,做到初步体会设计和实现一个给定的CMOS乘法器在很大程度上受可用的设计工具、时间进度、系统的复杂程度以及芯片最终的成本目标等的影响,为将来设计工作做好铺垫。

3. 能力目标

通过各种乘法器的介绍,首先增强学生设计CMOS功能部件的能力,这包括逻辑设计和电路设计的能力两方面。让学生明白有许多技术可用来执行乘法运算,提高算法在集成电路设计中的应用能力。然后增强学生观察和比较能力,如直观可以看到,最原始的多位乘法器需要采用N−1个全加器,因而即使采用高速的CPA,它的速度也很慢,若采用某种全加器的阵列或树结构完成并行步骤,便可大大提高运行速度。通过实例,学生增强电路设计中同时应用各种技术时的折中本领,如乘法器的设计需要在等待延时、吞吐量、能耗、面积和设计复杂度各种因素中平衡。培养和提高学生借助图形简化电路设计和增强电路性能的能力。

(二)教学重点、难点

教学重点是介绍多位乘法器的阵列结构,通过研究CLA电路的特性,如何挖掘出更快的各种加法阵列。另一个重点是介绍波兹编码乘法器的工作原理,因为它可以减少相加的部分积数目,可以大大提高乘法器的速度。

教学难点是如何实现32位乘32位有符号的波兹乘法器的原理图和实现该原理图的具体CMOS电路图。

（三）课程组织与实践

1. 教学过程

（1）问题导入：首先介绍乘法器在集成电路设计中的重要性，虽然乘法不如加法用得普遍，但它对于微处理器、数字电路处理器和图像引擎来说仍然必不可少。例如执行一项多次除法运算，最终可转化为多次乘法和一次除法，体现出乘法的普遍性。

（2）讲解过程：最基本的乘法形式包括形成两个无符号（正）二进制乘积。它可以将小学里学过的传统步骤简化成基 2 的情形来实现。我们介绍用于无符号乘法器的简单整列，通过乘法器的 LSB 可得出第一个局部乘积，通过乘法器的第二位可得出第二个局部乘积，以此类推。其中，乘数中的每一位均必须和被乘数的每一位相与，由此得出它对应的乘积位。如果相应的乘数比特位为 0，则局部乘积都是 0；如果乘数比特位为 1，则局部乘积为被乘数的值。每次得到局部乘积，都应向左移一位。也可用更加形象的方式来描述，即每个输入，局部乘积数，以及结果均被命名为一种逻辑名称（如 A1、A2、B1、B2），其在电路原理图中便成为信号名称。画出乘法器原理图的乘法并比较各信号名称，就能够分析出乘法电路的特点。然后修改这个阵列使它能用 Baugh-Wooley 算法实现有符号的 2 的补码乘法。根据波兹编码原理，采用波兹编码可以减少相加的部分积数目，我们给出有符号 16 位乘 16 位乘法器的 CMOS 电路图，把之前学过的 CMOS 逻辑单元电路，包括超前进位加法器 CMOS 电路用到这里面来。最后还讲解了其他形式的乘法器，如使用华莱士树能够减少相加需要的逻辑级数，大大提高乘法的速度。

（3）分析总结：怎样去设计和实现一个给定的 CMOS 芯片在很大程度上受可用的设计工具、时间进度、系统的复杂程度以及芯片最终的成本目标等影响。

2. 教学方法

（1）线上线下相结合的方法。先让学生在中国大学慕课上找到乘法器的内容，进行自学，然后我在课堂上线下讲解，结合我们的课程体系进一步展开。

（2）启发式教学。课前我在群里发一两个问题，课后对关键问题、难点进行文字总结，然后发到班级群里。上课会提问同学，活跃课堂气氛。

（3）布置有一定难度的习题，帮助同学消化学习内容。比如我上课介绍了 16 位乘 16 位有符号的二进制乘法器的原理图和电路图。我布置 32 位乘 32 位有符号的二进制乘法器的设计，即要求同学把所学的知识进一步拓展。

（4）课程思政理念及分析。习近平总书记强调，要高度重视技能人才工作，大力弘扬劳模精神、劳动精神、工匠精神，激励更多劳动者特别是青年一代走技能成才、技能报国之路，培养更多高技能人才和大国工匠，为全面建设社会主义现代化国家提供有力人才保障。

作为未来的工匠，同学应有科学的眼光、辩证的思维和大局观。要有勇于创新的科学精神，不能用老眼光看待新问题，要有创新意识和勇气，如乘法器的设计中按部就班，乘法器运行就会很慢，不实用，这时候要善于观察，讲究算法，才能在实际中得到应用，这在高位乘法器中体现得非常充分。总之，要求同学精益求精，不能循规蹈矩，才能使乘法算得更快。鼓励同学在中国芯上贡献自己的力量和智慧，在创新上做乘法，厦大人历来有工匠精神，鼓励同学把老一辈厦大人的工匠精神发扬光大，继续发扬高尚的爱国情怀。

三、结束语

综上所述，通过集成电路原理与设计课程的设计，给出课程主要内容和主要特色，本文积极探究了数字集成电路设计和模拟集成电路的教学思路，挖掘了课程思政资源。希望通过传统的教学内容和思政元素充分融合，构建系统化的教学工作。本文还列举了思政微课的例子 CMOS 乘法器的设计，进一步体现在教学中引入思政元素的优势，能够凝聚学生的高度认同，促进教学提质增效。

“医古文阅读与欣赏”课程思政教学探索*

孙孝忠　李曌华**

摘　要：“医古文阅读与欣赏”是厦门大学校级课程思政建设计划项目。教学团队通过精选具有课程思政元素的医学古汉语文选及古代文化知识，组成十二章的跨学科通识教育课程，以培养学生阅读古汉语的能力，增强学生对中医药和中国古代传统文化的认识和了解，并在课程中融入串讲思政元素和相关案例。文中介绍了课程的建设、改革和实施情况。

关键词：医古文阅读与欣赏；课程思政；素质教育；中医药

一、引言

教育是国之大计、党之大计，承担着立德树人的根本任务。在高等学校的课程体系中，思政课程承担着显性教育的角色，课程思政承担着隐性教育的角色，二者同向同行，协同统一，才能构建全员全程全方位育人大格局①。

“医古文阅读与欣赏”是厦门大学的跨学科基本课程，属于通识教育课程，2 学分 32 学时，是供非医类专业选修的全校性选修课。课程从 2013 年开设，2019 年被立项为校级课程思政建设计划项目。通过讲解含有医药学内容的古汉语文选，以达成如下教学目标：

（1）价值目标：熟悉文章内容中展示的传统文化知识和中医药知识，引导学生树立正确的世界观、人生观、价值观，增强学生的家国情怀、社会公德、职业道德、责任意识、科学精神、家庭美德、个人品德和文化自信，为中华优秀传统文化的弘扬复兴作贡献。

（2）知识目标：认识文选中出现的繁体字、异体字、古字、通假字，掌握文选中的词义，

---

* 基金项目：厦门大学 2019 年本科“课程思政”建设计划项目“医古文阅读与欣赏”（19KCSZ025）；福建省社会科学规划项目一般项目“中医古籍中体育养生文献的整理与研究”（FJ2020B079）；福建省社会科学规划项目青年项目“佛经音义医学词汇研究”（FJ2019C060）。

** 孙孝忠，男，江苏滨海县人，厦门大学医学院副教授、硕士生导师、历史学博士；李曌华，女，福建厦门市人，厦门大学医学院助理教授、医学博士。

① 《高等学校课程思政建设指导纲要》（教高〔2020〕3 号），http://www.moe.gov.cn/srcsite/A08/s7056/202006/t20200603_462437.html，访问日期：2021 年 11 月 30 日。

理解其语法、修辞与章旨，背诵并理解其中名句及典故。

(3) 能力目标：增加学生古汉语功底，能借助工具书顺利读懂中医药古籍，吸收其中的中医药知识，理解其中的传统文化信息。

二、课程思政教学元素的挖掘

“医古文”是含有古代医药学内容的文言文。医古文中富含大量课程思政元素。因此教学团队通过精选《医古文》教材内的一些篇目，并遴选教材外其他古代医药学文选，设计成2学分的校选课“医古文阅读与欣赏”，供非医学专业同学选修。

“医古文阅读与欣赏”通过讲授具有课程思政元素的医学古汉语文选，以培养学生阅读古汉语的能力，增强学生对中医药和中国古代传统文化的了解，并在讲解课程中串讲中华统一、爱国守节、文化自信、敬业奉献、工匠精神、大医精诚、奉亲济民、仁爱宽恕、精益求精等思政元素。课程遴选十二章内容，包括十篇古文选和两篇医古文基础知识。十篇古文选中，五篇出自目前本科中医学专业所用的“十三五”规划教材《医古文》[①]，五篇出自其他教材或古籍；两篇基础知识，一篇为汉字，另一篇为古代文化知识。各章均经过精挑细选，可讲的课程思政内容较多。表1介绍了课程框架及思政元素分布情况。

表1 “医古文阅读与欣赏”课程框架及思政元素

内容	思政元素
伤寒杂病论序	精益求精，工匠精神；报国奉亲，济民养生；倡良俗，纠歪风，淡名利，守初心；国强民乃安，大疫靠强国
大医精诚	敬业爱岗，精勤不倦；仁爱宽厚，忠恕之道；众生平等，一视同仁
扁鹊仓公列传	精益求精，工匠精神，热心传学，善待贫贱
上古天真论	和谐理论，德全不危
丹溪翁传	善待病人，有请即往，孝亲友弟，尊师重学
宋清传	职业道德，扶贫济困，乐善好施
董奉传	杏林始祖，淡泊名利，感恩恤贫
傅山传	爱国守节，疏财仗义
本草纲目序	科学精神，著书不朽
五戒十要	以和为贵，同道互尊，乐善好施，恤贫济困
汉字	中华统一，民族复兴与凝聚力，文化认同
古代文化知识	文化自信，国民素质

① 王育林、李亚军：《医古文》，中国中医药出版社2016年版。

三、课程思政教学案例设计

课程讲授过程中，以知识讲授为核心和主线，课程思政内容穿插其中，二者相互促进，巧妙整合，达到“润物细无声”的教学效果。讲解文选部分时，首先综述文章“题解”部分，其次疏通课文的字音词义、语法修辞，然后串讲句意、揭示章旨，最后谈到涉及的传统文化及医药学知识。思政内容主要在两个环节讲：一是课文前的题解部分，可就文章背景环境、作者经历成就、著作内容特色等述及思政；二是在串讲句段后，就具体词句引入思政案例。

下面列举首篇《伤寒杂病论序》以具体说明。这篇文章是东汉医圣张仲景为自己的著作《伤寒杂病论》所撰的自序。文中主要介绍著作的创作背景、创作动机与成书经过，全文含有较多课程思政元素，文章背景及作者经历亦有很多可用的课程思政资料。

（一）题解中的课程思政理念

在简略介绍作者的生平、著作、学术思想和序文背景后，接着进行四组思政理念的总结。

(1) 国强民安，科技立国，学艺报国

东汉末年，战乱频仍，疾疫不断。医圣张仲景一宗，原本二百多口人，十年不到的时间，死了三分之二，而伤寒占了七成。彼时军阀混战，人民流离，瘟疫肆虐，防疫靠天命，对比目前新冠肺炎流行期间，中华大地国泰民安，政府英明领导，民众密切配合，上下齐心抗疫，为世界抗疫做了示范榜样，这是“国强民乃安”的思政理念。同时，我国利用各种高科技手段防疫，并率先研制出新冠疫苗，高效组织人民接种，有效抑制了疫情的流行和重症化，这又是科技立国的思政元素。张仲景通过学习研究瘟疫，为救治伤寒病作出了杰出贡献，这是古代知识分子学医报国救民、家国情怀的体现。

(2)精益求精，工匠精神

张仲景深知医学之难学难精，人体之变化难极，疾病之无情莫测，提出“勤求古训，博采众方”的治学方法，这一直成为后世为医者的座右铭。张仲景精益求精的工匠精神，不仅体现在研究伤寒、撰写专著的过程中，还体现在临床诊病过程中，他既反对当时主流医界不知创新、守旧躺平的治学态度，也反对医生们粗疏马虎、敷衍了事的治病风格，这些陋习不仅耽搁患者病情，更影响自己专业技术水平的精进。

(3)奉亲养生，仁术济民

张仲景号召士人要精究医术，“上以疗君亲之疾，下以救贫贱之厄，中以保身长全”，认为学医不仅可以忠君报国，还可侍奉双亲、拯济黎民、养生保健。医学是仁术，古今皆然，古代知识分子“不为良相，便为良医”就是救世济民思想的一种表现。医学更是一种孝道，汉代以孝治天下，为父母节宣饮食起居，是尽孝的重要组成部分，因此医术也是孝术，医道即孝道。

(4)倡良俗,纠歪风,淡名利,守初心

张仲景反对官员和知识分子身上的“孜孜汲汲,唯名利是务”的坏习气,强调名利权势是末节的东西,身体才是根本,不要仰慕权豪,舍本逐末,忘躯殉物。知识分子为官当政就要爱民,未为官时就要爱惜身体,如此才有救世济民的机会,才有奉亲尽孝的本钱。

(二)文选中的课程思政元素

《伤寒杂病论序》正文部分授课时,在讲到含有思政元素的句段处,即转入思政模式,即疏通字词句进行后,或揭示课程元素之旨,或阐明古贤之意旨,或借古以励今,或举他例以旁证。表2列出了该篇文章中的思政元素及其引入的句段。

表2 《伤寒杂病论序》思政元素及引入句段

思政元素	引入句段
精益求精、工匠精神	余每览越人入虢之诊、望齐侯之色,未尝不慨然叹其才秀也
	乃勤求古训,博采众方,撰用《素问》《九卷》《八十一难》《阴阳大论》《胎胪药录》,并平脉辨证,为《伤寒杂病论》,合十六卷
	虽未能尽愈诸病,庶可以见病知源。若能寻余所集,思过半矣
	经络府俞,阴阳会通,玄冥幽微,变化难极。自非才高识妙,岂能探其理致哉
	观今之医,不念思求经旨,以演其所知,各承家技,终始顺旧。省病问疾,务在口给,相对斯须,便处汤药。按寸不及尺,握手不及足;人迎趺阳,三部不参;动数发息,不满五十。短期未知决诊,九候曾无髣髴。明堂阙庭,尽不见察。所谓窥管而已。夫欲视死别生,实为难矣
报国、奉亲、济民、养生	怪当今居世之士,曾不留神医药,精究方术,上以疗君亲之疾,下以救贫贱之厄,中以保身长全,以养其生
	进不能爱人知人,退不能爱身知己
倡良俗、纠歪风、淡名利、守初心、身为本	但竞逐荣势,企踵权豪,孜孜汲汲,唯名利是务,崇饰其末,忽弃其本,华其外而悴其内
	若是轻生,彼何荣势之云哉
	趋世之士,驰竞浮华,不固根本,忘躯徇物
国强民乃安、大疫靠强国	余宗族素多,向余二百。建安纪年以来,犹未十稔,其死亡者,三分有二,伤寒十居其七
	感往昔之沦丧,伤横夭之莫救

四、课程思政成效与反思

本课程自从2019年作为校级课程思政项目立项后，已经开课四轮，且全部融入课程思政教学，实际教学效果达到预期目标，主要表现在：课程的学生满意度达到平均4.9分（满分5分）；学生普遍感到很有收获，无论是古汉语学习效果，还是传统文化知识的获取方面皆如此；学生们表示，课程加深了对中医中药和传统文化的认识和了解，激发了他们对传统文化的深入思考和进一步探究的兴趣，同时通过今昔对比，纠正了他们很多三观上的错误认知。当然，课程也有若干亟待努力改进之处：

（1）传统文化案例要仔细鉴别提炼：课文中传统文化内容丰富，有精华，也有一些不宜当下的东西，教学团队要善于去粗取精，去伪存真。在提炼出思政元素后，再寻找合适的切入点，有机融入课程教学中，达到"润物细无声"的境界，实现课程的价值目标。

（2）教学方法需进一步改进：要综合使用多种教学方法，让学生参与教学，不能一味照本宣科。讲课程思政内容，不仅仅是老师们在课堂上宣讲，还可以让学生课前预习，课中讨论，课后写论文。如前举《伤寒杂病论序》，可以让学生寻找课文中体现张仲景的哪些家国情怀，张仲景总结了学医宗旨是什么，为什么说医道也是孝道等主题，进行课堂发言，或撰写小文章作为作业，计入最终成绩。

（3）考核标准需进一步明确：在课程思政教学中，也遇到一些困惑，比如课程思政虽顺利融入课堂，但在课程结束时，发现学生的思政学习效果不容易考核。目前有关方面还没有统一的有关课程思政教学效果的考评标准或相关规定，教学团队尚在不断摸索总结。

五、结论

课程思政改革是目前学校本科课程改革的重点方向之一，而厦门大学跨学科基本课程（目前已改称"美育和通识教育课程"）是多年的传统教学项目，受到学生们的普遍欢迎，也积累了优质的教学团队和可观的课程库。对于美育和通识教育课程来说，课程思政改革同样刻不容缓，而且也大有可为。一方面，学校要做好制度建设，明确执行和考核的标准；另一方面，在教材编写、课程立项、教学论文等方面，给予这类全校性校选课以更多关注。只有思政课、专业课、通识课都实行了思政教学，方能更好地践行"三全育人"的教育理念。

第三篇

课堂建设与改革

面向半导体人才战略的电子线路实验改革探索

刘恺之 刘舜奎*

摘 要:半导体产业是一项强积累的产业,其人才的积累可以靠前布局。高等教育中,电子类、材料类、控制类、计算机类等理工科特别是电子信息类专业的人才培养,从培养方案、课程体系到学习内容上,不断更新、强化引导,主动面向国家半导体人才战略,显得尤为关键也责无旁贷。电子线路实验近年来的综合设计类实验项目比重逐步增加,特别是融合了模拟电路与数字电路的综合设计类实验项目,既突出现实感又增加学习乐趣,同时恰当引入"集成化"和"层次化"思想,瞄准的是培养学生熟识半导体器件性能,夯实电路设计与分析能力,广泛掌握经典电路,为将来从事设计类、验证类、测试类等半导体产业关键环节的人才需求,提供教学体系的前端支撑作用。

关键词:半导体;人才战略;综合设计项目

一、引言

自1947年晶体管问世以来,半个多世纪里,基于半导体的电子技术飞速发展,特别是形成了超大规模集成电路,为今天的人类社会带来了诸多便利,也为今天的科学探索提供了算力方案。技术在岁月中积累,逐步泛化出产业分工,成熟完善的全球化产业链协同机制,反哺了技术的迭代升级,也筑高了行业壁垒。有人专注设计环节,有人专注制造环节,有人专注封装测试环节,有人专注材料与设备环节,也有人专注电子设计自动化(EDA)环节。当全球化产业链协同机制受到干扰甚至破坏时,半导体和集成电路产业首当其冲。新时期见证了NVIDIA收购ARM、AMD收购Xilinx,也看到了华为被"禁运"。

"聚焦高端芯片、集成电路装备和工艺技术、集成电路关键材料、集成电路设计工具、基础软件、工业软件、应用软件的关键核心技术研发,不断探索构建社会主义市场经济条件下关键核心技术攻关新型举国体制。"①这是国家吹响的号角。迈入"十四五"征程,半导

* 刘恺之,男,福建惠安人,厦门大学电子科学与技术学院工程师,主要研究方向为电子技术应用、控制工程;刘舜奎,男,福建惠安人,厦门大学电子科学与技术学院高级工程师,主要研究方向为应用电子学。

① 《国务院关于印发新时期促进集成电路产业和软件产业高质量发展若干政策的通知》(国发〔2020〕8号)。

体和集成电路产业链，作为技术密集型、资金密集型、人才密集型的高端产业载体，必将成为助推国家、重点地区电子信息产业发展的重要抓手。另外，全面推进数字化转型升级这一目标的实现，在人类社会尚未出现革命性技术更迭前，依托半导体技术支撑的电子信息技术依然是数字化进程的落脚点。

半导体产业是一项强积累的产业，产业的提升与发展，与人才的构建息息相关；既需要技术上的积累，也需要人才上的积累。技术积累没有捷径可走，但人才的积累却可以靠前布局。等到人员进入产业环节了才开始培养塑造成产业人才，这是我国当前半导体产业人才紧缺的主要症结之一。产教融合正是破解该痛点的一大利器，目的就是要在教育阶段，就融入产业特征进行人才培养。当前，全球新一轮半导体产业竞争已经开始，美国、韩国及中国台湾地区等发力布局本土半导体产业，迫切需要大量专业人才支撑。如英特尔、三星、台积电均计划在美建设 12 英寸先进工艺生产线，据估算，两年内将至少需要 2000 名熟练工程师和 1 万名技术人员，间接人员需求将达到 1.5 万人以上，半导体产业人才需求进一步加剧，全球范围内的人才争夺将愈演愈烈。根据《中国集成电路产业人才白皮书(2019—2020 年版)》，截至 2019 年年底，我国直接从事集成电路产业的人员规模在 51.19 万人左右，增长 11.04%。[①] 未来若干年是我国半导体产业发展的重要机遇期，人才需求量巨大。由于半导体产业具有高技术壁垒属性，人才培养难度大、周期长，加之产业处于高速发展期，仅靠集成电路专业的人才增量远无法满足产业需求。高等教育中，电子类、材料类、控制类、计算机类等理工科特别是电子信息类专业的人才培养，从培养方案、课程体系到学习内容上，不断更新、强化引导，主动面向国家半导体人才战略，显得尤为关键也责无旁贷。

二、改革目标导向

实验本身是一门学问，是人类进步过程中不断追求真理的重要依据。从比萨斜塔上自由下落的两个铁球，到天文望远镜里锁定的海王星，从细胞结构的建立，到 DNA 的测序与编辑，无不体现着实验的作用，同时也蕴含着实验的方法论。电子学的发展已逾百年。从真空管、晶体管到集成电路，从收音机、电视机到智能手机，电子学的发展贯穿着一百多年来人类社会的文明进程，影响着人类的生活方式。既是高度成熟的学科，也是蕴含巨大潜能的科学。电子类专业的教学，就是要让学生对学科要掌握，对科学要有热忱。这个过程，实验教学与理论教学的有机结合就显得尤为重要。电子学的经典理论，时至今日已演化出众多经典理论教材；在高等教育的人才培养阶段，理论课程的设置也日益成熟完善。电类专业，作为工科，对人才的培养，既要重视理论，也要强化实践。近年来，国家在教育方针与战略上，像“卓越工程师计划”“工程教育质量认证”等“新工科”建设，释放的正是对工科教育在实践与工程化能力着力打造与重点培养的信号。这个目标的达成，离不开优

① 中国电子信息产业发展研究院：《中国集成电路产业人才白皮书(2019—2020 年版)》，2020 年 9 月 25 日。

质的实验教学，离不开正确的实验认知。本质还是对真理的敬畏、对事实的尊重。这同样是从事科学技术研究的基本操守。

电子线路实验，是面向电子信息类专业的基础实验课程，长期以来的教学实践过程包括：课前布置调研任务，督促学生思考与仿真；课中设置不同难度层级的实验内容，引导学生探索与实践；课后安排思考，提升学生分析与总结能力。近年来的改革重点，一方面尤其突出对电路的理解和自主设计，对学生运用所学知识构建电路实现功能并解决实际问题的能力有长足的锻炼；另一方面强化 EDA 仿真软件在电路设计上的辅助作用，培养和提升学生在工程化实践中的系统性思维，同时自然地铺垫了课程线上化的基础条件。这样持续形成课程教学知识传授、能力培养与价值引领之间的协同效应，营造技术报国、实干兴业的学习与实践氛围。在此基础上，实验内容逐步体现项目化、工程化、指标体系梯度化。目的在于充分学习并运用半导体器件的性能与特点，设计各式各样具备实用价值的电子电路，同时积攒电路功能与性能指标调试的经验、提炼设计方法，为后续从板级向芯片级设计铺垫电路基础。

熟识半导体器件性能，夯实电路设计与分析能力，广泛掌握经典电路，为将来从事设计类、验证类、测试类等半导体产业关键环节的人才需求，提供教学体系的前端支撑作用，正是电子线路实验当前改革的目标导向。

三、改革实例分析

电子线路实验，与理论课程紧密配合，涵盖“模拟电路”、“数字电路”和“高频电路”。近年来的综合设计类实验项目比重逐步增加，锤炼了学生从畏惧设计到乐于设计的心态成长，沉淀了学生自身的专业素养，践行了学以致用的工程态度，不断提升专业感知。基于半导体技术的现代电子技术有着无数与生活息息相关的应用场景——手机可以随处上网、车辆进出停车场无人值守自动缴费，本质上都离不开模拟电路、数字电路和高频电路。也因为应用场景的高度复杂化，模拟、数字、高频的高度融合几乎无处不在。综合设计类实验项目改革的落脚点也从先前各项独立的模拟电路综合设计、数字电路综合设计，逐步拓展到模拟、数字电路融合设计，并尝试了模拟、数字、高频电路融合设计，该项目难度较大，暂以功能验证和原理理解为主。

密码锁及声光报警电路设计，就是一项难度系数不大但融合了模拟电路与数字电路的综合设计类实验项目，既突出现实感又增加学习乐趣，同时恰当引入“集成化”和“层次化”思想，也契合了“针对电子信息领域复杂工程问题，开发、选择与使用恰当的技术、资源、现代工程工具和信息技术工具，并采用科学方法进行研究”的人才培养目标。该项目的要求：系统只允许按规定的方式完成解锁而不报警，否则即产生声光报警。为简化密码，项目采用三个单刀双掷开关用作密码输入。为模拟真实应用场景，开锁方式选用继电器控制灯泡亮灭来展示，报警方式选用高亮 LED 及喇叭同步呈现声光报警。项目的设计采用自上而下的形式，分层次定义电路模型。最终的系统又采用自下而上的形式逐级集成，形成完整的电路功能。

密码锁应作为一个完整的系统，并预留输入输出接口；密码的键入作为输入，继电器、高亮 LED 及喇叭作为输出，此为第一层次。密码规则的设立，可以抽象为逻辑问题，即可以采用数字电路实现；驱动继电器、高亮 LED 及喇叭这些特定的负载，则需要采用模拟电路设计合适的开关接口电路，此为第二层次。逻辑电路可采用基本逻辑门电路实现解锁逻辑和报警逻辑，开关接口电路可根据不同负载选择双极型三极管或 MOS 场效应管进行设计，此为第三层次。基本逻辑门电路又可选择 TTL 型或 CMOS 型，此为第四层次。层次化有助于项目分解，也有助于思考问题的系统完备性。项目的层次结构如图 1 所示。

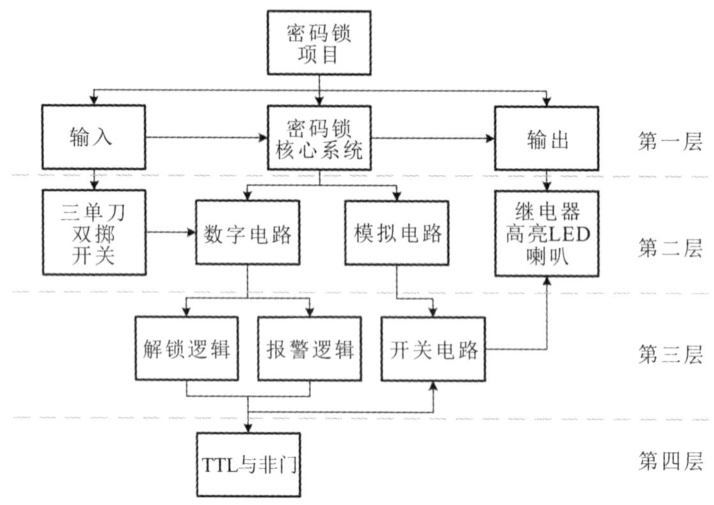

图 1 密码锁项目的层次结构示意图

电路实现依然遵循先仿真后实物搭接的课程要求。为规范逻辑化简，统一采用 TTL 型与非门实现解锁和报警的逻辑功能电路，并明确使用的与非门数量越少，在最终的评定中得分越高。这也考验了学生电路设计的系统性。因所采用的 EDA 仿真软件中，与非门的电气特性参数理想化，即其输出可直接驱动喇叭发出声音或驱动高亮 LED 灯亮，这与实际情况不符。故仿真不允许使用软件自带与非门，而改为参照《数字电子技术基础》理论教材自行设计。经测试，该自行设计的与非门输出特性与实际情况相符。由此顺势引入“电路集成化”概念，将此与非门封装成一个“集成电路”，可以在后续的电路设计中被直接调用。再逐级“集成封装”，最终即可形成一个完整功能的密码锁“集成电路”。该“集成电路”仅由晶体管、电阻构成，与真实的集成电路设计与制造相符。而逐级集成的过程，正是铺垫电路设计的基本思想。另外，修改 EDA 软件提供的 LED 参数模型，使得该 LED 需流经100 mA电流才满足发亮，与实际高亮 LED 导通性能一致。一个逐级集成的典型密码锁完整仿真设计电路如图 2 所示。

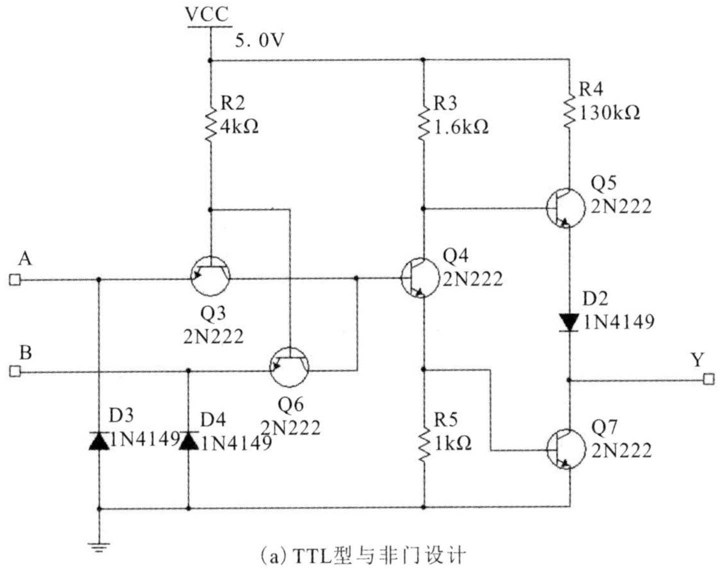

(a) TTL型与非门设计

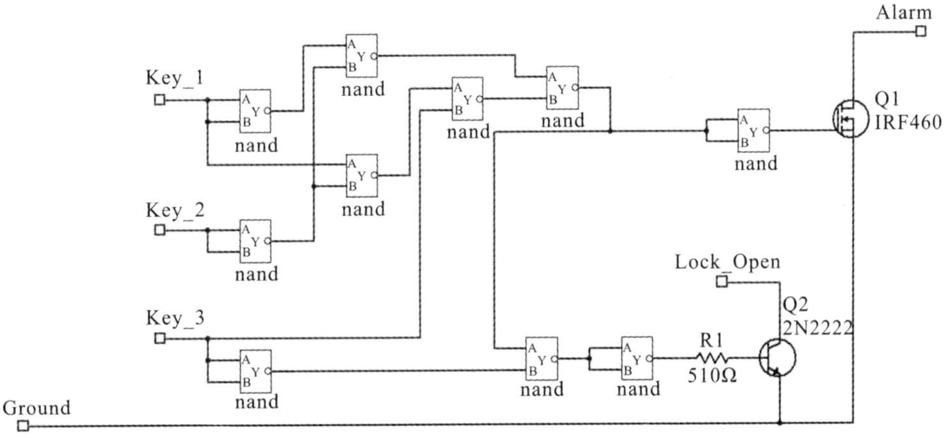

(b)组合逻辑电路与开关接口电路设计

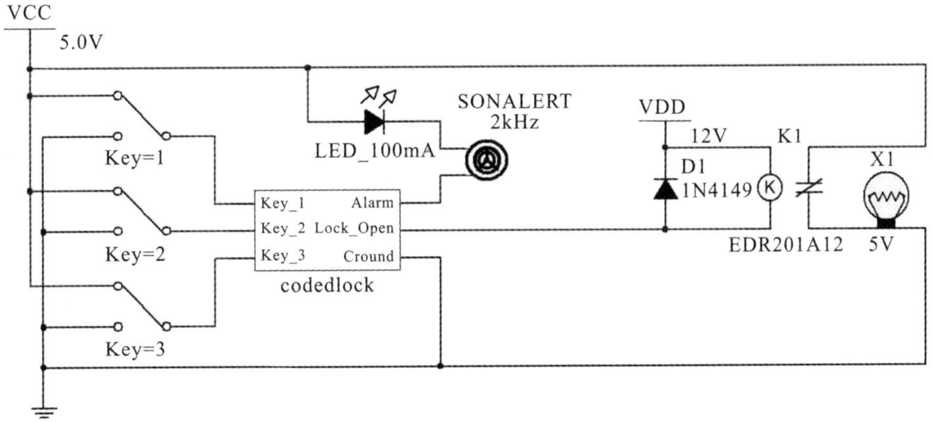

(c)密码锁总电路

图 2　密码锁完整仿真设计电路

四、总结

该项目的实施,学生们都乐在其中,书本中看似枯燥的电路模型发挥了实际功用,增强了学生对现实问题的工程化理解。针对仿真软件与现实不符的情况,一方面加深了学生对 EDA 软件局限性的认知;另一方面又通过合理的电路设计,弥补了原有的不足,激发了学生探究更底层电路原理的热情。模拟电路与数字电路相融合的综合设计类实验项目,既践行了实验的方法论,又突出了电子线路实验特有的理论与实践强关联度。经此训练,虽难度较低,学生对晶体管的使用、模数混合电路的设计有了更充分的认知,也为后续进行复杂程度更高的综合设计实验积累了经验、树立了信心。课程之外,学生会进入下一阶段学业,或是面对更为复杂的工程问题,或就是学习集成电路分析与设计,与这些内容的更有效衔接,将会是接下来电子线路实验中综合设计类项目的改革方向与实践重点,以期能在面向半导体人才战略的教学体系探索中靠前发挥更加充分的作用。

浅议新时代"流行病学"课程体系的建设与创新

陈田木 苏艳华 李 蕾 安 然 郭东北 陈静威 赵本华*

摘 要:2020年,新冠肺炎疫情的全球大流行使得公共卫生的观念深入人心,惊心动魄的抗"疫"大战再一次彰显了公共卫生人才培养和人才队伍的发展在构筑强大公共卫生体系中的重要基础作用,也凸显了我国公共卫生系统教学、科研方面存在的诸多不足与短板。"流行病学"是培养公共卫生与预防医学专业人才的核心主干课程,是培养高素质医学卫生专业人才的重要课程,是确保国家公共卫生策略沿着造福全人类的道路上前进的方法学。新时代各种新老传染病的轮番登台为中国高质量公共卫生人才的培养提出了更高的要求,为顺应当今时代公共卫生全球化之趋势,在以"人民健康为中心"的国家战略背景下,本文结合新时代国家抗"疫"之新需求,针对我校学生的"流行病学"课程体系的建设工作,将与时俱进地从拓展课程的理论流行病学教学内容、加强现场流行病学的教学,建立传染病疫情预测预警实战实践平台及搭建现场流行病学实践教学的虚拟仿真平台等方面提出课程建设创新之构想及建议,来提高我校公共卫生及相关医学专业学生的教育培养质量,为我国卫生事业的可持续发展储备高质量应用型卫生专业人才,为"健康中国2030"战略建设铺就健康的康庄大道,助力新时代中国特色社会主义现代化事业的建设,助力中国巨轮乘风破浪,驶向伟大复兴的光辉彼岸。

关键词:"流行病学";公共卫生与预防医学;新时代;建设与创新

实现健康中国梦,公共卫生要先行,培养和发展公共卫生人才队伍是构筑强大公共卫生体系的重要基础,是维护人民健康的有力保障,是实现健康中国的战略保证。"流行病学"是人类与传染病等各种疾病的斗争中应时而生的一门学科,是"公共卫生之母",是培

* 陈田木,男,福建宁德人,厦门大学公共卫生学院副教授;苏艳华,女,河南开封人,厦门大学公共卫生学院助理教授、硕士生导师,主要研究方向为环境流行病学;李蕾,女,山东青岛人,厦门大学公共卫生学院副教授、硕士生导师,主要研究方向为营养流行病学;安然,男,贵州贵阳人,厦门大学公共卫生学高级工程师,教学秘书;郭东北,男,黑龙江哈尔滨人,厦门大学公共卫生学院高级工程师,实验教学中心副主任;陈静威,女,黑龙江哈尔滨人,厦门大学公共卫生学院高级工程师,实验教学中心主任;赵本华,男,山东济宁人,厦门大学公共卫生学院副教授、硕士生导师,主要研究方向为系统流行病学。

养公共卫生与预防医学专业人才的核心主干课程；它是研究人群中疾病与健康状况的分布及其影响因素，并研究疾病防制及促进健康的策略和措施的科学，在维护人类健康方面发挥着不可替代的独特作用[①]。进入现代文明，传染病始终卧于文明之床的榻侧，全球化、城市化及第三次科技革命形成的万物流通的互联世界助长了各种新老传染病的肆意反扑。2020年，是人类历史上极不平凡的一年，新冠肺炎疫情全球大流行，迄今为止，新冠病毒仍然在全球蔓延，这是一场全球百年来最严重的传染病，危害之烈、防控之难史所罕见。然而，在疫情雾霾笼罩下的世界，唯有中国一枝独秀，面对来势汹汹前所未知的新冠病毒，14亿中国人民在以习近平同志为核心的党中央的坚强领导下，构筑起抗"疫"的铜墙铁壁，一次次华丽突围，在"武汉保卫战"、"湖北保卫战"及多场局部地区聚集性疫情战中打了一场又一场惊心动魄的硬仗，赢得了一个又一个胜利，持续控制住了疫情，交出了一份令世界艳羡的抗"疫"答卷，书写了一部感天动地的抗"疫"史诗，创造了人类同疾病斗争史上的奇迹。

本次抗"疫"大战彰显了公共卫生人才培养和人才队伍发展在构筑强大公共卫生体系中的重要基础作用，再次诠释了"流行病学"是人类成功战胜各种疾病的科学智慧，同时也暴露出了我国公共卫生系统及教学、科研方面存在的诸多不足与短板，导致在应对这场突如其来的疫情之初，有点猝不及防，被动应战，代价沉痛。2020年6月2日，习近平总书记在北京主持召开专家学者座谈会并发表重要讲话，他指出"要建设一批高水平公共卫生学院，着力培养能解决病原学鉴定、疫情形势研判和传播规律研究、现场流行病学调查、实验室检测等实际问题的人才……"为新时代中国高质量公共卫生人才的培养提出了更高的要求，因此，实施"流行病学"课程体系的创新改革实践势在必行，本文将从拓展课程的理论流行病学教学内容、加强现场流行病学的教学，建立传染病疫情预测预警实战实践平台及搭建现场流行病学实践教学的虚拟仿真平台等方面来加以浅述。

一、拓展"流行病学"理论流行病学方面内容的教学，顺应新时代抗"疫"需求

"流行病学"自开设以来，迄今在教学内容与知识体系的构建、教学方法与手段的优化、教学条件的建设以及教学质量等方面都取得了长足的进展。但是，目前全国范围内针对预防医学专业学生所开设的"流行病学"教学内容主要为传统经典的内容，主要包括疾病的分布、描述性研究、队列研究、病例对照研究、实验流行病学、筛检、病因与因果推断、预防策略、公共卫生监测等内容，长时间以来，我们将大部分的课时和案例讨论课时用于

① 詹思延：《流行病学》，人民卫生出版社2017年版，第216～234页。谭红专：《现代流行病学》，人民卫生出版社2019年版，第216～234页。

这些章节内容的教学，几乎没有涉及传染病数学模型等理论流行病学内容的实质教学；2020 年初，新冠病毒肺炎暴发蔓延给世界各国的经济发展和人民生活带来了巨大影响，在抗击新冠肺炎疫情的实践中，理论流行病学也大展身手，大显神通，国内外研究者利用理论流行病学在传播动力学模型的搭建、新冠肺炎预测预警、防控措施效果评估等方面均开展了大量的工作，定量地研究新冠传播规律、开展新冠肺炎疫情的风险研判，在疫情应对中发挥了重要的指导作用，为我国成功取得抗"疫"的阶段性胜利作出了重要的技术支撑。为此，急需紧跟国家新时代防疫需求，在流行病学经典传统内容上积极拓展传染病数学建模与传染病预测预警等理论流行病学知识的教学工作。

理论流行病学也称数学流行病学、流行病学数学模型，它以数学模型为工具，以公共卫生为基石、以数学和计算机科学为技术核心，融流行病学、分子生物学、应用数学、计算机学科于传染病模型一体，可以用来量化传染病在人群中的传播特征，对传染病的传播过程进行动态分析和预测，也可以在严格定量意义上有预见性地正确判断干预措施的防控效果，有利于相关部门提前作出正确的疾病防控决策，合理分配卫生资源，同时可以警示传染病的严重程度，引起公众对传染病危险性的认识，更加有效地防控疾病传播[①]。随着社会发展与科技的进步，理论流行病学迎来了大发展的契机，其应用于实践的广度和深度都有了很大的发展与提高，21 世纪的理论流行病学将成为人类认识包括传染病在内的各种疾病流行过程的重要方法，并将在流行病学教学和疾病防控中发挥重要作用。2020 年 1 月，基于新冠肺炎疫情及人口流动大数据，笔者所在团队研发出全球首个多种群和多途径的新冠肺炎传播动力学模型，并在 bioRxiv 上向外界公开，引发了国内外高度关注，并因此受中央疫情防控指导组指定，协助国家疾控中心综合评价我国抗"疫"效果；先后与福建、吉林、安徽、湖南、深圳、南宁、宁波、恩施、厦门等省市疾控中心合作，及时研判全国各地新冠肺炎传播能力及不同时间复工复产复学的疫情趋势预测，为国家及各省市的新冠肺炎疫情的防控提供了重要的技术保障，充分显示了理论流行病学知识在解决公共卫生实际问题的实践中的应用价值。

2019 年下半年，笔者所在的厦门大学公共卫生学院流行病学课题组曾在全国各级（国家、省、市、县）疾控中心开展了一项流行病学模型的需求调查。在 202 名调查对象中，认为理论流行病学重要及对今后工作有帮助的人分数分别占总人数的 92.1%和 83.7%，对理论流行病学感兴趣的人数占 83.7%。研究团队还在全国选择了 39 所具有流行病学专业的高校，调查流行病学教师队伍中理论流行病学的教学情况。调查结果显示，仅有 34.8%(16/46)的受访者有教授理论流行病学课程内容。由此可见，我国各级疾控机构作

---

① 谭红专:《现代流行病学》，人民卫生出版社 2019 年版，第 216～234 页。徐飚:《流行病学原理》，复旦大学出版社 2007 年版，第 322～377 页。

为新发突发传染病监测和防控的主体部门，其对流行病学模型技术需求比较大，因此作为疾病预防控制机构人员队伍主要输送源头的公共卫生学院急需拓展此方面的学校教育，来培养公共卫生与预防医学专业学生在对新冠肺炎等新发突发传染病进行预测预警等疫情风险研判及预测预警技能，服务国家抗"疫"需求。截至目前，尽管现阶段中国疫情已得到基本控制，疫情防控工作已经转入常态化，但境外疫情扩散蔓延的势头仍然没有得到有效遏制，防控形势依然严峻复杂，外防输入、内防反弹任务仍然不可放松。同时面对当今不稳定、不确定的世界形势，肆意反扑的新发突发传染病疫情更是给人类社会带来了难以预知的变数，各种传染病始终犹如高悬着的达摩克利斯之剑，随时可能扑向人类，因此，更加有必要加强公共卫生相关专业学生的理论流行病学方面知识与能力的培养，针对公共卫生专业学生开展疫情风险研判等理论流行病学方面的教学更是刻不容缓，利用其相关原理与方法开展快速疫情研判、疫情趋势准确评估和防控措施效果评价，为科学精准应对传染病疫情提供了重要的科学依据与技术支撑。

二、加强现场流行病学的教学，推进理论与实践的深度融合

现场流行病学（field epidemiology），又称 shoe-leather epidemiology，是"流行病学"的分支，是"流行病学"在公共卫生服务和社区人群等现场工作中的发展，它以"流行病学"的理论与方法为根基，充分应用描述流行病学、分析流行病学、疾病监测等研究方法，通过科学的方法和有组织的社会努力，对发生在现场人群中重要公共卫生问题加以预防和控制，并进行效果评价，以保护和促进公众健康的科学[①]。

"流行病学"是一门应用科学，以解决流行病学领域实际问题为导向及目的，故要求学生不能只拘泥于书本理论知识，应在学习过程中积极思考现实世界中的医学问题，尝试运用流行病学的方法分析和解决实际问题。反观现阶段流行病学的教学，仍然沿袭理论教学以教师课堂授课为主的传统理论教学模式，课程实践应用教学环节薄弱，造成了学生空有满腹理论，但解决实际公共卫生问题以及现场工作实践能力甚是缺乏，出现学校的教育培养与疾病防控实际工作需求脱节，导致学生进入工作岗位后不能学以致用的尴尬局面；而现场流行病学则恰恰是"流行病学"课程理论知识与方法在现场工作中的直接应用与体现，是"流行病学"在现场工作中的发展，它将"流行病学"的基本理论知识与方法贯穿现场工作始终，在各种疾病及突发公共卫生事件的防控方面发挥着重要作用。它立足现场，同时汲取公共卫生与预防医学学科、临床学科、实验学科、管理学科、社会学科及信息技术等相关学科理论与方法，通过科学的方法和有组织的社会努力，深入现场，掌握第一手资料，

---

① 许国章、魏晟：《现场流行病学》，人民卫生出版社2017年版，第1～8页。张顺祥：《现场流行病学理论体系的思考》，《中华流行病学杂志》2015年第3期。

来探索分析致病因素，提出切合实际的防控策略与措施，尽早控制或预防疾病的进一步发展与蔓延，避免给国家和社会带来巨大损失。因此，现场流行病学是每一位将要从事公共卫生与疾病预防控制工作学生的必修课。相应地，虽然我国现有的公共卫生体系经过多年的建设和发展，在应对大规模暴发的新冠肺炎疫情时仍然暴露出了我国公共卫生系统与教学科研方面的短板，例如现场公共卫生专业人员的整体素质不高，尤其是现场应急处置能力及现场决策能力等公共卫生核心能力的不足。同时，全球化及人类流动节奏的加快，现场工作更加复杂，因此，当今时代，针对各种重大突发新发传染病和健康事件开展及时的现场工作显得尤为重要，加强公共卫生与预防医学学生的现场流行病学的教育是目前迫切需要实施解决的当务之急①。

2021 年 3 月，厦门大学“现场流行病学”课程第一次在公共卫生学院预防医学专业本科生中开讲，以理论知识和实战案例讨论相结合的方式授课，同时聘请国内疾控系统中(厦门市、广东省、宁波市、宜昌市疾控中心等)现场流行病学实战经验非常丰富的专家参与到授课教学中来。在教学中，课堂重现活生生的现场实际案例，把知识技能的传授与现实应用结合起来，在解决实际公共卫生问题的探索中应用理论知识，来培养学生应用理论知识指导解决实际问题的能力，顺应了流行病学学科培养应用型人才的最初目标。

三、建立基于大数据和数学模型的传染病疫情预测预警在线实战平台

流行病学研究为应用型研究，以解决公共卫生领域实际问题为导向及目的，故不应忽视学生的实际操作能力的培养，应该提供学生更多的实战平台，来训练学生分析和解决公共卫生的实际问题。21 世纪以来，随着数学理论、计算机技术与互联网信息技术的迅猛发展，流行病学大数据资料信息化日渐丰富完善，使得接近现实的仿真流行病学模型成为可能。进入新时代，人类将持续面临着层出不穷的新的健康问题，尤其是各种新旧传染病在当今万物互联的世界轮番登台，危害人类。为提升各种传染病预测预警能力，利用疾病或疫情相关大数据，急需借助计算机技术与互联网的优势来建立适合我国防控实际的传染病数学模型预测预警的平台，为理论流行病学的后续教学实践提供真正的实战战场，也是服务国家抗“疫”大势之所趋②。

在线实战平台以传染病数学模型为实战武器，它是以疾病生物学过程为基础的各种社会现象的数学综合反映。各种传染病病的传播流行是一种复杂的过程，在掌握传染病的分布特征、流行过程、主要影响因素等方面的基础上，用数学语言符号精炼地阐述传

---

① 李立明:《新型冠状病毒肺炎疫情后公共卫生展望》,《中华流行病学杂志》2021 年第 7 期。

② 赖圣杰、冯录召、冷志伟等:《传染病暴发早期预警模型和预警系统概述与展望》,《中华流行病学杂志》2021 年第 8 期。

染病传播特征与流行的动态规律，用数学关系式定量地表达出致病因子、宿主和环境各有关因素对传染病流行制约影响的动力学模式，透过传染病流行这个“现象”，深入地刻画出疾病流行现象背后的动力、机制及内在规律，来揭示现象的现状，预测疾病复杂流行过程的未来趋势，从而为传染病的防控提供科学依据，达到为疾病防控服务的目的。所以，从本质上说，传染病数学模型是一个以“系统”概念为基础的，关于现实世界的部分或几个方面抽象的“映像”。它将流行病学的理论知识与原理渗透到模型中，培养了学生的系统性思维以及理论知识的实践应用能力，强化了学生发现问题、分析问题及解决问题的综合素质培养。

2021年初，笔者所在团队自主研发建设的传染病疫情预测预警模型实战平台(https://www.ctmodelling.cn/)，目前搭建基本完成，尚未开放，后续将进一步维护建设完善，该平台利用不同传染病的数学模型，基于现场流行病学调查、实验室检测、大数据、临床诊疗等信息，开展疫情风险研判，从控制传染源、切断传播途径和保护易感人群着手，评估各项干预措施的有效性，为疾病的防控策略制定和抗“疫”资源统筹的调配提供科学技术支撑；届时搭建完善后，学生可以申请注册，经管理后台允许后可进行疫情风险研判模拟训练，培养学生对新冠肺炎等新发突发传染病进行预测预警等疫情风险研判技能，更好地为国家输送合格的抗“疫”专业人才。

四、搭建现场流行病学实践教学的虚拟仿真平台，打破现实教学实践的限制

2020年，抗击新冠肺炎疫情的武汉保卫战的胜利告诉我们，当时，真正帮助我们控制住新冠肺炎疫情的不是疫苗、特效药物和各种诊断试剂，而是各种现场流行病学研究方法的成功实践，通过采用现场流行病学调查、隔离、戴口罩及清洁卫生等措施，及时切断传播途径，保护易感人群，直至疫情的成功控制，凸显了现场流行病学在战胜各种传染病暴发中的重要作用。然而，现实世界中的传染病流行病学现场教学工作通常面临各种困难。首先，现场流行病学工作常常面临时间紧、风险高等情况，急需快速行动，尽早开展现场流调对防控各类传染病的进一步发展与蔓延起关键作用。对于像新冠病毒肺炎这类的新发突发传染病来说，传染性高、潜伏期短、传播迅速且传播范围较广，人群普遍易感，缺乏特异性治疗方法，加上其传播过程也非常复杂，传染源可为新冠肺炎确诊病例和无症状感染者，存在可经呼吸道飞沫、气溶胶传播、密切接触传播以及环境污染传播的可能，也导致每次现场流调过程的过程不可逆与不可及性。其次，现场流行病学调查是一项专业性很强的复杂的系统工程，任务繁重，需要高额的投入。大多情况下，尤其是针对新发的高致病性高传染性的疾病来说，现场调查组织与准备已经远远超出

调查人员专业技术工作的范畴，需要多个部门的参与配合，需要投入大量的人力、物力和财力，否则就会碰到许多困难，导致现场流行病学调查的失败，进一步可能导致疫情的失控。同时，病原微生物检测与鉴定均需要在P3或P2级的实验室进行，现实的教学条件很难满足这些要求。另外，针对每次局部疫情的现场流调面临诸多的特殊挑战，比如说现场环境中各种未知潜在的意外与风险，诸如被调查对象的不合作、资料来源不易控制、极端天气、大众传媒的影响等极端环境，远比课本理论知识所列举的情况复杂得多，需要付出艰巨的努力，难以在现实教学中实现，而搭建现场流行病学调查的虚拟仿真平台则可以提供现实中高危险、高难度、高成本、不可及的虚拟学习环境，打破了现实教学中疫情现场工作训练受时间、地点、人力、物力、财力等现实环境条件的限制，利用当今时代先进的虚拟仿真技术，“以虚仿实，以实为基”来呈现沉浸场景，营造逼真的现场流行病学工作实践教学的三维场景，节约了教学成本，避免了现实教学过程中的安全风险，提高了课程的教学质量，为学生应对今后实际工作中的公共卫生问题打下了坚实基础。

五、针对不同专业的医学生，一视同仁无差异开设“流行病学”课程

“流行病学”是医学各专业领域的基础学科，是现代医学的基石。目前，厦门大学主要有针对医学院的临床医学本科生和公共卫生学院的预防医学本科生开设的“流行病学”课程，由于不同专业培养目标不同，相应的授课内容的侧重点也不同。但是，身处当今“大医学，大健康，大卫生”的新时代，“流行病学”本质上并无临床专业流行病学和预防专业流行病学之分，它本身就是连接预防医学与临床医学的桥梁，新冠抗“疫”实践也从某种程度上加深了预防与临床的融合。严格来说，临床医学与预防医学并非界限分明，所有的临床都属于预防的范畴，医学是统一的整体，应加强医防融合，弥合公共卫生预防医学与临床医学教育之裂痕。抗“疫”实践也显示了正是由于当前公共卫生与临床医学及其他医学专业脱节现象严重，彼此互不了解，造成了疾病预防控制体系运转的低效与浪费，迫切需要整合观念、整合教育，来应对传染病突发事件的挑战，故在课程设置上需要一视同仁地无差异地开设“流行病学”的教育，形成临床医学与公共卫生教育融合的环境，医防结合，实现培养具有扎实基础理论知识、能够为保障和促进人类健康提供疾病防治、健康教育及保健服务的“公共卫生＋临床医学”高质量复合型人才，为国家应对各种突发事件提供人才支撑①。

综上所述，全球化的今天及各种新发传染病的出现对公共卫生的防控提出了更高的

① 马静、刘梦冉、邵晓颖等：《疾病预防控制机构公共卫生人才培养的现状及思考》，《中华流行病学杂志》2021年第10期。

挑战，新冠肺炎疫情的全球大流行已经对各国公共卫生系统和经济、社会发展造成严重影响，为适应新时代“健康中国 2030”国家战略及国家抗“疫”需求，围绕“着力培养堪当民族复兴大任的时代新人”之要求，作为公共卫生与预防医学的主干学科之一的“流行病学”课程体系，其教学内容与方法也急需与时俱进地创新实践，借助当今信息海啸时代的科技优势，将公共卫生与预防医学实际问题融入理论知识的链条中，不再片面、盲目、脱离实际地强调学习理论知识，克服理论学习“只见树木不见森林”的支离破碎以及与以课堂传授知识为主的学校教育与实践运用存在脱节、难以整合的顽疾，回归公共卫生学科理论知识最终要体现应用的教育原点，来培养学生理论知识的实践应用能力、现场调查与应急处置能力、决策能力、协调能力和社会组织动员能力等应对公共卫生实际问题的核心胜任力，来强化学生的系统性思维，帮助他们树立维护公众健康的全健康(one health)全局观；顺应新时代“大医学，大健康，大卫生”的理念及公共卫生全球化的趋势，加强多学科的融合及多部门的广泛参与合作，推进学科的交叉与融合，在“以人民健康为中心”国家战略背景下，打造满足新时代需要的、既懂公共卫生又懂系统防疫及应急响应的、能够一锤定音的、具备全球视野的高质量应用型医疗卫生人才，全方位全周期维护人民健康一生，为新时代中国特色社会主义现代化事业的建设提供坚实的人才支撑，为“健康中国 2030”战略建设铺就康庄大道，助力中国巨轮乘风破浪，驶向伟大复兴的光辉彼岸。

试析微信群和匿名发言在“谈判学”课程教学中的应用

陈　锴　杨　飚*

摘　要：面对“百年未有之大变局”，谈判不仅是中国维护和获取国家利益的重要手段，也是个人解决利益冲突的一种重要的常态化方式。在可以预见的未来，中国急需提升国民的谈判意识，并培养更多具备谈判素养和技能的人才。“谈判学”课程根据教学需求，运用微信群实现模拟谈判小组内的分工协作与优势互补，并进行及时且有效的互动交流。这在一定程度上，切实提升了“谈判学”的教学效果。与此同时，该课程利用QQ群和中国大学MOOC(慕课)的匿名发言功能，进一步激发学生的积极性，促使学生更主动地参与教学活动，并有助于教师及时调整教学活动。

关键词：谈判学；微信群；匿名发言

一、谈判学的缘起与现实意义

谈判[①]之学，古已有之。在人类历史上，通过谈判达成的最古老且有文字记载的和平条约是古埃及与赫梯(Hittite)的《银板条约》。[②]依照《史记・孔子世家》[③]记载，孔子因材施教，将门下弟子分为四科，即德行(德行高尚、志节清白)、言语(长于辞令、利口善辩)、政事

---

* 陈锴，男，福建漳州人，厦门大学国际关系学院助理教授，牛津大学中国中心访问学者(2021—2022年)，主要研究方向为国际关系与谈判学；杨飚，女，辽宁沈阳人，厦门大学现代教育技术与实践训练中心工程师，主要研究方向为现代教育技术。

① 谈判是一种策略性的交流过程，被用来达成交易或解决各种冲突。参见[美]克密特・L.霍尔主编：《牛津美国法律百科辞典》，林晓云译，法律出版社2008年版，第475页。

② 公元前14世纪，赫梯与埃及为了争夺叙利亚地区的控制权而爆发了战争。两国几经鏖战，均未取得决定性胜利。公元前1296年，哈图西利斯三世率先提议与古埃及和谈，并和议草案刻在一块银板上，由使节转呈给埃及法老拉美西斯二世。拉美西斯二世基于哈图西利斯三世提出的和议草案，修订了条文，并将银板寄还给拉美西斯二世。同年，赫梯与古埃及达成了同盟和约，后世称之为《银板条约》。参见周一良、吴于廑、林志纯主编：《世界上古史资料选辑・上古部分》，商务印书馆1962年版，第15～21页。

③ 西汉司马迁撰写的孔子的传记。载于《史记》卷四十七。司马迁以《论语》、《春秋》三传、《国语》、《孔子家语》、《晏子》等书的记载为依据，结合自己的访查资料，对孔子的家世和生平业绩做了详尽的描述。参见中国孔子基金会：《中国儒学百科全书》，中国大百科全书出版社1997年版，第479页。

(施政办事)和文学(诗书礼乐、辞章考据)。谈判属于四科中的言语一科，其代表人物是"孔门十哲"中的子贡(端木赐)[①]。具体而言，齐将伐鲁时，子贡穿梭于齐、吴、越、晋四国之间开展连锁外交，最后使吴国出兵伐齐，齐败而鲁国得救。后世将子贡视为"战国纵横家的先驱之一"。[②]

在子贡之后一百多年的战国中期，谈判专家作为一个群体活跃在历史舞台上。当时，诸侯间争战的性质已发生变化，即由"大国争霸"转变为"封建兼并"。[③]战国中期以后，在齐、秦两大国东西对峙的斗争中，出现了合纵连横的复杂的斗争形势。[④]众多谈判专家"活动于诸多相互对立的政治、军事集团之间，用他们的辩词和智谋影响这些集团的彼此关系，从而体现出其作用"。[⑤]由于这些谈判专家学识不凡、口若悬河且善于应变，被后世称为"纵横家"，代表人物是鬼谷子(又名王诩)、苏秦[⑥]、张仪、公孙衍[⑦]、蔡泽[⑧]、范雎、李兑[⑨]和淳于髡[⑩]等人。遗憾的是，纵横家的大部分著述早已亡佚。尽管《战国策》辑录了战国纵横家的策谋和辞说的汇编，却"忽略甚至虚构史实"。[⑪]"后世即使有志于研究纵横家者，面对着所存不多且真伪杂糅的文献资料，也不得不望而却步。"[⑫]传世且涉及纵横家对谈判论述的著作唯有《鬼谷子》，它也是中国现存最早研究谈判的著作。

值得一提的是，哈佛大学法学院教授罗杰·费希尔(Roger Fisher)与美国谈判专家威廉·尤里(William Ury)在1981年合作出版了《谈判力：无需让步的说服艺术》(*Getting to*

---

① 端木赐，字子贡，孔子弟子，春秋末卫国人。《论语》中孔子与弟子问答之言，以他为最多。曾任卫、鲁相，聘问各国，说服吴王夫差不攻鲁、卫而与齐争霸。家累千金，为春秋时著名富商。(参见《教育大辞典》编纂委员会：《教育大辞典　第9卷：中国古代教育史》(下)，上海教育出版社1992年版，第167页。)具体而言，齐将伐鲁时，子贡穿梭于齐、吴、越、晋四国之间开展连锁外交，最后使吴国出兵伐齐，齐败而鲁国得救。不仅如此，子贡随孔子周游列国时，在陈、蔡被围后，孔子让子贡前往楚国，楚昭王兴师迎孔子，然后得免。

② 储道立：《军事外交家子贡》，《军事历史研究》1999年第3期。

③ 曹家齐：《纵横家学说探论》，《江苏社会科学》1995年第1期。

④ 杨宽：《马王堆帛书〈战国纵横家书〉的史料价值》，马王堆汉墓帛书整理小组编：《战国纵横家书》，文物出版社1976年版，第156页。

⑤ 范学辉：《简论秦汉之际的纵横家》，《黄淮学刊》(社会科学版)1994年第1期。

⑥ 苏秦，字季子，战国时东周雒阳(今河南洛阳东)人。曾帮助燕昭王谋划攻略齐国。齐湣王时，苏秦被任命为齐国的相国。他不断奔走于齐国、赵国和魏国等国之间，进行游说和上书。当燕国将领乐毅统率五国军队攻打齐国时，苏秦被齐国车裂而死。

⑦ 公孙衍，曾任魏国犀首。前319年，任魏国相，主张采取联合各国抵抗秦国的"合纵"外交和军事策略，并策划了次年的"五国伐秦"。

⑧ 蔡泽，燕国人。早年游说诸侯，未被重用。后经范雎推荐，被秦昭王任命为相。历任秦孝文王、庄襄王和秦始皇三朝重臣。

⑨ 李兑，战国时期赵国大臣，纵横家。

⑩ 淳于髡，战国时期纵横家。齐国人。善于外交，并以博学、滑稽多辩著称。

⑪ 冯克正、傅庆升：《诸子百家大辞典》，辽宁人民出版社1996年版，第428页。

⑫ 熊宪光：《论纵横家的衰落》，《涪陵师范学院学报》1999年第1期。

Yes：Negotiating Agreement without Giving In）一书，并提出了“原则谈判”方法。这是迄今西方学界最为知名的原创性的谈判研究成果。依据这种谈判方法，谈判对事不对人，谈判者应设身处地去理解对方的态度和看法。

时至今日，面对“百年未有之大变局”，谈判不仅是国家维护和获取利益的重要手段，也是个人解决利益冲突的一种重要的常态化方式。中国急需提升国民的谈判意识，并培养更多具备谈判素养和技能的人才。

二、微信群和匿名发言在“谈判学”教学中的应用

“谈判学”课程是厦门大学国际关系学院为高年级本科生开设的一门专业/方向性课程，也面向全校其他学院的本科生开放。在信息化和大数据的支持下，“谈判学”课程因地制宜地运用微信群，以及QQ群和中国大学MOOC（慕课）的匿名发言功能。这不仅有助于激发学生的学习积极性和创造性，也有助于授课教师及时了解学生的学习体验与感受，并及时调整线上、线下的教学活动。

（一）基于微信群的网络实名互动

“谈判学”线下教学围绕着模拟谈判，要求学生以实名加入课程的微信群。通过课程微信群，学生自由组合，建立模拟谈判小组，每个小组5～7人。授课教师发挥协调者的作用，负责引导模拟谈判的进程。依照授课教师的要求，学生组建的模拟谈判小组通过微信群进行组内讨论，并撰写小组会议纪要。每位小组成员均可提出模拟谈判的选题，并在组内讨论。经过小组内投票，产生本组推荐的选题。接下来，各组分别介绍本组推荐的模拟谈判选题，全班通过匿名投票遴选出各组最佳的选题。各组确定模拟谈判的选题之后，通过微信群深入展开讨论，对本组入选的模拟谈判选题进行修改和完善。

在模拟谈判之后，模拟谈判小组基于会议纪要撰写总结报告。上述这些小组活动都是基于微信群来完成的。可以说，模拟谈判小组是一个基于微信群展开分工协作且优势互补的团队。具体而言，有的组员随机应变能力强且善于语言表达，能够及时有效地回应谈判对手提出的诉求与质疑；有的组员分析能力强，能够提出较有针对性和说服力的观点与思路；有的组员沉稳冷静，能够掌控谈判的节奏，并针对本组出现的问题提出适时的建议；有的组员善于文字表达，负责谈判小组的会议纪要和谈判记录。

需要说明的是，不同于微信私聊的点对点交流，微信群中的小组成员之间除通过使用微信群进行点对点交流，更多的活动是在微信群中围绕某一或某些与谈判相关的话题展开多方交流。比如，小组成员在收集和整理模拟谈判资料的过程中，可以直接在微信群中以聊天的形式提出，其他组员都会看到并一起解决。在此，列举一个模拟谈判案例加以说明。

近年来，某省多所学校相继发生了多起宿舍私拉电线导致的人员触电和宿舍失火事

件，有关部门大力整顿学校宿舍用电安全问题，并敦促省内各高校进行整改。经该省各高校的调查，学生宿舍内依然存在私拉电线问题，主要是因为学生私人购置了洗衣机。该省各高校经过商议决定通过竞标采购“共享洗衣机”。最终，A集团获得竞标，负责向各高校的学生宿舍提供“共享洗衣机”以及日常维护服务。与此同时，部分学生反对使用“共享洗衣机”。他们认为，使用“共享洗衣机”存在交叉感染的风险。围绕着高校、反对使用“共享洗衣机”的学生代表和A集团，展开了三方谈判。针对上述模拟谈判案例，各个模拟谈判小组通过微信群展开了充分的小组间讨论和小组内讨论。经过多轮协商，最终达成了初步协议。比如，A集团必须在各高校实行统一定价，即每次收费人民币5.5元。同时，A集团以优惠价格回购学生私人购置的洗衣机。

（二）以匿名发言为特征的网络匿名互动

2014年，QQ群聊中出现了匿名聊天功能。在限定QQ群体成员的前提下，QQ群的创建者和管理者可以开启（或关闭）“匿名聊天”功能，使群内成员在一定程度上匿名表达自己的观点和想法。[①]这种有限匿名制互动可以满足大学生在网络社交中的两点需求：首先，他们可以在不受外在约束的情况下自由表达自己的观点；其次，他们发表的观点可以得到相对平等的关注。[②]

在QQ群匿名聊天的实践中，话题通常是以提问解答的方式出现的，学生在群内匿名提出的问题，一般都会得到教师或其他学生的及时回答。值得注意的是，选课学生不仅通过QQ群的匿名聊天模式对教学做出及时的评价和建议，还延伸至学生之间在教学过程中的相互评价。学生对本组其他成员的学习和实践情况具有直观的感受和了解，能够做出较为客观的评价。学生互评的结果，应及时反馈给被评价学生，帮助其从同伴的评价和反馈中进一步反思自己的得失。在教学实践中，即使是在匿名聊天模式，多数学生仍然会善加思考，如何更好地评价其他同学。相对而言，QQ群的匿名聊天模式不仅营造出了一种较为宽松的学习氛围，还对学生评教和学生互评产生了有效的辅助作用。

值得一提的是，从2021年9月开始，为了更好地保护个人隐私，“谈判学”的线上平台中国大学MOOC（慕课）对选课学生的个人信息进行“脱敏”处理。这在实质上形成了“谈判学”线上互动中匿名发言。比如，“谈判学”课程线上教学中有一个讨论题，“如何评价唐

---

① 张治中：《网络匿名表达权的本质及制度供给》，《青年记者》2020年第7期。

② 黄怡宁、江可凡、陈修圆：《QQ群大学生匿名表达取向分析——以华中地区高校大学生为研究样本》，《决策与信息》2017年第6期。

高祖李渊曾向突厥称臣之事?"[①]在匿名发言的情景下,许多选课同学畅所欲言,各抒己见。比如,有的匿名发言认为,李渊向东突厥称臣实属权宜之计,是为了借突厥的兵力,攻取当时隋朝的首都长安。有的匿名发言则举例说明,李渊此举为后世开了一个坏头,即借用外部势力来解决内部冲突。[②]

再比如,选课同学在中国大学 MOOC(慕课)上观摩了模拟谈判案例,并以匿名发言的方式表达了各自的看法。在此,列举一个模拟谈判案例加以说明。

某市的一所私立专科学院以机械制造与自动化专业而知名。校方有一条不成文的规定,即要求学生在毕业前到该市某外资企业实习三个月,否则不颁发毕业证。随着时间的推进,参加实习的学生发现,尽管工资足额发放,但是加班几乎成为常态,实习压力越来越大,部分同学还在实习中负了轻伤。因此,部分学生想终止实习,向该企业索赔,并准备运用舆论和法律手段维护自身的权益。由此,实习学生的代表、校方和企业展开了一场三方谈判。对着上述模拟谈判案例,选课同学通过匿名发言,从不同的立场表述了自己的想法。概括而言,应当立即暂停负伤学生的实习,等到康复后再继续实习。外资企业根据学生具体的伤情进行相应的赔偿。同时,负伤学生可以更换继续实习的单位。

三、结语

为了配合"谈判学"的教学需要,在教学中基于微信群有效促进了网络实名互动。同时,利用中国大学 MOOC(慕课)和 QQ 群,实现了选课学生的匿名发言。这两种应用不仅有助于师生之间和学生之间进行及时且有效的互动交流,构建一个复合型的网络空间与学习共同体,也有助于提高学生参与教学的积极性,增进学生互评和评教的可

---

① 李渊,祖籍陇西成纪(今甘肃秦安)。贵族出身,隋时封唐国公。大业十三年(617 年)任太原留守,起兵反隋。不久攻取长安,立炀帝孙杨侑为帝。次年逼杨侑让位,自立,建唐,都长安,年号武德。武德九年(626 年)玄武门之变后,传位次子世民,自称太上皇。参见石泉长:《中华百科要览》,辽宁人民出版社 1993 年版,第 242 页。隋朝末年,北方的地方军阀为了割地称雄,进而称霸中原,或向突厥借兵打击敌对势力,或引突厥骑兵南下,为其攻城略地。唐高祖李渊在起兵时,也曾臣服于突厥。陈寅恪先生《寒柳堂集》中有《论唐高祖称臣于突厥事》一文,将此事考证、论述得一清二楚。据陈寅恪先生的看法,高祖李渊太原起兵时,城上旗帜为白红参半。隋朝尚红色,举红旗表示还是要为隋安天下(事实上,李渊入长安后,并未立即称帝,而是先立隋炀帝之孙杨侑为傀儡皇帝);突厥旗帜尚白,白旗则是向突厥表示臣服。

② 唐肃宗李亨(756—761 年在位)向回纥借兵,平定安史之乱。为此,唐朝付出了重大的代价。比如,唐肃宗与回纥约定:"克城之日,土地、士庶归唐,金帛、子女皆归回纥。"吐蕃趁着唐朝内乱之际,举兵入侵,攻占了唐朝的河西和陇右地区。唐广德元年(763 年),吐蕃军队一度攻占了唐朝的首都长安。赤松德赞拥立金城公主的弟弟广武郡王李承宏为皇帝(在位约两个月)。在唐代宗时期,吐蕃又于 765 年与 767 年,两次迫使唐朝在长安的兴唐寺会盟,迫使让唐朝承认吐蕃在安史之乱时占领的土地。参见张永禄:《唐代长安词典》,陕西人民出版社 1990 年版,第 484、235 页。

信度。

不过,值得注意的是,微信群是促进网络实名互动的必要条件,而非充分条件。如何充分实现选课同学之间的网络实名互动,这是一个值得深入探讨的问题。此外,匿名发言在教学中的应用也存在一定的局限性。有关局限性的探讨,是另一个值得关注的课题。

交叉与融合："现代建筑专题研究"课程改革*

张燕来　孙明宇**

摘　要：培养具有跨学科视野、突破交叉难题的复合型建筑师人才是当前建筑教育的培养目标。本文从学科交叉理念出发，基于建筑学教育的发展沿革，首先分析了厦门大学建筑学科"一轴两翼"课程体系的构成与特征。随后重点介绍了近年来新开设的研究生专业课程"现代建筑专题研究"，该课程围绕"一轴两翼"体系，以"设计专题"为学科交叉点，多维度融合人文与技术，发展新观念与新技术，培养新型建筑学人才，回应时代与学科发展需要。本文对"现代建筑专题研究"课程的形式、核心和评价都进行了必要的阐述。

关键词：学科交叉；建筑学课程；"一轴两翼"；专题与研究

新时期，我国面临着重大复杂科学问题、社会问题和全球性问题，急需具有跨学科视野、突破交叉科学难题的研究型、复合型人才，这对高等教育提出了挑战。从未来新型建筑师人才需求来看，这种挑战表现得更加具体化：观念层面，具有认识与解决社会生活方式变革下的新建筑与新思维、人工智能与大数据、全球化与地域化、高密度聚居与自然生态系统共生等问题的能力；在技术层面，具备认识与解决新技术下的生态可持续建筑、碳中和绿色建筑、智慧工业化、人机协同设计与建造等问题的能力。然而，传统建筑学教育对新兴技术和设计手段的引入较为滞后，急需变革。

"现代建筑专题研究"课程是厦门大学建筑与土木工程学院面向研究生开设的核心专业课程之一，以学科交叉为理念，以"设计专题"为学科交叉点，多维度融合人文与技术，以期发展出适应未来建筑发展的新观念与新技术，培养高素质、创新型、复合型的新型建筑工程师人才。并以此课程为契机，探索中国建筑教育变革之路，回应时代与学科发展需求。

一、学科交叉理念下的建筑学教育

学科交叉是新时代课题，学科交叉点是科学新的生长点。建筑工程是面向国家发展

* 基金项目：厦门大学教学改革项目"基于学科交叉理念的'现代建筑专题研究'课程改革"。

** 张燕来，男，江苏东台人，厦门大学建筑与土木工程学院副院长、教授；孙明宇，女，黑龙江哈尔滨人，厦门大学建筑与土木工程学院助理教授。

战略、社会可持续发展的重要物质载体之一，建筑学科的发展过程就是一个学科交叉和融合的过程。因此，有必要在建筑学教育中引入学科交叉理念。

1. 学科交叉理念

学科交叉，即"学科际"或"跨学科"研究活动。多学科交叉融合是现代科学技术发展的趋势，是科技创新的源泉，可促进教学、科研或实践的可持续发展，有利于解决人类面临的重大复杂科学问题、社会问题和全球性问题。

在高等教育中引入学科交叉理念，即打破传统教育中学科之间的壁垒，让自然科学、社会科学、人文科学、数学科学和哲学等大门类科学之间发生碰撞与融合，重构综合性、系统性知识体系。同时，促进学科研究课题与社会发展需求之间的连接，促进基础学科与应用学科之间的融合，促使学生关注人类社会面临的重大科学与社会问题，勇于提出具有批判精神和想象力的新问题与新策略。学科交叉的意义在于整合多学科基础知识及前沿科学成果，有效激发学生创新能力，培养满足国家社会发展需求的复合型高层次创新人才。建筑学科作为一本古老的综合学科，先天具有学科交叉的特征，面对新形势与新要求，进一步加强建筑学专业课程的学科交叉是必要的和可行的。

2. 建筑学教育的发展

对建筑学教育的思考与讨论在进入21世纪后愈演愈烈，面对剧烈变化的当今世界，建筑与"人类新环境"紧密相关。回顾20世纪以来的建筑教育发展，我们可以发现：当前世界各国建筑教育体系的根源都与巴艺（指巴黎美术学院）和包豪斯（Bauhaus）这两大体系有着千丝万缕的联系。"巴艺形成了唯美主义的美学观，强调艺术至上；包豪斯倡导现代美学观，强调技术至上。"[①]而在过去的一个世纪中，巴艺模式和包豪斯教学体系在传入各国后，又各自经历了本土化的过程。"建筑教育来源于建筑实践的需求，但又可以超越建筑实践的现实限制展开自由的探索与研究。"[②]因此，可以说，建筑教育经历了一个从实践性走向学术性的良性发展过程。

20世纪以来，关于建筑学科的"技术性"与"艺术性"之争也延续到建筑教育领域，以"德州骑警"、库珀联盟（Cooper Union）与伦敦建筑联盟学院（AA）为代表的一些建筑院校广泛联系科学、哲学、文学、艺术等学科，采用开放、融合式的教育模式，一方面从主观上回避了这种争论，另一方面又在对建筑客体和相关学科的交叉研究中解放了思想，从而发展了建筑教育。这种教学思路也可以被视为早期学科交叉的雏形。而面对21世纪以来的建筑教育新形势与新挑战，中国建筑教育界普遍认为应以"共识与差异"来执行教育改革：一方面在建筑学的核心、建筑教育的核心、教学内容、教学方式上达到某种共识；另一方面，

---

① 邵郁、邹广天：《国外建筑设计创新教育及其启示》，《建筑学报》2008年第10期。

② 张燕来：《现代建筑与抽象》，中国建筑工业出版社2016年版，第219页。

“在建筑教育的同时，创造建筑学知识点”。[①] 学科交叉理念的介入，既可以进一步拓宽建筑学知识结构的边沿，也可以有效地提供差异性教育。

二、“一轴两翼”体系中的建筑学专业课程

学科交叉理念给当代高等教育指明了方向，但如何在具体的学科教学改革中从学科特点和专业发展需要出发，建立适宜性的课程体系，是教学改革的首要任务。综合学科交叉理念与建筑学教育发展特点，厦门大学建筑学提出“一轴两翼”教学体系，逐步形成具有特色的建筑学教育架构。

1. 建筑学科“一轴两翼”教学体系

厦门大学建筑学科以“跨学科、重实践、国际化”为指导思想，确立了综合性一流大学背景下的特质化建筑学硕士研究生培养目标：培养开阔学术视野，保持锐意创新活力——以地域文化为基础并与时代性结合的学科研究模式；强化基本工程素质，提升实践科学内涵——以实际设计能力为主线的应用性培养模式；拓展专业理论基础，构建合理知识结构——以综合性院校学科融合为背景的开放性培养模式。

新时期我国“新工科”建设、“双一流”建设的背景下，厦门大学建筑学（国家级一流本科专业建设点）着力结合新的学科增长点，积极探索多学科交叉教学模式，提出了“一轴两翼”教学体系[②]。所谓“一轴两翼”，即是以建筑设计系列课程为特色教学体系的主轴，以技术课程（BIM＋、参数化、绿色建筑等）、人文课程（文化、地理、气候等）为支撑，在厚实“职业性”学科基础的同时，拓宽学生“前沿性”跨学科视野及扎根“地域性”人文内涵。以此教学架构，技术与人文两翼课程共同支撑设计主轴课程，设计主轴课程通过专题引领促进技术与人文两翼的交叉融合。构建具有积极作用的围绕“建筑学”的学科交叉培养体系，强化以建筑设计能力为核心的人才培养体系，增强学生的竞争能力与发展潜力，建构教育、科研与产业之间的融合，突破传统教育壁垒，重塑多元创新的复合型人才培养体系。

2. 建筑学专业课程的构成与特征

在“一轴两翼”教学体系指导下，发挥厦门大学“侨、台、特、海”地域优势及学科交叉优势，特设了一系列专业必修课程，包括设计主轴下的“现代建筑专题研究”“建筑创作理论与方法”等课程，技术翼下的“可持续建筑技术”“数字建筑技术”等课程，人文翼下的“建筑遗产保护与再生概论”“建筑遗产保护设计”等课程。这些课程分为设计轴、人文翼、技术翼等三大类型，每个类型有着不同的教学目标，下设 2～3 个模块科便于实施。

---

① 徐卫国：《创造建筑学新知识》，《时代建筑》2017 年第 3 期。

② 王绍森、李立新、张燕来：《基于专业教育的特色教学探索——以厦门大学建筑教育为例》，《当代建筑》2020 年第 5 期。

值得注意的是，基于学科交叉理念和知识交融的必要性，设计、人文、技术这三个类型的专业课程并不是相互割裂的，在具体课程设置中某些课程是完全可以跨类型的，如“建筑与艺术”专题兼具设计类和人文类课程的特征，建筑技术课程也可以从技术发展史的角度来讲授，从而也兼具了人文内涵（见表1）。

表1 “一轴两翼”体系中的代表性专业课程简表

类型	模块	课程名称	教学目标
设计轴	建筑与设计模块	建筑创作理论与方法	从历史、方法、专题研究等多角度培养综合设计能力
	设计与研究模块	现代建筑专题研究	
人文翼	建筑与社会模块	西方城市规划思想史	从人类社会发展和文化脉络中探讨建筑的精神性
	建筑与文化模块	中国传统民居、传统建筑哲学	
技术翼	建筑与技术模块	建筑数字化技术、可持续建筑	紧密联系最新技术与建造方法拓展建筑的物质性
	建筑与建造模块	建筑空间与建构理论研究	

三、“现代建筑专题研究”课程改革

“关于如何平衡研究与教学、如何协调学术与职业培养、如何指引实践和学术，这一系列问题都取决于长期以来建筑学对世界的认识方法，即‘建筑学的认知方式’。”[①]建筑学的认知方式涉及诸多专业性、专题性内容，如形式、功能、空间、流线等，还与观念、社会、人文、技术密切相关。基于此，“现代建筑专题研究”作为面向建筑设计及其理论研究生的专业必修课程，是“一轴两翼”教学体系中设计主轴的核心专业课程之一。

1. 专题与研究：“现代建筑专题研究”课程

2017年，在学科交叉教育理念的引领下，支撑“一轴两翼”教学体系架构，建筑系开设了面向研究生的“现代建筑专题研究”课程。本课程教改思路是以建筑设计和建筑研究为主轴，突出建筑学研究生课程的研究性，在研究生阶段开始培养“人文＋技术”型综合人才，在课程教学过程中从人文学科、技术学科的多重角度出发，综合考虑专题研究性课程的特点，切实提高学生综合素养与实践能力（见表2）。

表2 “现代建筑专题研究”课题简表

年度	专题内容	教学内容
2018	闽台地域建筑	福建和台湾地区传统地域建筑、20世纪以来的地域主义建筑
2019	乡土遗产建筑	福建地区乡土聚落、城中村、世界文化遗产地、乡村建设

① 亚当·夏尔：《设计、研究与教学：论建筑学的认知方式》，王逸凡译，《建筑学报》2021年第4期。

续表

年度	专题内容	教学内容
2020	现代艺术与建筑	绘画与建筑、摄影与建筑、电影与建筑、艺术写作与建筑
2021	现代建筑与抽象	现代建筑抽象性的溯源、发展、类型与代表建筑师作品研究

2. 人文翼:国际性与地域性

在课程专题设置方面,发挥厦门大学强势人文学科的优势,将“国际性”与“地域性”作为人文翼发展的关键词,研究方向围绕建筑人类学、建筑遗产学、现代艺术与建筑、人文地理学与规划等展开。具体包括:(1)遗产保护,对鼓浪屿、土楼等世界性遗产、漳州古城,进行保护更新研究;(2)乡村建设,对福建乡村传统街区进行特征识别、空间行为、公共空间评价及优化更新等设计研究,并建设成“城乡规划新技术 GIS 应用”国家级一流课程;(3)闽台海岛,以平潭为主题开展闽台海岛聚落演变机制的科学研究,以及海岛可持续发展相关的设计研究。通过课程专题研究,带动社会实践与思政活动,发展了如厦门大学乡村建设社、厦门大学文化遗产学社等校级学生活动,定期举办实践活动,促进校园文化品牌形成。

3. 技术翼:数字化与可持续

我国正面临着新一轮科技革命与产业变革,充分适应数字技术、智能技术下科学化、精细化建筑工程,将“数字化”与“可持续”作为技术翼发展的关键词,研究方向围绕机器人建造、绿色建筑学、参数化建筑设计、BIM+的建筑学应用等展开。具体包括:(1)数字设计,将计算性思维与创作性思维交叉融合到设计专题之中,进行参数化建筑设计研究;(2)数字建造,以学院数字建筑实验室为依托,运用 3D 打印设备、机械臂设备形成从数字设计到数字建造的全链条;(3)绿色建筑,2018 年在山东德州举办的国际太阳能十项全能竞赛中,厦门大学与法国布列塔尼 TSB 协会中的五所高校、山东大学联合组成的“JIA+”联队荣获总分第三名的佳绩,竞赛团队两次获厦门大学校长嘉奖。发展出厦门大学数字建造社校级学生社团,开展了两次数字建造营,吸引了来自多个学校的学生参与其中,对全校范围多学科交叉形成了积极效应。同时,体现了综合性人才培养和“新工科”建设的初步成效。

四、教学重点与教改思考

本课题的改革任务在于整合建筑学专业研究生教学体系中的专题研究相关课程,在学科交叉理念下利用厦门大学综合学科优势,融合人文类、技术类、信息类学科,并与学科竞赛等培养环节相结合,形成系统化的“现代建筑专题研究”课程体系,适应建筑学科发展的时代需求并服务社会。

1. 形式:技术交叉

较于其他学科课程,学生创造性能力的培养是传统建筑设计教学的重点之一,然而,在新技术和新观念的冲击下,学生应具备更多元的高阶能力,更具挑战性的设计问题,更具思辨性的价值判断。本课程以研究生为主体,广泛开展启发式、讨论式、案例式等教学形式,以参与各项教学改革为契机,运用在线课程、MOOC、翻转课堂、虚拟仿真教学实验等最新教学理念与教手段,提高课堂效率。一方面,运用全新的数字技术对设计专题进行可量化、科学化的分析与研究;另一方面,运用新的教学技术实现线上、线下翻转,课前、课中、课后的生态化课堂,促进小组专题研究与多小组教学讨论。通过技术交叉的教学形式改革,提升学生学习热情,有效应对专题研究所带来的复杂问题。

2. 核心:学科融合

融合计算性思维与创造性思维的教学创新实践,培养适用于未来技术革命的新型人才,围绕建筑学科基本问题,建构多学科融合、产学研融合的多位通道与系统,积极回应新工科建筑学的学科发展需要。在专题教学中设置融合技术与人文思想的教学创新实践,培养适用于未来技术革命的新型人才,围绕建筑学科基本问题,建构多学科融合、产学研融合的多维通道与系统,积极回应新工科建筑学的学科发展需要。将课堂教学与设计实践项目、建筑设计竞赛相结合。从理论学习到实验实践,从单项训练到综合训练,从创新意识培养到建筑工程实训,形式上采取理论学习与设计竞赛、工程实践相结合,充分利用校内外各种资源搭建成产、学、研、创综合发展平台。

3. 评价:多维系统

建筑设计课程成果多以学生设计作业为主体,评价对象多集中于最终作业成果,评价多以教师为主,缺少学生参与,导致不能全面反映学生多元学习能力的培养。本教学改革下的学生学习效果需要科学化的评价系统,结合教学创新模式与设计具体环节,创新性搭建了立体评价系统。第一,评价环节设置,分别为课前线上测试、课中线上与线下测试相结合、项目设计初步方案、项目设计最终成果六个环节。第二,多维度评价,将传统教师评价转换为包括教师在内的多方互评,包括学生自评、小组内互评、小组间互评、课外专家评分、线上测试得分及教师评价的多方互评。

五、结语

从学科发展的历史来看,几乎所有的学科最初都是以混沌和交错的形式包含于人类古老的哲学范畴内,15世纪后,学科之间的差异渐渐凸显。但直到20世纪上半叶,在大学教育中最终分化为自然科学、社会科学和人文科学三大类型。20世纪末21世纪初以来,随着复杂科学问题的不断出现,学科交叉的必要性应运而生。可以说,学科交叉理念的产生和人类科学和教育的发展是并行的。

建筑教学改革既必须面对国家发展和行业需求，更要紧密结合学科自身特色。“现代建筑专题研究”课程是在学科交叉背景下的一种结合厦门大学学科优势的实验性、个性化教学探索，面对不断发展中的学科内涵与外延，如何真正打破学科之间的藩篱、融合各学科的优势是在今后的教学改革执行中需要进一步思索的内容。

"《资本论》研究"中专题教学法的应用分析

丁长发*

摘　要:由于"《资本论》研究"课程的理论性、科学性、整体性、时代性和抽象性等特征,在经济学院理论经济学研究生(硕士和博士)教学过程中有必要采用专题教学法。有利于"《资本论》研究"课程及《资本论》体系结构的讲授;有利于调动学生学习和研究《资本论》的积极性、主动性;有利于学生系统地掌握马克思经济学原理。这就要求教师按照《资本论》的体系和结构,设计好适合研究生的专题。每个专题的时代感和现实感,运用马克思《资本论》的基本原理来深入分析转型时期的中国经济实践问题。要求学生提早准备、在课堂展示其专题,这要求教师本身对这些专题的主要内涵、国内外的进展和分析的角度等进行点评分析,从而使得《资本论》研究的专题教学法有较好的教学效果。

关键词:"《资本论》研究";专题教学法;必要性;实施步骤

马克思用毕生精力完成的经济学经典著作《资本论》,自1867年出版以来一直在世界广为流传,《资本论》是马克思主义理论宝库中光辉灿烂的科学巨著,并被称作"工人阶级的圣经"。由于"《资本论》研究"课程的理论性、科学性、整体性、时代性和抽象性等特征,在目前社会主义市场经济体制下,如何激发理论经济学研究生对学习"《资本论》研究"课程的积极性、主动性,依据多年的教学经验我认为专题教学法是比较适合的。

一、"《资本论》研究"课程专题教学法应用的必要性

(一)有利于"《资本论》研究"课程的讲授

"《资本论》研究"课程作为厦门大学理论经济学研究生(硕士和博士)必修课之一,其教学目的主要是促使当代研究生在树立马克思主义科学世界观、人生观的同时,不断提高马克思主义经济学理论思维水平,学会站在马克思主义的基本立场、运用马克思经济学基本原理、基本观点和方法(唯物辩证法)来深入分析改革开放过程中转型中国的具体经济

* 丁长发,男,福建顺昌人,厦门大学经济学系副教授,主要研究方向为中国农业和农村经济体制改革、《资本论》研究。

社会问题。

但《资本论》毕竟是第一次工业革命的产物，从1867年资本论第一版出版至今有150多年了，现代经济学随着资本主义市场经济的快速发展，出现了新古典综合理论、凯恩斯理论、货币主义学派、理性预期、新制度经济学等，分别用最基本的供求、边际分析、制度分析、数理等各类经济分析方法分析资本主义市场经济。《资本论》所涉及的经济范畴如价值和使用价值，具体劳动和抽象劳动，不变资本和可变资本、地租、利润，剩余价值等经济范畴；劳动价值论和剩余价值论等马克思《资本论》中最基本的理论具有高度的时代感、历史感、现实感。

采用专题教学法是比较适合的。所谓《资本论》研究的专题教学法，就是按照《资本论》研究的结构和体系，确认好专题，结合中国转型经济的现实和热点问题，在讲授《资本论》每个专题所涉及的基本理论后，要求学习自己去搜集相关资料，写好本专题的小论文，并在课堂上展示专题的PPT，从而使得学生参与进来。

个人认为在"《资本论》研究"课程教学中，使用专题教学方法，教师可以有更广阔的教学空间，增加教学内容的广度和深度，促进学生参与到"《资本论》研究"课程中。

（二）有利于调动学生学习和研究《资本论》的积极性主动性，并认真查阅《资本论》原著和相关研究资料

"《资本论》研究"课程由于其经济范畴的高度抽象性、理论性、时代性，马克思主义经济学理论面临着现代西方经济学理论、流派和大量贴切中国市场经济发展的经济学术语的竞争，加上学生毕业和就业竞争的考虑，比如经济学院几乎所有研究生(硕士和博士)毕业论文都需要大量的计量模型，但我在评审或答辩过程中，发现理论经济学毕业研究生理论性的综述或创新度不够。因此，大部分学生在学习"《资本论》研究"这门课程期间不专心听讲，甚至读外语、做计量经济学题目、看自己喜欢的论文等。

一句话，就是"《资本论》研究"这门课程没能激发其学习的积极性、主动性。因此，我在上课过程中，引入专题教学法。即在学生学习《资本论》研究的基本经济学原理的过程中，引入中国经济改革和转型过程中的热点经济社会问题，要求这些博士或硕士，能运用唯物辩证法、马克思主义科学抽象等，运用《资本论》的基本经济理论来分析中国经济转型过程的热点问题。比如第一个专题：马克思《资本论》的研究对象和最基本的经济规律理论、生产力和生产关系、经济基础和上层建筑理论，来分析中国改革开放以来为啥经济高速增长，以及运用经济基础和上层建筑的内涵和关系来分析改革开放以来我国八次政府机构改革。

这里涉及马克思《资本论》最基本的生产力和生产关系的理论：(1)我在课堂上先讲述《资本论》的研究对象："是资本主义生产方式以及和它相适应的生产关系与交换关系。"并指出《资本论》是以英国作为研究的主要对象。马克思说："到现在为止，这种生产方式的

典型地点是英国。因此，我在理论阐述上主要用英国作为例证。”(2)阐述生产力、生产关系以及经济基础和上层建筑的内涵。这里可以结合中国改革开放的实践，要求学生好好运用生产力和生产关系、经济基础与上层建筑的关系分析中国改革开放40多年来高速增长的原因。结合当代经济学理论和实践的发展，分析狭义的生产关系和广义的生产关系。比如广义的生产关系包括生产关系、交换关系、分配关系和消费关系，马克思有关这四者的内涵、关系的论述，并且结合中国的市场经济的实践，如运用马克思消费关系理论来分析党中央提出的国内大循环、国内国际双循环促进我国经济发展以及共同富裕的新理念来阐述我国分配关系存在的问题、如何改革等。

一方面讲授这些马克思《资本论》基本经济学原理，另一方面要求学生自己去查阅资料，撰写专题小论文，并且把这些小论文做成PPT在课堂上讲解，十分有利于调动学生学习《资本论》的积极性和主动性。

(三)有利于在教学时间有限的前提下，让学生系统掌握马克思经济学的基本原理、研究方法

马克思的《资本论》被誉为马克思主义的“百科全书”。从规模上看，它有四卷六册，400万字，4687页。第一卷有982页，第二卷648页，第三卷有1135页，这三卷是理论部分。第四卷剩余价值理论分为三册，这是经济学说史的部分，有1922页。

而“《资本论》研究”这门课学院安排的教学时间为14周，每周4节课。教师授课时数少与授课内容多就出现了矛盾。为了在有限的教学时间内让厦大经院理论经济学研究生掌握马克思《资本论》基本经济学原理，并贯彻“学马列要精，要管用”的原则。以中国经济转型的问题导入式的专题教学法来组织教学内容，是教师化解“《资本论》研究”授课时数少与授课内容多之间矛盾的有效方法，每个专题都首先讲授《资本论》最基本的原理，然后提出结合中国的具体经济改革实践，要求学生去查阅收集相关资料，并且在班级展示PPT，其中展示的PPT和小论文，作为平时成绩，占全部这门课程总成绩的30%(期中考和期末考试成绩各为30%)，上课出勤占10%。有力地调动学生去学习掌握马克思《资本论》的基本原理、研究方法，并运用这些原理和方法来分析中国经济具体实践问题。

(四)《资本论》的结构到体系十分有利于专题教学法

《资本论》的结构和体系主要可以概括为以下几个方面：一个研究对象(涉及生产力与生产关系、经济基础与上层建筑的内涵与中国改革开放的具体实践的专题)；一个起点(资本主义经济细胞的商品)；一个基础(建立了科学的劳动价值论)；一条主线(揭示了剩余价值论或剩余价值规律)；三个过程(剩余价值生产过程、剩余价值流通过程或实现过程和剩余价值的分配过程)。具体涉及以下方面：

1. 劳动价值论。劳动价值论贯穿整个《资本论》，但是它的基本理论是在第一卷第一篇中得到论述的。这里可以运用专题教学法涉及三大原理：劳动价值论及其当代发展；马

克思两种社会必要劳动时间的内涵及其现实意义;马克思效率理论的内涵与现实意义。

2. 剩余价值理论。这是在《资本论》第一卷第二到第六篇讲述的内容。这里可以运用专题教学法涉及:马克思工资理论内涵与当代意义;剩余价值理论(其中剥削理论)内涵及当代意义。

3 资本原始积累和资本积累理论。这是《资本论》第一卷第七篇的内容。这里可以运用专题教学法涉及的是资本原始积累与资本积累的理论及现实意义。

4. 个别资本再生产理论。这是《资本论》第二卷第一、二篇的内容。这里可以运用专题教学法涉及的是产业资本循环与周转理论及对降低我国流通费用的意义。

5. 社会资本再生产理论。这是在《资本论》第二卷第三篇的内容。这里可以运用专题教学法涉及的是社会资本再生产两大部类顺利进行的理论及对我国"新基建或中国制造2025年指导意义"。

6. 平均利润和生产价格理论。这是《资本论》第三卷第一篇到第三篇的内容。这里可以运用专题教学法涉及的是马克思成本价格理论及对我国供给侧结构性改革的意义。

另外,涉及的《资本论》中的商业资本和商业利润理论,借贷资本和利息理论,地租理论,各种收入及其源泉。这里可以运用专题教学法涉及的是马克思经济危机理论及现实意义,马克思货币金融理论及现实意义,马克思地租理论和小农经济理论及对我国农业和农村体制改革的现实意义。

二、"《资本论》研究"课程专题教学法应用实施的步骤

(一)选择好"《资本论》研究"专题,充分利用专题教学法的特点,促进专题教学法的合理使用

"《资本论》研究"专题教学法的过程中问题的导向性、理论的系统性、现实的针对性和系统的方法性特点。

1. 充分运用专题教学法的问题导向性和现实针对性的特点。"《资本论》研究"涉及马克思《资本论》的研究对象、结构和研究方法,《资本论》的基本经济学原理等纯理论的内涵。为了提升学生学习《资本论》的兴趣,在专题教学中我的选题力求采用"三贴近"(贴近我国转型时期经济现实、贴近学生思想、贴近学生感受的社会实际)和"三不回避"(不回避我国经济社会的热点问题、不回避质疑、不回避改革过程中出现的负面问题)的教学案例。要求学生系统掌握马克思《资本论》基本经济学理论和研究方法,力求这些专题具有科学性、知识性、实践性和创新性。

2. 充分运用专题教学法理论的系统性特点。根据《资本论》第一卷到第三卷的内容,涉及资本主义生产过程、流通过程和资本主义总过程,以及国内外学术界对《资本论》研究的热点问题,结合中国经济社会转型时期的热点问题,我选择13个专题。

具体包括第一个专题生产力和生产关系，经济基础和上层建筑理论（涉及巴黎公社宣言，廉价廉洁高效政府）。结合我国改革开放的经验阐述生产关系对促进生产力发展的重要性，结合我国八次政府结构改革，让学生去查阅我国社会主义初级阶段的经济基础，如何改革我国目前的上层建筑（改革开放以来我国八次政府机构改革的经验、马克思巴黎公社宣言涉及的高效廉洁的政府体系的论述）。这里涉及《资本论》的研究对象、结构和研究方法，涉及《资本论》研究对象的国内外学术界的看法、生产力和生产关系的内涵，尤其是结合我国经济新常态、转型经济的发展，全民阐述狭义和广义的生产关系的内涵。第二个专题马克思两种社会必要劳动时间分析（涉及资本论第一卷和第三卷的内容）。第三个专题：马克思效率理论及其现实意义。第四个专题马克思劳动价值论及当代发展。第五个专题马克思工资理论及当代意义。第六个专题马克思产权理论与重建个人所有制。第七个专题马克思剩余价值理论（有关剥削的认识）及现实意义。第八个专题马克思资本积累理论（贫困化理论）对我国精准扶贫的借鉴意义。包括资本原始积累中圈地运动和我国现代土地征收制度的分析（生产力和生产关系的视角）。第九个专题马克思货币金融理论（资本运营理论及现实意义；世界货币理论和我国人民币如何国际化、马克思信用理论）。第十个专题马克思宏观经济学的两大部类生产顺利进行及对我国新基建和“中国制造2025”的指导意义。第十一个专题马克思成本价格理论（转型）及对我国供给侧结构性改革的指导意义（涉及马克思平均利润理论、竞争理论、产业资本循环与周转理论等）。第十二个专题马克思经济危机理论及现实意义。第十三个专题马克思地租理论和小农经济理论及对我国农业和农村体制改革的现实意义。

这 13 个专题除了第二个马克思两种社会必要劳动时间理论，都要求学生结合中国经济社会转型的热点问题，我都会在课堂上一一讲授，然后要求学生联系这些改革实践或热点问题进行深入分析。

（二）《资本论》研究授课过程中专题分析法、讲授法与学生课堂展示、讨论相结合

首先，我在授课过程中，会把《资本论》的研究对象、结构以及研究方法讲授完毕。然后提出以上涉及《资本论》13 个专题的基本内涵，让学生掌握马克思《资本论》的基本经济学原理。

其次，我在课堂上把《资本论》每个专题的马克思主义经济学的主要原理和国内外相关学术界的看法和发展讲透。比如第一个专题《资本论》研究对象涉及的生产力和生产关系，除了最基本的马克思生产力和生产关系的基本内涵，引用习近平总书记在纪念马克思诞辰 200 周年大会上发表重要讲话时所指出的内容：“学习马克思，就要学习和实践马克思主义关于生产力和生产关系的思想”，“我们要勇于全面深化改革，自觉通过调整生产关系激发社会生产力发展活力，自觉通过完善上层建筑适应经济基础发展要求，让中国特色社

会主义更加符合规律地向前发展”。[①] 马克思的经济思想科学地阐述生产力和生产关系的基本原理，批判资本主义市场经济弊端及其理论，对无产阶级的强烈的人文关怀具有巨大的理论和现实意义。但结合当今世界如南非、委内瑞拉、津巴布韦等国家经济社会发展，阐述马克思主义理论的生产关系对生产力发展的重要性。这样激发学生学习探讨《资本论》中基本原理的积极性和主动性。

最后，我和助教一起把 13 个专题，按照专题理论内涵的重要性来确定讨论的人数。每个专题涉及最少 4 名同学，最多的如劳动价值论、马克思效率理论需要 6～8 个同学。确保全班同学都有自己的专题。并要求他们去查阅相关的资料、国内外研究的进展、如何运用这些基础理论来分析中国经济现实问题等。然后每个同学撰写该专题的小论文，作为平时成绩；做好 PPT，在全班同学面前展示，提高他们在公众面前的表达能力，我要求同学点评或自己点评，如果同学点评很不错可以加分。这样促使全班同学都参与《资本论》相关专题的资料收集、述评、分析到最后的演讲和展示中去。

（三）“《资本论》研究”专题教学法注意事项

首先，一定要严肃纪律。由于各种历史和现实的主客观因素，确实每次都有些研究生，随便找一篇不相关或者和主题关联性不大的论文，在课堂上简单展示或讲解下。我都会非常严肃地告诉学生这些和主题相关性不大或无相关性，要求论文要重写，否则这部分成绩则零分。另外，要适当点名，先严肃纪律性，老师点名三次没来上课的学生重修这门课。

其次，明确告诉学生的成绩分布。“《资本论》研究”这门课，成绩是出勤占 10％，平时论文和演示占 30％，期中考和期末考试成绩各占 30％。俗话说，分分分是学生的命根，绝大多数学生都会认真去准备相关专题的资料，对于他们也是一次学术的锻炼。

最后，作为“《资本论》研究”的课程老师，对于每个专题的基本内涵、理论发展的进展，如何站在马克思主义立场上，运用马克思经济理论和研究方法来指导、分析国内外经济社会发展和现实问题，对每一个学生展示后进行深入点评，适当对阐述丰富的学生给予鼓励，对阐述不到位的学生给予批评等，都有利于这门课专题教学法的成功运用。

---

① 习近平：《新时代中国共产党人如何学习马克思》，https://news.12371.cn/2018/05/04/ARTI1525405242211705.shtml? t=636610440281800594，访问日期：2021 年 11 月 17 日。

厦门大学羽毛球课程建设与发展研究

林顺英 刘小龙 张建森 刘 超 刘 婷 陈志辉*

摘 要:大学体育作为学生接受正规体育教育的最后一站,肩负着提升大学生的身心健康的使命。本研究以厦门大学为例,从厦门大学羽毛球课程建设发展历程出发,从羽毛球课程教学目标、教学设计、教学内容、教学组织及教学评价等方面的建设进行深入剖析,并在此基础上概括总结厦门大学羽毛球课程建设与发展的特点,以期为我国高校公体羽毛球课程建设与发展提供参考与借鉴。

关键词:羽毛球;课程建设;课程发展;厦门大学

新时代,人民的健康问题得到越来越人的关注,实现国民健康长寿是全国各族人民的共同愿望。党和国家历来高度重视人民健康,并把“健康中国”上升为国家战略。学校体育作为学生增强体质、增进健康最重要的方式之一,借此也获得了飞跃式发展。2020 年 10 月 15 日中共中央办公厅、国务院办公厅印发的《关于全面加强和改进新时代学校体育工作的意见》中指出:“高等教育阶段体育课程与创新人才培养相结合,培养具有崇高精神追求、高尚人格修养的高素质人才。”羽毛球运动作为高校体育教学项目之一,以其对抗性强、趣味性浓、健身性好等特点,深受广大学生甚至教师的青睐。同时,新时代大学生拥有良好的身体素养和健全的心理素质是时代发展与进步所需人才的基本条件,羽毛球运动的独具特色是大学生实现强身健体、健全心智的主要途径。为此,以厦门大学为例,从厦门大学羽毛球课程建设发展历程出发,从羽毛球课程教学目标、教学设计、教学内容、教学组织及教学评价等方面的建设进行深入剖析,并在此基础上概括总结厦门大学羽毛球课程建设与发展的特点,以期为进一步深入探索我国高校公共体育羽毛球课程建设路径提供参考与借鉴。

---

* 林顺英,女,福建龙海人,厦门大学体育教学部副教授,主要研究方向为体育教育训练学;刘小龙,男,福建漳州人,厦门大学体育教学部老师,前羽毛球世界冠军,主要研究方向为体育教育训练学;张建森,男,福建漳州人,厦门大学体育教学部讲师,主要研究方向为体育人文社会学、赛事运作;刘超,女,河南驻马店人,厦门大学体育教学部副教授,主要研究方向为体育教育与训练学、体育人文社会学;刘婷,女,新疆伊犁人,厦门大学体育教学部副教授,主要研究方向为学校体育学、体育人文学;陈志辉,男,福建龙海人,厦门大学体育教学部副教授,主要研究方向为学校体育教育,足球青少年训练与竞赛。

一、厦门大学羽毛球课程建设发展历程

从 2005 年新学期开始，厦门大学就开设羽毛球课程，至今有 16 年发展历程，开课之初就根据学生个人羽毛球技术水平情况设置了基础班和提高班，小班授课制，每学期均有开设羽毛球课程，教学对象包括本科生和研究生在内的在校学生。近 5 年来，随着体育场馆数量不断增加，厦门大学每学年开设的羽毛球班级数量平均超过 30 个，选课学生达到 1000 人；课外社团组织的羽毛球活动与赛事，参与的学生每学年也超过 1000 人次。师资队伍也不断壮大，8 位任课老师均具有良好的师德师风，热爱羽毛球的教学工作；职称上副教授 5 位，学历上博士 1 位、硕士 7 位，年龄上 40 岁以下有 2 位、41—55 岁有 6 位，尤其是 2018 年羽毛球世界冠军刘小龙加入，高超的专业技术水平与赛事经验给厦门大学羽毛球运动带来了强劲的动力。可以说，当下我们拥有一支教学经验丰富、专业知识和专业技能水平较高、后劲十足的年轻教学团队。教学上在课程目标、课程内容、课程考核、组织方法、教学方法等方面从单一技能教学升级向多元化技能教学转化，并在实战中突出羽毛球运动的社会文化内涵，运动中潜移默化地进行德育培养。教材上编著适合厦门大学教学实际需要的校本教材，逐渐形成了软硬件相对成熟的课程体系。

厦门大学羽毛球课贯彻落实习近平总书记“树立健康第一的教育理念，开齐开足体育课，帮助学生在体育锻炼中享受乐趣、增强体质、健全人格、锤炼意志”的要求中，根据学生对羽毛球运动的热爱，在师资方面，引进羽毛球世界冠军刘小龙，不断提升任课教师的专业技术水平；在运动场馆与器材方面提供大力保障，尤其是翔安校区新场馆的投入使用；在羽毛球课内教学方面上分层教学、因材施教，注重礼仪与思政教育，增加多媒体元素来排除身体素质锻炼的乏味，以期缓解学生的学习与生活压力；在课外群体活动方面，社团活动开展活跃，运动队训练吃苦耐劳、顽强拼搏。可以看出，厦门大学羽毛球建设与发展从基层课堂教学、中层社团活动、顶层运动队三个不同层次出发，相辅相成、相互促进，共同构筑了厦门大学羽毛球运动开展的辉煌景象(见图 1)。厦门大学羽毛球运动的全面开展，增强了学生体质、促进学生身心健康和提高社会适应能力，为厦门大学“双一流”大学培养德智体美劳“五育并举”的高素质专业人才服务。优秀的教师团队和突出的教学效果，让羽毛球在 2019 年获得校级一流本科课程建设项目，2020 年获得省级一流本科课程建设项目。

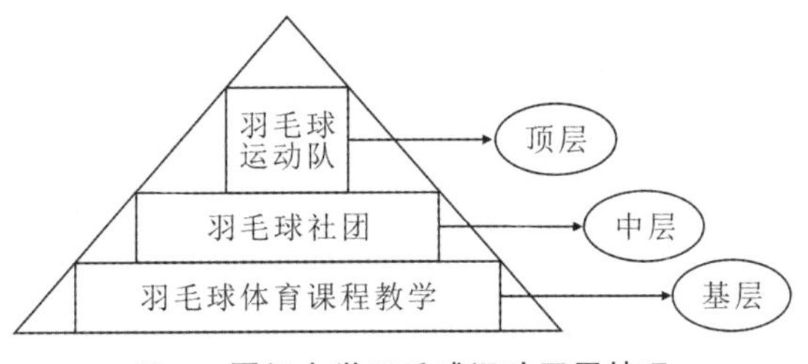

图 1　厦门大学羽毛球运动开展情况

二、厦门大学羽毛球课程的教学目标

1. 运动技能方面

羽毛球课针对不同基础的学生开设基础班和提高班，让学生掌握羽毛球运动的基本知识、基本技术和基本技能。基础班学生掌握羽毛球基本技术后能开展一些简易的教学比赛，懂得简单的比赛规则；提高班学生在掌握羽毛球基本技术和基本战术后能组织并能参加羽毛球教学比赛，担任比赛的组织与裁判工作。培养学生参与羽毛球运动的兴趣爱好，喜欢、爱上羽毛球运动，养成运动习惯，学会休闲体育和快乐体育，掌握终身体育锻炼的方法，提高体育文化素养。

2. 生理健康方面

在羽毛球运动过程中，通过身体素质与专项素质的训练来增强学生的心肺功能，提高速度、力量、耐力、灵敏、柔韧等身体素质指标，达到全面发展学生的身体素质和提高学生健康水平。

3. 心理健康方面

羽毛球运动有赢有输，学生可以从中得到成功与挫折的情绪体验，学生的个性和创造力得到充分展示，改善心理状态、克服心理障碍，养成积极乐观的生活态度，学生身心和谐健康发展。

4. 社会适应方面

由于羽毛球运动是隔网对抗的项目，加强学生组织纪律性和礼仪教育，培养学生灵活、勇敢、顽强的意志品质与团结拼搏、积极向上、乐观开朗、吃苦耐劳的精神，提高学生适应社会能力。

三、厦门大学羽毛球课程的教学设计与教学内容

1. 羽毛球课程的教学设计

体育运动本质就是身体的运动，现场实践是运动的主要方式。在教学设计上，遵循羽毛球运动的项目规律，始于握拍，终于实践，由简单到复杂，从手法到步法逐渐过渡到手法步法一体化，从不会打球到会打球逐渐过渡到会比赛，灵活运用各项技术与战术。在此思想理念下，提出了“重步法、促一体、育素养”的教学改革路线，实现三会目标——“会打球、会比赛、会尊重”，让学生真正从羽毛球课程学习中学到知识、掌握技能、懂得战术、学会比赛、学会做人。教学设计思路如图2所示。

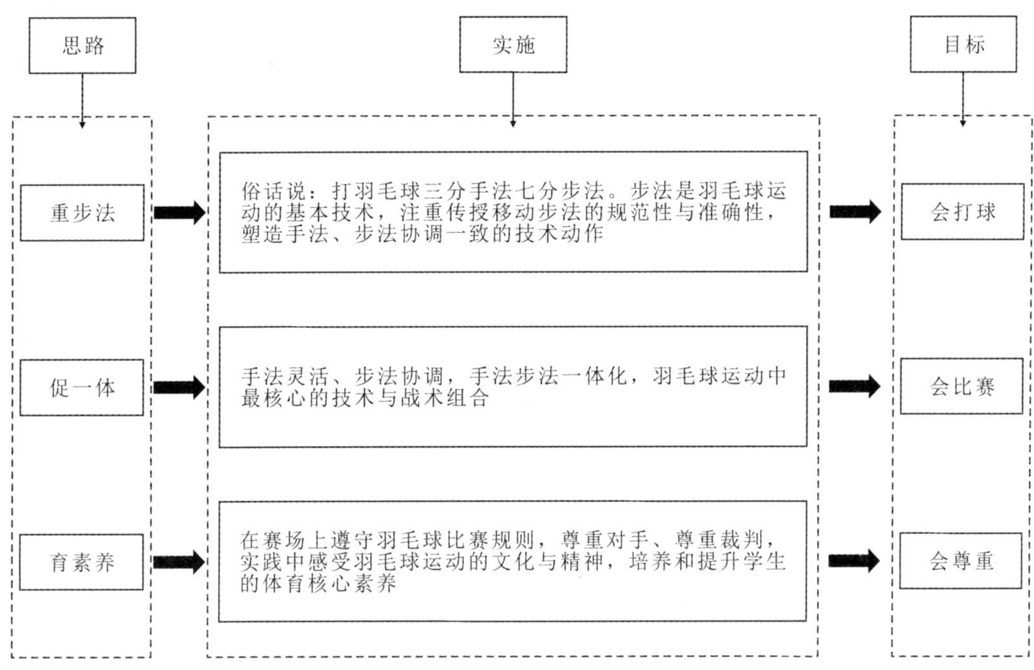

图 2　羽毛球课程教学设计思路

在教学内容上，在了解羽毛球运动发展历程的基础上，掌握羽毛球的各项基本技术，并在实践过程中把基本技术科学合理运用到基本战术中，能比赛、懂规则、当裁判、会欣赏，并掌握一定的身体素质训练方法。

在考核方式上，考核机制从单一向多元转化，注重学生的理论与实践水平，测评学生对技战术的运用能力，从知识、技术、战术、组织、表现等各方面考评学生的羽毛球运动水平。

2. 羽毛球课程的教学内容

羽毛球课程把课程思政教育潜移默化地融合到课程实践教学中，主要内容包括羽毛球发展历史、现状及未来的发展趋势，羽毛球的基本技术和基本战术，羽毛球竞赛规则及裁判工作，一般身体素质与专项身体素质训练方法，羽毛球运动常见的运动损伤的预防、营养及科学饮食，球馆安全与卫生教育，羽毛球课程思政教育，使用球场说明等。

(1)介绍羽毛球运动的起源与发展历程、羽毛球运动的现状及发展趋势。

(2)羽毛球基本技术：握拍(包括正反手握拍技术)；对墙正、反手击球练习；正、反手发球技术(包括发后场高远球、平高球、平射球、前场小球等)；发球站位和准备姿势、接发球站位与准备姿势；击球(包括击高远球、吊球、杀球、搓球、推球、勾球、抽球、扑球等击球技术)；步法(包括并步后退步法、交叉步后退步法、交叉步或垫步上网步法、蹬跨步法等)。

(3)羽毛球基本战术(如攻四方球控制落点、快速高吊结合突击的打法、下压控制网前进攻的打法、推压底线组织进攻的打法等)。

(4)最新的羽毛球运动竞赛规则。

(5)羽毛球运动一般身体素质和专项身体素质的训练方法。

(6)羽毛球运动常见的运动损伤与预防。

(7)羽毛球运动所需的营养及科学饮食等。

(8)培养勇于拼搏的进取精神和果断的行事风格，增强协作意识以及自信心。

四、厦门大学羽毛球运动的教学组织

1. 课内教学

羽毛球课程教学是由教务处与体育教学部协调组织排课，学生通过网络选课系统进行选课。针对学生不同运动水平开设基础班和提高班，分小班进行授课，教学过程中分层教学、因材施教、因地制宜，充分调动学生积极参与到羽毛球运动中来，让学生在流汗中享受运动的乐趣，增强身体素质。任课教师本着全心全意为学生身心健康服务的宗旨，认真负责，兢兢业业；在学期初，课程组统一协商确定教学内容、考核内容与评价标准，鼓励任课教师开创多样的教学组织实施方法；学期中课程组组长组织任课教师通过相互听课、评课、研讨等活动形式来发现并及时解决课堂教学中存在的问题，不断改革与创新课堂教学方法尤其是每学期的师生座谈会，从学生角度来看羽毛球课程教学，更客观地评价，更深入更全面地解决教与学之间的矛盾；学期结束后的总结报告，课程组根据各位任课教师及学生反馈信息汇总本学期羽毛球课程的授课特点、存在不足及改进意见，反馈给单位，为厦门大学体育课程教学的不断深入改革和发展提供思路与依据。线上教学方面，每学期开学初任课教师都需要更新教学大纲与教学进度，更新和完善线上羽毛球课程资源，给学生提供便捷的学习方式。

2. 课外锻炼与竞赛

一方面，由体育教学部牵头指导的羽毛球社团，每学期都积极组织活动与比赛，各个学院内、院系之间都有组织羽毛球赛事，既有团体赛也有单项赛，让学生在比赛中不断提升自己，挑战自己，丰富了学生的课余文化生活。另一方面，是校羽毛球运动队的建设与发展，在世界羽毛球冠军刘小龙老师的带领下，校园内掀起了一场跟世界冠军学打羽毛球的热潮，校羽毛球队也积极走出校门，参加国内各级各类赛事，并取得了不错的战绩。另外，运动场地网络预约系统的启动，更加合理安排师生使用球场时间，让更多的师生在课余时间多多参与到羽毛球运动中来。可以说，一流的教师、一流的学生、一流的设备、一流的管理给厦门大学羽毛球运动的开展与推广带来了契机。

五、厦门大学羽毛球课程的教学考核

羽毛球课程评定方式为现场实践考试，考核内容主要包括羽毛球专项考试、身体素质考试和平时课堂表现三部分，其中身体素质考核项目为50米跑、坐位体前屈、立定跳远、仰卧起坐（女）/引体向上（男）、800米（女）/1000米（男）；专项、身体素质、平时表现三部分评定内容分值比例为5∶3∶2。关于羽毛球专项考试，基础班主要包括发球、击高远球、教学比赛（单、双打）三方面；提高班主要包括发球、教学比赛（单、双打、组织赛事与裁判工作）、步法三个方面。具体考试办法与评分标准如表1所示。

表1　羽毛球课程专项考试内容、考试办法及评分标准

	考试内容	考试办法和评分标准
基础班	羽毛球专项考试共100分，其中包括发球、回击高远球、教学比赛。	(1)发球(30分) 发球达标20分：连续发10个球（左右区各5个球）； 发球技评10分：根据发球动作、球的飞行效果、球的有效性等方面进行评分。 (2)回击高远球(30分) 回击高远球达标15分：两人一组，连续对击15个球； 回击高远球技评15分：根据回击高远球动作、球的飞行效果、击球综合能力表现等方面进行评分。 (3)教学比赛(40分) 根据场地和班级人数分组进行教学比赛，教师根据学生在比赛场上的各种表现进行综合评分。
提高班	羽毛球专项考试共100分，其中包括发球、场上六点移动步法测试、教学比赛。	(1)发球(30分) 发球达标20分：连续发10个球（左右区各5个球，5个高远球、5个网前球）； 发球技评10分：根据发球动作、球的飞行效果、球的有效性等方面进行评分。 (2)场上六点移动步法测试(30分) 根据场上前中后六个点的位置，从球场中心开始，六颗球，每次只能拿一颗，用羽毛球移动步法将球放到场地的六个点，然后再依次从六个点将球收回球场中心，计时为标准。每人可以测试两次，取最好成绩。 (3)教学比赛(40分) 根据场地和班级人数分组进行教学比赛，学生必须掌握比赛规则并具备一定的比赛组织能力，能组织班级的教学比赛并担任裁判工作，教师根据学生的具体表现进行综合评分。

六、厦门大学羽毛球课程建设与发展特点

1. 教学目标具体化

羽毛球课程以增强学生体质、增进学生健康为目标，让学生在校期间掌握羽毛球运动的基本技术与基本战术，提高学生身体素质和协调合作能力，培养学生养成终身体育锻炼的习惯；教学比赛过程中渗透课程思政教育，增强学生社会适应能力，拥有良好心态和较强的心理素质，培养学生团结、拼搏、顽强的意志品质，锻炼心智，胜不骄败不馁，体验在运动中释放压力、放松自我，愉悦身心。

2. 教学设计全面化

遵循羽毛球运动的项目规律，由简单到复杂，从手法到步法逐渐过渡到手法步法一体化，从不会打球到会打球逐渐过渡到会比赛。羽毛球课程教学设计的初衷是让学生真正

从羽毛球课程学习中学到知识、掌握技能、懂得战术、学会比赛、学会做人。

3. 教学模式多样化

羽毛球课程都开设了基础班和提高班,满足不同技术水平的学生进行选修,并规定要选修基础班或有一定基础的学生才可以选修提高班,区别对待,因材施教,把“以学生为主”的思想真正落实到实践中。

4. 教学内容合理化

在羽毛球教学内容确定上,组员们一起根据每学期的教学情况进行总结反馈,研讨更适合学生运动需求和现实状况的教学内容,不断更新、不断改革,使教学内容越来越满足学生的需求,学生也越来越认可老师的教学。

5. 课程评价多元化

羽毛球课程评价包括身体素质、专项成绩、平时成绩三部分,打破了原来的单一评价方式向多元化评价方式转变,突出课程考核评价的全面客观、科学合理、公平公正。

6. 教材建设信息化

在信息化时代里,纯文字和图表的教材已经不能适应学校体育教学改革与发展的需要,我部出版的校内教材,羽毛球课教学的专项技术动作视频拍摄以世界羽毛球冠军刘小龙的运动技术动作为示范标准,生成二维码,学生通过手机扫描即可清晰地观看任课教师的技术动作视频,学习起来更轻松、更方便,信息化、数字化的教材得到学生的广泛好评。

7. 课内课外一体化

在羽毛球课程教学过程中,我们坚持课内教学与课外锻炼相结合,鼓励学生多走出教室,走出宿舍,走向运动场,推行了“阳光体育”课外锻炼,与课内教学评价一体化,大大增加了学生参加体育锻炼的热情,促进了学生体质健康水平的提高,近5年来,厦门大学学生体质健康水平确实得到提升,总体合格率从2014年的74%提升至2020年的95%。

8. 学生身心健康发展和谐化

在羽毛球课程教学过程中,我们除了教授羽毛球专项技术和战术,还从生理与运动、疾病与健康、心理与健康、营养与健康、卫生与健康、运动损伤与健康等方面多角度地向学生传授身心健康知识,不仅让学生在运动过程中锻炼身体,强身健体,而且心理方面能得到释放,排解压力,将羽毛球运动的功能发挥到极致,让学生身心健康和谐发展。

综上所述,厦门大学羽毛球课程建设经过了16年的发展历程,目前拥有一支教学经验丰富、专业知识和专业技能水平较高、后劲十足的年轻教学团队,在课程建设与发展中表现出教学目标具体化、教学设计全面化、教学模式多样化、课程评价多元化、教学内容合理化、教材建设信息化、课内课外一体化、学生身心健康发展和谐化等特点,为厦门大学培养德智体美劳“五育并举”的全面发展的专业人才作出了贡献。

参考文献

[1]中共中央办公厅、国务院办公厅:《关于全面加强和改进新时代学校体育工作的意见》,http://www.gov.cn/zhengce/2020-10/15/content_5551609.htm,访问日期:2021 年 10 月 15 日。

[2]陈志伟、林致诚、林顺英:《大学体育与健康教程》,厦门大学出版社 2020 年版。

[3]中国羽毛球协会:《羽毛球竞赛规则(2020)》,人民体育出版社 2020 年版。

[4]高文强、张国强:《高校羽毛球“课内外一体化”教学模式探析》,《安庆师范大学学报》(自然科学版)2020 年第 2 期。

高校马拉松课程专项教学与训练原则探析

黄力生　杨雅倩*

摘　要:马拉松是一项超长距离的耐力跑,作为课程教学与训练,有着与其他体育课程不同的特点,需要把握其内在规律,并严格遵守一定的教学、训练基本原则。本文研究主要采用的方法是文献资料法和逻辑分析法。本文研究认为,马拉松课程教学、训练过程需要把握健康第一的理念,合理负荷和循序渐进,体技能综合发展,严格执行教学、训练计划,着装舒适、重视训练后的恢复,加强团队合作,克服疲劳和跑进中的单调。体育教学过程中把握好这些原则,能有效提升高校马拉松教学与训练的质量。

关键词:马拉松课程;训练;原则;教学

一、前言

研究者在福建省体工队和上海体育学院接受过系统科学的跑步教育和训练,2017年荣获中国马拉松十大年度人物等。连续19年成功挑战完成19个厦门马拉松全程比赛,同时,已成功参加完成了美国波士顿、加拿大温哥华、澳大利亚黄金海岸、日本大阪、韩国平泽、马来西亚槟城、泰国芭堤雅等全球104场全程马拉松,最好成绩打破3小时。开设的厦门大学马拉松课广受同学们喜欢。从2003年到2021年,每学期有4个马拉松教学班,每班限额100名同学,每年800名大学生选修马拉松健身课程。本人的这些教学、训练心得和经验对于很多业余选手的训练参赛,对马拉松课程教学都有一定的借鉴和参考价值。

二、马拉松锻炼原则

1. 积极主动、健康第一、终身锻炼原则

积极主动是指在跑步训练过程中,必须通过多种方式和手段使参与者形成一种内在的、积极的跑步锻炼的心理需求,从而产生积极的内在激励机制和外在的行为机制。积极

---

* 黄力生,男,福建厦门人,厦门大学体育教学部副教授,主要研究方向为高校体育教学、马拉松训练、体育健身科普研究等;杨雅倩,女,江西萍乡人,厦门大学体育教学部硕士研究生,现就职于厦门市梧桐实验学校,主要研究方向学校体育学、运动训练学。

主动，自觉的内在心理激励机制就成为确保跑步锻炼行为积极开展的心理基础。正如毛泽东同志在《体育之研究》一文论述“欲图体育之有效，非动其主观，促其对于体育之自觉不可”。我们进行马拉松课程教学最主要目的就是希望通过科学系统的跑步锻炼，提高人体健康水平，经常参加马拉松锻炼能有效提高人体心肺功能，有利心脏增大心腔容量增大，心跳缓慢从容和减速，永葆青春，长命百岁。2013 年香港马拉松赛笔者就遇到一位 101 岁的印度老人辛格，他依然成功完成 10 公里的挑战。我们认为跑马拉松最主要的目的就是通过跑步锻炼，提高我们的身体机能，让我们身体健康，充满活力，长命百岁，为社会创造更多的精神财富和物质财富，节约更多的社会资源。此外，积极参加马拉松锻炼能有效地提高和改善人体的身体素质，能给自己的下一代带来很好的影响和示范作用。笔者的父亲也是一名优秀跑步运动员，1956 年福建省田径 400 米纪录保持者、福建省第四届省运会田径十项全能冠军、教育部首届全国体育教学指导委员，在他的影响下，我从小热爱跑步，也喜欢上了体育教育工作。

2. 逐步积累、循序渐进原则

循序渐进原则是指马拉松锻炼的运动负荷应从小到大，从少到多，从慢到快，适应—提高—再适应—再提高，慢慢积累慢慢进步。在日常的体育锻炼中，我们通常采用集体慢跑热身，大家先按每公里 7 分钟配速(也就是田径场 400 米跑道每圈 3 分钟)的低强度慢慢适应训练节奏。对于大多数人来说这种强度较为适中，从 1 公里、2 公里跑起，慢慢适应，然后慢慢增加公里数，每次增加 1 公里，通常经过 5～10 次训练，大家都能轻松地按每公里 7 分钟配速跑完 5～6 公里；在此基础上，我们再进一步提高要求，要求慢跑 5～6 公里，每公里按 6 分钟配速完成。以此类推，适应—提高—再适应—再提高，通过几个月循序渐进的训练，很多马拉松爱好者都能达到按每公里 6 分钟的配速，完成 10～20 公里的跑量，这样就达到参加全程马拉松比赛的基本要求了。跑步锻炼是一个长时间的日积月累、持之以恒的过程，这个过程既要遵循循序渐进，更需要持续不间断。跑步锻炼遵循持之以恒的原则，既有助于参与者养成锻炼兴趣，培养健身意识，同时也是人生物体自身发展规律的必然要求。跑步锻炼是对人体自身的积极改造，这种改造的效果，不是一朝一夕就能实现的，必须通过长期的训练。

3. 少量多次、快慢结合、合理负荷原则

所谓少量多次、快慢结合、合理负荷、运动量适宜的原则，就是说，虽然马拉松是一项极限的超长距离的运动，但是马拉松锻炼的量并不是要求学生跑越多越好，跑越快越好，我们必须根据人体生理学和人体运动训练学的理论指导，借鉴运动营养学和运动恢复的实践效果，跑量太多、跑太快、强度太大容易造生身体疲劳，出现伤病。就像我们煮粥，小小火慢慢熬，煮出来的粥更香。我们建议不必要每堂课的锻炼都去追求 20 公里、30 公里、40 公里的长距离跑，也不要太拼命，一抬腿跑步，每公里的配速都是 3～4 分钟的快速跑。

笔者认为可以采用类似少吃多餐的训练方式，每天抽空锻炼2～3次，每次5～10公里的跑量。同时，多进行放松慢跑，尽量轻松省力，先慢后快，再结合速度跑、间歇跑和组合跑等。

4. 体能、技术同步提升的综合发展原则

马拉松锻炼是一项系统工程，不应该仅仅重视跑步能力，身体素质锻炼和跑步技术技巧的练习同样非常重要，匀称发达矫健而不硕大的体型，强大持续有劲的肌肉力量是构筑奔跑的重要元素，训练中应该不断加强跑者的足弓力量、脚踝力量、大小腿力量、髋部力量、腹背肌力量、肩臂力量等全身各部位力量素质训练。同时，采用摆臂、摆腿、小步跑、高抬腿、侧身跑、跨步跑、后踢腿跑、竞走跑等有助于优化跑者的跑步技术，让跑步姿态变得更加轻松省力飘逸。要成为一名优秀的马拉松跑者，速度训练非常重要。

特别指出，大学生马拉松跑者强化力量训练是完成比赛的有力保障。我们认为马拉松力量训练，与健身房中常见的肌肥大为主的肌肉力量训练不同，马拉松训练需要的力量是一种持续性的小负荷力量。在训练过程中应该多采用小杠铃、小哑铃的负重锻炼，另外还可以进行原地半蹲、弓步换腿蹲、大弓箭步走、草地弹性纵跳、深蹲跳、垫上腹肌背肌锻炼、哑铃摆臂等自重或轻负重训练。以上的训练，每个练习做100次或50米，重复4组，每周进行3～4次。

5. 适度追求PK和PB的金字塔尖原则

大学生马拉松跑者要取得优秀的成绩，必须非常刻苦进行科学锻炼，因为完成一次马拉松比赛就是一次身体的极限挑战，所以，从事马拉松课程锻炼本身就是一个非常辛苦的体力和意志品质的磨炼，大学生的马拉松项目锻炼也需要追求量变到质变的转化。过大的运动量训练会导致身体和精神长期处于疲劳状态下。很多非职业的马拉松选手都会犯这样的错误，除了跑步，生活上无所适从，事业也毫无建树。这样全心全力的“沉迷”跑步，不顾家庭、个人生活、职业发展……与健康跑步、快乐跑步、终身跑步、科学跑步的理念背道而驰。毕竟每个人的精力体能有限，对于广大大学生马拉松跑者我们不应该提倡大运动量锻炼。马拉松的锻炼应该掌握适宜运动量，并非越大越好，越多越好，越快越好，应根据每位大学生跑者的实际情况，制订科学合理的训练计划。通常我们以训练即停时心率检测运动负荷，每10秒钟心跳20～25次为小运动量，每10秒钟心跳25～30次为中运动量，每10秒钟心跳30次以上为大运动量。当然，追求高强度、大运动量训练，必须讲究循序渐进，就像金字塔一样，欲速则不达。应该从慢慢跑放松跑，慢慢积累基础跑量，让身体素质逐步提升，再逐步追求速度训练、配速训练、强度间隙、专项能力训练等，从而不断达到PK和PB，不断超越自我。

6. 十年磨一剑，毛竹定律原则

三年成型，五年成材，八年成器，十年磨一剑，毛竹定律，波浪曲线进步原则，我们很常见的毛竹生长过程，最初毛竹用了4年时间，仅仅长了3厘米，4年时间许多树木早就长成了参天大树，但毛竹似乎还是没什么成长。但从第5年开始，以每天30厘米的速度疯狂地生长，仅用6周，就长到了15米。其实，在前面的4年，毛竹将根在土壤里延伸了数百平方米，能让周围变成郁郁葱葱的竹林。大学生马拉松跑者的锻炼应该提倡毛竹定律，先扎根后发展，提倡长期化、经常化、终身化，要有十年磨一剑的精神。马拉松锻炼应该提倡积极锻炼，经常锻炼，持之以恒。当您选择马拉松锻炼，就是选择了勇于吃苦，乐于锻炼，通常从事马拉松训练，应坚持每周4～6次跑步训练，每次30～120分钟，每次跑量掌握在5～15公里为宜。

7. 严格锻炼计划、课内外有效结合原则

大学生马拉松课程锻炼需要制订科学严谨的训练计划，每次课都应该按训练计划的内容认真完成任务，这样才能达到较好的训练目的。譬如，如果每周进行6次跑步训练课，我们可以安排4次以10公里跑量为主的放松匀速跑打基础，其中1次适当提高配速，安排1次15～20公里的长距离的强化耐力跑，安排1次以短距离的速度跑、间歇跑为主的强度跑。这样，让我们的训练更有针对性，也有利于提高成绩。跑步训练不能随心所欲，随意发挥，想跑什么就跑什么。没有明显目的指令的跑步训练，效果肯定不够理想。同时，每一堂马拉松实践课的锻炼过程也应该按科学的程序进行，比如，充分进行热身操和拉伸操，跑步技术专项锻炼和适当腿部力量锻炼，加速跑练习，然后再进入本次课的主餐，训练后，应该再进行放松跑、腿部拉伸和垫上拉伸和放松肌肉的整理活动等。

三、马拉松运动保障

1. 穿戴专业性，减少损伤发生

跑步装备通常需要跑步鞋、跑步恤和短裤，再加跑步手表。装备对于跑步安全和成绩提升大有裨益。2019年基普乔格在维也纳表演赛中全程马拉松跑出了1小时59分40秒的成绩，基普乔格能够破二，他的那双全碳板战靴也起着非常重要的作用。碳板跑鞋出世之后，不论是世界顶尖马拉松选手、专业马拉松选手还是业余跑者，他们的马拉松成绩都得到了实质性的提升。如果跑鞋质量不好，材料低端，防震不足，硬度过大，容易对腿脚刺激过大，造成跑步疲劳和磨损；同时，跑鞋材质不佳，弹力不足，对跑步过程的脚底助力不够，也不利于跑步提速等。

业余马拉松跑者，选择适合的跑步鞋非常重要，特步跑鞋是国内优秀跑鞋的品牌之一。具体跑步鞋选择要根据自己的习惯和喜好，选择购买从而不断助力马拉松的成绩提升并加强跑步的安全性。

2. 重视训练后的营养和恢复，保证身体的健康和安全

运动营养学和保健康复等是我们了解营养和恢复较好的书籍。马拉松属于挑战人体极限的运动，马拉松选手无论是在训练中还是在比赛中体内的营养物质都将被大量地消耗，马拉松运动员必须通过科学的营养补充来恢复消耗的能量，保持强大的体能储备。运动中适量补充果糖可维持血糖水平，增加运动中糖和脂肪的供能量，降低肌糖原的损耗；运动后补糖可使消耗的肌糖原尽快得到补充与恢复。马拉松的训练和比赛中产生热量多，出汗散热是调节体温的重要途径。一堂中高强度的马拉松的训练课和比赛，体内失水量会超过 5 升。因此，运动前、运动中、运动后，都需要注重及时合理补充水和运动饮料。我本人提倡吃得好跑得快，不要选择依赖太多的运动营养补品，建议业余马拉松运动员多选择原生态的、新鲜的优质食材，牛肉、羊肉、鸡鸭、鸡蛋、牛奶还有小米粥、马铃薯、地瓜、山药、芋头、萝卜、香蕉、大枣、苹果、新鲜绿叶蔬菜。尽量注意做到膳食平衡多样化。

马拉松选手在超量恢复阶段参加训练和比赛，能提高训练效果，创造优异成绩。业余马拉松运动员在赛前一周至赛前三天，以较快配速跑 15～20 公里，大量消耗体内肌糖原，然后降低训练的负荷量和强度，赛前 2～3 天注重连续进食大量的糖类食物，比如面条、蜂蜜、葡萄糖等高糖膳食，同时减少油腻食物，少吃多餐，消化吸收，这样在赛前人体肌糖原可以达到较高的超量恢复，超越原先人体肌糖原储备量的好多倍，为马拉松比赛提供充沛的体能基础。马拉松选手必须注重运动营养、注重运动恢复、注重超量恢复，不熬夜，睡眠充足，生活自律，生活作息更有规律。

3. 马拉松训练需要重视团队合作

注重集体跑团建设，组成一个跑步团队集体训练要比单独训练轻松得多。跑团集体训练可以促使跑者完成一些有难度的训练计划，还能提升大家的训练热情。团队成员之间可以分享各自的跑步经验，相互学习，相互交流，分享彼此跑步的快乐。专业优秀的跑团，不但能促进你最大限度地进行训练任务，还能让你保持更好的精神状态和身体状态。加入一个优秀的跑团，在专业的教练指导下，每周课后 2～3 次集体训练。优秀跑团最大好处就是团队精神，参与一个跑步团队就必须与其他人接触，他们会注意到你是否缺席并关心你的状况。在跑步团队中，你能结识新的朋友，也会遇到一些与你水平相当、跑步配速和你接近的跑友。当你跑步训练过程中累了、掉队了，大家也会鼓励你、陪伴你、帮助你坚持跑到底。优秀的跑团使专业选手业余跑者提高水平、更大限度地发挥训练效果，亲朋好友、优质跑步小伙伴积极的鼓励是提高成绩有效途径。

四、结论

马拉松作为超长距离的耐力性项目，马拉松课程教学训练过程必须遵循一些基本的训练原则，从而保证安全训练和参赛的前提下，强身健体，不断提高自己的马拉松水平和能力。理论结合实践经验，研究认为这些基本原则主要表现为：积极主动，克服懒惰；循序渐进累积能力、养成跑步习惯；在合理负荷基础上适度增加较高强度训练安排；加强体能过程中逐步完善技术；科学化训练和参赛也包括穿戴的专业规范性、营养和训练恢复的系统性，同时，团队训练也十分重要。

参考文献

[1]周继明：《马拉松的三大独特魅力》，《中国体育报》2010年10月13日。

[2]黄力生：《800米跑训练手段的探讨》，《福建高校体育》1994年第2期。

[3]中国田径协会：《2019中国马拉松大数据分析报告》，http://www.athletics.org.cn/news/marathon/2020/0501/346438.html，访问日期：2021年12月10日。

[4]钟世峰：《不同水平的男子马拉松运动员全程速度分配特征研究》，山东师范大学硕士学位论文，2016年。

[5]林祖明：《对充分利用我国高原训练基地优势进一步提高女子田径耐力项目竞技水平的研究》，《北京体育大学学报》2004年第11期。

[6]黄力生：《800米模拟比赛训练的探讨》，《贵州体育科技》1991年第2期。

传播华夏文明　厚植家国情怀

——“华夏传播概论”课程建设与改革研究

谢清果*

摘　要:本课程是因应传播学本土化研究的时代需求而兴的,是为了增强中华文化自信,建构本土传播学的积极探索。近10年来本课程建设取得了丰硕成果:在理论体系方面,形成共生交往观的学术新知,并出版了系列专题著作,得到学界好评;在教学模式方面,形成了本硕博一体化的教学体系以及相应教材体系;在实践探索方面,与中央企业开展合作,研究企业文化,在贤文化研究方面取得显著成效。总之,本课程科教融合成效显著,不但教学成果在《中国新闻传播教育年鉴》上刊发,得到了同行肯定,而且在建构华夏文明传播学的学科体系、学术体系和话语体系方面进行了基础性探索,为深化教学打下了坚实基础。

关键词:华夏传播概论;华夏文明;课程建设;教学改革

“华夏传播概论”是我院传播学专业必修课程,开课近十年来已成为我校一流课程、课程思政课程和省级课程思政课程。教学成效获教务处网页专门推荐,课程思政成果获推新华网与全国同行交流。为了总结过去,展望未来,为了与校内外同行交流,也希望得到更多专家学者的指导和帮助,现将我的课程建设和改革的经验与做法加以分享,请不吝赐教。

一、课程开设的背景:赓续学术传统,建构传播学“中华学派”

传播学传入中国一般认为肇始于1978年。最早由香港中文大学的余也鲁和台湾政治大学徐佳士共同发起探讨中华文化中的传播问题研讨会,分别在我国香港与台湾举办。而在中国大陆因历史的风云际会,厦门大学成为传播学中国化研究的重镇和中心,这或许得益于厦门作为经济特区有条件较早接受新鲜事物。

厦门大学是传播学中国化的起航点。早在1983年,美国传播学鼻祖施拉姆的学生余

---

* 谢清果,男,福建莆田人,厦门大学新闻传播学院副院长,教授,博士生导师,主要研究方向为华夏传播学、文明传播学、媒介学。

也鲁参与了复办新闻传播系。1993年5月厦门大学在庆祝复办新闻传播系10周年之时，在众多学者的共同努力下，举办了“海峡两岸中国传统文化中传的探索座谈会”，此后厦门大学成为全国华夏传播研究的重镇。为巩固这一学术地位，我们率先开设了“华夏传播概论”课程，出版了《华夏传播学引论》教材，打造了同名慕课，出版了《华夏传播学读本》《华夏传播学新读本》等教辅，形成了较为完善的教学体系。

本课程直击当下中国传播学的痛点，那就是教学内容基本上都是西方的传播理论，而缺乏基于中华五千年文明实践的本土传播理论。导致学生既不知道中国人有自己的传播思想与传播理论，也无法开展中西对话，无法基于中国自身的传播逻辑来言说中国。本课程坚持“中华文化立场 全球传播视野”，带领学生探讨中华文化何以延续五千年的传播原理与机制，从而为传播中国提供学理思考，构建传播学“中华学派”。

二、课程改革基本思路和方法

本课程建设一开始便站在时代的制高点，回应时代的需求，与时代进步同向同行，尤其是能够回应教育“立德树人”根本任务，注意培养学生的中华文化自信心，增强学生对中国传播思想与智慧的感悟，可以说本课程是培养具有家国情怀的新时代新闻传播人才的不可缺失的一环。

(一)基本思路：着力建构华夏文明传播学的“三大体系”

习近平总书记在2016年5月17日所做的“在哲学社会科学工作座谈会上的讲话”中强调：“要按照立足中国、借鉴国外，挖掘历史、把握当代，关怀人类、面向未来的思路，着力构建中国特色哲学社会科学，在指导思想、学科体系、学术体系、话语体系等方面充分体现中国特色、中国风格、中国气派。”此次讲话提出的构建本土哲学社会科学的“三大体系”的目标和任务，为此本课程自觉以建构“华夏文明传播学”三大体系为己任。

1. 本硕博一体化：以教材为核心打造“华夏文明传播学”学科体系

首先精心打造本科课程“华夏传播概论”的体系。我编写了《华夏传播学引论》教材，进而打造成同名线上课程。同时为了帮助学生们拓展学术视野，我编辑出版了《华夏传播学读本》，并修订了一版。如此，这些内容可以成为研究生课程的前置课程，或课外修读的内容，丰富了研究生培养环节。其次，以“史论精解—传播(华夏传播史论)”(必修课)“中国传播理论研究”(选修课)相配合的硕士研究生课程，从而从本科“华夏传播概论”的基本性知识，进入了高阶的“华夏传播史论”“华夏传播理论”层面。为了更好地引导研究生做好科研，我也分别编写了《华夏文明与传播学本土化研究》和《华夏文明研究的传播学视角》两本教材，同时也编写了《光荣与梦想：传播学中国化研究四十年(1978—2018)》《华夏文明与舆论学中国化研究》《华夏传播学新读本》等教辅。最后，博士生阶段开设了“研究前沿—传播(华夏传播研究)”课程，该课程是博士生必修课，同时向硕士生开放，为了引导学生更好更快地进入学术研究领域，也积极编写了《华夏传播研究：媒介学的视角》《共生交往观：文明传播的“中国方案”》等专题著作，带领同学们不断开拓华夏传播研究的新方向，如华夏礼乐传播论、华夏圣贤传播论、华夏传播范畴论等，并发表或出版了一系列学术成果，不断夯实了课程的基础。

2. 搭建学术平台：以学术共同体为核心打造“华夏文明传播学”学术体系

华夏传播学的构建要始终坚持以习近平新时代中国特色社会主义思想为指导，自觉运用马克思辩证唯物主义与历史唯物主义的立场、观点、方法开展研究，通过打造华夏传播研究会等形式的学术共同体和以《华夏传播研究》《中华文化与传播研究》等专业刊物为代表的学术成果展示平台以及学术成果评价体系、学术社团组织、学术伦理规范等学术辅助系统，持续探索，精心建设，不断完善，世代传承，不断汇聚各方面的人才，发展和完善研究方法，形塑华夏传播学的学术范式，增强学术共同体意识，推进学术创新，传承学术精品，推出学术新锐，提升华夏传播在中国传播学界的学术地位与学术话语权。

以《华夏传播研究》为例，该集刊以“中华文化立场 · 全球传播视野”为办刊宗旨，以建构“华夏传播学”、打造传播学“中华学派”为己任，力争成为华夏文明传播研究领域专业性高端学术集刊，极大地扩大了学术影响。

课程依托华夏传播研究会这一学术平台，积极开展学术活动，举办了“华夏文明与传播学中国化高峰论坛”等近10场全国学术会议，这些学术会议的内容及时地引入教学之中，成为不可多得的学习材料，也增强了学生们的学术兴趣。

主编专业丛书，彰显“华夏传播学”学术生产力。我主编了《中华文化与传播研究丛书》《华夏文明传播研究文库》《华夏传播学文丛》《华夏传播学论丛》《经典与传播研究丛书》《华夏传播学读本》等6套丛书，已出版30多部著作，丰富了学生的学习资料，而且还主编了《华夏传播学年鉴》。

3. 提炼学术概念：构建华夏文明传播学的话语体系

首先提出“中国”是一种传播观念，进而分析指出这种传播观念的内核是“共生”，因为中国的“中”体现着中心与边缘、内与外的关系，并将关系置于“中和”的价值目标之中，以达“适中”“共赢”的效果。循着这样的思路，发表了《共生交往观的阐扬——作为传播观念的“中国”》《中华新文明主义的共生交往特质》《构建人类沟通共同体的理论依据、可能路径及其价值取向》等一批有显示度的学术论文，并带领团队共同推进研究，进而结集出版了《共生交往观：文明传播的中国方案》一书，努力向世界阐述中华文明具有的共生交往独特气质。

（二）基本方法

本课程建设改革是涉及华夏文明传播理论、华夏文明传播教材以及华夏文明传播实践三大方面的综合性研究，是一项系统教学建设与改革工程。

1. 教学方法改革

在课堂设计上，我对学生倾力指导，力争把每一位同学的课程论文都打磨到能发表的水平。第一，课程名称不变，但内容每年都要更新。第二，现身说法。我会以自己写过的专题论文来现身说法，指导学生如何选题、如何破题、如何找资料、如何建构提纲、如何遵循学术规范。第三，学研结合。每次开课时，围绕课程内容提出一个新的研究课题并细化出10多个小课题，然后指导学生分组研讨，课堂上老师一方面进行专题演讲，或重点解说，另一方面指导学生分析议题，再由博硕士学长予以指导，再由老师、同学和博硕士对同学进行提问、解释和点评等互动环节。如此下来课程结束时同学就能写出一篇优秀的课程论文，最终结集出版。目前已出版《中华文化海外传播的新境界》《作为媒介的圣贤》等论文集。第四，运用翻转课堂，丰富第二课堂。其一，要求学习"华夏传播学引论""华夏文明传播"的自制慕课，从而对课程内容有详细全面系统的理解；其二，列出许多华夏文明传播研究的著作，同学们阅读；其三，提供《华夏传播学新读本》等教辅，供学习；其四，通过打造"传播学本土化研究""华传公学"等公众号，及时发布一些研究前沿和课程建设信息，起到增长学生见识的作用，让同学们课外有丰富的学习资源可用。

2. 理论探索方面

带领研究团队，致力于构建华夏文明传播学的理论体系，已从观念着手，完成了《华夏文化观念的传播诠释与当代价值》书稿并即将出版，其研究特色是围绕华夏文化中的一些重要观念进行传播学的诠释，同时又贯通古今，沟通中外，力争呈现有中国特色的传播思想。此外，近两年开展了礼乐传播研究、圣贤传播研究，并即将出版《华夏礼乐传播论》《华夏圣贤传播论》等教学成果，丰富课堂教学内容。

3. 实践探索方面

形成多元一体服务于华夏文明传播学的教学科研配套精品活动。包括以下几个方面：其一，办会，吸引本领域的学者汇集一堂，推动本领域的进展，也为学生提供一些直观的学习机会。其二，办刊，继续办好《中华文化与传播研究》《华夏传播研究》两本集刊，共建学术交流本平台，同时也为修课学生提供发表平台。其三，开办学术讲座，本项目与中盐金坛公司合作，每年举办约10场公益性学术讲座——中华文化与传播大讲坛，丰富了学生们的课外学习。其四，办读书会。一方面是在自己带的博硕士与本科生一起试点举办"心传读书会"，也请老师们参与读书会，力争养成多读书、读好书、好读书的氛围。

特别值得强调的是，课程积极与企业保持高效的交流互动。在中盐金坛公司的大力支持下，本课程的教学成果能够得到资助出版，学生成果也可以在公司的刊物上发表，同时学术讲座也得到其长期支持与保障。

三、课程教改的创新点和经验

课程建设与改革秉持变与不变的灵活精神。不变的是中华文化的共生交往思想，而变的是课程有限的时间,不可能面面俱到,那就需要有所侧重地适时提出有时代性的研究课题,带领同学们以传播学的专业知识加以探索。因此,本课程努力追求创新,并致力于为全国传播学中国化树立厦大标杆,建设有厦大风格的传播学研究模式。

1. 理论创新

提出了华夏文明的"共生交往观",阐述了中国精神的共生交往特质,系统研究了"华夏礼乐传播论""华夏圣贤传播论"等专题研究成果,这些成果都具有一定的标志性,从而为课程建设奠定了坚实基础。

2. 教材模式创新

项目组精心打造了《华夏传播学引论》《华夏文明与传播学本土化研究》《华夏文明研究的传播学视角》等进阶性教学读物,并打造了"华夏传播学引论""华夏文明传播"慕课,丰富了学生的第二课堂学习;通过办研讨会、办刊、办读书会、办讲座等方式提供了多元化的学习机会。

3. 教学方式创新

采用线上线下混合式教学,开展研讨式课堂,引导学生围绕不同的专题开展研究,将每一学期的每一门课程都打造成一个项目组,开展联合攻关,实现团队作战,成效显著。

4. 打造本硕博一体化的教学体系

本科、硕士、博士的三个层次的课程形成进阶,又可以相互打通,适合了同学们的个性化成长需求,即本硕博可以上同一门课。打破本硕博的壁垒,为学生成长拓展了空间。并且形成了本硕博三个阶段的各自鲜明的教材与教辅,这些内容,还有慕课,都可以相互打通,彼此切磋。甚至将硕博士引进到本科教学中去,让他们带领本科生小组开展一些华夏文明传播的专题研究。

四、教学成果的应用推广成效

本课程建设一开始就不仅是厦门大学自己的一门课,而是针对整个中国传播学研究何去何从的问题来展开建设的。因为要建设中国的传播学,就需要坚持"中华文化立场全球传播视野",坚持中西传播思想的对话与交融,坚持中国传播学的民族性与时代性,面对人类共同的传播问题,发出中国声音。在此基础上,积极探索和积淀教学成果,以求教于海内外的同行,以期能够有更多的同行一起推动华夏传播研究的教学科研向纵深发展。

第一,主编的《华夏传播研究》《中华文化与传播研究》影响力不断提升,并为学生修课提供了丰富的学习资料,也有助于增强本学科或研究领域的显示度。在整体学习氛围的不断激励下,同学们的研究热情也越来越高涨,甚至有本科生课程论文在一类核心期刊《现代传播》上发表,并保研到中国人民大学新闻学院就读,也有本科生从此喜欢上学术研究,走上学术研究道路。

第二，教学科研相长，我们的团队推出了《共生交往观：文明传播的"中国方案"》《华夏传播研究：媒介学的视角》等系列著作体现了课程教改的理论创新成果，得到了同仁肯定。例如莆田学院的副教授吉峰撰文《华夏文明传播的寻根与探索——〈共生交往观：文明传播的"中国方案"〉读后》发表于《教育传媒研究》2021 年第 4 期上。此外，还有相关的《华夏文明研究的传播学视角》出版得到郝雨、李娟等教授的书评肯定，分别以《新闻传播学中国话语体系建构的文化资源与框架基础——评〈华夏文明研究的传播学视角〉的价值意义》和《华夏文明传播思想与传播智慧》为题分别刊发于《青年记者》(2021 年 8 月下)《中国出版》(2020 年第 24 期)。

第三，本课程教改的成果以"厦门大学华夏传播学教育探索"为题刊发于权威的《中国新闻传播教育年鉴(2020)》第 700～705 页，说明我们的教改成果得到了同行肯定。2021 年华中科技大学举办的教学研讨会，特意邀请我来介绍华夏传播的教学经验。

第四，本课程教学创新成果丰硕：一方面课程论文结集出版，已有《中华文化海外传播的新境界》《作为媒介的圣贤》等，另一方面，有学生《说服的艺术》文章在核心期刊上发表。

第五，与中盐金坛公司合作，围绕公司企业文化即贤文化建设，学生们共同参与编写了《企业员工贤文化礼乐行为指南》，为企业文化建设做了有益贡献，得到了企业肯定。同时，也开展盐文化与华夏文明传播的深度融合研究，既拓展了学术研究方向，又吸引学生回归生活，注意研究生活媒介，探索日常生活中的传播问题。

第六，本课程教改的成果以《我与华夏传播学理论体系的建构》为题，在《广西职业技术学院学报》2019—2020 年连载四期，共 6 万余字，从而全面系统展现了教学改革的研究成果。

总之，"华夏传播概论"课程是一个支点，我们希望通过这个支点，以课为媒，既在院内推动华夏传播教育，在校内推动华夏文明传播通识教育，又在全国能够推动传播学中国化研究和教学。对中华文化传播感兴趣，已开课或将开课的老师就可以联合起来，相互探讨，共同打磨，使之成为金课。我作为课程主讲人，很荣幸被福建省纳入网络教学名师培育计划，同时也发起建设了华夏文明传播虚拟教研室，以此为契机，将更方便与全国同行切磋教学经验，共同推动华夏传播研究成为中国传播学教学中的基础课程。

“针灸学”“推拿学”网课建设体会

孟宪军　沈俊良*

摘　要：在新冠肺炎疫情常态化时期，网课成为当代学生学习中不可或缺的一部分。其中，MOOC 与 SPOC 扮演着非常重要的角色。MOOC 与 SPOC 课程在给师生方便的同时，也面临着一系列问题，如学生的学习自主性降低、学生的探索性减少等。“针灸学”与“推拿学”作为中医专业必修课程，也存在着同样的问题，故需要在学校中医 MOOC 与 SPOC 课程的建设与管理中做出相应的对策。

关键词：中医；MOOC；SPOC

大型开放式网络课程（massive open online courses，MOOC），也称慕课，2012 年起源于美国，之后在全世界迅速普及。相比传统课堂，MOOC 有着免费、开放、没有规模限制等优势，但同时也存在着没有师生互动、学生的学习主动性低等缺点①。而 SPOC（Small Private Online Course）的腾空出世，在 MOOC 优势的基础上，还弥补了传统课堂教学的不足，通过小规模线上与线下课堂的结合，课程教学可得到相应调整。针灸与推拿是以中医理论为指导，作用于人体的穴位或外部用以治疗疾病的方法，是中医临床中的外治法。因此，“针灸学”与“推拿学”也是中医学子必修的课程，在临床实践中发挥着重要作用。这两门课程的学习分为基础理论知识和临床实践操作两部分。MOOC 与 SPOC 的出现为这两门课的教学增添了便利，也丰富了课程知识的深度和广度，但在教学过程中也显现出了一些问题。因此，本文拟从 MOOC 课程“针灸学”与 SPOC 课程“推拿学”的教学模式探讨建设与管理。

一、传统中医课堂教学模式

2021 年 1 月国务院办公厅印发了《关于加快中医药特色发展若干政策措施的通知》强

* 孟宪军，男，江苏连云港人，厦门大学医学院副教授，硕士生导师，主要研究方向为针灸治疗抑郁症的机制研究；沈俊良，男，福建龙岩人，厦门大学医学院硕士研究生，主要研究方向为针灸治疗抑郁症的机制研究。

① 康叶钦：《在线教育的“后 MOOC 时代”——SPOC 解析》，《清华大学教育研究》2014 年第 1 期。

调要夯实中医药人才基础,提高中医药教育整体水平[①]。中医课程的教学显得尤为重要。传统中医教学,采用的是LBL(Lecture-Based Learning)教学模式,即大班集体课,教师在课堂上对学生灌输大量知识。LBL教学可节约教学资源,传授知识具有准确性、系统性和连贯性等优点。教师可以根据现场学生的反应、注意力状态等,对授课内容和与学生的互动做出相应调整,增添课堂的感染力[②]。但是,用LBL教学方法培养的学生学习积极主动性低,对知识的运用能力差。因此,很难培养出创新型人才[③]。

除理论知识,传统中医课堂还教授临床实践操作技能,如脉诊实践、针刺操作、推拿手法等。然而,传统的中医课堂授课内容多,课堂时间短,大部分学生无法在课堂上吸收理解。此外,其他课程时间占比较大,使得学生无法在课后及时巩固中医课程知识。而线上MOOC和SPOC可弥补传统中医课堂教学的缺陷,并且发挥重要作用。

二、课程的建设

2013年,MOOC实现"本土化",同年,清华大学发布了"学堂在线"。2014年支持高校开展网络课程教学的中国大学MOOC发布,实现了学生的学习自由。MOOC课程的建设促进了教学理念的转变,也激发了学生的自主性与积极性[④]。2014年湖南中医药大学在中国大学MOOC推出第一门中医药类课程"温病学",开创了MOOC与中医课程结合的先河,随后,中医学MOOC课程在各大平台接连上线。MOOC与中医课程的结合,打破了传统的教学模式,适应了当今互联网时代的发展。

SPOC由加州大学伯克分校的阿曼多·福克斯教授最早提出并使用,将优质的MOOC课程运用在小规模、特定人群的教学[⑤]。不同于MOOC课堂,SPOC教学模式的授课学生少,传统课堂结合MOOC,采用线上线下混合式教学,可拓宽学生们的线上视野。授课教师能关注每位学生的学习状况,学生在线下也可以与老师讨论。

(一)MOOC"针灸学"

目前,我国中医药类MOOC课程建设规模较小,已有的课程未能涵盖中医药课程体

---

① 《国务院办公厅印发关于加快中医药特色发展若干政策措施的通知》,http://www.gov.cn/zhengce/content/2021-02/09/content_5586278.htm? gov,访问日期:2021年2月9日。

② 方南元、孙晓琦:《MOOC教学模式在中医内科学中的应用与反思》,《中国中医药现代远程教育》2019年第24期。

③ 于述伟、王玉孝:《LBL、PBL、TBL教学法在医学教学中的综合应用》,《中国高等医学教育》2011年第5期。

④ 张彩霞、龙泳伶、史亚飞等:《中医药慕课建设现状分析与思考》,《中医教育》2017年第4期。

⑤ 徐葳、贾永政、阿曼多·福克斯等:《从MOOC到SPOC——基于加州大学伯克利分校和清华大学MOOC实践的学术对话》,《现代远程教育研究》2014年第4期。

系，缺少中医药类主干课程[①]。我校开办的“针灸学”课程，为我国较早开设的中医类主干课程，曾获了“省级精品在线开放课程”的殊荣。“针灸学”MOOC 课程的推出，顺应了时代的脚步，为传承我国中医药文化做出了应有的贡献。

传统的教学每节课时长通常限定在 45 分钟，课堂时间过长，而大部分学生很难在整堂课中保持注意力持续集中，听课效率大幅降低。MOOC“针灸学”每节课时长大多在 20 分钟以内，适应了当今快节奏时代碎片化学习的需求。合理的课程时间设置可以满足学生在移动端进行碎片学习的需求，激发学生的学习动力。另外，在较短视频里教师的语言、内容、互动可更直接吸引学生的注意力[②]。

MOOC“针灸学”课程的授课者由 4 位教学经验和临床经验丰富的教师组成。基础理论知识与临床实践经验的配合，可让学生们加深印象，达到良好的教学效果。制作的视频条理清晰、语言生动，有很强的吸引力。教师除录制授课视频，还需提前录入章节测验与单元作业，教师后台设置的“教师批改”或“学生互评”可用于批改作业。由于 MOOC 选课人数众多，一般设置成“学生互评”，教师可在后台查看每位同学作业情况，对“误评”“错评”的作业加以修正。

除以上 MOOC 建设，教师还需按时查看“讨论区”消息，对同学们在课堂或者课后遇到的疑惑做出解答。MOOC 中医课堂的生源广泛，对选课学生没有限制，不管有无医学背景，皆可以选课。选课学生在观看完视频后，需在规定时间内完成测验与作业，以及时巩固知识。在学习过程中遇到的问题可在“讨论区”提问，及时查漏补缺，达到完整课程体系的学习。

（二）SPOC“推拿学”

SPOC“推拿学”课程中的线上测验与作业可帮助学生了解自己对知识的掌握程度，也可为教师反馈学生们线上或线下学习的总体情况。由于 SPOC 中医课程选课学生较少，方便管理，单元作业通常为教师评分。教师通过后台查看测验与作业结果，可以了解教学质量的好坏，以便及时在线下课堂督促学生学习，针对学生知识的薄弱点及时调整课程教学。同学们在线上也可根据自己对知识的掌握状况有针对性地观看 SPOC 的教学视频来查漏补缺，高效学习，对于自学仍无法理解的知识点，再向授课教师请教。

在线下课堂，教师主要讲解重难点知识，为学生们遇到的问题进行答疑并做出相应的总结归纳，协助同学们完成学业任务。而且，线下授课更便于课堂采取小组讨论的方式，提高学生们探索的积极性。此外，在实践技能操作方面，由于推拿具有很强的实践性，其

① 修琳琳、钟赣生、柳海艳等：《基于慕课视角的中医药类课程教学现状思考》，《中医教育》2018 年第 4 期。

② 张林云：《线上线下混合教学背景下 MOOC 与传统线上教育的比较》，《办公自动化》2021 年第 19 期。

作用力、着力点、熟练程度都是重要因素，现场观察才能看出对操作技能的掌握程度。因此，同学们的技能操作的学习成果需在线下进行考核，这也体现出SPOC课程模式相对MOOC课程模式无可比拟的优势。

这种教学思路不仅让老师的主导地位得以充分发挥，还调动了学生的自主性、探索性、研究性，体现出SPOC教学方式的优势。实践是检验真理的唯一标准，学生在课余时间还可在老师的临床工作地点跟诊学习，将课堂上的理论知识与实践相结合。其思路从"以教学为主导"向"以学生为中心"发生质的转变。

"针灸学"与"推拿学"是中医课堂中实践性较强的课程，在打下扎实的理论知识基础前提下，学习针灸与推拿的手法，在实践中不断摸索，不断改进，便能掌握这两门课程。而学习的最终目的是服务于临床，为患者消除病痛，医生对实践技能的掌握程度可直接影响临床疗效。因此，SPOC课程较MOOC课程更侧重于交流与实践，更符合具有实践操作要求的中医课程教学。

三、课程的潜在问题

中国大学MOOC平台为师生带来了便利，但还是存在着不少问题。

（一）MOOC中的问题

1. MOOC选课人员基础知识参差不齐，无法兼顾每位同学，学生与授课老师的交流方式仅限于讨论区，会出现答疑不及时的问题。

2. 中医课程具有较强的专业性，没有中医基础的学生学习中医课程较吃力，往往跟不上进度。

3. 由于对MOOC学生没有合适的监督机制，学生学习的积极主动性往往在选课一段时间后降低。

4. 单纯的网络MOOC教学忽略了学生临床技能的学习，这是网络课程教学的难题，而"针灸学"课程实践性较强，仅学习理论知识，不会针刺操作，学生的课程学习效果会大打折扣。

图1为2021年3月1日开课的"针灸学"中国大学MOOC课程视频观看人数统计图。如图1所示，本课程的34个视频观看人数总体呈持续下降的趋势，观看人数最高值与最低值分别在第1个和第34个视频当中。

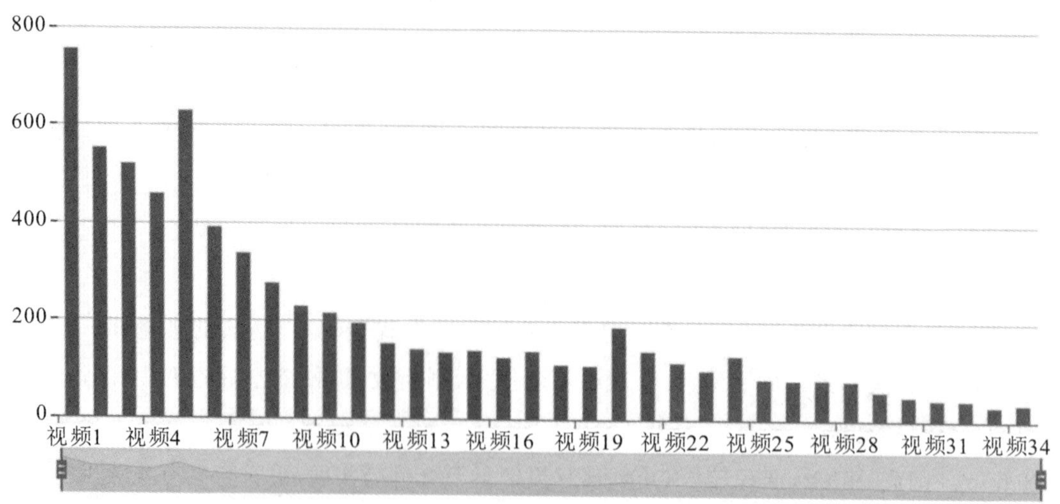

图 1　2021 年 3 月 1 日厦门大学开课的“针灸学”中国大学 MOOC 课程视频观看人数统计图

（二）SPOC 中的问题

1. 在 SPOC“推拿学”课程教学当中，线上教学分值占比仅为 10%，分值占比小，学生往往不够重视。

2. 对于线上的测验与作业，学生完成程度不佳，作答的答案往往从网上搜索而来，没有独立自主思考的过程。

3. 学生学习的自主能动性不足，交作业时往往需要老师或教学助理催促。

4. 存在学生未观看视频就完成了单元检测和作业的问题，造成课程资源的浪费，对学生自身课程知识体系的构建也是不完善的。

5. SPOC 线上线下混合式教学，增加了学生的负担。在课程繁多的情况下，需要掌握的知识很多，不利于学生在其他方面的发展。

四、如何解决课程中发现的问题

第一，MOOC 课堂应增加师生之间的互动交流机会，授课教师组织学生建立 QQ、微信或钉钉学习讨论群。通过每月举办一次“针灸学”课程讨论会，让学生从单纯的知识接受者，变成课程讨论的参与者。同时，这也是发现和收集问题的途径，可让教师及时了解并解决同学们在学习中遇到的困难。

第二，组建学生监督小组使组员间相互监督，组员每周定制好本周目标，并做好每日计划表，小组内各成员可互相打卡了解学习完成进度，并在本月结束前将总体情况反馈给老师。老师每月开展讨论会，鼓励同学们分享学习心得。

第三，教师应不断提升自己的教学水平，在录制视频时，尽量将晦涩难懂的专业术语用通俗易懂的词语表现出来[①]。

第四，为确保学生在SPOC课程的良好学习效果，教师需每周课程开始前发布本周的学习内容和要求，学生根据学习要求及时预习，充分发挥自学能力，提升解决问题和总结归纳的能力[②]。在本周线下课程之前助教收集同学们在预习中碰到的问题，以便教师在线下教学时针对性地根据学生的掌握程度授课。

第五，提高SPOC"推拿学"线上课程分值，学生学习课程的目的之一就是修学分，提高分值能提高学生的积极主动性，让学生更好地按照老师制定的教学规划进行学习，进而提高学习效率。

第六，适当把测验题目设置在视频观看过程中，以便学生在观看一段视频过后及时巩固知识，达到更好的学习效果。

学生是学习者，教师应培养学生的独立思考能力，而不是一味地让学生接受知识；授课老师还应适应互联网时代的浪潮，不断学习新的知识，提升教学质量；在教学中也应勤于思考、勇于创新，在学习中增强学生的自主性、积极性，锻炼学生发现问题、思考问题和解决问题的能力。

五、结语

MOOC是互联网和教育发展的产物，MOOC的发展不同于传统的教育模式，有着开放、互动、知识丰富等特点，为我国的高等教育提供了极大的便利[③]。但是，大多数MOOC只为学生提供课程，这是远远不够的，学生思考、讨论、整合信息的能力培养也同样重要[④]。国内目前医学类MOOC参与教师整体素质较高，授课教师大多具有博士学位，但线上互动整体参与率偏低[⑤]。中医药是中华文化的瑰宝，中医药的传承具有重大战略意义。促进中医教育的改革和发展是目前值得研究和思考的问题，慕课可以作为推广中医药的平台，也是中医教育、推广及传承的一次机遇[⑥]。

MOOC模式忽略学习准入条件和学习者规模对教学效果的影响，达不到理想的教学

---

① 闫国立、赵倩倩、王瑾瑾：《基于后MOOC时代SPOC线上线下混合教学模式在医学统计学教学中的实践与探索》，《教育现代化》2019年第44期。

② 李燕红、李高申、张媛媛等：《腾讯课堂直播下的"独立SPOC混合教学模式"应用探究——以〈中医学〉教学为例》，《黄河科技学院学报》2021年第2期。

③ 罗姗姗：《慕课在医学教育中的应用》，《科教文汇》(上旬刊)2021年第1期。

④ 康叶钦：《在线教育的"后MOOC时代"——SPOC解析》，《清华大学教育研究》2014年第1期。

⑤ 王恬、康琳琳、吴梦晓等：《我国医学类慕课课程建设的现状调查》，《中华护理教育》2018年第1期。

⑥ 卞尧尧、杨丽丽、严姝霞等：《"慕课"对中医教育的影响与展望》，《中医药导报》2015年第24期。

效果。相比较而言,SPOC模式更符合当前的教学需求[①],也更值得我们深入探究。SPOC让教师摆脱了传统化教学,为学生谋求更好的学习资源,在课程中对学生进行指导,解决学生在学习中遇到的难题,“以学生为中心”的宗旨贯穿在整个教学当中。

① 滕志霞、纪明宇、郭钦钰:《基于SPOC的混合教学模式设计与实践》,《黑龙江教育(理论与实践)》2019年第Z1期。

第四篇

教学模式创新

“应用戏剧”中的创造性生成与教学法

许昳婷*

摘　要：二战之后逐渐兴起的应用戏剧是通过集体讨论和即兴创作等手段，引导参与者创建角色系统，重新认知自我与社会的新型戏剧编创方式。创造力是支撑应用戏剧创作的核心能力之一，通常以集体即兴创作的剧场化体验等方式，引导参与者以叙事的手段创作故事原型来进行情绪抒发，领悟社会规范与人生价值。这样的创作观念不仅可以被用于高校教学，也可以被用于公共服务领域，激发参与者的创造力，使他们更好地融入规定情境和角色系统——这也昭示着当代戏剧创作范式的转型。

关键词：应用戏剧；创作方法；创造性；教学

“应用戏剧”(applied theatre)，指将戏剧与剧场技巧应用于剧场之外的社会空间中，将戏剧元素和戏剧思维整合到非戏剧领域的学科与行业中，以戏剧作为手段或工具，视达到某种目标为成果的、非剧场演出型的戏剧形式。近年来，应用戏剧的编创方法被应用到高校戏剧和创意写作等领域的教学中，成为激发学生创造力、引导学生探寻社会现象、进行文化服务的重要手段。应用戏剧强调过程性，讨论策划、演出筹备、情境代入、情感梳理等整个过程都应当视为其中必不可少的环节。对相关教学方法进行整理和研究，能够更加明晰其中的基本原理，开拓更加多元的实践手段，培养当代大学生正确的人生观和价值观，引导相关成果走出校园，更好地服务社会大众。

一、应用戏剧的实践方法

应用戏剧的范畴较为庞大，社区戏剧、戏剧治疗、教育戏剧\戏剧教育、商业\体验式培训戏剧、创造性戏剧、儿童戏剧等，都可以被纳入其中。有学者提出应用戏剧在实践中存在三重维度，第一重维度是将其应用于学校领域，以戏剧作为工具帮助学生学习某些学科和知识、促进学习者身心全面发展为目标，如“创造性戏剧”和“故事戏剧”；第二重维度，是

* 许昳婷，女，北京人，厦门大学电影学院戏剧与影视学学科助理教授，硕士生导师，研究方向为戏剧批评史、文化创意产业。

将其应用于社会领域，主要起到社会疏导、认识自我、讨论社会议题的作用，如“教育剧场”“民众戏剧”“论坛戏剧”“一人一故事剧场”等；第三重维度，是将其应用于专门针对个人的“戏剧治疗”领域，主要起到整合自我、调整身心的作用。[①] 实际上，这三重维度互相重合，近年来各大高校组织的“心理剧”演出活动就囊括以上三重维度的所有功能。普遍来看，应用戏剧强调参与者的主观能动性，期望参与者主动地通过戏剧去感受和认知社会、他人与自我，相关实践也更加地灵活和有针对性。

应用戏剧的核心实践方法有二：第一，通过规定情境下的集体即兴创作协助群体或个人传达相关情绪，从而实现干预或救助，以社会秩序的重建或个人身心的康复作为最终旨归；第二，是通过多元化的剧场性体验复现某些事件或现象，创建角色系统，通过戏剧性元素激发相关角色的某些潜能，将创造力视为参与者应当提升的核心能力。

（一）规定情境下的集体即兴创作

与传统舞台剧相比，应用戏剧更为重视创作和排练的过程，最主要的手段是集体即兴创作。

集体即兴创作的形式并非应用戏剧首创。它是各类艺术创作，尤其是舞台艺术中经常使用的一种方式，指的是在排练过程中，演员在导演的领导下，根据初步设定的情节或人物以及演员自身的生命体验、生活见闻来继续发展情节和人物。这种创作方式摒除了传统的“剧作家编剧，导演排戏，演员演戏”的模式，改为导演构筑剧情框架，引导演员产生思想的碰撞，进而提炼演员的人生经验，从而增强作品的原创力，丰富作品的内涵。导演、演员、观众的身份得以交叉，由“观演者”完成绝大部分的创作工作。

在 20 世纪 80 年代，台湾地区导演赖声川在《暗恋桃花源》中将集体即兴创作发挥到了极致。集体即兴创作的最明显特征，就是在看似随意的游戏中，通过集体智慧碰撞出意想不到灵感。赖声川认为，集体即兴创作是“大家共同关心戏的发展，像一个花朵是个有机体一般”，“导演丢给演员一粒种子，演员们就全心全意去孵蛋了。慢慢地，大家看见自己如果怀的是黄豆，生出来的也许是黄豆也许是绿豆，甚至是瓜”。[②] ——这可以被视为戏剧创作的创意生成过程最形象化的比喻。

集体即兴创作强调群体的参与度。这种创作方式可以使参与者探寻自己并不了解的领域，使设定的角色更加丰满，行为动机更加合理。尽管集体即兴创作具有随意性和结果的不可预知性，但绝非肆意而为。在应用戏剧中，facilitator 的作用至关重要，指的是在实践中对每一个活动或案例进行组织分析、引导参与者行动和讨论的角色，但该词在国内尚未有合适的译名，多以“导演”或“组织者”来称呼。在具体的实践环节，导演\组织者需要

---

① 刘艳卉：《应用戏剧的理论与实践》，上海书店出版社 2011 年版，第 10～11 页。

② 赖声川：《赖声川剧场》第一辑，东方出版社 2007 年版，第 115、124 页。

对其中的某些元素或条件加以限定,才能够使创作顺利推进。演员\参与者需要根据导演\组织者的指令进行创作。所以,集体即兴创作能够顺利推动下去的前提,在于导演\组织者需要提前设定好某种情境或主题。有学者提出,在应用戏剧的编创工作中,角色设置是关键,规定情境是根基,表演行动是核心。[①] 规定情境设定出一部应用戏剧需要解决或探讨的问题,相关角色的设置为某种情境或情节服务,而只有通过集体创作表演出来,才能够让身处其中的观演者们更加深入地思考解决问题的方案。

规定情境的设置可以由导演\组织者通过某些道具或场景引入。例如,在2017年上海大学国际化小学期的工作坊中,来自英国利兹大学的教师施特里克森(Adam Strickson)出人意料地脱下自己脚上的一只皮鞋让学生进行观察,并让大家猜测这双皮鞋的主人有什么故事。在同学们饶有兴致地进行讨论之后,他拿出一个鞋盒,里面装有一双皮鞋、明信片、书信和照片等物品,要求学生根据鞋盒内的物品猜测主人公的故事。随后,他为大家讲述了一个二战期间逃难来到英国的男女主人公的爱情故事。在讲述完这个故事后,他要求学生两人一组,任意挑选鞋盒内的任意一样物品,根据故事情境进行戏剧片段的创作并表演。分组表演完成之后,发给学生一份主人公自传,要求学生分组表演其中的一段人物自传,并让其他组员配合演出。通过这样的练习,学生可以被带入他设置的二战时期爱情故事的情境中,更好地揣摩男女主人公的心理,让学生在规定情境内完成短剧的创作,从而提升学生的情境带入和创作能力。

在应用戏剧中,情境的设置之所以尤为重要,是因为相关情境注重社会环境中与个体直接发生心理联系的特定部分,能够产生更加有力的"力量凝聚体"。在排演过程中,这种情境最初可能由导演\组织者提供,也可能由全体参与者共同提供,经由多次集体讨论而丰富,并在排演中通过创造力和想象力使之变得更加成熟和具体。参与者根据规定情境中的某些条件,能够体验到与相关角色相符的思想、感情和行动,甚至按照此种角色的逻辑去重新生活,从而使其内心世界外化。

在应用戏剧的集体即兴创作中,规定情境由参与者个体不断地改造和丰富,使参与者形成符合社会条件的情感并付诸行动。规定情境是人们进行角色扮演和互动行为产生的具体条件,但是在规定情境之下的集体即兴创作和表演并非意味着相关主体会成为角色规范的附庸者,而是需要创造性地扮演角色去实现自我价值——这是应用戏剧的排演得以推进并产生效果的前提。

(二)通过剧场化的体验建立角色系统

应用戏剧范畴下的种种戏剧编创和演出形式,多数属于公益性质的公共文化活动。其编创和排演方式是,通过剧场化的体验和复现,重新为相关个人或社群建立新的社会角

---

① 杨俊霞:《艺术戏剧与应用戏剧:同中之异与异中之同》,《云南艺术学院学报》2013年第2期。

色系统，从而使他们更加深刻地认识自我或社会。

在体验式的规定情境中，参与者能够根据创作出的故事情境进行情感反射。应用戏剧通过团体性的戏剧活动，使参与者逐渐形成群体精神和公共意识。特别是对戏剧中审美元素的运用，可以强化参与者的剧场化体验，起到完善个体人格、凝聚群体精神的作用。剧场化体验的核心，在于创造角色并建立某种认同感。角色的形成过程，需要参与者积极地对集体即兴脚本进行二度创造和修改。在这其中，参与者被赋予的"角色"成为观察人类行为的重要视角。将戏剧性体验中的角色规范带入社会生活中，可以促成个人或群体的思想发生转变，这也可能成为确立个人行为规范或社会道德规范的过程。情感体验的手段，在于将某种角色代入并内化到自己的心理和言行之中，即"进行'自我—他人'的想象，把自己想象成他人，尝试着在他人身上寻找自我，从而在自我身上发现他人"。①

2018年，笔者在英国利兹大学做访问学者期间，曾参加应用戏剧课程。在一学期的课前暖身活动中，授课教师都极为重视培养学生观察体验他人、与他人共情的能力。例如，在暖身时，可以让所有同学脱掉鞋子围成圆圈自由行走，在行走的过程中，凡是相遇的同学要站定凝视对方三秒钟再继续走；之后，要运用肢体和表情和相遇的同学打招呼；再之后，要运用眼神和相遇的同学打招呼。这样的练习，可以培养学生在人际交往中更加多元化的表达方式，鼓励学生与他人进行沟通。另外，还可以让学生在第一轮暖身时围成一个圈，拿一个网球扔给某位同学，接到网球的同学就要说出自己当天的心情；在第二轮时，同学将球扔向谁，谁就要复述那位同学在上一轮陈述的心情；到第三轮时，就要精炼地提取对方同学陈述的内容，由此让大家熟悉，并且记住其他人的情绪感受。角色的代入和转换，关乎每个人自我情感的抒发和思维方式的呈现。这样的自我呈现不一定表演的是与自身角色直接相关的内容，也有可能代入的是对他者角色的想象——这意味着某种角色意识的生成，主体得以按照不同的角色期待在多重身份中自由转化。

应用戏剧强调戏剧性体验的过程性，这也涉及角色转换与展示的关键性问题。亚里士多德认为，戏剧中的宣泄功能是对行动和生活的模仿，但在应用戏剧所复现或经过改造所呈现的社会生活中，戏剧性\戏剧思维已经成为生活和行动的延伸。亚里士多德所言的宣泄指的是情绪的发泄和疏导，而在社会生活中，这种情绪必须加以整合和控制。于是，应用戏剧作为社会的缩影，可以帮助人们练习表达情绪和控制情绪的能力。人在社会中生活，总要扮演不同的社会角色，角色是主体参与社会行动的方式与手段，一旦进入角色，

① 彭勇文：《大学校园中的心理剧实验》，张生泉主编：《教育戏剧的探索与实践》，中国戏剧出版社2010年版，第157页。

要必须表现符合自我身份特征或社会情境的行为。

在应用戏剧的编演过程中，想象出来的角色与心理体验有关。“代入角色”是自我认知和身份认同的基础，为角色意识的生成提供可能。在角色扮演的过程中，扮演者需要承担新身份应该具有的责任和义务，将其按照特定的角色期待加以内化。这种戏剧性体验，可以通过情景再现等方式让身处其中的人们体验情绪并表达出来，将其渗入自我建构，从而产生疗救、矫治或教育的作用，利用戏剧性体验来省察自我，探寻参与主体的内在心理的戏剧性结构。

应用戏剧以跨文本、跨文类的方式对人类情感和社会行为进行观照，将这样的方法应用于戏剧创作的教学中，可以让学生更好地掌握激发创造力的方法，并将观察和体验的视野从高校校园扩展至社会生活。

二、应用戏剧中创造力的激发与生成方式

应用戏剧的核心机制在于规定情境下的集体即兴创作以及通过剧场性体验或仪式性手段建构社会角色系统。在这两种机制之下，应用戏剧重视参与者共同交流体验的过程，通过戏剧性元素激发个人或群体的某些潜能或意识，这实际上也是创意生成的过程。即兴的脚本创作、集体讨论和表演呈现都属于创作的环节。然而，应用戏剧中的即兴性、公共性和草根性决定了其很难存在固定的文本，所生成的文本也几乎不可能成为传世经典。但每一出应用戏剧都有各自特殊的文本构思方式和创意来源，而在集体即兴创作中如何激发参与者的创意潜能，成为摆在应用戏剧组织者面前的一大难题。

应用戏剧具有强烈的社会使命意识，可以帮助参与者更好地投身社会公共活动，但绝非无意识的社会表演。应用戏剧利用戏剧手段规范和强化参与者的自我意识，保留戏剧趣味和一定程度美感，但不以戏剧审美为目的。从“创造”和“创意”的角度审视应用戏剧的创造力激发与生成方式，可以探索出不同于传统戏剧创作的、应用戏剧体系下的新的创作观念与方法。应用戏剧的创作方法将创作过程和表演过程结合，创造性是此类戏剧形式的第一属性，历经界定问题、发现事实、酝酿、灵感、执行等五个阶段，倡导即兴式、反省式、引导式的创作方法，不以展演作为终极目标，认为参与讨论、集体创作才是培养参与者理解力、创造力和想象力的关键所在。

第一，引导参与者建立创作目标、明确创作目的。应用戏剧的独特性主要体现在两个方面。一方面，创作动机中具有强烈的目的性；另一方面，创作内容具有贴近生活的“草根”性。在创作过程中，集体激发出的创意成为创造性的外在显现。在构思应用戏剧的表演文本的过程当中，每位参与者的潜意识、过往经历、思维方式、性格特质等，都成为创作灵感的来源，促使创意生成。对于应用戏剧的参与者而言，他们通常在实践中抱有情感宣泄、心理治疗、获取文化知识等目的，最直接的创作动机恰恰来自某种心理或情感需要，并

因此预设了某种创作目标。这些动机可以帮助参与者明确其创作和表演中行为的意义，并促使应用戏剧的组织者帮助其实现创作意图。

第二，激发参与者创造性的最主要方法，在于引导参与者进行“叙事”。应用戏剧中任何一种子类型，几乎都需要参与者先讲述自己的故事，或者组织者给予某种线索、情节引导参与者讲故事。在基本叙事完成之后，才能继续讨论、扮演、修改、共情、互渗、疗愈等过程。

除了上文提及的“鞋盒的故事”，还可以通过“博物馆展览”的方式，增强学生的叙事能力。比如，导演/组织者可以将规定情境设置在博物馆中，先为学生介绍展览的主题（兵器、医疗、作家、艺术作品等），之后要求学生两人一组，利用10分钟左右的时间设计一个展览，将做展览所需的物品写在贴纸上。之后，由导演/组织者扮演参观者，针对学生的设计进行提问，再由学生根据展览的主题和创意进行陈述。在分组表演之后，导演/组织者可要求几组学生自行讨论，最终留下两组继续扩展相关内容，来增强展览的可看度与故事性。

通过“讲故事”，参与者进行创作和扮演，不同地区、不同社群、不同经历的人们在进行相关的创作时，能够体现多元的文化特征和叙事特色。但是，引导参与者讲故事，只是激发应用戏剧参与者创造力的一个起点。应用戏剧的重心并非故事戏剧化或戏剧扮演，而是通过这样的形式引导参与者进入相关情境之中，推动某些认知目标的达成。叙事的素材通常来源于个人经历或公共话题，如博物馆中的展览本身就是典型的公共议题，讲故事的人只是原初话题素材的提供者。在应用戏剧的创作和排演过程中，充分发挥戏剧的假定性和象征性，让参与者通过多样的叙事方法建构起某种特定的甚至是仪式化的空间和场景就显得至关重要。

借由戏剧的假定性和象征性，从叙事入手，故事的题材可以来源于传统文化和历史，也可以来源于内心感受或真实生活。刺激创造性生成最关键的手段在于利用某些故事或题材激活人的情感记忆，使人生成相关的情绪。在诸如治疗性戏剧工作坊、一人一故事剧场、论坛剧场中的案主，通常都经历过人生中极为刻骨铭心的事件，这些事件所构成的情感记忆成为故事素材，在应用戏剧的剧场中刺激和引导案主回忆事件即是激活其情感记忆的过程。应用戏剧通常需要反复排演和修改，在暖身之后，首先是通过案主的叙述将参与者带入和融入相应的情感环境之中，其次才是分享生命故事，组织者引导参与者共同探讨并排演戏剧行动，刺激参与者的创造力，使群体就某一素材建构出情感上的关联性，并在戏剧情节难以继续推进的时候暂停排演再次与案主进行沟通，即通过一些干预的手段引导参与者集体进行讨论。参与者根据故事创造出的戏剧情境做出相应的情绪上的条件反射，主动运用自己的创造力和想象力来建构意义，从而也能够使导演\组织者搜集更多的情绪素材供集体探讨和再度创作。

第三，“叙事”诱发参与者的情绪记忆，唤起他们情感与记忆中的“故事原型”，可以使参与群体获得更多的情感共鸣，激发他们从自身创作成长故事的能力。例如，最常见的“故事原型”往往来源于参与者的童年与故乡，应用戏剧的组织者可以将“故乡原型”分为独立、征服、归属、稳定四类，让参与者任选其中一个种类，讲述一个和自己有关的故事，同时要求在这个故事中展示三个动作，在故事讲述完毕之后通过这三个动作将故事串联起来进行表演，再引导参与者集体进行讨论。在讨论中，应重点关注中心—边缘、简单—复杂、个人—集体、表面—内在等几组人类成长过程中必须经历的关系结构，从而完成参与者的情感梳理与身份认同。在2001年担任美国社会学会主席的梅西曾经提出：“有关规范和价值的研究，应该围绕社会结构和情感大脑的相互作用展开，特别是研究家庭和共同体如何以特定的方式创造出内隐记忆，这种记忆将行为、地方、客体、体验、思想与主观的情绪状态联系起来，进而塑造未来的理性行为。”①

应用戏剧的创作和排演过程需要组织者对参与者进行引导，使他们切身参与到戏剧创作的编演环节当中，通过回忆、讨论、讲述等多种方式，其自身的创造力与表现力被激发，真正体验到群体当中的归属感和意义感。同时，被压抑的情绪在剧场的假定性和象征性中得以宣泄和治愈，从而培养相关人群的健康理性的思维方式、增强自我价值感和自信，引导公共群体的情感认同。

三、应用戏剧在当代中国的重要意义

应用戏剧以即兴和创造性为特点，注重创作中的叙事与呈现、讨论与扮演的结合，经常从引导参与者讲故事出发，表达主体对社会的认知。它来源于欧美，在被引入中国后，也进行了适合国情的本土化再改造。在当代中国，应用戏剧的普及和推广主要有两方面的意义：一方面，应用戏剧的创作方法，既昭示着21世纪以来戏剧范式和创作观念的转型，也推动了戏剧教学中实训方法的迭代升级；另一方面，应用戏剧的种种理念，均以有利于现代人身心健康为旨归，是一种能够关心社会重大问题，为更多普通人服务的综合性艺术形式，具有广阔的前景和发展空间。

就中国而言，改革开放40多年以来，戏剧观念发生过两度转型：第一次是在20世纪80年代初，审美自足论的戏剧本体论取代了政治工具论，属于内向性转型；第二次是在新旧世纪之交，中国戏剧界逐渐具有了更为多元的文化研究的视野，是外向性转型。一种受后现代文艺观念启发的戏剧范式逐渐显现，戏剧学领域所涉及的问题与方法突破了审美主义传统，向更广泛的社会问题领域开放。在第二次范式转型过程中，戏剧的概念渗透到人类日常生活中，关注人的社会行为和文化行为。在跨学科的“间性”空间中，维克多·特

---

① 成伯清：《社会建设的情感维度——从社群主义的观点看》，《南京社会科学》2011年第1期。

纳和克利福德·格尔茨等学者早就意识到人类学研究中“戏剧类比”的思维，指出社会行为可能具有或遵循某种戏剧结构，戏剧与社会\生活的界限被打破，成为某种生活方式\行为方式。但这次转型依旧存在理论缺陷，即如果戏剧学在研究对象、问题、理论与方法上都不再是戏剧的，未来的戏剧创作，将走向何方？

20世纪以来，戏剧学的两种范式均遭遇困境。尽管审美自足论是对政治工具论的“拨乱反正”，但是它忽视了戏剧创作中可能存在的即兴、互动、参与等社会教育特征和公共文化特征；文化研究范式尽管以大量的社会理论进行支撑，但在某种程度上忽视了戏剧作为一种综合性的艺术形式本应该具有的审美性特征和创造性思维。

在当代，剧场的概念不再局限于舞台，剧场实践的要义是通过改变观众对剧场的认知方式来改变大众。应用戏剧萌发于20世纪初期，于近半个世纪逐渐走进戏剧从业者和公众的视线。从应用戏剧的视域出发，戏剧编创实践可以通过一系列的创造性程序来讨论文本框架并能够促成群体的分工合作，根据不同目的编排出不同的作品。这样的戏剧，创作动机是社会性的，创作方法却是创造性的。

戏剧是一种既具有文学性也具有表演性的艺术，无论是戏剧文本创作还是表演，都以人的创造性作为最基本的支撑，对“创造性”的日益关注也成为21世纪戏剧创作观念转型的重要标志之一。情绪记忆和情感体验能够激发人的创造性生成，赖声川提出，创意的来源主要有二：一种是从基本生存的角度出发，创意来源于人对制造工具、族群安全性、生活便捷性、处理和解决日常生活中的琐事与难题等的思考，另一种则是从人类更深层次的需求和好奇出发，“创意作品是这些好奇和努力的具体结晶”。[①] 也就是说，创造性能够涵盖人类所有的希望和恐惧、需求和欲望，以及所有的思维、情感和疑惑。这种创造性不只发生于艺术场域，近些年的实践表明，戏剧必将走向文化创意产业和公共文化服务领域，高校戏剧教育的转型已然刻不容缓。

应用戏剧的根本性动机在于引领和号召更多的团体和个人参与到与戏剧有关的创意活动中，使戏剧活动成为公共文化服务不可分割的一部分。戏剧创意训练的关键，在于培养参与者的戏剧创意思维，使他们建构起在日常生活中体验和观察社会，省思自我和周围环境的思维体系。应用戏剧作为一种公众参与的集体行为，将参与者的情感和行动有效结合。个体在参与的过程中发现和创造情感，不仅可以在共同情感中获得意义、价值和尊严，还可以进一步激发出创造美好社会的热情，[②]更可能生成公民治理的相关理念。应用戏剧中的情感重建，其实也是对参与者生命和生活共同体的重建，代表着当代社会对于某些共同情感和共同价值观念的渴望和需求，这种动力推动更多的公众参与社会文化服务，

---

① 赖声川：《赖声川的创意学》，广西师范大学出版社2011年版，第23页。

② 成伯清：《社会建设的情感维度——从社群主义的观点看》，《南京社会科学》2011年第1期。

促成公众共同建设的行动。

如今,戏剧创作受到想象力和创造力的驱使,更加注重经验共享和集体行为。这和二战之后的文化转向相呼应,艺术可以"不再通过个别训练而是通过我们所呼吸的空气,通过公共领域和集体这个实体,扩散到社会生活的所有领域"。[①] 每个人的创造力都需要得到解放,每个人的生活都可以成为艺术创作的素材,通过对生活的重塑和审美化或社会化的改造,最终实现社会伦理层面上的目的。在新的时代,戏剧能够服务的公共空间正在扩大,它既可以被用于公共文化服务,成为公益文化产品,也兼具商业属性,成为文化创意产业不可或缺的一部分。

---

① 此观念来源于弗雷德里克·詹姆逊的《文化转向》,译文引自李亦男:《当代西方剧场艺术》,广西师范大学出版社2017年版,第6页。

虚实结合的分子影像检测技术实验教学模式探索*

雷　照　安　然　章韵洁　李子婧　郑铁生**

摘　要:在医学检验技术专业本科教育改革的引导下,分子影像检测技术作为医学影像最前沿的技术,其实验教学在高层次应用型专业人才的培养中面临巨大挑战。该课程具有学科交叉程度高、仪器设备昂贵、操作流程专业性强、存在辐射安全风险等特点,导致传统的实验教学模式无法满足高水平教学要求。基于厦门大学分子影像检测技术实验教学实践经验,我们探索出"虚实结合"的新型实验教学模式。通过实验教学各环节与现代信息技术的深度融合,从教学内容、教学方式、考核方法等角度将"虚""实"优质资源多元整合,使分子影像学抽象的概念具体化、交叉的知识体系化,从而激发学生的学习积极性和主动性,全面提高教学质量,提升教学效果。

关键词:虚实结合;分子影像检测技术;实验教学改革;医学检验技术专业

医学检验技术是一门多学科交叉、综合性强、发展迅速的医学前沿学科。随着检验技术及仪器设备的迅猛发展,精准医疗、个性化医疗、人工智能、大数据、"互联网+"等高新科技在实际工作中逐渐得到应用,极大推动了该门学科的发展,但同时也对高层次医学检验技术专业人才的培养提出了新的挑战。2012 年教育部颁布的《普通高等学校本科专业目录和专业介绍》中,医学检验技术专业由过去的五年制改为四年制,并由授予医学学士

---

* 基金项目:2018 年厦门大学教学改革研究项目(本科教育)"分子影像学虚拟仿真实验教学创新改革研究"(JG20180113),厦门大学 2018 年"翻转课堂"教学改革研究项目"仪器分析实验",厦门大学校级虚拟仿真实验教学项目"氟-18 标记的放射性探针制备及其小动物正电子发射成像虚拟仿真实验教学项目",厦门大学第六批校级在线开放课程项目"仪器分析实验",2020 年厦门大学教学改革研究项目(研究生教育)"分子影像学虚拟仿真实验教学创新改革研究"(JG20200405),2020 年福建省本科高校教育教学改革研究一般项目(研究生教育教学改革项目)"分子影像学虚拟仿真实验教学创新改革研究"(FBJG20200138),教育部高等教育司 2021 年第一批产学合作协同育人项目"分子影像学虚拟仿真实验课程体系改革项目"(202101283008)。

** 雷照,女,陕西富平人,厦门大学公共卫生学院高级工程师;安然,男,贵州贵阳人,厦门大学公共卫生学院高级工程师;章韵洁,女,福建莆田人,厦门大学公共卫生学院党政管理人员(科员);李子婧,女,山西太原人,厦门大学公共卫生学院副教授;郑铁生,男,江苏镇江人,厦门大学公共卫生学院教授。

学位改为理学学士学位[①]；2017年教育部高等教育司颁布的《普通高等学校本科专业类教学质量国家标准》[②]中明确其培养目标为应用型医学检验技术人才；在2020年新型冠状病毒肺炎疫情背景下，习近平总书记在专家学者座谈会上指出："要建设一批高水平公共卫生学院，着力培养能解决病原学鉴定、疫情形势研判和传播规律研究、现场流行病学调查、实验室检测等实际问题的人才。"在新时期、新技术背景下，医学检验技术专业教育体制、培养目标及要求的变化，对本专业高素质人才培养提出了更高的要求，不仅需要具备全面的理论知识体系和科研创新思维，还需具备过硬的实践操作技能和解决实际问题的能力[③]。因此，本专业课程设置、课程内容、教学方法及考核方式等方面的教学改革势在必行[④]。

一、分子影像检测技术实验教学背景

分子影像检测技术作为医学影像最前沿的技术，是实现活体诊断和精准医疗的重要途径，也是医学检验技术专业的主干专业课程之一。作为一门融合生物、物理、化学、数据处理、现代医学图像处理等先进技术的综合性交叉学科，分子影像检测技术运用影像学手段显示组织、细胞和亚细胞水平的特定分子，反映活体状态下体内分子水平变化，并对其生物学行为在影像方面进行研究。旨在为科学研究及临床诊断提供定性、定位、定量的资料，在探索疾病的发生、发展和转归，评价药物的疗效等方面应用十分广泛。因此，该课程的学习在提高医学检验技术专业人才的核心竞争力方面具有促进作用[⑤]。

实验教学在分子影像检测技术的教学过程中占有重要地位，其授课目标是使学生直观、具体地了解和掌握现代分子影像设备的工作原理、技术和成像质量评价方法[⑥]。因此，学生是否熟练运用和掌握分子影像实验技能，将对学生未来发展产生重要影响。但与此同时，分子影像检测技术实验教学理论体系复杂、学科交叉程度高、内容相对抽象，且具有操作流程烦琐、操作资质要求高、仪器设备昂贵、存在一定辐射安全风险等特点，使其在传

---

① 中华人民共和国教育部高等教育司：《普通高等学校本科专业目录和专业介绍》，北京：高等教育出版社2012年版。

② 中华人民共和国教育部：《关于2017—2020年在全国高等院校开展示范性虚拟仿真实验教学项目建设的通知》（高教厅〔2017〕4号），http://www.moe.gov.cn/srcsite/A08/s7945/s7946/201707/t20170721_309819.html，访问日期：2021年12月13日。

③ 兰天明、张华：《医学影像学实验教学改革探讨》，《亚太传统医药》2010年第4期。

④ 郑楠、庞学明、李军等：《医学影像学虚拟仿真实验教学项目的实践与思考》，《现代信息科技》2019年第15期。

⑤ 王晓艳、王鹏程、宋莉等：《培养我国医学影像技术高素质人才的思考》，《中国医学物理学杂志》2013年第3期。

⑥ 王发曾：《实验教学在素质教育中的地位、作用及其载体建设》，《实验室研究与探索》2000年第4期。

统教学中面临巨大的挑战。特别是伴随新型冠状病毒疫情防控工作常态化,部分地区或特定时期的现场实验教学无法如期开展,限制学生的实验学习,导致无法达到能力培养要求。

鉴于分子影像检测技术实验课自身特点,除了强调辐射防护、正规操作等实验室安全,也迫切需要寻求创新的教学形式,以便于学生在安全、高效的教学环境下,熟练掌握分子影像检测实验技术。厦门大学公共卫生学院在医学检验技术专业本科教育改革中,以分子影像检测技术实验教学为契机,积极进行探索与尝试:一是充分发挥科研优势,反哺教学,优化教学内容,着眼于学生实际操作能力的培养、创新科研能力的锻炼以及综合素养的提升;二是依托高水平平台,支撑教学,创新教学模式,以虚拟仿真项目和在线开放课程为载体,秉持"能实不虚、虚实结合"原则,将在分子影像检测技术实验中受到安全性制约、操作要求和操作难度较高,以及在真实实验室中较难开展的实验项目与"互联网+"优质实验教学资源相结合。线上模拟操作和线下实际操作有机融合,有效弥补了传统实验教学中的不足,不仅提升教学质量,也为高素质应用型医学检验技术专业人才的培养提供了新的思路。

二、分子影像检测技术实验教学改革的必要性

(一)分子影像检测技术实验教学的特殊性

长期的实践教学证明,传统分子影像检测技术实验教学无法满足当代高素质应用型医学检验技术专业人才培养的需求①,是由于学科自身具有以下特点:一是分子影像检测技术实验流程复杂、周期长、对技术要求普遍较高、对操作人员理论和实践能力要求较高,因此部分实验教学内容无法使学生获得直观的体验;二是分子影像检测实验设备价格昂贵、体积巨大且数量有限,导致大多数高校的实验教学或见习平台难以配备齐全,难以满足实验教学规模要求,传统实验教学多以演示性教学或参观为主,学生难有机会接触或熟练掌握实验技术,教学质量无法得到保证;三是由于放射性核素的应用,分子影像学的实验教学具有一定的危险性,操作人员必须经过严格的辐射防护安全培训,部分实验难以在真实实验室中开展教学,严重制约教学效果。

例如,用于小动物 microPET/CT 和小动物 microSPECT/CT 显像或治疗的^{11}C、^{18}F、^{99m}Tc、^{131}I、^{177}Lu 等共三十余种放射性核素标记的放射性药物活体成像实验。放射性药物的使用在临床检验中具有重要意义,但其放射性核素发射的β、γ射线如未经过科学防护将对人体产生危害。因此在未充分了解辐射安全知识时,学生们对放射性难免产生畏惧心理,在一定程度上制约分子影像学实验教学质量的提高。同时,由于本科生对放射性

---

① 白秀娟:《高校传统实验教学模式改革的必要性》,《高校实验室工作研究》2018年第4期。

核素和辐射安全缺乏深入了解，不注意放射防护等现象时有发生，也给实验教学带来巨大困难。这些问题在一定程度上影响分子影像检测技术实验教学开展和学生实践创新能力培养。

（二）分子影像检测技术实验教学改革的可行性分析

信息技术与实验教学的深度融合已逐渐成为现代高等教育的发展趋势。2018年教育部《教育信息化2.0行动计划》将教育信息化作为推动教育现代化的强大动力和教育变革的内生要素；同年，《教育部关于加快建设高水平本科教育全面提高人才培养能力的意见》也提出推进现代信息技术与教育教学深度融合，大力推进慕课和虚拟仿真实验建设。

一方面，通过虚拟仿真项目建设，用电脑软件等模拟逼真的实验操作，使学生从以前的被动式听课转变为主动式参与，消除学生对放射性的顾虑和恐惧，积极投入实验操作中，培养学生的操作动手能力，从而更好地学习和掌握常用的分子影像技术的原理及实际操作方法[①]。例如，可以开发虚拟仿真实验的放射性药物制备模块，不仅可以让学生直观轻松地从本质上学习掌握放射性药物合成的化学过程、正电子发射成像原理，让分子影像学探针和成像原理生动地展示出来，而不再是想象不出来的知识黑洞，更能让学生不需要真机，就可以快速训练序列参数的设置规律，获取高质量和对比度的图像，进而充分发掘PET/CT设备潜力。基于数字小动物的模拟操作仿真，使学生对小动物进行头部、胸部、四肢、腹部、乳腺等部位的仿真检查，掌握3D动态放射性药物的分布分析方法、肿瘤病灶的辨认和勾画等影像研究方法，支持仰卧、俯卧及侧卧不同方向的检查等。

另一方面，结合分子影像检测技术实验在线开放课程教学创新改革，将线上课堂运用到分子影像实验教学中，不仅可以促使分子影像学传统的实验教学思想和观念发生重大变化，也可以将理、工、医等多学科背景师资整合，使分子影像学实验在教学形式、教学内容和考察方式等方面进行变革。与传统分子影像学实验教学相比，虚拟仿真和在线开放实验教学能够通过网络技术的应用和电脑软件等模拟逼真的实验操作，将“互联网＋”运用到分子影像检测技术实验课堂中，实现内涵式建设。让学生能在实验学习过程中身临其境，深刻领会课堂上的理论知识，通过模拟操作方式反复练习，使枯燥的医学成像原理变得生动有趣，使抽象的分子影像技术变得直观易懂，从而培养学生对分子影像检测技术实验学习的兴趣，激发学生学习的积极性和主动性。

通过对分子影像检测技术实验教学内容的线上教学，将科研及诊断产业优势转化为教学内容，在拓展实验教学内容的广度和深度、延伸实验教学的时间和空间的同时，既保证实验环境的安全性，又让学生得到充分的训练，达到实验教学的目的，还可对学生的掌握情况进行有效的考察。最大程度上扩展学生专业知识领域，加强专业技能训练，体现专

---

① 贺占魁、黄涛：《虚拟仿真实验教学项目建设探索》，《实验技术与管理》2018年第35期。

业培养特色，促进高素质专业人才的培养。

三、虚实结合的分子影像检测实验教学模式

（一）教学内容优化

围绕高素质应用型人才的培养目标，结合日新月异的分子影像检测技术，首先，我们于 2019 年出版了《临床分子影像检测技术》教材，将基础理论知识与科学发展的前沿动态及科研热点问题相结合，实现实验教学内容的与时俱进。其次，针对实验教学内容进行调整优化，以问题为导向、检测技术为主线、知识点为单元，将教学内容碎片化，构建可供网络平台使用的形式多样的课程素材资源库，便于学生随时登陆平台进行自主学习和互动交流。再次，通过将科研方法和思路与实验教学有机融合，优化教学内容，减少验证性实验，增加综合性、设计性实验，有效提升教学的深度和广度（见表 1）。

表 1　虚实结合的分子影像检测实验教学模式设计

实验安排	实验内容	教学方式	
		虚	实
实验一	回旋加速器生产正电子发射核素^{18}F	回旋加速器生产正电子发射核素^{18}F的原理和步骤	回旋加速器的操作和$H_2{}^{18}O$液体靶的准备
实验二	自动化合成^{18}F标记的分子探针	自动化模块合成^{18}F标记的分子探针	自动化合成软件的使用
实验三	^{18}F标记的分子探针的质量控制	^{18}F标记的分子探针的高效液相色谱鉴定，放射化学产率、摩尔比活度等测定	高效液相色谱仪、薄层色谱仪、活度剂的使用
实验四	正电子发射成像	在注射室给小鼠注射^{18}F标记的分子探针，麻醉小鼠并用正电子发射成像设备进行静态成像	小鼠尾静脉注射；正电子发射成像设备操作及软件使用
实验五	放射自显影	在注射室给小鼠注射^{18}F标记的分子探针；小鼠脏器解剖、切片；储磷屏的扫描	小鼠脏器解剖、切片机的使用；储磷屏的使用
实验六	^{18}F标记的分子探针的小鼠体内生物分布	在注射室给小鼠注射^{18}F标记的分子探针；特定时间点处死小鼠并进行脏器解剖；Gamma-counter 测量	Gamma-counter 的使用
实验七	^{18}F标记的分子探针的小鼠体内代谢	在注射室给小鼠注射^{18}F标记的分子探针；特定时间点取血液、尿液样本；高效液相色谱仪、质谱仪鉴定代谢产物	高效液相色谱仪、质谱仪的使用；药物代谢分析

例如，大多数的病灶细胞能够在形成疾病的过程中过量表达某些特定的代谢或受体

标志物，通过监测用医用放射性核素标记的特定配体或底物分子，如多肽或者蛋白等，作为分子探针，可以实现早期诊断疾病。而如何制备高特异性、高亲和力的各种生物活性类探针已经成为影响核医学与分子影像学发展的关键技术。因此，我们在分子影像检测技术实验教学中引入加速器制备放射性核素、放射性药物制备（标记、纯化、质量控制）、实验小动物尾静脉注射放射性药物、小动物核医学成像几个教学模块，并设计了虚拟仿真实验项目，生动呈现实验过程中所有动手操作的细节，结合在线开放课程的讲解，既巩固了基础理论知识，又与现实问题紧密结合，既可提高学生对本学科的兴趣，又可深化学生对知识点的理解，并提高学生分析问题、解决问题的能力。

（二）教学资源整合

为进一步提升分子影像检测技术实验教学的质量和效率、提高科研及教学资源的利用率，我们建设了相关网络在线课程和虚拟仿真项目，实现学科交叉融合及优势的教学资源共享[①]。一方面，利用厦门大学国家级、省部级高水平科研平台实验设备，整合分子疫苗学和分子诊断学国家重点实验室、国家传染病诊断试剂与疫苗工程技术研究中心、福建省医用生物制品 2011 协同创新中心、福建省分子影像诊疗工程技术研究中心、厦门市分子影像工程技术研究中心、厦门大学分子影像暨转化医学研究中心等科技平台设计实验项目，使学生熟悉和掌握科研前沿使用的仪器设备；另一方面，利用我校福建省医学检验技术专业虚拟仿真实验教学中心，通过制作分子影像检测虚拟仿真项目，模拟实验操作过程，掌握实验的基本理论知识，并拓展相关知识面，促进学生系统掌握基础理论知识、系统提升操作技能，为今后的工作和科研打下坚实基础。

（三）教学方式融合

在分子影像检测技术实验教学过程中，根据学科特点，实践探索虚实结合的新兴教学模式。以解决实际科研问题为导向，摒弃传统教育中以教师为中心、以知识灌输为导向的教育模式，转变为在虚实优质资源多元整合的基础上，以学生为中心、以自主学习为导向的启发式教育模式。

在实验前，针对复杂的实验原理、仪器构造、实验安全注意事项，通过在线开放课和虚拟仿真项目，以包含课件、课程视频、仪器构造讲解、实验操作短片、虚拟仪器操作、试题库等形式，学生熟练掌握实验内容。在实验中，学生带着问题上课，结合线下实验操作使学生亲自动手，接触和学习到前沿实验技能，提高实操能力。在实验后，通过实验报告、虚拟操作考核、实操考核等形式进行过程考核，避免以往学生只掌握理论知识而无法应用或对实验原理一知半解仅机械化操作的问题。最后，通过综合性、设计性实验环节，学生结合

---

① 张建良、卢慧芬、赵建勇等：《跨学科综合性实验平台的探索与设计》，《实验技术与管理》2017 年第 34 期。

科创项目，自主提出科学问题并制订解决方案，在导师的指导下落实，使知识得到升华，查漏补缺，建立良好的教学体系。让学生在基本实验技能得到培养的同时，科研能力、学习兴趣和团队意识均得到大幅度锻炼和提升(见图1)。

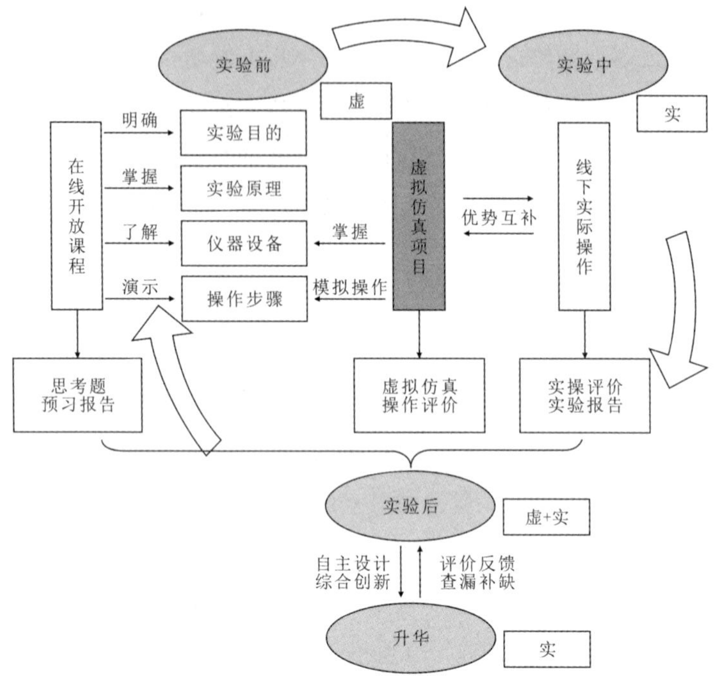

图1　虚实结合的分子影像检测技术实验教学模式

四、结论

综上所述，随着医学检验技术的飞速发展，分子影像检测技术在活体诊断中发挥着越来越重要的作用。在医学检验技术本科教育改革的背景下，厦门大学医学检验技术专业在分子影像检测实验课通过教学模式的改革，以学科交叉融合、解决实际问题为导向，整合线上线下优质教学资源，通过虚实结合的教学模式，以虚促实，提高实验教学效果；以实补虚，形成交互式体验。有效提高实验教学安全性、有效拓展优势教学资源受众群体、促进实验教学资源开放共享。同时，在提升学生的科研素养、自主学习能力、分析问题解决问题的能力等方面做出了积极探索，为服务“健康中国战略”的应用型、创新型医学检验技术专业人才培养积累了实践经验。

财务学研究生"设计思维"教学模式应用研究*

吴超鹏　鲍珩森**

摘　要：指导和激发研究生的科学精神和原始创新能力，是高校研究生培养和教学管理的核心目标。基于新时代新背景对研究生培养提出的新要求，我们就"设计思维"教学模式在财务学创新型人才培养中的应用进行深入探索，重点围绕课堂教学逻辑、课堂组织方式、课程内容设计、人才培养模式以及教学案例库的构建等方面提出具体的实施方案，并对这一教学模式的实施效果进行经验总结。"设计思维"教学模式强调以学生为知识创新和创意设计的中心，重塑了传统的教学方式，符合万众创新的时代要求，为推动我国研究生教学模式改革、培养兼具独立思考能力与创新意识的高质量人才提供了经验借鉴。

关键词：研究生教学；教学模式；"设计思维"；头脑风暴

近年来，教育行政部门陆续出台了一系列文件，旨在健全研究生培养管理体系，促进研究生培养单位规范管理，提高研究生培养质量。此外，新时代新环境也为研究生培养提出了新的要求。具体而言，社会经济发展的节奏不断加快，各种经济创新、制度创新与知识创新，基于"互联网＋"与信息共享所衍生的社会去中心化，需要未来的财务学方向的研究生们，不仅要熟练掌握学科前沿知识、技能，还要能够在快速变化的经济环境和去中心化的经济秩序中，找到合适的空间与位置。因此，在新环境下合格的财务学研究生需要满足以下要求：

首先，具备独立思考、勇于创新的意识。未来的财务学研究生们，应该是社会经济体中的中坚力量，他们应当具备在快速变化的经济环境中发现机会的能力，能够在不依附于大型公司的环境下寻得生存与发展的空间。因此，培养一批独立思考且具有创新意识的财务学研究生是这个万众创新时代的要求。

其次，能够深度理解我国目前经济制度下的经济和财务金融体系运行规律与特征。

---

* 基金项目：本论文获得福建省本科高校教育教学改革研究项目（项目号：FBJG20190141）的资助，特此致谢。

** 吴超鹏，男，福建漳州人，厦门大学管理学院教授、博士生导师，主要研究方向为公司财务与资本市场；鲍珩森，男，浙江金华人，厦门大学管理学院博士研究生，主要研究方向为公司财务与资本市场。

现有的财务理论主要源自以美国、欧洲为代表的相对成熟的市场制度环境，对我国经济现象解释的适用性尚在研究与讨论当中。因此，要理解我国的经济运行本质，不仅需要学习西方理论，而且能够联系我国的制度背景来理解相应的财务学现象。

最后，掌握并熟练应用最新的工具性知识。现阶段的研究生需要掌握大数据分析技术，尝试使用一系列分析工具，通过数据抓取、数据清洗、数据格式标准化、数据整理等程序，形成独特的、动态的、能够用于分析经济现象对财务问题影响的研究方法，以增加原创性研究成果。

为应对这一变化，培养出富有创新意识、符合时代背景和社会预期的财务管理人才，本教学团队在研究生教学过程中，积极摸索教学新模式改革，在尝试了多种不同的教学模式后，最终摸索出一套兼具独创性和可推广性的"设计思维"(design thinking)教学模式。

"设计思维"一词由哈佛大学设计学院教授Rowe于1987年首次提出[①]，他认为设计思维是用于指导工程设计师和城市规划者工作的一系列设计方法论。其后，设计思维被广泛应用于工业、美术、建筑和商业等领域，并在20世纪末期被正式引入教学体系[②]。不同于传统的"讲授式""互动式"教学方法，"设计思维"教学模式是一套关于如何进行创新探索的方法论系统，包括了通过"头脑风暴"触发创意的方法[③]。本教学团队在财务学研究生教育中引入工程设计领域触发创意的方法，强调教师和学生共同参与教学、科研过程，通过设计思维的方法获取研究创意和灵感。在具体实践中，"设计思维"教学模式的步骤主要包括：通过阅读最新文献掌握研究前沿，接着借助深入的案例分析和大数据分析来了解真实世界运行规律，然后通过头脑风暴式的师生互相讨论以获取研究想法，最后利用大样本研究归纳出当前学术界所未发现的新现象、新知识，进而上升到新理论贡献。

"设计思维"教学模式无疑是对我国研究生教学模式变革的一次重大尝试。本文将分别从课堂教学逻辑、课堂组织方式、课程内容设计、人才培养模式以及教学案例库的构建等五个方面对"设计思维"教学模式的内容进行详细分析，并对本教学模式的创新点和难点以及实施的效果进行总结。

一、"设计思维"教学模式的应用措施

在财务学研究生的培养过程中，本教学团队先后尝试、探索了多种不同的教学方法，初步形成了"设计思维"教学模式。具体而言，我们围绕以下五个方面进行教学改革，将

① Rowe, P. *Design Thinking*, Cambridge, MA: MIT Press, 1987.

② Koh, J. H. L., Chai, C. S., Wong, B.& Hong, H. Y. *Design Thinking for Education: Conception and Application in Teaching and Learning*, Singapore: Springer, 2015.

③ Liedtka, J. Innovative Ways Companies are Using Design Thinking, *Strategy & Leadership*, 2014, 42 (2), pp. 40-45.

“设计思维”教学模式引入研究生课堂：

1. 颠覆研究生课堂教学的传统模式，重塑课堂逻辑

几千年来，教育逻辑基本遵循“讲授式”模式，而过去30年左右的全球教学改革，包括哈佛案例教学方法，则推出了“互动式”教学模式，重在提升学生的积极性与主动性，要求学生参与、互动等，以提升学习效果。然而，无论是“讲授式”教学，还是“互动式”教学，都将学生作为知识的接受者，教师则扮演着知识的传授者角色，学生和教师分别位于知识体系的两端，不利于学生独立性和创造性的培养[①]。随着信息技术的发展，建构于互联网之上的信息共享与大数据环境，拉平了整个社会知识分布的差距，绝大部分知识都可以通过互联网瞬间获取；同时，由于社会创新节奏加快，教科书乃至最新学术文献往往都滞后于社会经济发展，这对财务学方向——紧密建构在经济现象之上的应用学科——的研究生教学提出挑战。为此，我们在努力探索重塑课堂逻辑，以学生为中心，将学生作为创意设计中主导的个体，通过教师的引导，师生共同参与到创意设计和知识分享的过程中来，即学生与教师一道，共同完成知识创造过程，并同时为财务学科带来新的知识点甚至实现新的理论突破。

2. 采用全新的研究生课堂组织方式

在课堂的组织上，我们先给出总体的课程框架与逻辑结构，让学生借助各种现代化的信息获取手段，阅读大量前人文献，了解前沿研究动态，然后观察研究案例，将新案例、新的经济现象引入课堂，组织讨论。在这一课堂组织方式下，教学的边界不断扩大，所涵盖的内容与知识体系也在不断扩展，并能将新的经济现象及其深层基础的制度因素，嵌入目前的财务学研究生教学体系中，帮助学生培养研究兴趣，获取研究创意，取得研究进展和成果。

3. 拓展财务学研究生的课程内容

“设计思维”教学模式成功的关键还在于结合本土化的制度背景挖掘新现象、新知识、新理论。因此，我们非常强调跨学科思维以及制度背景的重要性，将跨学科知识和制度分析纳入教学内容中，鼓励研究生利用社会学、心理学、法学、政治学、制度经济学、产权经济学的理论分析框架去分析和解决目前我国实体经济和金融市场发展中面临的重要问题，并引导学生通过跨学科的视角去分析经济和金融市场的动态演进对财务管理决策的冲击；针对教科书以及研究论文相对落后于现实经济环境与经济现象的事实，鼓励学生将现实经济问题与现象带进课堂，讨论这些现象与已有理论之间的关系，寻求全新的理论解释。

4. 构建与大数据和信息共享相适应的研究生人才培养模式

“设计思维”教学模式在大数据时代显得尤为重要，因为学生需要通过大数据和典型

---

① 任红杰：《关于高校互动式教学的思考》，《高校理论战线》2007年第5期。陈振华：《讲授法的危机与出路》，《教育理论与实践》2011年第16期。

案例的获取与分析来了解真实经济的运行规律。因此,我们不仅在课堂教学与组织中讨论、讲授与大数据相关的方法,同时,让学生参与到数据的应用中来,培养、锻炼学生的数据获取与应用能力①。在大数据时代,收集并拥有大数据对各行业而言都是未来发展的方向,而掌握利用大数据进行分析的方法则更是竞争力的关键所在②。因此,我们的这种人才培养模式将致力于为社会输送与时俱进的有充分竞争力的财务学研究和应用型人才。

5. 建立研究型案例库

有别于哈佛商学院、毅伟商学院的 MBA 案例库,我们在"设计思维"教学模式应用过程建立起研究型案例。所谓研究型案例是指有理论价值,能够上升为新理论的案例,例如科斯的灯塔案例可上升为公共产权理论,张五常的蜜蜂的神话可上升为监督理论,囚徒困境上升为博弈论,五粮液权证估值上升为股市泡沫理论。我们建立了研究型案例库,并将其应用于博士、硕士研究生的教学和科研,进而推广供国内外学者研究、教学使用。

二、"设计思维"教学模式的创新点和难点

"设计思维"教学模式通过重构课堂教学逻辑,从根本上改变了传统授课过程中的课堂组织方式,从课程体系、教学内容、教学方式等方面重构了财务研究生的教学体系。具体而言,"设计思维"教学模式在传统教学模式的基础上实现了以下三个方面的创新:

第一,在"设计思维"教学模式中,学生不再是单向的知识受众,他们通过教师的讲解,以及自己对前人文献的广泛阅读、对授课内容与研究主题进行了"深度涉入",然后利用案例和大数据激发"头脑风暴",与相应的教师共同完成知识创新和创造的过程。"设计思维"教学模式有助于培养和塑造学生基于特定主题的、主动学习的意识与深度涉入的学习与研究态度。

第二,"设计思维"教学模式拓展了财务学研究生的课程内容,将跨学科思维纳入教学内容中,鼓励研究生鼓励博士、硕士研究生利用社会学、心理学、法学、政治学、制度经济学等多学科的理论分析框架去分析和解决目前我国实体经济和金融市场发展中面临的重要问题,并引导学生通过跨学科的视角去分析实体经济和金融市场的新现象,形成新理论;

第三,"设计思维"教学模式强调大数据分析技术对财务学研究生进行创新性研究的重要性,鼓励研究生掌握大数据分析技术进行相关的研究。

然而,"设计思维"教学模式的实施也对师资队伍的建设提出了挑战。虽然本教学团队的成员全部是来自财务学系的一线教学人员,科研实力雄厚,但在新的教学模式下,拓展新的课程内容、应用新的教学方法仍对师资力量提出了一定挑战,师资团队需要不断加

---

① 周守亮、唐大鹏:《智能化时代会计教育的转型与发展》,《会计研究》2019 年第 12 期。

② 潘旦:《人工智能和高等教育的融合发展:变革与引领》,《高等教育研究》2021 年第 2 期。

强自身学习、与时俱进。此外,一种全新的教学方法,只有不断实践推广,反复地研讨和观摩,才能将"设计思维"教学模式落地生根,从而提高学生的研究创意,增强学生创造新知识、新理论的能力。

三、"设计思维"教学模式的应用效果

过去五年来,本教学团队在"设计思维"教学新模式改革中取得了丰硕的成果,我们总结如下:

1. 教学新模式改革符合时代背景,获得教育部门的肯定

"设计思维"教学模式重在提高研究生的创新意识,强调跨学科思维的培养和大数据分析技术的应用,符合当前万众创新的时代要求。这一项教学模式改革不仅获得了福建省本科高校教育教学改革研究项目立项资助(项目号:FBJG20190141,项目负责人:吴超鹏),还取得了一系列直接或间接的教学成果,包括:2020年,以本教学模式相关成果为基础的研究生教学成果获得厦门大学高等教育教学成果奖一等奖;2020年,吴超鹏教授的"风险投资"课程入选福建省一流本科课程。

2. 教学新模式改革显著提高了研究生的科研创新能力和成果产出

自教学新模式实施之后,2014—2020年期间,本教学团队培养的财务学学博士、硕士研究生科研创新水平显著提升,部分博士生在学期间就能够在财务与会计学领域顶尖的学术期刊 *The Accounting Review* 发表论文。此外,所培养学生还在国际A类期刊 *Journal of Business Ethnics* 上发表论文1篇,在国际B类期刊 *Journal of Corporate Finance*,*Review of Quantitative Finance and Accounting*,*Pacific-Basin Finance Journal* 发表论文3篇,总共发表国际期刊发表学术论文6篇。而在教学模式改革之前五年(2009—2013年),学生在国际期刊上发表论文数几乎为0。中文期刊方面,本教学团队所培养的财务学博士生、硕士生在《经济研究》《管理世界》《会计研究》《金融研究》等中文最优刊物和中文一类核心发表论文共计30篇。本教学团队教师所指导的研究生学位论文同样脱颖而出,分别有1篇入选全国优秀博士学位论文,1篇获得全国优秀博士学位论文提名奖,4篇入选福建省优秀博士学位论文,以及1篇入选福建省优秀硕士论文。

3. 推动教学模式改革的持续深化,提升研究生的人才培养质量和就业竞争力

随着教学模式改革的持续深化,以及财务学研究生的创新能力和综合科研素质的显著提升,财务学系涌现出一批高质量的研究型人才,在就业市场中广受青睐。近年来,厦门大学管理学院的财务类博士生毕业后就业前景良好,就业率高达100%,就业单位包括上海财经大学、中山大学、山东大学、中南财经政法大学、华南理工大学、上海证券交易所、深圳证券交易所等重点院校和科研单位。所培养的财务类硕士研究生的就业率也高达100%,升学和就业单位包括印第安纳大学(Indiana University)、佛罗里达州立大(Florida

State University)、北京大学、中国证监会、财政部、华为、中信证券、招商证券、上海交易所等。

4. 教学改革成果辐射范围广、应用价值高，未来具有广阔的推广空间

最后，本教学模式辐射范围广，受到了国内外同行的普遍关注，具有较高的推广应用价值。教学团队成员于"公司理财"课程的教学研讨会等多个会议上，展示了这一教学模式所产生的教学成果，得到专家学者们的好评。此外，教学团队还受邀到中国人民大学、浙江大学、上海交通大学、复旦大学、南京大学、中山大学、武汉大学、上海财经大学、对外经济贸易大学、中南财经政法大学等高校推广，交流和展示本教学模式的成果，受到同行的广泛关注和认可。

四、结束语

当前，经济的快速发展和信息技术的不断进步促使社会对人才的需求发生了重大变革，也对我国研究生培养体系提出了新的挑战。本文率先探索了"设计思维"教学模式在新时代财务人才培养中的作用，并对本教学模式的应用效果进行了初步探讨。实践结果表明，"设计思维"教学模式通过重塑课堂教学逻辑，将学生作为创意设计中的主导个体，有利于培养学生的独立思考能力和创新意识，契合了我国目前对创新型人才的需求，为研究生教学模式的变革提供了新的路径。

"设计思维"教学模式改革成果获得了广大学生和国内外同行的高度认可。然而，课程教学模式改革并不是一蹴而就的，面对错综复杂的新形势、新环境，我们应该针对教学模式的具体实施情况进行持续性的调整、改进和完善。此外，在教学模式的应用过程中也应当注重课堂教学的设计，使学生在教学中的体验更为丰富，帮助学生培养研究兴趣。相信在未来的财务学研究生教育中，本教学模式会得到更多的推广和应用，从而更好地助力我国研究生教学模式改革，培养出顺应时代发展和符合社会预期的高质量科研人才。

“活案例”的教—学—商—研新模式

——基于管理学课程翻转课堂新探索

袁喜娜　王　平　陈　瑞*

摘　要:翻转课堂是一种全新的教学方式,实现了课堂上从教师单方面知识传授到教学互动的方式的改变,推动了理论学习与课程实践的有效合一。管理学课程的翻转课堂,具有其独特性,运用“活案例”的教—学—商—研新教学模式,构建了教师、企业家和学生“三位一体”的立体式教学体系,使得课堂变得更加具有吸引力,真正地实现了“学习—实践—反思”的良性循环,这一教学实践的探索和初步成果为教学改革提供了有意义的借鉴。

关键词:翻转课堂;管理学课程;活案例;教学改革

一、引言

习近平总书记在中央人才工作会议上反复强调,要“深入实施新时代人才强国战略”,“加快建设世界重要人才中心和创新高地”。在加快推进“双一流”建设的大背景下,商学院广泛存在的问题之一是学生理论知识丰富但缺乏商业环境的实践土壤以锻炼分析问题与解决问题的能力,而当今商业变革、迭代迅速,更需要教学从经济环境和企业实践中汲取知识,大学商科本科教育教学改革刻不容缓①。具体而言,教学改革的重点是对教学模式的改革,要改变以教材为主、以知识点讲解为主的教学方法,要积极鼓励学生参与,灵活运用课堂知识结合企业现状为企业实践中的问题提供现实可行的解决方案,激发培养学生自主学习、自我实践、自我验证的能力②。

翻转课堂和案例教学是贯穿教学和实践教育的重要方法,案例教学有着广义和狭义

---

* 袁喜娜,女,厦门大学管理学院教授、博士生导师,管理学博士;王平,男,厦门大学管理学院博士研究生;陈瑞,男,厦门大学管理学院副教授、博士生导师,管理学博士。

① 张学新:《对分课堂:大学课堂教学改革的新探索》,《复旦教育论坛》2014 年第 5 期。

② 彭刚:《一流创新人才要怎样炼成:清华大学本科教育教学改革中的思考》,《四川大学学报》(哲学社会科学版)2021 年第 6 期。

之分[①]。狭义的案例教学通常指的是独立的实践类"案例教学"课程。而广义案例教学，则是将以案例为中心的教学活动，都纳入案例教学之中，包括案例教学、案例分析、实践教学等多种形式的教学方式方法[②]。以往的案例教学，多是直接使用教材的案例，案例具有时滞性，且内容单一，很难引起学生的学习兴趣[③]。不同于以往的传统案例教学模式，"活案例"教学中的案例都是实时性的，以真实企业经营的情况作为案例，教学活动融入了案例开发、知识应用、问题解决和知识总结。

"活案例"教学模式注重与企业联动，将企业家当下企业经营过程中践行的商业模式、遇到的实际问题带进课堂，学生则可以运用课堂知识结合行业变革、企业现状为企业提供现实可行的解决方案。通过多主体学习、多层次实践、多阶段反思的学习过程，"活案例"教学有助于激发和培养学生的学习能力和解决问题的能力。

二、基于翻转课堂的"活案例"教学模式

翻转课堂(flipped class model)起源于美国，是萨尔曼·可汗(Salman Khan)在2011年提出的一种全新的教学方式[④]。它的核心思路是在教学中翻转传统的学习过程，让学习者在课外时间提前进行自主学习，完善知识点和核心概念的理解，在课堂时间内实现教师与学生的高效互动，包括解答疑惑、观点讨论、汇报分享等，从而加深学习者对知识的理解和运用[⑤]。与传统课堂中以老师为主体的"传道受业解惑"的授课方式不同，翻转课堂将学生作为主体，以学生的自主学习为基础，配合课堂上与老师的有序互动，更加熟练地把握知识。目前，翻转课堂的形式已经被越来越多的学校应用到教学实践中，并且取得了良好的教学效果[⑥]。

---

① 张萍、冯金明、梁颖：《国家级一流本科课程的结构框架和实现路径——基于翻转课堂的实践与研究》，《中国大学教学》2021年第7期。

② 高楠、邬超：《基于CiteSpace的国内外案例教学研究可视化分析》，《管理案例研究与评论》2021年第5期。

③ 李征博、曹红波、郑月龙等：《哈佛大学商学院案例教学运行模式及对我国的启示》，《学位与研究生教育》2018年第11期。

④ 张金磊、王颖、张宝辉：《翻转课堂教学模式研究》，《远程教育杂志》2012年第4期。

⑤ 何克抗：《从"翻转课堂"的本质看"翻转课堂"在我国的未来发展》，《电化教育研究》2014年第7期。

⑥ 缪静敏、汪琼：《高校翻转课堂：现状、成效与挑战——基于实践一线教师的调查》，《开放教育研究》2015年第5期。

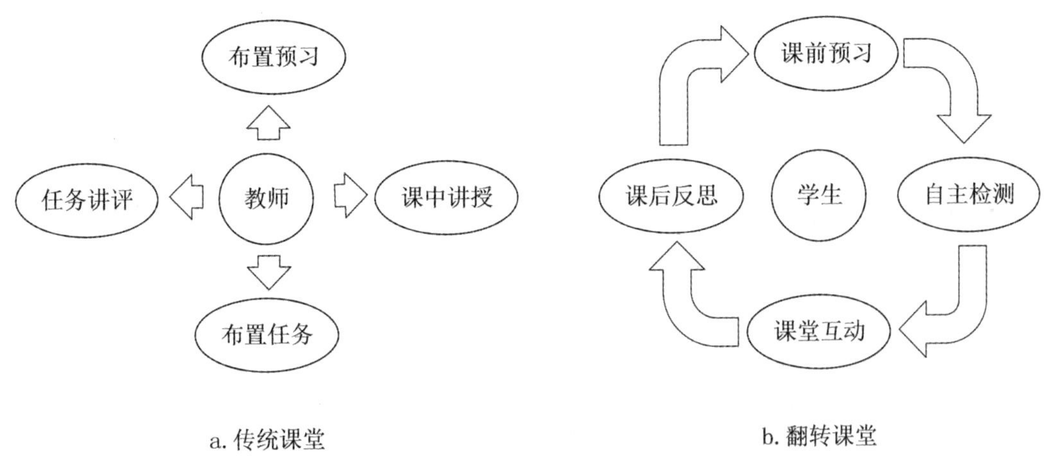

a. 传统课堂　　b. 翻转课堂

图 1　传统课堂与翻转课堂的比较

基于翻转课堂的“活案例”教学指在课程设计中引入真实的企业项目案例，让学生在理论学习的基础上，应用已有的知识，自主探究实践案例商业模式和运作细节，并将所学知识应用于企业的现状分析和实际问题解决方案中，在实践检验中反刍理论知识、总结创造新的知识。在这一过程中，学生可以与教师和企业负责人进行互动答疑和信息反馈，并在课程结束前汇总资料，展示最终的学习成果和实践效果，并将优秀的课题成果推广转化。

“活案例”教学的优势主要体现在：(1)真实性，案例将企业的商业模式、运作全面清晰地呈现在课堂上，学生密切参与其中；(2)时效性，案例均是现下企业遇到的实际经营问题，企业实时问题直接反馈到课堂上，时效优势明显，且学生在一学期的时间内实时追踪企业发展情况，避免了传统案例教学中的实践滞后性；(3)实践性，学生在追踪企业经营问题的过程中实现与企业的联动，通过拜访企业以及企业门店，学生能够更清晰地了解到企业的问题所在，真正见识“看得见”以及“摸得到”的“活案例”；(4)理论知识拓展性，由学生、教师和企业管理者组成的团队通过对企业经营过程案例的实践、剖析，发现、创造了新的有价值的管理理论，反哺课堂、教学和科研。

在设计及选择“活案例”时，需要注意企业案例本身的特性：第一，真实性。“活案例”本身必须源自当前现实情境下的企业经营，具备真实的考察条件，这样得出的分析方案才具有可行性。第二，代表性。所选案例企业具有较为成功的商业模式，其当先开展的项目是当前环境下的热点话题或者典型问题，具有一定的代表性，这样得出的结论才更具有普适意义。第三，综合性。所选案例应该具备综合分析的潜力，可以从多个角度锻炼学生的知识掌握和思维能力。第四，开放性。管理学课程的趋势还在不断发展变化，分析结果尚无定论，因此，“活案例”的讨论结果应该具备一定的开放性，兼容并包。

教师需要选择合适的企业案例进行引入，并且接下来的课程中引导学生进行自主学习：(1)课前，学生认真阅读企业资料，充分了解行业背景，从庞杂而系统的知识框架的中梳理出结合点;(2)课程中,学生与小组成员进行充分的讨论,并及时向老师和企业负责人员咨询,进一步明确案例问题和解决方案,在企业认可后,可行的方案可以在企业层面有一定的执行;(3)课后,学生经过较长时间的自主学习和沟通互动,合作写出一份翔实的企业案例分析报告。

管理学课程是一门实践性很强的课程。早期的管理学理论,包括泰罗的科学管理和梅奥的组织管理,都源于工厂中的实践观察分析,进而提炼形成了管理学理论。从管理学大师彼得·德鲁克撰写的《公司的概念》,到詹姆斯·柯林斯和杰里·波拉斯创作的《基业长青》,这些影响深远的管理学理论均来源于长久的对企业实践的深度观察和研究。在2020年全国工商管理专业学位研究生教育指导委员会主办的管理学院院长联席会议上,《南开管理评论》主编白长虹指出"商学院面向实践转型"。我们处在商业模式迅速迭代、中国本土企业迅速成长崛起的时代,走进企业,将有助于挖掘、提炼出独特的具有中国实践背景和文化背景的重要管理学理论。这正如习近平总书记指示的"广大科技工作者要把论文写在祖国的大地上,把科技成果应用在实现现代化的伟大事业中"。

翻转课堂中的"活案例"教学模式十分契合管理学课程的教学目标:一是使学生能够精准地理解并掌握管理学课程的基础理论知识;二是使大学生能够灵活地运用管理学课程的基本知识分析和解决企业面临的现实问题。管理学课程的课题在不断变化,分析思路和分析方法也在迭代更新,更换了课程主体和教学模式的翻转课堂"活案例"教学为学生管理知识的学习提供了鲜活的企业实践土壤,充分锻炼了学生学习知识和解决问题的能力,可以从它的具体实施中总结经验,丰富理论知识,完善教学。

三、"活案例"教学模式的实践研究

在"活案例"的翻转课堂模式下,教师、企业家和学生构成立体式教学的三个维度:(1)教师传授核心的课程理论和方法,同时启动管理学院校友企业资源,邀请多个企业家参与课程;(2)企业家以校外导师身份带着企业项目案例进入课堂,鼓励学生大胆地探索和想象,构建企业实景来帮助学生与真实的职场相连接;(3)学生将理论和实践相结合,提高系统的思维能力,深入分析项目案例,并小组合作提供实践问题的解决方案。

根据"活案例"的教—学—商—研新模式,本研究基于管理学院本科生的"整合营销传播"课程实践,将"活案例"的翻转课堂教学体系主要分为以下四个部分:

(一)以教启学

"教"即教学,指根据教学目标制定教学任务。教师需要根据课程要求和课程目标制定详细的教学任务,此阶段以教材的知识点为主,结合现实生活中的各种案例来展现多个独立的知识点,让知识点能够通俗易懂。为此需要将整个课程的知识点分为若干个板块,每个板块需要划分成多个小知识点,同时需要搜集相关的现实案例。以"整合营销传播"

课程为例，课程知识结构如图 2 所示。

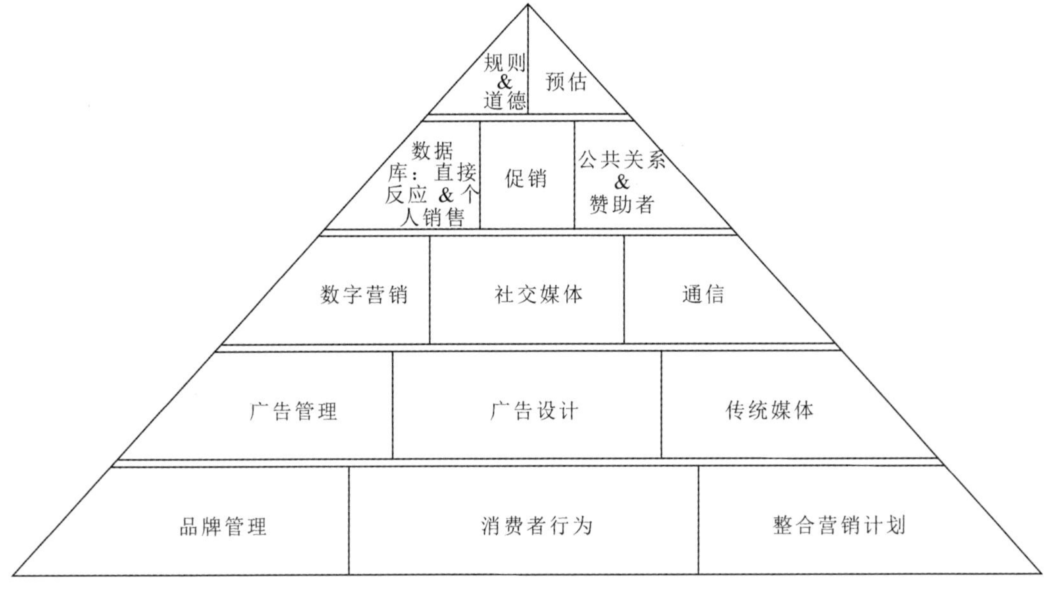

图 2　课程知识结构图

基于上述思想，对整合营销传播课程进行整理，将其主要分为 5 个板块，每个板块都由若干个小知识点组成。各个板块之间有较强的关联性，将各个板块之间的知识点串联起来能够更好地理解整个课程结构。根据整个课程的知识点制作教学 PPT、教学案例、教学视频等多种形式的教学资源，为了进一步激发学生的学习积极性，结合知识点引入多个有趣的实践案例。课程结构设置如表 1 所示。

表 1　课程结构设置

教学板块	知识点数量	内容	案例
整合营销传播	6	整合营销传播的定义、场景、传播媒体、组成、趋势、团队	雅戈尔、Virgin Atlantic、Miracle Whip、雅克
传统媒体的传播渠道	5	媒体策略、计划、购买、选择；管理学课程计划的流程；渠道选择、数字营销	阿迪达斯、德芙、
品牌管理	8	品牌的重要性、如何创造品牌、品牌名称类型、有效理性、品牌类型、品牌的发展、国际市场中的品牌、品牌在 IMC 中的作用	Applebee's、为什么欧洲是品牌的发源地
购买者行为	4	购买者行为的要素、购买环境分析、购买者的行为变化、营销策略	Secret Recipe Cakes & Café、《太阳的后裔》

续表

教学板块	知识点数量	内容	案例
广告管理	6	无国界营销计划、国际化战略/本土化战略、营销策略分析、广告计划、传统媒体/新媒体、广告技巧	YouTube& 电视、社交媒体广告

(二)以商验学

"商"即企业家,指企业家携带企业项目进入课堂,为学生构建真实的企业项目环境。以2020—2021年度春季学习课程为例,本次课程入驻课堂的企业家项目有:(1)手礼网的特产如何找到竞争优势?(2)智能酒店如何寻找市场定位?(3)烤肠自助贩卖机如何脱颖而出?

首先,将本科生按照选课人数平均分为6组,每两个小组分得相同的商业项目,分得相同项目的两个小组为直接竞争对手。其次,在整个项目进行的过程中,企业方将提供人员、资料和专家等资源,项目注重过程管理,在每个阶段,课题小组可以把部分方案提交给企业,在教师和企业管理人员审核后,企业在小范围内尝试实施,并监控营销效果,反馈给各小组,由教师和企业家提出建议,再进一步完善营销方案。最后,将6个小组以项目为标准划分三轮考核,上台进行20分钟的汇报展示,留10分钟给教师和企业家进行点评和建议。最终成绩由教师、企业家以及小组互评三部分组成,教师占比百分之50%,企业家占比百分之30%,小组互评占比20%,以百分制的打分方式进行。考核标准将以创新性、可执行性、完整性和合理性四个指标进行,如表2所示。对于优秀的小组项目,企业会进一步跟踪、实践,课程老师会系统总结小组项目发现的管理理论知识,充实课程知识体系、推广传播。

表2 考核指标设置

指标	内容	占比(%)
创新性	方案是否新颖、展现形式是否创新、是否存在趣味点	25
可执行性	预算是否合理、多方资源的组合是否能够落地	25
完整性	教材知识是否恰当运用、IMC方案的流程是否完整和规范、展现形式是否丰富	25
合理性	资源运用是否具有合理性、创新点是否具有合理性、定位是否合理、与公司理念是否契合	25

(三)以商引教

以教材为主转化为以商引教具有多方面的意义和价值。基于翻转课堂的创新思路,教师以教材知识为主转变为以学生实践创新为主，为了帮助学生在整个项目中能够进行更好的思考和大胆的探索，教师引入“头脑风暴法”来使学生在短时间内积极地思考、畅所欲言和打破常规。如表3所示，基于课程的6个环节，设置了6次“头脑风暴”活动，引导学生进行思考。在这个过程中，学生在真实的管理运营环境中检验课堂学习的知识，同时激发新的知识的产生，并接触学习企业真实的实践运营。

表3　“头脑风暴”教学设置

讨论环节	讨论内容
头脑风暴1	基于现有的资料，利用SWOT进行项目分析，确定目标市场
头脑风暴2	基于现有的资料，进行STP分析，确定目标群体和产品定位
头脑风暴3	基于现有的资料，分析目标群体，对比传统媒体和新媒体，选择营销传播方式
头脑风暴4	如果团队预算是无限的，你的管理学课程方案是怎么样的
头脑风暴5	如果团队预算是有限的，你的管理学课程方案是怎么样的
头脑风暴6	竞争小组为彼此提供三条真假信息，是否调整IMC方案

（四）以研促教

课程实践充分验证了“活案例”教—学—商—研新模式的有效性，教师、企业家和学生三方构建的立体式教学使得课堂变得更有吸引力，真正地实现了“学习—实践—反思”的良性循环。“研”即科研。首先，对于学生来说，能够通过真实的案例实践来帮助学生构建多维的视角和深层次的反思；能够让理论知识得到实践的转化和运用，对知识有更深一层的理解和掌握；翻转课堂的创新性能够充分调动学生的积极性和参与度，鼓励学生打破常规、大胆探索，学生充分运用市场调研方法、案例研究方法探索理论知识。其次，对于教师来说，从独角戏的讲课方式转变为以学生为主的展现方式，在课堂中充分起到了辅助作用和引导作用，从企业的实际运作当中发现研究的问题，并可以借助企业的实践环境和真实行为数据，检验理论预测，形成研究论文和研究案例。最后，对于企业家来说，打破跳出职场思维，拥抱学生无束缚的创新思考方式和新颖的建议，通过项目合作加深校企联系，为未来的人才发展做好准备。

四、“活案例”教学模式的实施效果与总结

在“活案例”模式下的“教—学—商—研”过程中，学生普遍能够完成多维度的自主学习和实践反思，最后均给予本教学模式以较高的评价和反馈。课后调研发现，大多数学生认为，“活案例”的学习方式不仅能使课程知识融会贯通，这种更具实时性、生动性、系统性的教学方式也更能激发学习兴趣，潜移默化地培养自身发展所需的各项能力。同时，企业方也给予了积极的反馈，表现为为企业提供了切实的管理思路、问题分析视角，将实践经

验理论化以更好地学习、复制和推广。具体反馈如下：

首先，“活案例”教学模式促进了学生对课程内讲解的知识点更进一步的思考。通过真实商业经营环境的沉浸式学习，在企业家导师的带领下以及学生的自主领悟中，课本中的概念、原理、理论等能够全面与公司经营中的各项指标、案例、经验等相结合。学生得以通过“活案例”更生动、实时、系统地学习理论知识。具体而言，更生动指学生结合企业实践内容对概念和理论有鲜活参照的理解和体会，并且能够在实战中运用专业术语解释现实中的商业现象；更实时指学生将不再需要去强行理解课本中的过时案例，而是在课程学习期间，实时追踪企业发展情况以及市场变动，对概念和理论的解释均符合当下背景；更系统指学生不仅沿着老师设计课程的知识体系学习，还需要根据企业的实际生产经营体系去梳理知识，从而做出全局性思考决策。

其次，“活案例”教学模式增强了学生在各项工作学习中所必需的能力。

(1)沟通表达能力。第一，学生们需要与企业家导师们沟通交流，由于企业家导师们日常工作繁忙，学生们就需要在尽可能短的时间内，清晰地、合理地询问尽可能多的信息。第二，学生需要将自身想法，用简洁、直观而有力的表达方式，在短时间内展现给教师和其他企业家导师。在展示过程中，不仅是方案的提出和完善度，展现形式和表述过程也是重点考察的。例如，在一次课程结题报告时，一个小组就因为身着西装、逻辑清晰地回答老师们的提问而获得一致好评，最后取得答辩最高分。第三，在展示过程中，学生需要充分理解概念和理论，才能熟练运用专业术语，而这种用专业原理解释现象、反映问题本质也是反映其商业洞察的指标之一。

(2)协同合作能力。学生在课上和课下与小组同学一起，共同完成每堂课、每阶段、整个学期的目标，学习如何根据每位同学的特长分工协作完成共同目标的方式方法。在课堂上，每节课均设置讨论环节，学生需要在头脑风暴中思维互相碰撞，学习如何整合他人的意见，并在他人思维的启发下进行深度思考。而在课下，学生也需要平衡来自不同专业的同学的时间，就课题进行讨论，合作完成每一项任务。

(3)逻辑分析能力。除学到基础概念，掌握分析和拆解现象、发现事物本质、解决问题也是学习工作中所必需的。而在“活案例”教学方式下，学生需要系统性分析企业经营状况，需要考虑组织中人力资源、财务状况、市场营销、物流情况等涉及企业经营的方方面面的综合情况，系统性地对提出的解决方案进行思考和验证，从现象开始逐步拆解问题，发现经营问题的本质，给出合理建议。而在此过程中，企业家会对企业的经营情况、外部环境进行定性描述，或交予部分经营数据给学生，学生们将针对性地分析访谈内容和数据。如此，学生的案例分析能力以及数据分析能力都会得到锻炼。

再次，“活案例”教学模式加深了学生对现实行业的具体认知。企业家导师经年深耕于互联网、快消、食品饮料、金融、制造业等多个行业。在与企业家导师交流探讨的过程中，学生们逐渐学习行业知识和经验，在帮助企业决策或者为企业提出方案时，也将逐渐对行业现状、市场集中度有一些认知。根据企业经营现状提出策略方案的全过程，相当于一次实战咨询训练，而这也是就业市场中看重的条件，很多同学凭借课堂的经历找到了实习，并在未来工作中能有的放矢。

最后，“活案例”教学模式形成了良性的“社会实践服务”。大学的理论知识和科研很重要的方面是为企业实践提供指导，在这样教学—企业管理互动的过程中，企业参与方反映课程中小组的方案为其管理实践开拓了新的视角，对其管理经验的系统性总结具有重要的意义。例如，企业通过课程小组项目作业发现了“礼品”的新的目标客户群体和市场推广方式，企业通过课程小组项目作业对现有的商务模式有了更为清晰的提炼。

虚拟仿真实验在海洋化学线上线下混合式课程中的应用*

陈 丁 刘春兰 方旅平 蔡毅华 王 琼 杨位迪 陈 敏**

摘 要:随着互联网技术的引入及现代教育方式的改变,信息化教学手段为实验课程的教学改革提供了全新的切入点。本文以大洋水中痕量金属的洁净分析虚拟仿真实验为例,探讨了虚拟仿真实验在海洋化学线上线下混合式课程中的应用。虚拟仿真实验教学手段有助于突破传统教学模式的各种限制,将最新科研成果引入教学,形成虚拟与现实相结合、讲授与释疑相交融的新型教学模式,有利于完善教学体系,提高综合实验的完整性与先进性,提高教学效率及教学质量,提升学生的学习积极性,增强学生的自主创新性和实践能力。

关键词:虚拟仿真;实验教学;海洋化学;线上线下混合式课程

随着互联网技术的引入及现代教育方式的改变,信息化教学手段为实验课程的教学改革提供了全新的切入点。随着2013年《教育信息化十年发展规划(2011—2020年)》、2016年《教育信息化"十三五"规划》、2018年《教育信息化2.0行动计划》和2019年《加快推进教育现代化实施方案(2018—2022年)》等政策的发布与实施,高校"一流课程"的建设面临了新的挑战。教育部高教司司长提出一流课程的"两性一度"标准,即"高阶性、创新性、挑战度"。在教学内容上要具有前沿性和时代性、在教学形式上要体现先进性和互动

---

* 基金项目:福建省本科高校教育教学改革研究项目"基于互联网云平台'海洋化学专门化实验'课程线上线下混合式教学模式研究与实践"(项目编号:FBJG20200282)和厦门大学本科高校教育教学改革研究项目"教育信息化2.0时代下高校安全教育新模式——以海洋科学安全教育为例"(项目编号:JG20200135)。

** 陈丁,女,福建福州人,厦门大学海洋与地球学院高级工程师,主要研究方向为海洋纳米颗粒及痕量金属;刘春兰,女,湖南祁阳人,厦门大学海洋与地球学院工程师,主要研究方向为海洋有机物分析、实验室与设备管理;方旅平,女,浙江兰溪人,厦门大学海洋与地球学院高级工程师,主要研究方向为虚拟仿真实验教学;蔡毅华,男,福建莆田人,厦门大学海洋与地球学院教授、博士生导师,主要研究方向为海洋化学;王琼,女,江苏邳州人,厦门大学海洋与地球学院工程师,主要研究方向为鱼类发育遗传学;杨位迪,男,福建晋江人,厦门大学海洋与地球学院高级工程师,主要研究方向为海洋浮游动物生理生态学;陈敏,男,广东韶关人,厦门大学海洋与地球学院教授、博士生导师,主要研究方向为同位素海洋化学。

性，在学习结果上要具有探索性和个性化①，这对推进信息技术与教育教学深度融合，促进学生自主性、探索性、研究性学习，提出了更高的要求。

厦门大学海洋与地球学院虚拟仿真实验教学中心在建设线上线下混合式一流课程过程中，开发了大洋水中痕量金属洁净分析虚拟仿真实验，立足专业人才培养目标，转化科研成果，融入课程改革。使用虚拟仿真技术，突破传统教学模式的各种限制，以虚补实、完善教学体系，提高了综合实验的完整性与先进性，提高了教学效率及教学质量、提升了学生的学习积极性，增强了学生的自主创新性和实践能力。

一、传统教学方式存在的问题

海洋化学的学科特性决定了它的实验教学对象多为海上作业所获取的样品，厦门大学海洋学科作为"双一流"建设A+学科，希望能够将最新的科研成果引入教学，这就决定了使用传统教学方式、在线下实验室中开展某些实验教学面临诸多难点：

(1)实验环境限制：前沿科学问题常常对样品采集、分析过程中的环境条件要求严苛。比如，实验需要测定深海大洋海水样品的痕量金属浓度，但是大洋水体洁净，痕量金属的浓度通常为皮摩尔至纳摩尔级，远低于近岸海域，甚至会低于近岸空气中的含量②，环境气溶胶中的沾污对测定结果影响大，采样、分析过程中的污染对其是极严峻的考验，难以利用本科教学实验条件开展该实验。

(2)实验成本及风险高。远洋航次科考船空间有限，费用可观，天气影响大，人员和设备安全保障要求高，海上操作需较高的专业性、熟练度，难以满足本科现场教学需要。

(3)实验空间、仪器台(套)数有限。痕量金属洁净分析使用的超净室面积小，设备昂贵，维护难。大型仪器(ICP-MS)造价昂贵、操作复杂、运转和维护成本较高，仪器台(套)数有限，本科生很难有机会动手操作。

(4)综合要求高。本实验涵盖痕量金属洁净采样、检测及特征分析全过程，实验周期长，全流程要求课时数多，实验教学课堂时间有限，无法让学生通过多次重复实验来达到熟练操作的程度。

---

① 金嫘、查恩辉、周铭懿等：《虚拟仿真"金课"在应用型课程教学中的建设初探》，《卫生职业教育》2021年第18期。

② Jing Zhang. Geochemistry of Trace Metals from Chinese River/Estuary Systems: An Overview. Estuarine, *Coastal and Shelf Science*, 1995(41): 631 - 658. Martha Gledhill, Kristen N. Buck. The Organic Complexation of Iron in the Marine Environment: A Review, *Frontiers in Microbiology*, 2012(3): 1-17. 苏庆梅、秦伟：《海水中重金属铅的检测方法研究进展》，《海洋科学》2009年第6期。谢亮、任景玲、张经等：《胶州湾中溶解态铝的初步研究》，《中国海洋大学学报》2007年第1期。霍文冕、暨卫东、许昆灿：《南海表层水中的溶解态Cu, Pb, Zn, Cd》，《海洋学报》2002年第2期。邹天森、康文婷、张金良等：《我国主要城市大气重金属的污染水平及分布特征》，《环境科学研究》2015年第7期。

由于以上问题的存在，海洋化学专业课程长期以来对于一些科学性强或涉及前沿科研成果的知识点仅停留在理论讲授阶段，缺乏必要的实验实践操作。线上线下混合式课程中，在利用慕课等手段强化理论教学的同时，建设虚拟仿真实验教学系统，形成虚拟与现实相结合、讲授与释疑相交融的新型教学模式，可拓展海洋化学专业课程的广度和深度、完善教学体系、激发课堂活力、切实提高教学效果，助力实现海洋学科卓越人才培养的目标。

二、海洋化学线上线下混合式课程中虚拟仿真教学模式初探

大洋水中痕量金属洁净分析虚拟仿真实验在国内首次以大洋水中痕量金属为实验对象，将海上实践性教学从近海跃升至深海大洋。以全球第一艘在升降鳍上设置走航超洁净海水采集系统[①]以及国内首艘成功正式开展深水痕量金属洁净采样[②]的科考船——"嘉庚号"建模，全面还原先进科考船和船载设备的操作。以2019年4—6月首次在西太平洋开展的"海洋痕量元素与同位素生物地球化学"国际研究计划GP09断面调查航次研究数据与成果为实验主体支撑，使本科生可在教学实验中触及科学前沿问题。实验系统采用开放性设计，学生可自行选择测定不同垂直分布类型的痕量金属，通过数值模拟输出技术获得个性化的测定结果，同时学生的实验操作对结果的影响也参考科研数据进行模拟输出。实验交互性和仿真度高，体验度和教学效果大大提高。

在本课程的线下部分，学生已通过传统教学实验掌握近岸沉积物痕量金属的理论及实验操作基础知识，采用虚拟仿真教学实验作为拓展，将信息化与传统课堂有机融合，可实现实验对象从沉积物到水体的提升，从近海至大洋的跃迁，丰富教学内容，与线下课程形成相互贯穿的完整知识链体系，弥补学生在水体中痕量金属检测及分布规律认识上的短板，提高课程体系的完整性。

在实验课之前的先修课程中，设置水体痕量金属检测原理及方法等理论知识，再通过虚拟试验中对采样防沾污处理、深海水体洁净采样与洁净检测过程的反复练习，二者相互作用，互为补充，达到理论联系实际，促进知识的理解与吸收，学以致用，知行合一，完成知识内化的过程。

为了激发学生的学习兴趣，实验系统在设计上尽力提高仿真度、在实验结果上努力实现个性化。其中，虚拟仿真的核心要素高度还原海上现场操作、流动注射-固相萃取仪器装配和分析、ICP-MS仪器测定等实际应用场景，可使学生将来进入科研实验室或走上工作岗位后迅速进入角色，发挥应有作用。另外，将最新的科研成果引入本科实验教学，并运

---

① 厦门大学科考船运行管理中心：《"嘉庚号"科考船顺利回厦》，https://ships.xmu.edu.cn/info/1052/1358.htm，访问日期：2021年11月30日。

② 厦门大学海洋与地球学院：《"嘉庚号"圆满完成GEOTRACES-CHINA首个西太平洋科考任务》，http://coe.xmu.edu.cn/NewsShow.aspx? Id=15150，访问日期：2021年11月30日。

用数值模拟输出技术给出个性化的实验结果，通过对数据结果的讨论与分析，获得我国边缘海及大洋荒漠区痕量金属的垂直分布特征，引导学生了解海洋化学的前沿领域，激发科研兴趣，服务研究型人才培养目标。

三、大洋水中痕量金属洁净分析虚拟仿真实验教学设计

本实验从学生的学习规律和思维习惯出发，对教学过程进行精心的设计。主要手段有：(1)问题式引导，任务式驱动，提高学生的学习兴趣。(2)自主性实验设计，满足学生差异化、个性化学习需要。(3)通过课前预习—线上实验—师生线上和课堂讨论，实现线上—现场—实验室—线上多场景无缝衔接式教学，加强师生间的交流。(4)多模块、分层次、渐进式教学，有力夯实知识基础，切实提高教学效果。

(一)实验教学过程

实验教学分实验前预习、实验操作、实验后翻转课堂三个教学环节展开(图1)。

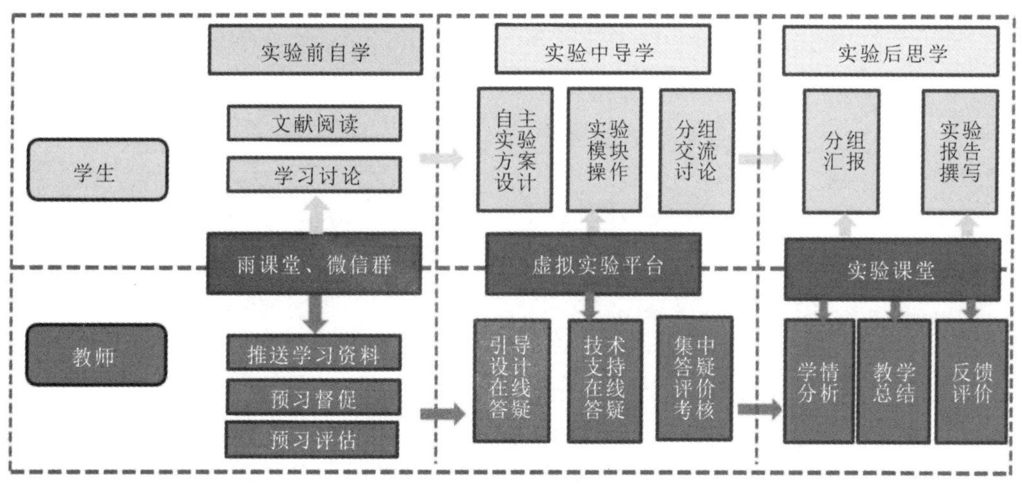

图1　实验教学过程示意图

实验前，教师推送学习资料并布置学习任务，学生在线上自主学习相关文献，通过预习了解实验目的、实验原理、实验所需仪器设备及注意事项等，教师通过设置课前思考题评估预习情况。

实验中，学生进入虚拟实验练习模式，根据实验指引和提示，完成四个模块实验的学习，并进行分组交流讨论。教师在学生实验过程中提供在线引导、在线答疑、技术支持。学生实验完成后进行集中答疑并对完成情况进行考核与评价。

实验后，教师组织学生以“全球变化背景下的痕量金属分布规律与演化趋势”和“西太平洋寡营养海域生物泵理论及痕量金属的重要作用”为题分组汇报，进行有效的师生、生生交流互动。翻转课堂后，学生撰写实验报告，教师对整个实验过程进行分析和总结，并

形成最终评价。实验采用多层次、全方位、智能化的评价体系，多个角度综合评价学生学习效果。贯穿全过程的考核体系及时全面有效地反馈学习情况，有利于教师进行针对性及个性化指导。

（二）实验教学方法

本虚拟仿真实验模拟了科考船在执行远洋航次时，测定水深数千米的海上丝绸之路南海段或西太平洋海域大洋水中痕量金属的全过程（见图2），涵盖了航前准备、水样采集、水样分装与过滤、流动注射-固相萃取处理等全过程，经模拟输出ICP-MS测定数据后，绘制大洋水中痕量金属的垂直分布图，了解开阔大洋水中不同痕量金属元素垂直分布特征的差异，进而对海洋中元素的地球化学循环过程有进一步的了解。

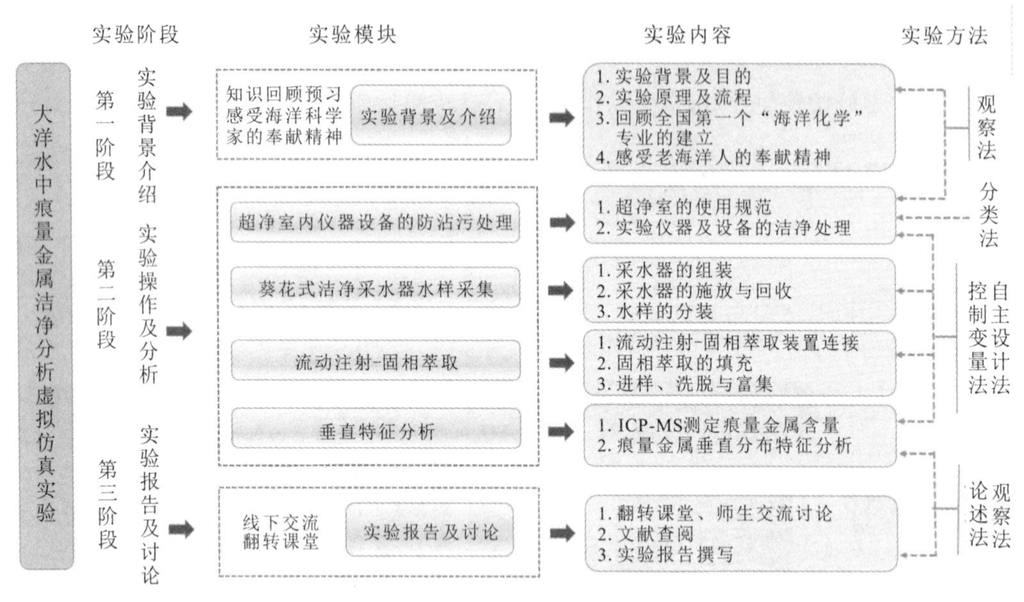

图2 实验教学方法示意图

在虚拟仿真实验教学方法的实际应用过程中，以下几个要素对教学效果的影响最值得关注：

（1）前置课程设置的合理性。要求进入虚拟仿真实验课程的学生已修习"海洋科学导论""化学海洋学""仪器分析""海洋科学基础实验"等理论课，并完成线下近海综合调查实习，对海水中元素分布有初步认识，掌握海洋化学相关基础实验技能和常用仪器基本操作。这样既能保证虚拟实验的顺利进行，同时也深化了理论知识的理解，实现了知识到能力的升华。

（2）注意多场景无缝衔接式教学。通过课前教师发布预习任务—线上预习—师生线上讨论—学生线上实验—师生及学生之间课堂讨论—线上撰写实验报告，充分利用学生片段化学习时间，提高学习效率，能够显著提升教学效果。

(3)实验系统的模块化。实验应采用多模块、分层次、渐进式实验设置,符合学生学习规律,从而由浅入深,全面而扎实地掌握知识。

(4)加强学生的自主实验和主动探索。在虚拟仿真实验中,学生可自由选择采样站位、采样深度和测试元素等,既满足了个性化学习需求,又激发了学生的学习兴趣,提升了探究创新的能力。

(5)任务驱动,实时评价。实验可以阶段任务为手段,推动学生主动去寻求解决问题的方法,同时及时对任务完成情况进行评价,能够有效增强学生的"成就感"与"获得感",提高学生学习的主观能动性。

(6)采用翻转课堂等形式,加强交流。在学生完成线上实验后,引导学生以"全球变化背景下的痕量金属分布规律与演化趋势"等内容为题分组汇报,教师现场答疑解惑,进行师生、生生互动交流,构建探究式的学习模式,提高教学质量。

(7)强调课程思政,立德树人。通过组织学生讨论西太平洋寡营养海域生物泵理论以及痕量金属在海洋固碳机制中的重要调控作用,了解碳通量与海洋碳汇的准确评估技术、揭示海洋科学研究对制定和实施碳中和路径以及发展关键科技的支撑作用,强化学生海洋保护和人类命运共同体意识,坚定文化自信,肩负起建设海洋强国、呵护人类家园的重任,达到润物细无声的思政育人效果。

四、虚拟仿真实验教学应用情况

自2019年年底上线以来,本虚拟仿真实验课程已在本校2017级和2018级学生中开展了三个学期的教学应用,学生完成了所有模块的学习、开展了分组汇报并撰写实验报告,结合课堂效率及教师反馈,显示本实验课程取得了较好的应用效果:

(1)知识获取:学生全面了解了大洋水体中痕量金属的洁净采样及洁净检测的全过程;熟练掌握了洁净采样及检测所需设备、器皿的防沾污处理方法;掌握了痕量超净实验室(千级)的使用方法及注意事项;了解了大型多通道葵花式洁净采水器的使用方法;掌握了流动注射-固相萃取实验原理并熟悉其操作要领。相对于传统教学模式,学生的学习热情明显提高,大部分学生均表示曾多次登录实验系统进行反复练习。

(2)能力提升:互动性强的实验操作,培养了学生理论知识应用能力;课前科研文献的阅读,强化了学生对科学问题的提炼及独立思考能力;分组汇报交流,培养了学生的团队合作和语言表达能力;自主实验设计,提升了学生的科学探究及创新能力。

(3)考核评价:学生提交实验数据后,实时显示操作得分与实验结果得分,与以往考核形式相比,效率明显提高。学生可即时发现自己在操作及数据处理过程中的具体问题,查缺补漏;教师也可根据数据统计反馈,发现学生薄弱点,及时予以统一讲解,提升了实践指导的效率与质量。

(4)价值引领:在实验教学设计中,融入思政元素,比较全球不同区域痕量金属分布特征,引领学生强化生态保护和人类命运共同体意识;揭示海洋科学研究对制定和实施碳中和路径以及发展关键科技的支撑作用,联系碳中和概念,阐述中国对环境问题的自主贡献力量,坚定文化自信,并引导学生为建设海洋强国作出积极的贡献。

此外,本教学实验还通过校际账号互通和国家虚拟仿真实验教学课程共享平台(ilab-X)等多种方式向各涉海高校、海洋监测或者科研单位推广共享,已服务校外账户上百个,网络用户 3000 多人次。

五、总结与展望

与传统教学模式相比,线上线下混合式课程中虚拟仿真教学在实验课程中的应用,能够解决以往本科教学实验条件下面临的诸多难点,把更具前沿性和时代性的教学内容引入本科教学中,将理论知识点以更具有先进性和互动性的教学方式呈现给学生,与学生的探索性和个性化学习过程相融合,从而完善教学体系,提高综合实验的完整性与先进性,提高教学效率及教学质量、提升学生的学习积极性,增强学生的自主创新性和实践能力。

后续,本实验教学系统还将持续追踪海洋科研前沿领域,进一步完善实验内容。尝试进行项目 VR 版本开发建设,增加项目的沉浸感和操作感,增强师生互动等,提高教学效果。此外,还将开发中英文双语版本以供本校马来西亚分校本专业学生学习使用,并进一步拓展“海丝学堂”移动教学平台应用领域,努力提高开放共享性。

出海安全与急救虚拟仿真实验的建设与应用*

刘春兰　方旅平　刘丽华　章　臻　刘瑞华　陈　敏**

摘　要:分析了传统的海洋调查安全教育培训教学模式的不足,设计开发了虚拟仿真实验教学模式并应用。通过教、学、做一体化的虚拟仿真体验训练,提高了学生的学习兴趣与参与程度,提升了安全培训的效果。

关键词:海上安全教育;海上安全与急救;潮间带安全与急救;虚拟仿真

一、引言

海洋科学是一门实践性很强的科学,海洋调查是海洋科学专业教学和科研的重要环节之一。海洋调查不仅能获取海洋科学研究所需采集的样品、掌握调查仪器的使用方法,还能通过对海洋现象的感性认识,加深对海洋科学理论的理解,锻炼意志,培养学生认识问题、分析解决问题的能力,为其今后从事海洋研究、海洋管理、环境保护等工作打好基础。然而由于船只在海上进行调查作业时船上作业空间较小、时间跨度长,作业期间难免受复杂多变的灾害性海洋气象影响,再加上地域、通信和医疗等因素的局限性,在发生危险后往往不能及时救助造成严重后果①。据国际海事组织统计,国际发生的海难事故中有85%是人为因素造成的责任事故,是可以避免的。在这些人为因素中,由于安全责任心不

---

* 基金项目:福建省本科高校教育教学改革研究项目"基于互联网云平台'海洋化学专门化实验'课程线上线下混合式教学模式研究与实践"(项目编号:FBJG20200282);厦门大学本科高校教育教学改革研究项目"教育信息化 2.0 时代下高校安全教育新模式——以海洋科学安全教育为例"(项目编号:JG20200135)和厦门大学"实验室安全员党员先锋岗"创建岗位。

** 刘春兰,女,湖南祁阳人,厦门大学海洋与地球学院工程师,主要研究方向为海洋有机物分析、实验室与设备管理;方旅平,女,浙江兰溪人,厦门大学海洋与地球学院高级工程师,主要研究方向为虚拟仿真实验教学;刘丽华,女,山东威海人,厦门大学海洋与地球学院实验师,主要研究方向为海洋生物学;章臻,男,湖南郴州人,厦门大学海洋与地球学院工程师,主要研究方向为环境监测分析仪器开发;刘瑞华,男,福建福清人,厦门大学海洋与地球学院高级工程师,主要研究方向为海洋环境化学分析;陈敏,男,广东韶关人,厦门大学海洋与地球学院教授、博士生导师,主要研究方向为同位素海洋化学。

① 侍茂崇、高郭平、鲍献文:《海洋调查方法导论》,中国海洋大学出版社 2008 年版。

强，未按安全制度与规范进行操作而导致事故的因素又占很大比例[①]，在海洋调查前对学生进行系统的出海安全教育，使其掌握必要的安全知识和急救处置措施、提高安全防护意识是非常有必要的。

二、涉海类高校海上安全教育现状

（一）海上安全教育教材资源较少，内容覆盖不全，深度不够

教材是开展安全教育的重要工具，我国在进入21世纪以来，已出版了多本实验室安全教材[②]，但是海上安全教育的教材极其匮乏，且内容主要集中在船舶修造、海上施工、船员培训等方面[③]，极少涉及从事海洋调查的科研人员及学生应如何保证自身及仪器设备安全、遇到危险时应如何自救等内容。

在内容组织上，国内的教材主要关注安全知识和技能的介绍，包括各种安全问题表现特点、产生原因、防治原理、防止措施等，但缺乏对出海前正确制订计划、确定实验方法以减少安全事故发生的指导，较少涉及科考船建筑与内部结构设计以及安全设施、设备配置标准与规范要求等内容。

（二）海上安全教育培训形式单一

目前，各高校海上安全教育培训形式比较单一，通常采用出海前教师将海上需要注意的事项用PPT讲授、上船后负责科考船安全的管理人员现场培训等方式，重视理论灌输而轻实践实训教育，而学生缺少对危险的预见性，不会认真对待教师的“强调”，或者对教师语言描述的“危险”不能深刻理解，等到真正危险出现时就措手不及[④]，由此可见，单一的安全教育培训形式不能调动学生的积极性，不能将“安全第一”的理念深入人心。

（三）海上安全教育培训持续性不强

目前，大多数高校都会选择在学生第一次出海前对其进行较全面的海上安全教育，主要着眼于安全常识和相关安全技能的讲授，在后续各个阶段都较少组织相关教育活动，而事实上，高年级本科生、研究生有更多机会进行出海调查，但当学生真正进入海上实践时，以前学的这些安全常识有些快遗忘，有些知识也已经印象模糊，因此海上安全教育应覆盖整个学习的全过程，更应该有持续性，并逐年加深内容，尤其是某些本科期间未进行海上

---

① REN J，JENKINSON I，WANG J，et al. A Methodology to Model Causal Relationships on Offshore Safety Assessment Focusing on Human and Organizational Factors，*Journal of Safety Research*，2008，39（1）：87-100.

② 何晋浙：《高校实验室安全管理与技术》，中国计量出版社2009年版。李五一：《高等学校实验室安全概论》，浙江摄影出版社2006年版。姜忠良：《实验室安全基础》，清华大学出版社2009年版，第2页。

③ 周明顺、李福海：《船舶修造安全概论》，人民交通出版社2011年版。联合国国际海事组织：《1978年海员培训、发证和值班标准国际公约》，中国科学技术出版社1997年版。

④ 张颖、赵二刚、张红宾：《高校实验室安全教育培训模式探析》，《实验室科学》2015年第3期。

安全的研究生更应重点培训。

综上所述，目前各高校海上安全教育培训存在着内容覆盖不全、培训方式单一和持续性不强等问题，同时由于海洋调查场地的特殊性，很多培训还只停留在理论层面，很多场景无法实时展现提供给学生实践，很难让学生有亲身的体验和直观的感受，即使在学习时学生们已了解相关安全知识和应急处理流程，但由于缺乏实际经验，能否做到临危不惧，仍是一个极大的考验，亟待探索出更多的海上安全教育培训模式。

三、出海安全与急救培训虚拟仿真实验的建设

随着计算机技术和网络技术的快速发展，基于虚拟现实技术的教学研究与实践逐步得到重视[①]，建设开放式安全培训虚拟仿真实验教学资源，通过沉浸式虚拟仿真学习和实景模拟操作，学生能在安全状况下了解危险、体验危险、处理危险，并通过反复多次操作实现从“我要安全”到“我会安全”的转变。由此，厦门大学海洋科学虚拟仿真实验教学中心利用虚拟仿真技术营造逼真的海上及潮间带环境，在国内首次系统地开展海上及潮间带调查虚拟仿真安全教育，通过交互式的操作设计将抽象的海上及潮间带实践安全知识具体化、现实化，通过构建不同情境下的安全事件，学生学会相应的处理措施及相关急救知识，培养学生具备全面的安全知识、过硬的安全事故应对技能及安全责任意识。

（一）内容设计与构建

根据海洋调查的环境将实验分为海上和潮间带两大模块，在每个模块下再依据其潜在的安全隐患、可能发生的安全事件及相应的急救处理措施分为若干个子模块（详见图1）。

与现有的体系相比，虚拟仿真实验内容丰富，在常规安全知识的基础上，增加了人员落水、海上及潮间带意外伤害急救、潮间带淤泥陷入急救等内容，通过虚拟画面使学生切实体会不安全行为的严重后果，从而认识危险，防止意外发生，如在海上急救模块，设计了一个学生在船舷边玩手机时由于船的突然颠簸手机落水，身体探出船舷抓手机导致自己落水并且被划伤及撞伤骨折的情景，学生在做完实验后纷纷表示记忆深刻，不能在船舷边玩手机，也不能将身体探出船外；实验侧重海上及潮间带安全作业要点的掌握，学生学习后能学以致用，如在海上作业部分，强调甲板作业应系安全绳、不能单人操作、不能双手拿样品等要点，对提高学生的安全作业能力有明显帮助。

---

① 刘敏、陈明丽、孟皓等：《化学实验安全教育国家级虚拟仿真教学项目建设与实践》，《高教学刊》2019年第21期。徐圆、朱群雄：《基于虚拟现实的安全教育系统与教学实践》，《计算机与应用化学》2019年第2期。徐昆伦：《船舶修造类岗位安全教育培训教学模式研究》，《青岛远洋船员职业学院学报》2014年第4期。吴晶：《“互联网＋教育”背景下“实验室安全技术”混合式教学模式的探索与实践》，《现代盐化工》2021年第5期。

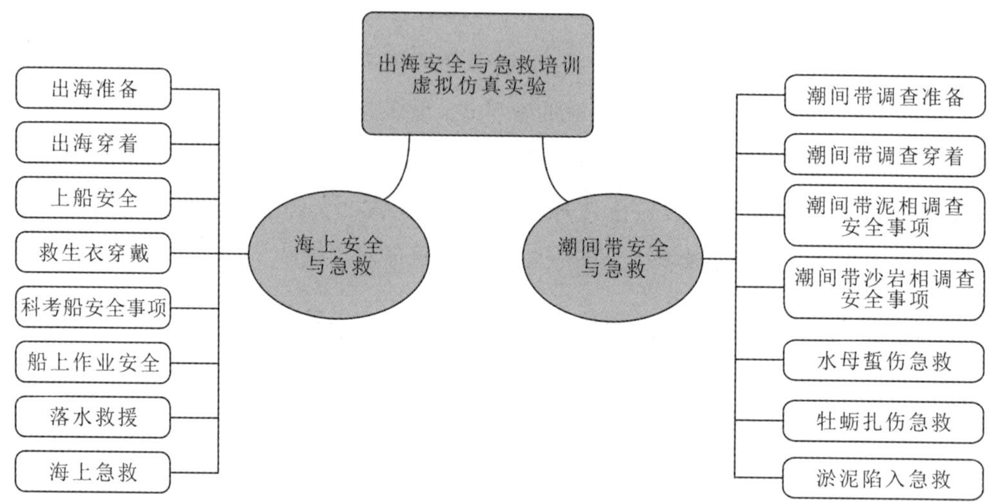

图1 出海安全与急救培训虚拟仿真实验框架图

（二）交互性操作设计

为使安全培训更"有趣"，实现从"要我学"到"我要学"的转变，在实验设计时，增加操作的交互性，减少直接选择题，同时加强操作引导与及时的交互反馈，提高学生参与实验的积极性，并在实验中获得成就感。如在海上急救模块，施救者每完成一项操作，伤者都会产生相应的变化，系统在操作完成后对操作进行评价并提示下一操作；在潮间带调查的牡蛎扎伤急救模块，从急救流程、急救材料选用、处理方法均由学生自主选择并对其选择产生的结果给予实时反馈。学生学习时兴趣浓厚，切实学到安全与急救知识。

（三）考核评价体系

按照不同实验或实践的安全要求，进行有针对性的安全操作环节评价，考核整体实验过程，同时也有在线理论考试考核学习结果，完善的考核和统计制度可有力保障学习效果的检验，以信息化平台为载体的师生实时交流，便于掌握学生学习情况，了解学习效果。模块具备的评价体系可要求学生完成安全防护训练并考核合格方能进行潮间带作业、海上调查等各类实践活动，充分保障学生健康安全。

四、出海安全与急救培训虚拟仿真实验的应用成效

本实验采用与线下安全培训相结合的方式进行。旨在通过虚实结合，培养学生掌握各项安全技能，达到通过虚拟仿真教学手段巩固学生安全知识、增强教学效果的目的。实验建成后，得到了广泛的应用，如本科生生产实习、实验课课程实习、走近海洋知识竞赛、学院安全培训等，学生使用人次达到1019人次，成绩为91～100的占总人次的46％，49％的学生能在0.5～1小时内完成实验，学生反映实验模拟了很多种在出海调查以及潮间带调查中可能遇到的安全问题，并让自己去探索如何进行急救，激发了学习兴趣，通过学习，

了解了海上及潮间带调查的安全注意事项，也体会到出海安全的重要性，掌握了一定的急救技能。2020年新冠肺炎疫情防控期间，将实验与华南农业大学海洋学院共享，好评率超过95%。我院很多同学从大一开始，每年都会重复实验，通过与线下培训相结合，几乎熟记了所有的安全知识和急救方法。许多学生在学习的同时对实验也提出了许多改进意见，例如增加代入感强的配音、真实事件重现、真人视频演示等。学生的评价反馈对实验的后期改进和完善提供了思路。

五、结语

随着我国海洋强国战略目标的确立与实施，海洋调查已成为这一宏伟蓝图的重要组成部分，与之相适应的海上安全教育也应与时俱进，完善其内容体系，改变教育模式。出海安全与急救培训虚拟仿真实验可在虚拟环境中实现自主操控、按任意路径漫游等，给学生提供沉浸式的人机交互体验，提高学生的学习兴趣和积极性，实现从“要我学”到“我要学”的转变，多样化、多角度、趣味性、直观的呈现方式切实提高安全教育的效果。

海洋科学实验室安全虚拟仿真实验与SPOC课程结合教育模式探索*

王　琼　方旅平　刘春兰　陈　丁　刘志鑫　陈　敏**

摘　要:结合海洋科学双一流学科建设的背景,研究新形势下实验室安全教育存在的问题和科学解决方案。提出了“以人为本,安全第一,预防为主,全程全员参与”的实验室安全教学理念,探索实验室安全教育虚拟仿真技术的应用与SPOC课程建设相结合,健全实验室安全教育体系,将教学内容模块化,依托网络平台将教育资源共享化。

关键词:海洋科学;实验室安全;虚拟仿真实验;SPOC课程

高校实验室是人才培养和科学研究的主要场所。近年来,随着高校生源及实验室规模的不断扩大,教育改革的不断深化,实验室承担的教学任务和科研任务日渐繁重,实验室开放性、流动性加大以及进入实验室人员安全知识掌握水平参差不齐,使得高校实验室在安全管理方面的问题日渐凸显。[①] 海洋科学是一门交叉学科,涉及生物、化学、物理、地质多个学科,各学科渗透与融合,海洋科学又是一门实验科学,在人才培养过程中实验教学是重要任务,特别自2017年教育部提出双一流学科建设以来,对海洋科学人才培养的要求进一步提高。海洋科学实验室中除了消防及水电安全,因其学科交叉的特性而不可避免地要使用各种危险化学品以及各类高低压设备,涉及高温、高压、真空及辐射等多种危险因素。因此,对海洋科学实验室安全管理提出了新的要求,实验室安全教育的重心也要围绕人才培养目标和任务做相应调整。

---

* 基金项目:厦门大学本科高校教育教学改革研究项目“教育信息化2.0时代下高校安全教育新模式——以海洋科学安全教育为例”(项目编号:JG20200135)和厦门大学“实验室安全员党员先锋岗”创建岗位。

** 王琼,女,江苏邳州人,厦门大学海洋与地球学院工程师,主要研究方向为鱼类发育遗传学;方旅平,女,浙江兰溪人,厦门大学海洋与地球学院高级工程师,主要研究方向为虚拟仿真实验教学;刘春兰,女,湖南祁阳人,厦门大学海洋与地球学院工程师,主要研究方向为海洋有机物分析、实验室与设备管理;陈丁,女,福建福州人,厦门大学海洋与地球学院高级工程师,主要研究方向为海洋纳米颗粒及痕量金属;刘志鑫,男,福建泉州人,厦门大学海洋与地球学院工程师,主要研究方向为海洋物理;陈敏,男,广东韶关人,厦门大学海洋与地球学院教授、博士生导师,主要研究方向为同位素海洋化学。

① 张宏玉:《地方高校实验室建设管理的探索与实践》,《实验技术与管理》2016年第7期。

传统的实验室安全教育往往以理论授课形式开展，安全操作培训还只是停留在纸上谈兵的层面。虽然在理论学习时学生们已掌握一些安全常识及事故处理流程，但由于缺乏实际经验，如遇突发事故，很难快速将所学知识与实际情况关联起来，有条不紊地按照已训练过的正确处理措施进行处理。为此，大多数实验室都引入了实战演习，但仍停留在消防疏散演练、灭火器的使用等，缺乏具有针对性的实验室技术安全教育内容、缺乏对新知识和新技能的讲授。消防疏散演习的"实践性"虽弥补了授课的"理论性"，但因其多为"群体性"活动，缺少了个人"针对性"教育。近年来，部分高校实验室立足于专业实际特点，积极尝试开展了诸如防化装备穿戴、化学品泄漏、化学污染后的淋洗等实验室专业应急演练[①]，一方面安全演练次数有限，另一方面一些应急演练危险大、成本高，缺少让学生动手实践的条件，很难让学生有切身体验和直观感受，亟待探索出更多的实验室人员安全教育模式。

而随着科学技术的发展，教育新思路、教育新模式、教育新技术的出现将可以解决以上这些棘手问题。2018 年教育部印发了《教育信息化 2.0 行动计划》，强调必须聚焦新时代对人才培养的新需求，强化以能力为先的人才培养理念，将教育信息化作为教育系统性变革的内生变量，支撑引领教育现代化发展，推动教育理念更新、模式变革、体系重构。要以人工智能、大数据、"互联网＋"等新兴技术为基础，依托智能设备与网络，积极开创智慧教育研究与创新教育研究示范，推动新技术支持下的教育模式变革与生态重构。在这样的背景下，教师应更加关注如何将教育技术作为日常课堂教学中的方法和手段，如何利用智能在线教学平台进行创新型人才培养，如何实现信息技术应用能力向信息素养转变。

基于此，我们提出安全教育新模式，对传统安全教育模式进行改革和创新，利用新兴的信息技术，以互联网为依托，建设海洋科学安全教育虚拟仿真教学体系，同时打造安全教育线上课程资源。将学生学习方式从"被动学"转变为"自主学"，突破时空局限，学生可利用课外时间随时随地进行学习，并可以反复演练，深化学习效果；将枯燥的理论学习转变为沉浸感强、趣味性强的新媒体体验，切实提高学生的学习能动性；将课堂互动转移到网上平台，学生可以随时提问，教师可以及时反馈，师生互动性大大加强；将片段化的安全教育系统化，覆盖面更宽，知识网络的联结更紧密；将传统课堂内有限的服务对象扩大为网络上更多的受益对象，拓展了安全教育的辐射范围。

一、海洋科学实验室安全虚拟仿真实验建设

虚拟仿真软件基于三维仿真技术，再现实验室场景，学生可在虚拟环境中实现自主操

---

① 宋志军、王天舒等：《高校实验室安全教育现状及对策分析》，《实验室研究与探索》2015 年第 8 期。骆晶晶、叶义成等：《高校实验室安全教育及实训管理系统构建》，《实验室研究与探索》2017 年第 11 期。张海峰、张帆等：《高校实验室安全教育存在的问题与对策》，《实验技术与管理》2017 年第 9 期。

控、按任意路径漫游、操作相关设备仪器等,给学生提供沉浸式的人机交互体验,提高学生的学习兴趣和积极性,实现从“要我学”到“我要学”的转变。厦门大学海洋科学虚拟仿真实验教学中心开发了具有独立知识产权的海洋科学实验室安全与防护虚拟仿真实验,通过沉浸式虚拟仿真学习和情景模拟训练,学生能够在安全状况下了解危险,体验危险,处理危险,从源头上杜绝安全隐患。

(1)建设思路:强调可操性,体现信息化。海洋科学实验室安全与防护虚拟仿真实验坚持“以人为本,安全第一,预防为主,全程全员参与”的教学理念,注重从学生出发,采取“以虚验实、以虚代实、以虚补实、虚实结合”的方式,运用现代化信息技术,将不能或难以实现的场景虚拟化,将枯燥的知识点趣味化,学生在三维实景中学习、操作、考核。通过实训,学生“零距离”接触实验现场,既学习正确的操作方式,也真实感受操作失误造成的严重后果,感受安全事故的教训,从而时刻在心中敲响警钟。

(2)教学内容:强调系统性,体现多元化。本项目设计时充分考虑了学科交叉的特点,以学生为中心,以需求为导向,涵盖生物学、化学等不同专业实验室安全知识,构建了4个基本教学功能单元,每个单元下又设置多个安全专题模块,具体内容包括实验室用电安全、火灾逃生、电梯安全、生物安全实验室防护与分级、生物安全防护实验室个人防护措施、生物安全防护实验室安全操作、化学品泄漏应急处理、化学品暴露应急处理、化学品分类储存、化学废弃物处理、通风橱的安全操作、气体钢瓶的安全操作和全自动高压蒸汽灭菌器安全操作。上述4个教学单元的知识点均匹配海洋科学实验室安全线上课程资源,做到虚实互补。

二、海洋科学实验室安全线上SPOC课程资源建设

我院包括海洋生物、海洋化学、海洋生物技术、海洋物理、物理海洋、海洋地质多个专业方向实验室;每年新进本科生及研究生200余人。同时,随着学院新的本科教学方案的落实执行,各专业学生都需要跨专业进行学习,目前已出现海洋生物、海洋生物技术、海洋地质等专业本科生共存于一室上实验课的教学新状态。学生在开展专业实验课前,各任课教师的安全教育第一课相对来说时间有限,内容也较为集中于本课程,无法做到全面系统地讲授与实践。针对教学实验室的新业态,分析学生主要面临的安全问题,我们提出新生入学就能进行系统的实验室安全教育的目标。而建设线上课程资源不仅可以解决学生多、线下课时有限、无法反复学习等问题,同时利用SPOC平台可以对学生布置作业、安排小测,以及在线学习交流与答疑。

此外,将教学人员从专业课程的专任教师转变为专业技术人员,充分挖掘专业技术人员第一线安全教育累积的知识与经验。线上安全教育课程的内容在制定时,我们主要根据本学科实验教学特点,给学生“量身订制”系统的、实用的安全教育体系。安全问题涉及

面广，难度不一，我们利用教学与科研第一线工作经验总结学生常见安全问题，同时考虑虚拟仿真实验已建设的实验内容的虚实互补，将课程内容涵盖消防安全、用气安全、危险化学品安全、生物安全、废弃物处理等。

实验室最容易发生的消防安全问题。不同于虚拟仿真实验以情景再现与实操为主，线上课程资源主要则以基础理论知识的讲授作为侧重点。在消防安全章节，从认识什么是燃烧，燃烧的三要素开始将消防安全基础知识、灭火器的构造与原理等知识娓娓道来。用气安全不仅有气瓶的定义与分类，钢制无缝气瓶的主要结构与附件，同时也讲述气瓶的日常检查与使用。而关于危险化学品，则主要介绍危险化学品分类、化学品安全存放等内容，结合目前海洋生物与海洋生物技术专业分子生物学实验普遍开展的情况，利用单独一个小节《分子生物学常见化学试剂的安全使用》来有针对性地讲解该领域应注意的化学品安全。此外，SPOC课程也专门设置了生物安全章节内容，帮助学生了解生物安全的概念、生物安全防护水平等级、生物安全实验室的分级以及生物品使用注意事项。最后，由于实验时往往产生各类废弃物，废弃物的处理涉及环境与社会的和谐发展，通过课程学习本科生建立实验室废弃物的概念，掌握实验室废弃物的分类、收集、处理、储存与转运减少实验室废弃物的措施。

相对于线下课程，教师在进行海洋科学实验室安全线上 SPOC 课程授课时，可利用多媒体技术，融入图片、动画、细节操作视频等，更为图文并茂、生动有趣，从而大大增强了学生对理论知识的领会与掌握程度。每个知识点都从原理开始，以规范操作结束，让大学生从以往的“知其然，不知其所以然”的被动遵守安全规则到如今的主动思考，遇到问题能分析与解决。

三、虚拟仿真实验与线上课程联合应用

基于海洋科学实验室安全与防护虚拟仿真实验和海洋科学实验室安全线上 SPOC 课程的建设，我们探索出虚拟仿真实验与线上课程联合应用的混合式教学新模式。

课前预习阶段由教师通过厦门大学 SPOC 教学平台发布教学视频资源，包括理论讲授、实验操作演示等，以及在线测试、在线作业等教学任务。学生首先在课前通过网络教学平台自主学习课内的理论知识点(见表 1)，观摩老师对重点或关键操作的讲解与演示，同时思考老师布置的在线测试。学生学习过程中遇到问题可以通过查找文献或其他教学资源，或者在线提问进行解决；不能解决的问题可以利用线上平台进行讨论解决。之后根据教师布置的作业要求，学生登录海洋科学省级虚拟仿真实验教学中心网上平台，进入“海洋科学实验室安全与防护虚拟仿真实验”，结合 SPOC 课程中所学操作要点，在相对应虚拟实验模块进行操作练习。

例如，消防安全模块，学生先通过 SPOC 课程学习掌握火场紧急疏散逃生的技能知识和灭火器的构造原理及使用方法等一些消防安全常识，之后在“海洋科学实验室安全与防

表1　虚拟仿真实验与SPOC课程安全知识与技能内容

序号	SPOC课程章节	知识点	虚拟仿真实验模块	技能训练
1	消防安全基础知识	1. 燃烧的定义及要素 2. 火灾的定义及分类 3. 常用的灭火方法	通用安全	1. 实验室触电事故应急方法 2. 火灾逃生 3. 电梯故障应急方法
2	灭火器的构造原理和使用方法	1. 灭火器的分类及构造 2. 常见灭火器的使用方法		
3	实验室用气安全	1. 气瓶的定义、分类及构造 2. 气瓶的检漏方法 3. 气瓶的日常检查及使用	实验室特种设备	1. 气体钢瓶的安全操作 2. 全自动高压蒸汽灭菌器安全操作及维护
4	压力蒸汽灭菌器的介绍与使用	1. 下排气式压力蒸汽灭菌器结构 2. 立式压力蒸汽灭菌器使用前注意事项 3. 立式压力蒸汽灭菌器操作方法		
5	危险化学品	1. 危险化学品的定义 2. 危险化学品的危害 3. 危险化学品分类 4. 危险化学品安全标签及安全技术说明书	化学品安全	1. 化学品泄漏应急处理 2. 化学品暴露应急处理 3. 化学品分类储存 4. 通风橱的安全操作 5. 化学废弃物处理
6	实验室废弃物处理	1. 实验室废弃物分类及危害 2. 实验室废弃物储存和处理的一般原则 3. 减少实验室废弃物的途径		
7	实验室生物安全	1. 实验室生物安全概况 2. 实验室生物安全级别 3. 实验室生物安全设备 4. 生物安全实验室个人防护装备	生物安全	1. 生物安全防护实验室分级 2. 生物安全防护实验室个人防护措施 3. 生物安全防护实验室安全操作

护虚拟仿真实验”中火灾逃生子模块的虚拟场景中真实地感受火场的残酷，并根据逼真的灾害场景提示，及时纠正错误操作，自行寻找“生”的出口，“真实”学习火场逃生技能，感受安全事故的教训，从而时刻在心中敲响警钟。

再例如特种设备规范操作学习模块，学生可通过 SPOC 课程了解仪器原理、操作要点、注意事项等理论知识。之后通过观摩“全自动高压灭菌器操作”微课视频，有助于学生在有限的时间内了解仪器操作的核心要素，但仅止于“听与看”的学习，教学效果并不理想，容易遗忘。因此，我们布置学生进入“实验室特种设备虚拟仿真实验子模块”，独立完成虚拟全自动高压蒸汽灭菌器的操作，并反复练习，对灭菌设备操作具备更完善的认识，强化了记忆，大大提升教学质量。同时，虚拟仿真实验的反复练习也避免线下传统教学模式中特种设备操作失误带来的安全隐患问题。

该教学方法不仅有效利用学生课余时间，同时充分发挥虚拟仿真实验课程与 SPOC 课程各自特色与优势并互为补充，解决了传统安全教育的痛点问题，大大提高学生学习效果，学生在操作时往往能将自主学习了解的实验注意事项、操作要领通过实践进行多次练习与验证。从而树立学生安全意识，提升学生遇急抗压能力，培养学生良好实验习惯，为其人身安全与健康提供保障。

将虚拟仿真实验融入大学化学与材料交叉学科的教学研究[*]

侯　旭[**]

摘　要：本文介绍了团队在“柔性纳米通道膜材料”这一原创科研成果的基础上所设计和开发的“柔性纳米通道膜材料的制备与测试分析虚拟仿真实验”项目。该项目能够在避免实验教学中可能遇到高温、高压、有毒气体等危险的前提下让学生了解和学习纳米通道复合膜材料的制备、表征及分析方法，培养纳米材料研发的思维，更好地激发学生的创新意识和创新能力。同时，在虚拟实验教学中，通过实验条件、制备参数精准可调，操作步骤清晰的仿真互动场景，能更好地培养学生的实验操作，并通过配套的智能评价打分系统让学生在安全的操作环境中获得实时反馈的实验体验。项目已面向化学化工、材料学、应用物理等专业的学生开放，与综合化学实验、材料化学实验、材料综合实验、综合物理实验等课程互为补充、相辅相成，教学效果显著。该虚拟仿真教学项目的建立与实践为新材料研发教学与化学材料交叉学科教学提供一种范式指导教例，同时也为膜技术相关领域储备人才。

关键词：柔性纳米通道；膜材料制备；虚拟仿真实验；材料化学；实验教学

一、背景介绍

化学与材料交叉学科是建立在实验基础上的科学，实验教学一直以来都是大学材料与化学相关专业教学中不可缺少的组成部分。通过实验教学，学生们能够亲手操作，亲自在材料制备、化学反应过程中看见试剂颜色、物料形态的改变，感受到反应体系温度的高低，嗅到不同化学反应试剂的味道变化，触摸到不同合成材料的软硬弹性等。这些第一视角直观的学习体验是无法通过单纯的课堂理论教学获得的。因而，如何将实验教学融入课堂教学当中是从事化学与材料相关学科教学教师一直以来思考并尝试优化的重要一

* 致谢：感谢王苗博士、侯雅琦博士在教学中的积极参与和讨论，感谢国家重点研发计划“纳米科技”重点专项（No.2018YFA0209500）和国家自然科学基金（No.52025132，No.21975209）的支持。感谢北京微瑞集智科技有限公司对虚拟仿真实验平台的技术支持与运行维护。

** 侯旭，男，四川人，厦门大学化学化工学院、物理科学与技术学院双聘教授、博士生导师，主要研究方向为仿生界面科学与技术。

环。特别是当前材料化学前沿发展迅速、日新月异，如何找到一种教学方式能够以较灵活的方式紧跟学科发展前沿，让大部分本科学生第一时间接触到最新研究成果中的科学实验也是传统实验教学中较难实现的部分。我所从事的仿生膜材料研究领域及其在海水淡化技术中的应用是化学与材料领域发展迅速的热点方向之一，新兴的研究成果不断涌现，如何更好地将最新的研究成果融入所开设的“仿生智能材料界面科学”课程教学中，实时更新教学内容一直是团队在教学过程重点思考与关注的内容与方向。

膜材料是膜技术应用于海水淡化过程的核心，是解决厦门等沿海城市淡水缺乏问题的关键。在我国科技部重点研发项目的大力支持下，我们厦大团队基于纳米通道复合膜技术，开展了面向海水淡化的应用研究，并取得了一系列原创性科研成果。为了让学生能够最快了解这些最新的科研成果，了解和学习纳米通道复合膜材料的制备、新型膜材料的物理化学表征及分析方法，培养学生新材料研发的思维，更好地激发学生的创新意识和创新能力，我们将最新原创性科研成果“柔性纳米通道膜材料与膜技术”引入实验教学。但由于柔性纳米通道膜材料的制备过程对于温度、湿度、气压等实验条件要求较高，如碳纳米通道的生长温度高于700℃，并需要使用甲苯等有毒害试剂，不利于同时多人次本科生实际开展该实验课程。另外，由于柔性纳米通道材料的加工制备属于高精度高危实验，对制备过程要求很高，实验周期长(一个完整的制备和测试分析实验需要一周左右)，实验过程复杂，步骤繁多，很难在本科教学中大规模开展该实验。并且，纳米通道材料制备实验开始后无法暂停，在实验过程中出现问题后无法一一解析，只能等实验周期结束后重新开始，为学生线下学习和了解实验过程带来非常大的困难。在现实中，一对多的实验教学过程学生的体验感很差，没有个性化的教学设计，学生无法获得个性化的学习。所以，需要一种全新的实验教学模式，在纳米通道制备中间的实验环节，可以随时暂停，讲授实验特定环节中的反应原理和过程，可以对于重点教学内容反复训练和学习。

互联网与计算机的发展为以上问题提供了全新的解决思路。为推动课堂教学创新，主动适应“互联网＋”的新挑战，积极探索智慧教育新形态，推动信息技术与教育教学深度融合，将游戏产业中迅速发展的虚拟仿真技术引入材料化学教学的课程开发当中，厦大团队设计和开发了“柔性纳米通道膜材料的制备与测试分析虚拟仿真实验”教学项目，如图1所示。在虚拟实验教学中，学生能够在任何可连接到互联网的地方，通过敲击键盘、点击鼠标，在清晰的引导下执行不同的实验操作，学习膜材料的标准制备与测试方法，并通过电脑屏幕实时监测实验过程中的各种参数与现象变化。通过调节化学气相沉积(Chemical Vapor Deposition，CVD)温度、旋涂速度、膜切片厚度等实验条件和参数，探索和发现实际实验中难以获得的现象与规律，从而获得接近于现场操作的实验体验，让学生能够完成这种高成本、高消耗、不可逆操作的实验训练，实现在线上就能够体验到实验过程的乐趣和魅力。

图1　“柔性纳米通道膜材料的制备与测试分析虚拟仿真实验”主界面

本虚拟实验平台已在国家虚拟仿真实验教学项目共享服务平台——实验空间上线，供学生免费学习。自2019年11月29日上线以来，已服务过本校学生400余人、外校学生200余人、网络学习者近1万人。教学效果突出，能够极大程度上激发学生对于化学合成、材料制备等技术学习和探索的热情和自主性。根据学生在学习和使用过程中的及时反馈，虚拟仿真实验平台也在不断地迭代更新，不断丰富实验内容，不断提升学生的学习和使用体验。以下将对该虚拟仿真实验的教学内容、教学考核方式、教学成果与反馈以及未来的发展方向做一个详细的介绍。

二、虚拟仿真实验教学内容

（一）实验界面总览

“柔性纳米通道膜材料的制备与测试分析虚拟仿真实验”教学项目的实验内容界面如图2所示。该虚拟仿真实验部分主要包括五个实验模块，内容涵盖纳米材料的制备（如纳米通道制备、材料复合、超薄切片、等离子溅射等）、性能测试（如皮安电流检测分析）和应用探索（如太阳能海水淡化技术），课程总时长为6学时。页面上方的参考资料、参考视频、操作手册及背景知识都能够帮助学生清晰直接地获得本实验相关的背景知识和实验操作方法，给学生提供无障碍上手学习的体验。

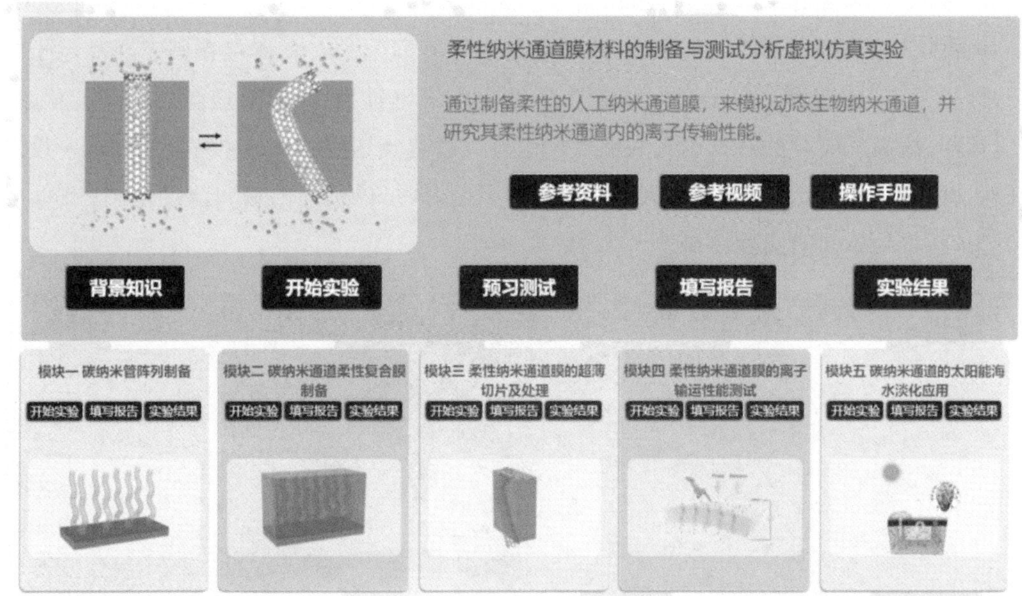

图 2　“柔性纳米通道膜材料的制备与测试分析虚拟仿真实验”教学项目的实验内容界面总览及不同的实验模块

（二）实验内容

点击“开始实验”图标，可分别进入每个模块进行实验。进入实验室后，可看到实验室布局和仪器介绍画面，如图 3 所示。每个实验模块中都会出现该模块对应的实验内容简介、操作要点提示以及实验安全规范的交互界面，让学生能够结合具体的实验场景学习相应的实验操作技术与安全操作规范。

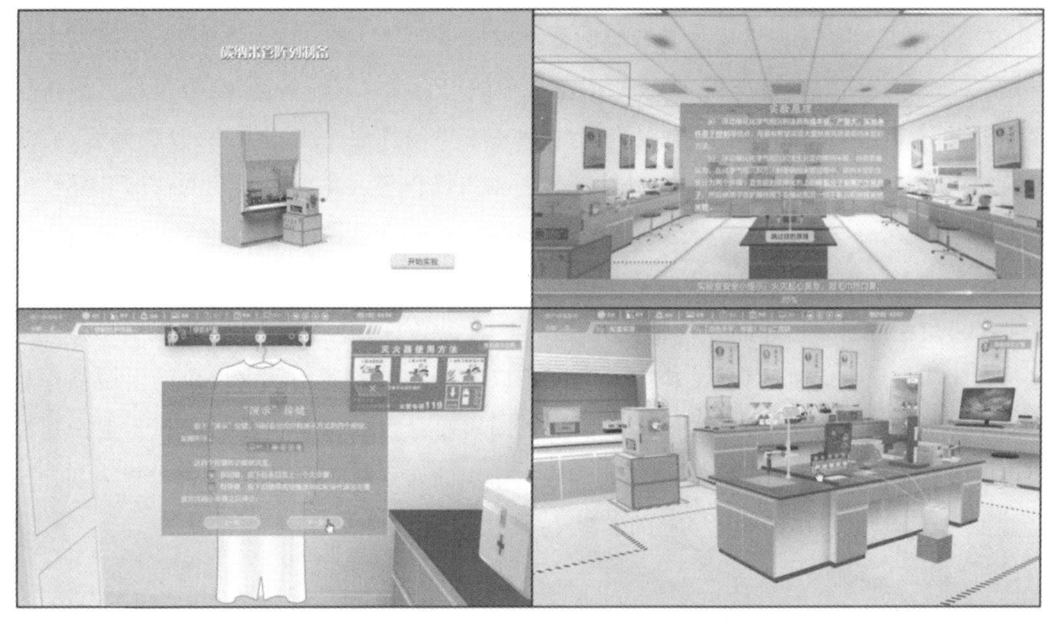

图 3　实验室布局、实验原理与实验仪器介绍界面

1. 模块一：碳纳米管阵列制备

本模块包括两大步骤：①配置碳源；②碳纳米管阵列生长。具体包含固态药品电子天平的称量操作、液态药品量筒的量取操作以及超声溶解过程、高温反应炉的使用流程、硅片的切割、高温反应炉的气氛设置和温度控制等。通过点击反应炉温控表，可以自主设置反应温度，如图4所示，并且当输入不同的反应温度时(可供选择的输入温度范围在500～850℃)，将得到不同的实验结果。

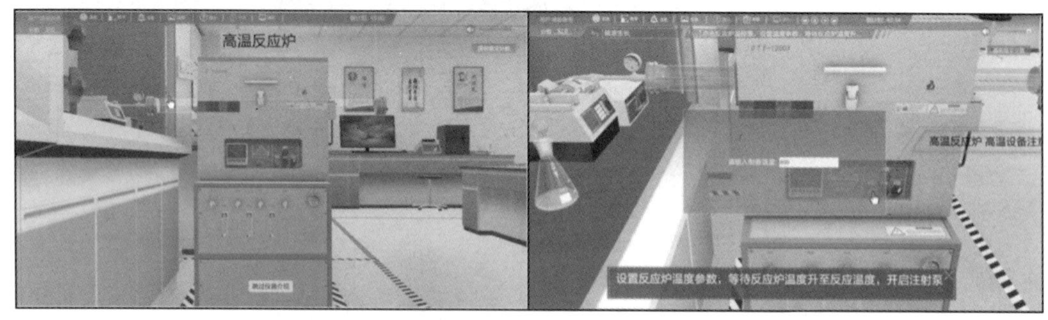

图4 高温反应炉及其温度设置界面

这些不同条件下的不同实验结果呈现，能够让学生在实验设置与操作过程中实时得到效果反馈，在很短的时间内探索不同实验条件下产生的不同实验结果，并理解其中的产生机制与原因。这种在短时间内通过尝试不同实验条件的探索性操作在传统的化学实验教学中是很难实现的，一些实验条件的探索甚至具有一定的危险性，但在虚拟仿真实验当中，不同的实验参数设置并不会带来直接的安全隐患，能够让学生发散思维、大胆尝试，这是虚拟仿真实验教学突出的优势之一。

2. 模块二：碳纳米通道柔性复合膜制备

本模块包括两大实验步骤：①聚二甲基硅氧烷(PDMS)的准备；②复合过程。具体包含分析天平的使用、使用真空泵将混合好的PDMS中的气泡除去的方法、胶头滴管、旋涂机的使用、加热板固化操作、样品与硅片基底的剥离操作等。本模块涉及的仪器和操作细节较多，主要培养学生的实验操作细节和不同仪器设备的使用方法。

3. 模块三：柔性纳米通道膜的超薄切片及处理

本模块中的超薄切片部分包括三大步骤：①样品包埋；②石蜡冷冻；③石蜡切片。具体包含生物组织包埋机的使用、冷冻机的使用以及切片机的使用。本模块的实验操作相对简单，其中，在石蜡切片步骤，同样设置了不同实验参数的探索性实验操作。点击切片机可以设置不同切片厚度，如图5所示，当输入不同的切片厚度时(可供选择的输入切片厚度在1～60 μm之间)，将得到不同的实验结果。

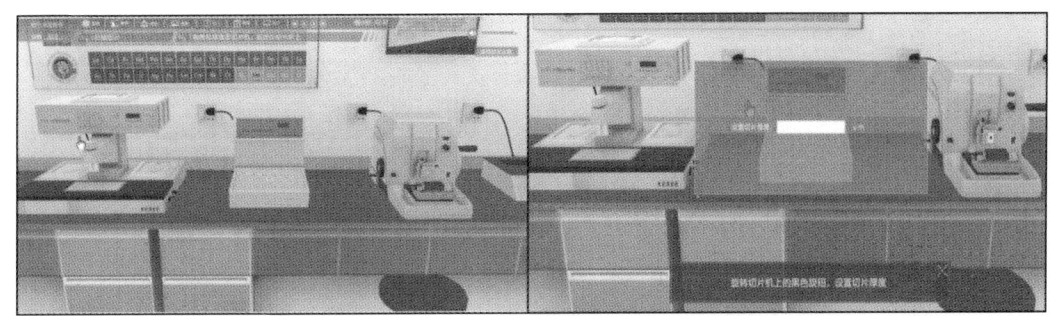

图 5　生物组织包埋机、冷冻机、切片机装置及不同切片厚度的参数设置界面

当 1 μm≤输入切片厚度<15 μm，则显示"由于碳纳米管与聚二甲基硅氧烷（PDMS）在进行原位聚合复合过程的质量很容易受到环境因素影响，因而一般切片厚度在 15 μm 以内，在进行超薄切片时常常会出现刀痕、震颤、空洞、褶皱，甚至不能形成连续切片带或切片带弯曲等许多问题，严重影响超薄切片质量，无法获得完整的柔性纳米通道膜超微结构"；当输入切片厚度＝15 μm，则显示"当超薄切片厚度在 15 μm 时，空洞、褶皱、不连续等成膜问题可很大程度避免，并且此时内径约 8 nm 的碳纳米通道镶嵌在可变形的聚二甲基硅氧烷（PDMS）中，将膜厚度设计为 15 μm 可以确保纳米通道的曲率是非对称的，形成可弯曲的轴向纳米通道，为后续离子输运调控机制的研究奠定基础"；当 15 μm<输入切片厚度≤60 μm，则显示"当超薄切片厚度大于 15 μm 时，碳纳米通道很容易发生阻塞（与化学气相沉积制备碳纳米管的机理有关，竹节状生长的碳纳米管在每 15 μm 处容易堆积封闭），因而在柔性纳米通道膜的离子输运性能测试实验中难以测得跨膜电流"。这部分设计再一次加强了学生对于不同实验条件产生不同实验结果的感受和理解。

本模块中的薄膜后处理部分包括两大步骤：①薄膜摊片；②等离子处理膜表面。将切片好的卷状薄层固定至摊片机，分散排好。摊片机的作用是将卷起来的石蜡片伸展开，屏幕中的进度条和动画会实时显示石蜡逐渐从卷装变成片状的过程。随后，将柔性纳米通道膜片放置在低温等离子体处理仪中，通过等离子溅射管端接枝羟基、羧基等官能团，使碳纳米管端带负电，具有阳离子选择性。这部分也是柔性纳米通道复合膜材料制备的最后一个步骤，至此，柔性纳米通道复合膜制备完成，随后进入性能测试的实验模块。

4. 模块四：柔性纳米通道膜的离子输运性能测试

本模块包括两大步骤：①安装测试设备；②查看测试结果。具体包含离子电流测试装置的使用、Ag/AgCl 电极的使用、测试电路的连接等操作。测试过程通过电脑中的测试软件完成，进行不同电压的扫场测试，记录 *I-V* 变化曲线，结果如图 6 所示。这里，设计了螺旋推进装置，能够控制柔性纳米通道的形变大小，从而影响纳米通道膜的离子输运性能，当输入不同的水平推进距离时（可供选择的输入水平推进距离在 4～6 μm 之间），将得到不同的实验结果。虚拟实验中也能够向纳米柔性通道中添加不同的电解质溶液，分别进行测试，考察不同电解质溶液带来的不同离子电流信号。

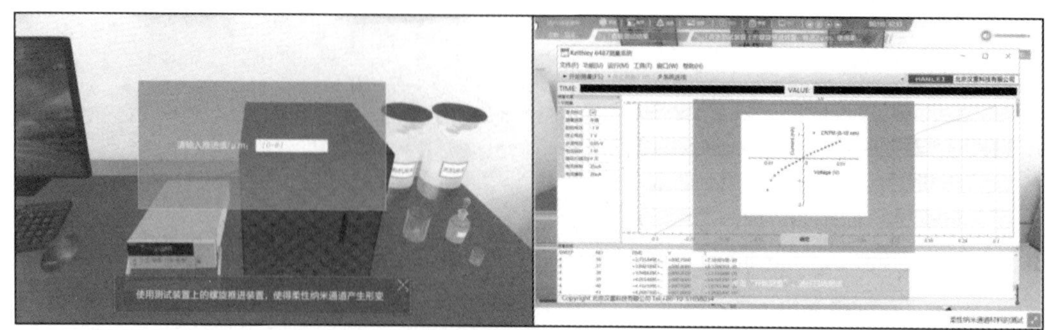

图 6　柔性纳米通道复合膜的可调曲率设置界面和离子电流 *I*-*V* 测试曲线

5. 模块五：碳纳米通道的太阳能海水淡化应用

本模块集中展示了太阳能下盐水脱盐的过程及脱盐前后离子浓度的变化。首先，选择不同浓度的盐水（20 g/L，40 g/L，60 g/L，80 g/L，100 g/L），使用淡化器在太阳光模拟器下脱盐。太阳光模拟器的功率也是可调的（实验中提供了 1 到 3 个太阳光的强度，1 sun 到 3 sun，1 sun＝1 kW/m^2），如图 7 所示。实验中可以看到功率越大，淡化速度越快，获得水蒸气的速度越快，蒸发器顶部的凝结液滴越多，通过水质检测仪，测试淡化水的离子浓度和电导率，结束实验。

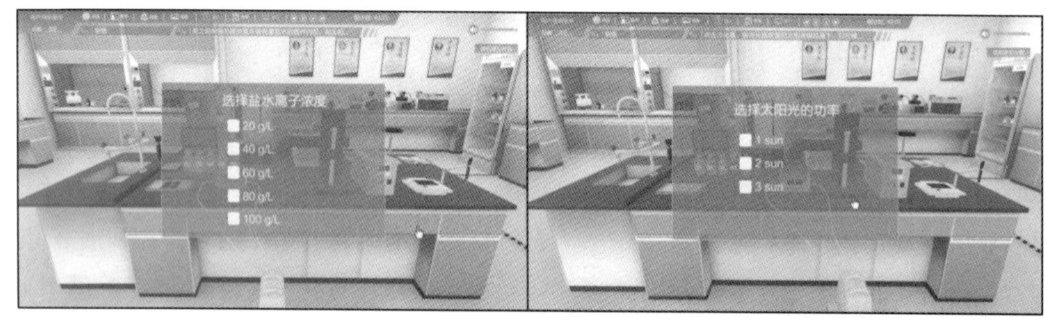

图 7　实验中可调的盐水浓度和太阳光功率

（三）实验报告与考核

在整个虚拟仿真实验的操作过程中，系统会对学生每一个操作步骤进行记录和打分。同时，系统还设置了提交实验报告和学习心得的板块，方便学生在操作学习完成实验之后及时地反思和总结，如图 8（左图）。同时，在实验操作结束后，我们还针对该实验的重难点设计了 50 余道检测试题，如图 8（右图），让同学们能够在做题的过程中，进一步回顾之前的实验操作，加深对实验操作及测试原理的理解和相关实验知识的巩固。

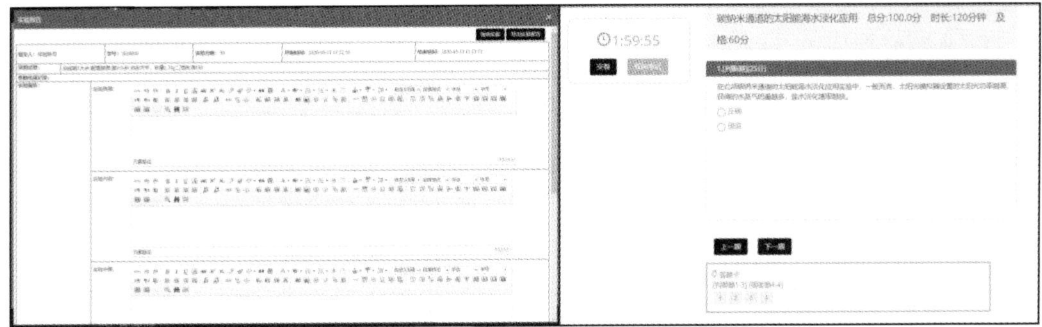

图 8　虚拟仿真实验中的实验报告提交(左图)及在线测试(右图)界面

以上是我们“柔性纳米通道膜材料的制备与测试分析虚拟仿真实验”教学项目所包含的大体框架内容与界面的展示。该虚拟仿真实验源于实验,又集合了互联网课程设计等优势,也为新材料研发、新化学实验教学提供一种范式指导教例。

三、虚拟仿真实验的特点与优势

虚拟仿真实验平台这种教学方式虽然出现较晚,仍然处于新兴阶段,但是与传统化学实验教学相比已体现出其特有的优势,具体总结为如下几个方面。

1. 教学内容更加丰富,让学生更好更深更快地掌握实验

虚拟仿真实验的操作过程与实际实验操作过程相一致,实验过程中的仪器设备模型是参照实际实验设备进行最真实的复刻呈现。同时,虚拟实验中还设计了操作纠错环节,操作者如果出现操作错误,则会得到错误的实验反应结果并得到纠错提示。学生需要纠正错误、操作正确后才可以进入下一阶段的实验操作学习。

2. 教学过程更安全

在虚拟实验过程中,学生无须接触可能具有一定危险性或毒性的化学试剂,也无须近距离接触高温高压的反应装置,能够在绝对安全的条件下完成实验。例如,该实验涉及高温化学气相沉积法 CVD 合成设备(>700℃)及甲苯溶液的使用,危险性较大。同时,在现实操作中不能或出于安全因素无法尝试的操作,学生可以在仿真实验中大胆进行尝试,这有利于鼓励学生探索,激发学生的科研兴趣,提高创新能力。在实验过程中,如果涉及违反安全规范的操作,虚拟仿真平台也会警告弹窗,提高学生的安全意识。

3. 实验过程设计灵活性高,互动性强

虚拟实验中可以较为轻松地实现线下实验中难以实现的“多路径科学实验”。例如,本虚拟仿真实验当中特地设计了一些探索空间,不只包括线下实验中常规的实验参数,还包括范围更广的探索参数。虚拟实验的互动性设计,多条实验通路,让学生自主选择和探索实验过程,获得多种实验结果并分析其原因,从而获得更加深刻和深入的体验感,自主的探索和优化实验条件激发学生的学习热情和科研兴趣。

4. 易于普及推广，服务面更广

虽然虚拟仿真实验平台在开发阶段看似一次性投入较多，但是在后期非常长的使用周期中只需要成本较低的维护和升级费用，并且借助互联网能够使它普及到更多材料、化学等学科学生的边际成本几乎为零。虚拟仿真实验平台能够推动教育资源的平等化。例如本实验中，纳米复合薄膜的处理和表征涉及贵重大型仪器的操作，很难满足每个学生的参与需求。且实际实验中，贵重仪器可能因学生的误操作而损坏。不同地区、不同学校的条件差异也会极大地限制线下实验平台的推广和普及。虚拟仿真实验平台几乎不受任何地理条件和经济条件的限制，人人可参与，且学生能操作的内容也大大增多。该实验项目不仅面向化学、材料专业的学生开放，还可面向外校开放、向非化学专业的学生开放，甚至面向有兴趣的中学生和社会人员开放，让更多的未接触过完整的科研培训的大学生在虚拟的环境中，得到基本的科研思维能力的培训，推动教育资源的平等化发展。

5. 学习平台易于迭代升级

现实实验中由于场地限制、设备昂贵等因素，搭建一整套实验装置的成本很高，往往一套实验装置的运行周期至少几年甚至十几年，因此传统的实验教学内容都相对陈旧，很难紧跟科学前沿的发展变化。虚拟仿真平台的建设与开发则完全不同，它能够在很短的时间内开发完成并投入实验课程教学当中。本虚拟仿真实验所涉及的主要研究成果发表于2019年1月11日[①]，如图9所示，虚拟仿真实验平台的上线使用时间为2019年11月29日，在不到一年的时间中，成功将最新科研成果搬入本科生的实验教学当中，并且在后期的维护和更新中，又不断加入团队2021年新发表研究论文的相关内容[②]，这种迭代更新的速度，是传统化学实验教学难以达到的。

---

① M. Wang, H. Meng, D. Wang, et al. Dynamic Curvature Nanochannel-based Membrane with Anomalous Ionic Transport Behaviors and Reversible Rectification Switch, *Advanced Materials*, 2019, Vol.31, p.1805130.

② Y. Hou, M. Wang, X. Chen, et al. Continuous Water-Water Hydrogen Bonding Network across the Rim of Carbon Nanotubes Facilitating Water Transport for Desalination, *Nano Research*, 2021, Vol.14, pp.2171-2178.

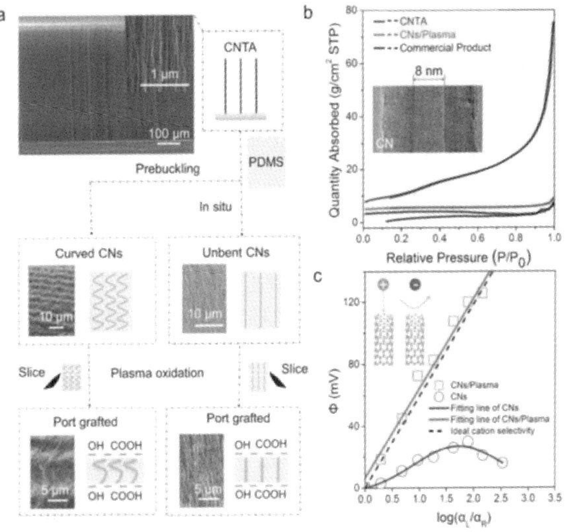

图 9　柔性纳米通道阵列复合膜研究工作作为国际材料类高水平期刊 *Advanced Materials* 封面文章发表

四、教学进展与反馈

目前，本虚拟实验课程主要面向大三本科生开设，相关专业包括化学、物理、材料等。已融入“仿生智能材料界面科学”“材料工程课程设计”“生物材料制备技术”“软物质及功能材料”等课程的教学大纲当中。面向的学生大都具有物理化学等专业课的基础知识和基本化学实验的训练，这样结合线上展开的虚拟仿真实验，学生能够很好地将所学实验技能迁移到他们线下的实验与研究当中。本实验平台自上线以来，已服务过本校学生 400 余人、外校学生 200 余人、网络学习者近 1 万人，如图 10 所示。

图 10　课程中老师指导学生进行虚拟仿真实验

其中，学生专业包括化学、化学工程与工艺、化学生物学、材料科学与工程、材料物理与化学、能源化学等 10 个不同专业，深受不同学科背景学生的喜欢和好评。实验中的每一个仪器设备和环境都是通过现场照片采集、等效复刻出来的，即使是真实操作过实验的学生,也反馈这个平台能够带来非常接近真实实验的细节体验,操作步骤和实验体验。许多学习使用过的学生在虚拟仿真平台后台提出了非常多宝贵的使用反馈,这些反馈能够帮助团队不断优化迭代虚拟仿真实验平台,使虚拟仿真实验平台能够更快更好地成长为本科材料化学教学中的不可缺少的重要教学方式,提升实验信息化建设。

五、未来发展与展望

本项目通过三维虚拟仿真方式,基于U3D三维虚拟现实技术平台,通过模块和程序让学生实现仪器操作学习、实验现象观察、实验结果分析等逼真的实验过程,用网络化的人机互动方式激发学生的学习热情与探索意识。该虚拟仿真实验属于线上课程,加强了实验信息化的建设。未来,为了提升实验操作的流畅度,我们会持续不断地优化软件程序设计。技术方面,在不减少内容与画面质量的前提下,继续推进软件体积的轻量化,让学生在不同的网络条件下都能够获得流畅舒适的学习体验;内容方面,基于团队多年来在仿生纳流体系的研究基础①,2021年8月6日团队受邀在*Science*上发表题为"仿生纳流离子学"的前瞻性论文②,重点介绍了近年来纳流离子学的发展历程,并展望了仿生纳流离子学在人工智能、脑机接口与人机增强等方面的广阔应用前景。未来关于仿生纳流体系的最新研究成果的相关实验及应用探索也将陆续加入虚拟仿真实验平台的实验模块当中,不断更新和完善实验模块设计,做到紧跟前沿、与时俱进。最终,结合厦门市和厦门大学膜科学与技术这一特色方向,未来希望能够建成一个虚拟的"新型膜技术制备与性能测试实验室",同时,该虚拟仿真平台的英文版本也在开发当中,将面向全球学生开放,力争做成一个具有国际影响力的国家级特色虚拟实验课程。

---

① M. Wang, Y. Hou, L. Yu, et al. Anomalies of Ionic/Molecular Transport in Nano and Sub-Nano Confinement, *Nano Letters*, 2020, Vol.20, Issue.10, pp.6937-6946.

② Y. Hou, X. Hou. Bioinspired Nanofluidic Iontronics, *Science*, 2021, Vol.373, Issue.6555, pp.628-629.

面向实施的国土空间规划教学改革探讨[*]

文超祥[**]

摘　要:在国土空间规划体系改革的背景下,厦门大学开展了“面向实施的国土空间规划教学改革”(福建省本科教学改革项目)。本文介绍了面向实施教学改革的背景和意义,阐述了改革的思路和具体举措,并总结了相关有益经验和存在困难。

关键词:空间规划;教学;改革;实施

一、背景和意义

面向实施的国土空间规划本科教育改革,是建立统一的国土空间规划体系的必然要求,也是城乡规划专业谋求自身发展的必要举措,具有现实性和紧迫性。

1. 改革背景

2019年5月,《中共中央、国务院关于建立国土空间规划体系并监督实施的若干意见》指出:“建立国土空间规划体系并监督实施,将主体功能区规划、土地利用规划、城乡规划等空间规划融合为统一的国土空间规划。”并提出了“教育部门要研究加强国土空间规划相关学科建设”的要求。国土空间规划体系改革特别强调规划实施的重要性,这对现有的城乡规划专业教育提出了新的要求。

空间规划的重点在于实施,其难点也在于实施。然而,包括城乡规划、土地利用规划等在内的空间规划,在实践中面向编制审批的特点十分突出。原有教学体系下培养的空间规划专业人才,是以“技术理性”作为基本立足点,以编制“理想蓝图”为主要目标,所编制的“理想蓝图”,往往也主要为了应对规划审批。至于这些蓝图是否能够得到有效的实施,在实施中将会面临怎样的问题,往往并不关注。在国土空间规划体系改革的背景下,作为空间规划主要组成部分的城乡规划专业,也应当进行必要的教学改革,从而适应国家

* 基金项目:福建省本科高校教育教学改革研究项目“面向实施的国土空间规划教学改革”(项目编号:FBJG20200285)。

** 文超祥,厦门大学建筑与土木工程学院教授,博士,博士生导师,中国城市规划学会城乡治理与政策研究学术委员会副主任委员,小城镇规划学术委员会委员。

空间规划体系改革的需要。

2. 改革意义

在城乡规划专业中，进行面向实施的国土空间规划教学体系改革，具有重要的意义。

（1）适应国家空间规划体系改革的需要

我国正在构建全新的国土空间体系，包括城乡规划在内的传统空间规划，必须适应这一改革的时代要求。空间规划旧格局打破了，在城乡规划专业领域，存在两种不同的心态。一种是悲观者，觉得“狼来了”，认为自己的知识结构跟不上改革的要求而即将被淘汰。另一种是怀旧者，带着固守专业领域的心态，认为只有城乡规划专业才是最正宗的学科，其他学科都不足为道。可以说，这两种心态都是不可取的，都将严重危害城乡规划专业的未来。原有的发改、国土、城乡规划等空间规划类型，各自为政，相互掣肘。统一的国土空间规划体系构建后，必然从“拼合”走向“整合”，并最终“融合”。悲观失望或故步自封都无济于事，只有主动拓展才是正道。

从专业素质的培养而言，目前国土空间规划的相关专业之中，城乡规划专业的系统性、社会影响力、学科发展历史等方面，均有明显的优势，最有可能成为国土空间规划的“主导学科”。然而，这只是具备了一种“可能性”，至于能否实现这一愿景，还需要业内人员审时度势，积极作为。城乡规划专业本科教育改革的目标，就是要使本专业（至于将来名称是什么，其实并不重要）培养的学生，能够在新的国土空间规划体系中担当主导者、统筹者的角色。只有这样，城乡规划学科为社会服务的价值才能够得到进一步的发挥。

（2）培养高素质实用型专业人才的需要

城乡规划是一门应用型学科，规划研究是规划设计的基础和依据，而规划设计的意义在于有效实施。如何培养学生从规划实施的视角进行规划设计，以及从规划设计的视角进行规划研究，这是当前空间规划教育急需改善的薄弱环节。相比较而言，土地规划对于实施的关注度更高，城乡规划对于空间的技术理性则较为重视。两者各具特色，取长补短，有利于促进高素质实用型专业人才的培养。

新的国土空间规划体系，是以生态保护为核心而构建的。因此，培养学生对于自然的深刻认知至关重要。自然资源评价、生态环境学等学科基础，是必须弥补的薄弱环节。只有这样，才能够在统筹生态、农业、城镇等三大空间中，拥有更多的话语权。在城乡治理理念下，提升学生对社会的深刻认知，要求加强管理学、法学、社会学等相关知识的学习。从空间正义的角度、利益衡量的手段、调解矛盾的能力、区域平衡的策略，乃至如何培养规划师的价值观等，都是规划师解决实际问题的重要素质。

（3）创建国土空间规划学科品牌的需要

厦门大学城乡规划学科于 2007 年成立，2009 年招收首届本科生，2017 年通过本科专业评估，2021 年顺利通过复评。现有城市与区域规划硕士点、文化遗产与城市建设二级学科博士点，此外，在公共事务学院的公共管理一级学科的土地资源管理专业，招收国土空间规划方向博士研究生。由于成立时间短，在厦门大学这样一所具有百年历史的知名大学，城乡规划学科的受重视程度是很有限的，至今还没有一级学科硕士点，严重制约了学科的发展。

从区域条件而言，海峡西岸经济区位于长三角和珠三角两大经济区交界地带，以福建为主，也包括粤东、赣南等部分地区。这一地区孕育一所高水平的规划学科是具备条件的，而厦门大学是其中最有潜力的高等学校，作为一所著名的综合性大学，可以为福建省创建国土空间规划学科品牌打下良好的基础。如果得到有力的支持，也将为规划学科做出贡献。遗憾的是，目前的发展状况与目标还有不小的差距。只有结合自身的条件，根据结合国土空间改革的方向，在困境中寻求突围，才能实现学科的跨越式发展。

二、改革举措

通过教学改革，建立具有“面向实施”特色的国土空间规划教学体系，培养能够更好地胜任规划设计和规划实施工作的高层次专业人才。同时，提升规划学科的国内、国际影响力，形成厦门大学国土空间规划学科优势，为福建省创建国土空间规划学科品牌奠定坚实的基础。面向实施的国土空间规划教学改革，有以下两个方面的具体举措。

1. 根据国土空间规划改革的要求完善课程体系

(1)尽快健全教学体系中的薄弱环节

深入研究国土空间规划体系改革的主要任务和举措，尽快健全“国土空间用途管制”“自然资源评价”“土地利用规划”等重要的实施管理类课程。通过组织教学研讨会，专家学者、规划设计和实施部门交流的方式，制定和优化课程大纲。个别一时难以配备适当教师的课程，聘请自然资源管理部门或者规划设计部门有经验的专家担任主讲，或者通过各种形式参加教学活动。例如，在“自然资源评价”课程中，增加自然资源管理模块，通过自然资源属性、资源开发决策和管理等理论的把握，引导学生对自然资源评价知识形成系统性和整体性认知。通过我国的自然资源管理的体制、模式和法规等内容开展课堂教学和讨论。

(2)相关课程进行面向实施的内容调整

在原有城乡规划主干课程的基础上，通过对课程内容的适当调整，突出面向实施的导向。包括规划设计类课程、规划理论类课程、实践类课程以及专业讲座等，更好地培养学生发现问题和解决实际问题的能力。如“城市总体规划”“详细规划”“城乡规划管理与法规”，不仅从名称上变更为“国土空间总体规划”“国土空间详细规划”“国土空间规划管理与法规”等，而且对其教学内容进行合理调整，采用“渐进式”的改革方式，逐步适应新的国土空间规划体系的需要。

设计类课程“国土空间总体规划”中，从规划实施的角度，对总体规划方案进行评析。鹤塘镇总体规划教学中，对镇区范围的几个行政村的发展，提出基于行政村发展诉求的总体规划布局。将乐国土空间总体规划教学中，引导学生从规划实施的视角，分析重大基础设施布局的技术合理性与公平性，以及功能分区对于规划范围内的区域不平等实际问题。“详细规划”课程中，通过与校外富有实践经验教师的合作教学方式，引导学生分析规划指标背后的权益关系，深刻理解规划方案是否侵犯合法权益，是否存在不当得利，以及规划给不同群体带来的收益与影响，规划实施中会遭到怎样的阻力……

理论类课程也进行相应的改革探索。例如“城乡规划原理”作为入门课程，应当增加规划实施评估，规划衔接、规划修改等相关内容的讲授。“国土空间规划管理与法规”中关于规划实施中利益衡量探讨，以及公共利益的课堂讨论，采用案例分析的方式，引导学生从掌握规划实施的视角思考规划设计的合理性问题……

(3)在实践环节加强规划实施的能力培养

如毕业实习环节加强学生在规划实施管理部门实习的考核，以及通过邀请富有规划实施经验的专家学者进行学术讲座，提升学生在设计中的“实施”规划思想和技术手段。

2. 教学改革与专业评估的相互促进

(1)正确面对专业评估标准。当前，教育部门学科目录尚没有进行修改，部分院校在研究生阶段自设国土空间规划专业。对此，既要保持专业定力与自信，又要与时俱进。在根据《五年制高等学校城乡规划本科专业评估》的要求继续做好学科建设的同时，也要深入分析专业评估标准与国土空间规划体系改革要求的关系，重点抓好核心课程的建设。对于一些不适应改革需要的课程，可以在课时方面进行精简，或者在内容方面进行整合。结合实际，探索学科发展的特色。

(2)专业教师“规划实施”素养提升计划。包括青年教师派驻规划实施部门锻炼计划、教学骨干积极参与各级空间规划的制定和实施、推荐具备条件的教师参加相关学术组织等。由于本学科的兼职教授主要来自高等学校和规划编制部门，今后可适当聘请一定数量的规划实施部门的专业人员担任兼职教授。此外，鼓励教师根据面向实施的国土空间规划课程体系建设目标，参与国家统编本科教材的编写，积极申报相关教学成果奖励。目前，《国土空间规划实施管理》《城市经济学》等教材已经列入了出版计划。

(3)建立面向实施的国土空间规划跨学科教学科研平台。利用厦门大学的多学科优势，建立面向实施的国土空间规划跨学科教学科研平台，更好地服务于人才培养。

三、经验与困难

本教改课题在推进过程中，取得了较好的实践经验，当然也存在一些需要继续努力解决的实际困难。

1. 经验

(1)革新式与渐进式的结合。一方面,采取革新式的教学改革,迅速适应国土空间规划体系改革的形势需要,尽快健全相关必要的课程。另一方面,采取渐进式的教学改革,对现有的骨干课程的内容进行逐步调整和完善,保证学科发展的稳定性。革新式与渐进式相结合的教学改革方式,符合学科发展的实际情况。

(2)采用多元的课堂形式,加深学生对规划的全过程体验和理解。通过理论与实践结合、角色扮演以及邀请专家、民众代表等组织课外讨论等创新形式,加深学生对规划编制—审批—实施—反馈等全过程的理解,同时提高对学科的应用兴趣。

(3)教学改革的全过程质量指导和监督机制。成立教学改革指导小组,由学院学术带头人、学术骨干,以及校外专家组成。根据教学改革的计划、内容进行全过程的指导和督促,及时解决教学改革中出现的各种问题,对于教学改革的各个环节进行质量把关,确保达到预期目标。采用专题培训的方式,对主干课程负责人的专业素养进行提升。此外,建立长效的用人单位对于毕业生的反馈机制,及时掌握学生培养中的优势和不足,动态调整教学内容和方式。

2. 困难

(1)国土空间规划体系改革的不确定性。尽管国家制定了相关的改革方案,然而改革是一个动态过程,面临一定的不确定性。如何在这种环境中,把握正确的方向,是本教学改革工作的难点。

(2)师资结构的改变需要一定的过程。由于历史原因形成的师资结构,很难在短时期内得到迅速改变,难以适应国土空间规划体系改革的需要,而教师专业素养的更新,也存在一定的困难。部分教师缺乏空间规划实践,自我提升素养的动力不足,使得教学改革中面临一定的阻力,这种情况在短期内也很难得到迅速改变。

(3)考核机制对于面向实施教学改革的激励不足。以论文、课题等科研成果为主要导向的学科发展环境,培养的学生是否符合社会需要,往往不被重视,且缺乏客观评价标准。因此,从教师、学院、学校等多个层面而言,教学改革的激励不足。

四、结语

尽管我们不能指望国土空间规划体系改革一次性取得完美的成效,但是改革毕竟是大势所趋。城乡规划教育工作者,坐而论道或抱残守缺都无济于解决实际问题。只有面对现实,大胆革新,才可能让城乡规划这一源远流长的学科,在新的机遇中焕发更为旺盛的生机。建构面向实施的国土空间规划教学体系,正是实现这一学科宏愿的重要举措。

参考文献

[1]杨贵庆:《面向国土空间规划的未来规划师卓越实践能力培育规划师》,《规划师》2020年第7期。

[2]周庆华、杨晓丹:《面向国土空间规划的城乡规划教育思考》,《规划师》2020年第7期。

线上线下混合教学模式在羽毛球课程中的探索

刘　婷*

摘　要：由于新冠疫情和目前各种新兴信息化教学技术手段的不断涌现，国内现有的传统教育思想和教学模式方法进行不断变革与创新。高校羽毛球课程是一门大学生喜爱的公共体育课，具有较强的技术性、授课难点多等特点，是一门学生需要大量课堂时间学习和体验的课程。针对传统羽毛球课程特点和学生线下课堂技能练习时间和场地不足，提出在高校羽毛球课程中实施线上线下混合式教学模式的重要性和可行性。从合理调整羽毛球课程结构、完善羽毛球线上辅助教学信息资源和初步建立科学公正的课程评价机制等方面进行教学实践和探讨，取得了良好的教学效果。

关键词：羽毛球课程；混合式教学；线上线下

羽毛球运动不仅具有较强的全面性、趣味性等特点，而且具有较高的健身价值，因此，深受广大师生的喜爱。根据近几年有关我国高校体育课程的调查数据统计得知，羽毛球课程是大学生体育选修课程中最喜欢的课程之一，不少高校将羽毛球课程作为体育重点教学课程。羽毛球课程教育核心的社会价值即在于有效提升广大学生健康的综合身体素质，增强其健康的强大体魄，塑造培养其积极自信的乐观心态，能更好地去帮助广大学生应对来自个人未来以及生活环境与学业工作发展中方方面面的压力。

2020年新冠肺炎疫情防控期间在全国高校同步实施远程在线实践教学，促使高校体育课程网络信息化快速发展，各地也涌现出不少亟待解决难点问题。为适应"互联网＋"为载体的新媒体逐渐融入教育领域的趋势，本文结合厦门大学羽毛球课程建设，将网络信息化教学改革同步融入运用到高校羽毛球课堂实践教学中，对于我校传统的羽毛球课堂教学来说是一次挑战，也是对羽毛球课程新模式的一次探索。笔者将尝试根据高校羽毛球课程开设的具体特点，利用在线羽毛球课程平台，将羽毛球线上网络教学与高校线下实际课堂教学体系相结合，探索设计出一套羽毛球线上线下课程混合式教学课程模式，以期进一步提高广大学生课堂实践活动强度，激发大学生的羽毛球运动兴趣，提高我校羽毛球

* 刘婷，女，新疆伊犁人，厦门大学体育部副教授，主要研究方向为学校体育学。

课程设置的真实教学效果，改进高校羽毛球课程的教学体系。

一、混合式教学模式在羽毛球课程中应用的必要性

教育部在《教育信息化2.0行动计划》(教技〔2018〕6号)中指出:“坚持信息技术与教育教学深度融合的核心理念。解决好教与学模式创新问题，杜绝信息技术应用简单化、形式化。”这就要求各个高校教师应该善于根据高校本系列课程的学科特点并结合应用现代信息技术进行知识创新，强化课程改革，深度融合信息技术与教育教学的核心理念，并提出可行的课程实施方案。目前，羽毛球课程学习主要都采用教师教和学生学的传统教学方式，授课后教师通常也将会结合原教材内容重点进行课后重疑难点的分解或纠错、个别指导等环节，以激发学生兴趣，提高广大学生的有效参与度，提升课程教学效果。但是，学校线下活动课堂开放的教学时间和教学场地资源有限，班级学生人数又多，依旧以线下传统体育课堂进行教学活动很难满足学生运动的活动强度和兴趣，教学效果也需要教师进一步摸索和提高。

传统羽毛球课堂大多采用教师传授羽毛球知识技能为主的课堂，学生课堂的活动参与度和运动练习强度均难达到课堂要求，导致有些素质差的学生因赶不上指导教师设定的练习进度，令其逐渐产生消极等负面情绪。线上开放实践课程教学模式作为新型教学组织模式，为高校羽毛球课教学改革提供出了全新独特的教学思路，将相关高校体育及羽毛球理论性知识在线上教学，学生相对更容易消化和阅读理解，但是，这种功能单一的线上教学组织模式对技能性、互动性比较强的现代大学体育公共体育课，学生还很难直观技能要点，对有些自主学习能力不足的学生更难系统地理解及掌握，因此，直接影响了大学公共体育在线教学效果与质量。

基于当前传统的体育课堂教学方法和线上体育教学模式两者都存在各自的优缺点，高校体育课程采用线上线下混合式教学不仅可以提高学生对体育课的认知，而且可以帮助学生更有效完成课外体育锻炼，为线下课堂提供了更多的技能练习时间，有助于大学生掌握和巩固运动技能技术，对培养大学生终身体育意识也有积极影响。具体表现：一是线上教学资源能够帮助学生更好地完成课外身体锻炼；二是弥补学生因疫情防控、身体不适等现实因素导致的缺课，确保学生学习课堂内容相对连贯和完整；三是通过公共体育在线网上教学和资源平台共建、共享，能够广泛吸收和有效借鉴世界各国优秀的示范动作，弥补部分体育教师长期以来由教师自身及身体原因造成无法及时完成各类高难动作示范的现实窘境，有助于达成高校公共体育教学教会的目标。

二、线上线下混合式教学模式在羽毛球课程中的实施方案

针对现阶段高校体育课程专业培养教学目标和传统羽毛球课程知识技能体系，有机

融合线下传统体育课堂的教学理念和线上开放体育课程的综合优势，探索出一种能够将以往单一形式的传统课堂经验传授型教学实践模式转变为现代线上线下课程混合式教学模式。本人通过对羽毛球课程结构的调整、教学平台资源优化建设、改进羽毛球课学生综合评价、培养机制构建等几方面入手进行了实践探索研究，形成了适应该项目课程改革的线上线下混合式羽毛球课程教学设计模式

1. 适当调整课程结构

当前，厦门大学羽毛球课程的培训计划学时为16周，32学时。为能适应线上线下混合式羽毛球课程教学模式，增加完善了网上知识点测试、线上实时互动、课下在线学习、课堂实践讨论等环节。在课程大纲和学时不发生改变的基本前提下，教师需要对部分教学内容作重新整合规划与重新组织设计，如高校体育理论知识和羽毛球竞赛规则等通过线上课程上传多媒体课件、视频资料下载等方式让高校学生进行在线课堂上学习，而针对一些实践技能性较强的内容，教师则可要求学生先在线上看视频预习，线下直接对课堂教学内容进行现场示范讲解，增加了学生课堂身体技能练习的时间。以羽毛球基础班的回击高远球技术为例，本技术课程安排时间为2节课，采用混合式教学模式后，在线上总结课上学生掌握情况，根据学生情况开展回击高远球技术课后自练及线上测试和课堂讨论交流，同时进行针对性布置作业。

2. 不断完善线上教学资源

羽毛球课程开发的线上课程教学辅助资源主要是围绕本课程内容进行建设的，首先包括14个基本知识点为主的技战术教学环节，每个教学知识点和技战术要点通过交互式多媒体课件、教学演示动画、教学过程视频讲解等教学方式呈现，为羽毛球班学生课前预习、自学和课后复习提供帮助。其次，在各章相应的技术技能重点，精心安排分解及示范教学动作视频，并对常见错误问题进行及时纠错解答，布置纠错练习方法供学生参考，鼓励学生分享学习技战术过程中的感受及个人体验，检查学生线上线下学习效果，指导学生课后进行针对性锻炼。最后，拓展教学内容的理解和深度，为学生进行课后知识自我提升提供有价值的资源。例如，通过线上平台对已掌握了回击高远球技术的学生，讲解后场击球技术(如杀球和吊球)特点，鼓励学生在线下课堂尝试体验羽毛球运动技术的一致性、隐蔽性，并将羽毛球运动的技术特征和打法特点直接应用到教学比赛等实战中，以激发学生对羽毛球运动的学习兴趣，活跃课堂气氛，提高羽毛球课的教学效果。

3. 建立科学的学生评价机制

学生考核评价机制的制定会直接影响线上线下混合教学模式在羽毛球课程中的实施情况，进行科学合理的改革不仅可以全面激发大学生学习交流的主动积极性，而且能增强学生自主学习的能力，提高课堂及教学评价的效果。为更好实施高校羽毛球课程新型教学模式，考核体系内容范围、考核评定方法和羽毛球实际技能考核评定比例等都需进行重

新评估划分，建立起线上集中评价、线下分段评价和期末技能及身体综合素质评价相结合的多元羽毛球课程评价体系。评价内容主要包括学生的出勤、线下课堂参与运动的表现、线上讨论与测试、期末考试、课后参与体育活动的情况等各个方面，并给出相应占比。

三、混合式教学模式在羽毛球课程中的具体运用

构建线上教学平台服务于线下课堂教学，使羽毛球课程线上线下的混合式教学模式实现课内课外进行全程覆盖学习和复习。以本课程学习回击高远球技术内容为例，具体教学运用步骤如下：

首先，依托腾讯课堂平台建立班级群，发布上课任务。将老师提前准备剪辑好的教学课件视频作为线上课程教学视频资源，发布给全班学生，让所有学生预习模仿练习。根据老师线下实际授课教学进度，事先在线上课堂进行教学，发布相关学生模仿技术过程中出现的问题，统计出学生在线参与相关讨论活动的发言次数，计入学生线上学习活动成绩部分。

其次，线下课堂课前准备。一是收集线上学生预习及模仿讨论出现的问题，归纳重点难点，为线下重难点讲解示范做准备。二是线上根据学生对动作的理解情况进行分组，比如按照不会应用腰腹转体发力，击球点过低等技术问题进行分组，为线下教师更有针对地指导练习做准备，体现教学中的因材施教。

再次，线下课堂学习锻炼。根据对本堂课内容的具体教学目标，指导学生进行线下课堂的练习，视学生线上学习掌握情况进行分组，针对不同组别的学生情况教师进行分别指导教学，如对学生基础好的学生小组授课提出的更高难度的要求，结合后场步伐完成后场技术动作更自如省力；对击球点低的学生小组进行固定球的循环练习，让学生清晰体会到正确击球点的位置；对击不上球的小组进行熟练球性练习，让学生有练习的目标，更直观地掌握动作要领。

最后，学生技能掌握情况及学习情况点评。本堂课程完成后，教师在线上课堂结合每个小组、每位学生线上活跃度和线下对回击高中远球技术掌握情况进行综合成绩评定并打分，并计入羽毛球课程最终成绩。评选优秀学生并给予表彰奖励，充分调动学生学习参与的积极性。

实践结果表明，在厦门大学羽毛球课程中运用线上线下混合式教学模式，有助于大学生掌握积累更多细节和学习重点，还有效弥补了羽毛球传统教学方式在课堂时间和空间方面的不足。混合式教学模式不论对教师的教还是学生的学，都是一个很大的挑战，要求教师要不断突破自我，在学中教，教中研，要求学生充分发挥主观能动性，激发学习潜能，课堂运动技能掌握效果显著，取得了较好的成效，增强了学生对羽毛球运动的学习兴趣，提高了羽毛球课程的教学效果。

参考文献

[1]王会儒、赵晗华、余建波:《中国大学慕课体育类课程建设的现状分析与发展对策》,《武汉体育学院学报》2019年第8期。

[2]王国亮:《翻转课堂引入高校公共体育教学的实证研究》,《西安体育学院学报》2019年第1期。

[3]李克东、赵建华:《混合学习的原理与应用模式》,《电化教育研究》2004年第7期。

[4]苏小红、赵玲玲、叶麟等:《基于MOOC+SPOC的混合式教学的探索与实践》,《中国大学教学》2015年第7期。

[5]段青玲、黄岚、方雄武等:《高校课程混合教学模式探索与实践》,《教育教学论坛》2018年第12期。

数字人文方法在翻译史线上教学中的应用：教学实践与理论反思*

黄若泽**

摘　要：新冠疫情暴发后，远程线上环境对翻译史教学提出巨大的挑战，如何在实体资料获取不便的情况下探索"历史的原风景"，成为师生共同面对的新课题。首先，介绍线上教学实践如何引导学生拓展网络田野的范畴；其次，树立新的文本观念，区分文本类型，掌握数据功能；最后，培养基于网络文本的"远读"分析方法，包括概念分析、社会网络分析和可视化结果呈现三个方面。本文认为，数字人文方法在翻译史线上教学中的应用不只是疫情当前的权宜之计，也有助于探索一条真正有别于传统翻译研究的突破性进路。

关键词：数字人文；翻译史；线上教学；分析方法

在厦门大学外文学院的学科建设中，翻译史相关课程的设置正有条不紊地展开，目前已涵盖三门研究生课程"中国翻译史"、"西方翻译史"、"中国典籍外译"和即将开设的本科生课程"翻译简史"，让外语专业学生深入感受人类翻译活动的丰富性与复杂性。从源流上说，自20世纪90年代以来，翻译史研究受惠于文化研究、社会学和新文化史等跨学科影响，取得了长足进步。这种新范式充分利用一手资料和原始档案，发掘"历史的原风景"，通过社会文化语境理解翻译现象的历史意义，引起研究界瞩目。就操作实践而言，翻译史深受史学研究的影响，本应充分借助图书馆藏书、档案馆资料或更广阔的田野调查积累大量的一手文献，但不期而至的新冠疫情却让师生身处各地，身陷一个未曾体验的网络教学环境，而线下收藏的实体资料也变得遥不可及。

从另一个角度来说，远程线上教学的模式反而将翻译史研习引入一个方兴未艾的"数字人文"(Digital Humanities，简称DH)新议题。"数字人文"以人文资料和文献档案的数字化为基础，从信息保存和检索发展至信息深度加工，借助多元工具与技术手段的融合，

---

* 基金项目：教育部人文社会科学研究青年基金项目"社会话语重构视阈下郑振铎文学翻译研究"(项目编号：21YJC740019)的阶段性成果。

** 黄若泽，男，厦门大学外文学院助理教授，厦门大学比较文学与跨文化研究中心成员，主要研究方向为中国翻译史与比较文学。

“越来越普遍地影响了人文知识的获取、管理、分析、阐释、共享和再生产等基本环节”，[①]也为翻译史研究与教学提供了革命性方法。有鉴于此，本文概述疫情下的翻译史线上教学模式，着重介绍“数字人文”的操作方法，培养学生对于数字人文工具的综合使用能力和科研创新能力。

一、线上教学：翻译史研究的新挑战

出于对纸质出版物的路径依赖，翻译史课程的初学者面对线上教学的挑战，常常生发“无书可读”“无田可耕”之叹。“田野”观念起源于西方经典人类学，往往指通过访谈、参与观察等方式获取一手资料。晚近的人类学不断扩大“田野”范畴，不仅将虚构文学纳入其中，也将田野、文本、社会记忆和群体表征等概念置于同一个逻辑层面，以揭示文化表象下的社会本质，[②]甚至将网上虚拟社区当作“网络民族志”的考察现场。[③]因此，线上教学的首要任务便是通过网络渠道引导学生了解虚拟田野的形态，从而扩大传统文本研究的范畴。

在翻译研究界，中西文学作品借助各类大型数据的建设已形成比较完备的电子化体系，“田野”范围也从经典作品向普通文本扩展。翻译史线上教学首先指导学生了解以下六大数据库，在中西双重视野下建立基础性的数字田野，以供选读和研究之用。

(1)早期英文图书在线(Early English Books Online)，收录现存1473—1700年间英语世界的出版物，达12.5万种，包括莎士比亚、斯宾塞、培根、莫尔、牛顿等名家的原版作品。

(2)18世纪作品在线(Eighteen Century Collections Online)，收录1700—1799年间英国出版的所有图书，以及美国和英国出版的所有非英文书籍，约计13.8万种。

(3)19—20世纪初的公开出版物，可通过美国高校HathiTrust电子书数据库(目前超过200万册图书)、互联网档案馆(The Internet Archive)、古腾堡计划(Project Gutenberg)等开放平台获取文本。

在中文世界，近代以来的中西交流本就受到传播媒介与技术的深刻影响，媒介构成了“晚清文学变革的第一现场”。[④]对这些文本的研读也应优先采用最初刊印的版本，而非经过后人编辑的全集或文选。

(1)晚清期刊全文数据库，收录1833—1911年间300余种期刊，几乎囊括当时所有出版刊物。

(2)民国时期期刊全文数据库，收录1911—1949年间出版的2万余种期刊，近1000万篇文献。

---

① 赵薇：《数字时代人文学研究的变革与超越——数字人文在中国》，《探索与争鸣》2021年第6期。

② 刘亚秋：《将文学作为“田野”的可能——以记忆研究为例》，《社会学评论》2018年第2期。

③ 卜玉梅：《网络民族志的田野工作析论及反思》，《民族研究》2020年第2期。

④ 关爱和：《晚清：以报刊为中心的文学时代的开启》，《复旦学报》2020年第3期。

(3)大成故纸堆全文数据库，包括1949年前的期刊、古籍、图书、古方志、党史、报纸、照片七类史料。

上述数据库全部由学校图书馆采购，线上教学时依次展示其基本功能，并通过设置检索任务，学生亲自探索和深入了解其用法。这些基础数据库之所以具有不可替代的作用，是因为它们提供了直抵历史现场的有效途径，并且几乎覆盖近代中西交往的全时段，这一点甚至成为传统实体馆藏也无法比拟的优势和便利条件。正因为如此，对各大基础数据库的介绍构成翻译史线上教学的首要环节。

二、从“文献”到“数据”：引入新的文本观念

从某种意义上说，数字人文时代的翻译史研习者所面对的其实是一片基于电子化文本的虚拟田野，其特征是将印刷文献转变为可以存储、复制、检索和深度加工处理的电子数据。所谓“田野”的扩大不只是文本数量的增加，也要求研习者具备新的文本观念。在了解基础数据库之后，教师通过四周八课时的专题授课，引导学生将搜集而来的电子文本归为不同类别，并结合多种线上平台的范例，分门别类分析其特征和功能。

(一)区分文本类别

总体而言，这些文本可分为下述三类：以单一作品为中心的“作品文本”，以单一作家为中心的“人物文本”，以及前两类文本在特定原则下组织而成的“文本丛”。

第一，搜集作品文本。从学生的在线课堂报告来看，翻译史初学者习惯于以文本为中心展开翻译分析，使用的文献主要取自中国基本古籍库、中国历史文献总库、中华经典古籍库、国学宝典等基础文库。这些选择并无高低之别，大多数外语专业学生的学科背景即以文本分析见长，而从翻译史研究的发展历程来看，早期语料库翻译学也倾向于开发封闭的作品语料库，随后才从文学领域延伸到非文学领域，进而涉及法律术语、词典学、科技翻译或本地化等专门范畴。因此，线上教学的另一项工作在于引导学生进入这些细分平台并了解其特征。

第二，发掘人物文本。第二类资料库是以翻译家为中心汇集数据，从而进入历史人物的生平和思想世界。外语专业学生未必熟悉此类文本，因而这也是线上教学的重点所在。北京鲁迅博物馆主页发布的“在线检索系统”可借助鲁迅著作全编的在线检索和统计功能，开展鲁迅翻译研究，这个示例引起学生的广泛兴趣。以“翻译”一词为例，鲁迅在其60篇著作中225次提及“翻译”，最早的资料出自1908年以笔名“令飞”发表于《河南》的《科学史教篇》，而“翻译”在书信和日记中各出现93次和12次，足见翻译在鲁迅日常生活中的重要性。数字时代的翻译家数据库建设有助于转变文本中心的传统思路，通过词频统计方法实现质的飞跃。

第三，探索复合文本丛。严格说来，“作品丛”只是一个数量概念，实际组织和聚拢原

则须根据具体情形而定。常见的作品丛形态包括基于某一翻译家的文本丛、基于某一期刊、丛书或文库的文本丛，以及基于出版社的出版品文本丛等。线上教学时重点介绍全国报刊索引数据库的各个期刊子库、台湾地区"中研院"近代史数位资料库的三个子库(《妇女杂志》、近代妇女期刊、近代城市小报资料库)，以及德国海德堡大学建设的中国女性杂志数据库(《女子世界》《妇女时报》《妇女杂志》《玲珑》)，成为学生选题时的重要参考平台和直接资料来源。对翻译史初学者来说，在线数据库的使用可亲临翻译作品诞生的真实语篇环境和整体出版空间，从而精确判断期刊翻译的定位和取向。

(二)掌握数据功能

在传统的翻译研究和译文分析中，往往是那些具有语言学背景的学生更善于运用语料库知识或统计方法处理译文语料。但实际上，数字人文背景下的翻译史研究并不限于狭义的定量分析或其他数据统计方法。目前投入使用的主流翻译史数据库一般都适用于"视觉文字识别"(optical character recognition)，即具有图文转换、交叉检索、数量和频率分析等复合功能，部分软件还可以分析更复杂的语法特征。因此，翻译史教学在介绍在线资源之余，也注重引导学生以批判性的眼光审慎看待这些功能的优缺点。

首先，通过数字人文方法主导的线上教学，翻译史初学者更加深入地学习了语料库语言学的分词方法和标注传统，进而迈向更加复杂的句法分析和风格分析。一个经常使用的案例是李德凤等人(2011)对霍克斯(David Hawkes)和闵福德(John Minford)以及杨宪益和戴乃迭的两个《红楼梦》译本的对比分析，研究者运用定量方法分析二者的意符一型符比(STTR)和平均句长，最后发现霍、闵译本比杨、戴译本的用词数量更多、句式更长，词汇和风格的变化则不如后者丰富。在这个翔实的数据基础之上，学生就不同的翻译策略展开讨论：霍、闵译本以释译为主，即不加注释，仅在正文中解释文化意涵，形成增译或扩写的效果；杨、戴译本采取忠实、直译的表达，故多辅以注解交代文化意涵。[①]这是一种更加深入的教学手段和研习方法，可让学生认识到语料库语言学在翻译史研究中的重要作用。

其次，线上教学环境也让学生切身感受到"视觉文字识别"的本质功能，即大部分电子资料扫描原件，以图像形式保存，并具备转化成文字的能力，同时也提醒其辩证看待各个数据库所使用的文字识别技术。例如，中文电子文献在图文转换时往往出现繁简字体转换和异体字问题，[②]英文数据库也时常考验外语专业学生对于手写体的辨认和英文印刷体的古今之别。换言之，数字人文方法的使用并不能替代基础研究能力的打磨，"功夫在诗外"始终是学生应该具备的学术功底和综合能力。

---

① Li Defeng, et al. Translation Style and Ideology: A Corpus-Assisted Analysis of Two English Translations of Hongloumeng, *Literary and Linguistic Computing*, 2011, Vol. 26, No. 2, pp. 157-158.

② Nason Anran Cao. Resources and Tools for Corpus Compilation of Translated Literary Texts in Late Qing and Republican Period, *Journal of Translation Studies*, 2018, Vol. 2, No. 1, p. 161.

最后,最重要的是,数字人文方法的介绍让学生逐渐超越定量分析的检索和统计方法,直抵人文研究内在伦理的重要意义。在过去,初学者往往过度依赖统计结果,孤立地看待字词频率与思想倾向的关系,但表层数据与深层问题的关系远比想象中的情况更加复杂。在远程报告中,有学生借助台湾"中研院"英华字典资料库,检索得到英文单词"she/her"和汉字"她"互译频率的历时分布状况,但一个更有意义的追问才刚刚开始:在汉字"她"被正式发明以前,中国人是如何翻译英文单词"she/her"的呢?是否存在其他用字方案?而难道没有用"她"记录女性声音,就等同于历史上的翻译者缺乏女性意识吗?恰恰是这样的提问方式才在更大程度上锻炼并提升学生的历史认识、研究设计和解决思路。

三、从"细读"到"远读":培养新的分析方法

以上分析主要概述了翻译史课程如何引导学生逐步接触、了解并掌握各类数字人文工具的性质、用途和局限。但翻译史的线上教学与研究都已超越外语专业尤其是外国文学传统的"细读"方法(close reading),不拘泥于微观文本的遣词造句和谋篇布局,而是努力搭建文本世界与现实世界之间的复杂关联。为此,线上教学引入美国学者莫莱蒂(Franco Moretti)(2013)的"远读"(distant reading)理念,即"允许关注单位小于文本,也可以大于文本,比如方法、主题、修辞,或是文类和体系。如果文本消失于小单位和大单位之间,这就成为一个典型的例证,说明'少即是多'"[①]。暂时牺牲"文本"这一传统分析单位,代之以小于文本的"概念"(concept)或大于文本的"社会网络",这种适用于数字人文时代的分析思路正是线上教学努力传递的新方法。翻译史线上教学同样通过四周八课时的专题授课,依次展示概念分析、社会网络分析和可视化结果呈现的操作方法。

(一)概念分析

分析方法教学的一个重点是方兴未艾的概念分析。所谓"历史的概念视角",大体是指"考察那些储存于语言材料以及文化和社会之思维结构的东西,借助概念和话语来领会过去的历史,检视储存于概念的社会史经验"。[②]东西交往日渐频繁的中国近代史为概念分析提供了丰富的语料和复杂的语境,国人努力通过翻译介绍西方的知识体系和生活经验,而汉语自身也经历着语言的嬗变、学术的革新和生命体验的变化。概念分析的任务之一就是通过语言的更迭窥探新旧、古今与中西之间的思想演变。

在线上教学实践中,分散各地的学生在教师的指导下第一个共同学习台湾"中研院"近代史数位资料库开发的英华字典资料库。该库收录1815—1919年间具有代表性的早期中英双语字典24部(含全文录入14部),合计84万个中英文解释和例句,提供了极为重要

---

① Franco Moretti.*Distant Reading*, London and New York: Verso, 2013, pp. 48-49.

② 方维规:《历史的概念向量》,生活·读书·新知三联书店2021年版,第47页。

的对照资源。教师借用台湾地区学者蔡祝青(2012)的个案研究,展现"literature"与"文学"在这批双语词典中的翻译状况,揭示近代学科名词朝着标准化、规范化的方向发展,也表明近代"文学"观念本身在中、英、日多语碰撞中的流变。[①]

第二个经常使用的在线资源是金观涛、刘青峰在港台两地创建的中国近现代思想史专业数据库(1830—1930 年)。不同于一般字典库,该库收录近代期刊、晚清档案、经世文编、士大夫著述、来华外人中文著译、西学教科书等六大门类文献,相当于让学生置身于一个完全开放的仿真场域,考察目标词汇在近代日用生活中的语用法则,进而追踪语言自身的沿革及其与历史进程的关系。

第三个数据库是由英国曼彻斯特大学开发的知识谱系项目(Genealogies of Knowledge)。学生共同学习专业软件 GoK Tool 的使用方法,并分组考察西方政治概念(如政体、民主、自然法等)自古希腊时代至今的翻译演变过程,尤其聚焦中世纪阿拉伯语、早期拉丁语和现代英语这三种通用语的语义革新,批量生成统计图表并在课堂报告中在线展示研究成果。

(二)社会网络分析

另一类需要教授的数字人文研究方法是社会网络分析(Social Network Analysis),或以拉图尔(Bruno Latour)为代表的"行动者网络分析"(Actor-Network Analysis)。不同于概念分析方法,在社会学的使用中,"网络"被理解为"一个单位中各元素之间联系的集合","是自然和社会中各种复杂系统的一种组织模式"。翻译研究与网络研究的共同之处在于,翻译本身即被视为一种社会行为,翻译者是具有社会属性的行为主体,翻译者的翻译行为具有鲜明的社会网络化特征。[②]基于这一理解,学生通过社会网络分析方法的练习,逐步超越单一文本的局限,在更大范围内探索译者的活动轨迹及其与其他社会成员的联结。

翻译史线上教学常以香港学者叶嘉(2021)的研究为典型案例,带领学生模仿并在局部复制其操作过程。研究者讨论 1913—1923 年间中华书局旗下《游戏杂志》《女子世界》《香艳杂志》《礼拜六》四本期刊的 10935 篇文本(含 950 篇翻译文本),并对 2670 位撰稿人(含 180 名普通译者)采取定量分析。该研究主要使用 Gephi 软件抓取数据,绘制刊物之间和译者之间的关系图谱,以说明翻译出版在出版总数中的比例和译文不同主题的显化度。线上教学一般用三周六课时完成对某一本期刊的局部分析。学生由此认识到,大批传统文人在清末科举废除和辛亥革命爆发后转型为报章记者,纷纷转变为大众化的现代写作

---

① 蔡祝青:《文学观念流变的现代化进程:以近代英华/华英词典编纂"literature"词条为中心》,《东亚观念史集刊》2012 年第 3 期。

② Deborah Folaron, Hélène Buzelin. Introduction: Connecting Translation and Network Studies, *Meta*, 2007, Vol. 52, No. 4, p. 634.

者和职业化的翻译者，[①]最终形成大数据背后的历史认识。

（三）可视化结果呈现

在数字人文方法的使用终端，一个现实的问题是如何以数字化的方式呈现研究结果。翻译史线上教学通过文本细读、模仿操作和实战练习，指导学生使用具有代表性的软件工具，实现预设的研究目标。

在对文本关联的数字化溯源中，学生仿照叶嘉的另一项研究（2018），对《新青年》杂志1915—1918年的译文做了实验性追索，尤其是借用数据可视化工具Gephi，对译文和原文的关系采取图像化投射分析。在视觉效果上，投射网点的面积大小、颜色深浅和线条粗细都与研究对象呈对应关系。学生需要使用Gephi软件验证叶嘉的数据和结论。实践发现，《新青年》前三卷的翻译素材多取自19世纪下半叶的西方文本，直到1918年以后，《新青年》刊登译文才显出更鲜明的时效性。[②]这个结论有助于推翻前人对《新青年》历史定位的成见。

另一项高阶技术涉及译者网络与GIS地理图层的结合。教师带领学生共同学习美国学者汉德尔曼（Matthew Handelman）（2015）对德国犹太翻译家罗森茨威格（Franz Rosenzweig）的档案清单及对应翻译文献的研究案例。这项练习综合使用Tabula、OpenRefine、Palladio、GPS Visualizer等分析软件，最终生成一张罗氏译作与生平对照的年表、一张显示其旅行轨迹的地图、一张反映其社交网络的可视化网络图。从时间分布来看，这位翻译家的大部分作品出版于魏玛共和国前期，但在其去世次年（1930）急剧减少。地图显示，罗氏的大部分文献分布在其居住、工作或研究的城市，但法兰克福、卡塞尔和哥廷根在魏玛共和国时期取代柏林，成为其知识活动的中心区域。可视化网络图则揭示罗森茨威格研究中的盲点：如罗氏生平中那些无名作者或接收者的历史意义，又如前人研究中被埋没的对话者声音，抑或是罗氏亲友或同时代批评者的地位。[③]一个以罗森茨威格为中心的网络图像由此浮现出来。

四、小结

无论是传统的翻译研究还是深受史学影响的翻译史研究，二者都高度依赖于纸质文献的存储、借阅和研读。线上教学模式的出现对初学者提出了亟待解决的技术难题，同时

① Michelle Jia Ye. A History from Below: Translators in the Publication Network of Four Magazines Issued by the China Book Company, 1913-1923, *Translation Studies*, 2022, Vol. 15, No. 1, pp. 37-53.

② Michelle Jia Ye.Expanding Translation: A Text Map of *New Youth* (1915-1918), *Journal of Translation Studies*, 2018, Vol. 2, No. 1, p. 79.

③ Matthew Handelman. Digital Humanities as Translation: Visualizing Franz Rosenzweig's Archive, *Transit*, 2015, Vol. 10, No. 1, pp. 12-14.

也关涉数字人文时代的翻译史研究如何找到一条创新性的发展进路。翻译史研习者克服时空隔绝和物质资料的局限，在线上学习中探索基础数据库，区分电子文本类别，掌握电子数据功能，实际上大大拓展了传统文本研究的"田野"范畴。但资料的积累只是起点，学生最终掌握概念分析、社会网络分析和可视化呈现方法，真正实现研究思路和研究方法的跨越式进步。相比于传统人文研究，数字人文方法掌握海量文献资料并展开运算，承担着"验证"、"修正"与"创新"三重功能，[①]这项认识代表了翻译史研习者共同努力的方向。对数字人文视野下的翻译史线上教学而言，最大的挑战恐怕不在于技术本身，而是能否启发学生以更为成熟的心态和更加整全的知识理解其研究对象，并以更大范围内的创造力和想象力探索研究对象的逻辑联系。这也正是线上教学赋予翻译史研究的潜力所在。

---

① 邱伟云：《验证、修正、创新：数字史学方法的三重功能》，《南京大学学报》2019年第2期。

网络教学平台在实验课程融合式教学中的应用

——化学实验课程应用实例

胡 菁 陈 立 周金梅*

摘 要:在化学实验课的融合式教学中,学生通过网络教学平台进行线上学习和测试,并在线下教学中实现师生之间的互动,进一步深化教学内容,使教学效果显著提高。融合式教学形成了包括预习、实验操作、现象观察与记录、实验结果、实验预习报告、实验报告等更加全面、客观的学业成绩评价体系。化学实验课程应用融合式教学能激发和引导学生运用理论知识理解有机化学实验的各个环节,普遍提高了学生的主动思维和运用理论知识解决实际问题的能力,达到了预期的教学目标。

关键词:网络教学平台;融合式教学;有机化学实验

一、引言

融合式教学是将在线教学和课堂教学有机结合的一种教学模式,该模式充分利用两种教学模式的优势,通过网络教学平台推送精选的教学内容让学生自主学习,而在课堂教学中,教师根据学生在平台上课前预习的相关数据,调整课程内容,将教学重点放在学生未完全熟悉的知识点上。除此之外,亦能通过平台上的互动工具,促进师生及生生的交流,提升学生自主学习的能力,进而达到更完善的学习成效①。

化学作为一门实验科学,实验课程对教、学而言,是理论指导实验和实验促进知识理

---

* 胡菁,女,浙江杭州人,厦门大学现代教育技术与实践训练中心实验师,主要研究方向为现代教育技术、信息技术;陈立,男,福建厦门人,厦门大学化学化工学院副教授,主要研究方向为有机化学;周金梅,女,福建厦门人,厦门大学化学化工学院高级实验师,主要研究方向为有机化学合成。

① Singh H, Reed C.A White Paper: Achieving Success with Blended Learning,Centra Software (2001), http://www.leerbeleving.nl/wbts/wbt2014/blend-ce.pdf,访问日期:2021年12月5日。何克抗:《从Blending Learning看教育技术理论的新发展(上)》,《中国电化教育》2004年第3期。余胜泉、路秋丽、陈声健:《网络环境下的融合式教学——一种新的教学模式》,《中国大学教学》2005年第10期。黄荣怀、马丁、郑兰琴等:《基于融合式学习的课程设计理论》,《电化教育研究》2009年第1期。

解，实现知行合一以及基本科研技能训练和科学素养的培养中的重要环节①，需要完整的教学设计及混合环境的支持②。

我校化学实验主要是面对化学、生命科学、医学、公共卫生、环境与生态、药学、能源、材料、海洋与地质、化工等专业的学生而开设的通修课程，学生人数众多(每学年约1200人)，对有机化学课程知识及实验技能的掌握参差不齐。为了克服传统实验教学中的不足，我们在有机化学实验课程教学中，应用实验课程网络教学平台实施线上线下的融合式教学，经过近1600人次的教学实践，不断完善，取得了积极而显著的教学效果。

二、以教师为主导的教学模式存在的弊端

以教师为主导的教学模式③和学生照搬照抄的预习方式，造成学生缺乏应用理论知识分析和解决问题的能力，在实验过程中“依样画葫芦”，被动学习，对实验过程中产生的一些问题无法从理论知识角度进行分析和解释，不利于培养学生的创新和独立思考能力，难以达到预期的教学目的，长期以来，学生化学课程的学习不同程度地存在重理论轻实验、理论与实验脱节的状况④，在实验过程中出现如下问题：①学生对现象观察和记录不够重视，也不规范；②由于格式要求，实验预习报告和实验报告中的实验目的、实验原理、物理常数、实验步骤等在内容上重复；③实验报告的内容过于单一，见解独到的内容少，培养学生“理论指导实验和实验促进知识理解”的意识，激发学生实验课的学习积极性，解决“高分低能”现象，是大学化学实验课的重要课题。对此，我校对大学化学实验课进行了有益的探索与实践⑤。

(一)实验课程网络教学平台的建设原则

为充分整合线上线下教学的优势，除了要革新传统教与学模式，更要深度融入信息技术，以信息技术架起学生与教师、学生与同学、学生与资源的桥梁，为教师了解学生个体学

---

① 陈绮虹、周锦兰：《化学实验教学的创新与学生能力的培养》，《实验室研究与探索》2006年第11期。赵维武：《本科生实践创新能力培养的研究》，《实验技术与管理》2006年第1期。

② 田曙坚、廖一平、焦书明：《化学实验课教学规律探析》，《今日化学》2005年第1期。

③ 黄琰、蒋玲、黄磊：《翻转课堂在“现代教育技术”实验教学中的应用研究》，《中国电化教育》2014年第4期。

④ 郑春满、韩喻、谢凯：《有机化学实验教学改革与学生创新能力培养的研究》，《高等教育研究学报》2011年第1期。

⑤ 陈友嫒、辛佳、杨世迎等：《融合式实验教学提高学生主动学习能力的探讨》，《实验室研究与探索》2019年第4期。吴晓雪、何东钢、李响等：《“互联网+实验教学”的网络线下混合教学模式研究》，《高教学刊》2018年第9期。关玲、马锴果、边磊等：《信息时代下有机化学实验教学方法的探索》，《实验室研究与探索》2019年第10期。丁雪梅、张晓君、王鹏等：《翻转课堂教学模式在大学实验教学中的应用》，《实验室研究与探索》2015年第6期。王春艳：《翻转课堂模式在〈有机化学实验〉教学中的应用》，《高教学刊》2017年第11期。

习状态、给予个性化学习支持提供更多可能。

构建一个能激发学生自主学习，能满足学习需求的包含丰富学习资源的网络教学平台尤为重要，网络教学平台是开展教学设计、实施有效教学的利器。根据一线教学体验、问卷调查及相关文献[①]，理想的实验课程网络教学平台除了具备一般的网络教学平台的基本功能，如直播、回放、点播、学情分析、互动交流等，还应针对传统实验教学的弊端和长期应试教育下的部分学生学习主动性较弱的特点，实现教学过程由教师传授转变为师、学的知识交互，帮助学生转变学习方式。实验课程网络教学平台应当满足以下几个原则：

1. 思政引领

能引导学生自主学习，强化预习、注重安全、把握细节，实现理论与实际知识的结合，培养学生严谨的科学工作态度与习惯和独立思考、创新思维和动手能力。

2. 教学创新

能协助教师突破传统实验教学限制，实现融合式、翻转式、交互式等创新教学，提升教师教学质量、激发学生学习兴趣的“教、学、评、管”一体化的平台。

3. 安全可靠

具有严格的用户授权检验机制，保证系统内的用户信息和资源不被系统内其他用户非法获得，平台稳定可靠，使用顺畅，界面友好。

4. 开放兼容

能支持尽量多的文件格式和兼容性接口，可以与第三方平台，如校务系统等，进行对接，确保数据共享，提供灵活的自定义功能，教师和学生能够根据自己的需求进行教与学。

5. 自主互动

围绕“课前—课中—课后”的教学全过程，教师与学生保持互动。教师根据教学过程的互动交流以及对学生的测试、学习情况与问卷调查的数据进行发掘分析，随时对课件、题库、试卷、测试与练习内容进行调整、修改与补充。设计闯关学习模式，促使学生必须自主完成必要的学习任务，才能进入下一个学习内容，推动学生自主学习的主观能动性。例如，学生必须在课前自主学习并完成相应的如安全知识、试验内容等方面的测试，才能进入实验室进行实验课程学习，改变了学生照搬照抄实验讲义的预习方式。

6. 个性化教学

平台能具备数据分析能力，可以根据学生日常的使用行为数据，进行学习行为轨迹分析，能使教师根据学生的学习差异，进行个性教学。

7. 综合考核

融合式教学最主要特点之一是可以摆脱教学中实际授课课时限制，老师可以通过平

---

① 叶汉侠、夏静芬、林建原等：《大学化学网络教学平台的构建》，《实验室研究与探索》2009年第5期。陈静、程建钢、韩锡斌等：《探究性学习支持平台的设计与实践》，《中国远程教育》2004年第10期上。

台及教学过程对每个实验进行测试及全过程考核，全面了解及掌握学生的学习状况，实现更为客观、全面的实验课程考核。

(二)实验课程网络教学平台的教学流程

如图1所示，实验课程网络教学平台的教学流程以强化预习、以测代练、循环提高、规范文体、讲解互动、综合考评为主线，实现教学全过程的互动教学。

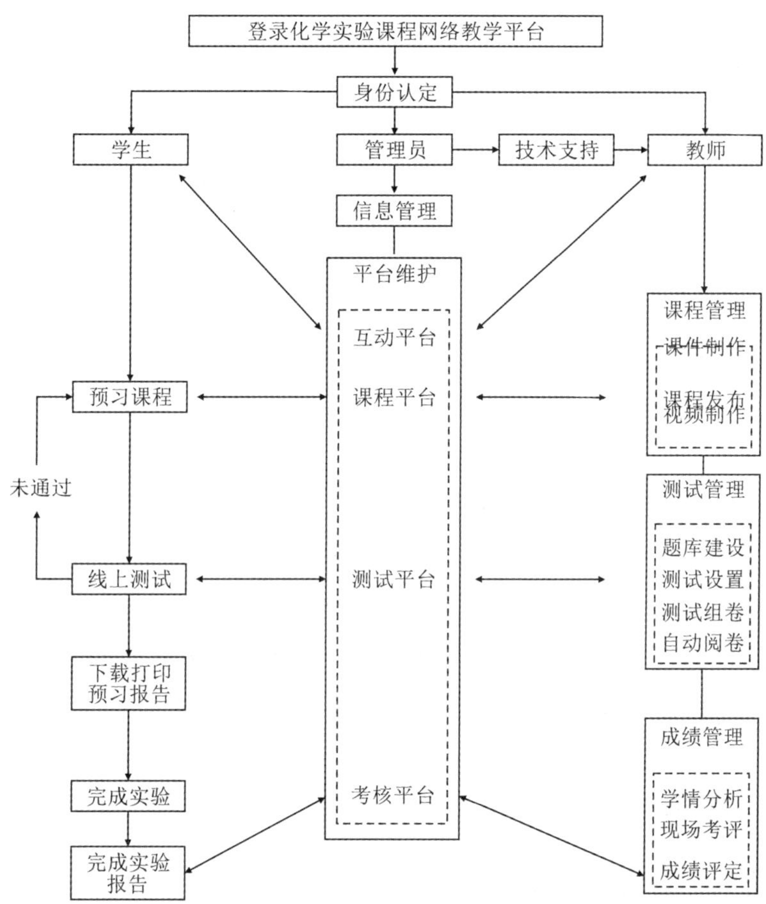

图1 实验课程融合式教学流程

三、实验课程融合式教学设计原则与制作

(一)课程内容设计原则

1. 课程内容需具有融通性

为帮助学生高效地开展线上线下融合学习，教师要融通线上与线下、虚拟与现实，推动各场景间的数据流通、信息联通、服务贯通。

2. 课程内容需具有灵活性

设计内容时要让学生灵活选择线上或线下、同步或异步学习，线上线下学习无缝转换，避免环境变化而阻碍学习。

3. 课程内容需及时调整

教师要及时了解学生线上、线下的学习情况，调整教学内容和任务，为学习者提供适合的、整合的学习资源和服务，实现新旧知识的无缝衔接和学习方法的及时调整。

（二）课程内容制作要求

1. 课件内容简洁及全面

课件图文简洁，一目了然；教学视频，短小精湛（不超过3分钟），减少视觉疲劳，保持学生的学习兴奋度以达到较好的教学效果[①]。针对实验课中学生最关注的实验操作要点及注意事项，将实验中规范的基本操作、装置及实验中所可能遇到的问题，制作成相应的课件、视频、图片及测试内容，要求学生课前在网络平台完成学习并通过相应的测试。而在课堂教学中，教师进行重点讲解，用更多的时间与学生展开互动、讨论，以期达到融合式教学的最佳效果。

2. 题库建设与文体规范

课前测试有利于学生发现自身学习中的问题，提高预习的效果。每个实验建立了测试题库，测试内容分为两类：①本实验所涉及的原理、基本操作；②本实验中关键或易出错的步骤。题库内容、测试题型、数量、时间可以随时从后台修改、调整。学生在平台完成实验理论知识、基本操作的课前学习之后，进行限时的测试。此外，作为实验课的教学中一个重要的内容，引导学生规范预习报告、撰写实验报告[②]，是促进培养学生良好、严谨的学习习惯的重要途径。学生一旦通过了实验前的预习测试，就可以在平台上下载打印实验原理、物理常数、实验现象、实验结果和分析讨论等内容留空的规范化实验预习报告，在实验课中完成上述预习报告中留空部分的内容，将预习报告转化为实验报告，这样可以在培养规范科学文体写作的同时，适度减少实验预习报告与实验报告中部分重复的内容，提高学习效率。

四、融合式教学的实施与效果

（一）课堂教学与互动提高教学效率

深入的课前预习，为课堂教学中的互动、讨论打下了良好的基础[③]。首先，在讲解中可以直接进入互动环节，学生与教师的互动踊跃，有问必答，经常提出一些有深度的见解和问题，不再出现以往常见的教师自问自答的窘况。其次，教师可以重点讲解实验过程中的

① 王觅、贺斌、祝智庭：《微视频课程：演变、定位与应用领域》，《中国电化教育》2013年第4期。

② 江文辉、罗一鸣、唐瑞仁等：《有机化学实验教学改革的探索与实践》，《实验室研究与探索》2009年第12期。

③ 吕金顺、周建峰、韦长梅等：《有机化学实验教学中全面提高学生能力的探讨》，《实验室研究与探索》2005年第12期。

难点及关键点，使学生更好地深入理解和掌握相应的知识点，体验到学有所用、学有所为的成就感，有效地提高了学生的学习主动性、创新意识和动手能力[①]。同时，教师的讲解时间也比以往大为缩短(一般减少约 1/3～1/2 的讲解时间)，提高了教、学效率。

以乙酸丁酯的制备为例，如表 1 所示，学生预先在线学习了分水器的安装、操作视频，有机酸合成酯的一般原理和方法，从理论的角度解释实验步骤的设计。在实验课堂教学中，师生充分进行互动、讨论，从理论角度解释：为什么要分水？为什么要加酸催化剂？分水的原理是什么？分水器中水相、有机相中可能的化合物分别有几种？萃取时有机相和水相分层不明显，可加入氯化钠的原理是什么？气相色谱图中各峰分别可能代表什么化合物？……引导学生结合理论知识，理解有机化学实验的各个步骤，自主分析和解决实验过程中产生的问题。

表 1 乙酸丁酯合成实验讲授重点内容安排

网络学习内容	课堂讲解内容	
	现场互动讲解	问题讨论
1. 课件：原理、反应、实验步骤 2. 微视频：分水回流、常压蒸馏器装置的安装和使用；萃取、洗涤、干燥操作技能 3. 气相色谱检测产品纯度的原理 4. 线上测试	1. 有机酸合成酯的原理和方法，催化剂的作用 2. 从理论的角度解释实验步骤的设计 3. 分水回流装置的原理 4. 萃取洗涤、干燥等操作技能	1. 分水回流装置安装常见的错误及对实验的影响 2. 萃取洗涤、干燥操作过程中的现象及解决办法 3. 干燥剂的原理及使用的方法 4. 产率及产品纯度的检测方法

(二)成绩考核与评定全面客观

实验课成绩考核更关注于从预习到实验报告的全过程，分配合理的预习(15%)、现象观察与记录(10%)、基本操作(25%)、实验结果(30%)和实验报告(20%)等综合考核的分数比例，结合线上测试、预习报告、基本操作、产物的质量与产率以及实验报告，公平客观地一体化评定学生的课程成绩，减少了以往实验课中成绩评定的主观因素与不确定因素[②]，获得学生的认可。

(三)教学效果

针对有机化学实验课程融合式教学的教学效果进行的问卷调查，发放问卷 150 份，收回 139 份。如表 2 所示，从反馈的结果来看，实验课程的融合式教学模式和学习效果受到

---

① 陈绮虹、周锦兰：《化学实验教学的创新与学生能力的培养》，《实验室研究与探索》2006 年第 11 期。

② 吕金顺、周建峰、韦长梅等：《有机化学实验教学中全面提高学生能力的探讨》，《实验室研究与探索》2005 年第 12 期。

了大部争学生的认可，取得了预期的教学效果。

表2 学生对融合式教学效果的评价

比例(%)	评价
92.7	线上实验预习与课前小测，比以往的预习方式有效
97.1	提高了动手能力
94.3	提高了主动思考和运用理论知识解决实际问题的能力
92.1	喜欢或很喜欢融合式有机化学实验课程教学内容设计
96.4	有助于树立严谨的科学态度和培养良好的职业操守
79.9	进一步增加对有机化学实验的兴趣，意犹未尽

五、结语

通过与一线教师合作的融合式教学课程内容的设计与网络教学平台建设，有效地发挥网络教学的优势。如表3所示，融合式教学进一步强化和提高了的师生互动与教、学效率；使学生体验到应用理论知识理解和解决实际问题的成就感与自信心，普遍激发了学生的学习热情与主动性，明显增强实验课程学习的兴趣，锻炼并提高学生主动和独立思考、运用理论知识解决实际问题、动手和思创能力。而全面综合的实验考核，有助于树立和培养学生严谨的科学工作态度，从而达到了融合式化学实验课程预期的教学建设目标。

表3 传统实验课与融合式实验课教学模式比较

比较内容	传统教学模式	融合式教学模式
实验预习方式	阅读讲义，撰写预习报告	在网络教学平台上学习、观看实验课件与微视频
预习时间	学生自己安排，随意性大，学习效率较低	限定时间(课前24～48小时)，避免随意，有利于提高学习效率
预习深度	抄录为主，对实验内容较难理解	直观、形象、对实验内容较深入理解
实验知识测试	难以对每个实验进行测试，占用实验课时，针对性不强	每个实验设测，网络测试，不占课时，针对性强
实验知识测试模式	时限内只可一次测试	时限内可多次测试
测试成绩与学习效果	一次定成绩，学习效果不理想	时限内可多次测试，在测试中发现不足，学习效果较理想
课堂互动反应	较少，不活跃	踊跃，有深度
课堂讲解时间	较长(1～1.5小时)	较短(至原来的1/2～2/3)
实验成绩评定	全面性不足	有依据，较全面

如何更加有效地将信息化方法、手段应用到传统教学中,实现信息技术与教育教学的深度融合,让信息化为教学赋能,为学习助力,是教育工作者需要不断思考、探索并付诸行动的。线上线下融合式教学模式改变了“以教师为中心”的教学模式,实现了“以学生为中心”的教学模式,从而有效地提升学生的基础理论知识和素质能力,是适应当下环境的一种新的教学模式。

线上课程学习意愿及影响因素研究*

——以创新创业类课程为例

杨 飏 蓝 婧 刘传尧 钟 杰**

摘 要:随着新冠肺炎疫情的常态化转变,线上授课的教学方式因为其便捷等各种优点,广泛被院校采用,虽然线上授课弥补了传统教学的物理环境限制、不可重复性等缺陷,但其教学效果也更加复杂,本文以创新创业类课程为例,通过爬虫技术抓取线上创新创业课程数据及评论观点,首先对数据进行清洗,并利用隐含狄利克雷分布(Latent Dirichlet Allocation,LDA)抽取主题词,最后将结果可视化并提出了促进创新创业线上课程提升的策略建议。研究表明学生对于创业类线上课程的老师、视频、课件、案例最为关注,对课程的作业、测验、考试关注度比较低,该结论对于创新创业类课程开发者以及课程应用者,针对如何通过新技术、新载体更为合理有效地配置创新创业类线上课程教学资源,具有重要的意义。

关键词:创新创业;文本挖掘;线上课程;LDA

一、研究背景

受2020年新型冠状病毒肺炎疫情的影响,正常的教学秩序被打乱,为解决学生学习问题,全国各地各类学校积极响应"停课不停学"号召①,在高等教育领域,参高校1454所,授

---

* 基金项目:教育部高等教育司2021年第一批产学合作协同育人项目(项目批准号:202101248003)。

** 杨飏,女,福建厦门人,厦门大学现代教育技术与实践训练中心工程师,主要研究方向为现代教育技术;蓝婧,女,福建厦门人,厦门大学现代教育技术与实践训练中心助理工程师,主要研究方向为现代教育技术;刘传尧,男,福建厦门人,厦门大学现代教育技术与实践训练中心副主任、高级工程师,主要研究方向为现代教育技术;钟杰,男,福建厦门人,厦门大学教务处实验与电教管理科科长,主要研究方向为实验教学管理。

① 教育部应对新型冠状病毒感染肺炎疫情工作领导小组办公室:《关于在疫情防控期间做好普通高等学校在线教学组织与管理工作的指导意见》,http://www.moe.gov.cn/srcsite/A08/s7056/202002/t20200205_418138.Html,访问日期:2021年4月10日。

课教师108万人，在线学习35亿人次，在线课程1719万门次，启动了一场全世界规模最大的在线教育[①]，线上学习迎来了发展高峰。根据2021年2月发布的第47次《中国互联网络发展状况统计报告》，截至2020年12月，大中小学基本恢复了正常的教学秩序，但较疫情之前（2019年6月）在线学习人次仍增长了1.09亿，行业发展态势良好[②]。与此同时，随着5G时代的到来，移动互联网、云计算、物联网等新兴技术将进一步融入线上教学，改变着这个时代的学习方式，线上学习在教育体系当中承担的角色越来越重要。

以创新创业类线上课程为抓手，不仅是对“互联网＋”创新创业教育形式的有力补充与完善，也是更符合创新创业知识点精细化、碎片化、去权威化的学习特性的教学方式。因此，创新创业类线上课程建设成为热点，在多所高校对创新创业类线上课程的文件、办法中鼓励优先建设。如在《厦门大学在线开放课程建设管理办法（试行）》中，第五条提到，学校重点支持“创新创业教育课等本科课程建成在线开放课程”[③]。创新创业类线上课程不仅是对新媒体、新技术的运用，而且引发了创新创业类课程教学理念、教学模式、教学方法和人才培养等领域的深刻变化。但由于创新创业类课程与专业融合性不强、更多依托于线下活动等特征[④]，该类别线上课程的整体质量尚不能与其他基础课、专业课程相比。如教育部办公厅关于开展2019年线下、线上线下混合式、社会实践国家级一流本科课程认定中，共计立项国家级线上课程718门，其中创新创业类课程仅10余门，占比不到2%。除此之外，其所面临的教学体验感差、线上学习“完成率偏低”等问题也引起了社会的广泛关注。

因此，本文从线上课程平台中的学习评论出发，探索创新创业类线上课程的主要问题所在，并给出相关建议，帮助线上课程平台以及课程管理者对创新创业类线上课程的质量进行及时的改进，从而加强学生对创新创业类线上课程的学习热情，提高线上课程的完成率，最终实现创新创业类线上课程教育的可持续性发展。

二、线上课程学习关注点研究现状

线上课程的学习者，能否满意的学完课程，表现为其对线上学习的有用性感知的学习关注及学习意愿。近年来，有大量的文章从不同的角度对慕课等线上课程的学习意愿进

---

① 吴岩：《世界慕课大会主会议主题演讲：中国慕课发展与实践》，http://www.jsou.cn/jxzlglbgs/2020/1231/c3055a100596/page.htm，访问日期：2021年4月10日。

② 中国互联网信息中心：《第47次中国互联网络发展状况统计报告》，http://www.cac.gov.cn/2021-02/03/c_1613923423079314.htm，访问日期：2021年4月10日。

③ 厦门大学教务处：《厦门大学在线开放课程建设管理办法（试行）》，https://jwc.xmu.edu.cn/2018/0105/c2142a325636/page.htm，访问日期：2021年4月10日。

④ 杨飏、吴飞杰、张毅、陈达祥：《线上教学新常态背景下高校双创教育研究》，《厦门广播电视大学学报》2021年第3期。

行了研究。如 Zhen Shao 等人(2021)通过刺激—组织—反应(stimulus-organism-response,S-O-R)研究影响个体对慕课的投入和持续意愿,以及这种影响在男性和女性用户之间的差异[①]。冉建宇等人(2021)基于份问卷调查,探究混合式课程中,线上自主学习参与意愿的影响因素[②]。王晓彤等人(2021)引入心流理论,构建基于心流理论的线上学习者持续学习意愿模型,探索不同学习阶段影响学习者持续学习意愿的主要因素[③]。Ghavifekr Simin 等人采用结构方程建模分析慕课学习粘性[④]。许朝阳(2016)对大学生慕课学习意愿进行了实证研究,学习者态度对 MOOC 学习的参与意愿有着显著的正向影响,其中认知态度在学习者态度中占据主导地位[⑤]。翟宇卉等人(2017)基于结构方程视角对大学生慕课学习意愿进行了研究,得到慕课的信息质量是影响学习意愿的重要因素等结论[⑥]。郭凤丽(2017)采用深度访谈法,提炼出22个影响高校研究生使用 MOOC 意愿的因素,通过多元回归分析发现,5类因素对高校研究生使用 MOOC 意愿影响程度从高到低依次是关怀性、声望、易用性和可靠性[⑦]。陈昊(2014)从在线教育角度出发,运用有效教学的原理,通过文献研究、问卷调研、访谈等方法,考察分析了创新创业教育的现状,探索高校大学生创新创业教育的有效性及存有问题[⑧]。刘星月等人(2021)以"电力系统继电保护"课程为例,提出基于超星学习通平台的教学方案设计和线上创新创业能力培养措施,完善学生的实践和创新创业能力人才培养模式[⑨]。赵兴隆等人(2020)以疫情下的创新创业课程为例,通过问卷调查、电话访谈等形式,分析影响线上教学效果的问题并探索解决方法[⑩]。

综上所述,可发现目前关于线上课程学习关注研究和模型的构建,主要以基于某门课

---

① Zhen Shao,Kuanchin Chen. Understanding Individuals' Engagement and Continuance Intention of MOOCs: the Effect of Interactivity and the Role of Gender,*Internet Research*,2021,31(4).

② 冉建宇、颜帮全、张尚民:《线上、线下学习特性对大学生翻转课堂参与意愿的影响研究——线上学习有用性感知和翻转课堂体验的中介效应》,《重庆三峡学院学报》2021年第6期。

③ 王晓彤、王汉昌、叶国青:《基于心流理论的线上学习激励方法设计》,《中国教育信息化》2021年第7期。

④ Ghavifekr Simin,Wong Yue Seng. Exploring the Relationship between MOOC Resource Management and Students' Perceived Benefits and Satisfaction via SEM,*International Journal of Distance Education Technologies (IJDET)*,2021,19(3).

⑤ 许朝阳:《大学生慕课学习意愿影响因素研究》,中国科学技术大学硕士学位论文,2016年。

⑥ 翟宇卉、杨明辉:《基于结构方程视角的大学生慕课学习意愿研究》,《大连理工大学学报》(社会科学版)2017年第4期。

⑦ 郭凤丽:《高校研究生 MOOC 使用意愿影响因素研究》,中国科学技术大学硕士学位论文,2017年。

⑧ 陈昊:《在线教育背景下大学生创新创业教育有效性研究》,重庆交通大学硕士学位论文,2014年。

⑨ 刘星月、唐琳、高山山:《基于创新创业背景下的线上教学方案设计——以"电力系统继电保护"课程为例》,《黑龙江教育》(理论与实践)2021年第7期。

⑩ 赵兴隆、于兴业、韩文灏、李德丽、冯放、王琳:《疫情防控背景下提升线上教学效果促进学风建设——以创新创业课程为例》,《东北农业大学学报》(社会科学版)2020年第2期。

程或整体慕课建设为主，也有将二者结合，很少对某类别课程的综合研究，尤其是创新创业类课程更是基本为空白。因此，本文直接针对有共通性的某类别线上课程，并以创新创业类为例，采用文本挖掘的方法，探究影响学生学习意愿。为创新创业类课程开发者以及课程管理者，针对如何通过新技术、新载体更为合理有效地配置线上课程教学活动、教学资源等提供指导。

三、模型设计

（一）数据来源与预处理

在“中国大学 MOOC”网中“搜索感兴趣的课程”输入“创新创业”，使用 Python 中的 selenium 模块控制浏览器获取动态页面元素，自动爬取共计 241 所大学、514 门创新创业类课程的公开显示的课程信息，采集时间截至 2021 年 11 月 22 日。由于网络平台普遍存在的“刷好评”等现象，截取选课人数大于 5000 的课程作为样本，最大程度获取真实有效的评价数据。共计采集 24 门热门创新创业类课程的 32831 条评价信息，并对样本进行清洗，获得的课程数据如表 1 所示。

在 24 门热门创新创业类课程中，课程名称包含“创业基础”的课程共计 7 门，占比 29.2%。继续通过 selenium 模块获取的课程描述信息，对 24 门课程进一步分类，共计归为创新设计、创业案例、创业管理、创业基础、创业融资、电商创业等 6 类，其选课和课程评价人数如图 1 所示。可见，课程评价数是与课程选课人数是正向相关的，其中创业基础类课程最受欢迎，创新设计及创业融资类课程也比较受学生喜欢。

表 1　选课人数大于 5000 的创新创业类课程数据

序号	课程名称	学校名称	选课人数	课程评价人数
1	创业融资	中央财经大学	28687	115
2	创业基础	全国高等学校学生信息咨询与就业指导中心	27455	105
3	创业设计与实验	山东财经大学	13835	4257
4	电商创业	浙江理工大学	12732	322
5	职业规划与创业	郑州经贸学院	10488	1486
6	走进创业	南京大学	7700	4686
7	大学生职业发展与就业指导	福州大学	7568	1744
8	创新创业教育与工程设计实践	郑州大学	7050	54
9	创业案例分析	同济大学	6957	40
10	设计思维与创新设计	浙江大学	6643	314

续表

序号	课程名称	学校名称	选课人数	课程评价人数
11	创业基础	长沙民政职业技术学院	6481	1384
12	创业基础	黄河科技学院	6331	929
13	大学生创业基础	温州大学	6297	3386
14	创新基础与创新方法	东北大学	6200	102
15	创业基础	暨南大学	6096	3173
16	电子商务概论	东北财经大学	6015	366
17	创业基础	中南财经政法大学	5969	5569
18	创新思维训练与实践	扬州工业职业技术学院	5773	21
19	创新创业与管理基础	东南大学	5678	1972
20	创业：道与术	中南财经政法大学	5617	94
21	创业管理	电子科技大学	5465	6
22	创业基础	苏州市职业大学	5427	953
23	创新创业创青春	西南交通大学	5261	1397
24	大学生创新与创业	濮阳职业技术学院	5173	356

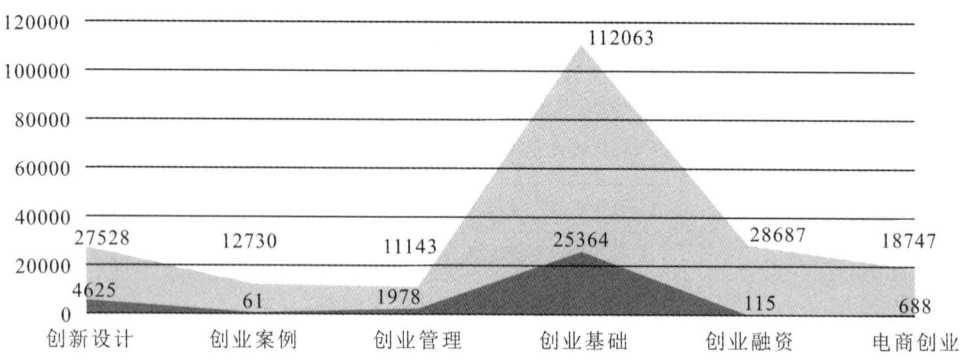

图1　不同类别创新创业课程选课人数及评论数量

（二）构建创新创业类线上课程学习关注模型

1. LDA 模型主题词生成

LDA由Blei，David M.、Ng，Andrew Y.，Jordan于2003年提出，用来推测文档的主题分布。通过主题模型，可以将文档集中每篇文档的主题以概率分布的形式给出，从而根据主题分布进行主题聚类或文本分类。本文通过LDA模型，文档对应为课程评价，将众多评价进行主题抽取和可视化，从而分析学生对课程的关注点。并选取2000条评价用于训练和测试 LDA 模型,使用训练好的 LDA 模型对评价信息进行主题概率分布预测。

LDA 采用词袋模型,是一种三层的贝叶斯模型结构,主要包括文档、主题、词三层结构。首先假设课程评价服从一组主题的多项分布,每一个主题又服从多个词的多项分布,该多项分布的参数服从 Dirichlet 分布。则第 i 个评价C_i的第 j 个主题$Z_{i,j}$的词语$\omega_{i,j}$生成步骤如下:

(1)从服从参数为 α 的 Dirichlet 分布中取样生成第 i 个评价C_i的主题多项分布θ_i,主题多项分布θ_i由超参数为 α 的 Dirichlet 分布生成。

(2)从主题的多项式分布θ_i中取样生成第 i 个评价C_i的第 j 个词的主题$Z_{i,j}$。

(3)从服从参数为 β 的 Dirichlet 分布中取样生成主题$Z_{i,j}$对应的词语分布$\varphi_{zi,j}$,词语分布$\varphi_{zi,j}$由超参数为β 的 Dirichlet 分布生成。

(4)从词语的多项式分布$\varphi_{zi,j}$中采样最终生成词语$\omega_{i,j}$。

2. LDA 模型的训练与主题提取

首先,将评价进行文本处理,包括去重、去缺失、分词等。随后对词进行标号,同时统计其所对应的词频,依次构造二维词频矩阵。通过 Python 中的 sklearn 词频矩阵构造器数字化描述每条评价。但仅仅依靠词频来构造矩阵,将提取出一些无意义的常用高频词,导致重要词被淹没的情况,为了提高结果的可解读性,引入 TF-IDF 训练 LDA 模型。

其次,确定主题数,在 LDA 模型中,一般使用 LDA 困惑度参数 Perplexity 来计算,模型的困惑度可以一定程度上反映模型的泛化能力①,主题越多,Perplexity 越小,模型的泛化能力越强,但是越容易数据过度,因此,模型中最优主题数量的选取是至关重要的,本文计算方式如公式(1)—(2)所示。

$$\text{Perplexity}(D_{test}) = \exp\left\{\frac{-\sum_{d=1}^{M}\log(p(\omega_d))}{\sum_{d=1}^{M} N_d}\right\} \tag{1}$$

$$p(\omega) = \sum_{Z} p(\mathrm{Z} \mid \mathrm{C})\, \mathrm{p}(\omega \mid \mathrm{Z}, \mathrm{gamma}) \tag{2}$$

其中,M 是测试集的大小,分母的N_d是测试集中出现的所有词语,不排重。$p(\omega_d)$是指的测试集中出现的每一个词的概率,具体计算方法见公式(2),Z、C 分别指训练过的主题和训练集的各条评价,gamma 是训练集得出的主题多项分布。在训练中,继续使用 sklearn 函数,将数据分为训练集和测试集,随机选取 2000 条有效评价用于训练,在训练集上生成 gamma 和主题计算测试集困惑度。

训练结果显示如图 2,可见,在主题数为 20 时,模型生成能力较强。因此使用主题数为 20 的训练后的 LDA 模型,重新构造更能描述词语重要性的词频矩阵,使用 14128 条有

① 孙青云、刘吉华:《基于文本挖掘的 MOOC 差评意愿的影响因素研究》,《统计与管理》2021 年第 9 期。

效评价用于测试，测试集输出结果为 20×14128 的二维词频矩阵，部分数据呈现如表 2 所示。

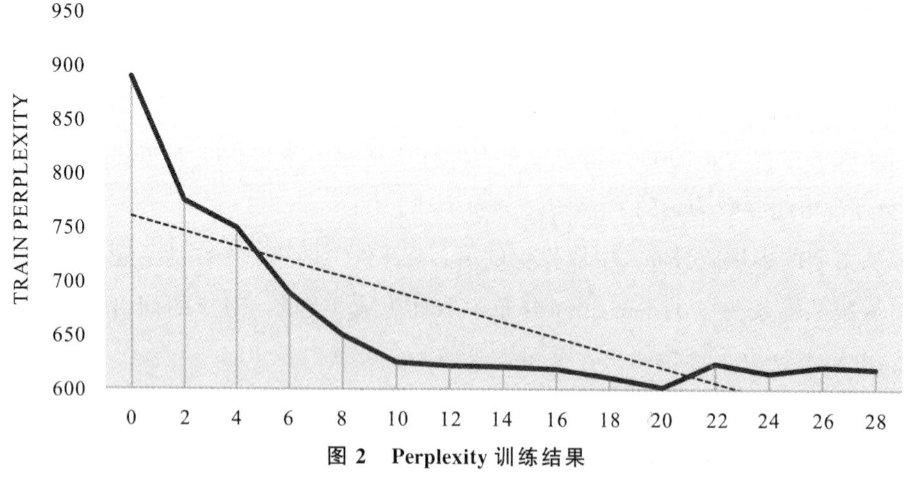

图 2　Perplexity 训练结果

表 2　随机举例 15 条评价的 3 个主题概率分布表

i	评价样例C_i	$P(Z_1)$	$P(Z_7)$	$P(Z_{20})$
1	授课方式不够生动，略显生硬	0.389764	0.175026	0.014982
2	录视频讲得有些呆板	0.169701	0.018596	0.018596
3	课程质量高，受益良多，自学的不二选择，非常好	0.0155	0.146516	0.45939
4	老师讲课表情有点死板，感觉像把内容读了一遍就完了	0.272406	0.150722	0.013781
5	内容还是不错，不过建议老师改一下风格，这位老师更像是在背书，很多问题和知识也不进行解释和分析	0.008603	0.836536	0.008603
6	非常好的课程主题，老师准备得很充分，讲得很好，只是略显拘谨，继续加油	0.087899	0.379297	0.010143
7	案例少了，分析再具体点就好了	0.012176	0.244441	0.012176
8	课程质量高	0.018374	0.650896	0.018374
9	体验真不错呢	0.021759	0.021759	0.021759
10	很一般，僵化，没有什么干货	0.450871	0.123191	0.013985
11	讲得不错，就是语速有点慢，得开 2 倍速看	0.015666	0.015666	0.134792

续表

i	评价样例C_i	$P(Z_1)$	$P(Z_7)$	$P(Z_{20})$
12	老师做得很详细了，很牛，只是没有实操性感受，学习和使用起来肯定会有脱节的地方。	0.227785	0.484874	0.015963
13	老师讲得很透彻，大有获益	0.011608	0.466352	0.011608
14	听了张老师的课程，讲得非常深意，我的理解能力还没有跟上，但是让我通过学习了解到了金融一小部分的知识，我还要继续努力，多做笔记	0.008039	0.505238	0.041331
15	非常实用的实操课程，受益匪浅	0.0164	0.270628	0.213366

最后，为了使模型更具有可解释性，引入相关性对主题词的词语进行排序[①]，定义超参数 λ，以期测试词语与主题之间相关性的最佳调优值，计算方式如公式(3)。其中，当 $\lambda=1$ 时，词组按照其特定主题概率的递减顺序排列；当 $\lambda=0$ 时，词组按照其 Lift 值的递减顺序排列。

$$\gamma(\omega, Z|\lambda)=\lambda\log(\varphi_{C\omega})+(1-\lambda)\log\left(\frac{\varphi_{C\omega}}{p_{\omega}}\right) \tag{3}$$

测试结果显示，当 $\lambda<1$ 时，可提高主题的可解释性。λ 的“最优”值约为 0.75，其正确识别主题的概率估计为 80%，因此，本文将相关性参数 λ 定位 0.75。

四、可视化分析与讨论

（一）创新创业类线上课程普遍评价情况

首先对文本中出现频率较高的 10 个评价相关“关键词”统计如图 3 所示，评价中出现最高的词语分别为“学到、不错、收获、很棒、有趣、可以、受益匪浅、丰富、实用、有用”等。可见，从整体来看，参与评价的同学对创新创业类课程的线上学习普遍比较满意，也可以说明，满意度比较高的同学更愿意去参与课程的评分与评价。

① Sievert C, Shirley K E. LDAvis: A Method for Visualizing and Interpreting Topics, Workshop on Interactive Language Learning, Visualization, and Interfaces at the Association for Computational Linguistics, 2014.

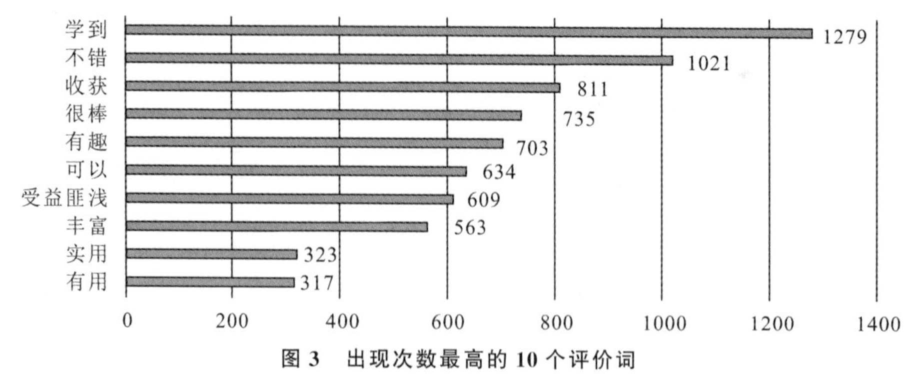

图3 出现次数最高的10个评价词

（二）学生对线上创新创业类课程的关注重点

在去除了一些常见好评词语后，出现的高频词语更为贴近对课程的关注度，可视化后如图4所示，左侧是全局主题视图，右侧为题集 Z_2（Topic2）中30个词频最高的词语条形图，可以基本了解参加学习学生的关注重点，分别集中在“老师、授课、新颖、方式、生动、细致、视频、讲解、有趣、翔实、课件、案例、软件、课程内容”等，其中对“老师”的关注度最高，词频出现了1986次。而如“作业、测验、考试”等教学环节的关注则相对较少，甚至没有出现在主题集中。

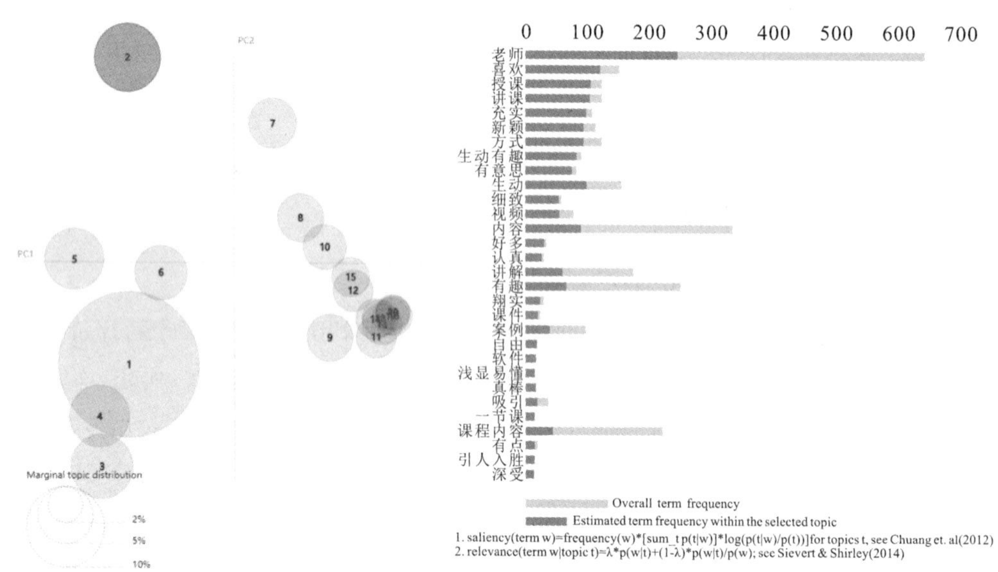

图4 主题集 Z_2（Topic2）中词频最高的30个词语

（三）学生对线上创新创业类课程的负面评价

相比于MOOC中的正面评论，负向评论具有更好的可信度，能更加准确地反映课程中的问题，对用户和平台都具有更高的参考价值，因此取负面主题词对应评价对模型结果进一步补充。如表3所示，评论中出现“不会、不是、不足、没用、失望、浪费时间”等至少2

个负面主题词的评价，更加准确地反映了课程中存在的具体问题，提取该类别评价并进行总结，将对课程的改进有非常重要的意义。

表 3　课程负面评论主题集样例

序号	负面评价样例	负面主题词 $\omega_{i,j}$
1	读 PPT 嘛谁不会，我上我也行，课程弄得这么没诚意，何必呢	不会、没诚意
2	我们想听的是更为实际的渠道和如何规避风险。想了解的是更为实操的方法，而不是理论的似是而非，更不是一本正经的课程。习惯了填鸭教育一下子对于自我领悟式的教育还是不大了解，实在抱歉	不是、填鸭
3	内容还是挺好的，希望老师讲课方式可以更生动一些，加一些自己的理解和案例支撑，要不然感觉一直在念文字	案例支撑、念文字
4	老师讲得很好，不过我觉得可以多加点案例，在课程开始时再介绍基础一点概念就好了，如普通合伙人和有限合伙人的区别，定义是责任不同，分工和权利也不同，但是举个具体的企业例子就好了，把组织架构说清楚，这样便于理解，谢谢	但是、说清楚
5	实务例子给多一些，特别是教授亲自参与的投资。为同学们条分缕析，一步步复盘	多一些、例子
6	这个课程里好多案例现在查看都是不存在的了，尤其是 P2P 这块儿，建议及时更新	建议、更新
7	课程结构清晰，唯一不足的地方就是太过照本宣科	不足、照本宣科
8	中后期印象：内容较肤浅，部分题目疑似不严谨，无意义的大量文字题作业过多，PPT 命名不规范，下载后重命名到吐血，最关键的是内容发布时间极不合理，要么两周以上不更新，要么扎堆更新，部分作业给的时间还很短，扎堆截止	失望、无意义
9	各种没用的形式，各种 bug，浪费时间	没用、浪费时间
10	课程内容贴近实战，有较强的时代感，对准备创业的大学生或有志青年比较直观，但缺乏教材的指导，理论比较匮乏，期待相关资料的整理和阅读	缺乏、期待

五、创新创业线上课程提升的策略建议

线上创业教育对于建设创新型国家具有重要意义，创新创业类线上课程应主要服务于两方面需求。一方面是提升个体价值，包括开拓并引领学生的发展方向和职业生涯、提供学生在专业领域的发展动力、挖掘学生的发展潜能；另一方面包括推动国家创新创业体系建设、进一步促进高等学校人才培养模式改革、有效提高创业者整体素质和创业水平、实现创业拉动就业的策略[①]。本文通过数据挖掘，从这两方面需求出发，对线上课程学习意愿进行了分析，并针对创新创业类线上课程提升提出以下建议。

（一）提升主讲教师专业性，调整师资结构

在创新创业类课程评价中，出现频次最高的主题词是"老师"，如图 4 所示。可见，由于创新创业与时代与社会发展、社会热点的相关性极大，线上创新创业课程也对授课教师提出了一定要求，要具有较强的交叉学科专业知识和丰富的实战经验。因此，课程团队应格外注意能力的提升与研修，积极了解新技术及新方法，并及时更新教学内容，或从社会各界聘请企业家、创业成功人士等作为主讲教师，加强课程内容的时效性与实践指导功能。

（二）整理"硬核""务实"的视频内容及课程资源

在分析中发现，创新创业类线上课程的学习群体与通识课、专业课、基础课相比，较多为准备创业或正在创业甚至二次创业的学习者，目标性会更为明确，因此，学生对实战知识的要求比较高，对出现"填鸭""照本宣科""读 PPT"的课程有较多的负面评价。除了理论传授，授课内容也应该具有一定的实践指导能力，使学生可以将自己学到的知识与社会实际联系起来，融会贯通，如表 3 中的第五条评价"实务例子给多一些，特别是教授亲自参与的投资。为同学们条分缕析，一步步复盘"，学生多希望课程能够提供更直观和"接地气"的内容安排。在数据分析分析中，常见的法律，财务，税务知识及案例，成为学习者对教学内容的关注重点。因此，创新创业线上课程开发团队，应对此内容提高重视，积极探索智慧教育新形态、新内容，提高学习者的学习意愿。

（三）适当精简作业、测验及考试等教学环节

由于创新创业类线上课程，学习者的实践基础参差不齐，课程涉及交叉学科、系统性不强等特点，更多的学生更喜欢"跳着看""找有用的看"。数据显示，学生关注点集中在"视频、课件、案例、软件"等，而"作业、测验、考试"等教学活动则较少，并出现了如"无意义的大量文字题作业过多""这节课真的无聊，作业还要这么多"等负面评价。因此，对于创新创业类线上课程，作业量可能需要适当减少，以便适应学习者的特殊性，促进学生自主性、探索性、研究性学习。

---

① 张方昕：《探索高校创业教育与专业教育的深度融合——以郑州成功财经学院"商科＋"人才培养模式为例》，《才智》2019 年第 1 期。

新文科背景下融媒体影像传播人才培养模式创新*

——基于厦门大学广播电视学专业的实践

刘坤厚** 阎立峰

摘　要：全球经济社会的深度联结与调适，以及以移动互联网与人工智能广泛应用为代表的智慧型社会的高速发展等，都对高校人才培养提出了很高期冀，要求人才具有多学科交叉的知识结构、创意与应用相协调的综合能力、一专多能的素养潜力。在新文科建设背景下，厦门大学广播电视学专业积极把握新闻传播领域移动化、视频化、社交化、智能化的发展趋势，强化对融媒体影像传播人才的思想引领，注重发挥政产学研协同育人优势，突出内涵发展，不断创新人才培养模式、提高人才培养质量。

关键词：新文科；广播电视学；人才培养

敏锐地捕捉社会变化发展的大趋势，积极研究、回应社会发展的新特点、新要求，努力培养适应社会发展需求的优秀人才是现代一流大学的核心任务。2020 年 11 月 3 日，新文科建设工作会议召开，教育部正式发布了《新文科建设宣言》。会上，教育部高教司司长吴岩作题为《积势蓄势谋势 识变应变求变 全面推进新文科建设》主题报告，指出："新文科建设的时代使命是提升国家形象，也就是提升国家文化软实力，塑造国家的硬形象。要会讲中国故事、讲懂中国故事、讲好中国故事，让世界看到可亲、可敬、可爱的中国。"①新文科建设，新闻传播教育责无旁贷。广播电视学专业则肩负着服务我国媒体融合纵深发展，为党和国家的新闻舆论工作和传播事业培养精通影像语言、掌握融合叙事能力、具备复合知识

---

* 基金项目：福建省高等学校服务产业特色专业（广播电视学专业）建设项目、厦门大学教学改革研究项目（"国际新闻传播人才培养模式改革"）研究成果。

** 刘坤厚，男，河南信阳人，厦门大学新闻传播学院 2019 级博士生。阎立峰，男，陕西西安人，教授，博士生导师，兼任厦门大学海峡媒体研究中心主任，厦门大学福建媒体发展与对外传播协同创新中心主任，主要研究方向为媒体与政治、跨文化传播、电影与纪录片。

① 吴岩：《积势蓄势谋势 识变应变求变 全面推进新文科建设》，https://www.sohu.com/a/429602946_614563，访问日期：2021 年 12 月 10 日。

结构且政治立场坚定的新闻传播人才的重任。吴岩[①]、唐宁[②]、强月新[③]等专家学者对新文科背景下新闻传播人才的培养要求、培养途径等方面已有精到论述。

厦门大学1985年开设广播电视新闻学专业(后教育部调整专业名称为"广播电视学")。经过30余年发展,已建成"本—硕—博"完整的人才培养体系。其中本科专业于2016年进入福建省高等学校服务产业特色专业立项建设名单,入选2020年度福建省一流本科专业建设点名单。

厦门大学广播电视专业历来倡导知识与实践的互融、互化,注重创意创作能力的培养。以展映学生微电影作品为主要内容的"凤凰花季毕业影展暨两岸大学生影像联展",自2014年起与台湾政治大学共同举办,成为两岸大学生的重要影像交流平台,被列为教育部对台教育交流重点项目。厦门大学广播电视学专业也是北京师范大学牵头的"看中国·外国青年影像计划"项目的重要合作方,由厦大与南非AFDA合作拍摄的纪录片《表述》,获得"金目奖"一等奖。

本文基于厦门大学广播电视学专业的教学实践,认为融媒体影像传播人才培养在坚持交叉融合创新理念的同时,应从三个方面着力塑造新闻学子的综合能力:一是加强思想引领,从根本上让学生成为富有主体精神和创造能力的人;二是强化融合创新能力培养,充分发挥政产学研协同育人优势;三是突出内涵发展,持续加强教学质量保障体系建设。

一、加强思想引领,培养学生成为富有主体精神和创造能力的人

当前,席卷全球的科技创新加速迭代与信息化浪潮,使得世界各国的高等教育几乎都面临"人文学科危机"。作为一种新的应对方式,新文科理念强调人文社会学科接受并主动拥抱现代科技,理论和实践中都积极与理工农医等学科交叉融合。但也必须看到,文科教育是一种"全人"的教育,需要正确的价值观的引导以及人文与科学素养的全面熏陶,尤其对于兼具时代性、历史性、实践性等特性的新闻传播学科而言更是如此。因此,高等院校广播电视人才培养更需坚持德才相配,以德为先,既要回应经济社会发展对人才提出新要求,重视多学科交叉、融会贯通,也要特别重视思想引领,注重批判性思维的培养,从根本上把学生培养成为富有主体精神和创造能力的人。

第一,守好课程建设"前沿阵地",培养学生的辩证批判思维。调查显示,2017年,有93.0%的大学生表示赞同"我们应以开放包容的态度吸收其他文化的优长",68.2%的大学生表示赞同"我们应当警惕西方文化的价值渗透",66.8%大学生明确表示更喜爱中国

---

① 吴岩:《加强新文科建设 培养新时代新闻传播人才》,《中国编辑》2019年第2期。

② 唐宁:《融合与创新:新闻传播人才培养的核心价值诉求》,《现代传播》2019年第12期。

③ 强月新、孔钰钦:《新文科视野下的新闻传播人才培养》,《中国编辑》2020年第10期。

传统节日，表示更喜欢西方节日的比例仅为1.7%，表示两者同样喜欢的占27.5%。[①] 据此而言，当代大学生对于各种社会现象的基本看法和观点，实际上可以侧面反映出同学们的政治思想、文化修养和理论功底。培养学生的辩证批判思维，就要紧抓课程这一"最基础最关键的要素"。厦门大学广播电视学专业根据课程内容及其在课程体系中的作用，进行分类建设，推进思政课程和课程思政协同育人。如为了让新闻学子牢牢掌握辩证唯物主义、历史唯物主义的精髓，树立积极向上的世界观、人生观、价值观，高标准建设了以"中国文学经典作品选读""社会与文化概论""传播与美学"为代表的学科通修类课程。该类课程向学生讲授文学、艺术学、社会学、文化人类学、政治经济学等学科的基本知识和主要理论，培养他们从社会、文化、政治、经济等不同角度思考问题并使用社会科学方法来研究媒体现象的能力。课程建设突出了价值引领，深入挖掘专业知识中所蕴含的德育内涵与元素，以潜移默化的教学方式，教导学生学会运用辩证批判的思维来理解社会现象、文化现象，同时让同学们熟知社会学分析方法的基本理论和基本工具。近年来取得的教学成果包括：2018年"部校共建机制下新闻传播人才培养模式改革与创新"获得厦门大学高等教育教学成果一等奖；2020年"'以课为媒'教学创新"获得厦门大学高等教育教学成果特等奖。

第二，构建立足中国国情的新闻人才培养机制。要让学生真正做到"学而信""学而用""学而行"，就要改变传统的教育思维及方式，打通课堂内外、校园内外，创造一切有利条件让同学们深入鲜活的社会生活。为激发广大新闻学子的爱国情、报国志，坚定新闻志向，根据培养方案每年组织多支社会实践团队赴国内外进行社会实践，并开设"国情教育课"作为新闻传播学大类专业的必修课。该课程邀请政产学研各界人士担任宣讲导师，导师围绕所在领域的改革发展的历史与现状开设专题讲座，以使同学们深入了解我国社会经济发展的全局与局部、成就与问题。进而以"国情教育课"为基点构建国情教育的长效机制，帮助学生在火热实践中的践行、反思、进步。

第三，巩固马克思主义新闻观指导地位，积极探索政治建设与专业教育相融合的人才培养模式。成立学生"马克思主义新闻观理论研修班"（简称"马新班"），由学院党政领导担任班主任，学校理论报告员、业界专家、杰出院友和学院党员教师组成导师团；从全院公开选拔优秀学员，通过理论教研、项目调研、社会实践等进行3年集中培养。毕业时，"马新班"学员切实开阔了眼界视野、提高了政治修养，也更加厚植爱国情怀、坚定新闻报国志向。2018年"马新班"先锋党支部入选教育部、中组部"基层党组织书记工作案例"；2019年，"马新班"先锋党支部获教育部第二批新时代高校党建示范创建和质量创优工作全国党建工作样板支部；2020年，"马新班"先锋党支部书记的微党课"线上线下共战疫——每

① 沈壮海、王晓霞、王丹：《中国大学生思想政治教育发展报告2017》，北京师范大学出版社2018年版，第268页。

位大学生都应是有党性、人民性的青年新闻人”入选教育部战“疫”专题微党课，并在光明网、高校思政网、学习强国、央视频和“哔哩哔哩”等网站和视频平台全国展播。

二、强化融合创新，充分发挥政产学研协同育人优势

当前国内外媒体行业正处于转型融合发展期，媒介生态环境变化剧烈。传统主流媒体，尤其是广播电视业在面对互联网的挑战与竞争中，必须做出战略调整，凸显特色发展。承担新闻传播人才培养重任的高等院校亦要深刻变革。厦门大学广播电视学专业不断融合创新，打造融媒体影像传播特色方向，注重发挥政产学研协同育人优势。

第一，重视融合创新能力培养，打造融媒体影像传播特色方向。文化产业作为物化的精神载体，逐渐成为新的经济增长点，并占据着越来越多的比重。广播电视的基础形态在互联网的链接形式中不断地焕发出新的生命活力，是战略性新兴产业的重要部分。厦门大学广播电视学专业把握新闻传播领域移动化、视频化、社交化、智能化的发展趋势，全面优化人才培养方案，强调融合创新能力培养，打造融媒体影像传播特色方向。一是重视社会科学研究方法和必备的调查研究方法的学习，要求学生掌握从各种途径主动搜集信息和辨别信息的能力，掌握数字化音视频操作的技术和技巧，锻炼并增强对于影像作品的鉴赏能力和使用表达能力。二是适当改变课程评价办法，改革学位论文考核要求，允许学生根据自己的发展方向，选择撰写理论性文章或者完成优秀新闻影视作品。经过4年专业学习，学生申请毕业时须修满培养方案所要求的140分以上的学分。其中，更加强调知识结构的多学科交叉融合，要求跨学科选修课程获得的学分应当不少于10分；传播技能包括新闻采写技能、影像创作技能、融合媒体技能以及外语沟通技能，通过专业方向性课程获得的学分不少于44分，通过实践课程获得的学分不少于14分。三是支持学生个性化、兴趣化发展，打通本硕博专业课程，并将全部课程融入全校共享平台。一年级按专业大类培养，不分方向，二年级实行分专业培养，学生按意愿选择不同模块的专业方向。短学期（夏季学期）是本科培养的重要环节，其间安排与专业方向相关的前沿性的讲座，邀请校内外学者开设专题性的选修课等。

同时，立足融媒体影像传播办学特色，加强跨学科跨专业合作。与人文学院、艺术学院、信息学院（国家示范性软件学院）、管理学院、台湾研究院等学院深入合作，共建广播电视学主导的跨学科、跨专业的联合培养模式。开发影视语言与技术、影视表达实训与融媒体传播课程板块，适应媒体融合发展要求；加强同国外、境外交流与合作办学，推进国际化人才培养。自2014年来每年举办的“两岸大学生影像联展”获教育部港澳台办支持，与英国卡迪夫大学、美国伊利诺伊大学香槟分校、澳大利亚西悉尼大学等多所国外知名大学签订联合培养协定或本科生交流合作计划。

第二，充分发挥政产学研协同育人优势。当前，国内外媒体都强烈要求新闻传播人才

要具有多学科交叉的知识结构、创意与应用相协调的综合能力、一专多能的素养潜力。合格的新闻传播人才必须接受社会主义核心价值观的熏陶和塑造，具有远大的抱负和脚踏实地的作风，不忘初心、崇敬历史、熟谙国情，尤其需要精湛的业务能力。而这些成风化人的工作，只靠高校新闻院系一家，显然是不够的。厦门大学广播电视学专业积极推动党政机关、新闻媒体、兄弟新闻院系及其他科研院所之间密切协作，携手育人。邀请新闻业界的编辑记者迈上“三尺讲台”，也选送专业教师进入新闻一线，实现政治资源、教育资源等多重融合，希冀孵化出卓有成效的教学成果。2014 年厦门大学顺应全国“部校共建”的契机，与中共福建省委宣传部签订合作共建协议；2018 年与人民网澳大利亚公司合作在悉尼设立“中国国际新闻传播海外实习基地”；2020 年与新华社福建分社签署实习基地和战略合作协议。同时，倡导“做中学”“做中研”，加强实践教学，强化学生融媒体影像传播等应用能力培养。2012 年创立“凤凰花影社”，以项目带动学生团队合作。围绕广播电视学专业骨干课程及毕业设计与创作，分别与厦门广电集团、深圳广电集团、江苏广电集团等建立科研、实训和培养合作关系，进行专题性的课程实习。2018 年与厦门广电集团联合创作的短视频作品《筼筜湖畔百鹭齐飞》，在“央视新闻”移动网等平台推送，还被推荐至生态环境部举办的“六五环境日”主题宣传展上展播，并获得福建新闻奖三等奖；2018 年《以心传心，迈向新时代》在第六届中国网络视听大会优秀网络视听作品推选活动中获“优秀大学生公益短片奖”；2019 年《企点传媒——大学生创意短视频扶农平台》项目获得全国移动互联创新大赛一等奖；厦门大学 100 周年校庆之际，以广播电视学专业师生为主力，创作了 100 部校庆主题微视频。

三、突出内涵发展，持续加强教学质量保障体系建设

新时代新使命对新闻传播学科建设发展提出更高要求，厦门大学广播电视学专业更加注重向教学质量要效益，突出内涵发展。教育教学实践中，倾力加强师资队伍、基础教学单元、专业质量保障体系等的建设，推进育人机制更加完善，这一切都是为了确保培养出适应未来发展的融媒体影像传播人才。

第一，推行“双挂”机制，积极打造“双师型”师资队伍。教育大计，教师为本。没有一流师资，不可能培养出一流人才。厦门大学广播电视学专业推行“双挂”机制，积极打造“双师型”师资队伍，以成就实践优先的特色。“引培并重”，一方面聘请传媒界专家进校；另一方面选派骨干教师赴宣传部门和媒体单位挂职，2017—2019 年，有 3 名教师入选新闻学院与新闻媒体互聘的“千人计划”。现有师资团队结构合理、优势互补，其中专任教师 17 人（教授博导 7 人），10 人曾在广播电视媒体工作，10 人有一年以上的境外学习或工作经历。

第二，完善教学管理，改善教学软硬件条件。以学生为中心、产出为导向，加强目标管

理、前端管理与过程管理，确保教学质量。一是创新教学教研方式方法，使教育教学更加科学、更具吸引力。探索形成教学内容研讨平台，采取团队集体备课、PPT共同设计、交叉听课、课程研讨等措施保证教学效果；建立院、系、课程组"三级管理"与教学督导、同行评课、学生评教"三级评价"机制；健全基层教学组织的规范化管理体系，结合教学检查、抽查制度以及定期教学研讨活动，把好教学质量关。二是持续改善教学软硬件条件，建立新闻传播实验中心和新媒体大数据实验教学研究中心。其中，新闻传播实验中心于2009年入选福建省省级实验教学示范中心，拥有独立办公楼，设有演播厅、录音棚、非线性编辑室、导播间、高清摄像机、航拍摄像机、VR设备等软硬件设施。"对外新闻报道虚拟仿真实验教学""影视创作与融媒体实践虚拟仿真教学""虚拟现实与无意识行为改变"等虚拟仿真实验教学项目获得校级立项。2016年，与厦门大学信息学院（国家示范性软件学院）共同承担"新浪VR联合实验室"的建设，成立院际学生工作组，在"VR与AR制作"及"人工智能在媒体领域运用"两个领域取得突破。近三年来，本专业本科生参与署名的两件视频作品获得福建新闻奖三等奖，学生作品《自拍》入围第八届福建省高校艺术设计奖（数字动画类），学生作品《折纸人》获首届中国东盟大学生短片节剧情单元优秀奖。2019年为庆祝中华人民共和国成立70周年进行创作，包括制作厦门大学《歌唱祖国》MV，并在央视《新闻联播》播出；同年参与制作教育部《今天是你的生日》视频，得到中宣部、教育部认可，并在学习强国平台推送。

四、结语

厦门大学广播电视学专业以国际化数字化潮流和新文科的建设要求为指引，紧紧围绕"立德树人"这一高等教育的根本使命，持续创新"第一课堂"的人才培养模式，强化实践教学等"第二课堂"环节。在人才培养实践中不断创新，努力打造融媒体影像传播特色方向，积极探索建立"理论学习—技能训练—社会实践—专业实习"培养体系与"重实践、懂融媒、会传播"的办学取向。总之，新文科建设背景下的厦门大学广播电视学专业，积极把握新闻传播领域移动化、视频化、社交化、智能化的发展趋势，强化对融媒体影像传播人才的思想引领，注重发挥政产学研协同育人优势，突出内涵发展，初步创出了一条具有厦门大学特色的广播电视学育人之路。

新闻传播学在大学美育进程中的价值与作为

黄　勇*

摘　要：进入新时期，中国高等教育对美育工作给予了高度重视。提高美育水平、促进美育目标的实现需要各学科的共同参与。新闻传播学与大学美育之间存在现实意义上的合理联系，通过合理对接、课程建设、教学革新，新闻传播学参与大学美育将能做出积极贡献。与此同时，参与大学美育进程，也将对新闻传播学的发展起到反向积极作用。

关键词：新闻传播学；大学美育

一、新闻传播学参与大学美育进程的接口

美育对人类社会的正向意义自古以来就被有识之士所肯定。在人类的审美意识萌生并逐步发展之后，人们在认识世界、思考人生的同时，也常常会对"美"产生凝思，真善美的议题在人类哲学思想演进的湍流中常常交织在一起。什么是美，怎么才能美，人类对美的渴望与追求实质上就是为了实现身心的全面健康发展。

美可以是个体的自我追求，同时也能够成为社会的素质需要。及至现代教育领域，美育已经成为各级教育体系的有机组成部分。改革开放以来，在中国的高等教育中，美育的正向意义越发得到重视，物质生活极大丰富之后对于精神生活的更高追求，使得大学美育的可持续发展获得了厚实的社会基础。

2012 年党的十八大以来，我国的美育工作进入了新的发展阶段。2015 年 9 月，国务院办公厅发布了《关于全面加强和改进学校美育工作的意见》，该文件提出，普通高校美育课程要依托本校相关学科优势和当地教育资源优势，拓展教育教学内容和形式，引导学生完善人格修养，强化学生的文化主体意识和文化创新意识，增强学生传承弘扬中华优秀文化艺术的责任感和使命感。[①] 2018 年 9 月 10 日，习近平总书记在全国教育大会发表重要讲

---

* 黄勇，男，江西赣州人，厦门大学新闻传播学院助理教授，主要研究方向为广播电视、艺术传播。

① 《国务院办公厅关于全面加强和改进学校美育工作的意见》，http://www.gov.cn/zhengce/content/2015-09/28/content_10196.htm，访问日期：2021 年 9 月 28 日。

话指出:“要全面加强和改进学校美育,坚持以美育人、以文化人,提高学生审美和人文素养。”[①]2019年4月11日,教育部下发《关于切实加强新时代高等学校美育工作的意见》,指出高校美育要以艺术教育的改革发展为重点,紧紧围绕高校普及艺术教育、专业艺术教育和艺术师范教育三个重点领域,大力加强和改进美育教育教学。

美育属于素质教育的有机组成部分,当国家、社会对素质教育的重视程度提升时,美育也就随之获得发展的东风。美育的主要目标就是提高人们的审美能力,塑造美好的心灵。而在高等教育阶段开展的美育必然会在广度和深度方面体现出更高的要求。

关于“美”的教育,美学及艺术学无疑表现出最紧密的关系,从最初的阶段到最高的阶段,美学及艺术学都处于高光位置。但这里需要认识到一个情况,那就是重要性不意味着唯一性,大学美育所要求的广度和深度更是需要突破这种唯一性,需要以跨学科或学科交叉的形态推进美育工作。理论上来说,一所大学的所有学科都能够以一定方式参与美育,因为在美的构成中包括了自然美,同时审美的主体是有着生理与心理特征的生命个体,这就使自然科学学科有了参与的可能性。当然相较而言,人文社会科学相关学科更具有参与优先性。

新闻传播学是新闻学与传播学的综合,信息的社会化的传播现象与传播活动都能够纳入新闻传播学的关注范畴,所以美育与新闻传播学产生联系是不应忽视的客观事实。新闻传播学要明确定位、积极作为,在大学美育进程中充分发挥自身的独特作用,促进大学美育全面的健康的发展。

从新闻传播学的角度出发,大学美育在时代发展背景下存在几个重要的接口。

首先,不同的时代会有不同的社会审美观念和审美要求。继承与嬗变是众多事物发展的两面,关于审美亦是如此。当社会进入新的历史时期,政治经济文化等诸多方面都会有所变化,政策法规、生活水平、社会心理等都很可能随之发生变化,同时,科技进步也会促使信息传播的媒介格局发生变化。对于这一系列的变化,新闻传播学有着极大的敏感度,从新闻传播学的角度切入,能够有助于充分感知社会现象、文化现象的基本特征,并且有助于探究审美过程中的传受关系。

其次,艺术创作与哲学思想、社会思潮的传播有着密切关系,艺术作品尤其是大众艺术的审美价值的实现与向民众进行传播有直接关系。这可以说是艺术发展历程中的客观规律,这也使新闻传播学在有关艺术的美育工作中具有不容忽视的作用。由此切入,通过新闻传播学视角的阐释,大学生们能够更好地了解艺术创作风格背后的思想或文化传播的诱因,也能够更好地了解艺术的传播对艺术发展和艺术审美的重要意义。

---

① 《习近平出席全国教育大会并发表重要讲话》,http://www.gov.cn/xinwen/2018-09/10/content_5320835.htm,访问日期:2021年9月10日。

再次，传播媒介在艺术活动中有着越来越重要的作用，媒介素养的提高无疑有助于深入理解艺术审美的相关问题。进入媒介融合的新时代，以传播媒介为切入口是新闻传播学参与大学美育的突出表现，也是实现国家美育目标的重要着力点。

最后，艺术审美问题是大学美育的重点，艺术既是一种意识形态，也是一种生产形态，头脑中的艺术思维看不见摸不着，创作者必然需要借助一定的载体使艺术可知可感，所谓载体一方面是指艺术品存在所必需的物质材料，另一方面就是指使其得以示人的传播媒介。艺术品的存在价值与审美情境的发生，实际上都需要仰赖传播媒介，如果一件完工的艺术品自诞生之后就被人束之高阁或深藏闺中，它会有何价值？只有当艺术品不管借助什么媒介什么方式向外传播开去，其审美价值才能得以确立。在媒介融合时代，艺术审美往往都是在某种媒介环境下进行的，传播媒介的重要性表明，要更好地理解艺术、了解审美，新闻传播学的参与裨益良多。

二、新闻传播学参与大学美育进程的价值体现

明确了新闻传播学与大学美育的主要接口之后，围绕着艺术审美这个重心，新闻传播学可以在以下一些具体方面积极参与，发挥学科特点和优势，从而有效推进大学美育总体目标的实现。

其一，新闻传播学的参与有助于对审美主体进行更为充分地了解与认知。审美主体简单地说就是指具有审美需求与能力的人，审美主体是存在于具体年代、具体国家和地区、具体文化背景下的活生生的高等智慧生物，他们在自然属性之外还具有更复杂的社会属性，在社会属性上所表现出的差异必然会影响到其具体的审美感受。“主体对某些对象（包括自然对象）的偏爱，也是在实践中形成的一种审美意识。”①

在新闻传播学的研究领域内，跨文化传播是重要的一个分支，它所主要关注的就是不同文化背景中的个人、群体乃至大到国家之间的交流沟通与信息传播活动。文化传统不同，文化偏好不同，那么对于美的认知也会有所不同，以跨文化传播的视角去考察不同国家、不同文化背景下的审美活动，就有助于更理性地看待艺术及审美之间的偏差、矛盾或者融合，使我们能够了解艺术审美在个体差异之外所普遍存在着的文化差异。面对艺术审美中基于审美主体层面所表现出的种种现象，跨文化传播能够为我们多提供一种思考的方法。

其二，新闻传播学的参与有助于更加客观全面地对审美客体进行辨析。审美客体也可称为审美对象，就是指能够激发审美主体审美感受并进而引起审美活动的客观存在。简单理解就是，能让一个人觉得美的事物都是审美客体，可见审美客体的范畴是超越艺术的，比如大自然中的秀丽景色，就是最为常见的艺术之外的审美客体，当然如果考虑到社

---

① 王朝闻：《审美谈》，人民出版社 2009 年版，第 63 页。

会性因素，那么审美客体仍将聚焦在艺术品上。如果将艺术品作为基点延展开来，那么就引出与艺术审美相关的两个主要方面，即艺术创作与艺术欣赏。

艺术品是艺术创作的成果，艺术创作也是创作者的自我确证。不能否认，艺术创作强调创作者的独立自由精神，但同时应该明确，独立自由的艺术创作并不意味着闭塞视听、故步自封，艺术创作的过程应被视为一个会呼吸的生命体，它需要与外界建立良性的联系进行新陈代谢，这样才能焕发出勃勃生机。不少艺术类型的创作是以对传播规律的认知为前提的，尤其是那些需要作为商品以实现经济价值的艺术类型，比如电影、电视剧，不懂传播，不追求传播效果是不现实的。由此反过来看，要了解艺术创作的情况，很多时候不纯粹是艺术问题，还会是传播问题。美育不仅要让人知道什么是美，也要让人明白为何要呈现出这样的美，新闻传播学的解释能够给人们提供一些有所启示的答案。

艺术欣赏主要着眼于欣赏者和欣赏过程，欣赏者大体就等于审美主体，在美学理论中，接受美学表现出了对于艺术欣赏者主动性的充分肯定，而在新闻传播学中，有关受众的研究也是理论体系的重要组成部分。不论是称呼为欣赏者还是受众，其本质都是社会中的人，他们在信息接受过程中的表现如何，是由许多社会性因素决定的，因为接受了某种信息，他们也是有可能发生变化的。如果将艺术欣赏过程看成一种信息传播活动，那么，新闻传播学参与的意义也就显而易见了。创作者—艺术品—欣赏者的这个审美过程与传播者—媒介—接受者的这个传播过程在原理上是相通的，而反馈机制也同样存在于两者之中，知晓人类传播活动的一般规律与特殊情况，有助于大学生更好地理解艺术的欣赏过程。

运用新闻传播学去考察艺术欣赏，也有助于发现和分析艺术创作当中有关意识形态或价值观的具体表现。不论是旗帜鲜明的，还是潜移默化的，背后所体现的更多的都是对传播效果的考量，在舆论宣传或者国际传播领域，通过艺术发挥社会职能的情况屡见不鲜，新闻传播学的观察视角将能够指引人们透过现象去贴近更为本质的事物特征，知其然亦知其所以然。

三、新闻传播学参与大学美育进程在课程与教学方面的作为

一些大学中“艺术与传媒学院”的设立，明确体现出了教育界对艺术与传媒之间紧密关联的认同。当前，美育与通识教育已经成为中国大学教育的重要组成部分，新闻传播学领域的教育工作者已经投身于为国家和社会培养高素质人才的美育教育大潮之中。他们的贡献可以体现在科研上，更突出的则直接体现在面向广大学生的课程教学当中。大学生美育的特征表现为人文性、自育性、渗透性、创造性，[①]在实际教学过程中，有必要体认大学生们的特质，合理实施美育工作。

① 申睿、倪晶晶:《大学生美育》，高等教育出版社2017年版，第18～20页。

在大学美育工作中，公共艺术课程占有重要地位，艺术学科师资无疑承担着重要职责。公共意味着对非艺术专业大学生进行授课，从实际情况来看，公共艺术课程主要是以校选课的形式来开设的，当然并不排除某些大学出于对美育的高度重视从而开设必修的公共艺术课程，比如"大学美术""大学音乐"这样的课程，但从常态化来看，即便有必修课部分，大学美育课程体系的主体仍是选修课。

选修性质的美育课程不仅意味着广大学生拥有了更多的选择权，也意味着艺术学科以外的其他学科具有了参与大学美育进程的充分可能性，新闻传播学主要也将以开设选修课程的方式参与其中。那么这就出现了开课面临的第一个问题，那就是课程平移还是课程专设。所谓课程平移就是指将现有的新闻传播学专业相关课程直接作为美育选修课程面向全校开课，而所谓课程专设则是指专门针对大学美育教学而设计开设具有新闻传播学内核的课程。

课程平移与课程专设都具有其合理性。就课程平移来说，新闻传播学有关专业的课程体系中原本就有一些与艺术相关的课程，比如"纪录片创作""视听语言""电视艺术学"等，这些课程能反映出电影学的影响，但在电视媒介的语境下，新闻传播学相关专业开设这些课程也是合乎情理的。那么，这样的课程进行平移就较为顺畅，不存在违和感。而就课程专设来说，这应该是更多的新闻传播学课程参与大学美育的途径。专门开设课程意味着需要根据美育的目标调整或更新课程内容，保留原课程多少内容，增添多少新内容，这需要根据实际情况而定，但这个有针对性的课程设计过程对新闻传播学师资队伍而言已经是一个求新求变的成长历练，打磨课程的同时也检验了教学水平，可谓是双赢的局面。

在通过课程创新参与大学美育的同时，开办讲座也是一种行之有效的做法。讲座的优势在于讲座人选择面的有效扩大，在于切入美育角度的灵活多样，讲座就是另一层意义上的大课堂，它与其他课堂授课的理论性课程相得益彰。但是理论课并不是新闻传播学为参与大学美育进行课程建设的全部，艺术来源于生活，新闻传播也讲究贴近生活，大学美育工作同样强调理论与实践双管齐下以实现更好的效果，因此实践性课程是新闻传播学发挥自身优势助力大学美育工作的另一方天地。

从高校普及艺术教育的角度出发，大学美育的实践性课程的主要目标并非要使人人成为艺术家，而应该是使大学生通过参与一定程度的艺术创作实践或审美活动，提高艺术素养。考虑到教学场地、设备资源等现实条件，新闻传播学师资队伍面向广大学生开设的美育选修课以理论课形式进行更具可操作性，因此就实践性课程来说，通过面向新闻传播学专业学生开课，实现对本专业学生的美育，无疑是新闻传播学在实践性课程方面为美育做出贡献的重要方面。

实践性课程更为准确的理解应称为实践性教学，因为有些理论课在教学过程中是包含实践环节的,这些实践环节和专门的实训课程同属于实践性教学,在这样一个更广的层面上,就可以努力实现美育的有机融入。比如新闻采写编评方面的课程,原本自然以新闻相关内容为主体,不过新闻与艺术是有关系的,艺术家、艺术作品、艺术潮流、艺术活动等都可能成为新闻报道的主题,那么如果就艺术相关的主题进行新闻采写编评的实践,就能够不同程度地开展起美育工作。而对于影像创作方面的课程,比如新闻摄影、电视编辑等,因为本身与视听艺术的紧密关系,则可以更大程度地融入美育实践的成分。

强调实践动手能力培养的实训课相对于理论课来说既有联系又相对独立,实训课可以使学生对理论知识进行更好的消化吸收,又可以在掌握理论知识基础上对实践能力进行强化锻炼。新闻传播学课程体系在实训课层面上所呈现的训练重点多为影像创作和视听表达,这是与新闻传播工作的实际相一致的。拍摄新闻节目固然与创作艺术影片不可等同,但是对于镜头、摄影、画面、剪辑、叙事等的理解和运用在很大程度上两者是相通的,对形式美的敏感,对意蕴美的感悟,也是新闻传播专业的大学生应该具备的素质。放眼媒介融合时代的传播生态,就能发现各式各样的视听形式层出不穷,人们的信息接受习惯也各不相同,在这样的情况下,对新闻传播专业大学生加强艺术熏陶和教育,也有助于提升其未来的职业竞争力。

对各专业大学生进行美育与对本专业大学生加强美育,是新闻传播学参与大学美育进程中相辅相成的两方面,新闻传播学相关院系的参与向外是为大学美育目标的实现贡献力量,向内则也是对自身课程体系的完善和教学革新的激励。积极推动美育进程所表现出的是一种向前看的教育理念,是社会发展到一个更高阶段的现实要求,各学科尤其是人文社会学科要顺应这个趋势就必然需要不断深化教育改革,就新闻传播学而言,在课程、教学的思考之上,还有必要对艺术传播的建构给予更多的关注。

四、结语

对中国的高等教育而言,美育是促进大学生全面发展的重要举措。美育的内涵实际上也包含了对中华文化的自信与传承,对社会主义先进文化的肯定与弘扬。通过大学美育工作的持续推进,中国的大学生们将更能够认识美、欣赏美、创造美,美化自己的心灵、自己的生活,进而美化我们的国家。

进入新的时代,大学美育的重要性已经充分彰显,但目前在高校教育事业中仍显得较为薄弱。全面提升中国大学美育的水平需要多学科的共同参与,新闻传播学责无旁贷。新闻传播学参与大学美育进程并非牵强附会,而是琴瑟和鸣,艺术进入新闻传播的视野或者新闻传播经过艺术的领域,都是普遍存在的客观现实。艺术是充满魅力的,在艺术跳动的脉搏中,肯定有新闻传播融于其中的无限活力。如果跳脱艺术审美的范畴,扩展至自然审美、生活审美、科技审美等更广泛的领域,则新闻传播学将有更为广阔的用武之地。

钢琴线上线下混合教学模式的探索与研究

黄　因*

摘　要：本文在"互联网＋"背景下对钢琴线上线下混合教学模式进行探索，结合大学生钢琴线下教学的现状及困境，对钢琴线上教学的优势及问题进行研究探讨，明确钢琴线上教学的优势及其必要性。同时，针对钢琴线上教学存在的老师在线上课经验不足、大学生在线互动反馈少、师生远程教导难度大等问题提出解决思路，希望给钢琴教育工作者提供一些启发。

关键词：钢琴线下教学；钢琴线上教学；钢琴教学模式

得益于近年来"互联网＋"的飞速发展，加之突如其来的新冠肺炎疫情倒逼，线上教学从过去常规线下教学的有益补充，瞬间转变为师生主要且唯一的教育学习通道。在"互联网＋"的推动下，在线教育迅猛发展、大规模普及，院校师生不仅要适应学习新的线上教育模式，也要思考对比线上教育新形式与传统线下教育形式的优异。笔者作为这一时期的亲身参与者，对大学生钢琴线上线下混合教学有很多切身感受及思考，因而本文从大学钢琴教师实践角度出发，浅谈对钢琴线上线下混合教学模式的一些思考。

一、传统钢琴线下教学模式现状

传统院校线下钢琴教学以教师为主导，课程核心为教师的示范与讲授。这一模式容易导致学生主观能动性的降低，学生会忽略自己在学习过程中的主导作用，从而产生消极心理，对课堂学习不重视，不主动。也就是说，以"教师主导"为核心的线下教学模式容易忽视学生在教学活动中的作用，学生自身也没有意识到自己的责任。而学生自主学习能力的降低会进一步影响学生的学习积极性、独立性，继而导致学生对学习的松懈，从而影响学习效率。针对线下教学的现状，多地高校已开展教学模式改革研讨工作。

而钢琴教育作为艺术教育的分支，对情感体验、互动交流有很高的需求。尽管线下教

---

* 黄因，女，福建厦门人，厦门大学音乐系钢琴副教授，主要研究方向为钢琴演奏、钢琴教学（音乐教育）、钢琴艺术理论研究、钢琴重奏、钢琴即兴伴奏。

学存在受限大、自主性低等问题。但对于钢琴教学来说，决不能完全剥离线下教学，师生的直接交流和作品的直观感受是必不可少的。针对钢琴教学的现状和困境，在保留传统线下教学的基础上，要充分利用互联网的信息化功能，对钢琴教学模式进行革新，探索线上线下相结合的混合式钢琴教学模式。

二、钢琴线上教学模式的优势

在信息技术与教学逐步融合的基础下，以 MOOC、SPOC 为主的线上课程平台开始运行，线上教学平台的出现重新定义了传统的教学方式。钢琴线上教学活动得以开展。与传统线下课程相比，线上教学课程具有形式丰富、及时便利、针对性强、规模大、个性化等突出优势。

1. 钢琴线上教学丰富了教学形式，促进教育资源的整合

对于复杂的钢琴理论知识而言，线下教学单一的口述形式，容易导致学生无法在短时间内掌握和理解。而线上教学可充分利用互联网优势，多方位融合视频、文字，让原本枯燥的理论知识学习变得更通俗易懂。视频化的呈现也更形象生动，有助于学生的理解与掌握。

其一，教师可利用线上平台对教学信息进行整合。互联网平台有大量的教育资源，形式丰富多样。钢琴教学对视频资源需求较大，教师可通过搜索平台对资源进行整合，以满足多样化教学的需求。不仅如此，线上平台有大量优秀的教学课程和专业论文，借助此优势，教师可对线上教学课程进行完善，广泛借助互联网信息化的特征，将音频视频、动画、文字相结合，丰富教学内容，提高教学水平。

其二，网络上丰富的演奏视频，能较大程度地激发学生的学习兴趣，促进学生更好地投入课程。学生对互联网有较高的敏感度，能很好地利用线上学习平台进行内容的梳理，方便学生构建自主性强的学习模式。通过对线上课程的选择，学习资源的整合，也能进一步强化学生的自学能力，对于学生后续的深入学习提升有很大帮助。

2. 钢琴线上教学更具便利性，促进学生的自主学习

与传统线下教学相比，线上教学最大的优势是突破了时间、地点的限制，降低了师生的时间、经济成本。学生可利用电子移动设备随时随地地进行学习，充分利用碎片化时间自主学习。从“以教师为主”的教学模式逐步转变为“以学生为主”的教学模式，更好地培养了学生的创新思维，提高了学生自主学习的能力。

学生对线上视频学习模式的接受程度更高，学习过程中也更具有主动性，从而提高学习效率。同时，线上课程可以反复学习，学生可对学习内容进行自主选择，强化自身的学习和复习机制。对于像钢琴历史、作品解析等理论知识，学生难以短时间内吸收和掌握。通过线上课程的形式，学生可以重复学习，加深对钢琴理论知识的记忆，从而提高学习效果。

3. 钢琴线上教学更具个性化，促进学生的针对性学习

与线下教学相比，线上教学具有“可控制、针对性、个性化”等优势。即学生可根据自身学习情况，自主把控学习进度。在线下课堂教学中，由于学生个人学习能力、理解力具有差异，对学习内容的接受速度、程度有所不同。受课程时间等限制，教师无法针对个人调整教学进度，因此教学普遍存在难把控的问题。对于吸收能力快、弹奏水平高的学生来说，课程进度慢、难度低，不利于学生的深度发展，学生也容易存在注意力不集中、课程参与度低的问题。而对于理解能力较慢的学生而言，需要更多的时间对课程知识进行吸收和梳理。课程进度快、难度高，不利于学生的理解，容易导致学习效果差等问题。教师在线下课程中无法兼顾每一位学生，对于课程难度进度的把控存在难点。

线上教学很大程度上弥补了此问题，学生可根据自身学习情况，学习需求对课程进行选择，在课程的难易度上可有所把控。此外，学生可合理安排学习时间和学习进度，容易理解的部分适当地快进，难度较高的地方反复观看。线上课程可选择、可停顿、可重复的特点使得学习更具个性化，更有针对性，更有利于学生对重点难点的吸收理解。

4. 钢琴线上教学更具广泛性，弥补师资力量的不足

我国的教育事业正处在迅速发展的时期，素质教育作为其中的重要分支，受到了高度重视。素质教育对于学生审美能力、艺术情操、文化内涵的提升有着积极作用。而钢琴教育作为素质教育的重要组成部分，其传播与普及具有重要意义。但相较于传统学科类教育，我国的钢琴教育仍处在发展阶段，师资储备不足，教学资源不均衡，教学水平差异大等问题影响了钢琴教育事业的发展。

而线上课程在互联网平台能更广泛地传播，一定程度上弥补了教学资源和师资水平的差异。钢琴线上课程不仅能为学生带来便利，方便学生学习各地区高校的课程，同时也给教师提供了自我提升的平台。教师可通过线上平台进行学习交流，掌握最新的教学资源，不断提升教学水平，丰富教学形式。

三、钢琴线上教学模式存在的问题及解决思路

线上教学是社会信息化发展下教育行业面临的机遇和挑战。因其可运用电脑、手机等多种载体，具有“便利性、自主性、个性化”等突出优势。但由于线上教学处在发展的阶段，且钢琴教学有其特殊性，钢琴线上教学仍旧存在许多亟待解决的问题。

1. 教师线上教学经验不足

线上钢琴教学，包括课程的录制制作，要求教师掌握一定的信息系统处理技术，能够广泛运用互联网平台进行课程的深入制作，做到资源整合，将线上教学的优势最大化。然而，线上教学处在发展阶段，尤其钢琴线上教学更是在初步探索的时期。高校教师存在信

息技术水平差异大，信息化教学理念落后等问题。由于线上教学经验不足，信息平台使用不熟练等问题，高校的线上教学课程的开展效果不是很理想。

此外，部分已上线的线上钢琴课程与传统线下课程没有较大差异，存在线上照搬线下的问题。线上钢琴教学与线下教学应有所区分，根据教学模式的不同，对教学方式方法要有所改进。教师由于线上教学经验不足，钢琴教学的信息化意识不够，没有将互联网优势最大化。钢琴线上课程普遍存在停滞不前、模式单一的问题。

针对以上问题，高校可开展线上教学相关培训课程，从信息技术、线上课程制作优化、课程差异化等方面对教师进行统一培训。在技术方面给予教师支持，提高教师对信息平台使用的熟练度，让线上课程能更好地开展。高校可构建教育资源共享平台，将优秀的线上课程案例、线上教学资源进行整合，以方便教师进行选择和提取。此外，教师间应积极开展互助式教学研讨，举办相关讲座，由优秀教师进行经验分享。通过对线上课程案例进行解读，逐步构建系统化的线上课程制作流程，明确线上课程制作的要点，强化教师的信息化意识，提高线上课程的教学效果。

2. 线上教学平台存在功能不足、师生体验感差等问题

目前广泛使用的线上教学平台存在功能少，便利性差等问题。尤其是钢琴教学，对于视频多方位的展现，音质的清晰准确有更高的要求。对于实时视频教学而言，更加要求网络的畅通。钢琴演奏是一门严格且精准的学问，声音的延迟或不准确都会对教学效果产生影响。但现有的线上教学平台难以满足钢琴线上教学的需求，部分师生仍旧需要使用其他通信软件进行视频教学。针对师生体验感差的现状，对信息教学环境的改善迫在眉睫。

为保障钢琴线上课程的开展，需要对信息教学平台进行更新和开发，网络环境的改善和硬件设备的更新缺一不可。高校及线上教学平台应该根据教师及学生的用户需求，健全信息化教学设备，提供智能化技术支持，加强系统使用的便利性，提高师生的体验感，从而帮助线上课程更高速的开展。

3. 线上教学存在反馈少、管理难度大等问题

教学是互动式的活动，钢琴教学尤其注重教学效果的反馈，教师需及时了解学生的弹奏水平，作品理解能力以及音乐表现力等。但线上课程难以实时接收学生信息，学生学习的自由度高，教学管理难度也随之增加。这就对学生作业的提交、课程问题的反馈有更高的要求。对于线上教学课程，教师应对课后作业予以更多关注，对学生作业提交质量应有更高标准，防止学生对线上课程的不重视甚至忽视。

针对教学互动中反馈少等问题，教师应结合线下教学经验，广泛开展教学研讨活动，整合学生常见问题、课程重点难点，尽可能地让线上课程全面化、深度化。此外，线上教学平台应提供提问渠道，让学生在线上学习过程中实时提问，精准反馈。在线上课程上线的初步阶段,教师应积极进行信息的搜集,如采用问卷调查等形式,广泛搜集学生对课程的建议,为线上课程后续的更新改进提供参考。

由于线上课程的自由度较高,教师没法当面进行教学监督,对于自觉性不够的学生而言,线上课堂的学习质量无法得到保障。因此,为更好地掌握线上课程的学习情况,评估学生的学习效果,教师应建立线上线下相结合的评价体系,明确科学的评分机制,对学生线上课程学习情况进行跟踪评价,从而提高教学管理效果。

4. 线上钢琴教学课程标准不一,水平参差不齐

钢琴线上课程的制作目前没有统一的标准,线上课程缺乏科学的指导和审核。由于教师教学理念及教学方式的差异,线上课程水平参差不齐,部分线上课程存在同质化、教学质量差等问题。

针对上述情况,高校及教学平台需要建立严格的线上教学课程评判机制,明确线上课程制作到上线的标准化流程。高校也可成立相应的线上课程审核组,对课程的教学内容进行评估,避免低质量教学课程的传播。同时,在课程题材内容的选择上,应予以教师适当的指导。对不同的教学题材、教学内容进行科学的划分,避免同质化教学课程的大量产出。

四、钢琴教学应“线下＋线上”,做到混合式教学

钢琴教学作为艺术教育,对学生素质教育、审美能力、合作能力具有积极作用。因此,线下直观的交流学习,音乐的感知欣赏,弹奏的演练配合是必不可少的。针对钢琴教学的特殊性,线下手把手的弹奏教学,实践学习仍然是钢琴学习的重要组成部分。因此,对钢琴教学而言,有必要构建线上线下混合式教学模式。

结合上述对线上线下教学模式的解析,以及对二者优劣势的分析,教师应明确线上线下混合教学的重要性。不能只重视线上,也不能只考虑线下,二者需融合统一,发挥两者的优势,弥补相互的不足,从而达到更好的教学效果。针对混合式教学的优势,教师应做到以下两点:

1. 不断创新线下教学课程,明确线上线下课程差异

不论线上教学还是线下教学,都要充分利用互联网的优势,提高信息整合能力,不断更新课程结构。教师对线下课程也应进行创新,结合线上课程效果,对线下课程进行调整更新,以促进线上线下课程的相互衔接。对于钢琴教学来说,线下的弹奏指导,作品赏析是不可或缺的。学生可通过线下直观的学习实践,提高对钢琴学习的认知,再结合线上课程学习,逐步提升自主学习能力,打造自身的学习体系。因此,教师应综合考量教学效果,明确线上线下教学的差异化,进一步创新线下课程,增强教学的互动性、趣味性,提升教学质量。

2. 结合线下教学经验,发展线上课程

教师应对线下教学方式方法进行梳理,结合线下教学经验,总结出可用于线上教学的理念模式,做到线下线上教学的有机融合。线上线下混合式教学模式的优势在于,在巩固线下教学的前提下,通过线上教学这一高效的方式对线下课程进行复习和深入。教师可充分利用线上教学平台的数据处理功能,对学生作业问答进行系统整理,总结学生的学习规律,提高教学效率。做到线上线下课程相辅相成,相互促进。

此外,针对可能出现的疫情突发情况,教师应做好充分准备,提前整理好所需的教学资源及硬件设备,做好线下转线上的教学工作,防止学生学业的停滞。这就要求教师线上和线下课程要能高度衔接。因此,教师应熟练掌握课程内容,灵活转变教学方式。通过线上线下的混合式钢琴教学模式对教学成果进行双重巩固,在提高教师工作效率的基础上,加强学生的自主学习意识,做到学习的个性化。

五、结语

随着社会的不断发展,信息技术的不断提高,线上教育课程已成为教学的一大趋势。教师应该把握学生需求,明确线上线下教学模式的差异性与共性,不断精进自身的信息技术水平与教学理念。充分利用互联网的优势,对线下教学经验进行总结与创新,掌握线上教学的方式方法,持续自我学习与发展,提高教学水平,探索并实践线上线下混合式钢琴教学模式。

新的媒介平台和技术水平为教学模式带来了革新和发展,线上教学优势化显著的同时也不可避免地带来了一些问题。在线上线下混合式钢琴教学模式的探索过程中,需要教师清晰地认识两种教学模式的优势及劣势,在教学实践中不断进行创新,进一步完善教学模式,将线上线下混合式钢琴教学模式的优势最大化。

参考文献

[1]谭述晔:《MOOC环境下高等师范院校音乐混合课堂教学模式研究——以华中师范大学“钢琴伴奏的编配与即兴表演”课程为例》,《教师教育论坛》2015年第7期。

[2]曾若琬:《关于疫情期间线上钢琴教学模式的分析与思考——基于公共钢琴课程》,《北方音乐》2020年第22期。

[3]白杨:《关于线上音乐教学模式现实意义的分析与思考》,《当代音乐》2016年第4期。

第五篇

人才培养实践

立足新型公共卫生人才培养，构建本科生创新实践平台*

——厦门大学解决方案

陈静威　郭东北　张小芬　陈小旋　雷　照　林忠宁　蔡毅君**

摘　要：2020年新冠疫情肆虐全球，对全球公共卫生体系带来新挑战。厦门大学公共卫生学院实验教学中心结合新型公共卫生专业人才的培养目标，提出基于一体多元化建设本科生创新实践平台的设计框架，利用综合性大学的学科优势，构建了开放、交叉、共享的大学生创新创业实践平台，对培养适应社会新需求的新型公共卫生人才，发挥平台教、研、练、考、评及推广和辐射作用。

关键词：公共卫生；创新实践；平台建设；人才培养

一、引言

公共卫生以预防疾病、延长寿命、促进身心健康为使命，是关系到国家或地区人民大众生命健康的公共事业。我国公共卫生与预防医学学科和专业人才培养发展至今，已经初步形成了具有中国特色的公共卫生学科和专业人才培养体系，为国家卫生健康事业输送了大批公共卫生人才①。党的十九大确立了实施"健康中国"的国家战略，明确了"全民健康"的目标任务，公共卫生成为"健康中国"战略的重要基石。2020年新冠肺炎疫情肆虐

---

* 2019年本科生创新实践平台立项，公共卫生学院本科创新实践平台；厦门大学"十三五"教育科学规划本科高校教改专项，"双一流建设"引领下的医学检验技术专业实验教学体系新构建（项目编号：JG20200132）。

** 陈静威，女，黑龙江哈尔滨人，厦门大学公共卫生学院教授级高级工程师，实验教学中心主任，主要研究方向为仪器分析、化学生物学、医学检验；郭东北，男，安徽砀山人，厦门大学公共卫生学院工程师，主要研究方向为实验室安全与管理、环境与健康；张小芬，女，广东揭阳人，厦门大学公共卫生学院工程师，主要研究方向为肿瘤的诊疗一体化、药物/基因运输等；陈小旋，女，福建福州人，厦门大学公共卫生学院高级工程师，主要研究方向为预防医学实验教学、营养与食品卫生；雷照，女，陕西富平人，厦门大学公共卫生学院高级工程师，主要研究方向为遗传学、分子流行病学；林忠宁，男，福建泉州人，厦门大学公共卫生学院副院长、教授、博士生导师，主要研究方向为生化与分子毒理学、免疫毒理学；蔡毅君，女，福建漳州人，厦门大学公共卫生学院工程师，主要研究方向为基因编辑、动物模型构建。

① 刘晓云、胡丹：《对我国公共卫生人才培养与学科发展的思考》，《中国卫生人》2020年第9期。

全球，对重大疫病防控和突发公共卫生危机应急提出了新的挑战，对培养新型、复合型的公共卫生人才也提出了更高和更新的要求。本文以"国家级一流本科专业"的建设定位，利用综合性大学的学科优势，基于一体多元化的设计框架，构建了开放、交叉、共享的大学生创新创业实践平台；从平台可实现的功能、运行管理、取得成效等方面总结公共卫生大学生创新创业实践平台的建设实践，发挥平台教、研、练、考、评及推广和辐射作用，以适应新形势下对新型、复合型公共卫生人才培养的需要。

二、突破传统公共卫生学院专业设置，以建设"国家级一流本科专业"的建设定位，建设公共卫生大学生创新创业实践平台

公共卫生主要关注人群健康，健康中国的战略需求和预防为主的卫生方针，加之本次新冠肺炎疫情对国家经济社会和人民健康带来的巨大影响，对我国公共卫生体系改革发展提出了迫切需求，而相关的公共卫生教育与人才培养是最基础性和根本性的工作[①]。

传统公共卫生学院往往把重点放在预防上，而不是应急上。应急公共卫生管理涉及文、理、医、工、经一体化，而现行公共卫生教育知识结构单一，交叉学科、实习环节、实战经验等十分薄弱[②]。

厦门大学公共卫生学院人才培养目标从科研思维、动手能力、微观思维与宏观思维相结合的产学研医融合培养的模式入手，提出培养具有高度历史使命感和社会责任感、深厚人文底蕴和全球视野，具备扎实的基础医学与临床医学基础知识，系统地掌握预防医学和临床检验理论与实践技能，具备良好的职业素养和创新创业精神，熟悉产业现况与发展趋势，满足具有"新医科"理念需求的从事公共卫生与预防医学和临床检验实际工作能力的复合型一流人才的培养目标[③]，用高起点、新理念建设"国家级一流专业"（公共卫生与预防医学和医学检验技术两个本科专业）的建设定位，建设公共卫生学院大学生创新创业实践平台。

（一）基于一体多元化的设计框架，建设公共卫生大学生创新创业实践平台

目前，各高校培养学生动手能力最重要的平台是学生实验课。这一平台优点是覆盖面广，可惠及每一位学生。其缺点是实验内容陈旧，以验证性实验为主，不能充分发挥学生的主观能动性。学生在知识的综合运用与系统科研能力的训练上存在明显缺陷。以创新能力的培养为目标、从学校层面上搭建综合性实践平台成为学生共同的心声[④]。

---

① 杜建、詹启敏：《我国公共卫生人才培养模式和政策改革的思考》，《中华医学教育杂志》2020年第8期。

② 张馨月：《新冠肺炎疫情背景下中国公共卫生教育政策探讨》，《医学教育研究与实践》2020年第2期。

③ 《厦门大学公共卫生学院公共卫生与预防医学专业培养方案（2019版）》《厦门大学公共卫生学院医学检验技术专业培养方案（2019版）》。

④ 吴敏、李敏惠、黄坪：《医学本科生创新平台的构建与实践》，《实验技术与管理》2014年第1期。

厦门大学公共卫生学院依托分子疫苗学和分子诊断学国家重点实验室、国家传染病诊断试剂与疫苗工程技术研究中心等高水平科研平台和科研团队，以公共卫生与预防医学福建省实验教学示范中心为基础，在现有的本科生实验实训开放平台的基础上，逐步形成包括实验教学中心、虚拟仿真实验中心、公共卫生技能实训平台、大型仪器共享平台、数据挖掘与数理统计平台、生物安全二级教学实验室、符合“ISO 15189 国际认证标准”的多功能实验室以及国内首个建在综合性高校内的医学检验教学中心（与厦门心血管医院共建）、临床分子诊断实验室（与厦门妇女儿童医院共建）、智慧实验室等 19 间实验室在内的多元一体化的高水平大学生创新实践综合平台。

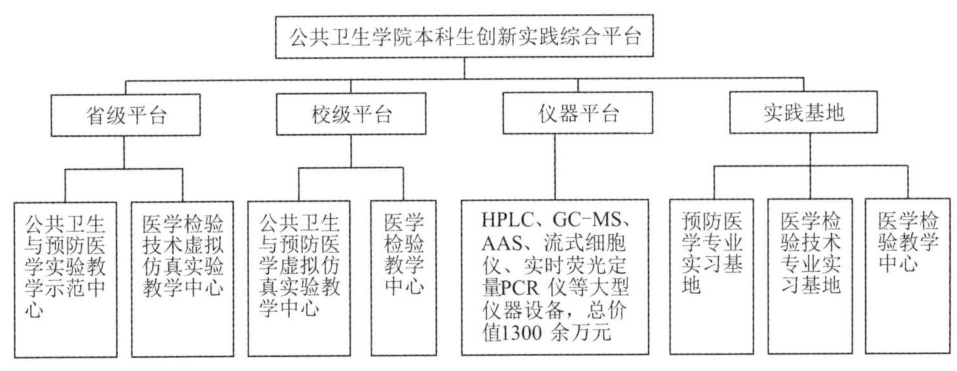

图 1　多元一体化本科生创新实践平台框架

（二）本科生创新实践平台可实现几大功能

1. 平台的专业特质可支撑公共卫生与预防医学系和实验医学系的专业实验实践教学和一流专业建设

如面向公共卫生学院公共卫生与预防医学专业的大三本科生开设五大卫生专业核心实验课，面向医学检验技术专业的大三学生开设的临床生化、免疫、微生物、血液、分子生物学以及形态学检验等本专业核心实验课，以及面向两个专业大二本科生开设的医学基础实验、临床检验基础实验等 18 门课程。

2. 平台的科研训练特质可激发大学生认知需求、提升专业水平、实现主动探索，以达到有效培养创新精神

如平台每年向本科生开放大创项目，每个课题由高年级学生作为项目负责人，发挥传帮带作用，带领低年级学生共同完成。项目之间相互合作，注重实验过程和科研实际训练以培养学生的实验设计能力。同时教学与科研、理论与实践相结合，大一学生亦可参与课题研究，尽早接触实践平台，促进实践平台的良性循环。

3. 平台的实践实训特质可完善本科生毕业前专业技能训练与考核评估

如公共卫生与预防医学专业的学生可利用平台进行公卫技能大赛的集训与培育，医学检验技术专业的学生可利用平台的医学检验教学中心多功能实验室，结合临床实际体验生化、免疫、临检、血液等临床检验一线岗位的工作环境、检验仪器使用和实验室管理，以及让学生自己动手制备体外诊断产品(试剂)、自己使用和评价体外诊断产品，培养体外诊断产品的研发能力。平台将逐步开展临床标本的检测与比对，为开展实验室管理和质量控制打基础，服务于厦门大学公共卫生的特色学科建设和人才培养。

三、本科生创新实践平台的运行管理

(一)平台的组织管理体系

公共卫生学院本科生创新实践平台由管理委员会全权负责，分管教学副院长兼任管理委员会主任，实验教学中心负责具体运行。实验教学中心组织并选拔高年级本科生参与平台管理。平台依托学院实验教学中心、各科研平台及课题组构建平台主体框架，并根据发展情况适时调整，确保平台健康、高效运行。

(二)平台的开放共享机制

平台面向学院所有学生开放。平台的功能实验室严格执行准入制和退出制。学生需参加平台组织的实验安全培训，取得实验室安全考试合格证书，签署实验安全承诺书，确保已经掌握相关实验安全规章制度，并向导师提交实验方案，确保实验方案可行、安全方可申请开通相关平台实验室的门禁系统。对违反实验安全规定者，强制退出，并按违规情节给予相应处分；毕业生自动退出门禁系统。平台的大型仪器面向学校本科生、研究生开放共享。

(三)平台的指导机制

进入平台开展实验实践的学生采用双选本导＋动态调整的机制。本科生团队按“年级梯队”模式主要由大一到大三的学生组成，学生可以根据个人兴趣选择课题，导师在科研选题、总体方案和疑难问题等方面给予指导，并根据学生学习情况、综合素质等进行选拔。高年级本科生作为项目负责人，发挥传帮带作用，带领低年级学生共同完成项目。

(四)平台的保障体系

1. 经费来源

平台的设备运行费及实验耗材费依托实验教学中心从平台专项建设经费中开支。各项课题的研究经费专款专用，涵盖国家级、省级、校级和院级的各类大创项目经费，以及平台自主设立的开放课题经费。

2. 项目来源

一是以学生为负责人的各级大学生创新创业训练计划项目；二是各课题组科研项目的子项目；三是各类学业竞赛项目，包括各级“互联网＋”创新创业大赛项目、各级大学生挑战杯项目、公共卫生技能大赛项目、泽众杯检验图片挑战赛等。

3. 安全保障

(1)建立平台安全管理组织体系。由学院院长和书记为“安全第一责任人”,课题组长、项目导师、项目负责人、学生层层签订安全承诺书。

(2)建立健全各项规章制度。建立健全如《厦门大学实验室安全管理规定》《厦门大学教学实验中心管理工作规程》《公共卫生学院实验教学中心开放实验室管理制度》《公共卫生学院教学实验室开放实验安全守则》《实验室事故应急预案》(生物安全、危险化学品)等相关安全管理文件。

(3)实行卫生安全责任制。平台各实验室制定值班值日制度,并配备监督人员,研究生及高年级本科生担任学生安全员参与平台安全管理。

四、大学生创新创业实践平台的建设成效

厦门大学公共卫生学院现有医学检验技术和公共卫生与预防医学两个“国家级一流本科专业建设点”,建设一体多元化的大学生创新创业实践平台,在支撑国家一流专业建设、培养新型公共卫生人才方面已初现成效。

(一)积极推进大创训练计划项目,促进大创项目高质量完成

近年,充分利用学院本科生创新实践平台和科研反哺教学的明显特色,为大学生创新创业训练计划提供支撑和指导。2012 年至今,共立项各类大学生创新创业训练项目 329 项,其中国家级 59 项、省级 34 项(见图 2)。本科生参与发表各类论文 59 篇,其中 SCI 论文 18 篇,参与申请发明专利 5 项,本科生参与研制的 20 余种诊断试剂获得文号。

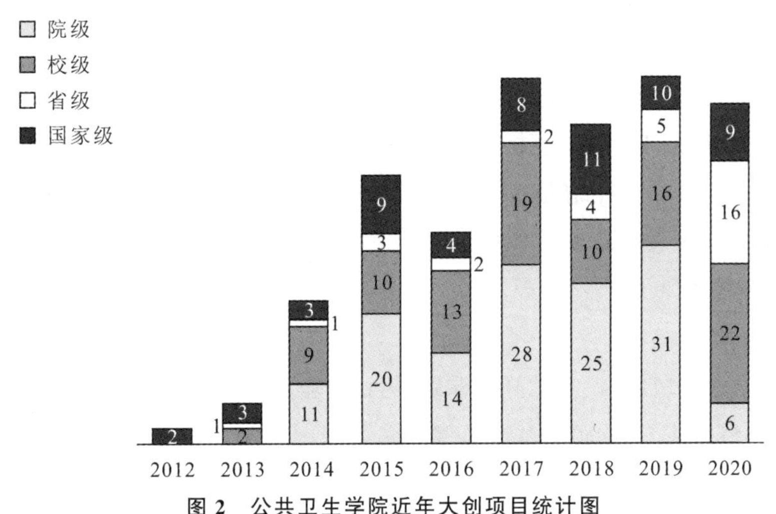

图 2　公共卫生学院近年大创项目统计图

(二)组建大学生创新俱乐部,设立自主开放课题

成立学院大学生创新俱乐部,制定俱乐部运行管理试行办法,筹建学生管理团队,为

本科生开展科创活动提供物理场所。以本科生为主体，自主设立开放课题，激发大学生的创造力。通过大创项目和开放课题的训练，鼓励学生将理论付诸实践，强化实验技能训练，培养大学生科研思维与能力。学院鼓励所有本科生参加创业创新项目，每人毕业前跟随导师至少参加一项科研训练项目。2020 年新增大创项目 46 项，国家级 9 项，省级 11 项，平台自主设立开放课题 6 项。参与大创项目本科生 1131 人次，学生参与度 100%。

（三）将本科生实训实践纳入课程体系，提高平台的内涵式创新发展

传统公共卫生与预防医学专业的实践技能教育侧重于生物医学知识应用能力和实验技能的学习，现场处理公共卫生问题的能力方面缺乏有效训练，导致学生对实际的公共卫生问题缺乏深入直观认识和了解[①]。因此，必须在课程设置方面注重学生实验实践能力和现场能力的综合能力培养与提升。如加大实践、综合、设计、案例型内容的授课比重，结合新时期人才培养的需要，将公共卫生技能考核作为专业实习和毕业考核的一部分（见表 1）。

表 1　各类课程相对比例

类别	学分数	比例（%）
除公共基本课程、通识教育课程，其他选修课程学分占其他课程学分比例	35/191	18.32
跨学科课程学分（含跨学科基本课程）占总学分比例	19/249	7.63
创新实践类课程学分占总学分比例	88/249	35.34
创新实践类课程学分占总学时比例	2836/6661	42.58

（四）开展公共卫生技能大赛、医学检验技术技能大赛的培育

按照《国务院关于大力发展职业教育的决定》关于“定期开展全国性的职业技能竞赛活动”的要求，教育部办公厅每年举办“中国大学生医学技术技能大赛”。平台定期组织开展公共卫生技能大赛、医学检验技术技能大赛的培育，推进职业教育人才培养模式改革，以实现职业技能大赛与专业培养、就业岗位需求与国家职业标准相结合，实现医学检验职业教育与行业发展对人才需求的有机衔接。2020 年在各类学业竞赛中获得一等奖 3 项、二等奖 1 项、三等奖 3 项。

（五）社会服务

2020 年平台通过自主设立的开放课题，为社会服务。如通过“新型冠状病毒 COVID-19 的年龄特异传播能力研究”、“基于模型研究 2005—2017 年中国武汉市志贺氏菌病的传播能力”等课题的研究，建立了多种传播模式的新冠肺炎传播动力学模型，为新冠肺炎疫情防控提供技术支撑；在福建省率先与地方政府联合开展全域公共卫生调查项目，成立

① 黄月娥、方基勇、金岳龙等：《疫情形势下预防医学专业学生实践技能教育方式探讨》，《中华卫生应急电子杂志》2020 年第 5 期。

"健康医疗大数据联合实验室";在厦门市多个社区开展"乐龄智工坊"——老年人认知功能障碍的干预活动,有效延缓或降低老年性痴呆的发生,改善老年人生活质量;开展基于健康与养老服务建设的"美丽·健康·生态大嶝小镇"相关研究。推动形成具有大嶝特色的"健康乡村""美丽乡村"建设的探索和实践,推动区域建设和发展。

五、结语

新冠病毒肺炎疫情不仅严重影响了人类健康,更对世界各个国家的经济、社会基础、生活方式带来了重大冲击,公共卫生与预防医学体系健全变成每个国家的重点关注问题。这类重大卫生事件凸显了公共卫生安全的重要性,也让人们思索:什么是最安全的体系?什么是最有效的措施?显而易见,中国的模式是唯一值得效仿的模式,国家政府采取积极的应对措施,包括进行大规模的测试、大规模的隔离和及时的救治。而这些措施的实施离不开快速检测和疫苗的研发、生产和应用。

毫无疑问,新形势下的公共卫生人才培养承载着社会属性,相应的本科教育应该加强社会课堂教学的内容。构建一体多元化的大学生创新创业实践平台,改革实验实践教学体系,让学生通过开展公共卫生现场调研、参与社区健康、养老服务建设等多形式的实习实践,培养公共卫生学生现场解决实际问题的能力;通过医学检验相关技术的系统训练,培养学生的临床检验技能、科研能力和创新思维,既具备成为未来科学研究的主要生力军,又具备在未来就业市场上有绝对竞争力的精英人才,使我国新型公共卫生人才培养从课堂走向社会,从基础走向创新,从学校走向国家。

扎根中国大地,了解国民国情[*]

——记营商环境评估社会实践

熊 枫 周丽娟 林圳钦[**]

摘 要:在厦门大学百年校庆之际,习近平总书记致信[①]寄语厦大师生"全面贯彻党的教育方针,切实落实立德树人根本任务,为党育人、为国育才,与时俱进建设世界一流大学,全面提升服务区域发展和国家战略能力"。为响应习近平总书记号召,本文第一作者依托厦门大学中国营商环境研究中心评估福建省"九市一区"营商环境的项目,邀请两名研究生参与相关课题,积极开展社会实践调研,将有关纳税服务治理,政府采购预算等理论知识与现实生活中的国民经济相结合,使学生的眼界和视野更加开阔,加强学生对社会治理的理解,鼓励学生在未来积极投身到中国特色社会主义的建设中去。本次社会实践调研行程时间为2020年10—11月,共前往福建省福州市、厦门市、泉州市、漳州市、莆田市、宁德市、南平市进行调研。调研方式包括问卷调查、现场座谈以及实地调研;共发放纸质问卷431份、电子问卷1367份,举行座谈37场(370人参加),实地走访调研地市政务服务中心及办税服务大厅11次。学生通过实践调研,一方面了解到我国在深化"放管服"改革,创造良好的营商环境的努力中,已经取得了明显的成果,获得了政府采购相关主体及涉税办事人员的高度评价;另一方面,在走访调研不同地市的过程中,学生亦明确地感受到我国发展正经历着"巨变期"以及地区之间依然存在着一定行政服务水平差异。因此,我们在往后的社会实践中,应当鼓励学生积极学习理论知识,坚持问题导向,解决好群众关心的利益问题。

关键词:营商环境;政府采购;纳税服务

---

* 基金项目:国家自然科学基金(基金号:71790602;71672157)、教育部科研基金(16JJD790034)、中央高校基本科研业务费(20720201011)。

** 熊枫,男,广东广州人,厦门大学会计发展研究中心专职研究员,厦门大学管理学院会计学系副教授,主要研究方向为公司信息发布、财务报表、资本市场结构、法规应用;周丽娟,女,福建三明人,厦门大学管理学院会计学系研究生,主要研究方向为资本市场结构;林圳钦,男,福建漳州人,厦门大学管理学院会计学系研究生,主要研究方向为资本市场结构。

① 习近平:《习近平致信祝贺厦门大学建校100周年》,《经济日报》2021年4月7日。

一、引论

当今世界正经历着百年未有之大变局，中国即将进入全面建设社会主义现代化国家新征程的“十四五”时期。习近平总书记在首届中国进博会指出“营商环境只有更好，没有最好”①。党的十九届四中全会也明确提出“改善营商环境，激发各类市场主体活力”②。为确保国内外循环系统畅通，创造有利于经济发展的条件，从而激发市场主体活力，离不开持续优化的营商环境。《优化营商环境条例》（国令第722号）指出，所谓营商环境（doing business），是指企业等市场主体在市场经济活动中所涉及的体制机制性因素和条件。根据2019年10月24日世界银行发布的最新一期全球营商环境报告《2020年营商环境报告》③，在中国政府大力推进改革议程的努力下，中国连续两年跻身全球营商环境改善幅度最大的经济体排名前十，在190个经济体总排名④中持续获得大幅提升——历经78位（2017年）、46位（2018年）以及最近一期评估的31位（2019年）⑤。

在习近平新时代中国特色社会主义经济思想指导下，营商环境持续优化，不断解放和发展社会生产力，加快建设现代化经济体系，推动经济高质量发展。举例来说，我国《优化营商环境条例》已于2019年10月8日国务院第66次常务会议通过，自2020年1月1日起施行，这意味着我国将优化营商环境纳入法治范畴。立足新的发展阶段，我们需要贯彻新的发展理念，构建新的发展格局。以有关“七个坚持”的论述为例，我们在营商环境的建设当中，要坚持加强党对经济工作的集中统一领导，坚持以人民为中心的发展思想，坚持适应把握引领经济发展新常态，坚持市场在资源配置中起决定性作用、更好发挥政府作用，坚持推进供给侧结构性改革，坚持问题导向部署经济发展新战略，坚持正确工作策略和方法，稳中求进。由此可见，优化营商环境建设，符合“七个坚持”的指导方针。组织学生调研我国近年来在优化营商环境方面的努力，有助于学生更好地理解习近平新时代中国特色社会主义经济思想，如何指导国家政策的制定。

早在2018年8月，国务院办公厅就发布了《关于部分地方优化营商环境典型做法的通报》（国办函〔2018〕46号），福建省创新监管理念和方法榜上有名：福建省实施依信用风险分类开展“双随机、一公开”抽查，将抽查检查结果信息作为企业信用风险分类的重要考量

---

① 习近平：《共建创新包容的开放型世界经济——在首届中国国际进口博览会开幕式上的主旨演讲》，《人民日报》2018年11月6日。

② 《中共中央关于坚持和完善中国特色社会主义制度 推进国家治理体系和治理能力现代化若干重大问题的决定》，《人民日报》2019年11月6日。

③ 《2020年营商环境报告》涵盖的数据截至2019年5月1日。

④ 根据营商便利度，经济体被排名在1到190之间。一个高的营商环境便利度排名意味着监管环境更有利于当地公司的启动和运营。

⑤ 李润发：《中国营商环境全球排名跃升至第31位！》，《经济日报》2019年10月25日。

因素，并根据企业风险信用状况确定抽查比例和频次。对信用较好、风险较低的企业，降低抽查比例和频次，减少打扰；对信用风险一般的企业，按正常比例和频次抽取；对违法失信、风险较高的企业，提高抽查比例和频次，严管重罚。此项做法获得国务院等相关部门的好评。这些典型做法，体现着各级人民政府坚持以人民为中心的发展思想，并鼓励政府工作人员学习先进经验，坚持正确工作策略和方法，稳中求进。

社会建设的主线[①]是带领人民创造幸福美好生活；社会建设的重点任务是坚持在发展中保障和改善民生，加强和创新社会治理；社会建设的基本原则是坚持社会公平正义，坚持解决好人民最关心最直接最现实的利益问题，坚持尽力而为与量力而行相结合，坚持守住底线，坚持共建共治共享，坚持完善制度。通过本次社会调研，学生能够充分认识到，优化营商环境，一方面有利于提高资源配置效率，推动我国自主创新和自主发展能力的提升，另一方面亦有利于深入挖掘和发挥我国国内发展潜力，增强发展韧劲和抗外部风险能力，有利于推动我国更深层次更高水平更高质量的对外开放，为推动世界经济发展、重塑更加公平合理的国际经济秩序和国际治理体系贡献更大力量[②]。优化营商环境建设，具有加快形成以国内大循环为主体、国内国际双循环相互促进新发展格局的重要现实意义。

二、主论

（一）研究方法

本次营商环境评估社会调研，主要涉及政府采购指标和纳税指标，分别采用了问卷调查、文献调查、集体访谈、实地观察等方式。

在调研前期，我们获得了福建省各地市财政局采购办公室和市一级税务局分别提供的政府采购重点改革措施和纳税重点改革措施清单，据此形成相关指标落地成效调查问卷。此外，根据厦门大学营商环境中心统一部署，使用同一版本的政府采购指标调查问卷和纳税时长指标调查问卷对福建省“九市一区”营商环境情况进行评估。

在每个地市进行相关指标座谈前，我们采用了文献调查方法进行摸底调查，包括从各个渠道搜集到的相关信息，如相关部门微信公众号平台、官方网站报道、新闻、相关部门提供的资料等。我们通过对相关资料的手工整理、分析，对该地市财政局政府采购办和纳税服务科过去一年所进行的工作内容，特别是改革措施，有了更多的了解，为座谈的顺利进行做足准备工作。

在针对政府采购指标和纳税时长指标的调研中，我们分别与各利益相关商事主体进

---

① 国家教材委员会：《国家教材委员会关于印发〈习近平新时代中国特色社会主义思想进课程教材指南〉的通知》，http://www.gov.cn/zhengce/zhengceku/2021-08/25/content_5633152.htm，访问日期：2021年12月25日。

② 邱海平：《系统把握习近平新时代中国特色社会主义经济思想》，《光明日报》2021年7月13日。

行座谈。在评估政府采购指标座谈时，我们的座谈对象包括政府采购办、政府采购采购人单位（需求方，如教育局、公安局），政府采购代理机构（中介，协助政府采购采购人单位开展采购事宜），政府采购供应商（提供政府采购货物及服务）等。在评估纳税时长指标座谈时，我们的座谈对象包括税务局各相关职能部门（如纳税服务科、征管科等），涉税服务中介（税务师），纳税主体企业。为保证座谈效果客观公正，参与主体能够畅所欲言，所有座谈均严格执行"背靠背"方式，即同一场座谈会不可出现第二个利益相关方，如面向政府采购代理机构的政府采购指标座谈会，不可出现政府采购办。

座谈过程分为两部分：问卷填写及访谈。在问卷填写的过程中，我们要求座谈主体填写两份评估调研问卷，分别是同一版本的各地市指标评估问卷，以及根据各地市过往一年政策准备的政策落地问卷。在填写问卷的过程中，我们根据需要提供规范性的问卷答疑，确保座谈主体知晓问卷填写需求。在问卷填写完成后，我们根据事先拟定的访谈提纲进行座谈，了解当地过去一年的营商环境状况。在座谈结束之后，我们对各地市的公共资源交易中心（政府采购）和办税大厅，进行了实地参访。

在每场座谈结束之后，我们及时整理座谈内容，多方比对相关资料。在此基础上，与学生讨论座谈中存在的问题和关键的内容，思考如何从多方面来评估相关指标，为之后的座谈积累经验。在实际调研过程当中，日程非常紧凑，常常是白天安排一整天的座谈调研，晚上需要根据问卷的初步结果以及访谈内容进行归纳总结，并根据座谈的结果，和学生讨论会谈内容与专业、学术相关的融合。本次调研为我们接下来将要进行的学术研究提供了丰富的例子和真实的素材；与此同时，在与相关政府部门接触的过程中，拓宽了我们的视野，使得我们在诸多方面受益匪浅。

（二）研究结果与分析

1. 政府采购

《中华人民共和国政府采购法》规定：政府采购，是指各级国家机关、事业单位、团体组织和其他采购实体，为了实现政务活动和公共服务的目的，使用财政性资金或者其他公共资源，以合同方式取得货物、工程和服务的行为，包括购买、租赁、委托、政府和社会资本合作等。在进行政府采购的过程中，存在三个主要的当事人，分别是采购人、供应商以及采购代理机构，三个主体的关系如图 1 所示：

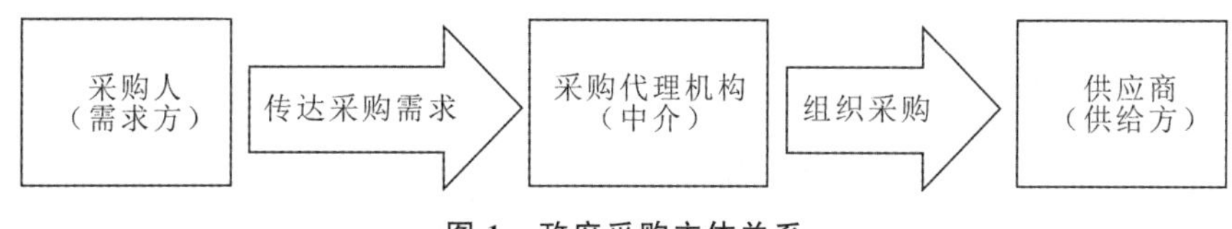

图 1　政府采购主体关系

采购人是指依法进行政府采购的机关法人、事业单位法人、社会团体法人和其他采购实体，根据年初需求预算，向选中的采购代理机构传达采购需求。采购代理机构根据采购人的需要编制并向社会公布招标公告，回答或者经与采购人沟通后解答有投标意向的供应商的疑问，以及组织、协调开评标活动。供应商根据招标公告对资质、产品参数等要求决定投标与否，决定投标后提交标书和相应材料。

本次调研对福建省7个地级市的3个政府采购主体均进行了问卷调查和座谈。以下对三个政府采购主体的调研内容和成果进行具体阐述。

(1)采购人

参加问卷填写和座谈的采购人范围广泛，包括了部分政府组成部门、群团组织、事业单位，具有较强的代表性。在访谈环节，我们通过使用访谈提纲鼓励采购人代表畅所欲言。访谈的主要内容包括但不仅限于单位内部控制机制建设、与代理机构和供应商的互动、相关政策的落实情况等。

通过访谈我们发现，采购人单位的内部控制机制的建设上略有差异，对代理机构的评价好坏参半，且对相关政策的落实在一定程度上难以完全保障。具体说明，多数采购人并未设置专职采购的工作人员，工作人员往往兼任着采购和其他工作。在这样的情况下，负责采购的部分工作人员存在业务不精、政策不熟、职责不明等现象，从现场问卷的填写情况中可见一斑。

由此可见，进一步优化营商环境建设，需要坚持问题导向部署经济发展新战略，依据政府采购中的痛点堵点，优化机制设置，争取形成正确的工作策略和方法，稳中求进。

(2)政府采购代理机构

据《财政部关于做好政府采购代理机构资格认定行政许可取消后相关政策衔接工作的通知》(财库〔2014〕122号)，自2014年8月31日起，财政部和省级人民政府财政部门不再接收政府采购代理机构资格认定申请，有意从事政府采购业务的代理机构均可在中国政府采购网或其工商注册所在地省级分网站进行网上登记。网上登记遵循“自愿、免费、一地登记、全国通用”的原则，财政部门也将不再对网上登记信息和纸质登记信息进行事前审核。这一规定让采购代理机构如雨后春笋般迅速涌现。

政府采购代理机构市场准入门槛的降低，让这一市场的竞争加剧。参加问卷调查和现场访谈的代理机构都直言面临着越来越大的同行竞争，甚至有日常从事和采购代理机构无关的企业也进入这一市场打算分一杯羹。有代理机构提出市场放开需要相应的监管跟上，否则这一市场将遭到破坏。

政府采购代理机构在不同地市有着不同的诉求。例如，经济较为落后的地市，采购代理机构对现行的收费标准较为满意，而经济较为发达的地市，采购代理机构则呼吁着能尽快提高收费标准。这些差异提示我们，在政策上要有灵活性，不能一刀切，要兼顾经济落后和发达地区的不同需求。

由此可见，在提高政府采购供应商服务质量的过程中，需要考虑坚持市场在资源配置中的作用，更好地发挥政府作用。一方面，鼓励政府采购代理商的发展，并监督其日常运作，有助于推进供给侧结构性改革；另一方面，坚持问题导向部属经济发展新战略，坚持正确工作策略和方法，稳中求进为更好地服务政府采购代理商提供便利。

(3)供应商

中小企业的健康发展，以及能够及时享受政府相关的扶持政策，是本次政府采购调研的重点之一。从各地市的调研情况来看，中小企业的保护政策落实有进一步提升的空间，具体表现为部分满足中小企业条件的企业，对认定标准及认定流程不清楚，也不主动了解相关情况和申请优惠政策。在此基础上，中小企业面临的融资难、融资贵的情况，在政府采购领域也急需进一步得到解决，使得中小企业能够享受到普惠金融的及时雨。由此可见，面对中小微企业的资金困难问题，需要坚持以人民为中心的发展思想，坚持问题导向部属经济发展新战略，坚持正确工作策略和方法，稳中求进，落实普惠金融政策。

2. 纳税时长

纳税指标是营商环境评估体系中的重要一环，主要考察经济体纳税时长。通过对纳税人企业、涉税服务机构进行纳税时长的问卷调查，通过假设案例企业在所在地开展业务、办理涉税事项的需时，反映所在地涉税事项的开展情况。

为进一步建设有中国特色的营商环境评价体系，本次调研亦考察各地市的"减税降费"落实情况，包括但不仅限于公积金缓缴，阶段性减免社保费，阶段性减免增值税、房产税和土地使用税，以及疫情防控重点保障物资生产企业优惠。与此同时，亦考虑各地市的电子化办税进程，提倡"非接触式"办税缴费，提高办税效率，降低纳税人的办税成本等情况。

本次调研对福建省 3 个地级市的纳税企业、涉税服务机构均进行了问卷调查和座谈。参与座谈的单位根据规定随机产生，问卷调查和座谈环节均没有第三方在场。以下对两个主体的调研内容和成果进行具体阐述。

(1)纳税企业

世界银行纳税营商环境评价体系是以普华永道会计师事务所和哈佛大学的三位学者 Desai、McLiesh 与 Shleifer 的项目研究为基础，采用标准案例的方式来评估一国(地区)的纳税便利程度[①]。但根据纳税企业和涉税服务中介填写问卷过程中的反馈情况来讲，我们可以发现这套评价体系存在一定的局限性[②]，譬如世界银行的评价体系并未考虑税收优惠影响，我国出台诸多税收优惠政策，而这些不能在这套问卷中体现，这显然一定程度上虚

---

① The World Bank. Paying Taxes 2019，https://www.doingbusiness.org/en/reports/thematic-reports/paying-taxes-2019，访问日期：2021 年 12 月 25 日。

② 江红义、李敏：《从税收营商环境到营商环境中的税收》，《厦门大学学报》(哲学社会科学版) 2020 年第 5 期。

高了纳税企业纳税成本[①];这套问卷的标准案例是一家制造业企业,而参与座谈的人员即使来自制造业,但由于制造业本身跨度较大,在填问卷过程中,虽然将问卷案例标准化了,但一定程度上还是会受到填问卷者所在企业类型的影响,有一定的代入感。

为了解决评价体系的局限性,本次调研评估从多方面评估一个地区的纳税指标营商环境,除了纳税时长的问卷,我们也调查了当地税务局纳税改革措施的落地成效问卷。根据纳税企座谈反馈,如今的办税环境相比较以前,有了很大的进步,更加便捷,几乎不用跑税务大厅进行业务办理,办税人员明显感觉到了税务局作出的一些改变,办税人员的获得感明显提升。在座谈之后税务局提供的佐证材料,进一步印证了我们在座谈过程中了解到的情况。

(2)涉税服务中介

在与多地涉税服务机构人员的座谈中了解到,不少涉税服务机构反映涉税中介市场正在萎缩,税务中介生存存在困难,这种情况的成因是复杂的。一方面由于国家大力推行“放管服”改革,涉税事项由申请审核制逐步转变为备案备查制,大部分参加座谈的企业涉税事项较为单一,无须聘请专业的涉税服务中介;另一方面,我们也需要意识到,大部分企业的税务遵循意识较为薄弱,单纯地认为只要税务局不来查就万事大吉,实际上不利于企业做大做强,尤其是在上市辅导期间很有可能因为账目混乱无法上市,而当被税务局抽查时,才会去找专业的税务代理机构服务,补齐税务鉴证等服务。税务机构人员有限,在一系列税收新政策出台之后,税务机构既要做到政策宣传辅导到位,又要点对点辅导企业,要做好有一定难度。从学术的角度来看,税收中介可以在纳税企业和税收机关之间发挥着桥梁的作用,税务中介的发展,可以促进市场的良性发展,企业的规范化发展,在目前“减税降费”等诸多改革之下,引入税务中介进行一定的政策辅导,可以满足纳税人多元化的需求,从而不断优化营商环境。[②]

由此可见,不管是服务纳税主体,还是涉税专业机构,国家税务总局发布通知文件,要求各级税务机关进一步规范税务检查,必须做到民营企业与其他企业一视同仁,坚持“无风险不检查、无审批不进户、无违法不停票”。对正常生产经营的企业要少打扰乃至不打扰,避免因为不当征税导致正常运行的企业停摆。这正是税务机关坚持正确工作策略和方法,稳中求进的最好表现。

三、结论

首先,此次实践机会响应了习近平总书记有关社会科学的号召。2020 年 8 月 24 日,

---

① 李成、施文波:《世界银行纳税营商环境指标体系研究》,《厦门大学学报》(哲学社会科学版)2020 年第 5 期。

② 韩晓琴、杨贵荣:《减税降费背景下推动社会化纳税服务的思考》,《税收经济研究》2019 年第 4 期。

习近平总书记主持召开经济社会领域专家座谈会时指出，“新时代改革开放和社会主义现代化建设的丰富实践是理论和政策研究的‘富矿’”，希望广大理论工作者“从国情出发，从中国实践中来、到中国实践中去，把论文写在祖国大地上，使理论和政策创新符合中国实际、具有中国特色”。要想把论文写在祖国大地上，就需要深入实地调查研究，去接触基层工作者和群众，去倾听他们的感受和想法，使得理论有实际支撑，做到有根有据。作为厦大老师，更是一名理论工作者，笔者鼓励学生多多发现问题，将自己的专业理论知识与我国实际发展相结合，使论文不但具有理论贡献，更具有实际贡献。

其次，通过本次调研，学生有机会进一步学习了如何进行实地调研，以及运用此类调研方法的能力。一方面，在实地调研中，要注意听取不同主体的意见，这样才能更加全面地了解不同主体对同一政策的感受，进而能更全面地评估政策成效。在座谈中，我们发现将同一个问题对不同主体进行提问，往往能得到不同的反馈，甚至有截然不同的评价。在政府采购指标的座谈中，就“中小企业”保护政策，采购人、采购代理机构、供应商都提出了不同的看法和进一步改善政策的诉求。这说明制定政策要深入基层，充分听取不同主体的意见，一项没有经过充分论证和讨论的政策很难实现多主体利益共赢。另一方面，实地调研要注意方式方法。座谈伊始，与会人员可能都处于观望状态，并不敢畅所欲言。这需要提问者根据座谈对象特点、现场人数等调整问题，调节气氛，尽力打开与会人员的“话匣子”。要时刻关注与会人员对每一个问题的反应，积极引导，打消顾虑，鼓励其积极发言，说出真实想法。

最后，通过本次社会实践调研去和各个主体商事主体进行座谈交流，学生在思政建设方面，收获是巨大的。学生能够切身地体会到政策从出台到落地中间实际上是有很大的距离，需要通过基层工作者去推动的，通过与各个政策相关者的座谈内容来看，很多知识并不存在于课本，仅存在于实际操作中参与到经济活动的群体，很难对此进行挖掘、分析、总结，可以说得上是“街头智慧”。我们常说人们劳动智慧的结晶，其实生活就是一个大课堂，只有参与其中才能了解个中滋味，品尝局外人不易品尝到的辛酸。身处象牙塔中的学生们，更像社会生活的旁观者，时代发展如此迅速，学生要想更快地融入社会，紧跟社会的发展潮流，实践是必不可少的。

参与本次调研的两位同学，于2022年毕业。一位同学已决定参加本年度的公务员考试，投身政府工作事业，用实际行动为人民服务。另一位同学计划参加到金融行业的工作，为建设中国特色社会主义市场经济作贡献。经过本次调研，我认为学校应该开展更多的实践类课程，譬如政企结合、校企结合、政校结合等，提供给学生更多的实践机会。

国际生物分子设计大赛对本科生科研创新能力培养促进作用*

王世珍**

摘　要:生物分子设计大赛(BIOMOD)是基于对生物大分子进行设计和可控组装制备具有新结构、新功能生物大分子体系的本科生国际比赛。为了适应新工科教育对创新型人才培养的需求,提高学生的学习兴趣和积极性并培养学生的自主学习等创新能力,结合本科教学将BIOMOD打造为新工科国际化培养的有效平台。国际化培养是创新人才培养过程中的一个关键环节,对于决定生物工程人才培养的效果至关重要。结合生物工程教学,基于理论与实践相结合通过BIOMOD案例式教学模式,构建科研平台等新型教学方式对人才的培养发挥着重要的作用。

关键词:生物分子设计大赛;自组装;案例式教学;创新能力;新工科教育

一、引言

国际生物分子设计大赛(Biomolecular Design Competition,Biomod)是由哈佛大学生物启发工程研究所(Wyss Institute for Biologically Inspired Engineering)创办的年度大赛,参赛队伍主要由本科生组成。BIOMOD大赛设计的对象是生物大分子,如酶、多肽或DNA等,目的是对生物大分子进行设计和组装,实现生物分子机器、生物分子的逻辑计算、生物纳米仿生材料等功能。竞赛主页网站为http://biomod.net/。①

该竞赛涉及生命科学、信息、化学、物理、数学、计算机等跨领域交叉,旨在能够让本科

* 基金项目:国家基金面上项目"氨基酸脱氢酶分子开关设计与生物电催化不对称还原研究"(No. 22078273),"耐盐氨基酸脱氢酶的抗逆机制研究与元件优化组装"(No. 21776233)。福建省自然基金项目"高苯丙氨酸脱氢酶的底物识别机制研究和催化性能调控"(No. 2018J01013)。

** 王世珍,女,福建福州人,厦门大学化学化工学院副教授、硕士生导师,主要研究方向为酶工程、生物电催化、海洋极端酶及手性化合物制备领域研究。

① 刘成柏、吴永革、陈妍、关树文、侯阿澧:《以兴趣培养为导向,以国际高水平学术竞赛为依托的"拔尖创新人才"培养模式的研究》,《高校生物学教学研究》(电子版)2019年9月2日。

生掌握先进的科学思想与技术，了解科研前沿进展，致力于促进生物分子设计的创新性的发展[①]。参赛队伍需要提交包括选题目的、具体实验过程、实验结果及分子讨论的网页资料。网页上上传3分钟的项目介绍视频。比赛期间进行现场PPT展示和答辩。评委通过网页、视频和现场展示综合评分获得奖项。

BIOMOD的竞赛评分标准包括：项目选题的趣味性、规范性、可行性、先进性等；网页的清晰性、完整性和布局；目标达成情况；比赛视频的趣味性、清晰明了和制作以及最终的演示内容和回答问题情况等。BIOMOD的特等奖包括总得分的前三名，分别是特等奖(grand prize)、亚军(1st runner up)、季军(2nd runner up)。分类奖项包括最佳视频、网站、演示等单项奖以及最受观众欢迎奖。另外设立特别奖包括年度分子机器人大奖、最佳团队T恤奖、最佳游戏引擎使用奖等。

二、BIOMOD参赛队伍与获奖情况

BIOMOD比赛规模不断扩大，历年参赛队伍包括哈佛大学(Harvard University)、麻省理工学院(Massachusetts Institute of Technology)、哥伦比亚大学(Columbia University)、东京大学(University of Tokyo)、慕尼黑工业大学(Ludwig Maximilians Universität)等世界顶尖学府的代表队。各参赛队自主完成参赛项目，并通过网站、演讲、视频等形式进行展示交流和接受评比。2019年，来自全球8个国家和地区的18支大学的参赛队伍，总参赛人数近200人。中国地区5支队伍参赛，包括中国大陆2支参赛队和台湾地区3支参赛队。中国学生在BIOMOD竞赛中表现优秀，2012年天津大学获得金奖。2014年厦门大学、中国海洋大学和华中科技大学获得金奖。2015年华中科技大学获得总冠军的第三名。表1为中国大陆学生在历年BIOMOD竞赛中所取得的成绩。表2为中国大陆高校参加BIOMOD获奖详细情况统计。由于BIOMOD的参赛队伍总数受到限制，一般不超过40支队伍，每年国内参赛队伍的获奖情况波动较大。

表1　中国大陆学生在历年BIOMOD竞赛中所取得的成绩

年度	金牌数	银牌数	铜牌数
2011	0/10	1/8	N.A.
2012	1/8	0/4	0/4
2013	0/13	0/7	1/4
2014	3/15	1/9	0/6
2015	1/8	0/8	4/14

① 张先恩：《中国合成生物学发展回顾与展望》，《中国科学：生命科学》2019年第12期。

续表

年度	金牌数	银牌数	铜牌数
2016	1/8	2/9	1/7
2017	0/7	3/8	0/7
2018	0/5	3/5	1/10
2019	1/5	1/5	0/8

表2 中国大陆高校参加 BIOMOD 获奖情况统计

学校	2011	2012	2013	2014	2015	2016	2017	2018	2019	合计
天津大学	银奖	金奖	铜奖	金奖	铜奖	铜奖		铜奖		2金1银4铜
华中科技大学				银奖	金奖	银奖	银奖	银奖		1金4银
中国海洋大学				金奖	铜奖	银奖	银奖	银奖	银奖	1金4银1铜
厦门大学			银奖	金奖						1金1银
吉林大学					铜奖	金奖	银奖	银奖	金奖	2金2银1铜
山东大学					铜奖					1铜

三、BIOMOD竞赛选题分类

BIOMOD竞赛选题大多紧跟学科发展前沿，并选取具有在生物催化、医药、能源领域的实际应用前景的项目。根据具体项目所涉及的科研领域，从DNA折纸、多肽组装、多酶耦联组装等方面。

DNA折纸技术是基于碱基互补，通过将一条长的DNA单链，与一系列短DNA片段进行配对，可控地组装出高度复杂的纳米图案或结构。可用于输送药物、装载像CRISPR等基因改造工具、储存信息、作为蛋白质载体、构建具有纳米尺度可控定位的纳米反应器等。①

多肽组装是天然存在的蛋白质自组装现象。多肽自组装体由于其作为药物治疗的有效载体和在无机物仿生矿化中的添加剂的潜在应用，近年来成为材料、生物医学等领域的研究热点。基于多肽组装的生物分子的纳米结构因其结构多样性和生物相容性，在生物纳米材料设计中备受关注。

多酶体系组装利用各种驱动力组装2～n个酶，可以经过多步催化反应合成高附加值的复杂化合物。相较于传统逐步合成法，多酶级联反应具备其独特的优势，如节省时间、降低成本，保证了多酶催化反应的稳定性和高效性。天然存在区室化和底物通道化两种

① 贾思思、晁洁、樊春海、柳华杰：《DNA折纸术纳米反应器》，《化学进展》2014年第5期。

多酶体系提升反应效率的策略。[①] 厦门大学队伍构建多酶耦联体系的仿生生物分子机器制备二羟基丙酮。利用二羟基丙酮与皮肤蛋白质的反应实现生物刺青(Tattoo),成功地实现了预期构想。笔者作为主要负责老师组织本科生参赛,进行跨学科交叉合作,以"Assembly of multi-enzyme inspired by bio-mimic DNA's structure"为课题展开研究。受到自然界DNA双螺旋结构的启发,以生物相容性高分子材料聚乙烯亚胺为骨架,构建双螺旋多酶体系,利用3D打印技术打印该生物分子机器的模型。现场演讲采用脱口秀进行答辩,生动活泼的形式给现场评委留下深刻印象。[②] 厦门大学Nanobiocat队伍2013年获银奖,2014年获得金奖。

四、国际学术竞赛与大学生创新能力培养

随着高校教学改革的不断深化,传统课堂教学及实践教学等教学方式上已暴露出一些弊端,例如难以有效激发学生的科研兴趣,有效培养创新思维和探索精神。BIOMOD比赛要求学生自主选题,主动学习相关基础知识和实验技能,利用课余时间合作完成相应的方案设计和实验验证工作,可充分锻炼了学生的独立学术能力和团队协作能力。同时也培养了学生对科学研究的热情。该项竞赛为来自不同国家(地区)和各个专业的大学生提供了一个相互交流的国际舞台。与国际高水平大学的教授和学生面对面交流,是良好的互动学习和提升认知的机会。通过"竞赛+项目"的实践教学,改变了"被动式教学"的状况,激发了学生的学习兴趣,促进大学生科研实践能力的提高。[③]

通过深入分析BIOMOD和iGEM等以本科生为主体的国际生物竞赛,可发现其具有共性特征。①在竞赛内容和组织方式等方面能充分激发学生的想象力和创造力,吸引学生参加;②以生物相关学科的前沿学术研究为主要内容,吸引真正有志投身科研事业的学生;③来自化学工程、生命科学、数学、化学、信息等不同理工学科的优秀本科生通力合作,培养学生参与跨学科交叉所需的交流沟通能力,并学会融会贯通不同学科知识,学以致用开展实验实践;④让学生通过具体科研竞赛参与国际交流,与国际名校同台竞技,提高眼界、开拓视野,培养具有创新能力的国际化人才。[④]

---

① 魏欣蕾、游淳:《体外多酶分子机器的现状和最新进展》,《生物工程学报》2019年第10期。

② Zhang Y, Chen K, Zhang J, et al.Preparation and evaluation of a polymer-metal-enzyme hybrid nanowire for the immobilization of multiple oxidoreductases, *Journal of Chemical Technology and Biotechnology*,2019, Vol.94, No.3. 厦门大学:《Nanobiocat团队在BIOMOD比赛中获金奖》,https://www.biomart.cn/news/10/119101.htm,访问日期:2021年11月10日。

③ Franz J, Stefan F, Thomas F, et al. Nediljko BudisaCourses Based on iGEM/BIOMOD Competitions Are the Ideal Format for Research - Based Learning of Xenobiology ChemBioChem,2020-11-16.

④ 王桂平、娄路:《高校学科竞赛中的从众行为及其引导对策分析》,《大学教育》2019年第12期。

五、促进竞赛融入新工科课程设

BIOMOD学科竞赛为生物工程专业新工科课程设计提供了新想法和新资源。通过将竞赛项目的内容,包括视频和网站进行案例讨论,以研讨式教学方法融入“生物化学”“酶工程”“微生物学”“生物化工前沿进展”等课程的设计中,建立以项目为核心的探索式课程设计的教学模式,培养大学生的以问题为导向的工程实践意识和能力。

(一)基于竞赛的教学模式

在国际竞赛过程中,形成指导教师—研究生—本科生交叉融合的团队合作模式,提高学生参与竞赛的积极性。来自各个专业的学生进行学科交叉融合和交流讨论,有利于进一步培养学生的合作精神和协调组织能力,促进高素质本科创新型人才的培养。[①]

进一步研究基于理工竞赛的多维教学方法,具体可细分为头脑风暴、实验实践、竞赛材料准备、自我评估、师生和平台等层面(见图1)。基于不同层次的认知,可以解释当前国际竞赛的参与主体和教学策略等;每一维度均可按三层核式结构分为:核心(学习知识层次)、架构(竞赛组织层次)和基础(实验和实践层次),外层环路包括有渗透层次(评价、教师、学生以及队伍之间交流)。教—学、理论—实践、模拟计算—实验是相互渗透融合的。每一层次的横向部分也是相互渗透的,以此搭建教与学的横向与纵向联系。

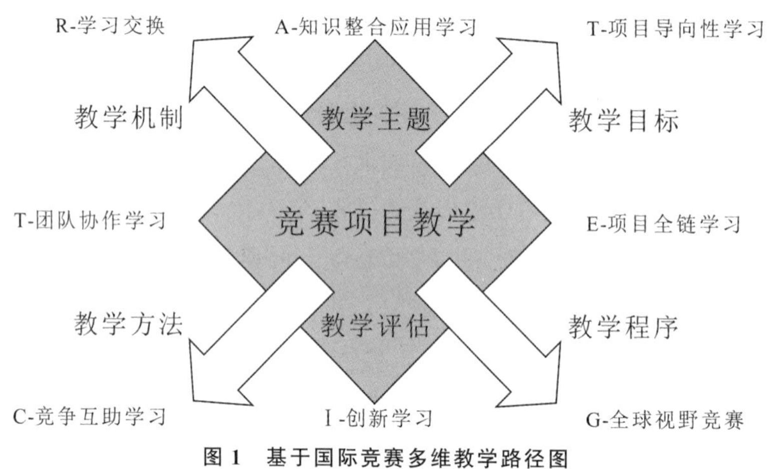

图1 基于国际竞赛多维教学路径图

(二)通过参赛组织培养学生的团队合作精神

学科竞赛需要以学科交叉、年级交叉、特长互补为基础,难由一个人独立完成,可培养新工科学生团队合作精神。鼓励学生术业有专攻,并博采众长将各专业知识融会贯通,能够运用自身专业知识及团队成员优势将设想转化成技术上可行和可操作的设计方案,并

① 闫晨:《以设计竞赛为载体推动教学改革初探》,《大学教育》2020年第3期。姚利花、郭刚、张占东、张楠、李妍姝:《学科竞赛和实践教学相融合培养新工科人才的研究》,《大学教育》2020年第6期。

最终将其实现。网页制作、视频拍摄和现场答辩环节,可以培养学生的协作能力、合作精神及沟通交际能力,使学生的创新思维、团队协作能力及动手解决实际问题等各方面的能力得到充分锻炼。参赛组织流程如图2所示。

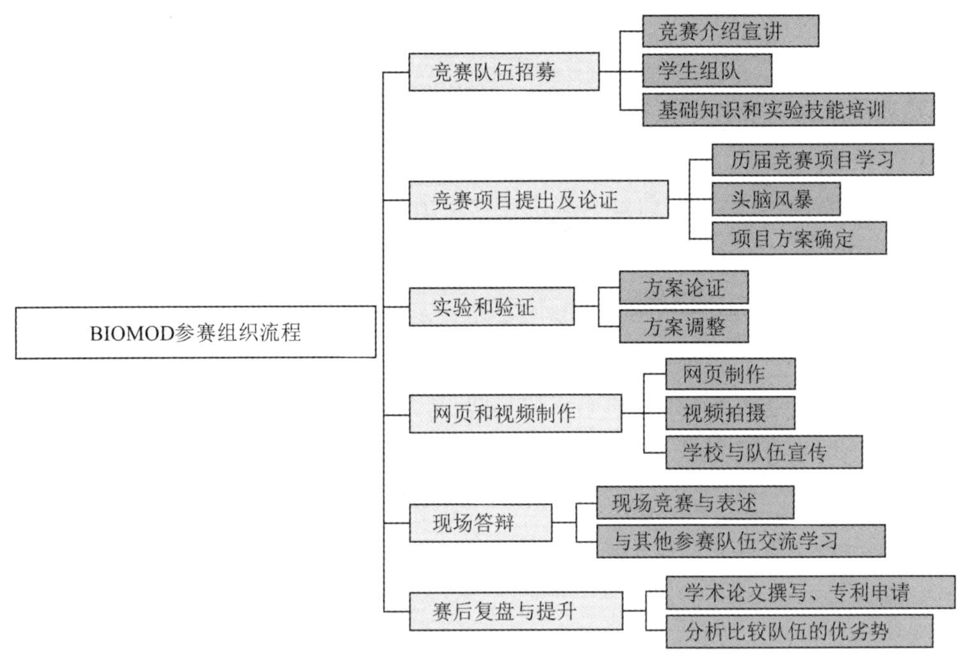

图2　BIOMOD参赛流程组织图

(三)将学科竞赛内容融入实践教学

通过将国际竞赛作品进行案例化,在专业课课堂引导学生进行讨论分析,以探索式、研讨式教学方法融入课堂及实践教学的各个环节中。引入体验式的答辩模拟的教学模式,要求学生共同表述出设计方案、实验过程,突出项目的创新性和亮点。要求学生能准确回答老师、同学提出的问题,在一问一答中实现思维的碰撞并获得新想法,从而改变填鸭式的单向传递知识的教学模式。此过程中可培养大学生的创新思维能力和问题导向的研究意识,学以致用,将大学生自身现有知识结构体系实际应用。

六、总结和展望

以科研兴趣培养为导向,以开展国际高水平学术竞赛为依托,通过自主研究的教学模式、自主创新的教学方法、自主系统科研训练等方面的探索与实践,同时努力将国际竞赛打造成为拔尖人才和国际化培养的有效平台。

(一)总结

BIOMOD竞赛不仅检验学生是否基本掌握生物分子设计组装的相关知识,而且通过组建队伍、提出课题、完成课题的整个过程,学生们的科研能力、跨学科学习和跨专业实践的能力、分析解决问题的能力、团队协作能力都能得到历练。国际竞赛的参与对增强学生解决实际问题的能力和创新能力、塑造具有国际视野的高素质复合型人才具有重要作用。对学生的分析问题、解决问题和主动实践能力、创新能力等具有较好的提升和锻炼,系统培养具有创新能力的科研人才。

(二)展望

在竞赛组织和项目评审过程中发现一些普遍存在的问题,对这些问题进行分析并提出展望。

1. 与国际高校相比较,目前国内队伍还存在项目成果转化较少、产品开发难等问题。应鼓励学生积极参与创新创业项目,利用国家和学校提供的产学研平台将竞赛成果转化,实现了创新驱动下的创业实践成功。

2. 学校和有关部门可通过科学的设计各类创业竞赛机制、模拟实验室和创业平台,为学生基于创新创业的竞争学习提供有效的帮助。

3. 通过强调各学科知识的融会贯通和整合应用,克服了传统教学中过分强调分学科教育的缺陷。

4. 广泛开展学生以团队的形式进行协作学习,改变了学生之间缺乏合作、个体封闭式独自学习的现象。

关于环境类大学生创新创业项目的思考

余康宸　郁　昂*

摘　要:高校创新创业教育是我国新时代中国特色社会主义背景下重要的改革课题之一,在生态文明建设的号召下环境类大学生创新创业教育显得尤为重要。环境类创新创业项目并非环境类学生专享,各类科创大赛数据表明占比最大的是IT和ET类项目。在此背景下,目前普遍存在着大学生缺乏创新意识和指导教师创新创业知识技能不足等问题,本文对环境类创新创业项目进行分析,提出参与环境类创新创业项目的大学生应系统接受创业理论教育,指导教师团队应更新升级,将理论运用到实际,瞄准需求做创业四个解决方式。提出应寻找创新动机,鼓励和引导学生多尝试生存性创业,让参与环境类项目的大学生在创新创业中逐步提高环境保护站位思想,做生态文明建设的践行者。

关键词:环境类;创新创业项目;人才培养模式

一、引言

在"创新、协调、绿色、开放、共享"新发展理念引领下,创新创业教育已成为我国大学服务创新驱动发展战略、深化经济体制改革、加快国家创新体系建设的重要举措。创新是一个民族进步的灵魂,是一个国家兴旺发达的不竭动力。习近平总书记深刻指出:"新科技革命和产业变革的时代浪潮奔腾而至,如果我们不应变、不求变,将错失发展机遇,甚至错过整个时代。"2021年9月21日,习近平总书记在联合国大会上提出:"中国将力争2030年前实现碳达峰、2060年前实现碳中和。"[①]党的十九届六中全会提出,要把绿色低碳要求融入国民教育体系,实施碳中和科技创新行动。在时代的发展浪潮中对生态文明建设提出了更高的要求。在实现这些目标的过程中有相当多的环境问题亟待解决,如何实现节能减排,如何做绿水青山的守护者都是环境类工作者应当努力思考的问题。自党的十八

* 余康宸,男,福建福州人,厦门大学环境与生态学院环境工程专业2021级硕士,研究方向为环境功能材料;郁昂,男,江苏苏州人,厦门大学环境与生态学院助理教授,工学博士,研究方向为环境毒理学。

① 《习近平出席第七十六届联合国大会一般性辩论并发表重要讲话》,《人民日报》2021年9月22日第1版。

大以来，绿色发展和绿色生活的理念多次被提起，由此带来的发展方式也发生了改变。发展往往伴随着需求，教育作为国之大计、党之大计，在新征程中教育的基础性、先导性、全局性的作用更加明显。环境类大学生作为未来践行生态文明建设重要力量之一，良好的创新创业教育有助于学生立于潮头，把握时代脉搏。与此同时环境类的社会及企业对环境类学生“来之能战”的要求越来越高，而当下高校环境类传统的人才培养模式已不适应当前社会发展的需要，除了掌握扎实的专业知识，社会于企业对于环境类创新创业人才相较于过去有了更大的需求度。如何合理配置高等教育的资源、营造创新环境，使之更合理、更能强化和培养学生实践创新能力是当前一个现实而紧迫的问题[①]。

二、环境类科创竞赛指导工作具体情况

科技创新是一个国家和民族发展的不竭动力，推进创新创业教育，科创融入人才培养，为有志于创新创业的学子提供创新生态与成长指导是每一位人民教师应当坚持不懈的奋斗目标。自 2019 年以来，作为指导教师本人已指导多项科创竞赛项目，覆盖来自环境与生态学院、管理学院等 30 余名本科生，参与各项各级别科创竞赛并取得一定收获。其中包括：《“贝海果鲜”天然水果保鲜方案》(5 人)，《三种常见外卖餐盒的全生命周期评价》(3 人)，《餐厨垃圾大胃王——基于嗜高温菌发酵处理技术的餐厨垃圾高效处理机》(7 人)，《源分助农——高速公路服务区尿液源分离资源回收助力乡村振兴》(7 人)，《口罩赋能盒》(5 人)，《“藓”为人知》(3 人)等。其中《“贝海果鲜”天然水果保鲜方案》获得厦门大学第五届“互联网＋”创新创业大赛金奖、厦门大学第七届“互联网＋”创新创业大赛银奖、“网龙杯”福建省第五届“互联网＋”创新创业大赛铜奖、第三届厦门大学创新创业年会优秀项目等；《三种常见外卖餐盒的全生命周期评价》项目获得第三届全国“互联网＋生命周期评价大赛”塑料专题竞赛二等奖；《餐厨垃圾大胃王——基于嗜高温菌发酵处理技术的餐厨垃圾高效处理机》项目获得厦门大学第五届节能减排社会实践与科技竞赛二等奖、厦门大学第五届“互联网＋”创新创业大赛银奖等；《源分助农——高速公路服务区尿液源分离资源回收助力乡村振兴》获得福建省首届“爱我家乡水”众创赛二等奖、厦门大学第七届节能减排社会实践与科技竞赛节一等奖，厦门大学“互联网＋”大学生创新创业大赛铜奖；《“藓”为人知》项目获得厦门大学第五届“互联网＋”创新创业大赛铜奖。2017 年指导 2 个项目获得国家级优秀奖和国际奖二等奖，2018 年指导 3 个项目获得第十一届全国大学生节能减排社会实践与科技竞赛三等奖。特别是《利用大麦虫幼虫生物降解冰箱拆解的废弃聚氨酯》项目获得厦门大学最佳大学生创新创业训练项目，并受到教育部高教司吴岩司长的

---

① 黄文胜、翟琨、向东山、史永红、魏世勇、吴德勇、谭远斌：《环境科学专业学生实践创新能力培养的思考与探索》，《教育教学论坛》2014 年第 44 期。

关注。

三、取得的成果与存在的问题

指导《“贝海果鲜”天然贝壳水果保鲜方案》项目参与“青年红色筑梦之旅”，带领队伍前往福建省宁德市沙江镇、甘肃省临夏州临夏市、四川省成都市等地开展“青年大学习，红色筑梦人生”扶贫活动，项目使用废弃贝壳经过亚临界水解技术后得到纳米碳酸钙，利用其高比表面积与抑菌功效运用于上述各地应季高价值易腐烂水果的保鲜，与上述各地政府单位与个人等签订27项战略意向合作协议，指导项目得到光明网、新浪新闻、厦大本科生科创竞赛、厦大微博等17家媒体的转载报道，产生了一定的积极影响与正面效应。然而，大学生还存在大学生创新意识的缺乏成为常态等问题。创业意愿因人而异，在校大学生在进行创新创业期间没有找到合适的方向和想法来继续创业工作的开展；创新创业缺乏市场竞争力，缺乏市场调查，盲目地根据自己的想法进行创业已经是常态，取得的成果即使拥有再高的技术含量，也不会受到认可，而只有根据实际的调查来找到市场需求，才能以此为目标进行项目开发，取得的结果才能满足社会需求；在校大学生缺乏创新创业理论指导与实践，缺乏良好的理论体系来进行创业指导，使之在创业之前充分积累经验，帮助大学生来完成创业工作。创新创业指导教师更是存在高校创新创业教育指导教师队伍发展相对滞后等问题。导师人数与大规模参加创新创业活动或项目的大学生人数不成比例，担当创新创业导师的人员多为半路出家，专职从事学生创新创业工作的人员极少；指导教师的知识和技能要求高，对其知识体系提出了全方位的高要求，除专业知识和技能还包括了工商企业管理方面、市场营销方面、财务会计方面，以及政策法规方面等；高校指导教师没有走出社会加入真实的企业实战进行历练，造成了创新项目多，创业项目少，创新点子多为科研项目的拆分，不接地气。

四、思考与解决方案

（一）开设相关创业教育课程，学习创业理论系统知识

在校大学生的创业意愿因人而异，对于有志向创业的学生，现有的引导创业教育仍然较为缺乏。参与环境类项目的学生并不完全由环境类大学生组成，现有的环境类大创项目更多注重对学生实验技能、科学思维的培养，学生实际能够接触到创业的机会较少。对于有想法的学生，一个不成熟的好点子没有经过专门的调研、引导、孵化、成长是很难最终实现成果的转化。创新创业想法普遍较为“原生态”，没有打磨缺失竞争力，往往最终沦为纸上谈兵，因此将创业教育课程纳入课程规划当中显得尤为重要。建议可以将创业教育课程作为一门系统科学进行设计，结合大学自身的特点，再融合以学科特色，鼓励有志于创业的学生能够有一个扎实的理论基础。有一个创业理论体系的支撑，再结合以学科知

识技能,经过合理的引导与孵化,才能够真正推动学生对创业感兴趣、有方向,在创业之前能够有底气、有支撑。让优秀的科研成果接受市场的检验,以市场需求为导向进行设计,才能更好地回馈国家、回馈社会。一门好的创业教育课程,对于有志于创业的学生而言指明了一条理论武装的道路,能够不再根据自身的想法盲目的进行创业。除了对于有志创业的学生,一门好的创业理论教育对于大部分的学生同样能够产生积极的影响,于环境类的学生来说,在校内不仅培养了良好的理工课专业技能,在创新创业教育中还能学习到社会、市场的一线知识,有助于学生未来的职业规划与职业选择更加明晰,因此系统地进行创业理论体系的学习十分有必要。

(二)融合创业新鲜血液,指导教师团队更新升级

现有的创新创业项目的指导教师多为高校科研教师,一方面导师数量与参与项目学生数量往往不成正比,在指导项目的过程中很难实现对学生团队中每个人做到个性化教学,很难针对学生特质做引导,不容易挖掘出适合创业或有志于创业的学生。另一方面,现有的指导教师团队能够对学生科研工作有较大的帮助,但是碍于专职从事创新创业教育的教师数量较少的原因,学生们很难从现有的资源支持中得到良好的创业教育。在创新创业教育中,除了对科研项目的指导有较高的专业要求,对于市场调研、财务预测、企业管理、政策法规的解读等同样重要,环境类作为理工科大类中的一员,目前创新创业教育面临着埋头学术、忽视缺失对上述环节的培养的问题。因此,在新时代高校创新创业教育改革的背景下,我们应当对教师团队自身提出更高的要求。在指导项目的团队导师中,不仅需要有良好学术技能的专任科研导师,更要有丰富市场经验、社会经验的创业导师。吸引新鲜血液融入创业教育,做好双把关,才能够让优秀的科研成果顺应市场发展规律,以需求为导向解决实实在在的难题。

(三)理论应用于实际,把论文写在大地上

大学生创新创业项目通常面临着创新项目多,创业项目少的问题[①]。创业项目也往往是创新项目的拆分,更多还是为创新而服务,并没有实现对学生创业思维的培养。环境类大学生在创新创业项目中学习到课堂知识的延伸,大多在于对其实验设计、实验操作等方面,在项目的实际推行中很难有机会接触到实际的市场环境。这就造成大学生创新创业项目不够接地气,缺乏对社会的认知与了解。因此,建议大学生创新创业项目能够与实习实践相结合,鼓励教师、学生不要埋头于实验室终日与科研相伴,利用课余工作生活的时间走出去看看。为有志于创业的学生创造平台,提供资源支持,让学生们有机会能够到生产一线去了解国家需求,了解市场需求,针对现有痛点做研究,做突破。同时鼓励学生到基层调研,结合青年红色筑梦之旅等活动,走向乡村,走向田野。了解痛点与需求,把理论

---

① 杨雪:《"互联网+"背景下高校就业创业教育问题及创新路径》,《产业与科技论坛》2021年第22期。

知识运用到实际上，在田垄之间绘出创业的画卷。除了为学生创造一个良好的创业环境，同样建议高校的专职教师接受创新创业教育培训，到行业相关的优秀企业交流学习，积极了解参与企业管理、运营当中去，在丰富的实战当中对自身创业理论学习提出更高的要求。

（四）从实验室中走出去，瞄准市场需求做创业

大学生创新创业项目通常都来源于科研，以创新为主，创业实践较少。参与环境类大创的大学生的研究方向往往都在于研究某个科学问题，在成果预期方面也往往以发表学术论文为目标，而忽视了实际市场需求。在这种情况下，有志于环境类创业的学生们所关注的创业方向很可能与实际情况出现偏离。对于现有的经济问题与痛点不了解，做创业就很容易产生失败。创新想法通常可以通过实验的设计与进行发现，而创造动机与商机最能从痛点和难点中产生，这两者是有较为明显的区别的。根据数据显示，创业的成功率是很低的，从创意想法开始，到想法的成熟，再到想法的落地与良好的成长运营，每一步的过程都面临着诸多的困难，想取得成功需要付出相当的毅力与坚持。万事开头难，创业企划思路通常就能够决定这个项目的潜力，一个好的创业思路，在于贴近生活，在于走近企业和市场。能不能够继续走下去，每个环节都十分重要，但最重要的在于创业伊始。在2021年的全国两会上，国家发改委主任何立峰指出："'十四五'规划纲要的指标就像奋力一跳可以摘到的树上的桃子，但必须奋力一跳，而其中的国之大事离不开关键小事。"对于目前亟待解决的需求问题、引领国家未来发展的关键性项目都是很好的研究切入点、创业出发点。在创新创业教育改革实践的过程中，应当注重对学生创业思维的培养，整合资源鼓励学生从校园里走出去，去有痛点的地方学习市场和企业是如何解决这些难点的，在不断的磨炼中学习，做好市场调研，培养收集信息的能力，瞄准市场的需求做研究，做突破。

五、结语

习近平总书记2018年在济南考察时曾深情嘱咐："要坚持把发展基点放在创新上。"① 创新创业教育是新时代教育改革的重要模式之一，鼓励学生们从课堂走出去，到广袤的中华大地上去受教育，得磨炼，促成长。高校教师应当积极响应国家政策号召，身体力行推行创新创业教育，结合思政教育，密切联系专业知识，用灵活的教学学习方法开发学生的潜能，用扎实的基础知识培养学生的能力，用耐心的教诲提高学生的素质，凝聚科技力量为年轻一代创造良好的双创生态环境。首先是项目选题不应来源于科研，而应该多走访市场和企业，经济运行中的痛点和难点最能激发创造动机。体验创业、学习创业与实践创

---

① 《习近平：切实把新发展理念落到实处 不断增强经济社会发展创新力》，《人民日报》2018年6月15日第1版。

业，是大学生成功创业的三个连续阶段。参与科创竞赛就是大学生们迈出的第一步，创新创业准备要从大一开始抓起，培养学生兴趣，让学生通过创业教育的学习能够切实提高自己的创造品质，激发创业意识，进而达到全面提升学生综合能力的目的。要坚持理论与实际相联系，应该有更多的创业失败案例供学生参考并汲取经验，放眼低处，鼓励和引导学生多尝试生存性的创业[①]。指导教师与学生团队一起共同成长，引导学生阶段拓宽思维，全面考虑问题；项目不同阶段应为学生寻找和提供各种各样的资源，项目开展顺畅时，给予学生激励，在项目陷入谜团或困境，乃至最终项目不得不以失败告终时，给学生以安慰和陪伴，做学生的心灵导师。

① 鲍淼芳：《校企联动，以专业教育促创新创业发展——以陕西青年职业学院舞蹈表演专业为例》，《陕西青年职业学院学报》2018 年第 4 期。

新工科背景下大学生职业素养的培养与教学实践[*]

张建国[**]

摘 要:新工科建设既包括针对人工智能、云计算、物联网等新兴产业的专业新建与设立,也包括对机械航空土木等传统工科专业的升级改造。新工科专业培养的毕业学生要能更快地适应时代的发展变革、更好地融入祖国建设的大潮中去,在大学期间的学习中,就应该注重职业素养的自我塑造。与之对应的是,学校新工科专业在传授专业知识的同时,也须将培养学生的职业素养放在重要的位置。本文以传统土木工程专业升级改造成的新工科专业为实例,从职业素养的内涵出发,阐述了大学生职业素养培养的基本思路及教学实践,证明了其有效性,可供新工科专业师生参考借鉴。

关键词:新工科;职业素养;教学实践;土木工程

一、引言

2017 年 2 月,教育部发布了《关于开展新工科研究与实践的通知》。随后,新工科专业的建设迅速开展,全国许多高校增设了"数据科学与大数据""机器人工程""物联网工程"等针对新兴产业的专业。基于上述这些产业对于传统工科专业的升级改造也迅速同步进行,如智能建造、智能医学、智能车辆工程等专业,都是通过信息化、智能化的渗透对传统的土木工程、医学工程、车辆工程等更新而成的。

在进行新工科专业的开设以及传统专业的升级改造过程中,确定专业明确的培养目标和毕业要求是重中之重,它是后续制定课程体系以及培养方案的基础,有什么样的毕业要求,就制定相应的课程体系,这是新工科专业的毕业生能快速适应社会的发展需求,较传统专业毕业生能发挥更大作用的根本保证。

在工程教育专业认证的通用标准[①]中,"毕业要求"部分除了对思政、通识以及专业等课程的设置有明确的要求,还对学生的职业规范、团队意识、沟通与学习能力等多方面提

* 基金项目:2020 年厦门大学新工科研究与实践项目。

** 张建国,男,湖北长阳人,厦门大学土木工程系副教授。

① 中国工程教育专业认证协会:《中国工程教育专业认证标准(2015 版)》,2015 年。

出了更多的要求，希望学生毕业后能快速适应社会，迅速发挥专业才能，在5～10年内成为行业的中坚力量，这实际上就要求了学生在大学期间，就需要进行职业素养的塑造和培养，为毕业后成为一个合格的工程师和业务骨干打下良好的基础。

具有新工科专业背景的学生毕业后面临的行业或工作领域较传统领域更具有挑战性，行业变化日新月异，新生事物层出不穷，学生面临的较多事项并没有先例可循，没有现成的案例可供参考借鉴，这就需要学生根据自己的职业素养，在遇到新的问题时果断做出判断，形成正确的决定，从而顺利完成任务。

一般而言，职业素养主要包括如下四个方面的内容：(1)职业道德，即在职业生活中应遵循的基本道德，是一般社会道德在职业生活中的具体体现；(2)职业思想，即爱岗、敬业、忠诚、奉献、乐观等积极的人生态度在职业生活中的具体表现；(3)职业行为习惯，即适合于职场惯例、有利于集体和自身发展的职场综合素质；(4)职业技能，即通过学习培训等获得的专业知识和能力，是支撑职业人生的表象内容。可以看出，前三项属于世界观、价值观和人生观范畴，需要逐渐形成和完善，第四项则属于知识体系的范畴，通过记忆理解等方式即可获得。

新工科专业的大学生在校期间，应该针对上述四个方面的内容进行自我塑造和培养，特别是前三个方面的内容，需要贯穿到整个本科阶段的学习中。本文以升级改造的土木工程新工科专业为例，从专业法规、工程伦理、课程思政以及实践教学等四种教学手段着手，阐述新工科专业学生职业素养培养的基本思路和教学实践。

二、专业法规教育筑牢职业素养底线

工科专业的大学生除了要修读“法律基础”课程，还需要进行本专业的法律法规方面的课程学习。与“法律基础”课程不同，专业的法律法规着重讲述与本专业相关的法律规定和条文以及违反法律法规后应负的法律责任，内容基本涵盖了学生毕业后从事本专业时会遇到的各种情况，大多采用案例教学，多由工程实践经验丰富的教师主讲，学生兴趣大，教学效果好。

专业法规教育中提到的各种案例，大多来自工程实践。以土木工程专业学生修读的“建设法规”课程为例，采用的案例包括了建设工程招投标、工程总承包、工程合同、工程安全、工程质量、工程监理以及城乡规划等方面，涉及的法律问题包括串标围标、违法分包、不履行合同义务、安全事故、质量问题、监理失责等。这些问题或者案例对于校园里的本科学生而言，是完全陌生的。这些内容也有别于力学计算、结构设计、理论分析、课程实验等专业知识的学习，是学生认识行业、认识社会，塑造职业素养的必要途径。

学生在修读完专业的法律法规课程之后，会意识到在以后的工作中，除了要遵守现有普遍适用的民法、刑法等通用法律，还必须严格遵守专业领域的各项法律法规，这是职业工作的底线，是从事相关行业领域时需要时刻铭记在心的最基本准则。若相关责任人违反了专业法律法规的条文规定，将会承担相应的民事、刑事或者行政责任，这已经不是职业素养欠佳的问题了，而是已经不具备从事该行业相关工作的资格了。

新开设的新工科专业和传统专业升级改造后的新工科专业，涉及更多的人工智能、物联网等新兴产业方面的产品和知识，该类专业的学生更应该深入领会专业法律法规的内涵，确保在处理以往没有先例的工程问题时，能不违背法律条文的规定，在法律允许的范围内履行相应的权利和义务。

以土木工程升级改造后的新工科专业“智能建造”为例，该专业研究和实施的对象仍然是建筑、桥梁等工程结构，但在结构的设计、施工、运维等方面，采用了人工智能、云计算、物联网等信息化方法和手段，如智能设计、智能机器人施工、建筑信息模型（BIM）、装配式等，都是有别于传统的结构设计、施工工艺和流程的，在涉及这些领域的招投标、合同管理、安全和质量管理以及监理等工作时，就不可避免地会遇到前人没有遇到过的问题，在解决这些问题的时候，是否会违背法律的规定，是否能满足工程法规的要求，就需要从业者具有更加清醒的法律责任意识。

智能设计是目前智能建造领域研究比较热门的方向，是希望运用大数据和人工智能，让软件系统部分或者全部代替设计人员完成建筑或桥梁结构的设计任务，这是对传统设计行业的一个有力挑战。在这个方向，面临的法律问题包括知识产权的保护、结构安全质量的保证、法律责任的承担等，这些法律关系的主体、客体和法律内容与传统行业的主客体及内容具有较大差别。智能机器人的使用对提高结构质量和施工安全、工地环保绿色化等起着良好的作用，但在建筑工人的劳动合同关系、施工招投标报价等方面容易引起法律纠纷，这也是传统施工企业面临的新法律课题。

从上述的分析来看，开设工科专业的行业法律法规课程，进行专业领域的法制教育，对培养学生的职业素养具有重要的必要性，特别是针对新工科专业的学生，更应该理解条文的实质内涵，筑牢职业素养的最基本底线。

三、工程伦理教育提高职业道德素养

伦理一般是指在处理人与人、人与社会相互关系时应遵循的道德准则，工程伦理则更多的是指在处理工程问题时，涉及的人、社会、工程之间关系的基本准则，包括技术伦理问题、利益伦理问题、责任伦理问题和环境伦理问题等四大类，具有历史性、社会性和复杂性等特点[①]。

目前工科专业的本科教学一般没有专门开设“工程伦理”这门课程，但在工程教育认

① 李正风、丛杭青、王前等：《工程伦理》，清华大学出版社2019年版，第5～34页。

证的毕业要求中，却明确提到了对职业道德等素质的要求。也就是说，学校在工科学生的日常培养中，要有意识地将职业道德的教育贯穿到整个培养体系中，在课堂讲授、科创竞赛、课程实验、课程设计、毕业设计等教学环节中，潜移默化地传输职业道德的观念，增强学生遵守职业道德的意识。

仍以“土木工程”专业为例，该专业毕业的学生大多从事工程项目的立项与选址、结构设计、现场施工与管理方面的工作，在各种类型的工作中，往往会遇到较多的工程伦理问题，这些问题虽然不会违反法律法规的条文规定，因此不用承担相应的法律责任，但如果解决不当，仍然会造成较为严重的经济、社会或环境方面的不利后果。如工程选址方面，涉及的工程伦理问题包括该工程是否会影响到古文物的保护、是否会造成环境的恶化、是否会造成当地居民的生活困难等；在工程设计方面，涉及的工程伦理问题包括是否采用最具性价比的技术、材料和设备，是否会从项目的整个寿命周期考虑设计优化等；在现场施工与管理方面，涉及的工程伦理问题包括施工是否会造成废水、废渣和噪声污染，是否会有利于工人的身心健康等。在解决这些问题时，需要从业者具备良好的职业道德，处理好人与人、人与社会之间的关系，既能按时按质安全地完成工程建设任务，又能取得良好的社会效益。

土木工程升级改造后的新工科专业，如“智能建造”等，更应该面向学生进行工程伦理方面的教育，以便适应信息化、智能化的行业转变。以智能施工智慧工地为例，由于智能机器人的大量应用，施工速度明显加快，管理人员为了缩短工期、提高效率，往往会按照智能机械的施工速度来要求建筑材料的准备和运送速度，而这些工作还是需要施工工人来完成的，这无疑加大了这些工人的劳动强度，从而影响工人身心健康，甚至导致工程安全事故和质量缺陷问题。又如在智能设计阶段，软件系统生成的设计方案或图纸如有不足和缺陷，造成了较为严重的安全和质量问题，溯源追究的责任应该由谁来承担？

可以看出，加强学生工程伦理的教育，提高学生的职业道德素养，是传统工科专业和新工科专业都必须面临的任务。通过工程伦理的培养和教育，学生们具备了较高的职业道德，毕业后能正确处理相关的伦理问题，这对整个行业和社会都是极其有利的。

四、课程思政教学提升职业思想素养

传统工科专业和新工科专业的学生们毕业后除了能严格遵守通用和专业的法律法规、具备较高的职业道德，还应该拥有爱国、敬业、忠诚、奉献等高尚的品德，这是新时代大学生为把我国建设成社会主义强国而必须具备的品质，也是我国社会主义大学“为党育人、为国育才”的目标所在。

目前，课程思政教学已深入大多数课程，这些课程包括课堂讲授课程、实验课程、设计课程、实践创业课程等。课程教师积极挖掘和提取课程中的思政元素，在课程教学时“润物无声”地将课程内容和思政元素相结合，向学生传递爱国、敬业、忠诚、奉献的职业思想和高尚品德。

工科专业往往与国家的科技革命和发展紧密相连，工科专业的学生毕业后，能较其他专业的学生更迅速更直接地投入国家的经济建设中，若学生拥有前述的职业思想和品质，能将个人的职业发展与祖国的建设联系在一起，热爱自己的行业和专业，愿意为企业和国家奉献自己的力量，则对我国的社会主义建设起着助推器的作用。新工科专业是教育部为主动应对新一轮科技革命与产业变革，支撑服务创新驱动发展、“中国制造 2025”等一系列国家战略而推动建设的，更需要该类专业的学生具备优秀的职业思想和高尚品德。

土木工程专业或者智能建造专业的课程中，有着较多的思政元素可供挖掘和提取，在基建建设方面，我国的跨江跨河大桥、海底隧道、摩天大楼城市等，目前都处于世界领先地位，这都是勤劳聪明的中国人民辛苦努力、艰苦奋斗换来的，通过讲解这些工程的设计和建造等事例，可以激发学生的爱国情怀，增强学生的民族自豪感。在先进行业人物方面，詹天佑、茅以升、钱学森、郭永怀、李国豪等力学和土木领域的大师和前辈，为我国的土木事业作出了巨大的贡献，特别是在我国处于国力羸弱时期，先辈们舍弃外国优厚条件，毅然回国报效祖国的先进事例，可在学生中心目中烙下责任、奉献等高尚品德的印记。

针对新工科专业的学生，学校需在人工智能、操作系统、芯片硬件等方面进行思政方面的教育。目前，我国的人工智能、芯片等方面仍然落后于西方发达国家，是制约我国高速发展的主要障碍之一，国家已制定战略，希望尽快解决一批“卡脖子问题”。该类专业的学生应该具备时代的紧迫感，树立为国奉献自己聪明才智的理想，从而形成爱岗敬业、忠诚奉献等优秀的职业思想和品德。

如上所述，课程思政是提升学生职业思想、形成高尚品德的重要途径和手段。高尚的职业思想是职业素养的重要组成部分，可帮助学生们在实现自我价值的同时，为国家和社会创造更多的财富，助力社会主义现代化建设的发展。

五、实习实践教学培养职业行为习惯

工科专业的实习实践是教学环节中非常重要的一个组成部分，学生们在学完书本知识后，需要到行业中去亲身体会，达到理论联系实际的目的。在这个过程中，学生们通过与行业人员的交流和学习，在巩固所学知识的同时，还可以引发思考，加深对整个行业的理解，从而对自身的未来发展有更清晰的认识。

实习实践教学还有另外一个非常重要的目的，那就是培养学生良好的职业行为习惯，如严谨细致、践诺守时、勇于担当、自我学习等。一般而言，工科学生的生产实习持续时间会有一个月或者更长的时间，实习期间，实习单位会安排优秀的职业导师指导学生的实习工作，导师的言传身教是学生的最好榜样，导师的良好行为习惯也将慢慢传递给学生，最终被学生吸纳和接受。相比较于巩固书本知识，实习实践教学在这方面的作用显得更为重要。

良好的职业行为习惯能够决定学生毕业后是否能快速适应职业环境、是否能高效率高质量地完成任务，从而出色完美地达到预期的工作目标。在大学生活里，很多学生养成了良好的生活习惯，自律性强，这为工作以后形成良好的职业行为习惯打下了坚实的基础；反之，部分学生生活习惯差，做事拖拉，丢三落四，这就需要在工作以后逐渐纠正，从而养成良好的职业行为习惯。

传统的土木工程专业和升级改造后的智能建造等专业，研究和实施的对象均是建筑和桥梁等供人们生活工作使用的场所，需要勘察、设计、建造等从业人员具有一丝不苟的工作作风，在勘察设计过程中，无论是传统的人工设计还是智能设计，都需要严格地理解和执行规范，严谨细致地完成图纸绘制或者信息模型的构建。在施工建造管理的过程中，需要和更多的人打交道，需要现场管理人员具有践诺守时、勇于承担的行为习惯，这样可快速地建立良好的人际关系，树立威信，从而方便管理，更容易完成预定的工作目标。

新工科相关产业涉及的新生事物层出不穷，大学期间所学的专业知识远远不能适应行业的快速发展，这就需要学生毕业后，必须具备自我持续学习的职业习惯。如在智能建造行业的发展过程中，装配式、BIM、智能机器人、物联网、大数据等领域的知识体系更新换代快，更新的先进技术不断涌现，从业者只有不断地学习，才能跟得上行业发展的步伐，自我学习的职业习惯是保持行业领先的必要基础。

在新工科专业学生的毕业要求和培养目标中，需将培养良好的职业行为习惯作为重要内容，实习实践是实现该培养目标的重要手段，可为学生毕业后迅速融入行业并保持持续领先打下坚实的基础。

六、结论

本文首先阐述了新工科背景下大学生职业素养培养的重要性和必要性，接着从专业法规教育筑牢底线、工程伦理教育提高职业道德、课程思政教育提升职业思想以及实习实践教育训练职业习惯等四个方面介绍了工科大学生职业素养培养的思路和教学实践，可供新工科背景下的大学师生参考。

基于 BIM 技术虚拟现实场景的沉浸式教学改革与实践研究*

邓建勋**

摘　要:为了推进和深化高等教育改革,促进高校大学生创新创业能力的提升,提高人才培养质量,针对学生在房地产开发学习中实践环节薄弱,传统理论式教学效果有限的现实情况,论文提出创新教学模式,加大房地产开发课程教学创新改革力度,推进信息技术与高校教育教学的深度融合,引入 BIM(Building Information Modeling)技术,虚拟房地产开发现实场景,通过学生角色扮演的融入,采用虚拟现实的"沉浸式学习"的教学法,将理论与实践相结合,进行房地产开发仿真演练,提高实践教学效果。该教学创新模式以某实际项目为原型,通过 BIM 技术虚拟房地产开发现实场景,对房地产开发项目的全过程进行仿真模拟演练。学生通过团队构建、角色扮演、BIM 技术植入、案例仿真呈现、任务通关、学生融入项目等多样化沉浸式实践学习,不仅能切身感受房地产开发中各种管理角色的职责和任务,而且能了解房地产开发项目的全流程,体验房地产开发各阶段的任务目标。通过教学改革实践表明,该教学模式寓教于乐,激发了学生的学习兴趣,增强了学生积极参与的主动性和协作精神,促进了学生对房地产开发专业知识的理解,培养了学生的创新意识、创新能力。

关键词:BIM 技术;虚拟现实场景;沉浸式教学改革;创新人才培养

一、引言

为了推进和深化高等教育改革,促进高等学校大学生创新创业能力的提升,提高人才

* 基金项目:2021 年教育部产学合作协同育人项目(项目编号:202102510016)基于智能建造的土木工程学科创新人才培养 BIM 科创实践基地建设研究;2019 年度厦门大学教学改革研究项目"基于沙盘案例模拟的房地产开发项目管理实训课程教学改革研究"。

** 邓建勋,男,湖北赤壁人,厦门大学建筑与土木工程学院,助理教授、硕士生导师,主要研究方向为 BIM 技术与智能建造、工程项目管理、房地产开发管理、建筑工程经济。

培养质量[①]，厦门大学提出了以教育教学改革为核心，不断地强化协同育人合力的教育改革思路[②]，积极推动翻转课堂教学、线上线下混合教学等多种教学改革举措，重点培养学生的创新精神、创业意识和创新创业能力。在这样的教育改革背景下，针对学生在房地产开发学习中实践环节薄弱，学习中被动接受，传统理论式教学效果有限的现实情况，论文提出创新教学模式，加大房地产开发课程教学创新改革力度，推进信息技术与高校教育教学的深度融合，引入BIM（Building Information Modeling）技术，虚拟房地产开发现实场景，通过学生角色扮演的融入，采用虚拟现实的"沉浸式学习"的教学法，将理论与实践相结合，进行房地产开发虚拟仿真演练，提高实践教学效果。

二、房地产教学研究现状

高校房地产类课程在教学手段、教学方法等方面还存在着一些不足之处，特别是在实践教学方面还不能很好地实施。该类课程教学，老师主要采用课堂理论讲授的教学方式为主，学生被动学习，不能促进他们主动探索与研究。教学仅仅是房地产有关概念和理论方面的学习，学生不能了解房地产开发的实际场景，使学生们既感到所学知识枯燥乏味，也不利于学生创新精神的培养。目前，在高校房地产类课程的教学研究方面，一些老师进行了教学改革尝试，促进了相关学科的发展。例如，有的老师运用实体沙盘模拟来实现对房地产开发项目的模拟，以弥补理论教学的不足，取得了一定教学实验效果[③]。有的老师利用房地产企业开发经营沙盘模拟训练系统，进行学生实践教学课程的探索[④]。也有老师提出采用基于工作过程来设计教学内容，突出重点，优化分解实训教学[⑤]。总体而言，目前这些教学研究主要是以实体沙盘为主来开展教学模拟实训[⑥]。但是实体沙盘模拟教学存在一定的局限，实体沙盘模型存在制作周期长、规划设计不具有灵活性、设计模型更改不便利、展示效果单一、纠错不方便、不能便利的模拟各开发阶段等诸多方面的局限性。特别是在新冠疫情防控期间，学校实行了线上或线上线下混合式的网络教学，如果采用实体

---

① 《国务院办公厅关于深化高等学校创新创业教育改革的实施意见》（国办发〔2015〕36号），http://www.gov.cn/zhengce/content/2015-05/13/content_9740.htm，访问日期：2021年12月6日。

② 《厦门大学深化创新创业教育改革实施方案》，http://www.moe.gov.cn/s78/A08/gjs_left/s3854/cxcyjy_ssfa/201603/t20160315_233609.html，访问日期：2021年12月6日。

③ 王晓姝：《企业沙盘模拟方法在房地产教学中的应用》，《牡丹江大学学报》2014年第4期。肖艳：《房地产经营与管理课程沙盘实验教学探索》，《高等建筑教育》2013年第1期。

④ 陈红霞：《房地产沙盘模拟课程功能及存在问题探讨》，《课程教育研究》2012年第26期。

⑤ 刘忠秀：《〈房地产项目策划〉课堂教学模式改革的探索与实践》，《教育现代化》2019年第10期。

⑥ 宋玲、赵春菊、黄建文、晋良海：《基于沙盘模拟的工程项目管理"理实一体化"教学模式研究》，《教育现代化》2016年第40期。黄建文、黄琴、张婷、马文娟：《"三明治"模式下工程项目管理沙盘模拟流程设计》，《高等建筑教育》2014年第5期。甄雯：《房地产开发与管理专业工程项目管理沙盘模拟课程实训方案设计研究》，《河南农业》2018年第33期。

沙盘模型，则不便于开展线上网络教学。

为此，课程改革将BIM技术引入房地产教学中，发挥建筑领域相关软件的优势，对开发项目进行三维建模，构建虚拟仿真沙盘模型，虚拟房地产开发的现实场景。BIM技术的实时修改纠错功能，可以为开发项目的规划设计、多方案比选与优化、施工仿真模拟、综合管线优化排布等方面提供便利。学生通过团队构建、角色扮演、BIM技术植入、案例仿真呈现、任务通关、学生融入项目等多样化“沉浸式”实践学习，不仅能切身感受房地产开发中各种管理角色的职责和任务，而且能了解房地产开发项目的全流程，体验房地产开发各阶段的任务目标。

三、BIM虚拟房地产开发教学主要改革思路

教学的改革方案设计主要包括如下内容：房地产开发项目BIM虚拟沙盘总体设计、项目组织建设、开发项目总体策划、开发项目实施与纠偏、开发项目演练总结。BIM虚拟仿真模拟现实复杂环境中的房地产公司以及开发项目的全生命周期，从房地产开发项目宏观与微观环境分析、房地产市场调查、开发投资测算、投融资计划、土地竞买、项目定位与策划、项目规划与设计、招投标管理、施工建设与管理到市场推广与销售、运维管理等全生命周期开发流程。

1. 房地产开发项目BIM虚拟沙盘总体设计

主要包括实施规则设计、虚拟角色职责设计、评定标准设计、基于BIM的虚拟仿真沙盘设计。其中需要具体解决的问题包括房地产开发项目目标分析与制定、项目实施若干运作规则的考虑、主要控制参数与技术指标的确定、BIM虚拟仿真沙盘模型构建、房地产开发项目最终绩效评价设计等。

2. 房地产开发项目组织建设

这是BIM虚拟仿真教学的组织保证，相当于实际工程项目的组织机构建设，合理的组织机构和成员构成是保证项目开发能否成功的关键，虚拟仿真模拟教学很强调组织团队的协作。教学以分组的形式组成若干个团队，学生扮演开发项目中的不同角色，模拟实际工程，这不仅实现“教学与工程实践相结合”的目的，还提高了学生的团队意识、合作精神。如何进行项目管理的组织设计构建项目团队？如何分配角色？如何选人与用人？这些问题都将在虚拟沙盘实践模拟中得以体现和寻找到答案。

3. 房地产开发项目总体策划

这是BIM虚拟仿真模拟房地产开发最终能否成功的关键。通过这个阶段的实践，学生熟悉如何对房地产开发项目进行整体策划？主要考虑哪些方面？如何综合考虑进度、成本、质量和客户满意四维目标的平衡？如何理解各方面的相互关系？项目开发管理中有哪些关键角色，如何管理这些关键角色？

4. 房地产开发项目实施与纠偏

这是整个BIM虚拟仿真沙盘模拟项目教学的主要过程。学生将依据房地产开发项目策划,在操作过程中,加深对房地产开发项目实施和建设的实际了解和掌握。通过对房地产开发项目进行全过程的虚拟仿真沙盘模拟演练,学生了解和掌握房地产全生命周期的开发管理流程。

5. 房地产开发项目演练总结

这是个BIM虚拟仿真演练的结果总结。通过最终各项评价可以检验每个团队的策划、执行等是否合理和最优。每个团队撰写开发项目总结报告,这是对整个BIM虚拟仿真沙盘演练实践过程的总结和提升。通过每组答辩,分享心得体会,相互学习,总结经验,教师提问和点评,明确一些关键问题,达到进一步总结提升的目标。

四、BIM虚拟房地产开发教学的具体步骤

(1)构建项目团队,分组运营不同企业;(2)根据开发项目情况,BIM模拟房地产开发真实场景;(3)角色扮演不同岗位,进行BIM虚拟仿真沙盘实操演练;(4)BIM虚拟仿真沙盘实操演练成果总结;(5)项目团队沟通与分享;(6)授课教师提问和点评。

五、BIM虚拟房地产开发教学内容

1. 项目团队组建

按照4～6人一组组建项目团队,进行团队队名设计、团队logo设计,每一个学生对应于不同的专业岗位,进行合作开发等。

2. 开发地块虚拟沙盘构建与环境分析

将BIM技术引入房地产沙盘模拟,应用BIM技术构建假定拍卖的地块,包括地块的周边环境情况。假设当前预计有某地块即将进行拍卖,各小组进行前期的可行性研究,包括房地产市场宏观与微观环境调查分析、竞争者与竞品调查分析、需求调查分析等。

3. 项目定位与策划

应用BIM技术构建项目多方案开发模型,对项目进行定位比较分析与策划。包括总体开发定位、竞品调研与分析、目标客户群定位、产品定位与策划、项目市场定位、产品价格定位、项目开发策划等。

4. 项目投资测算

应用基于BIM技术的专业计量计价软件进行项目投资测算。包括项目投资测算、项目经济效益评价、成本分析、风险分析等。

5. 项目融资

应用BIM技术模拟项目开发全过程所需资金资源情况,对开发项目进行融资分析,包

括融资的渠道来源、资本结构组成、成本及效益分析、信贷政策分析、风险分析、资金平衡计划等。

6. BIM 虚拟仿真沙盘模型构建与规划设计

根据市场调查情况，用 BIM 技术进行项目布局规划设计、拟定开发设计方案、构建虚拟仿真沙盘模型、构建建筑等各专业 BIM 模型、进行建筑外观设计、建筑功能布局设计、水电智能化设计、精装修设计、绿化与景观设计等。应用 BIM＋VR 技术进行建筑设计碰撞检查与设计优化。

7. 建筑招标与工程施工管理

引入 BIM 技术进行招标控制价编制。将 BIM＋VR 技术应用于施工场平总体布局，进行动画施工模拟等。将 BIM 技术应用于质量安全管理、工期管理、成本管理、施工方案指导等。应用 BIM＋VR 技术进行综合管线碰撞检查与施工深化设计。

8. 市场推广与销售

利用 BIM 技术构建总体开发项目的推广展示虚拟仿真模型；利用 VR 技术构建虚拟仿真场景，进行虚拟场景漫游。以 VR 视角俯瞰整个 3D 虚拟楼盘，可以了解项目整体区域 3D 规划，感知项目本身整体建筑布局、交通设施以及园林景观等；走进 3D 虚拟样板间可以近距离观看精装样板间，全方位体验户型结构、采光和景观环境等，仿佛置身于其中，足不出户即可体验真实的购房选房过程。

9. 物业运营管理

应用 BIM＋VR 模拟进行物业运维管理。

六、基于 BIM 技术虚拟现实场景的沉浸式教学实践

教学实践项目概况：某房地产开发地块位于某市靠近元亩塘湿地公园，此地块交通便捷，项目紧邻主干道利民东路（东西走向），以及二环路（南北走向）。用地占地 135600 平方米，开发总建筑面积为 197401 平方米，容积率为 1.5，建筑密度≤35％，绿地率≥35％，建筑限高 84 米，建筑类别：多层叠墅、高层住宅，需配建商业及 12 班制国际双语幼儿园，计划打造当地核心居住人文版块。借助百度地图等工具，可实现虚拟仿真地块与实际地块的一致，房地产开发地块位置图（见图 1），意向开发地块及周边地块情况图（见图 2）。

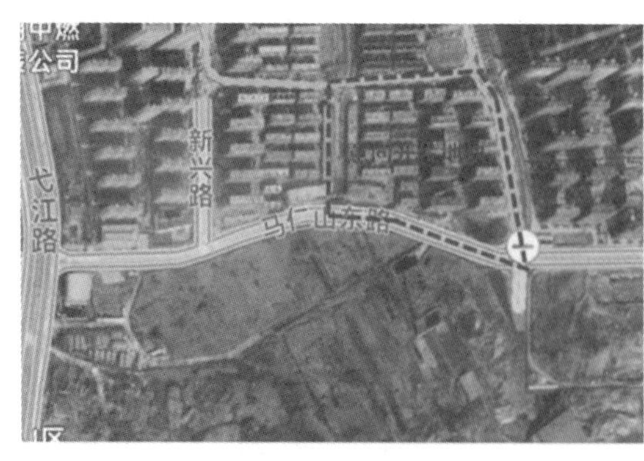

图1 房地产开发地块位置图

图2 意向开发地块及周边地块情况图

在综合分析、研究规划基地整体概况的基础上，用BIM技术对开发产品业态进行规划布局（见图3）。本项目规划住宅区域共建高层住宅7栋，叠墅15栋。商业网点设施沿中央步行规划道路布局，对社区居民提供服务。12班制幼儿园位于项目东南侧，满足采光、防噪、安全等要求。根据规划布局设计构建虚拟仿真沙盘模型（见图4）用于教学。

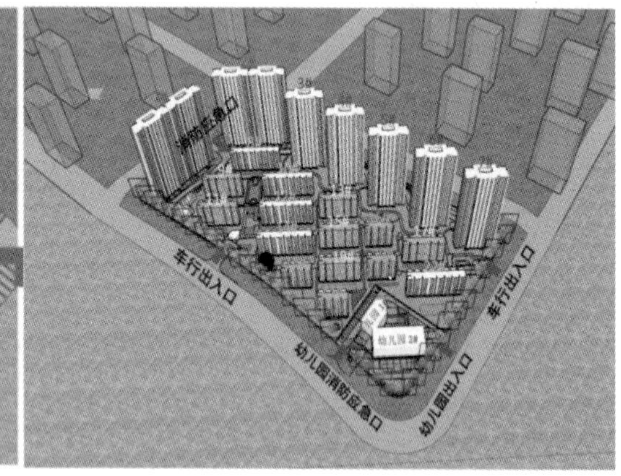

图3 开发产品BIM业态规划布局图

图4 开发项目BIM虚拟仿真沙盘模型构建

结合城市发展、当地市场情况的研究分析，进行BIM建筑业态定位（见图5），进行BIM建筑外观建模与渲染效果设计（见图6、图7），对楼盘进行公共配套设施的BIM设计仿真（见图8）。

图 5　BIM 建筑业态定位

图 6　叠墅 BIM 模型与渲染效果图

图 7　单体高层 BIM 模型与渲染效果图

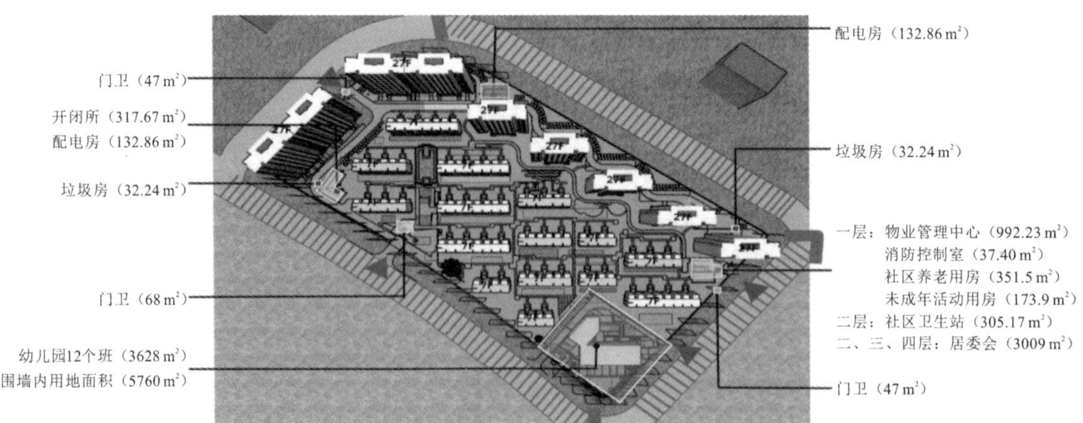

图8 基于BIM模拟的公共配套设施分布图

拟开发项目租用地块约600平方米场地作为临建生活区，满足工地管理工作人员的办公和基本生活需求，将BIM技术应用于开发项目施工办公区及生活区总体布局仿真模拟（见图9）。

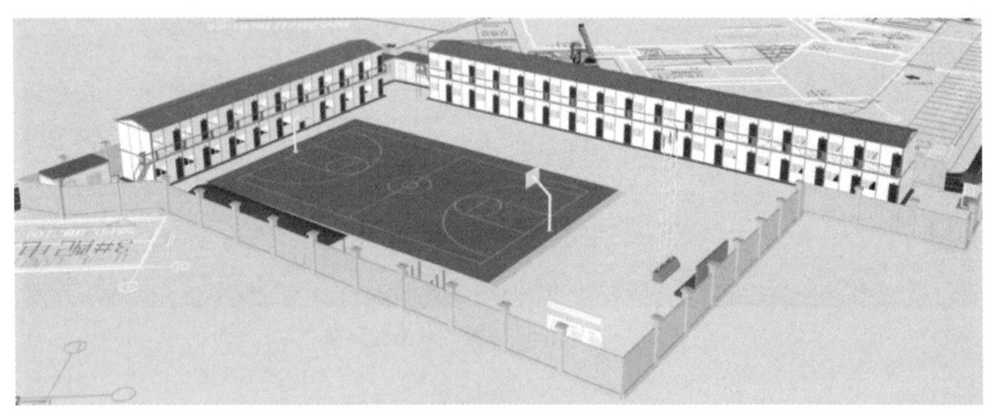

图9 生产生活区布置仿真模拟

将BIM技术应用于施工场地平面总体布局（见图10），进行施工仿真模拟（见图11、图12），综合管线碰撞检查与优化（见图13），施工场景漫游等（见图14）。

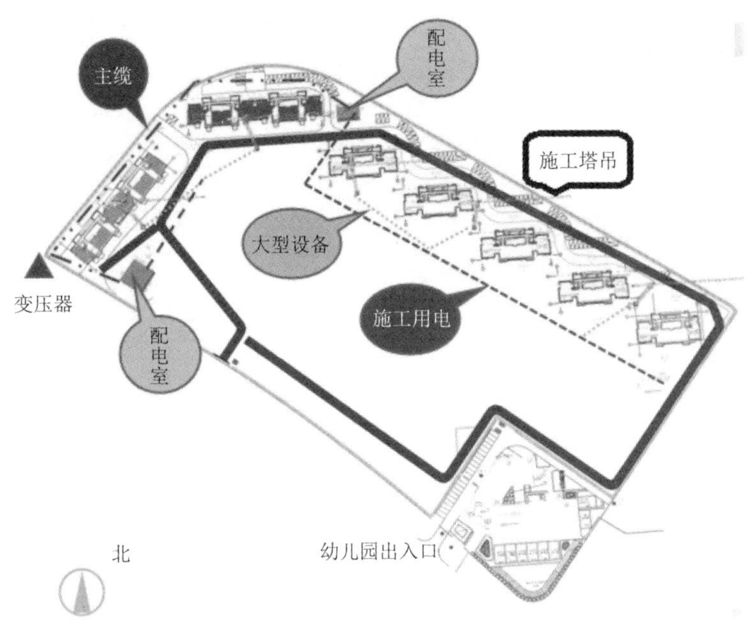

图 10 施工场地平面 BIM 仿真总体布局

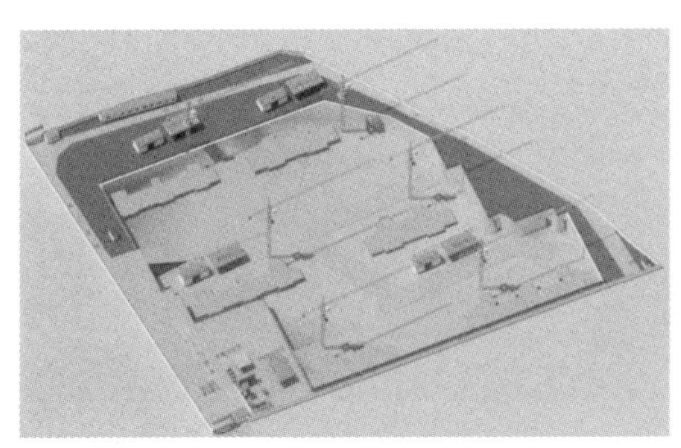

图 11 基础(局部)施工阶段 BIM 仿真

图 12 主体(局部)施工 BIM 虚拟仿真

优化前

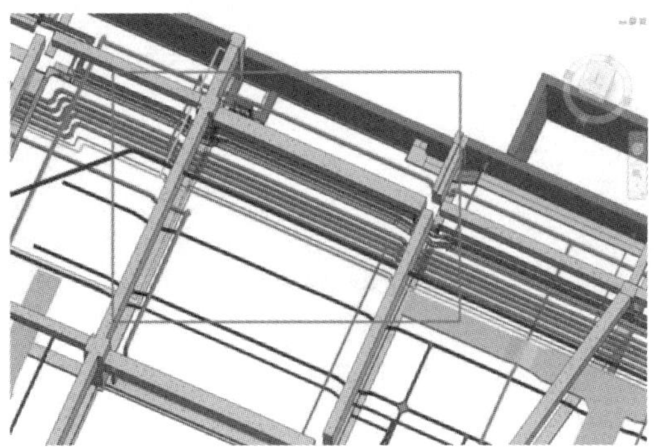

优化后

图 13 综合管线碰撞检查与优化

图 14　施工场景漫游

应用 BIM 技术进行精装设计，Revit 中建立 3D 精装模型（见图 15），直观呈现精装设计效果。

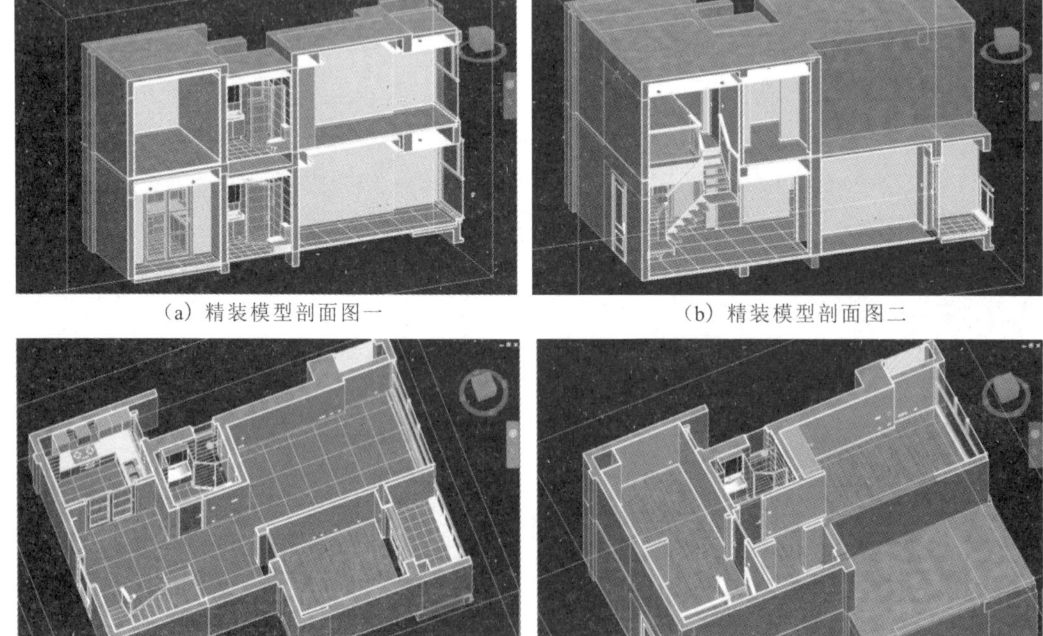

（a）精装模型剖面图一　（b）精装模型剖面图二

（c）精装模型1F剖面图　（d）精装模型2F剖面图

图 15　Revit 精装模型创建

在模型创建完成后，在 Lumion 软件中放置模型，并进行材质的应用，使模型效果更加真实化（见图 16）。

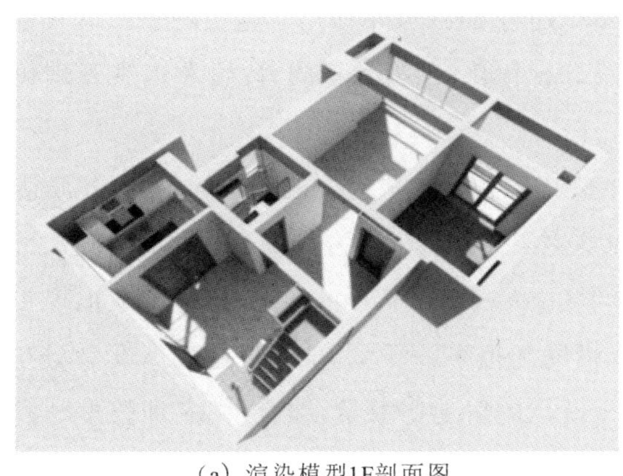

(a) 渲染模型1F剖面图

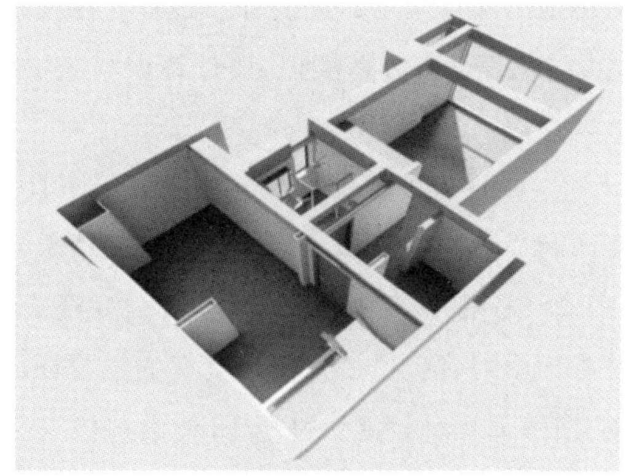

(b) 渲染模型2F剖面图

图 16　Revit 精装模型渲染

结合 VR 技术，并将其模型融入具备 Oculus Rift 系统的 VR 环境中，实现精装 3D 虚拟样板间可视化、具象化，通过扫描二维码就可身临其境地体验装样板间，亲眼感受户型结构、采光等(见图 17)。

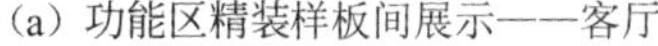

(a) 功能区精装样板间展示——客厅

(b) 功能区精装样板间展示——厨房

图 17　基于 VR 的精装样板间展示

应用 BIM 技术与 VR 全景视频处理技术，所带来的沉浸感、现场感以及交互性能够让教师和学生置身于真实的房地产开发场景中，足不出户就可以让学生 360°沉浸式体验房地产开发不同阶段的场景，观察真实的房地产开发业务流程，掌握房地产开发工作的全流程。

七、课程改革的创新优势与难点

(一)课程改革的创新优势

1. 将 BIM 技术引入实践环节的教学改革中，构建可视化和交互性相结合的虚拟仿真沙盘模型，避免了实体沙盘模型在规划设计变化、更改不便利、展示效果单一以及纠错等方面的局限性，使房地产沙盘模型的呈现更为直观、更为全面、更为系统化，并且能仿真模拟房地产项目全生命期的开发过程。课程改革中还将 BIM 技术应用于施工场平总体布置优化、施工虚拟仿真模拟、设计错误检查、管线综合优化、工程计量测算、物业运维管理仿真模拟等。

2. 借助百度地图、google earth 等工具，实现虚拟仿真地块与实地地块的一致，让学生能实时通过网络工具了解实地地块的情况，为学生实训提供了更为直观和感性的认知。

3. 采用"沉浸式学习"教学法。沉浸式学习(immersive learning)，是指通过虚拟现实技术为学习者提供一个接近真实的学习环境，借助虚拟学习环境，学习者通过高度参与互动、演练而提升技能。基于 BIM 虚拟仿真沙盘模拟的房地产教学，综合了"实训教学""模拟教学""实体沙盘教学"和"案例教学"等教学法的长处，基于"BIM 虚拟沙盘"的载体，采用"仿真模拟"的手段，让学生在沉浸式学习中全面体验房地产开发全过程的现实情景。

4. 与传统的教学方式相比，借助 BIM 技术构建可视化和交互性相结合的虚拟学习环境，集角色扮演、BIM 技术植入、案例仿真呈现、学生融入项目的沉浸式实践教学模式，充分展示了 BIM 虚拟仿真模拟教学的魅力所在。

5. 借助 BIM 技术的仿真模拟，紧扣建设管理与房地产开发实务，注重实战技能的演练与传授，强调沉浸式自主学习，并能培养良好的团队协作精神。

(二)课程改革的难点

1. 为了达到好的效果，BIM 虚拟仿真沙盘模拟教学的实施需要做大量的前期准备工作，例如需要掌握 BIM 技术的应用、需要寻找多个具有代表性的项目地块、用 BIM 构建虚拟仿真沙盘模型方案、房地产开发不同阶段的场景建模等。

2. 需要进行工程实际房地产开发案例的收集与案例库的建设，这需要任课教师做大量的前期调研准备工作。

3. 学生也需要熟悉 Revit 等建筑专业软件，具备一定的 BIM 建模能力，团队成员通过团队协作来完成建模任务。目前，一些学校已经开设了 BIM 技术等建筑信息建模课程，为 BIM 虚拟仿真沙盘建模创造了条件。每个团队需要具有团队协作精神，每位队员既有分工也有协作，一起努力完成每个开发阶段的任务。

八、基于 BIM 虚拟仿真沙盘模拟教学实施效果

通过教学改革实践表明，基于 BIM 虚拟仿真沙盘模拟教学，为学生提供了一个接近真实的学习环境，学生通过 BIM 模型构建、VR 虚拟动画漫游，开展沉浸式学习，可以"身临其境"地充分体验房地产开发不同阶段的场景。学生在小组中扮演不同岗位的不同角色，有利于学生对专业知识体系的把控，增强了学生的沟通能力和团队协作精神。通过亲身实践和角色扮演，学生认识到企业间、企业内部以及各项目成员间加强沟通和协作的重要性。通过 BIM 虚拟仿真完成各个开发阶段的学习任务，激发了学生的学习兴趣，培养了学

生的创新意识、创新精神，促进了学生对房地产开发专业知识的理解，增强了学生综合分析问题和解决问题的能力。

九、结论

课程改革将BIM技术引入房地产开发模拟教学中，发挥建筑领域相关软件的优势，构建BIM虚拟现实场景，更能适应新型冠状病毒肺炎疫情防控，学校实行线上或线上线下混合式网络教学的需要。BIM虚拟仿真沙盘模型使房地产沙盘模型的呈现更为直观、更为全面、更为系统化，并且能动态仿真模拟房地产项目全生命期的开发过程。借助百度地图、google earth等工具，实现虚拟仿真地块与实地地块的一致，让学生能实时通过网络工具了解实地地块的情况，为学生实训演练提供了更为直观和感性的认知。基于BIM虚拟仿真现实场景模拟的教学改革，寓教于乐，激发了学生的学习兴趣，增强了学生参与的主动性和协作精神，强化了学生的房地产开发专业知识、训练了学生的实际操作技能，培养了学生的创新意识、创新能力。

基于创新创业理念的厦门大学建筑系乡村营建教学改革*

王量量　韩　洁　李苏豫**

摘　要：纵观我国的建筑与规划学科的课程设置缺乏对乡村发展的关注，学生对乡村问题缺乏系统性了解。以“教学＋实践＋科研＋国际交流”创新教学模式的探索，提出针对性的乡村营建教学的新方法。知行合一理念下建筑学教学方法革新，让更多本专业教师、跨专业教师、校外指导教师和学生从理论和实践中得到了丰硕的教学、项目实践成果。通过会议交流等形式影响到国际和社会，为培养学生创新人才做出了实质性的教学改革实践。

关键词：乡村营建；建筑教学；创新改革

一、引言

近几年，随着我国各项国家政策的不断深化，各学科各高校也开始针对人才培养目标和教学内容与方法进行了相应调整。建筑学作为一个侧重实践的学科的专业也迎来了新挑战。首先，2017 年党的十九大报告中明确提出了乡村振兴战略，并且把“产业兴旺、生态宜居、乡风文明、治理有效、生活富裕”作为乡村振兴的指导方针。从乡村振兴的 20 字方针中可以看出，建筑学及其相关专业是乡村振兴人才培养的主力军之一，这就要求建筑学要针对教学体系做出相应调整。另外，2018 年 9 月，国务院下发《关于推动创新创业高质量发展打造“双创”升级版的意见》，这是李克强总理于 2014 年提出“大众创业、万众创新”的讲话之

---

* 基金项目：福建省自然科学基金青年项目“闽南地区乡村营建与可持续发展创新研究”(编号：2017J05089)；福建省科技计划软科学项目“福建省乡村营建进程中基于社会网络优化的精准扶贫模式研究”(编号：2018R0090)；福建省教改项目“基于高水平国际院校联盟的创新型城市设计教学体系建设”(编号：FBJG20170303)。

** 王量量，男，河北衡水人，厦门大学建筑与土木工程学院副教授，厦门大学闽台非遗文化数字化保护与智能处理文化和旅游部重点实验室副主任，主要研究方向为传统聚落保护研究与乡村营建、城市设计与城市更新、建筑遗产数字保护；韩洁，女，陕西铜川人，厦门大学建筑与土木工程学院副教授，主要研究方向为乡土聚落与文化、城市历史变迁、城乡历史文化遗产保护与价值提升；李苏豫，女，江苏南京人，厦门大学建筑与土木工程学院建筑系副主任、副教授，主要研究方向为地域建筑设计及其理论、乡土建筑研究与保护、中国近代建筑史。

后，我国做出另外一些重要改革举措。该理念的提出要求包括建筑学在内的所有专业要把培养大学生的创新与创业思维作为重点。为了适应新的国家政策，让建筑学专业毕业生更好地服务国家建设，很多高校针对建筑专业的教学方案进行了调整，本文将从以上两个层面的问题探讨厦门大学建筑与土木工程学院建筑学专业的改革策略与教学成果。

二、现有建筑教学体系和其存在的问题及其原因分析

根据前文的分析，建筑学专业原有的教学体系可能已经不能完全适应我国新的发展需求，以厦门大学建筑系原有的课程设置为例，课程体系以主干设计类课程为主线由低年级到高年级纵向延伸。如图 1 所示，一般是从小型建筑设计入门开始，拓展到公共建筑设

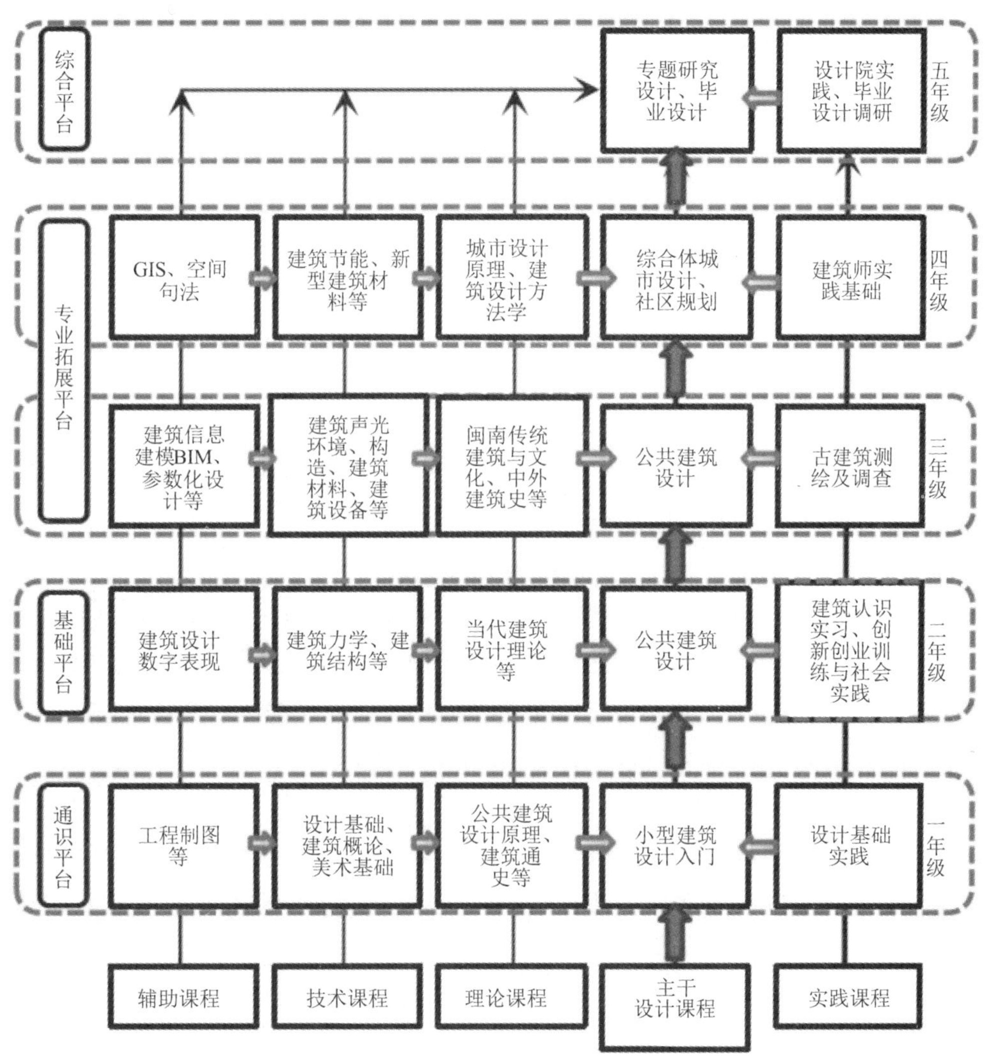

图 1　原有建筑教学体系

计，再到综合体城市设计、住区规划，最后是专题研究设计、毕业设计。并以横向延伸的设计理论课程、设计技术课程、实践课程来辅助设计主干课程。通过这些课程，实现建筑设计基础课程训练应该包括设计能力和造型表现能力等方面的培养，还有一系列有针对性的设计专题以强化基本功训练，提高其设计表达和思维能力。但是在这样的教学体系中，缺乏对乡村建设相关专业课程针对性的培养设置，学生很难理解城乡之间在产权、文化、习惯、传统等多个方面存在的较大差异。而让学生在乡村振兴的基础上发挥创新创业的思维更是难上加难，下文将从三个方面具体论述其原因。

1. 缺乏系统化、针对性的乡村营建教学体系

长期以来，建筑设计专业课程设置偏重城市背景，为城市的发展和建设输送人才。导致学生容易形成思维定式，用处理城市问题的方法处理乡村建设问题。同时，与城市建设相比，由于各项体制和系统还不是非常健全，乡村营建所面临的问题可能更为复杂，所涉及专业方向也比较多，比如整体规划与策划、古建维修再利用、绿色建筑设计、保护规划、生态规划等。因此，其教学体系的建设也涉及多个方面，不仅需要对建筑学专业的课程调整，也需要城市规划、建筑工程、风景园林、农业生态等多个学科的配合，才能建立较为完善的教学体系。

2. 本科教学在乡村营建教育中与实践脱节的问题

建筑学作为应用型学科，在原本以城市为中心的教学体系中就会经常遇到“纸上谈兵”、“一厢情愿”、理论脱离实际的困境。而在新时代，应对乡村营建的要求，教学环节与实践脱轨、理想与现实割裂的问题则更为严重。究其主要原因是高校与乡村的时空距离相对疏远，在地实践的难度相比城市而言更大。与此同时，乡村的建设存在许多非正规却行之有效的模式，也是本科教学中需要同学们通过实践才能了解与掌握的。因此，要求学科建设对实践课程、实践模式和实践经费做出相应调整。

3. 基于“乡村营建”创新创业与本科教学脱轨的困境

和众多学科一样，“创新型”人才培养效率低下是建筑学专业中普遍存在的问题，除了上述的课程设置与实践不到位的问题，首要原因是缺少外部动因，教学模式的开放程度不够。建筑学的人才培养往往以培养与国际接轨型人才为主，课程体系设置偏重普适的、应用广泛的城市建设内容。因此，在常规的教学组织下，面向地域性的乡村营建教学体系将无法结合互联网、信息等新技术的应用。其次，建筑学本科教学为五年制学制，其课程学分压力较大，学生普遍缺乏创新创业的动力。另外，创新创业课程客观上需要较大的教育资源投入，教学团队需要给学生提供创新所需要的实验器材及创业所需要的启动经费。以上的限制导致大多所谓的创新创业课程都停留在纸面策划阶段，很难进入实践阶段，与市场接轨的创新创业成为空谈。

三、“三位一体”的乡村营建创新创业教育模式

根据以上对于现状的分析和我国建筑学科未来的发展方向。从 2016 年开始，在厦门

大学和建筑与土木工程学院的大力支持下，创新性教学改革项目“知行合一理念下的建筑教育改革——厦门大学乡村营建教学创新”项目从教学、实践和创新创业三个环节同步入手，创新设立“三位一体”的建筑学乡村营建教学改革体系。

1. 教学层面——纵向贯通、横向联合的本科生乡村营建教学

在教学层面为了更好地实现改革目标，厦门大学建筑与土木工程学院首先调整了课程体系。在新的体系中，乡村营建纵向课程单元被强调出来(见图 2)。在原有的以城市建筑和城市设计为主干的设计课程体系之外增加纵向并列的乡村营造具体化系列的课程，即乡村营建创新教学，在一年级通识教育中加入跨学科乡村发展及文化类选修课程，培养新生对于乡村复兴的传统，二年级的设计课中加入乡村实践基地实训与乡村主题设计选项，三四年级注重乡村文化资源挖掘与空间建构，四五年级则侧重传统村落保护与生态乡土建筑设计，毕业设计选题增设以乡村复兴为核心的研究型设计。

除去课程设置，此次教学改革还打破了年级的隔阂。在乡村营建教学过程中，由团队教师指导的建筑系三年级设计课程组、四年级设计课程组、五年级设计专题研究、五年级毕业设计导师组共同研究开题。选题应基于现有实践基地或科研方向，形成纵向贯通的教学课题平台，每个课程组再结合具体教学目标展开教学。纵向交叉有利于学生之间的互补，也有助于学习方法和知识要点的传递。本次教改中将大学三、四年级的学科竞赛和大学五年级的毕业设计打通，适当配合少量研究生，由老师带领形成纵向授课小组。此举突破传统纵向各年级教学相互独立的局面，促进了不同年级教学内容的互补，形成较全面、最大化共享层面的设计教学模式。

与此同时，结合厦门大学多学科的优势，串联学院内部建筑学、城乡规划、土木工程三个大学科，并且加大与相关学院的交叉融合，包含信科、人文、经济、旅游和艺术等多个相关学科的教学内容，指导教师组和学生形成专业穿插，形成多学科的横向交叉，加强建筑学与其他相关学科的各年级参与教学的师生针对所选择的基于现有实践基地或科研方向的同一课题，共同调研考察，阶段性讨论交流，从各自出发点展开交流，互为启发补充，促进学生全方位地、从更多学科和多角度开阔地思考。第二，聘请校内外相关技术人员作为课程的指导教师，指导学生使用无人机、激光 3D 扫描仪、3D 打印机、GPS 定位仪等先进仪器和互联网技术，使同学们极大限度的拓展知识储备并且在高科技的平台中学会掌握新的技能、协同工作。

2. 结合在地实践的教学基地，扎根地域、密切联系教学的乡村实践

为了加强学生的在地实践，建筑与土木工程学院依托厦门大学相关政策建立了多个以“可持续的乡村发展规划与建筑设计”为主旨的创新型高校—乡村发展实践基地，作为第二教学课堂，借助高校研究平台、学院师生的专业知识与技能、共同探索乡村发展模式、搭建乡村建设资源整合新平台。教学与乡村实践结合，学校与地方合作，提高了学生创业

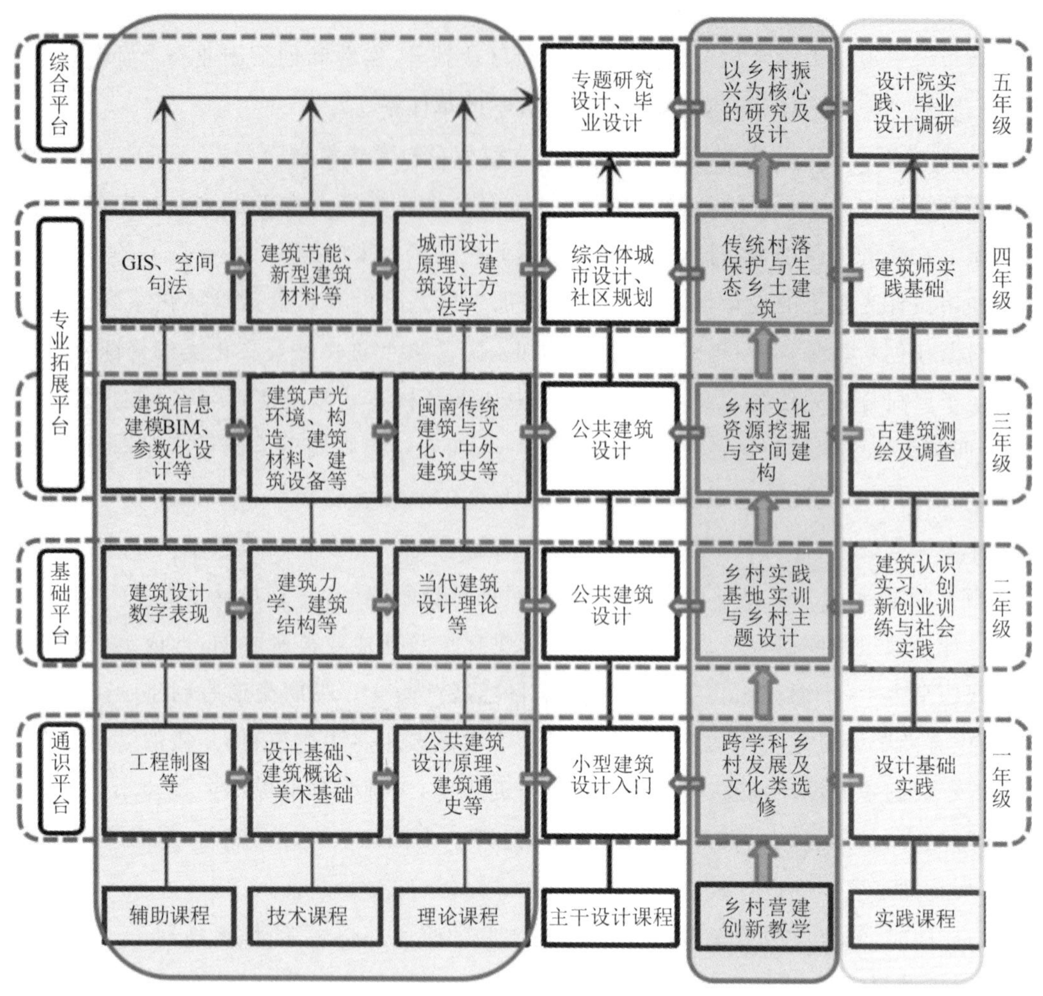

图2 改革后的教学体系

就业能力、解决实际问题的能力，社会责任感和就业潜力也得到提升，对服务乡村、社会都具有重大意义。

在实践中，引入远程指导、虚拟课堂、绿色建筑技术、数字化BIM模型信息系统等独立的课堂教学内容，经过实践的整合，同学们举一反三，熟练地掌握并且主动尝试突破创新。目前教学组已在厦门市近郊村院前社、客家山地村落龙岩长汀丁屋岭、中国历史文化名村泉州晋江福林村、乡村振兴试点村泉州德化美湖村、著名侨乡莆田江口东大村和中国传统村落宁德福安南岩村等多个村落建立了乡村实践基地。

知行合一指传统教学和实践教学相结合，综合评估同类学科的课程设置是本项教育改革的标志性创新。以往的教学模式不管是建筑设计还是城市规划，都偏重方案设计阶段，由此导致了一系列问题，特别是学生无法用全维度、全生命周期的思维模式对待城乡与建筑问题，其设计作品也缺乏实践性和实用价值。本次教改中强调了全生命周期的理念，也就是从建筑学科的策划、规划、设计、施工、运营、维护等全部过程入手开展教学，着重突出实践教学在整个教学体系的重要性。根据协商，学院师生结合课程为乡村的发展献计献策并参与力所能及的建设，村里则利用闲置房屋改造为实践基地提供师生驻村需要的住宿、讨论和工作的空间，此模式有效地解决了师生缺少经费、无法驻村等问题。

依托学校的教学实践基地的建设，以教学组的主要老师为负责人建设了多个校级乡村教学实践基地。以此为基础，将课堂教学拓展到实践基地，要求学生亲自动手参与设计和施工，开拓他们的动手能力和应对实际问题的经验。通过将教学内容与实践内容结合大学生创新创业训练，学生针对具体的乡村提出乡村营建的思路和方法。通过参与式的乡村设计、乡村文化梳理与挖掘、乡村文创产业、乡村互联网等教学与实践创新，有利于学生自主完善创新思维与独立创业的思想。

3. 结合科创竞赛的“乡村营建”的科研创新创业教育

对于如何改善建筑学专业学生缺乏创新创业思维的问题，教学团队将科创竞赛作为此次改革的重点，调整教学计划，以适应国际国内高水平的学业竞赛，将教学和科创竞赛结合起来，既有利于提高学生的积极性也有助于提高我校的学术声誉。教改以来，教学组的参与老师已经指导学生获得多项奖励。除了以乡村为研究对象的学业竞赛，积极引导、鼓励学生参与创新创业竞赛成为重中之重。在“大众创业，万众创新”的时代背景下，多种多样的创新创业大赛在全国高校中得以推广，其中影响力最大、参与人数最多应该是“互联网＋”大学生创新创业大赛，此项赛事也是教学组主要对标的创业竞赛。

首先，教学团队通过申请学校专项经费，成立了专门用于建筑与土木工程学院学生创新创业的平台，即“建筑进行时创新平台”，该平台不仅对学生 24 小时开放，并且又购置了大量的实验器材供学生们创业使用。其次，鼓励学生在参与乡村实践的过程中寻找到乡村营建中的市场痛点，形成创业机会，老师结合校内外的各类资源，进行培育孵化，并且给予合理的试错机会。

经过不懈努力，学院培育出几支较为成功的学生创业团队，例如从 2018 年开始，由建筑系学生组建的“数字乡建”创业团队在乡村实践中发现目前福建省的乡村营建缺少互联网与信息技术的支撑，从中找到创业机会，利用无人机倾斜摄影技术、信息化处理技术和互联网技术为乡村构建三维村落模型，极大程度地降低了设计团队的人力成本，提高了设计的效率同时也加强了政府对乡村营建项目的管控能力，获得了巨大的成功，目前创业团队的公司运营良好还获得了天使投资团队的投资，业务覆盖了福建全省并且拓展至广东、广西及江西等地。

总结来说，利用高校作为学术前沿和研究平台，重点研究新形势下乡村发展、生态规划和建设模式，以及密不可分的文化遗产保护模式。一方面充分依托团队成员的研究方向和专长，另一方面也希望在科研层面，以两者并进的态度，为乡村建设与文化遗产保护同进与共生提供更多有效的创新模式。而科研方向的选择,也有效带动实践和教学方向的调整,从人才培养角度,适时将当前的建筑与规划专业教育与市场在快速转型背景之下实现对接,与教学及乡村实践同时展开其他本科生大创、科创项目。学生们在比较扎实的设计课题、乡村实践的基础上,自主自发地组成团队开展相关的创新课题研究。

四、教学成果

至 2021 年,在厦门大学和建筑与土木工程学院的大力支持下,创新性教学改革项目"知行合一理念下的建筑教育改革"已经历时八年,取得了丰硕的教学成果。该项教改分别获得 2017 年第八届厦门大学教学成果奖一等奖、2018 年厦门大学教学成果奖特等奖和福建省教育厅评选的福建省教学成果二等奖。

1. 学科竞赛成果显著

乡村营建创新型教学通过纵向贯通横向联合的本科教学体系的建设,屡次代表学校与学院在衡量本科生教学质量的重要环节——学科竞赛中斩获多项优异奖项。其中国际级竞赛奖励 10 项、国家级 22 项、省部级 14 项,涉及内容广泛,包括设计类、论文类、优秀作业类、优秀教案类、优秀学生团队及指导教师等全面考核教学质量的重大赛事。所参与的学科竞赛级别高、专业性强、影响力广泛,说明以"知行合一"教学理念和"乡村营建"教学主旨已经在专业教育领域获得高度认可与支持、其教学质量已经通过内容全面的学科竞赛得到国际国内高水平的专业验证,凝练地体现了"知行合一"教学理念下乡村营建教学的教学核心思想与教学创新价值。在创新创业竞赛方面,获得更大的成果,从 2018 年开展创新创业以来共获得 15 项奖励(见表 1)。

表 1 教改在创新创业方面所获奖励

序号	创新创业奖项名称
1	2018 年第四届厦门大学"互联网+"大学生创新创业大赛金奖
2	2018 年第四届福建省"互联网+"大学生创新创业大赛银奖
3	2019 年第五届厦门大学"互联网+"大学生创新创业大赛金奖
4	2019 年第五届福建省"互联网+"大学生创新创业大赛金奖
5	2019 年第五届福建省"互联网+"大学生创新创业大赛乡村振兴奖
6	2019 年第五届中国"互联网+"大学生创新创业大赛铜奖
7	2019 年第五届福建省"互联网+"大学生创新创业大赛优秀创新创业导师(韩洁)
8	2020 年第六届厦门大学"互联网+"大学生创新创业大赛金奖
9	2020 年第六届福建省"互联网+"大学生创新创业大赛银奖
10	2020 年第六届福建省"互联网+"大学生创新创业大赛乡村振兴奖

续表

序号	创新创业奖项名称
11	2020 年福建省大中专毕业省创业省级资助项目三等奖
12	2020 年第六届福建省"互联网+"大学生创新创业大赛优秀创新创业导师(王量量)
13	2021 年第七届厦门大学"互联网+"大学生创新创业大赛金奖
14	2021 年第七届福建省"互联网+"大学生创新创业大赛金奖
15	2021 年第七届福建省"互联网+"大学生创新创业大赛优秀创新创业导师(王量量)

2. 贯通学研产,创新人才培养路径

教学改革以乡村营建为平台,将"知行合一"的理念贯通于"教学—科研—创业"这一完整的人才培养体系中,形成了独具创新性的人才培养路径。本项目涉及建筑学及城市规划专业本科生共计 5 届本科生、近 80 名同学参与该教改项目。先后有众多优秀毕业生被国内外高校录取攻读硕士研究生、1 名学生被厦门大学录取直博研究生。2020 年第九届福建省大学生"创业之星"比赛中,"数字乡建"的创始人之一,建筑学 2017 届毕业生黄文灿校友获创业标兵称号。

本项目的实施一直紧密结合针对乡村营建的教学任务书设计、教学组教师科研兴趣、学生的创新创业计划进行开展,除了教学,师生主办、协办并参加了多项与此项教改相关的科研活动,并结合教改撰写了多篇学术论文。同时,针对乡村营建的主题,教学组师生积极申请课题,现在已经获得了省部级以上科研资助 4 项。通过进一步深化教学、科研成果,协助学生在本科阶段开展创新创业,拓宽了现有的人才培养模式。学生团体"厦大乡建社"成为正式社团、独立承接乡村活化、希望小学改造、乡村景观美化等工程项目数余项,创业业绩达到数十万,受到社会的好评以及业主的青睐,学生也得到更为充实地创业训练,培养了更好的服务社会的意识。

3. 实践教学平台网化

首先,为了推行知行合一的教学理念,让学生能够真切地了解乡村问题,教学成果能够切实地为乡村的振兴作出贡献,依托厦门大学校外实践基地的建设,在学校的支持下,教学组建立了 5 处校级乡村社会实践基地、1 处院级乡村教学基地、1 项校级创新平台,形成实践教学网络平台,并且以此作为乡村营建教学的网络平台,为师生提供发挥个人专长的舞台,促进高校乡村的共建,振兴福建乡村。目前,已有 2 项学生成果转化为真实的乡村建设项目,由学生主导设计完成。

其次,将大学生暑期社会实践、大学生创新创业计划也纳入教学体系中来,开辟第二课堂。暑期社会实践中,学生发挥专业优势,不仅助力乡村振兴,也多次受到学校表彰,共计获得厦门大学社会调研报告大赛一等奖 1 项、三等奖 1 项,社会实践"优秀带队教师"7

项，优秀实践团队3项，同时还获得了福建省暑期优秀实践团队1项。申请获批大学生创新创业计划国家级2项、校级4项、院级2项。

综上，本项教改项目，通过在各个环节全面贯彻、贯通“知行合一”的理念实现了创新教学模式、创新人才培养路径、创新科研、优化教学平台、促进学生创新创业、增强服务社会意识以及提升文化自信的目标。

五、结语

当前国家对乡村发展十分重视，对建设美丽乡村人才的需求比较紧迫。然而建筑与城市规划专业学生缺乏对乡村问题进行系统性的课程学习，导致教学与社会人才的脱节问题。在厦门大学与厦门大学建筑与土木工程学院老师与学生的努力下，提出教学与实践相结合的乡村营建教学模式。教学层面，纵向贯通、横向联合的本科生乡村营建教学；实践层面，扎根地域、密切联系教学的乡村实践；科研层面，基于“乡村营建”的科研创新创业；对外交流，国际视野下的开放对话。实现了乡村营建的特色性创新、知行合一的标志性创新和开放多元的引领性创新。为我国建筑与城市规划的乡村建设的人才教学改革提供参考。

参考文献

[1] 李军：《记得住乡愁：美丽乡村建设的方向和要求》，《新东方》2015年第6期。

[2] 陈晓华、马远军、张小林等：《城市化进程中乡村建设的国外经验与中国走向》，《经济问题探索》2005年第12期。

[3] 郑向群、陈明、ZHENG Xiang-qun等：《我国美丽乡村建设的理论框架与模式设计》，《农业资源与环境学报》2015年第2期。

[4] 戴大彬、刘文庆、张永益：《建筑设计基础课程教育模式和教学体系的探索》，《长春理工大学学报》（高教版）2009年第8期。

[5] 姜立婷：《建筑学专业课程体系的建构与创新实践》，《教育教学论坛》2017年第8期。

[6] 凌世德：《发挥优势培育特色强化创新——厦门大学建筑学专业教育体系改革的思考》，《高等理科教育》2002年第6期。

[7] 彭小松、袁磊、仲德崑等：《设计规划主干课程“纵＋横”教学体系——深圳大学的构想与探索》，《城市建筑》2015年第16期。

[8] 刘彦君、卢峰、邓蜀阳：《立体整合 融贯互补——重庆大学建筑城规学院建筑学专业教学体系的改革与实践》，《西部人居环境学刊》2013年第1期。

[9] 赵晓龙、李同予：《实践能力培养为先导的哈尔滨工业大学风景园林学科专业硕士

培养体系研究》,《中国建筑教育》2015 年第 4 期。

[10] 张颀、许蓁、赵建波:《立足本土务实创新——天津大学建筑设计教学体系改革的探索与实践》,《城市建筑》2011 年第 3 期。

[11] 许爱青:《梁漱溟乡村建设理论和实践研究》,山东大学硕士学位论文,2008 年。

[12] 王超、赵龙:《以竞赛推动理工类高校创新创业实践教育研究》,《现代经济信息》2019 年第 23 期。

[13] 欧海锋、段梦洁、黄妙红:《基于知行合一的建筑教育教学思考与实践——以乡村振兴创新科技行动计划为例》,《中外建筑》2019 年第 9 期。

[14] 刘洁:《以竞赛为导向的法学创新创业课程教学改革探索》,《高教学刊》2021 年第 10 期。

基于使用的研究生通用学术英语教学实践研究

——以学术口语为切入点

李素英 江桂英*

摘 要：本研究以厦门大学研究生为教学对象，以研究生学术英语口语教学为切入点，课程设计遵循文秋芳 POA 理论设计出“产出驱动—输入促成—选择性学习（指导）—评估反馈”的教学流程，将基于使用的二语习得观运用于教学实践的每个环节。教学实践和学生的学习反馈表明，围绕三分钟论文演讲这一产出任务，设计和组织研究生英语课堂教学是培养研究生通用学术英语交流能力的较高效路径。

关键词：三分钟论文演讲（three-minute-thesis）；产出导向；基于使用的二语习得关；研究生英语

一、引言

随着我国高校国际化进程的加快，中国与世界的学术交流日益频繁。因而处于学术交流前沿的研究生对提高学术英语交流能力有强烈需求，而目前教学内容普遍不能满足这一需求。赵雪琴等对江苏省 13 所高校 1675 名博研、硕博、学硕、专硕进行的书面及网络问卷调查发现，开设“国际学术交流英语”课程的需求十分强大，94.16％的博研，90％的硕博，85.97％的学硕，84.29％的专硕认为“十分必要”。①教育部考试中心和清华大学外国语言文学系吴莎、张文霞和郭茜在 14 个省份 77 所高校面向非英语专业硕士研究生、研究生英语教师、专业学科教师等群体进行的大规模（回收学生问卷 7000 多份）问卷调查及访谈发现研究生对学术英语能力、听说技能的提升有较强需求，而研究生现有英语运用能力

* 李素英，女，吉林延吉人，厦门大学外文学院副教授，主要研究方向为二语习得；江桂英，女，福建龙岩人，厦门大学外文学院副院长、教授、博士生导师，主要研究方向为认知语言学与应用语言学。

① 赵雪琴、肖飞、韩媛媛：《“双一流”建设背景下非外语专业研究生英语需求现状调查及分析——以江苏 13 所高校为例》，《外语研究》2017 年第 4 期。

弱,不能满足高校培养国际性人才的目标期待,教学内容与实际结合不紧等问题非常突出。[①]

然而,国内对学术口语的教学研究非常少,研究生学术口语教学研究更是鲜见。通过知网查询发现,现有研究多针对学术读写课程以及学术英语词汇教学,对学术英语听说课程的研究仅5篇,用"学术英语口语"为关键词搜索到的九篇论文中只有一篇与学术口语课程教学相关[②];截至2018年12月,中国知网仅收录两篇关于研究生口语教学的文章。

此外,研究生英语教学课时少、任务重、要求高。厦门大学研究生英语只开设一个学期,每周4课时。要在这么短的时间和课时内全面提高研究生学术英语能力和听说技能,并为学生成为国际性人才的目标打下语言基础,这一任务十分艰巨。目前,国外的一些教学法,如Riggenbach (1990)的观摩法,让学习者变身真实语篇的收集者和研究者,通过观察、记录并分析相关口语语篇,让学习者从宏观和微观角度了解语篇的生成使用,并由此反思自己在相同语境中的言语行为。[③]这种方法虽然效果好,但耗时久,效率低,并不完全适合中国研究生教学的实际情况。笔者认为,解决研究生学术英语交流瓶颈的关键是提高课堂教学效率,以达到事半功倍之效。因此,提高教学和学习效率的关键就是针对学生的痛点,找到一个能统领听说读写译综合技能的切入点。

本文基于厦门大学目前正在践行的研究生英语教学中的学术口语环节为切入点,以基于使用的二语习得观以及"产出导向法"[④]中"教学假设"和"教学流程"模块提供的操作框架为依据,以三分钟论文演讲为输入材料和输出任务,探索提高研究生通用学术交流英语课堂教学效率和效果的较佳路径。

通用学术英语(English for General Academic Purposes, EGAP)是学术英语的一个分支(另一分支为专业学术英语)。通用学术英语主要训练学生各学科通用英语学术交流能力,即听说读写译各项技能。通用学术英语是学生与国际同行进行学术交流的基础。三分钟论文演讲(3MT Three-minute Thesis)是每年在全球200多所大学举行的一项面向博士研究生的演讲比赛。该演讲形式要求参与者在三分钟之内向无该领域知识背景的观众讲述其博士阶段的研究成果,从而培养其学术交流能力。

"产出导向法"(production-oriented approach,简称POA),是文秋芳历经八年理论探索和教学实践,结合中国英语教学实践和中国英语学习者的实际而提出的教学理论框架。

---

① 吴莎、张文霞、郭茜:《高校研究生英语能力需求及满意度调查研究》,《学位与研究生教育》2018年第3期。

② 黄海琦:《学术英语:以生为本的探究式学习——以"讨论与协商"主题口语课为例》,《英语教师》2018年第5期。

③ 彭华:《基于英语学术发言观摩报告的研究》,《语言教育》2018年第3期。

④ 文秋芳:《构建"产出导向法"理论体系》,《外语教学与研究》2015年第4期。

该框架最核心的部分是“输出驱动、输入促成、学习者选择性学习”的教学假设和“学用一体”的教学理念。在教学实践中，笔者精选各个国家三分钟论文演讲比赛优胜者的视频为视听输入材料，以教材和学术论文文本为阅读输入材料，从而驱动和促成基于阅读文本内容的三分钟论文演讲形式的输出任务，要求学生总结概括阅读文本主要内容，写成演讲脚本，并以三分钟演讲形式进行口语输出。

二、理论依据

基于使用的二语习得观是本文的理论依据，而文秋芳的“产出导向法”则为本研究所探讨的教学模式提供了操作框架。

基于使用的二语习得观是认知语言学尤其是构式语法理论与二语习得理论与实践相结合的产物。基于使用的二语习得观不是单一理论，而是基于认知语言学的一系列二语习得理念的集合。[①]该系列理论和二语教学实践相关的部分可以简略概括为：语言的本质是构式，即后天习得的形式与规约意义的匹配[②]；语言知识来源于语言体验；语言体验离不开具体的语境。据此可以推断：(1)二语习得的核心是对构式的习得和运用。(2)语言习得与语言接触频率直接相关。(3)语言习得与语境和语料的真实性直接相关。

施春宏认为特定构式类型的教学策略研究应该成为二语习得教学研究的重点，尤其是对于中高阶段的二语教学。构式类型的教学策略包括：特定构式群的教学策略、特定语篇的构式特征教学、基于语体特征的构式教学。[③] 施春宏认为目前学界对这方面的研究几近空白，完全没有得到应有的重视。构式具体到教学环节，体现在词块、词块群以及语篇结构形式的提取和掌握。

因此，基于使用的二语习得观具体化到教学实践，意味着课堂教学设计要围绕词块、词块群和语篇结构特点，并给予学生高质量高频率的输入。高质量的输入源于真实语境的真实语料[④]，而高频率的输入则取决于课时安排。笔者认为，语言接触不仅包括输入还包括输出，输出也是接触，而且是更有效的接触。因此，保证接触频率不仅是输入频率的增加，还应该包括输出频率的增加，输出驱动的输入才会更加有效。

文秋芳的“产出导向法”理论体系提供了以输出带动输入效率进而提高二语习得效率的可操作框架。该理论包括三大模块：教学理念、教学假设和教学流程。教学理念部分偏

---

① 王初明：《基于使用的语言习得观》，《中国外语》2011 年第 5 期。

② 钮文燕：《基于使用的二语习得观——来自构式语法理论的启发》，《合肥工业大学学报》（社会科学版）2017 年第 6 期。

③ 施春宏：《构式语法的理论路径和应用空间》，《汉语学报》2017 年第 1 期。

④ 钮文燕：《基于使用的二语习得观——来自构式语法理论的启发》，《合肥工业大学学报》（社会科学版）2017 年第 6 期。

重宏观层面，对制定语言政策、编制教学大纲等具有指导意义。而教学模块和教学流程部分则是一个微观操作框架。

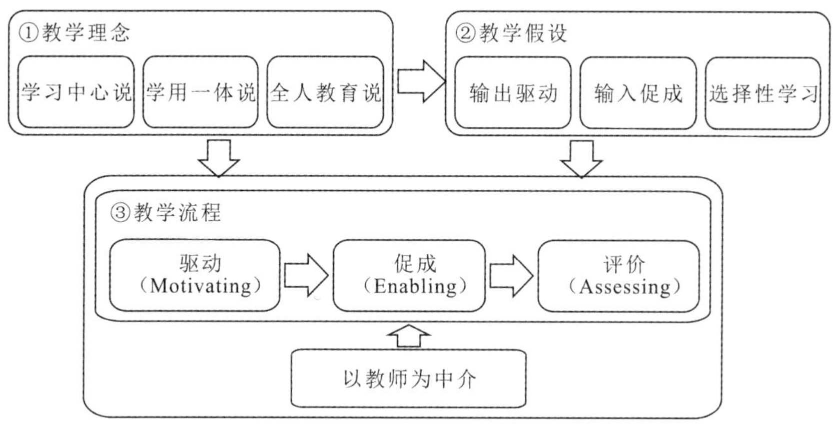

图 1 POA 的理论体系

文秋芳的输出驱动假设颠覆了“先输入，后输出”的常规教学顺序。取而代之的是输出—输入—输出。“选择性学习”指的是根据产出需要，从输入材料中挑选出有用的部分进行深度加工、练习和记忆。[①]

三、教学案例

那么研究生学术英语交流能力提高的痛点在哪里？切入点又在哪里？学术英语听说能力是学生的痛点。钟兰凤等对江苏省某重点高校硕士研究生的调查发现，87.1%的调查对象的学术英语焦虑总体上处于中等及以上程度，而对 33 个项目的焦虑总分统计发现：对交际焦虑(“我不会自愿到讲台发言”)，仅次于担心考试不合格的焦虑，位居第二。另外，研究生自我英语口语能力与焦虑程度呈负相关，也就是说口语能力自我评价越高，其焦虑程度就越低。[②]钟兰凤等的研究充分说明，研究生普遍有学习学术英语交流能力的需求，但对上台进行口语表达存在重大焦虑，因而学术英语表达是提高学术英语交流能力的痛点。痛点即切入点。因此，针对听说痛点就要从听说入手，而有限的学习时间决定了提高课堂和课后作业的效率是关键。

笔者依据基于使用的二语习得观，使用文秋芳“产出导向法”理论系统中“教学假设”和“教学流程”部分为操作框架，设计并实践了以学术口语输出为切入点的研究生学术交流教学模式。课程以三分钟学术英语演讲任务为输出驱动，以精选三分钟论文(3MT)演讲视频材料和学术文本为输入材料，以词块和学术演讲类语篇常用构式为教

---

① 文秋芳：《构建“产出导向法”理论体系》，《外语教学与研究》2015 年第 4 期。

② 钟兰凤、钟家宝：《研究生学术英语焦虑现状及影响因素研究》，《外语研究》2015 年第 6 期。

学重点。

1. 输出驱动

输出任务为三分钟演讲,具体操作方法如下:

(1)保证输出频率。如前文所述,语言输出也属于语言接触范畴。基于使用的二语习得观认为保证接触频率是二语习得的关键因素之一,本课程在课程时间允许范围内,要求学生完成尽可能多的输出任务。设计要求输出总量为8~10个三分钟演讲。

(2)每个演讲聚焦1~2个学习和操练重点,比如使用"what if"或者"imagine..."情景的开头;使用比喻和类比讲解抽象概念;开头结尾呼应;使用比较与对照、因果关系、分类等模式展开;交代研究空白、研究目的、研究方法和材料、研究结果和意义等。

(3)采用多种输出形式。现有班级人数为30左右,不能保证每次上课每人都面对全班演讲,因而输出形式分为三类:①每节课小组内演讲,每人3分钟,每组5人,15分钟完成任务。②面对全班演讲,每次课六人,20分钟左右完成。一学期每人有三次全班演讲机会。③上传演讲视频到QQ群。这就确保每个学生一学期完成8~10个演讲。

(4)将产出任务从简单到复杂分为四个级别:①以作者的口吻总结讲述普通科普文本的概要;②以作者口吻给非专业听众讲述本学科代表性学术论文的概要;③给非专业听众讲述自己所在专业的研究目的、方法、材料和意义等;④讲述自己所从事研究课题的目的、方法、材料、预期结果和意义等。需要说明的是,前两个级别要求学生以输入文本作者的口吻进行叙述,旨在让其自由使用原文的表达方法和句式结构;第三、第四级别则要求学生用自己的话进行演讲。

这样设计的产出任务重点突出、难度有递进、总量有保证,最重要的是能在一学期的课时内完成,有可操作性。产出导向型学习模式目的明确,能掌握输出任务所需的词汇、句法和篇章结构等语言知识以及相关的文化和科学知识,最重要的是培养了辨别提取有用信息并加以总结概括的批判性思维能力。而批判性思维能力的可迁移性很强,可以用于以后学习和工作的多个方面,体现了产出任务的真实性。

2. 输入促成

基于使用的二语习得观不仅强调输出任务的真实性,更强调输入内容的真实性,因而选取研究生在学习和以后工作中可能用到的真实语料作为输入材料是教学的关键。输入材料主要分为两大类:视听输入和阅读文本输入。

(1)视听输入材料

本课程视听输入材料均选取三分钟论文演讲优胜者视频。笔者浏览了近100个三分钟论文演讲(3MT)优秀演讲者的视频,转写了近30篇,发现优秀的三分钟论文演讲基本遵循以下结构:引人入胜的引子、研究的背景、之前研究的空白、研究目的、研究方法和材料、研究结果、研究的意义。

(2)阅读文本输入材料

阅读文本输入材料又分为两类:科普类文本和学术论文类文本。科普类选取1200~1500字左右的文本;学术论文类不同学科的差别比较大。科普类文本由老师选取,而学术论文则由学生自己选取本学科代表性论文或者较新文献。在一学期的教学中,科普类文本占大多数,本学科文献1~2篇。两类文本的阅读输入目的是促成三分钟演讲的输出任务。

没有有输入的输出任务,劣势有三:其一,学生容易到网上搜索有关材料,并进行裁剪和粘贴。其二,输出水平长期停留在原地,习惯性沿用已掌握的词汇和句型,没有新词汇和句型的输入,进步比较缓慢。其三,学生容易感到茫然和焦虑,无从下手。而基于输入的输出则解决了这些问题。首先,设计以作者口吻的三分钟演讲则可以让学生自由借鉴原文的词和句,从而达到强化学习的目的。其次,学生在把文本处理成三分钟演讲讲稿的过程中需要深度阅读文本,并进行信息提取和总结概括。最后,把讲稿读熟并脱稿演讲的过程是把词语、句型和篇章特点内化的过程。能够脱稿讲出来的就基本上是已经深度掌握的知识。

3. 选择性学习

文秋芳POA理论的第三个关键理念是"选择性学习"。选择性学习是指"根据产出需要,从输入材料中挑选出有用的部分进行深度加工、练习和记忆"[①]。选择性学习比传统的精读方法目的性强,更符合认知规律。学生按需学习,而不是把输入材料中的所有单词和结构不分重点地加以操练和记忆。笔者认为在这个环节教师的作用非常关键。教师要在输入材料中找到促成学生输出任务的词块和体现语篇特点的词块群组,这会大大提高学生处理输入材料和完成输出任务的效率。

(1)词块提取

词块提取主要是对阅读输入文本中的词块进行总结,供学生参考,节约学生时间。词块提取原则有二:其一,服务输出任务;其二,少而精。

(2)词块群提取

词块群提取主要是对视听材料中功能性的词块群进行总结,供学生参考。比如:开头Imagine (you are dropped off in a foreign country), say (Japan...);指出研究空白 The problem is we don't really understand (the concept of communication) very well nor do we know exactly...;引出自己的研究 this is where my research comes in...;介绍研究方法并指出研究目的:By manipulating these three elements in a lab, I want to find out...我们从这一段3分钟演讲中可以提取由4个词块构成的一个词块群,其功能强大,是学术演讲中经常用到的地道表达法,学生一旦掌握即可用于自己的演讲输出任务,体现"学用一体"

---

① 文秋芳:《构建"产出导向法"理论体系》,《外语教学与研究》2015年第4期。

的基于使用的二语习得观。

4. 产出评估

针对每次产出任务的训练目标制定评估标准。该标准不仅可供教师作为评估产出质量的依据,也可以作为学生完成产出任务的指南和自评和互评的依据。

比如可以针对以想象情景(imagine scenario)为开头的训练目标制定如下评估标准:(1)是否使用了 imagine scenario;(2)场景描述是否合理;(3)场景描述是否引发兴趣/思考/关注/好奇;(4)场景描述是否引发不快/冒犯/嫌恶。

需要指出的是,这个评估列表会随着课程进度逐渐变长。到临近课程结尾时形成包括语言使用、语音语调、结构安排、内容丰富度、连贯流畅度等分项内容的概括性评估标准。

评估采取学生自我评估、教师评估和生生互评相结合的形式。生生评估采取即时性反馈,教师评估采取延时性反馈方式。

四、结语

本文是以基于使用的二语习得观以及“产出导向”理论体系为教学理念和方法的研究生教学实践研究。本研究以厦门大学研究生为教学对象,以研究生学术英语口语为切入点,课程设计遵循文秋芳 POA 理论设计出“产出驱动—输入促成—选择性学习(指导)—评估反馈”的教学流程,将基于使用的二语习得观运用于教学实践的每个环节。经过一个学期的实践对学生进行问卷调查,学生满意率 80%,并普遍认为最有帮助的教学环节是三分钟演讲的产出和选择性学习环节。笔者的教学实践和学生的学习反馈表明,围绕三分钟论文演讲为产出任务设计和组织研究生英语课堂教学是培养研究生通用学术英语交流能力的较高效路径。本课程的设计还需完善,针对教学效果还需做更多的实证研究。笔者将继续这方面的实践和研究。

政治正确与国际新闻编译人才的培养：必要性、可行性及应注意的问题*

李德霞**

摘　要：在世界正处于百年未有之大变局，中国正迈向第二个百年奋斗目标之大背景下，急需高校为国家培养擅长对内对外传播的国际新闻编译人才。做好国际新闻编译工作，不仅要求编译者要有扎实的双语功底、敏感的跨文化意识，还要求其要有较强的意识形态转换能力。换言之，在国际新闻编译过程中，政治正确不容小觑。然而，政治正确可能也是学生最易忽视且最不擅长的。因此，在大学相关课程的教学过程中，要注意培养学生的政治正确。

文章首先结合国内外形势阐述高校培养卓越的国际新闻编译人才的重要性和紧迫性，然后以英汉、汉英新闻编译课程为例，以国内外一些翻译理论家的相关理论为指导，说明政治正确在国际新闻编译中的必要性与可行性。接着文章不忘强调，从事新闻编译切莫过度追求政治正确，而应始终坚持马克思主义新闻观所倡导的真实性原则，应持守新闻专业主义，否则可能危害甚大。最后，文章指出在教导学生的过程中，应提醒他们注意的一些相关问题。

关键词：政治正确；国际新闻编译人才培养；必要性；可行性

倘若说，在国际舆论场上，新闻报道往往是争夺话语权“最激烈和最重要的场所”，那么作为“国际新闻活动中的重要工作”的新闻编译则更似一场“没有硝烟的战斗”；[①]倘若说，“新闻是意识形态栖身和抗争的场所”，是“各社会权力团体争取‘意义解释权’的意识

* 基金项目：国家社科基金年度项目“21世纪以来美国对华媒体外交演变与中国的应对策略研究”（项目号：21BXW109）阶段性成果。

** 李德霞，女，福建泉州人，厦门大学新闻传播学院副教授，主要研究领域为媒体外交、国际新闻。

① 刘荣霞、张莹：《论新闻编译中的叙事重构与外交立场——以〈环球时报〉〈参考消息〉对“南海问题”外媒报道的英汉新闻编译为例》，《东方翻译》2018年第6期。另见麻争旗：《论国际新闻编译的文化策略》，《现代传播》2005年第1期。麻争旗：《论国际新闻编译的文化策略》，《现代传播》2005年第1期。

形态战场”，[①]那么，以“符合译语社会主流文化意识形态要求和译语读者的认知期待”[②]为目的导向，同时传递出新闻机构的态度与观点的新闻编译，[③]则更是建构或解构特定意识形态的重要渠道之一。

这些年来国际国内形势的巨大转变，表明国家急需高校为其培养更多擅长对内对外传播的国际新闻编译人才。做好国际新闻编译工作，仅拥有扎实的双语功底和敏感的跨文化意识恐怕不够，还应拥有较强的意识形态转换能力。也就是说，在国际新闻编译过程中，编译者还应注意政治正确问题。然而，笔者在教学过程中发现，学生较易忽视且不太擅长的往往就是政治正确问题。因此，在大学相关课程的教学过程中，应注重培养学生的政治正确意识。

一、高校培养卓越的国际新闻编译人才的重要性和紧迫性

从国内层面来看，中国国际地位的不断提升、参与国际事务的逐渐增多、“一带一路”建设的蓬勃发展，以及中国争夺国际话语权意识的日渐增强，都意味着国内对国际新闻需求量的快速增长。

从国际层面来看，诚如党的十九届五中全会公报上所提醒的那样，“当今世界正经历百年未有之大变局”、中国面临的“国际环境日趋复杂”，[④]国际社会对中国的关注度与日俱增，各种涉华新闻鱼龙混杂，有损中国国家形象的偏颇、不实乃至虚假新闻时有出现，这些都要求中国更多地向国际社会介绍并呈现中国的实际面貌和真实意图，同时澄清外媒的不实乃至虚假涉华报道。

因此，无论是从国内还是从国际层面来看，都表明高校培养卓越的国际新闻编译人才的重要性和紧迫性。

二、政治正确在国际新闻编译中的必要性与可行性

众所周知，在国际新闻中，时事政治所占比例举足轻重。鉴于新闻是“各社会权力团体争取‘意义解释权’的意识形态战场”，[⑤]而各国的意识形态又不尽相同，特别是在一些牵涉国家利益或有争议、有冲突的问题上，相关国家的意识形态可能出现截然相反的现象，例如，在涉港、涉疆、涉台、涉南海等关乎中国核心利益的重大问题上，中国与某些西方国

---

① 王虹光：《新闻编译中的标签策略与跨文化偏见》，《理论月刊》2013年第9期。

② 徐英：《新闻编译中的名物化改动与意识形态转换》，《中国翻译》2015年第3期。

③ 徐英：《从语态选择的编译改动看意识形态的翻译转换》，《上海翻译》2015年第3期。

④ 《中国共产党第十九届中央委员会第五次全体会议公报》，http://www.xinhuanet.com/2020-10/29/c_1126674147.htm，访问日期：2020年11月8日。

⑤ 王虹光：《新闻编译中的标签策略与跨文化偏见》，《理论月刊》2013年第9期。

家的社会主流意识形态相去甚远，故而双方的主流媒体在其新闻报道中或公开或隐蔽地表明其立场是难免之事。倘若把外媒报道的原文新闻视为带有其意识形态立场的一次编码，那么国内媒体的编译则是体现本国意识形态立场、反映本国话语权的二次编码，[①]其用意在于"得到符合译文受众和译文社会价值观的译语环境下的"新闻文本，[②]因此，作为译语新闻把关人之一的编译者，要注意把握好"政治正确"问题。鉴于以美国为首的西方国家仍在国际舆论场上占据强势话语权地位，且在世界媒体中，英语媒体所占比例高达80%，而中国最需要应对的也是以美国为首的西方国家的英语媒体，所以我们将以英汉、汉英新闻编译为例，来阐述政治正确在国际新闻编译中的必要性与可行性。

（一）必要性

1. 国际新闻编译是国际传播的一种方式。国际传播作为"国际政治的一部分"，不但会"对国际政治产生影响，也会受到政治权力的制约和控制"。由于国家是国际传播之主体，捍卫国家利益就成为国际传播的"最高原则"。也就是说，国际传播的内容必须"经过高度过滤"。在"对外传播时，要选择有助于树立国家良好形象的信息"，在对内传播时，"也是将于己有利的信息介绍进来"。[③] 国际传播的这一原则亦适用于作为国际传播的重要方式之一的国际新闻编译。曾长期从事新闻翻译工作的刘其中老师认为，新闻编译在确定新闻主题与取舍新闻事实时，都"应服从党的宣传方针（国家的对外报道方针）"，这是新闻编译应遵循的编辑原则。[④] 基于此，新闻编译其实是难以简单机械地遵循翻译的"忠实"原则的。编译者在保留原语新闻基本思想的同时，也要"持守我们国家的外交立场"。[⑤]倘若按照从事语料库翻译研究的创始人之一的蒙娜·贝克（Mona Baker）教授的观点，翻译可称作"重述"（renarration）[⑥]，且翻译是"冲突各方使自己的事件版本即叙事合法化的工具"，[⑦]那么国际新闻，尤其是政治新闻的编译就更是如此了。对不少媒体机构而言，一个"不成文的指导原则"是，编译出来的新闻应符合本媒体的编辑方针。对中国媒体而言，这意味着那些有损国家形象、有悖国家政策、有违编辑方针的部分都是要经过处理或直接删除的，因为编译新闻存在着"政治去向的问题"。[⑧]

---

① 常江、杨奇光：《"二传手"之失：对我国新闻编译失范现象的批判话语分析》，《新闻界》2015年第3期。

② 徐英：《从语态选择的编译改动看意识形态的翻译转换》，《上海翻译》2015年第3期。

③ 董璐：《传播学核心理论与概念》，北京大学出版社2008年版，第10页。

④ 刘其中：《汉英新闻编译》，清华大学出版社2009年版，第5页。

⑤ 刘荣霞、张莹：《论新闻编译中的叙事重构与外交立场——以〈环球时报〉〈参考消息〉对"南海问题"外媒报道的英汉新闻编译为例》，《东方翻译》2018年第6期。

⑥ M. Baker, Ethics of Renarration: Mona Baker Is Interviewed by Andrew Chesterman, *Cultus*, 2008, Vol. 1, No. 1, pp.10-33.

⑦ M. Baker, *Translation and Conflict*: *A Narrative Account*. London: Routledge, 2006, p.1.

⑧ 刘其中：《新闻翻译教程》，中国人民大学出版社2004年版，第141页。

2. 在中国的改革开放不断向纵深发展,国际舆论形势有时对中国不太有利的情形下,包括编译者在内的媒体人员具有“向国人传播外界的信息,让中国了解世界;向世人传播国内的情况,让世界了解中国”的双重身份。[①] 前者意味着在进行英汉新闻编译时,为避免跟着西方舆论跑、人云亦云,或是为避免使“国内读者产生错误印象”,中国官方媒体必须“选择性地编译外媒报道”,[②]必须对原语新闻的政治言辞加以合理的修正,“以提高目的语读者的阅读效果”;[③]后者意味着,在进行汉英新闻编译时,译者必须既要了解译入语国家的主流文化、价值观与意识形态等层面的问题,又要为维护我方立场而“与西方叙事话语展开叙事竞争”[④],必须想方设法让世界了解真实的中国。

3. 提及翻译标准,很多人都会想到近代翻译家严复的“信、达、雅”,且认为应把“信”,即忠实于原文,摆在最重要的位置上。有学者认为,这是“一种以作者为中心的翻译观”,对于对外新闻编译恐不太合适,因为国际新闻编译属于跨文化传播活动,编译者固然要考虑到作者因素,但更要考虑到读者因素。也就是说,为了达到更佳的传播效果,对外新闻编译应遵循以目标读者为导向的翻译观,应遵循“外宣三贴近”原则。该学者认为,在对外新闻编译过程中,“对原作的叛逆”是难免的,因为对原作的叛逆正是为了更好地服务读者,以期达到较理想的传播效果。[⑤] 另一学者也认为,编译者既然“兼具新闻传播者和跨文化交流者的双重身份”,就必然要遵循跨文化传播的双重策略。[⑥] 对此,笔者比较认同,特别是在美国日益讲究政治正确的今天,编译者在进行汉英新闻编译时,不能不对此加以重视。毕竟相对有些学科的翻译而言,国际新闻编译可算作是一种特殊形式的翻译活动。

4. 由于“中西方各自的新闻价值标准是与其意识形态、价值取向紧密联系在一起的”,且国际新闻编译既是不同语言之间,更是不同文化之间的信息转换活动,牵涉到不同的新闻体制、社会文化环境和价值取向等,因此,中西方记者在新闻事件的选择与取舍、看待新闻的视角、编译新闻的叙事方式、反映出的立场和态度可能呈现出很大的不同,特别是在国际政治事件的编译方面表现得相当明显。这就决定了在编译过程中,为达到更好的传播效果,不能不注意政治正确的问题。事实上,编译者并非只是或只能扮演“消极的中介转换”角色,而应发挥积极的主观能动性作用。[⑦] 以英美主流媒体为例,他们惯用一些带有

---

① 麻争旗:《论国际新闻编译的文化策略》,《现代传播》2005年第1期。

② 刘荣霞、张莹:《论新闻编译中的叙事重构与外交立场——以〈环球时报〉〈参考消息〉对“南海问题”外媒报道的英汉新闻编译为例》,《东方翻译》2018年第6期。

③ 陈明瑶:《浅论英语新闻编译加工》,《中国翻译》2001年第5期。

④ 刘荣霞、张莹:《论新闻编译中的叙事重构与外交立场——以〈环球时报〉〈参考消息〉对“南海问题”外媒报道的英汉新闻编译为例》,《东方翻译》2018年第6期。

⑤ 闫威:《对外新闻编译的忠实与叛逆》,《中国翻译》2011年第6期。

⑥ 麻争旗:《论国际新闻编译的文化策略》,《现代传播》2005年第1期。

⑦ 麻争旗:《论国际新闻编译的文化策略》,《现代传播》2005年第1期。

明显意识形态或政治目的的词来为中国政府、执政党和媒体机构贴标签，如“极权的”“共产主义的”“国有的”“共产党控制的”等，试图以此来嘲讽或削弱中国政府和政党在国际上的地位与形象，并削减中国媒体（尤其是主流媒体）的可信度。在提及中国台湾时，他们往往将其视为“独立的国家”，这已伤害到了中国的核心国家利益。在提及南海问题时，他们也总是不厌其烦地宣称，中国声索的是几乎或甚至整个南海，这已明显与事实相违背。然而，鉴于世界话语权仍在很大程度上垄断在西方媒体的手中，故而他们的这些行为已长期对中国产生了难以估量的负面影响。对此，在编译时必须注意政治正确的问题，要把握好哪些是可译、哪些是可修改或直接删除的。

（二）可行性

关于在国际新闻编译过程中，是否可以因出于对政治正确的考量而对新闻进行适当处理这一问题，是得到了一些国内外学者的理论支撑的。例如，在其合著的《全球新闻翻译》（*Translation in Global News*）中，翻译学家贝尔萨（Esperança Bielsa）和巴斯奈特（Susan Bassnett）认为，翻译不过是“新闻信息处理过程中的一部分”，“翻译出来的信息还要根据新的语境进行编辑、重写、制作和组合，最后出来的作品往往已经面貌全新，没有翻译的影子了”。[①] 翻译理论家安德烈·阿尔方斯·勒菲弗（André Alphons Lefevere）把意识形态视为影响翻译的“两要素”之一，认为“翻译自始至终都会受到意识形态（ideology）和/或诗学观（poetics）的影响”，前者系由赞助方（patronage）控制，后者则由专业人员（professionals）控制。[②] 中国学者蒋骁华承认，意识形态对翻译产生巨大的影响，他将影响的主要表现概括为如下几个方面：(1)“使翻译为政治服务”；(2)“影响取材”；(3)“使译者设法迎合读者的主流意识”；(4)“影响译者对原文的解读”；(5)“迁就社会伦理”；(6)“迁就译语读者的审美习惯”；(7)“女权主义翻译理论”。不过，他反对“将意识形态对翻译的影响绝对化”。[③] 笔者亦持同样的观点，关于这一点，还将在下文探讨。王虹光认为，意识形态的操控贯穿新闻编译的整个过程，“包括对源语报道文本的选择、对翻译策略的选择、译文本身的选词和内部语言结构”。编译者总是站在自己所服务媒体的立场来选材，并在编译过程中受到包括意识形态在内的社会因素的影响。[④] 陈明瑶写道：新闻编译与翻译不同，不是以准确、忠实为原则，而是允许编译者基于受众的实际需求和国情来“进行一定的加工”，包括对“政治性不利言辞的删减、修正等”。[⑤] 徐英在《新闻编译中意识形态的翻译转换探索》一文中指出，为确保译文符合译入语“社会主流文化意识形态要求”及其受众的

---

① 转引自王虹光：《新闻编译中的标签策略与跨文化偏见》，《理论月刊》2013 年第 9 期。

② 转引自蒋骁华：《意识形态对翻译的影响：阐发与新思考》，《中国翻译》2003 年第 5 期。

③ 蒋骁华：《意识形态对翻译的影响：阐发与新思考》，《中国翻译》2003 年第 5 期。

④ 王虹光：《新闻编译中的标签策略与跨文化偏见》，《理论月刊》2013 年第 9 期。

⑤ 陈明瑶：《浅论英语新闻编译加工》，《中国翻译》2001 年第 5 期。

"认知期待"，编译者必须借由语言层面的编译改动来实现"意识形态的转换"。[①] 她在另一篇文章《从语态选择的编译改动看意识形态的翻译转换》中亦谈道：各国新闻机构的做法也是从其自身视角出发，对"国际新闻进行本土化处理"，其报道倾向往往"与该新闻机构所在政府的外交政策倾向相一致"。[②] 诚如常江和杨奇光所云："新闻不仅是对现实的描绘，更是对现实的社会建构。"在一次编码的过程中，原文记者已基于自身立场对消息源予以了选择和摒弃；在二次编码的过程中，编译者又基于自身立场"在已有立场上附加立场"。[③] 刘荣霞和张莹以南海问题编译报道为例，说明翻译不只是"语言的对等转换，还必须考虑到语言背后的政治正确问题"。[④] 胡伟华和郭继荣认为，源语言作者可能出于意识形态、偏见、刻板印象或甚至是为了污名化而造成新闻的不实，作为编译者，应有"主体意识"，为维护本国形象而对原语文本进行适当的改写，重建合乎"译语读者叙事范式和期待的新闻现实"。在他们看来，编译过程中"融入本民族意识形态和社会价值观"是不可避免的。[⑤]

可见，不少学者认同在国际新闻编译过程中，必须注意政治正确问题。然而，也有学者对此提出了更高的要求，例如，王虹光在《新闻编译中的标签策略与跨文化偏见》一文中写道：

> 在国际新闻编译过程中随意添加标签(包括"意识形态标签、市场取向标签和民族主义情绪标签"——笔者注)，新闻就成了基于价值预设的"先验新闻"，而这种价值预设实质上是用自我文化的价值标准和观念尺度来丈量新闻事件，以自我的目光审视他者行为，是对文化他者的漠视。把异文化中的人或事件贴上标签，使其形象化、典型化甚至脸谱化，也极大地影响了自我文化中的公众对社会现象的判断，导致自我文化公众的集体非理性。对于文化他者的标签式处理，又可能人为地制造屏障，加深文化间的刻板成见，妨碍跨国跨文化的交流与理解。[⑥]

对此，笔者也是颇为认同的。对笔者而言，新闻编译切不可过度追求政治正确，而应始终坚持马克思主义新闻观所倡导的真实性原则，应持守新闻专业主义，不能违背跨文化传播的伦理，尤其要注意防范编译失范现象，否则可能危害甚大。例如，编译失范可能导

---

① 徐英：《新闻编译中意识形态的翻译转换探索》，《中国翻译》2014年第3期。

② 徐英：《从语态选择的编译改动看意识形态的翻译转换》，《上海翻译》2015年第3期。

③ 常江、杨奇光：《"二传手"之失：对我国新闻编译失范现象的批判话语分析》，《新闻界》2015年第3期。

④ 刘荣霞、张莹：《论新闻编译中的叙事重构与外交立场——以〈环球时报〉〈参考消息〉对"南海问题"外媒报道的英汉新闻编译为例》，《东方翻译》2018年第6期。

⑤ 胡伟华、郭继荣：《国际新闻编译中的译者主体意识及语言操控》，《外语电化教学》2019年第2期。

⑥ 王虹光：《新闻编译中的标签策略与跨文化偏见》，《理论月刊》2013年第9期。

致受众的对抗式解码，[①]如此则难以达到预期的传播效果，甚至适得其反。切莫在对西方媒体的失范做法加以谴责的同时，却视自己的同样做法为理所当然，那就是双重标准了。

三、教导学生应注意的相关问题

第一，一位称职的国际新闻编译者不但要具备扎实的双语转换能力和敏锐的跨文化意识，还要具备较强的意识形态转换能力。换言之，在编译过程中，要注意政治正确问题。以中英两种语言的相互转换为例，无论是英汉新闻编译，还是汉英新闻编译，均要处理好政治正确问题。对于在中国土生土长的学生而言，鉴于对自己国家的国情相对了解，故而在进行英汉新闻编译时，可能相对容易注意到政治正确问题。然而，这一问题在汉英新闻编译过程中同样不容忽视。曾从事多年外宣出版物翻译工作的黄友义先生在《坚持"外宣三贴近"原则，处理好外宣翻译中的难点问题》一文中，列举了如下一些典型的例子：

例 1　有文章提及："在中国，共产党是执政党，此外还有八个民主党派。"若机械地将此句直译为："In China, the Communist Party is the party in power. Besides, there are also eight democratic parties."那就很容易强化那些不了解中国政治体制，又长期受到反共宣传影响的西方人的刻板印象，产生误解：中国共产党是一党专制，其他八个反对党才是追求民主的。因此，为淡化这一错误印象，黄先生建议将民主党译作"other political parties"（其他政党）。[②]

例 2　对于我国政治生态中表达团结一致、众志成城的话语，若机械直译的话，恐怕会被西方人按其思维定式产生误解。[③]

例 3　中国的中央领导检阅部队时，往往会与部队官兵互致问候语，即领导问候道："同志们好！同志们辛苦了！"官兵们回复道："首长好！""为人民服务！"对于这些特色的问候与回复话语，黄先生在文中提及的几家外宣单位当时经过探讨，决定不应以直接引语的方式来进行翻译，而应以间接引语的方式将其改写为："军委领导人向部队官兵问候，官兵向他们的首长致礼"，然后再翻译。如此处理的原因在于，"西方国家首长检阅部队时，只敬礼，不讲话，官兵也不喊口号"。[④]

例 4　甚至是对于"社会主义市场经济"这一耳熟能详、有别于苏联的教条式社会主义

---

① 参阅常江、杨奇光：《"二传手"之失：对我国新闻编译失范现象的批判话语分析》，《新闻界》2015年第3期。

② 黄友义：《坚持"外宣三贴近"原则，处理好外宣翻译中的难点问题》，http://www.china.com.cn/book/zhuanti/qkjc/txt/2004-10/26/content_5689613.htm，访问日期：2020年9月7日。

③ 黄友义：《坚持"外宣三贴近"原则，处理好外宣翻译中的难点问题》，http://www.china.com.cn/book/zhuanti/qkjc/txt/2004-10/26/content_5689613.htm，访问日期：2020年9月7日。

④ 黄友义：《坚持"外宣三贴近"原则，处理好外宣翻译中的难点问题》，http://www.china.com.cn/book/zhuanti/qkjc/txt/2004-10/26/content_5689613.htm，访问日期：2020年9月7日。

模式和高度集中的计划经济体制的术语,黄先生也建议将其译成“China's market economy”(中国的市场经济)或“market economy”(市场经济)。用意在于避免西方人以为社会主义市场经济不是全面的市场经济,故而不应给中国相应的待遇。[①] 换句话说,译者平时应多关注时事,懂得在编译过程中努力维护自己国家的利益。

这些例子告诉我们,在从事汉英新闻编译时,同样必须注意政治正确的问题。黄先生从其多年的外宣翻译工作中总结出的两条原则,值得相关教学过程中向学生传达,并要求他们遵循之:(1)“充分考虑文化差异,努力跨越文化鸿沟”;(2)“熟知外国语言习俗,防止落入文字陷阱”。[②] 以美国为例,如今的美国因越来越受到白左思想的影响,而日益陷入意识形态之争的泥淖中,正盛行所谓的取消文化,编译者若不注意用语等现象而触犯到他们的话,编译发表的成果可能会遭到“取消”的命运,遑论传播效果了。就英汉新闻编译而言,也要注意把握好语言和文化层面的加工与注释,特别要注意对政治议题与政治言辞的合理处理,要懂得“如何通过叙事重构站稳外交立场、实现政治正确”。[③] 这就要求译者要注重“培养自己的时事分析能力,及时发现新闻中用词不当的现象”,并予以合理修正,[④]以免受到西方舆论的误导,同时提升受众的阅读效果。

无论如何,编译的目的既要“确保译语新闻符合译语的语言、文化和地理环境”,也要“符合译语社会主流文化意识形态要求和译语读者的认知期待”。[⑤]

第二,要灵活贯彻“忠实”原则。相对科技翻译和文学翻译,新闻编译“最具灵活性”。有任课教师认为,编译的忠实,只能是对原语新闻中的“事实”的忠实,至于选择什么“事实”以及如何“表述”它们,则“完全有可能随编译者的主观倾向而定”。[⑥] 诚如有学者指出的那样:“翻译中原文与译文的等值不是单纯语言意义上的等值,而应是总体社会符号学意义上的等值,”在编译过程中,译者除了关注语言本身,亦要关注“其他社会文化因素”,包括政治正确的问题。[⑦]

第三,编译者从选材开始就要注意把关,在编译过程中要懂得“灵活运用注释增译、筛

---

① 黄友义:《坚持“外宣三贴近”原则,处理好外宣翻译中的难点问题》,http://www.china.com.cn/book/zhuanti/qkjc/txt/2004-10/26/content_5689613.htm,访问日期:2020年9月7日。

② 黄友义:《坚持“外宣三贴近”原则,处理好外宣翻译中的难点问题》,http://www.china.com.cn/book/zhuanti/qkjc/txt/2004-10/26/content_5689613.htm,访问日期:2020年9月7日。

③ 刘荣霞、张莹:《论新闻编译中的叙事重构与外交立场——以〈环球时报〉〈参考消息〉对“南海问题”外媒报道的英汉新闻编译为例》,《东方翻译》2018年第6期。

④ 陈明瑶:《浅论英语新闻编译加工》,《中国翻译》2001年第5期。

⑤ 徐英:《新闻编译中的名物化改动与意识形态转换》,《中国翻译》2015年第3期。

⑥ 麻争旗:《论国际新闻编译的文化策略》,《现代传播》2005年第1期。

⑦ 详见庄琴芳:《对外社会新闻的英语编译——社会符号学理论指导下的翻译实践》,《现代传播(中国传媒大学学报)》2008年第4期。

选减译、意译整合等编译方法"[①]来处理政治正确问题。有学者研究了《环球时报》和《参考消息》对外媒有关南海问题相关报道的英汉编译，发现两家媒体对其中涉及"严重歪曲事实、刻意抹黑中国形象的内容"都以省略("避开'政治不正确'的陷阱")、添加("增加带有'不认同'的词汇")等方式予以了"选择性采用"。经由分析，学者们深刻体会到"叙事手段是新闻编译中保证政治正确的重要武器"。[②] 另一位学者提议"在微观层面要做'加减法'，在宏观层面要根据文体特征调整文章的结构，用读者熟悉的形式和易于接受的语气传递信息"。[③]

第四，要善于通过对新闻标题的重构和对命名权的争夺来体现我们国家的外交立场，因为这两项可谓是"编译中体现外交立场的最敏感领域"。[④]

第五，中国记者在从事新闻写作时，往往习惯于加入自己的价值判断，这对中国读者来说，或许是习以为常的、可接受的，但在进行对外新闻编译时，国外读者恐怕难以接受这样的写作方式，故而编译者应本着以"读者为中心的翻译理念"，"注意社会政治制度和价值取向的差异"，尽量"通过摆事实引导读者得出某个结论，而不是试图把结论强加给读者"，更不是在结论出来之前，就想把带有先入为主的价值判断色彩的东西强加给受众。有学者认为，"对外新闻编译的最高境界"应该是"完全打破原文束缚，按西方新闻写作的要求和西方读者的思维习惯和阅读习惯进行改写"。[⑤] 这应具有一定的参考价值。

综上，近年来的国际国内形势发展表明，中国急需高校为其培养更多优秀的国际新闻编译人才。在培养过程中，教师应提醒并教导学生注意政治正确的问题，这不但是必要的，也是可行的。不过，不可过度强调政治正确，而应始终坚持马克思主义新闻观中的真实性原则，并持守新闻专业主义。

---

① 郭薇：《国际新闻编译者"把关"失误分析及改进对策》，《湖南科技大学学报》(社会科学版)2018年第4期。

② 详见刘荣霞、张莹：《论新闻编译中的叙事重构与外交立场——以〈环球时报〉〈参考消息〉对"南海问题"外媒报道的英汉新闻编译为例》，《东方翻译》2018年第6期。

③ 闫威：《对外新闻编译的忠实与叛逆》，《中国翻译》2011年第6期。

④ 详见刘荣霞、张莹：《论新闻编译中的叙事重构与外交立场——以〈环球时报〉〈参考消息〉对"南海问题"外媒报道的英汉新闻编译为例》，《东方翻译》2018年第6期。

⑤ 闫威：《对外新闻编译的忠实与叛逆》，《中国翻译》2011年第6期。

"碳中和"目标下培育环境传播创新能力的观念与方法*

孙　蕾**

摘　要:我国生态文明建设的要旨是建设人与自然和谐共生的现代化。党的十九大报告全面阐述了加快生态文明改革、推进绿色发展的战略部署,为环境传播能力培育赋予了新使命。生态文明建设也是树立负责任大国形象和地位的必然选择。"十四五"规划目标建议要积极引领全球气候治理,凝聚全社会力量落实减排目标,将做好碳达峰、碳中和工作列为中央经济工作的重点任务,这同时也为倡导绿色低碳行动的传播能力提出了新要求。为回应这一新使命和新要求,本次教学研究以环境传播的课程设计方案为主题,从课程建设任务、培育目标、教育观念、教学方法和测评方法五个方面进行了介绍。最终,从学科知识能力、新媒体专业能力、团队工作能力和实践能力四个方面,讨论了环境传播创新能力的培育路径。

关键词:生态文明;碳中和;环境传播;人才培育

一、生态文明建设部署下环境传播能力培育的新使命

生态文明建设是摆在我国现代化建设全局工作突出位置的重大任务。生态文明思想以马克思、恩格斯生态思想为理论基石,以中华优秀传统文化中的"天人合一"生态思想为文化积淀,走过了不平凡的生态文明制度建设历程。党的十七大报告首次被提出生态文明建设,并作为全面建设小康社会的目标任务之一。党的十八大将生态文明建设与经济建设、政治建设、文化建设和社会建设一起,共同纳入总体布局,将生态文明建设提升到前所未有的战略高度。① 党的十八大报告明确指出,建设生态文明,实质上就是要建设以资源环境承载力为基础、以自然规律为准则、以可持续发展为目标的资源节约型、环境友好型社会。党的十九大报告为未来中国推进生态文明建设和绿色发展指明了路线图,并进一步指出,我国生态文明建设的要旨是建设人与自然和谐共生的现代化。党的十九大报

* 基金项目:福建省科技计划项目2021年创新战略研究项目成果(项目编号:2021R0010)。

** 孙蕾,女,陕西榆林人,厦门大学新闻传播学院副教授,主要研究方向为环境传播及科普教育。

① 黄勤、曾元、江琴:《中国推进生态文明建设的研究进展》,《中国人口·资源与环境》2015年第2期。

告全面阐述了加快生态文明体制改革、推进绿色发展的战略部署：其一，对生态文明建设中存在的问题具有清醒的认识。其二，对解决生态文明建设中存在的问题有清晰的思路和举措。其三，向世界发出了中国建设生态文明的庄严承诺。[①]

生态问题是全球问题，因此，生态文明建设也是树立负责任大国形象和地位的必然选择。党的十九大报告提出积极参与全球气候治理，落实减排承诺，就是中国作为世界上最大的发展中国家，维护全球生态安全的特殊使命。

二、碳中和目标下环境传播能力培育的新要求

气候变化是人类命运共同体在可持续发展道路上面临的最大危机。气候治理是大国博弈的重点领域。"十四五"规划目标建议要积极引领应对气候变化，加快低碳发展，全面推动绿色转型。习近平总书记强调，中国应引领应对气候变化工作，拓宽宣传渠道，凝聚全社会力量落实减排目标。中央经济工作会议将做好碳达峰、碳中和工作列为 2021 年八项重点任务之一。"碳达峰"是指在某个时点，二氧化碳的排放不再增长达到峰值，之后逐步回落。"碳中和"指在一定时间内，通过植树造林、节能减排等途径，抵消自身所产生的二氧化碳排放量。中国提出碳达峰、碳中和目标，对外是承担大国责任，服务总体外交；对内则是实现中国自身实现可持续发展的要求，是建设"美丽中国"的必由之路。2020 年 12 月，习近平主席在气候雄心峰会再次承诺碳减排目标。从全球工业化进程来看，碳排放权也是发展权。对我国而言，实现碳中和意味着国家碳责任，即能源和经济的深度转型，同时也为倡导绿色低碳行动的传播能力提出了新要求。

三、环境传播能力培育的跨学科新思路

党的十九大报告指出，我国的现代化建设，是建设人与自然和谐共生，必须坚持保护优先方针，形成节约资源和保护环境的空间格局、生产和生活方式。一是要推进绿色发展。建立健全绿色低碳循环发展的经济体系，开展创建节约型机关、绿色家庭、绿色学校、绿色社区和绿色出行等行动。二是要着力解决突出环境问题。坚持全民共治、健全信息强制性披露。构建政府为主导、企业为主体、社会组织和公众共同参与的环境治理体系。三是要加大生态系统保护力度。以上工作规划为培养环境传播人才提供了新思路，环境传播的培养方案应从以下三个方面进行推进创新：首先，教学内容紧密结合国家生态现代化发展需要；其次，教学方法要适应环境治理的综合性；最后，教学手段还应持续体现新闻传播的学科优势，跟进媒体技术变革的新发展。因此，跨学科应用型人才培养，是环境传

---

① 张应杭：《十九大报告关于生态文明建设的三个创新》，http://theory.people.com.cn/n1/2017/1206/c40531-29688522.html，访问日期：2021 年 12 月 10 日。

播教学的核心思路。

环境议题的政治决策过程包含多方参与主体，跨学科人才培养同时也是国际教育领域的新趋势，特别是在研究生阶段，具备跨学科团队合作的经验和能力，能够运用跨学科知识结构解决社会问题，已经是高等教育学界面临的新机遇。从我国国情来看，环境保护一直是我国社会发展中需要处理的重点问题，环保科技企业需要扩大市场范围，取得消费者认同。政府在环境领域的工作需要加强与公众的沟通。环境危机事件往往引发社会矛盾，突显了环境传播工作的价值，培养跨学科专门人才，既是当务之急，也是长远布局。

四、环境传播能力培育的主要任务

环境议题的政治决策过程包含多方参与主体，借助社交新媒体的发展，中国的环境议题治理正逐步发展成为一个由政府、媒体、公众、专家等参与构成的公共表达空间。各个话语主体发挥着不同的作用，形成多元博弈关系。这种基于多元主体互动的实践场域和话语平台正是环境善治的条件保障，通过明确不同主体所具有的能力、应承担的责任及强调多主体之间的多样化和复杂形式的协作或合作治理，如开放的参与机制、有效的多元协调、公开透明的信息共享与互信等，才能保障环境治理的有效性与高效性。国务院出台的健全绿色低碳循环发展体系的“三十条”指导意见，归纳了与社会生活息息相关的诸多方面：垃圾分类和再生资源回收，共享经济、节能产品设计、绿色消费及低碳生活方式等。因此，深入理解从国家碳责任到个人碳责任的动员路径，深入把握绿色低碳行动动员有效传播机制，是跨学科人才培养目标的起点。通过研究生课程“环境传播”的跨学科教学方法、内容、评价模式等，探索跨学科知识结构的新型教育模式。为以下行业培养专门人才：(1)环境新闻记者、编辑以及新媒体采编运营。(2)政府相关部门在主题宣传、群众科普、绿色动员、公众沟通、舆情应对方面的专门工作。(3)环保科技创新企业的市场策划、用户调查、公共关系和科普服务建设方面的专门工作。(4)公共服务机构，如科技馆、展览馆、博物馆等，以及环保民间组织策划环保宣传公众活动和公众环境教育的专门人员。

五、环境传播课程建设的主要目标

课程基本目标是培养具备环境素养的新闻传播人才。宏观而言，大学的环境教育的目的是培养环境素养。[①] 环境素养涉及自然与社会系统，涉及人类整体、技术问题(尤其是科技问题)与决策问题，它是一个终身学习的过程。环境素养的四大构成：知识、技能、情

① UNESCO. *Environmental Education in the Light of the Tbilisi Conference*, 1980, Paris: UNESCO.

感(包含环境敏感、环境态度、环境价值观)和行为(包含责任感及参与卷入)。[1] 环境素养是关于人类与环境交互关系的探讨解读,指的是我们感知、解读环境相对健康状态,采取适当行动来维持、恢复或改善环境系统健康状态的能力。根据联合国教科文组织环境规划署发布的第比利斯宣言对环境素养人才条件的建议,环境传播人才应拥有以下素养:(1)有环境意识及环境敏感度;(2)经历过环境问题并对环境问题有一定了解;(3)具有环保价值观及情感;(4)具有积极参与的动机;(5)具有发现和解决环境问题的新闻传播专业技能;(6)努力通过信息沟通解决环境问题。

六、环境传播课程设计的建构论教育观

环境传播课程秉持的是建构论的教育观。建构论的教育观关心人们如何构建意义,重视个人体验;该理论认为知识来自学习者本身,而非来自老师,每个人都有自主掌握知识的能力,是启发式的自主学习。

建构主义维列鲁学派代表人物,维果斯基(Vogotsgy)提出的"文化历史发展理论"认为:人的高级心理机能亦即随意的心理过程,并不是人自身所固有的,而是在与周围人的交往过程中产生与发展起来的,是受人类的文化历史所制约的。[2] 该理论强调了认知过程中学习者所处社会文化历史背景的作用,特别是强调活动和社会交往在人的高级心理机能发展中的突出作用。高级的心理机能来源与外部动作的内化不仅通过教学,也通过日常生活、游戏和劳动等活动来实现。另外,内在的智力可以外化为实际动作,使主观见之于客观。内化和外化的桥梁便是人的活动。

在建构论教育观的指导下,环境传播课程开发应遵循以下原则:(1)课程由学生主导,教师提供引领和支援。(2)关注学生构建知识的过程,如通过课程作业了解学生对知识的掌握程度。(3)为学生呈现问题的复杂性和多面性;社会问题往往是复杂多面的,不应对其进行过度简化。(4)让学生参与真实的活动演练。(5)让学生参与复杂的活动演练。(6)强调学生之间的协商,促进学生之间合作。

七、环境传播课程的教学方法

(一)跨学科合作教学

跨学科方式(cross-disciplinary education)是跨学院结合传播学与环境生态科学的知识结构,以当前我国社会的人才需求变化为引导,从环保企业市场公关人才,政府传播中

---

① Roth, C. E. *Environmental literacy: Its roots, evolution, and directions in the 1990s*. Columbus, OH, ERIC/SMEAC information Reference Center, 1992.

② Vygotsky, L.S. The genesis of higher mental functions. In J.V. Wertsch (Ed.), *The Concept of Activity in Soviet Psychology* (pp. 144-188). Armonk, NY: M.E. Sharpe, 1981.

的舆情研究人才等方向进行有目标、有步骤的跨学科培养。

（二）问题解决式学习方法

问题解决式学习方法（problem-solving approach）学生的学习动机发端于一个既存问题。问题解决式教学法的实施有两个要点：一是自下而上的自由：让学生产生求知需求，让问题发端于学生。对于问题意识薄弱，难以自主提出问题的学生，要说服学生。二是自上而下的指导：由老师进行指导，订立活动结构。具体的实施步骤有五个：确立动机、提出问题、开展调查、投入应用、进行反思。

（三）探究式教学法

约翰·杜威认为，探究学习需发端于一个天然兴趣，主张从实践中学习。Banchi 与 Bell 于 2008 年根据问题提出、方法提供、程序指导、结果说明主体的不同，提出了“四层次连续体”（four-level continuum）理论，探究式教学的四个层次①：

1. 确认式探究（the confirmation inquiry）：由老师提出问题，提供方法和程序指导，并说明结果；学生只需遵循老师的指导对结果进行确认即可。这一模式是目前国际主流的教学模式。

2. 结构化探究（the structured inquiry）：由老师提出问题，提供方法和程序指导，学生自主探索结果并进行解释说明。

3. 指导性探究（the guided inquiry）：由老师提出问题和进行程序指导，学生确认问题后，按照自己的方法，自主探索结果并进行解释说明。

4. 开放式探究（the open inquiry）：学生自己提出问题，按自己的方法，在老师的程序指导下，自主探索结果并进行解释说明。但这一模式的问题是，大多数的学生问题意识薄弱，提不出有价值的问题。

八、环境传播课程的效果测评

本次课程的效果测评通过四个基本能力模块进行平衡测量，包括：(1)学科知识能力；(2)新媒体专业能力；(3)团队工作能力；(4)实践能力。具体测评方法采用以下七种形式综合开展：(1)学科知识；(2)学术研究能力；(3)新媒体应用技能；(4)团队合作能力；(5)社会调查成果；(6)企业实践经历；(7)新闻业界互动经历。

综合来看，四个基本能力模块与对应的七种具体测评方法，共同搭建了教学效果测评的实施路径（见图 1）：

---

① Banchi，H.，Bell，R. The Many Levels of Inquiry. *Science and Children*，2008，46(2)：26-29.

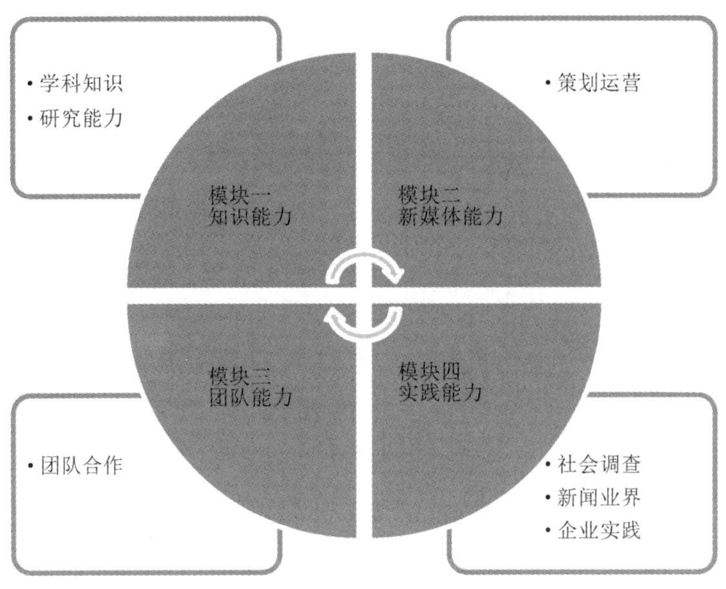

图 1 环境传播能力测评模块

1. 测评模块一:学科知识能力

该模块考核的是学生对环境传播学科知识的掌握,以及对于环境议题的问题意识,并且考察学术是否能够运用规范的学术研究路径解决问题。

2. 测评模块二:新媒体专业能力

该模块测评的是学生对于新媒体平台的运用技能,具体包括选题、内容采写、多媒体编辑、推广和后台运营。本次课程开设了微信公众号"环境传播研习社",作为学生的新媒体实践平台。

3. 测评模块三:团队工作能力

该模块的测评设计主要用于鼓励学生进行团队合作,以分工协作的方式共同完成一项学习任务,特别是在社会实践调查中提高团队工作能力。

4. 测评模块四:实践能力

该模块的测评注重从以下三个方面考察学生的参与实践的程度,其一,以现实中的具体环境议题出发,开展社会调查,并给出解决思路;其二,与新型环保企业进行联合,学习以企业为基地的环境传播实践;其三,与环境新闻业界一线记者编辑互动,预先了解环境新闻一线的工作性质、实际困难、专业要求,从而针对性提高自身能力。

九、环境传播能力培育的创新和未来方向

(一)方法创新

在环境传播课程建设中,综合采用了三种创新教学方法,包括跨学科合作教学,问题

解决式学习方法和探究式教学法。让学生产生求知需求,让问题发端于学生。以当前我国社会的人才需求变化为引导,有步骤地完成人才培养。

环境传播课程从四个基本能力模块与对应的七种具体测评方法,共同搭建了教学效果测评的实施路径。从而,比较全面地从学科知识能力、新媒体专业能力、团队工作能力和实践能力四个方面引导学生的学习方向,同时也提升了学生参与各类教学活动的积极性。

(二)未来方向

在环境传播课程建设中,也遇到一些难点,首先是学生问题意识的培养,在教学过程中,学生对于环境议题的关注有明显提升,但对于如何在国家绿色发展和个人环境体验之间,寻找适合新媒体传播的环境问题进行内容策划和传播,需要进一步结合新媒体效果数据进行确认。其次是环保企业和环境 NGO 组织的合作网络拓展,受到疫情影响,一些计划的实践活动受到限制。

因此,未来有待继续探索和突破的问题是,环境传播的选题策划还应该进一步深入“在地化”与“地方化”思维,也需要探讨如何能拓展更多的手机新媒体平台进行传播策划和效果验证,以及如何使用线上方式与企业和新媒体平台合作,将学生的实践活动及作品以更多的线上方式,比如微信小程序、游戏设计、手机应用软件等进行创新推广。

浅谈“双一流”建设背景下高校教学秘书素质的提高

陈桂宝　陈晓燕*

摘　要：高校是人才培养的重要园地，只有培育出一流人才，才能问鼎世界一流大学。高校教学秘书作为高校教学培养单位最基层的执行者和管理者，与一流人才、准一流人才保持着最短的距离，是一流人才培养伟大战略前沿阵地的“黄牛”。世界一流大学和一流学科（以下简称“双一流”）建设背景下，充分认识教学秘书在教学管理中发挥的重要角色作用，构建与之相匹配的教学管理服务与制度体系显得更加重要与紧迫。本文挖掘传统文化中的精髓，提出中华优秀传统文化对构建高校教学秘书积极向上管理内驱力的现实意义，纾解教学秘书在的角色困境，支持教学秘书优质完成教学管理工作，为“双一流”建设工程添砖加瓦。

关键词：“双一流”；教学秘书；高校管理

一、引言

2017年初，教育部、财政部、国家发展和改革委员会联合颁布了《统筹推进世界一流大学和一流学科建设实施办法（暂行）》，“双一流”建设进入实施阶段。建设世界一流大学以及一流学科，是国家在继“211工程”“985工程”之后的又一高等教育领域战略。本文通过对J高校的个案研究，发现当下部分高校教学秘书的职业发展与教学秘书定位存在一定程度上的难点。在“双一流”建设背景下，充分认识教学秘书的重要性，重新审视教学秘书的角色定位，以优秀传统文化为出发点，拟提出具有针对性的提升措施，以期在“双一流”伟大战略下为提升高校教秘管理工作提供微小启示。

二、高校教学秘书面临的角色困境

全面启动“双一流”建设，充分体现着将实现教育大国向教育强国转变。习近平总书

---

* 陈桂宝，女，福建漳州人，厦门大学管理学院教学秘书，从事教学管理工作；陈晓燕，女，广东潮州人，厦门光莆电子股份有限公司，兼职校外导师。

记指出:“只有培养出一流人才的高校,才能够成为世界一流大学……办出世界一流大学,必须牢牢抓住全面提高人才培养能力这个核心点。”[①]推进适应“双一流”的发展,需要“构建一流管理体系,释放学校办学活力、激发所有师生教育与学术梦想”。[②] “双一流”建设对高校学科建设和人才培养提出了“需求侧”要求,对教学管理服务的“供给侧”同样提出了更高标准,教学秘书站在一线管理的阵地前沿,是其间管理服务中极其重要的一环。本文以J高校为个案,发现当前高校教学秘书角色困境比较普遍,主要体现在以下四个方面。

(一)专业性欠缺,创新能力不足

高教教学秘书欠缺系统的专业能力培训和职业生涯规划,对于职业发展的创新能力稍显不足。首先,基于种种客观现实原因,高校对于教学秘书的聘用大多为劳务派遣模式或者为解决引进人才的家属就业的安置模式。相当一部分教学秘书缺乏专业性的知识以及系统培训。其次,教学秘书承担着大量教学事务性工作,业务范围甚广,间接导致很少有时间进行教学、教务等方面改革的研究与探索,鲜少精力开展新知识的学习和旧经验的总结。长期为机械化的工作流程所困,往往导致教学秘书思想僵化,工作方法教条,缺乏创新意识和工作优化的能力。再次,有些教学秘书只是想在这个岗位“过渡”一下,不仅不愿采取新的现代化管理方式,更缺乏创新的内驱力。马克思说过,“……热情是人强烈追求自己的对象的本质力量”[③]。一旦缺乏质疑及批判思维,教学秘书就会一直处于被动工作状态,不能为领导提供全面的、具有建设性的意见,也无法给教师与学生提供高效、流畅的管理服务。

(二)工作烦琐,存在感比较低

随着“双一流”建设的推进,各高校在人才引进、教学设备均增加了投入,管理服务越来越精细化。高校教秘的工作涵盖教学的方方面面,只要与教学有关的工作,均在教学秘书的工作范围内。简单罗列教学秘书所涉及的工作内容:招考面试、新生注册、教师排课调课、教学检查、学生学籍管理、奖助学金考评、考试安排、教学档案建设与管理、各类大赛、开题报告、答辩安排、教学工作量统计、导师资格遴选、导师与学生双选、学科评估、专业认证、学生就业……这些常规性工作可以看出教学秘书负责的工作项目多、头绪多、事务杂、涉面宽且非常重要。尽管教学秘书承担着相当大的工作量,但是上级领导或者其他部门对于教学秘书工作的认识和评价仍存在一定误区:教学秘书工作仅仅是事务性工作,

---

① 习近平:《习近平在全国高校思想政治工作会议上强调:把思想政治工作贯穿教育教学全过程 开创我国高等教育事业发展新局面》,http://dangjian.people.com.cn/n1/2016/1209/c117092-28936962.html,访问日期:2021年11月10日。

② 熊丙奇:《双一流需要一流管理》,《中国高等教育》2016年第7期。

③ 马克思、恩格斯:《马克思恩格斯全集》第3卷,人民出版社2002年版,第326页。

教学秘书“仅仅是秘书而已，一切听从领导的指示即可”“教学秘书工作纯粹是事务性工作而已”等片面认识。对教学秘书角色及岗位的一系列片面认识致使对教学秘书的工作缺乏足够的重视，教学秘书们一定程度上无法获得应有的尊重。

（三）管理缺位，主观能动性差

马奇（J.G.March）和奥尔森（J.P.Olsen）提出：“制度是根据角色和情境之间的关系界定适当行为的相互联系的规则和常规的集合。”①一般情况下，教学秘书行政上受学院或系所（中心）的领导，业务上由研究生院、教务处、学生部（处）等部门指导，具体工作安排则由系所（中心）安排，看似清晰的多方位、多元共治的指导路线管理往往成为多头管理。实际工作中，需要汇报、协调的事项贯穿所有业务中，找谁汇报、如何汇报成为一门“必修课”，沟通协调不善，可能会被“贴标签”，这往往导致教学秘书产生了“不做不错”的心理，不敢作为、无法作为。另外，有些敬业积极的教学秘书，则被分配了更多任务，甚至并非本职工作，出现了“鞭打快牛”现象。教学秘书“事无巨细，莫不有义利之两端存焉”？假如工作失去最基本的为“义”、为“利”而工作的动力，那么管理者应当重新审视当下管理制度，是不是已经成为管理异化？管理的缺位、担心出错的阴影下，使其长期陷入焦虑情绪，往往给工作带来了负面的影响。

（四）制度缺失，晋升提拔困难

“制度是非常稳定地组合在一起的一套规范、价值标准、地位和角色，它们都是围绕着某种社会需要建立起来的。”②调研访谈对象普遍反映，由于薪资待遇水平不高，教学秘书岗位频繁出现人员更替状况，尤其是部门自主聘任的教学秘书流动性更大。教学秘书工作岗位属性具有基础性、辅助性，没有明显的可视化的业绩，更无法用“接听多少考生咨询电话”“微信或 QQ 回复多少学生的问题”等无法计量的事务性工作来分析教学秘书工作量。显而易见，教学秘书的工作成果模糊、不易量化，工作价值得不到体现，这很大程度上限制了教学秘书的自我发展，教学秘书职业上升空间小，通常直到退休都只是普通科员，劳务派遣制的教学秘书则就更不在被讨论范围内。

三、“双一流”背景下高校教学秘书应然角色

《关于高等学校加快“双一流”建设的指导意见》指出，要“全面深化改革，注重体制机制创新，充分激发各类人才积极性主动性创造性和高校内生动力”。③ 充分了解与肯定教秘在教学管理中的角色定位和职能特点，有助于教学秘书发挥其在一线教学管理中的主观能动性作用，对提高教学管理水平和人才培养质量，实现“为党育人、为国育才，与时俱

① J.G. March, J.P. Olsen. *Rediscovering Institutions*, New York:Free Press, 1989, p.160.

② ［美］E.罗伯逊：《社会学》（下册），黄育馥译，商务印书馆 1991 年版。

③ 《关于高等学校加快“双一流”建设的指导意见》（教研〔2018〕5 号）。

进建设世界一流大学”[①],具有实际重要意义。

(一)教学保障工作的重要执行者

“一分部署,九分落实”。任何工作如果只有决策,没有落实,都只是一句口号。高校教学秘书作为专门从事基层教学管理的工作人员,直接落实到各项教学管理工作,工作涉及整个学院或专业教务工作的所有环节。日新月异的今天,教学秘书们在教学保障工作中凸显重要作用。2020 年伊始,新冠疫情急速改变了高校的教学形态,在“停课不停学”政策下,融媒体教学形式的全新上线,新的教学方法、教学管理、教学设备、教学体验更加需要教学秘书的充分介入与协调。其次,教学秘书在教学管理检查中,起到小中见大、见微知著推动教学管理工作的重要作用。疫情时期“停课不停学”的现状以及后疫情时代新的教学秩序、教学质量到把控,要求教学秘书对于教学管理中产生的新突发情况,做到反应灵敏迅速,形成严格管理、科学监督体制,新时期教学秘书在教学管理上更加凸显出了其重要的保障监督职能。

(二)教学管理系统的桥梁枢纽带

教学秘书是各教学单位的“窗口”,及时准确传的“上情下达”“下情上传”,保证教学管理系统正常运转,教学秘书也是打通相关部门、师生“最后一公里”的重要桥梁,是学校教学相关部门与学院联系的纽带,是学院与教师、学生沟通的桥梁,也是学生、校友、家长等服务群体之间的重要的信息“总控制调度中心”。在周围环境日新月异的今天,保持信息渠道畅通、协调师生关系、缓和学生焦虑心理、营造和谐有序的学习氛围,教学秘书的中枢传导作用发挥了至关重要的作用。从某种意义上说,教学秘书的桥梁职能具有多样性、针对性、时效性等特点,纽带功能无时不在、无时不有,有着不可替代的作用。

(三)教学战略管理的有力参谋者

教学秘书是主管教学领导的重要参谋助手,参谋工作水平高,能推动教学方针、政策到顺利贯彻实施;参谋水平低,则可能影响教学战略管理工作。“教学秘书……当好助手和参谋,为教学院长的决策提供准确的信息、依据和建议。”[②]培养方案的制定及实施,教学工作流程的改进、提升、优化等具体事务工作,离不开得力教学秘书的帮助。教学秘书在执行教学管理过程中,收集、综合、整理、汇报在教学实施过程中出现的新问题问题,为教学战略决策提供基础的数据来源。通过落实教学检查,行使教学管理监督职能,及时发现教学过程中的具体情况,并认真分析,提出切实可行的具体解决方案建议,协助分管领导制定决策,提高教育决策的客观性、科学性。

---

① 习近平:《致厦门大学建校 100 周年的贺信》,http://www.xinhuanet.com/politics/2021-04/06/c_1127297093.htm,访问日期:2021 年 11 月 10 日。

② 陈瑞、方长青:《新时期高校院级教学管理工作初探》,《科教导刊》2012 年第 12 期。

四、“双一流”契机下高校教学秘书素质的提高

基于当下教学秘书所面临的角色使然困境，我们当以重审“双一流”使命下的高校教学秘书岗位角色定位，以适应“双一流”建设的需要。“孔子创立的儒家学说……是中国传统文化的重要组成部分。”[①]本文认为，教学秘书的角色发展突破可以以中国传统文化为出发点，将其精髓要义创造性地运用到高校教学秘书管理的方方面面。一方面，构建教学秘书积极向上的职业精神以及终身学习的理念，帮助其形成自我提升、自我修炼、自我塑造的内驱力；另一方面，优化制度设计，保障教学管理工作得以有效开展，为“双一流”建设提供制度保障。

（一）见贤思齐：形成追求卓越的战略思维

“见贤思齐焉，见不贤而内自省也。”“双一流”建设背景下，对教学管理水平、教学秘书提出了更高的要求，教学秘书提升自身的素质和能力，见贤思齐、树立追求卓越的战略思维势在必行。“解决问题的关键在于如何使个体具有足够的自由来从事相应的功能性活动。”[②]首先，要加强学习，不断提高素质水平和管理能力。在教学管理中，教学秘书既是管理者又是服务者，既是专家又要通才，不但要掌握教育教学的一般规律和现代的管理理念，还要熟悉本专业的发展趋势、学术前沿和人才培养目标，只有这样才能在教学管理中更加细致全面地考虑问题，更好地推动本学科的前进发展。子曰：三人行，必有我师焉。“敏而好学，不耻下问”，虚心向前辈学习是也新入职秘书们必备技能之一。其次，树立崇高的职业道德思想。教学秘书应具有责任感和服务精神，乐于吃苦、甘于奉献，做好教师和学生的服务工作。在人类社会中存在着一种更高尚、更高贵的动机，这种动机超出了人们对利益和恐惧的一切考虑，而这就是责任……诚然，责任感是持续增加教学秘书对本职工作的认同和喜爱的动力之源。

（二）和而不同：发挥多元沟通的协调功能

马克思说：“人是一切社会关系的总和。”高校教学秘书作为学校师生、教务处、科研处的沟通纽带，从领导到教师再到学生，服务对象广泛且跨度大，这些都极大地考验了他们的职业意志。儒家思想的“和而不同”强调的是与他人和谐相处的处世之道，儒家之正面道德规范有利于强化教秘的职业意志和职业精神构建。首先，应当坚持“和而不同”理念。“和而不同”指在原则的基础上尊重领导同事的多元性，尊重学生个体的独特性，尊重学生家庭的差异性，教学管理过程中做到“参与而不干预、协助而不超越、服从而不盲从”。其次，创造“和而不同”的共生环境。前任哈佛大学校长凯瑟琳·佛斯特说过：“大学的成功

---

① 习近平：《在纪念孔子诞辰2565周年国际学术研讨会暨国际儒学联合会第五届会员大会开幕会上的讲话》，《人民日报》2014年9月25日。

② ［印］阿玛蒂亚·森：《以自由看待发展》，任赜、于真译，中国人民大学出版社2002年版，第11页。

没有一个特定的模式，正是我们的不同在支撑着我们的强大。”在“和而不同”的一流的环境里，知识密度高的优秀人才能够感到如鱼得水，不会无端受制于莫名其妙的限制，创造独属于自己的独特价值。这正需要高校、教学管理人员秉持开放接纳、交流融合的雅量，又有不削足适履、不随波逐流的定力，秉持“和而不同”的理念，在千头万绪教学、管理服务中和谐共生。

（三）中庸之道：恪守教学管理的价值中立

的确，高校教学秘书在教学管理工作中，在协调、沟通这门艺术课上，倘若未能做到恰到好处，同样也遇到了“色难”囧境。何以破解“色难”之困境，急需儒家的中庸之道，所谓“不偏之谓中，不易之谓庸。中者，天下之正道，庸者，天下之定理”。教学秘书在长期的教学管理服务过程中，容易出现两种普遍现象，要么对于教学工作缺乏兴趣和热情，不主动、不愿意去开展工作导致工作成效低；要么过度管理，甚至产生“僭越”之说，“色难”窘境也就在所难免。恰到好处的中庸之道的适度管理显得格外重要，在各点之间找到恰当的位置，防止出现“过”或者“不及”，实现工作到位、不离位、不越位的终极目标。本文以教学秘书运用中庸思想中的“整体、和谐、适度”作为自己教学管理工作的指南，树立“管理就是服务”的全局观念和整体意识，尊重领导的不同观点，尊重师生的主体意识，坚持适度原则，与领导、同事、师生和谐相处，体现“以教学为中心，为师生服务”的宗旨，管理对象的内心在逐步接受管理者的同时，潜移默化地接受了管理制度，既保证了管理制度的贯彻实施，也使得管理者与管理对象之间的关系能够保持和谐和睦的状态。

（四）以人为本：彰显教学秘书的人本地位

邓小平指出：“制度好可以使坏人无法任意横行，制度不好可以使好人无法充分做好事，甚至会走上反面。”[①]针对高校秘书教学管理工作中遇到的难题和相关影响因素，首先，制度上规范、优化教学秘书的岗位设计。充分认可教学秘书的重要性，从制度上肯定教秘的劳动价值和工作成果，激发他们的工作积极性，挖掘其工作潜能。其次，适度必要的人文关怀。“人文关怀……是对人的现实生命和社会存在的关爱，对人的合理需求和生活质量的关心……对人的发展前途和终极命运的关注。”[②]人文关怀，应当从教学秘书的业务能力提高、职业发展规划、激励机制等方面着手，尤其是提高派遣制人员的教学秘书岗位的地位，适当提高其薪酬待遇，物质上体现真正的人文关怀。再次，物质奖励与精神奖励相辅相成。“心理的东西、意识等等是物质（即物理的东西）的最高产物。”研究发现，在人力资源管理中单纯的外部奖惩不如内部激励更有效、更持久，外部激励会削弱个体的内部动机。教学秘书能够在烦琐、复杂的工作岗位上获得相应的职业晋升，获得相应的职业归属

---

① 邓小平：《邓小平文选》第 2 卷，人民出版社 1993 年版，第 333 页。

② 寇东亮等：《人文关怀论》，中国社会科学出版社 2015 年版。

感和成就感，将大大提升他们的职业成就感和满足感，从而增强教秘队伍的稳定性，使其更好地为高校教学管理服务。

五、结语

建设世界一流大学和一流学科，是一项长期战略任务。有人说："跳出教育看教育"，"双一流"建设背景下的高校教学秘书素质能力的提高，则应当跳出秘书的角色定位，站在更高的战略高度重新审视高教教学秘书的定位。在肯定教学秘书在教学管理中的重要性同时，汲取中国传统文化中优秀的哲学思想、人文精神、教化思想，在制度建设、奖励机制、能力提升、职业发展等方面上给予充分的考量设计，发挥教学秘书在深化教学改革、推动教育治理体系和治理能力现代化中所起的重要作用，以契合高等教育事业发展的需求，助力培养世界一流人才、建设世界一流高校！

如何识别“金课”和“水课”?

——高校教学评价体系的反思与改进

白云涛 林莹婷 叶语晴*

摘 要:党和国家一直高度重视高等教育事业的发展。近年来,教育部响应党和国家号召,提倡高校本科教育系统努力打造“金课”、淘汰“水课”,而有效的教学评价体系则是识别“金课”和“水课”的重要手段。本研究对当前评教主体由学生单一组成、领导与同行缺乏时间精力覆盖所有课程的现状进行了反思。从教学质量管理者的角度出发,探讨多主体的评教模式,并以厦门大学管理学院数据为例,构建了新型评教流程。基于学生评教的结果,让领导和同行按一定比例抽取分数排序两端的课程进行评教,以期发挥教学评价的激励作用,有效识别“水课”和“金课”,促进教师自觉提高课堂教学质量,建设一流本科教育。

关键词:本科教育;淘汰“水课”;打造“金课”;教学评价;多元化评教主体;新型评教流程

一、引言

2018年5月2日,习近平总书记在视察北京大学时提出,“教育兴则国家兴,教育强则国家强”①。高等教育是一个国家发展水平和潜力的重要标志。当前,我国高等教育办学规模和年毕业人数已居世界首位,但规模扩张并不意味着质量和效益提升,走内涵式发展道路是我国高等教育发展的必由之路。新时代实现高等教育内涵式发展,必须提高本科生培养质量②。本科教育不仅在高等教育中体量最大,而且是研究生教育的重要基础,正

---

* 白云涛,男,河北石家庄人,管理学博士,厦门大学管理学院教授、博士生导师,现主要研究方向为人力资源管理、创新管理;林莹婷,女,福建莆田人,厦门大学管理学院本科生;叶语晴,女,福建福州人,厦门大学管理学院本科生。

① 《习近平谈教育发展:教育兴则国家兴,教育强则国家强》,http://cpc.people.com.cn/_n1/2018/0910/c164113-30282062.html,访问日期:2021年12月16日。

② 许小姣:《高校本科教育“ 淘汰‘水课’、打造‘金课’ ”刍议》,《文教资料》2019年第7期。

所谓本科不牢，地动山摇。当前，“回归本科教育”也成为世界一流大学共同的办学理念和行动纲领，高校纷纷将培养一流本科生作为发展的战略目标和制胜法宝。中国也不例外，党中央、国务院、教育部高度重视“双一流”本科建设。教育部原部长陈宝生同志提出“不抓本科教育的高校不是合格高校、不重视本科教育的校长不是合格校长、不参与本科教育的教授不是合格教授”[①]。

为了全面整顿本科教育教学秩序、加快振兴本科教育，2018 年 8 月，教育部印发了《关于狠抓新时代全国高等学校本科教育工作会议精神落实的通知》，提出“各高校要全面梳理各门课程的教学内容，淘汰‘水课’、打造‘金课’，切实提高课程教学质量”。淘汰“水课”、打造“金课”正式写入教育部的文件，以期实现严格的过程管理，构建高水平人才培养体系，助推中国高等教育发展。

何为“金课”和“水课”？2018 年 11 月，教育部高等教育司司长吴岩在第十一届“中国大学教学论坛”上，做了题为“建设中国金课”的报告，界定了“金课”与“水课”的标准。“金课”体现高阶性、创新性、挑战度，“水课”与“金课”相对立，是低阶性、陈旧性和不用心的课[②]，主要呈现低阶、灌输、封闭、重知轻行、重学轻思的特征[③]。

教学评价是为了达成教学目标所开展的一系列教学诊断活动[④]，具有导向、改进和管理的功能[⑤]，在识别“水课”“金课”的过程中起到基础性的作用，使得淘汰“水课”和打造“金课”工作做到有的放矢。因此，建设科学系统高效的教学评价体系和运行机制，对于加强高校教学质量管理、提高教学质量具有重要意义[⑥]。2020 年 10 月 13 日，中共中央、国务院印发了《深化新时代教育评价改革总体方案》，明确了“坚持科学有效，改进结果评价，强化过程评价，探索增值评价，健全综合评价，充分利用信息技术，提高教育评价的科学性、专业性、客观性”的基本原则，为教育评价改革指明了方向。

二、课程评价现状

目前，在我国多数高校中，本科生教学评价体系主要采取学生评教的方式，评教主体

---

① 《“不抓本科教育的高校不是合格高校”》，https://baijiahao.baidu.com/s?id=1604027091458008396&wfr=spider&for=pc，访问日期：2021 年 12 月 16 日。

② 吴岩：《建设中国“金课”》，《中国大学教学》2018 年第 12 期。

③ 李志义：《“水课”与“金课”之我见》，《中国大学教学》2018 年第 12 期。

④ 牟智佳、刘珊珊、陈明选：《循证教学评价：数智化时代下高校教师教学评价的新取向》，《中国电化教育》2021 年第 9 期。

⑤ 俞佳君：《以学习为中心的高校教学评价研究》，华中师范大学博士学位论文，2015 年。

⑥ 徐全忠：《回归教师发展本位的综合教学评价研究》，《中国大学教学》2018 年第 10 期。

单一[①]。这主要是因为学生是课堂活动的参与者和接受者，是教师教学过程的直接感受者，对教学水平的优劣最具发言权和直接的经验意义[②]，来自学生的评价是必要的。多年的评教实践证明，学生评教能够实现课堂教学全过程覆盖、学生全员参与[③]，学生评教结果具有系统性、连续性与可操作性[④]，历届学生对优秀教师的评价一致性也比较高[⑤]。但评价主体仅由学生单一构成也存在很大的弊端，学界对于学生评教是否能准确反映出教师的教学水平存在争议[⑥]。

第一，学生评教的分数很大程度上依赖于课程给分和授课教师的严厉程度。若授课教师给分高，则学生评教分数高。若授课教师较为严厉，则学生评教分数低。因此，可能会出现“水课”评分高、“金课”评分低的倒挂现象。在周继良、汤其成的调查中发现89.46%的被调查者对“极力迎合学生需要、教学宽松、考试易通过”的教师给予很高的评价[⑦]。故完全依赖学生评教可能无法反映真实的授课情况，存在信度、效度偏低的问题。

第二，由于教学评价指标体系复杂，一级指标和二级指标繁多，对于学生来说一次评教过程要完成近百个指标的评估，并且未得到任何相关的培训和指导[⑧]。高校将学生评教作为强制性的要求，往往以完成任务为目的，对学生评教的结果多以非公开化的方式处理，在评教结果与学生利益不相关并且管理者无法核实和监督学生评教客观性的情况下，部分学生对于教学评教缺乏热情和责任感，态度较为敷衍，觉得评价工作是走过场。此前，众多研究发现在学生评教中存在较高比例的随意评价、恶意评价的现象。王悦、马永红的调查发现只有49.1%的学生表示会认真结合教学情况打分，43.1%的学生承认是以应付了事的消极态度来参与评教[⑨]。这导致学生评教在实际运行过程中发生偏差，逐渐走向了形式化和边缘化，评教结果也有失真实性[⑩]。

---

① 徐红：《我国当前课程评价的误区及对策》，《湖南师范大学教育科学学报》2003年第4期；杨学良、蔡莉：《关于发展性教学评价的理论研究》，《教育探索》2006年第7期。

② 刘恩允、杨诚德：《高校教学质量评价体系的反思与构建》，《江苏高教》2004年第1期。

③ 梁志星、袁美玲：《高校学生评教结果有效性分析方法研究——Z高校背景因素方差分析案例》，《扬州大学学报》(高教研究版)2021年第1期。

④ 王寅谊：《以学生为中心不代表由学生决定——基于高校学生评教的广义和狭义理解》，《高教发展与评估》2020年第6期。

⑤ 张芊：《以促进高校教师专业发展为导向的教学评价模式改革》，《清华大学教育研究》2006年第6期。

⑥ 姚志琴、万姝：《高校学生评教的“功利化”倾向及反思》，《江苏高教》2020年第9期。

⑦ 周继良、汤其成：《高等学校学生评教行为偏差研究——基于南京仙林大学城若干大学的分析》，《大学教育科学》2012年第2期。

⑧ 郑文：《关于高校教师课堂教学质量元评价及其机制初探》，《现代大学教育》2002年第2期。

⑨ 王悦、马永红：《从师生视角看高校中的学生评教——以北京航空航天大学为例的实证分析》，《现代大学教育》2015年第3期。

⑩ 高瞻、锁志海、徐墨、夏文芳、姚磊、郭倩：《基于JFinal+Webix集成框架的多维度课堂教学质量综合评价系统建设实践》，《中国教育信息化》2021年第17期。

第三，学生在理解水平、兴趣爱好、课程难易接受度等方面存在个体差异，且对教学理论和教学规律的认识水平有限，评价内容侧重于教师的责任心、教学效果、课外的投入、与学生的交流、沟通等情感因素[①]。因此，评教视角的单一，难以为高校教师的职业能力培养和发展潜力提供全面的反馈[②]。

第四，学生评教结果的有效性和客观性面临着较大的挑战，其一定程度上会受到教师背景特征的影响。性别方面，戴璨等的研究表明教师性别显著影响学生评教分数[③]，女教师的评教结果优于男教师[④]；职称方面，不同职称教师的学生评价分数存在显著差异，学生倾向于给高职称教师打高分[⑤]；年龄方面，学生评教结果在不同年龄段的教师之间存在差异[⑥]，有些学者认为学历和年龄对学生评教结果具有交互效应[⑦]；学历方面，李超锋、张劲松发现教师学历对学生评教分数产生显著影响，且硕士教师和博士教师之间的影响差异最大。[⑧] 以学生评价为主的评价体系延续至今，缺乏改进思路的探讨。

三、多主体精准性评教模式探讨

从系统论角度出发，只有从不同的评价主体反馈教师的教学成效，才能全方位、多角度地评判高校教师在教学活动中的贡献和作用[⑨]。单一的学生评教模式没有充分发挥领导、同行等其他主体的评教作用。因此，高校应该完善教评体系，引入更多的评价主体，以避免过分倚重学生评教的负面效果。尽管目前高校也有领导听课和同行听课的评教方式，但因为领导和同行的时间精力不足，不能实现课程全覆盖，所以仅作为一种补充的参考依据。

---

① 徐薇薇、吴建成、蒋必彪、龚方红：《高校教师教学质量评价体系的研究与实践》，《高等教育研究》2011 年第 1 期。

② 毛洪涛：《高校教师教学能力提升的机制探索》，《中国高等教育》2011 年第 23 期。

③ 戴璨、苗璐、朱恒、于婧、汪正祥：《非教学因素对高校课堂效果的影响及其启示——基于学生评教数据的实证分析》，《高等教育研究》2017 年第 5 期。

④ 许晓芳：《高等院校教师背景特征与教学效果评价——基于应用型本科高校的实证研究》，《高等财经教育研究》2014 年第 3 期；郭娟：《基于数据分析的高校学生评教实证研究——以南京林业大学为例》，《中国林业教育》2018 年第 1 期。

⑤ 宋映泉、田勇强：《评价课程还是评价教师——关于影响学评教结果的若干因素的实证研究》，《中国高等教育评估》2000 年第 3 期；魏红、申继亮：《背景特征对学生评价教师教学的影响》，《高等教育研究》2003 年第 4 期；韩明、陈启山、王鹏辉：《教师与课程特征对高校学生评教分数的影响》，《华南师范大学学报》（社会科学版）2010 年第 4 期。

⑥ 周志钧：《影响学生评教结果的因素及改进措施》，《淮北煤炭师范学院学报》（哲学社会科学版）2005 年第 2 期；庆来刚：《高校教师背景特征对学生评教的影响分析》，《佳木斯教育学院学报》2012 年第 2 期；戴维、王秀梅：《教师背景特征对学评教结果影响的研究》，《中国职业技术教育》2011 年第 21 期。

⑦ 李超锋、胡鹏：《高校教师特征对学生评教影响的多因素方差分析》，《中国市场》2018 年第 3 期。

⑧ 李超锋、张劲松：《教师背景特征影响大学生评教分数的实证分析》，《中南民族大学学报》（自然科学版）2021 年第 5 期。

⑨ 夏妍：《美国大学教师绩效评价研究》，《世界教育信息》2006 年第 9 期。

为了解决这个问题，笔者探讨一种新型的多主体精准性评教流程，多主体指评价人涵盖学生、领导、同行等多种评价主体参与评价过程；精准性指由于领导和同行时间精力的限制，不能采取100％课程全覆盖的评价方式，应采取二八原则，重点对小范围内的课程实行精准覆盖，准确评价"金课""水课"，这一小范围建议限定在学生评价分数前20％的课程（"金课"可能存在的范围）和后20％的课程（"水课"可能存在的范围）。具体流程如下：

（1）首先，由学院每学期统一组织学生评教，按问卷评价指标形式对每一个任课教师进行评价，得出评分排序。

（2）其次，在上一轮学生评教分数的基础上重点关注处于分数排序两端的教师，抽取分数排序后20％的课程，将领导和同行进行分配听课，精准评价，从而判断这些低分课程是否为"水课"。如果多位领导或同行的多次评估都认为这些课程确实不能很好地达成教学目标、不能促进学生的全面发展，则判定为"水课"，要求教师进行原因分析，提出整改办法，经过一段时间的整改后再进行评估。第二次评估仍没有改进的课程，要暂停开课，对相关教师要脱岗培训甚至解除聘用。

（3）再次，将分数排序前20％的教师课程也分配给领导和同行，进行精准评价，在高分课程里区分出"金课"。如果多位领导或同行的多次评估都认为这些课程确实具有高质量、高价值和高水平，有助于培养高素质的一流人才，则判定为"金课"，要加大宣传力度进行推广示范，打造高级别的精品课程，同时对任课教师进行表扬，在职称评审、聘期考核、评优评先时予以倾斜。

每门低分和高分的课程在下一学期至少抽检两次，并且至少有两位领导或同行覆盖，形成综合意见，以避免个体偏差的影响。在领导和同行评价中，建议由校级领导、教务处等机关干部组成校级评教队伍，评价对象覆盖全校任课教师；由二级学院领导、各系/中心主任及副主任组成院级评教队伍，评价对象覆盖二级学院任课教师；同一课程组的教师相互评价，评价对象覆盖整个课程组教师。

四、新评教模式案例展示与分析

为清晰展示上述新的高校教学评价体系，本文将以一个典型教学单位——厦门大学管理学院的数据为例，对该模式进行案例展示与说明。厦门大学管理学科历史悠久，其商学教育发端于1921年厦门大学建校初期的商学部，经过百年的发展，如今已经成为中国最具竞争力的十大商学院之一。在2017年教育部公布的全国第四轮学科评估中，厦门大学工商管理一级学科获评A类学科。同时，厦门大学管理学院也获得了商学的三大国际认证（AMBA、EQUIS和AACSB认证），成为国际标准商学院之一。现管理学院拥有会计系、企业管理系、财务学系、管理科学系、旅游与酒店管理系和市场学系六个本科教学单位，涵盖会计、审计、工商管理、人力资源管理、财务管理、管理科学、电子商务、市场营销、旅游管理、酒店管理十个本科专业。近年来，管理学院七个专业入选国家一流本科专业建设点，提高本科教学质量，淘汰“水课”、打造“金课”是厦门大学管理学院的重点工作之一。

以2020—2021学年第二学期该学院本科课程为例，该学期本科课程共有165门，管理学院院级领导共有8位，6个系共有14位系主任及副主任，一共有22位领导。如果按照全覆盖设计方案，即所有课程都有领导听课，且每门课程需要至少两个领导覆盖，每学期又需抽检两次，得出每位领导在一个学期内需要听的课程为165/22＊2＊2＝30次，这对于身兼行政事务、教学任务、科研任务、社会服务任务的领导教师来说，无疑是非常繁重的负担，容易造成评价走过场、应付的问题，无法有效甄别课程的质量。

按照新的评教模式，从上一轮学生对课程的评价数据中，精准性地选择排序前后各20％的课程进行全覆盖评价，在此案例中，该学期总共大概有165门课程，选择前后20％的课程总共165＊(20％＋20％)＝66门。每位领导在一个学期内需要听的课程次数大概有66/22＊2＊2＝12次，这不仅大大节省评价者的时间和精力，提高了课程评价质量，而且每门课程在一学期内至少被领导评价4人次，保证了评价的有效性。同行评价参照此模式执行，也可以减少同行评价主体的数量和时间要求，将有限的领导和同行资源应用在最重点的课程范围内，并增加每门课程至少被同行评价4人次，通过多主体、多时间点评价，提升评价的准确性。按照此模式，管理学院6个系共有教师125人，每位教师在一学期内需要听的课程次数大概有66/125＊2＊2＝2次。该案例的具体评价流程如图1所示，全覆盖评教模式和精准评教模式在各方面的对比可由表1得知。

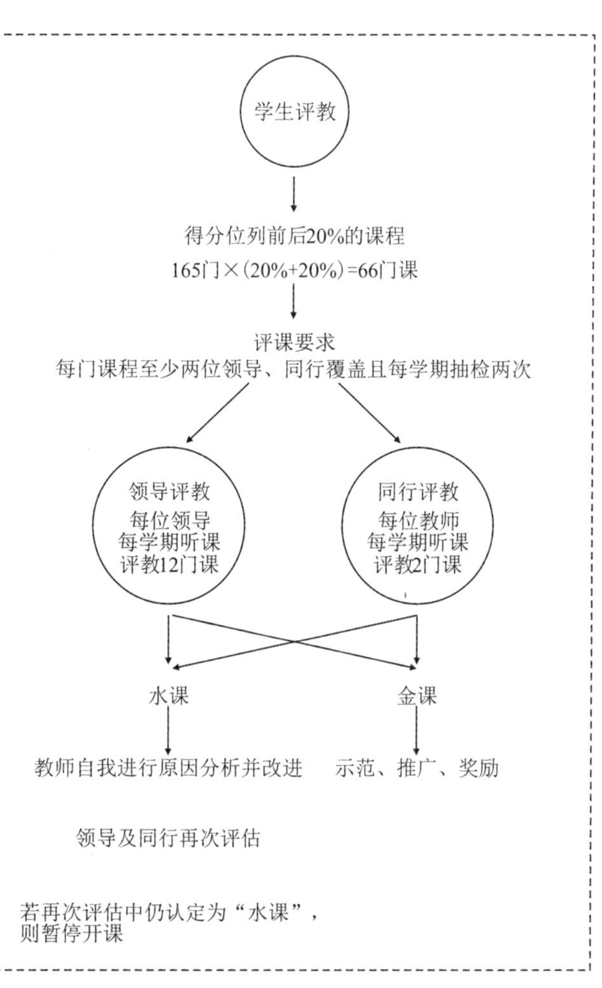

图1　优化后的评教流程

表 1　两种评教模式对比

评教模式	全覆盖评教模式	精准评教模式
领导听课数量/每人每学期	15 门	6 门
领导听课次数/每人每学期	30 次	12 次
同行听课数量/每人每学期	3 门	1 门
同行听课次数/每人每学期	6 次	2 次
课程覆盖率	高	中等
评教精准度	低	高
评教效率	低	高
评教成本	高	低
可行性	低	高
优点	·课程覆盖面广	·评教对象具有针对性，精准度高 ·评教主体的时间成本少，效率高 ·评教结果信度和效度高 ·实践中易于操作和推广，可行性高
缺点	·评教对象缺乏侧重点，准确性低 ·评教过程效率低、耗时长，易产生倦怠情绪 ·评教结果信度和效度低 ·有一定操作和推广难度，可行性低	·课程覆盖评价分数前 20%和后 20%

五、研究结论和意义

建立科学有效的教学评价模式是提高当前高等院校本科生教育质量至关重要的一步。本文针对以学生评教为主的这一高校评教现状，分析该评教模式下存在的评教分数失真的问题。考虑学生评教模式主体单一，领导同行因时间精力不足而无法实现课程全覆盖的现实困难，提出多主体精准性评教模式，并以厦门大学管理学院为例进行新教评模式的展示说明。基于学生评教结果，精准抽取得分位列前后 20%的课程，让领导及同行进行听课评教，以期有效实现打造“金课”、淘汰“水课”的目标。以下是新型评教流程的研究意义：

（一）构建多元化评教主体，评教结果更加全面客观

这种评教流程承认了多元化的价值理念，构建了多元化的评教主体，形成由教学领导、同行以及学生参与的“360°评教方式”，让每个利益相关体都可以充分发挥自身的积极性和主动性，平等地参与教学评价，符合当前教学评价范式转向共同治理的趋势[①]。领导和同行具有丰富的专业知识和教学经验[②]，这一群体的评教结果有效弥补了学生评教在教学资料、教学手段、教学水平、考核环节方面的不足，二者互融互补，相辅相成。从不同侧面、不同视角获取评价信息，评教更加全面客观准确，更具信度和效度。

（二）促进教师改善教学工作，提高教学质量

课程的教学过程是师生之间的智慧互动，高校教师应重视学生的学习效果和反馈意见，但同时也需要多虚心听取系主任等领导对其教学的综合评价，以便更好地对自身的专业素质、教学能力、敬业精神等进行反思。“教学效果的提升和改进只有进行时，没有完成时。”[③]新型评教体系是形成性评价与终结性评价相结合，在教学中期形成性评价之后，教师可以根据评教结果，全面梳理课程的教学内容，在接下来的教学过程中及时改进自己的教学工作，合理提升学业挑战度、增加课程难度、拓展课程深度，提高课程教学质量。

（三）有效地淘汰“水课”，打造“金课”

在学生评教的基础上让领导和同行抽取分数排序两端的课程进行评教，既能节约其时间和精力，使领导和同行评教在实践中变得可行，又能通过领导和同行的听课，排除低分区里个别学生以自己的喜好来评价教师，由于迁怒教师的严格管理而报复性地打低分、高分区里老师要求降低，甚至放弃原则迁就迎合学生的部分课程。淘汰“水课”、打造“金课”是新时代本科教育的责任与使命，也是提高高等教育质量的好办法[④]。该评教体系为“金课”建设提供了评价保障，高校可以通过这个评教流程，或剔除“水课”，或把“水课”变成有深度、有难度、有挑战度的“金课”，从而有效地淘汰“水课”，打造“金课”。

（四）加快中国特色、世界水平的一流本科教育建设

本科教育质量是大学生存发展的生命线，是教育学永恒关注的话题，从布卢姆的掌握学习理论、布鲁纳的发现教学法、赞可夫的发展性教学理论到我国新课改的诸多教学实

---

① 段肖阳：《高校教师教学评价的范式转向——基于第四代评价理论的分析》，《教师教育学报》2021年第6期。

② 田园：《高校学生评教现状及改进措施》，《山西青年》2021年第16期。

③ 曹东勃：《大学评教：让学生发出真实的声音》，《中国青年报》2016年12月20日。

④ 唐斯琦：《浅谈如何淘汰“水课”打造高质量“金课”》，《现代交际》2021年第5期。

验,无一不是以提高课堂教学质量为目的[1]。新型评教体系可以对本科教学进行全面考察、科学判断和综合评价,从而准确认识和把握课程的价值。以改进后的评教体系作为标准来建设"金课",真正贯穿了"以学生学习为中心、以学习结果为导向"的理念。它引导了本科课程建设的方向,使得不同类型不同层次的高校,根据人才培养需要、根据高校服务面向的社会需求、根据高校的学生基础,进行课程的开发与建设,使教师更加注重对学生的价值塑造、人格养成、思维训练、能力培养和知识探究,让高校学生在本科学习里树立正确三观,夯实理论知识,提高基础能力,从而加快中国特色、世界水平的一流本科教育建设。

① 邓红、梁洁、张欣怡:《从兰州大学学生评教结果看本科课堂教学质量影响因素》,《上海教育评估研究》2020 年第 6 期。

新常态下高校教学管理者适应性的实证研究*

郑　宏　汪婉霞**

摘　要：本研究以厦门大学教师发展中心在线教学课题组编制的线上教学情况调查（教学管理卷）为基础，以全国135所高校的355份有效教学管理者问卷为样本，统计分析高校教学管理者对大规模线上教学模式的适应性和影响因素，并分析影响因素之间的相互关系。研究发现：高校教学管理者对大规模线上教学模式的适应性总体处于中等水平，各因素影响程度从高到低依次是“设备和教学资源”“教师教学”“技术和政策支持”“学生学习”。其中，教师教学、设备和教学资源在整个影响路径中既可以直接影响适应性，也可以作为中介变量产生间接影响，是影响适应性的两大重要因素。为了提升高校教学管理者对新常态教学的适应性，高校需要加快教学管理的观念转型、制度转型和技术转型，促进教学质量的提升。

关键词：新常态；教学管理者；适应性；转型

线上教学以其方便性、精准性、交互性和共享性等特点，近年来逐渐成为“互联网＋”时代高校教育教学改革的焦点，不少高校教师纷纷借助慕课、雨课堂、学习通等网络教学平台实施线上教学或“线上＋线下混合式教学”，高校也逐步加强对教师和教学管理者的线上教学培训与学习，完善学校教育教学设备和资源，推动建设更全面的信息化时代高等教育教学体系。

一、问题的提出

2020年初春，新冠肺炎疫情暴发，为了维持正常的教学活动和教学进度，线上教学成为开展教育教学的首要之选，然而教师、学生与管理者对线上教学的认识还存在着“不同频共振”或者“同频但不共振”的现象①。不可否认，“互联网＋”时代线上线下的混合式教

* 基金项目：国家社会科学基金教育学重点课题“中国特色、世界水平的一流本科教育建设标准与建设机制研究”（AIA190014）。

** 郑宏，女，江西弋阳人，教育学博士，厦门大学教师发展中心副教授、硕士生导师，咨询部主任，主要研究方向为大学教师发展和大学教学；汪婉霞，女，湖北恩施人，厦门大学教师发展中心硕士生，主要研究方向为高等教育学。

① 邬大光、李文：《我国高校大规模线上教学的阶段性特征——基于对学生、教师、教务人员问卷调查的实证研究》，《华东师范大学学报》（教育科学版）2020年第7期。

学逐渐成为新常态。因此,无论是作为全国公共卫生事件的应急之策,还是针对高校线上教学规模扩大化的当务之急与未雨绸缪,大规模在线教学背景下高校教学管理者的适应性及其影响因素是理论与实践领域都需要研究的重要问题。

韩艳辉基于奥拉夫·扎瓦克奇-里克特(Olaf Zawacki-Richter)的远程教育研究框架,重点从宏观、中观和微观的七个方面,针对向大规模在线教育转向的几个深层次问题进行了反思[①]。笔者借鉴该知识梳理与主题研究框架,对国内外重要期刊中的756篇(2020年3月1日至2021年1月25日)相关文献进行了分析,发现聚焦高校教学管理者的研究寥寥无几,而在大规模在线教学的环境中,教学管理者的适应性一定程度上决定了技术与教育能否实现深度融合,成为新常态下教学改革中必须考虑的重要元素。因此,高校教学管理者有必要清楚把握线上教学管理的各方面影响因素,以提高适应性及管理效能,实现教学管理的升级与转型。

目前,高等教育领域较少关于"适应性"的清晰界定,有学者认为教学管理的适应性思维模式是一种强调适当分权、对外部环境和内部要素的变动采取灵活应变态度的一种思维方式[②]。本文中教学管理者对线上教学模式的适应性(以下均简称"适应性"),指的是在以线上教学模式为主的教育环境中,教学管理工作人员为保证线上教学的有序运行,改变传统线下教学管理思维,提高涉及教师、学生、课程安排、制度保障等相关工作过程的适应程度,这种适应程度通过教学管理者对大规模线上教学模式运行的正、负面以及总体评价得以体现。

二、研究假设

本研究利用线上平台针对高校的教学管理者,采用分层随机抽样的方法,在全国27个省、直辖市和自治区的135所高校的451名教学管理者发放了调查问卷,共回收有效问卷355份,有效率78.7%。属于学校层面的管理人员占47.7%,属于基层学院(系)的管理人员占52.3%,其中新建本科院校占30.4%,普通老本科学校占46.6%,一流大学建设高校占6.9%,一流学科建设高校占15.7%,高职学校占0.4%。

调查数据显示,影响教学管理者适应性的因素包括教师教学、学生学习、设备和教学资源、技术和政策支持四大方面,那么,这些因素如何以及在何种程度上影响适应性?这些因素之间是否也存在某种关系并能间接影响适应性?针对这两个主要问题,我们对适应性的四个影响因素之间的关系分别进行假设。

---

① 韩艳辉:《向大规模在线教育转向的思考——基于Zawacki-Richter框架》,《继续教育研究》2021年第1期。

② 孙婷:《论适应性思维的特征及其对高校教学管理模式改革的意义》,《剑南文学》(经典教苑)2013年第10期。

1. 教师教学

教师教学指教师为达到教学目的，顺利从事教学活动所表现的一种心理特征，一般包括教学认知、教学组织与操作、教学监控和教学研究能力[①]。这种能力主要体现于教师态度、教学策略、教学评价、教师投入、教学协助等方面。本研究中的教师教学因素主要放在线上教学模式普遍应用的背景下去考量，即教师开展线上教学活动的总投入对适应性的影响程度，被影响对象主要是人，这种影响是动态变化的。本研究对教师教学作出如下假设：

H1：教师教学对学生学习产生正向影响。

H2：教师教学对适应性产生正向影响。

2. 学生学习

学生学习指学生在接受教育的过程中由于对学习进行不同方式和程度的投入所产生的相应影响，来源于学生积极性、自主学习能力、良好学习习惯、学习方法选择等方面。本研究中的学生学习包括学生在进行线上学习活动中对其他主体产生的一种动态影响因素。本研究对学生学习提出如下假设：

H3：学生学习对教师教学产生正向影响。

H4：学生学习对适应性产生正向影响。

3. 设备和教学资源

设备和教学资源的配置是教学工作的重要组成部分，是能够支持教育教学活动的各种人力和物质资源条件。本研究主要指与网络教学相关的设备和资源，作为一种教学工具或手段作用于教育主体。本研究对设备和教学资源作如下假设：

H5：设备和教学资源对教师教学产生正向影响。

H6：设备和教学资源对学生学习产生正向影响。

H7：设备和教学资源对适应性产生正向影响。

4. 技术和政策支持

技术和政策支持是对教育和教学活动的一种外在服务和保障，包括对线上教学的相应人、物的技术和政策规定。本研究对技术和政策支持作如下假设：

H8：技术和政策支持对设备和教学资源产生正向影响。

H9：技术和政策支持对教师教学产生正向影响。

H10：技术和政策支持对学生学习产生正向影响。

H11：技术和政策支持对适应性产生正向影响。

三、研究设计

本研究采用厦门大学教师发展中心制作并发布的大规模高校在线教学教务管理人员

---

① 汪红飞：《高校法学专业教师教学能力提升路径》，《黑龙江教育》(高教研究与评估)2021年第3期。

调查问卷，从教学管理的维度分析线上教学情况，其中包括线上教学评价量表和影响因素量表，使用 SPSS 25.0 对两个量表进行探索性因子分析，通过主成分分析法和最大方差法旋转后确定量表的相应因子结构。

1. 线上教学评价量表

本研究根据教学管理者对线上教学模式应用的评价来反映其适应性，包括优缺点评价两个维度，采用李克特五点量表计分（5＝非常赞成、4＝赞成、3＝一般、2＝不太赞成、1＝不赞成）。因子一为“正面评价”，调查教学管理者对于线上教学优势的认同程度状况；因子二为“负面评价”，调查教学管理者对于线上教学劣势的认同程度状况。两个因子的 Cronbach'α 系数分别为 0.874、0.856，信度良好，得分越高表示相对应的评价越高；KMO＝0.835，巴特利特球形检验显著性 $p<0.001(df=78)$，累计方差解释率为 69%，具有良好解释度，效度良好。

2. 影响因素量表

采用李克特五点量表计分（5＝非常重要、4＝重要、3＝一般、2＝不太重要、1＝不重要）。因子一为“教师教学”，调查关于教师主体方面影响线上教学效果的重要性认同情况。因子二为“学生学习”，调查关于学生主体方面影响线上教学效果的重要性认同情况。因子三为“设备和教学资源”，调查关于协助和维持线上教学管理的设备配置和教学资源对教学效果的影响状况。因子四为“技术和政策支持”，调查关于技术服务保障和政策支持对教学效果的影响状况。四个因子的 Cronbach'α 系数分别为 0.79、0.843、0.871、0.875，信度良好，得分越高表示相应影响程度越高；KMO＝0.921，巴特利特球形检验显著性 $p<0.001(df=153)$，累计方差解释度为 68.75%，具有较好的效度。

本研究首先使用 SPSS 25.0 对数据进行描述性统计和相关分析，然后对比线上教学模式优缺点的相应差值，对线上教学使用的适应性做出一定评价，最后利用 Amos 21.0 探究各影响因素之间的相互作用关系并进行分析。

四、研究结果与分析

（一）描述性统计和相关分析

从表 1 各影响因素的均值和方差可以看出，对适应性影响程度从高到低分别是设备和教学资源、技术和政策支持、教师教学和学生学习。正面评价略低于负面评价，但两者相差不大，说明高校教学管理者对线上教学模式的适应性处于中等水平。各变量之间的相关分析可初步看出各变量之间关系的强度和方向，除了负面评价，设备和教学资源、技术和政策支持、教师教学、学生学习和正面评价之间存在显著的中等正相关关系（$p<0.01$）。负面评价与正面评价具有显著的负相关关系（$p<0.01$），与其他因子不存在显著相关（$p>0.05$）。

表1　线上教学模式适应性影响因素各维度的相关矩阵、信度和描述性统计(N=355)

因子	M	SD	设备和教学资源	技术和政策支持	教师教学影响	学生学习影响	正面评价	负面评价
设备和教学资源	18.88	2.34						
技术和政策支持	18.3	2.32	.613**					
教师教学影响	18.67	2.11	.487**	.629**				
学生学习影响	10.89	1.12	.498**	.576**	.577**			
正面评价	25.26	3.74	.286**	.287**	.378**	.261**		
负面评价	17.21	4.59	−0.030	0.046	−0.093	−0.017	−.170**	

注：* $p<0.05$；** $p<0.01$。

(二)研究假设检验与适应性分析

1. 研究假设检验

本研究通过AMOS软件进行结构方程模型分析，检验研究模型假设(见表2)。结果显示：教师教学对学生学习、适应性呈现正向显著影响。学生学习对教师教学呈现正向显著影响，而对适应性的正向显著影响假设不成立。设备和教学资源对教师教学呈现正面显著影响，对适应性不具有正面显著影响，对学生学习的正面显著影响假设不成立。技术和政策支持对设备和教学资源、教师教学呈现正面显著影响，而对学生学习、适应性的正面显著影响假设不成立。

表2　教学管理者的线上教学模式适应性影响因素假设的检验情况

序号	假设	结果	序号	假设	结果
H1	教师教学对学生学习正向影响	显著	H7	设备和教学资源对适应性正向影响	边缘显著
H2	教师教学对适应性正向影响	显著	H8	技术和政策支持对设备和教学资源正向影响	显著
H3	学生学习对教师教学正向影响	显著	H9	技术和政策支持对教师教学正向影响	显著
H4	学生学习对适应性正向影响	不支持	H10	技术和政策支持对学生学习正向影响	不支持
H5	设备和教学资源对教师教学正向影响	显著	H11	技术和政策支持对适应性正向影响	不支持
H6	设备和教学资源对学生学习正向影响	不支持			

2. 适应性分析

在前述假设检验的基础上，我们形成了一个适应性的影响模型。如图1所示，可以发现适应性主要受到设备和教学资源($\beta=0.15, p<0.05$)、教师教学($\beta=0.35, p<0.01$)的直接影响，其中教师教学的影响效应最大，说明适应性的核心影响因素在于教师教学。而教师教学主要受学生学习($\beta=-0.80, p<0.01$)、技术和政策支持($\beta=0.87, p<0.01$)、设备和教学资源($\beta=0.35, p<0.01$)等因素的影响，相比较而言技术和政策支持对教师教学的影响更大些，体现了网络教学环境下外部技术和政策支持对教师开展教学活动的重要作用，反过来，学生学习也会受到教师教学的影响($\beta=0.94, p<0.01$)，体现了线上教学模式下师生的双向交互效应，要注意的是这里教师教学对学生学习是正向的影响，即教师教学投入越多，学生学习越能呈现良好状态；而学生学习对教师教学是负向的影响，即学生越能积极配合教学，展现良好学习状态，教师在网络教学方面的投入力度可适度减少。这种双向影响并不矛盾，实际上它体现了线上教学模式下一种可持续性的发展态势。最后设备和教学资源主要受技术和政策支持的影响($\beta=0.61, p<0.01$)，说明相对于主体的自主性，外在服务与政策条件对设备和教学资源的改善能发挥更大的作用。

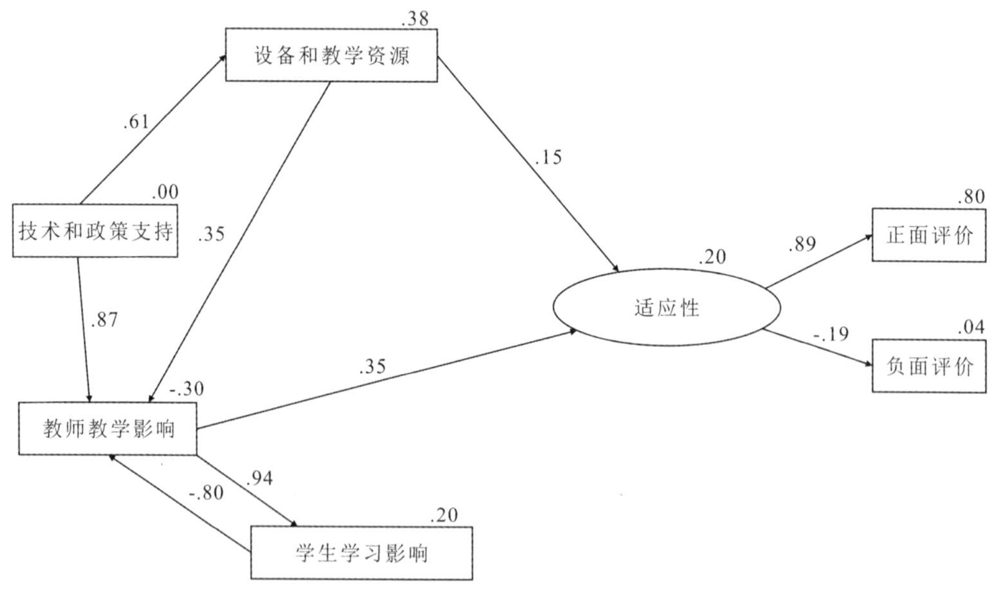

图1　教学管理者的线上教学模式适应性的影响因素模型

五、研究结论与启示

(一)研究结论

第一，高校教学管理者对大规模线上教学模式的适应性的影响因素中，影响程度从高到低依次是“设备和教学资源”“教师教学”“技术和政策支持”“学生学习”。值得注意的是，设备的稳定性和平台的熟练程度是最初影响线上教学模式适应性的主要因素，但是随着线上线下教学实践的常态化，设备和教学资源已经不是最主要的因素，教师教学主体和学生学习主体仍然是影响当前甚至是未来线上教学发展的两大重要因素。

第二，设备和教学资源、教师教学对教学管理者的线上教学模式适应性产生直接的正向显著影响，其中教师教学的影响效应最大；另外，教师教学也作为设备和教学资源、技术和政策支持、学生学习的中介变量间接对适应性产生影响，其间接影响效度分别为0.123、0.305、0.28。技术和政策支持对适应性不产生直接显著影响，但可以通过设备和教学资源中介变量对适应性产生间接影响，间接影响效度为0.092。可见，教师教学、设备和教学资源在整个影响路径中既可以直接影响适应性，也可以作为中介变量对其产生间接影响，是影响教学管理者的线上教学模式适应性的两大重要因素。

第三，设备和教学资源、技术和政策支持、教师教学和学生学习四大因素间存在不同程度和方向的相互关系。其中，技术和政策支持是主动的"影响元"，它在影响因素中起到保障、协调和促进的重要作用；相对而言，教师教学则是被动一方，各方面的外界因素以及教师个人的态度和看法都会影响到教师的精力投入和相应教学方法、教学过程、教学评价的与时俱进；与此同时，教育过程中的教师和学生是共同体，教师教学必然直接影响教育对象即学生，而学生学习与教师教学呈负相关，即学生学习习惯和自主能力越好，教师所耗费的精力就相应减少，对线上教学新方式做出的改变也会减少，也就是说，无论是教师还是学生，只要加大对线上教学模式的投入都会对整个系统产生有利影响，教师和学生也成为该影响系统的动力源泉。

（二）启示

基于上述研究结论，为增强高校教学管理者的适应性，提升新常态下教学质量，高校应该加快教学管理的观念转型，制度转型和技术转型。

1. 加快教学管理观念转型，提高教学管理者信息化素养

无论未来线上教学发展到何种程度，都需要传统线下教学的配套融合，而教学管理人员某种意义上是教师和学生之间的"中介"，教学管理人员的教学理念和管理方式会潜在地影响师生的在线教育思想。在线上教育改革中，教学管理人员作为引导者和维护者，急需转变传统教学管理观念，提高自身信息化素养，使之能与线上教学新模式相匹配，掌握应对不同模式教学的有效管理方法，增强应对不同教学模式的适应能力，最终促进在线教学质量的提升。

2. 加快教学管理制度转型，建立全面灵活的线上教学机制

针对线上线下教学的新常态，高校教学管理部门应该对线上教学进行分类管理，尽量坚持做到"一校一策""一班一策""一生一策"，健全学生学习和教师教学技术支持的制度保障，根据实际课堂管理需求，为教师维持良好课堂秩序提供相应的教学助理或教学辅助。尤其需要引起关注的是,各高校应当建立公共卫生安全预警和应对机制,引进并培养相关的专业人才,随时应对新常态教学的各种挑战,提高高校信息化教学能力和教学管理的效率。

3. 加快教学管理技术转型,完善网络支持与服务系统

技术和政策支持是主动的"影响元",教学管理部门应该充分利用现代化技术,提供更优质的教学资源和管理服务,对学生的学习和自我管理过程进行监督。比如,Blackboard就提供了一些功能强大的评估工具,据此可以监管学生的学习进度,使学生对自己的学习目标和预计学习效果有一定的把握和判断[①]。高校应该尽快实现网络教学所需要的技术转型,更新现代化信息技术,推广一站式技术服务,共建共享优秀教学课件和学习资源,促成教学效果的最优化。

① 郭英剑:《疫情时期,如何保障线上教学质量》,《中国科学报》2020年3月24日第7版。